Ein Lehrbuch
für
Übungsleiter
und Aktive

Bergsport

Gesamtredaktion:
Hans Pankotsch

Sportverlag Berlin

Autoren

Reinhard Detzner	Kapitel 4
Lothar Hanl	Abschnitt 3.3.
Franz Hasse	Abschnitt 5.8., 5.9.
Reinhard Noack	Kapitel 2
Hans Pankotsch	Abschnitt 1, 3.4., 3.5.
Dr. Jürgen Pollak	Kapitel 5
Wolfgang Preuß	Abschnitt 3.1.
Rainer Schubert	Abschnitt 3.2.

Der Abschnitt 1.5. wurde unter Mitarbeit von
Sigmar Vetter, der Abschnitt 3.1.9. nach einem
Entwurf von Jürgen Anhöck erarbeitet.
Dank gebührt auch allen nicht genannten
Sportfreunden, die mit Hinweisen und
Materialien zum Gelingen des Lehrbuches
beigetragen haben.

Gesamtredaktion: Hans Pankotsch

Bergsport: [e. Lehrbuch für Übungsleiter u. Aktive] /
Autorenkoll. unter Ltg. von Hans Pankotsch. [Ill.: Marita Behring]
. – 1. Aufl. – Berlin: Sportverl., 1990
NE: Pankotsch, Hans

ISBN 3-328-00321-5

© Sportverlag Berlin 1990
Erste Auflage
9095
Lektor: Margret Drenkow
Illustrationen: Marita Behring
Einband: Theodor Bayer-Eynck
Einbandfoto: John Kelly/The Image Bank
Printed in Germany
Gesamtherstellung: Mitteldeutsche Druckanstalt GmbH Heidenau/Sachsen
Redaktionsschluß: 13. 9. 1990

Inhalt

Vorwort

Das Felsklettern in den Mittelgebirgen und die Alpinistik in den Hochgebirgen, beides hat sich seit den siebziger Jahren sehr stark weiterentwickelt. Dies betrifft Technik und Taktik des Bergsteigens ebenso wie die körperlichen Anforderungen an den Bergsteiger und seine Ausrüstung. Internationale Entwicklungstendenzen, neue bergsportliche Disziplinen und veränderte Einstellungen gegenüber dem Bergsteigen haben sich weltweit durchgesetzt und werden in dem nun vorliegenden Lehrbuch interpretiert. Dabei wurden die neuesten Erkenntnisse der Sportwissenschaft, der Unfallverhütung, der Bergrettung und der Materialentwicklung berücksichtigt.

Die weltweit gewonnenen Erkenntnisse und praktischen Erfahrungen wurden für die Anwendung durch die Bergsteiger aufbereitet. So entstand eine zusammenfassende Darstellung, die dem Anliegen gerecht wird, die Ausbildung der Übungsleiter und Sportler wirksam zu unterstützen.

Dieses Lehrbuch wird vorrangig jenen Bergsteigern eine unentbehrliche Hilfe sein, die über das Felsklettern im Mittelgebirge zum Bergsport finden. Dabei wurde von den Bedingungen im sächsischen Elbsandsteingebirge ausgegangen, aber auch Erfahrungen aus anderen Klettergebieten wurden beachtet. Darauf aufbauend, sind die Grundlagen der Alpinistik ausführlich dargestellt. Aspekte der Sicherheit beim Bergsteigen durchdringen alle Kapitel.

Bergsteiger werden kann man allein per Theorie natürlich nicht. Wer sich dieser schönen Sportart verschreiben will, sollte sich deshalb einer organisierten Bergsteigergruppe anschließen. Hier wird er von erfahrenen Bergsteigern und Übungsleitern in die Technik des Bergsteigens eingeführt und kann unter zuverlässiger Anleitung die ersten Schritte am Fels gehen.

1. Die Sportart Bergsteigen

1.1. Entwicklung, Inhalt, Formen

Bergsteigen ist eine Form sportlich-touristischer Betätigung, die hohe physische und psychische Anforderungen an den Menschen stellt. Ihr Ziel ist die Besteigung von Bergen und Kletterfelsen im Mittel- und Hochgebirge auf solchen Routen, die dem Touristen und Wanderer nicht mehr zugänglich sind, und die Meisterung der damit verbundenen Schwierigkeiten und Anforderungen.

Der besondere Wert dieser Sportart liegt zum einen in der Herausbildung wertvoller Charaktereigenschaften, wie Kameradschaft, Verantwortungsbewußtsein, aber ebenso Mut und Entschlußkraft. Zum anderen fördert das Bergsteigen in vielfältiger Form die körperliche Leistungsfähigkeit, die in der Auseinandersetzung mit der natürlichen Umwelt immer wieder in neuer Weise gefordert wird. Dazu kommen die klimatischen Bedingungen des Gebirges, die einerseits gesundheitsfördernde Reize auf den Menschen ausüben, zur Vermeidung körperlicher Schäden aber vom Bergsteiger entspre-

Übersicht 1: Ausgewählte Daten zur Geschichte der Alpinistik

1786 8. August. Erste Besteigung des Montblanc durch Dr. Michel Paccard und Jacques Balmat.

1800 28. Juli. Erste Besteigung des Großglockners durch die Gebrüder Klotz, Pfarrer Horrasch u. a.

1865 14. Juli. Erste Besteigung des Matterhorns durch Edward Whymper, Charles Hudson u. a.

1879 28. Juli. Erstbesteigung des Feldkopfs (Zillertaler Alpen) durch Emil und Otto Zsigmondy. Erste bedeutende führerlose Besteigung in den Alpen.

1881 6. Juli. Erstbegehung der Watzmann-Ostwand durch Otto Schück und Johann Grill (Kederbacher).
      25. Juli. Erste Besteigung der Kleinen Zinne in den Dolomiten durch Michael und Hans Innerkofler.

1903 26. Juli. Erstbesteigung des Uschba-

Südgipfels im Kaukasus durch Adolf Schulze, Oscar Schuster u. a.

1913 26. September. Erstbegehung der Totenkirchl Westwand im Wilden Kaiser durch Hans Dülfer und Wilhelm von Redwitz.

1925 28. Juli. Erstbegehung der Fleischbank Südostwand (Wilder Kaiser) durch Roland Rossi und Fritz Wiessner.
      4. August. Erstbegehung der Civetta Nordwestwand in den Dolomiten durch Emil Solleder und Gustav Lettenbauer. Erste große Klettertour des VI. Grades.

1928 25. September. Pik Lenin (Pamir) von Eugen Allwein, Erwin Schneider und Karl Wien erstmals bestiegen.

1931 1. August. Erstbegehung der Matterhorn Nordwand durch Franz und Toni Schmid.

1933 14. August. Erstbegehung der Nordwand der Großen Zinne durch Emilio Comici, Angelo und Giuseppe Dimai. Erstmals umfangreiche und schwierige künstliche Kletterei.
      3. September. Erstbesteigung des Pik Kommunismus im Pamir durch Jewgeni Abalakow.

1938 24. Juli. Erstbegehung der Eiger-Nordwand durch Andreas Heckmair, Ludwig Vörg, Fritz Kasparek und Heinrich Harrer.

1950 3. Juni. Mit Annapurna I wird der erste Achttausender von Maurice Herzog und Louis Lachenal erstiegen.

1953 29. Mai. Tschomolungma (Mount Everest), der höchste Berg der Erde, von Edmund Hillary und Tensing Norgay erstmals bestiegen.

1964 2. Mai. Shisha Pangma als letzter der 14 Achttausender durch Hsu Chning, Wang Fu-chou, Sonam Dorje u. a. erstiegen.

1970 25. Juli. Erstbegehung der Südwand von Annapurna I durch Don Whillans und Dougal Haston. Auftakt für große Wanddurchsteigungen im Himalaya.

1982 4. Mai. Tschomolungma Südwestpfeiler von Waleri Balyberdin und Eduard Myslowski erstmals durchstiegen.

chendes Wissen und Verhalten verlangen. Das bewußte Erleben der Natur und ihrer Schönheiten beim Bergsteigen schafft ein enges Verhältnis zur Natur.

Die Entwicklung des Bergsteigens begann Ende des 18. Jahrhunderts in den Alpen. (Übersicht 1) Waren die Besteigungen des Montblanc 1786 und des Großglockners 1800 noch stark von wissenschaftlichen Interessen bestimmt, traten bald die sportlichen Motive in den Vordergrund. In den Westalpen wird dies durch die Touren englischer Alpinisten (Edward Whymper 1865 Matterhorn), in den Ostalpen durch die Leistungen Hermann von Barths, Georg Winklers u. a. sichtbar. Das führerlose Bergsteigen wurde vor allem durch Ludwig Purtscheller und die Brüder Emil und Otto Zsigmondy eingeleitet. Als Pioniere des modernen Felskletterns in den Ostalpen in den Jahren nach 1900 seien hier noch Paul Preuß und Hans Dülfer genannt.

Das Interesse der Bergsteiger richtete sich auch frühzeitig auf die außereuropäischen Gebirge, vor allem auf den Kaukasus (1868 Elbrus Ostgipfel), die Anden Südamerikas (1897 Agoncagua) und später auf Himalaya und Karakorum. 1895 unternahm A. F. Mummery den ersten Versuch einer Besteigung des Nanga Parbat. Mit der britischen Mount-Everest-Expedition 1921 begann der Kampf um die Besteigung des höchsten Gipfels der Erde. Aber erst 1950 gelang mit Annapurna I die Bezwingung des ersten Achttausenders. 1953 erreichten dann Edward Hillary und Tenzing Norgay als Erste den Gipfel der Tschomolungma (Mount Everest).

Die Felsen der Mittelgebirge wurden zumeist erst nach 1900 von Bergsteigern aufgesucht. Das Klettern in diesen Gebieten betrachtete man vor allem auch als Vorbereitung auf alpine Touren. Nur im Elbsandsteingebirge, wo um diese Zeit bereits ein hoher Leistungsstand erreicht war (s. Abschnitt 1.4.), kam es zu einer relativ selbständigen Entwicklung des Felskletterns, die dieses Gebirge weit über den Rahmen einer Kletterschule hinaushob. Ähnliche Entwicklungen setzten in anderen Klettergebieten Deutschlands erst nach 1920 ein (Frankenjura, Battert u. a.). Mit dem Aufschwung des freien Kletterns nach 1970 rückten die Mittelgebirge aller Länder mehr in das Interesse der Bergsteiger. Spitzenleistungen im freien Klettern werden heute fast ausschließlich dort vollbracht.

Mit der Entwicklung des Bergsteigens entstanden auch Organisationen und Vereine, die sich der Förderung dieser Sportart und der Voraussetzungen für ihre Ausübung widmeten. Erste nationale Verbände waren der 1857 in London gegründete Alpine Club, der Schweizer Alpenclub (1863) und der Deutsche Alpenverein (1869). 1928 wurde im Rahmen der OPTE (Organisation für proletarische Touristik und Exkursionen) in der Sowjetunion eine Gebirgssektion gebildet. Internationale Dachorganisation der Bergsteigerverbände ist seit 1932 die „Union Internationale des Associations d'Alpinisme" (UIAA) mit Sitz in Genf, der heute über 40 Länder angehören.

Die Einteilung der einzelnen Disziplinen des Bergsteigens kann nach verschiedenen Gesichtspunkten erfolgen. Allgemein unterscheidet man:
– Felsklettern im Mittelgebirge
– Felsklettern im Hochgebirge
– Bergsteigen im vergletscherten Hochgebirge.
Die Unterscheidung zwischen Mittel- und Hochgebirge erfolgt vor allem nach der Höhe. Als Grenze rechnet in Europa ein Höhenunterschied von etwa 1000 m zwischen Gebirgsfuß und der Gipfelregion. Hochgebirge ragen über die Waldgrenze, in vielen Fällen über die Vegetationsgrenze überhaupt hinaus. Durch ihre Formenentwicklung mit größeren Wänden und Steilflanken, die sie für den Bergsteiger erst interessant machen, unterscheiden sie sich von Hochebenen oder Plateaugebirgen. Hochgebirge können vergletschert oder nichtvergletschert sein. Das hat wesentliche Folgen für das Bergsteigen. (Übersicht 2) Ein weiterer wichtiger Unterschied besteht darin, ob bei einer Bergbesteigung längere Aufenthalte in Höhen über 5300 m nötig sind. Diese Höhe bildet eine physiologische Grenze für den Daueraufenthalt des Menschen.

Alle Formen des Bergsteigens im Hochgebirge werden als Alpinistik bezeichnet. Der Begriff „Alpinismus" umfaßt darüber hinaus auch wissenschaftliche Betätigungen im Hochgebirge, alpine Literatur und Kunst. Zur Alpinistik im weiteren Sinne rechnet auch die Hochgebirgstouristik. Der Hochgebirgswanderer bewegt sich jedoch meist im Gehgelände, auf Wegen und Pfaden, nutzt aber bei seinen Touren auch bergsteigerische Mittel und Methoden.

Eine Unterteilung des Bergsteigens nach der Art der Fortbewegung in Gehen und Klettern (Abb. 1) hat vor allem Bedeutung für die Darstellung und Ausbildung der einzelnen Fortbewegungstechniken des Bergsteigers und für

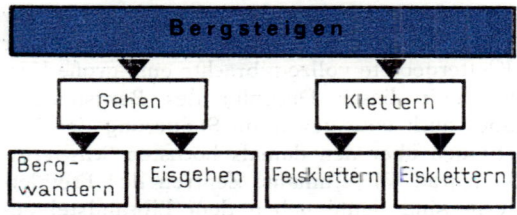

Abb. 1 Einteilung des Bergsteigens nach der
Art der Fortbewegung
Unter der Kategorie Bergwandern sind
auch An- und Abmarsch zum Berg ein-
zuordnen.

Übersicht 2: Die Hochgebirge der Erde (nach
Gerhard Klotz u. a.: Die Hochgebirge
der Erde)

Erdteil	Gebirge	Höchster Berg
Europa	Alpen	
	– Westalpen	Montblanc 4808 m
	– Ostalpen	Großglockner 3797 m
	Pyrenäen	Pico de Aneto 3404 m
	Sierra Nevada	Mulhacén 3481 m
	Apenninen	Monte Corno 2914 m
	Ätna	3323 m
	Karpaten	
	– Hohe Tatra	Gerlachovský štit 2655 m
	– Südkarpaten	Moldaveanu 2543 m
	Südosteuropa	
	– Rilagebirge	Pik Musala 2925 m
	– Piringebirge	Vihren 2915 m
	– Olymp	2917 m
Asien	Großer Kaukasus	Elbrus 5633 m
	Elbursgebirge	Demavend 5604 m
	Hindukusch	Tiratsch Mir 7750 m
	Mittelasien	
	– Tienschan	Pik Pobeda 7439 m
	– Pamiro-Alai	Pik Skalisty 5621 m
	– Pamir	Kungur 7719 m
	Altai	Belucha 4506 m
	Kunlun	Ulug-Mustag 7723 m
	Karakorum	Tschogori (K 2) 8611 m
	Himalaya	Tschomolungma 8848 m
	Japanische Inseln	
	– Fudschijama	3776 m
	– Japanische Alpen	Hodaka Dake 3190 m
Nord-amerika	Kordilleren	
	– Alaskagebirge	Mount McKinley 6193 m
	– Rocky Mountains	Mount Elbert 4399 m
	– Sierra Nevada	Mount Whirney 4418 m
	– Hochland von Mexiko	Citlaltépetl 5700 m
Süd-amerika	Anden	
	– Kolumbianische Kordilleren	Nevada del Huila 5750 m
	– Ostkordillere (Ekuador)	Chimborazo 6297 m
	– Westkordillere (Peru)	Huascaran 6768 m
	– Ostkordillere (Bolivien)	Ancohuma 7014 m
	– Chilenisch-argentinische Kordillere	Aconcagua 6959 m
	– Patagonische Kordillere	Fitz Roy 3375 m
Afrika	Hochland von Äthiopien Ostafrika	Batu 4307 m
	– Kilimandscharo	Kibo 5895 m
	– Ruwenzori-gebirge	Mt. Stanley 5119 m
	Drakensberge	Thabana Ntlenyana 3484 m
	Kamerunberg	Fuko 4070 m
	Hoher Atlas	Toubkal 4165 m
	Kanarische Inseln	Pico del Teide 3718 m
Ozeanien	Neuseeland	
	– Nordinsel	Mount Ruapehu 2796 m
	– Neuseeländ. Alpen	Mount Cook 3764 m
Ant-arktika	Antarkt-Anden	Mount Vinson 6100 m
	Königin-Alexandra-Gebirge	Mount Markham 4602 m

Übersicht 3: Begriffe des modernen Felskletterns

„Alles frei" (af)   Klassische Freiklettetei; zur Fort-
bewegung werden nur natürliche
Haltepunkte benutzt. Ringe, Haken,
Seilschlingen usw. dienen nur zur
Sicherung. Ausruhen an diesen ist
erlaubt, soll aber möglichst wenig
erfolgen, da es den sportlichen
Wert der Begehung mindert.

Rotkreis (RK)   Vorstieg eines Kletterweges bzw.
einer Seillänge ohne Nachholen. Al-
le Sicherungsmittel dürfen nicht zur
Fortbewegung oder als Ruhepunkte benutzt werden. Bei einem Sturz
muß vom Einstieg, vom letzten
Standplatz oder von einem Ort, wo
der Kletterer ohne Benutzung der

11

	Hände stehen kann („no hand rast"), neu begonnen werden, wobei das Seil im höchsten erreichten Sicherungspunkt eingehängt bleiben kann.
Rotpunkt (RP)	Vorstieg eines Kletterweges bzw. einer Seillänge ohne Nachholen und ohne Benutzen der Sicherungsmittel zur Fortbewegung oder als Ruhepunkte. Die Durchsteigung muß sturzfrei erfolgen, d. h., bei einem Sturz muß das Seil abgezogen und die Tour vom Einstieg aus neu begonnen werden.
On sight (OS)	(„auf Anhieb"). Rotpunkt-Begehung eines Aufstieges, ohne daß dieser vorher im Vor- oder Nachstieg begangen wurde.
Rotkreuz (RK)	auch „toprope"; freie Begehung eines Aufstieges in einem Zuge, ohne an den Sicherungspunkten zu rasten, jedoch mit Seilsicherung von oben. Sportlicher Wert umstritten.
Clean climbing	(„sauberes Klettern"). Felsschonendes Klettern ohne Schlagen von Haken. Als Sicherungsmittel sind nur solche erlaubt, die sich ohne Gewalt anbringen lassen (Seilschlingen, Klemmkeile und -geräte). Der Begriff sagt nichts darüber aus, ob die Sicherungsmittel zur Fortbewegung und/oder zum Ruhen benutzt werden oder nicht.

die Gestaltung des Trainings.

Im Felsklettern unterscheidet man grundsätzlich zwischen freiem und künstlichem Klettern. (Übersicht 3) Als **freies Klettern** gilt, wenn die Fortbewegung ausschließlich an natürlichen Haltepunkten erfolgt. Künstlich angebrachte Hilfsmittel werden nur zur Sicherung, jedoch nicht zur Fortbewegung und/oder zum Ausruhen benutzt. Beim **künstlichen Klettern** (eigentlich Klettern mit künstlichen Hilfsmitteln oder Haltepunkten) werden vom Kletterer angebrachte Hilfsmittel zur Fortbewegung, meist in Verbindung mit dem Seil, verwendet. Das freie Klettern baut auf dem Klettern im Elbsandsteingebirge auf, wo künstliche Hilfsmittel immer als unsportlich galten. Seine allgemeine Verbreitung wurde gefördert durch die strenge Unterscheidung zwischen beiden Arten des Felskletterns in der 1968 von der UIAA beschlossenen Schwierigkeitsskala. Die bewußte Hinwendung zum „free climbing"[1], wie

sie sich seit Beginn der siebziger Jahre vor allem unter dem Einfluß US-amerikanischer Klettergebiete vollzog, brachte eine große Verbreitung dieser Disziplin des Bergsteigens, aber auch eine gewaltige Steigerung der Leistungen über den damals höchsten Schwierigkeitsgrad VI+ hinaus. Zentren des Freikletterns sind heute neben dem Elbsandsteingebirge weitere Gebirge in Deutschland, Frankreich, Belgien und in den USA. Dagegen ging das künstliche Klettern, das seinen Höhepunkt in den Alpen in den Jahren nach 1950 hatte, an Bedeutung zurück.

Die sportliche Richtung des Felskletterns setzte sich vor allem im Mittelgebirge immer mehr durch. Die durchgehende Begehung eines Kletterweges bzw. einer Seillänge ohne Sturz und ohne Ausruhen wurde zum sportlichen Ziel. „Rotpunkt"-Klettern[2] stellt heute die wichtigste und anspruchsvollste Kategorie des „Sportkletterns" dar. Sie setzt ein systematisches Training, im Spitzenbereich mit ähnlichen Anforderungen wie im Hochleistungssport anderer Sportarten, voraus. Ohne eine bewußte Einstellung des Kletterers zu diesen Forderungen sind auch im Felsklettern keine Spitzenleistungen mehr erreichbar. Daneben hat aber auch das klassische Freiklettern („alles frei"), bei dem an Sicherungspunkten ausgeruht und auch nach kürzeren Strecken nachgeholt wird, für die Masse der Bergsteiger weiterhin Bedeutung.

Das Hochgebirgsbergsteigen unterteilt man in den alpinen Bereich (bis etwa 5500 m Gipfelhöhe) und das Höhenbergsteigen. In beiden Bereichen gab es in den letzten zehn Jahren einen enormen Leistungsaufschwung. Die Schwierigkeitssteigerung im Felsklettern, neue Qualitäten im Eisklettern, bessere konditionelle Voraussetzungen durch systematisches Training und neue verbesserte Ausrüstungen waren die Basis dieser Entwicklung. Das sportliche „free climbing" machte auch vor dem Hochgebirge keinen Halt und führte zu freien Begehungen vieler Routen, die früher nur in künstlicher Kletterei bezwingbar schienen. Besonders kommt der Leistungsanstieg in der Zeit für die Besteigung schwieriger Wände oder hoher Berge zum Ausdruck. Noch vor 10 Jahren wurden für Begehungen großer Alpenwände mehrere Tage benötigt. Heute werden

[1] freies Klettern, vgl. Übersicht 3

[2] „Rotpunkt" entstand 1976 im Frankenjura, wo frei gekletterte Wege mit einem roten Punkt am Einstieg gekennzeichnet wurden.

diese in einem Tag oder in noch kürzerer Zeit bewältigt. Dabei ist Schnelligkeit im Hochgebirge nicht nur Ausdruck sportlicher Leistungsfähigkeit, sondern zugleich ein wichtiger Faktor zur Erhöhung der Sicherheit, verringert sie doch die Dauer des Aufenthalts in objektiv gefährdetem Gelände.

Im alpinen Bereich kann man nach der Art der Aufstiege Felsklettern, Eisgehen und kombinierte Touren unterscheiden. Als eine neue Disziplin entwickelte sich das Eisklettern, das hauptsächlich an winterlichen Eisfällen betrieben wird und so auch im Mittelgebirge möglich ist. Das zähe Wassereis der Fälle unterscheidet sich allerdings wesentlich vom Gletschereis und Firn des Hochgebirges und erfordert spezielle Eisgeräte. Mit ihnen ist es heute möglich, steilstes und sogar überhängendes Eis ohne Benutzung von Eisschrauben oder Trittleitern als Fortbewegungshilfen zu klettern.

Eisgehen ist die Besteigung von Eiswänden im Hochgebirge, die eine Neigung von 45 bis 80° haben, oft sehr ausgesetzt sind und deshalb hohe Anforderungen an den Alpinisten stellen. Kombinierte Touren mit Wechsel zwischen Fels- und Eisabschnitten sind gleichfalls anspruchsvoll, aber zugleich das abwechslungsreichste Erlebnis im vergletscherten Hochgebirge. Fortschritte, die durch die Entwicklung des Sportkletterns und des Eiskletterns in Technik und Ausrüstung gemacht wurden, wirken sich hier besonders positiv aus.

Das Winterbergsteigen, zunächst vor allem als Trainingsmittel genutzt, setzte in großem Maße zu Beginn der sechziger Jahre ein. Nachdem die wesentlichsten alpinen Probleme gelöst schienen, suchte man im Drang nach Neuland zunächst Felswände, später auch große alpine Routen im Winter auf. Der Bogen spannt sich dabei in den Alpen von der Nordwand der Großen Zinne bis zur Eiger-Nordwand.

Neben den alpinen Unternehmen mit ausgesprochen sportlichem Charakter hat für viele Bergsteiger auch die klassische Form der Alpinistik Bedeutung, deren Inhalt vor allem im aktiven Erleben des Hochgebirges besteht. Auch sie zieht Gewinn aus den Fortschritten im Leistungsbereich, und ihr sportliches Niveau hebt sich damit.

Die Besteigung der höchsten Berge der Erde war viele Jahre nur Spitzenbergsteigern vorbehalten. Die besonderen Anforderungen begrenzten hier in vieler Hinsicht den Teilnehmerkreis solcher Unternehmen. Moderne Verkehrsmittel, Verbesserung der Ausrüstung und des Trainings sowie andere Faktoren führen heute auch zu einer Verbreitung des Höhenbergsteigens. Es nimmt eine ähnliche Entwicklung wie um die Jahrhundertwende das Geschehen im alpinen Raum. Die Gipfelbesteigungen der Achttausender sind seit 1964 abgeschlossen. Heute suchen die Spitzenbergsteiger mit Überschreitungen, Begehungen schwieriger Wände und Grate an Sieben- und Achttausendern, Winterbesteigungen und Skiabfahrten neue Bewährungsproben auch in diesen Regionen. Leichtere Routen auf hohe Berge wurden mehr und mehr auch für weniger leistungsstarke Alpinisten zugänglich, wenn auch nach wie vor dafür eine umfassende Vorbereitung unerläßlich ist.

Die Kombination von Bergsportdisziplinen mit anderen Sportarten schließlich bietet weitere Impulse. Skiralleys – eine Kombination von Bergsteigen, Skilauf und Bergrettung – werden besonders in Frankreich, Italien und Bulgarien betrieben. Skiabfahrten von Alpenbergen haben bereits Tradition und finden im Befahren steiler Eiswände ihren Höhepunkt. Wettkämpfe im Eisklettern werden seit einigen Jahren in der Sowjetunion ausgetragen. Wenn auch bestimmte Auswüchse und Probleme bei dieser Entwicklung nicht auszuschließen sind, ist doch zu erwarten, daß in Zukunft solche Formen neben dem klassischen Bergsteigen ihren Platz finden werden.

1.2. Leistungsstruktur im Bergsteigen

Jede sportliche Leistung wird durch eine Vielzahl von Einflußgrößen bestimmt. Einflußgrößen sind Leistungsfaktoren, die wiederum in strukturell verbundene Leistungsvoraussetzungen untergliedert sind. Unter Leistungsstruktur ist der innere Aufbau der sportlichen Leistung zu verstehen. Die Kenntnis der Leistungsstruktur ist für die Bestimmung der Methoden und Mittel des sportlichen Trainings von grundlegender Bedeutung.

Im Bergsteigen sind bisher nur einzelne Untersuchungen zu den verschiedenen Leistungsfaktoren bekannt, über die bestehenden Wechselbeziehungen gibt es kaum gesicherte Aussagen. Deshalb kann hier nur ein allgemeiner Überblick gegeben werden. Die Darstellung trifft grundsätzlich für alle Bereiche des Bergsteigens zu, gewinnt aber für ein leistungsorientiertes Training besondere Bedeutung.

1.2.1. Leistungsfaktoren

Bei den Leistungsfaktoren unterscheidet man zwischen personalen, an die Person des Sportlers gebundenen Faktoren, und äußeren Faktoren. Diese kennzeichnen die Bedingungen, unter denen eine sportliche Leistung vollbracht wird. Äußere Faktoren im Bergsteigen sind das Gebirge allgemein und die jeweilige Aufstiegsroute mit ihren konkreten Bedingungen wie Höhe, Schwierigkeit, Art und Zustand des Gesteins, des Schnees oder Firns, der Möglichkeit des Anbringens von Sicherungsmitteln u. a. Weiter gehören dazu das Wetter und die Ausrüstung des Sportlers. Die Beachtung dieser Faktoren ist von großer Wichtigkeit für das Erreichen des sportlichen Zieles und bestimmend für die gesamte Vorbereitung auf eine Bergtour. Von ihnen sind konkrete Forderungen für die Ausbildung der personalen Leistungsfaktoren abzuleiten.

Die äußeren Leistungsfaktoren – mit Ausnahme der Ausrüstung – können nur indirekt vom Bergsteiger beeinflußt werden, indem er bestrebt ist, die günstigsten Bedingungen für die geplante Tour zu wählen. Das ist vor allem beim Felsklettern im Mittelgebirge möglich. Bei den meist länger andauernden Touren im Hochgebirge können sich die äußeren Bedingungen rasch ändern, so daß im voraus durchdachte Verhaltensweisen ständig aktualisiert werden müssen. Eine begonnene Tour muß auch unter ungünstigsten Bedingungen sicher beendet werden, wofür subjektive Leistungsreserven und taktische Alternativen notwendig sind.

Durch Aneignung des erforderlichen Wissens werden die äußeren Leistungsfaktoren für den Bergsteiger erkennbar. Deshalb müssen die taktischen Fähigkeiten und Fertigkeiten im notwendigen Maße ausgebildet werden. Die Entwicklung von Wissenschaft und Technik gibt dabei wertvolle praktische Hilfen wie verbesserte Wettervorhersagen oder Möglichkeiten der Nachrichtenübermittlung. Die äußeren Faktoren und ihr Wirken in jeder Situation richtig einzuschätzen ist eine wesentliche Voraussetzung für erfolgreiches und sicheres Bergsteigen.

[1] nach Thieß/Schnabel u. a.: Grundbegriffe des Trainings. Berlin: Sportverlag, 1986, S. 99

Bei den personalen Leistungsfaktoren[1] unterscheidet man:

– charakterlich-psychischer Leistungsfaktor (Motivationen, moralische Qualitäten, psychische Eigenschaften),
– konditioneller Leistungsfaktor (Kraft-, Schnelligkeits- und Ausdauerfähigkeiten),
– technische-koordinativer Leistungsfaktor (koordinative Fähigkeiten, Bewegungsfertigkeiten und entsprechende Kenntnisse),
– taktischer Leistungsfaktor (taktische Kenntnisse, technisch-taktische Fähigkeiten und Fertigkeiten),
– konstitutioneller Leistungsfaktor (physische Konstitution im weitesten Sinne). (Abb. 2)

Diese Faktoren werden im sportlichen Training herausgebildet und in erforderlichem Maße entwickelt.

Im Gegensatz zu anderen Sportarten, in denen eine Leistung meist unter relativ feststehenden

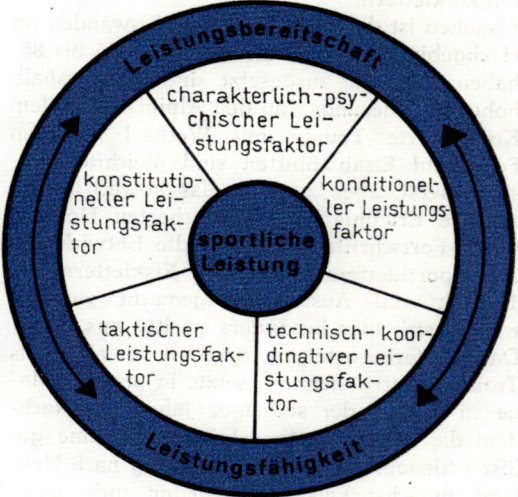

Abb. 2 Faktoren der sportlichen Leistung

äußeren Bedingungen erfolgt, sind im Bergsteigen die Leistungsanforderungen sehr unterschiedlich und von der konkreten Zielstellung, ja oft sogar von der einzelnen Tour abhängig. Deshalb ist eine qualitative Wertung bestimmter Leistungsfaktoren erschwert. Im extremen Felsklettern sind die technisch-koordinativen und die konditionellen Faktoren etwa gleichwertig einzuschätzen. Dabei kann ein Mangel an Technik unter bestimmten Umständen durch ein Mehr an Kraft ausgeglichen werden und umgekehrt. Für den Alpinisten ergibt sich generell eine Verschiebung zugunsten der konditionellen Faktoren, vor allem der Ausdauerfähigkeit, die in hohen, vergletscherten Gebirgen zum leistungsbestimmenden Faktor wird. Auch Fragen der Taktik wie Routenwahl, Orientierung oder Verhalten am Berg und das dafür erforderliche Wissen gewinnen für Touren im Hochgebirge eine wesentliche Bedeutung.

Psychische Faktoren wie Mut, Willenskraft, Beharrlichkeit, Konzentrationsausdauer und Entschlußkraft haben im Bergsteigen großen Einfluß auf die sportliche Leistung. Die unterschiedlichen Situationen, denen der Bergsteiger bei einer Besteigung gegenübersteht, erfordern eine gute Ausbildung gerade dieser Faktoren. Schwächen im psychischen Bereich werden sich trotz guter technischer und konditioneller Fähigkeiten immer leistungshemmend auswirken. Das gilt besonders bei den schwierigsten Touren, wo oft die psychische Leistungsfähigkeit den Ausschlag gibt.

Das Klettern und Gehen in Seilschaften ist die Hauptform des Bergsteigens, die vor allem durch die Forderung nach Sicherheit begründet ist. Von Zusammensetzung und Leistungsfähigkeit einer Seilschaft hängt unmittelbar der Erfolg einer Bergtour ab. Zwei gute Kletterer können zwar eine Seilschaft bilden, jedoch für beständige und hohe Leistungen sind solche Gemeinschaften erforderlich, die über einen längeren Zeitraum stabil sind. Dabei spielt das Verhältnis der Sportler untereinander, ihre gegenseitigen Beziehungen und ihre Identifikation mit der gemeinsamen Zielstellung eine bedeutende Rolle. Eine besondere Stellung kommt dabei dem Vorsteiger, der als Leistungsstärkster meist auch das bestimmende Element in der Seilschaft ist, und seiner Vorbildwirkung zu. Es ergibt sich daraus, daß gerade im Bergsteigen – und hier in besonderem Maße bei längerdauernden Unternehmen – solche moralischen Qualitäten wie Kameradschaft, Verantwortungsbewußtsein und Disziplin unverzichtbar sind.

Der Zusammenhang und die Wechselbeziehungen zwischen den einzelnen Leistungsfaktoren sollen am Beispiel der Klettertechnik, eines technisch-koordinativen Faktors, deutlich gemacht werden. (Abb. 3) Aus dem zu überwindenden Felsprofil und den dabei auftretenden Schwierigkeiten als äußerem Faktor ergeben sich die Forderungen an die Klettertechnik des Sportlers. Damit diese am Fels optimal in Bewegung umgesetzt werden kann, ist eine entsprechende Ausbildung koordinativer Fähig-

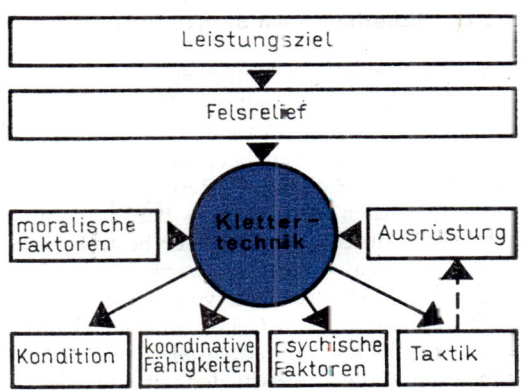

Abb. 3 Wechselbeziehungen zwischen den Leistungsfaktoren am Beispiel der Klettertechnik

keiten und der Kondition (Kraftausdauer, auch Maximalkraft) notwendig. Als psychische Eigenschaften sind vor allem Mut und Entschlußkraft bei der Überwindung von Schlüsselstellen gefragt. Von den taktischen Elementen ist besonders die perfekte Beherrschung der Sicherungstechnik wichtig. Andererseits wirkt die Verbesserung der Ausrüstung, z. B. der Schuhe, der Sicherungsmittel und deren Anwendung leistungsfördernd. Neue moralische Qualitäten haben ebenfalls Einfluß auf die sportliche Leistungsentwicklung. So erschloß die Überwindung der früheren Auffassung von künstlichem Klettern international den Weg zum heutigen Leistungsstand im freien Klettern.

Es wird deutlich, daß Ausbildung und Training des Bergsteigers ein breites Spektrum körperlicher und geistiger Fähigkeiten und Fertigkeiten umfassen, die unabdingbar für sportliche Leistungen sind. Es ist notwendig, diesen Fragen im gesamten Trainingsprozeß mehr Aufmerksamkeit zu widmen und sie auch wissenschaftlich zu durchdringen.

Auf einen weiteren Zusammenhang muß hier noch hingewiesen werden. Im Bergsteigen bilden Leistung und Sicherheit eine unverzichtbare Einheit. Sicherheit ist kein selbständiger Leistungsfaktor. Sie wird erreicht durch eine optimale Ausbildung der personalen Leistungsfaktoren, die in unterschiedlichem Maße auch die Sicherheit des Bergsteigers beeinflussen, und durch die Beachtung der äußeren Faktoren. Sicherheit wirkt wiederum auf die sportliche Leistung als unterstützendes oder hemmendes Moment.

1.2.2. Sicherheit beim Bergsteigen

Bei seiner sportlichen Tätigkeit, die sich in unmittelbarem Kontakt mit der Natur vollzieht, ist der Bergsteiger Gefahren ausgesetzt, die Leben und Gesundheit bedrohen und das Erreichen seines Zieles behindern oder gar unmöglich machen. Will er eine Bergbesteigung erfolgreich durchführen, muß er bestrebt sein, diese Gefahren weitgehend auszuschließen.

Die sichere Durchführung von Bergtouren ist auch deshalb oberstes Gebot, weil im Gebirge schon ein kleiner Zwischenfall große Folgen haben kann, die Abgeschiedenheit und schwierige Zugänglichkeit des Aktionsgebietes zusätzliche Probleme mit sich bringt und beispielsweise der notwendige gesellschaftliche Aufwand zur Hilfeleistung bei Unfällen einen großen Umfang annehmen kann.

Unter Sicherheit beim Bergsteigen versteht man einen Zustand in den Wechselbeziehungen zwischen Bergsteigergruppe und Umwelt, in dem eine Gefährdung von Leben und Gesundheit der Sportler, ein Bergunfall bestmöglich vermieden ist. Ursachen für Unfälle beim Bergsteigen sind:

– die objektiv vorhandenen Gefahren der Bergnatur wie Steinschlag, Lawinen und Witterungseinflüsse,
– das subjektive Fehlverhalten des Bergsteigers bzw. einer Seilschaft.

Letzteres wurde früher meist als „subjektive Gefahren" bezeichnet. Da dieser Begriff jedoch Unklarheit in sich birgt und nicht den dialektischen Zusammenhang beider Kategorien deutlich macht, soll er hier nicht verwendet werden. Gefahren sind Naturerscheinungen, die unabhängig davon existieren, ob sich ein Mensch in ihrem Wirkungsbereich befindet. Fehler dagegen sind Verhaltensweisen des Bergsteigers, die wesentliche Erfordernisse der Sicherheit verletzen, ihn in den Wirkungsbereich von Gefahren bringen und so die Möglichkeit eines Unfalls in sich bergen. So ist z. B. Lawinengefahr in einem Gelände unter bestimmten Umständen objektiv vorhanden. Verunglückt aber ein Alpinist in einer Lawine, ist dies fast immer die Folge subjektiven Fehlverhaltens, denn er hätte das gefährdete Gelände meiden können.

Nicht alle Gefahren können beim Bergsteigen ausgeschlossen werden. So ist Absturzgefahr während einer Tour immer vorhanden, unter bestimmten Bedingungen müssen auch andere plötzlich auftretende Gefahren überstan-

den werden. Der Begrenzung möglicher Folgen solcher Gefahren kommt deshalb große Bedeutung zu, damit es nicht zu einem Unfall kommt. Unterschieden werden muß auch zwischen Schwierigkeit und Gefahr. Die Schwierigkeiten, d. h. die Anforderungen einer Bergtour, sind keine Gefahr, wenn sie richtig erkannt und bewertet werden und das Leistungsvermögen des Bergsteigers ihnen entspricht. Überschätzung der eigenen Leistungsfähigkeit, oft verbunden mit ungenügendem Wissen und fehlenden Erfahrungen, birgt jedoch die Möglichkeit eines Zwischenfalls in sich. Aus dem subjektiven Fehlverhalten des Bergsteigers erwächst hier eine Gefährdung für sich und seine Begleiter.

Sicherheit beim Bergsteigen umfaßt:

1. Das Meiden von Gefahren durch
– gute bergsteigerische Ausbildung, Wissen und Erfahrung,
– richtige, dem Leistungsvermögen der Seilschaft gemäße Wahl des Aufstieges,
– gründliche und allseitige Vorbereitung der Bergtour,
– Beherrschung der erforderlichen Technik und taktisch richtiges Verhalten am Berg,
– Vorsichtsmaßnahmen wie Wetter- und Lawinenwarnungen.

2. Das Verhindern von Unfällen und Erkrankungen durch individuelle und kollektive Vorsichtsmaßnahmen wie
– zweckmäßige Ausrüstung und deren fachgemäßer Einsatz,
– Seilsicherung,
– Reserven an Kraft, Können und Zeit,
– antrainierte Verhaltensweisen und Reaktionen (z. B. aktive Sturzkontrolle).

3. Die Begrenzung der Folgen von Unfällen und Erkrankungen, wenn deren Verhinderung nicht gelungen ist, durch individuelle und kollektive Hilfsmaßnahmen. Dazu gehören
– Selbst- und gegenseitige Hilfe,
– Rettung und Bergung durch Mittel der Seilschaft, durch andere Bergsteiger oder durch Hilfsmannschaften.

Sicherheit wird also durch eine Vielzahl von Maßnahmen bei der Vorbereitung und Durchführung einer Bergtour erreicht. (Abb. 4) In entsprechenden Verhaltensgrundsätzen, aber auch im heutigen Stand der Ausrüstung und Information und auf anderen Gebieten werden hier die verallgemeinerten Erfahrungen vieler Bergsteigergenerationen wirksam. An dieser Stelle soll an Emil Zsigmondy erinnert werden, der sich bereits 1885 in seinem Buch

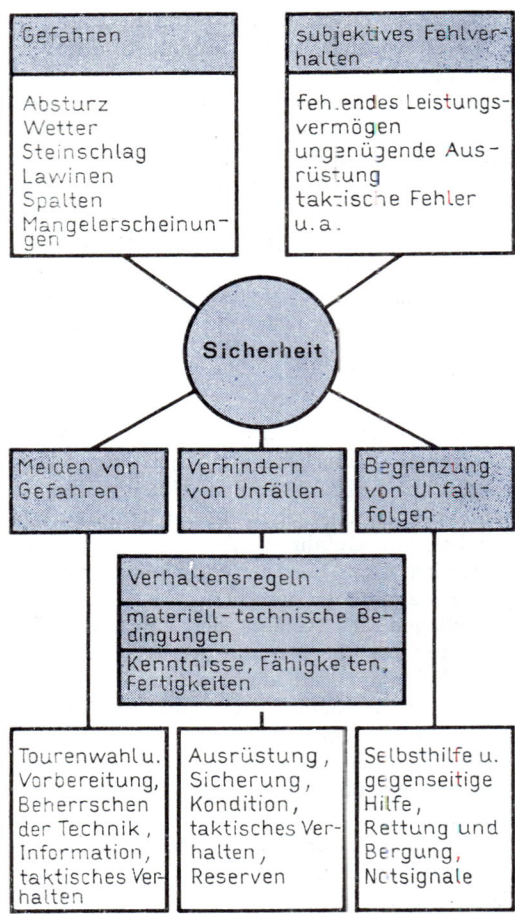

Gefahren	subjektives Fehlver-halten
Absturz Wetter Steinschlag Lawinen Spalten Mangelerscheinun-gen	fehlendes Leistungs-vermögen ungenügende Aus-rüstung taktische Fehler u. a.

Sicherheit

Meiden von Gefahren	Verhindern von Unfällen	Begrenzung von Unfall-folgen

Verhaltensregeln
materiell-technische Be-dingungen
Kenntnisse, Fähigkeiten, Fertigkeiten

Tourenwahl u. Vorbereitung, Beherrschen der Technik, Information, taktisches Ver-halten	Ausrüstung, Sicherung, Kondition, taktisches Ver-halten, Reserven	Selbsthilfe u. gegenseitige Hilfe, Rettung und Bergung, Notsignale

Abb. 4 Sicherheit beim Bergsteigen

„Die Gefahren der Alpen" mit diesen Fragen auseinandersetzte. Heute wird dieses Anliegen wirksam durch wissenschaftliche Forschung und technischen Fortschritt unterstützt. Diesen Wissensschatz muß sich jeder Bergsteiger aneignen und in seine eigene sportliche Praxis umsetzen.

Sicherheit am Berg ist in jedem Fall eine wichtige individuelle Entscheidung des Bergsteigers, die er während der gesamten Dauer einer Bergtour immer wieder neu treffen muß. Da sich die Bedingungen am Berg rasch ändern können, unerwartete Anforderungen an den Bergsteiger herantreten, bleibt aber immer ein Unsicherheitsfaktor bestehen. Ein risikofreies Bergsteigen kann es nicht geben.

Als Risiko bezeichnet man den Grad der Möglichkeit eines unerwünschten Ereignisses oder Zustandes. Es ist eine natürliche Erscheinung zielstrebiger Handlungen und durch den Charakter und die Umstände der jeweiligen Handlungen bedingt, vom Menschen aber erkennbar und beherrschbar.

Ein Risiko birgt stets die Möglichkeit der Gefährdung von Menschen, Sachwerten oder eines Ergebnisses in sich. Bei der Entscheidung, welches Risiko eingegangen werden kann, muß man auch im Bergsteigen davon ausgehen, wie groß die Wahrscheinlichkeit eines gefährlichen Ereignisses ist und welche Folgen daraus entstehen können. Sie kann immer nur unter Beachtung der äußeren Bedingungen und des Leistungsvermögens der Seilschaft getroffen werden. Bei einem gut gesicherten Kletterweg im Mittelgebirge kann der Bergsteiger ein höheres Sturzrisiko eingehen, weil die möglichen Folgen, das Risiko einer Verletzung oder des notwendigen Abbruchs der Tour gering sind. Im Hochgebirge dagegen zieht ein Sturz oft weitergehende Folgen nach sich wie Verlängerung der Tour, unfreiwilliges Biwak oder Rückzug über schwieriges Gelände. Überhaupt ist zu beachten, daß Bergsteigen im Hochgebirge grundsätzlich ein höheres Risiko beinhaltet. Der längere Aufenthalt in gefährdeten Bereichen, unter rasch wechselnden und nicht immer sofort erkennbaren Umweltbedingungen und bei hoher physischer und psychischer Belastung der Alpinisten stellt auch in Fragen der Sicherheit hohe Anforderungen und verlangt großes Verantwortungsbewußtsein bei allen Entscheidungen.

Bei jeder Überlegung, welches Risiko vertretbar ist, muß im Vordergrund stehen, die mögliche Gefährdung der Seilschaft so gering wie möglich zu halten. Einem erkannten Risiko muß mit entsprechenden Maßnahmen begegnet werden, dem eines Absturzes also durch ordnungsgemäße Seilsicherung oder einem möglichen Wetterumschlag durch zweckmäßige Ausrüstung. Überschreitet das Risiko ein vertretbares Maß, muß die Sicherheit der Bergsteiger voranstehen. Wenn also für einen schlecht gesicherten Kletterweg keine ausreichenden Reserven an Technik und Kondition vorhanden sind oder wenn nur durch das Begehen eines objektiv stark gefährdeten Geländes der Weiterweg möglich ist, kann nur eine eindeutige Entscheidung dagegen getroffen werden. Es muß dann umgekehrt, eine andere Route gesucht oder auf bessere Bedingungen gewartet werden, auch wenn sich damit die Wahrscheinlichkeit verringert, das geplante Ziel zu erreichen.

1.3. Verantwortung und Verantwortlichkeit im Bergsteigen

Verantwortung ist immer eine auf eine bestimmte Situation bezogene Verhaltensanforderung, die die Gesellschaft an ihre Mitglieder stellt und die in gesetzlichen und anderen Bestimmungen festgelegt ist. Sie beruht auf der Fähigkeit des Menschen, Bedeutung und Folgen seiner Handlungen oder Unterlassungen zu erkennen, Entscheidungen zu treffen und sich entsprechend zu verhalten. Grundsatz jeder Rechtsordnung ist es, Schäden für die Gesellschaft und ihre Mitglieder zu verhüten. Daraus ergibt sich die Verpflichtung jedes Bürgers, für den Schutz von Leben und Gesundheit Sorge zu tragen und das öffentliche und private Eigentum vor Schaden zu bewahren.

Beim Bergsteigen steht die Gewährleistung der Sicherheit für die Sportler im Vordergrund, aber auch der Schutz der natürlichen Umwelt, in der dieser Sport ausgeübt wird.

In diesem Abschnitt wird vor allem auf die konkrete Verantwortung eingegangen, die bei der Vorbereitung und Durchführung von Bergfahrten zu beachten ist. Grundlage dafür sind neben den gesetzlichen Bestimmungen gleichermaßen allgemein übliche Verhaltensweisen, die sich aus der Spezifik der Sportart ergeben und die teilweise in den Satzungen und Regeln von Bergsteigerorganisationen Eingang gefunden haben. Für das Klettern in einigen Mittelgebirgen, z. B. im Elbsandsteingebirge, bestehen sportliche Regeln, die die Einhaltung der Grundsätze des freien Kletterns, Ordnung und Sicherheit im Gebirge sichern sollen. Auch die in unterschiedlicher Form vorliegenden Bestimmungen anderer Länder und ausländischer Bergsteigerorganisationen sind zu beachten, wenn Bergfahrten im Ausland unternommen werden. Jeder Bergsteiger muß diese Bestimmungen und Regeln kennen und einhalten.

An erster Stelle steht bei jeder Bergtour die Gewährleistung der Sicherheit für alle Teilnehmer, ihr Schutz vor den Gefahren des Gebirges und möglichen Schäden. Innerhalb einer Seilschaft trägt dafür der Führende bzw. der erfahrenste Sportler die Verantwortung. Er hat dafür zu sorgen, daß alles Erforderliche für eine sichere Durchsteigung getan wird (s. auch Abschnitt 3.4.1.). Hauptträger der Verantwortung ist immer der Vorsteiger, wenn in der Seilschaft oder durch den Übungsleiter vor Beginn des Kletterns nichts anderes festgelegt

wurde. Eine davon abweichende Regelung ist z. B. erforderlich, wenn jüngere Sportler an das Vorsteigen herangeführt werden. Aber auch die Nachsteiger sind verpflichtet, durch ihr aktives Mitwirken zum sicheren Gelingen der Klettertour beizutragen.

Bei Gruppenfahrten ist es Aufgabe des Veranstalters, einen geeigneten und erfahrenen Sportler als Verantwortlichen einzusetzen, der für den ordnungsgemäßen Ablauf der Fahrt sorgt. Ihm obliegt die Aufsichtspflicht über die beteiligten Sportler und Seilschaften. Dabei können ihm weitere Übungsleiter zur Seite stehen.

Die Aufsichtspflicht des Verantwortlichen einer Gruppe verlangt, daß er unter vollem Einsatz seiner körperlichen und geistigen Fähigkeiten, mit Aufmerksamkeit, Umsicht und hohem Verantwortungsbewußtsein dahin zu wirken hat, alle Gefahren von den Sportlern abzuwenden. Dem wird er vor allem durch folgende Maßnahmen gerecht:

- Festlegen des Ablaufs der Fahrt, der Zeiten für das Klettern und der Treffpunkte;
- Einflußnahme auf die richtige Zusammensetzung der Seilschaften und die Auswahl der Kletterwege;
- Kontrolle der Ausrüstung;
- Belehrung über Gefahren und Unfallquellen.

Dazu muß sich der Verantwortliche selbst gewissenhaft und umfassend auf die geplante Fahrt vorbereiten. Er kann Einschränkungen für das Klettern festlegen, wenn dies durch das Wetter oder andere Bedingungen geboten erscheint, das Leistungsvermögen eines Sportlers nicht der vorgesehenen Tour entspricht oder eine hohe objektive Gefährdung des Kletterers vorliegt. Sein Recht zur Kontrolle der Ausrüstung schließt die Pflicht ein, die Benutzung beschädigter, unbrauchbarer oder ungeeigneter Ausrüstungsgegenstände nicht zuzulassen. Der Verantwortliche muß auch sicherstellen, daß bei Unfällen Erste Hilfe geleistet werden kann. Dazu gehört die Mitnahme von Material zur Selbsthilfe in den Seilschaften und in der Gruppe, aber auch die Belehrung der Teilnehmer über die nächstgelegene Unfallhilfsstelle und das nächste Telefon. Schließlich umfaßt die Aufsichtspflicht auch den Schutz Dritter vor Schäden, die bei der Sportausübung oder durch die Sportler herbeigeführt werden. Hierbei handelt es sich meist um materielle Schäden, die an Gegenständen, Einrichtungen oder an der Natur eintreten können. Ihre Vermeidung verlangt die Einhaltung der Bestimmungen des Naturschutzes, des Forstes, aber auch von Hausordnungen in Unterkünften oder der Bestimmungen der Personenbeförderung. Ein ordentliches und diszipliniertes Verhalten aller Teilnehmer beugt solchen Schäden weitgehend vor.

In größeren Gruppen wird der Leiter seiner Verantwortung in Form einer Oberaufsicht gerecht. Er delegiert damit seine unmittelbare Aufsichtspflicht auf die Verantwortlichen der Seilschaften oder auf weitere Übungsleiter und Übungsleiterhelfer, die kleinere Gruppen leiten. Das wird in der Regel während des Kletterns oder der praktischen Ausbildung der Fall sein. Er muß dabei eine gewissenhafte Auswahl der Leiter dieser Gruppen vornehmen, sie konkret in ihre Aufgabe einweisen und ihre Tätigkeit kontrollieren. Zu beachten ist, daß Übungsleiterhelfer im Felsklettern mindestens 16 Jahre alt sein müssen.

Der zeitliche Umfang der Aufsichtspflicht ist unterschiedlich bemessen. Bei Kletterfahrten einzelner Seilschaften erstreckt sich die Verantwortlichkeit nur auf die Dauer der jeweiligen Klettertour, d. h. vom Einsteigen des Führenden bis zu dem Zeitpunkt, an dem alle Teilnehmer wieder den Ausgangspunkt erreicht haben. Selbstverständlich schließt sie die in der unmittelbaren Vorbereitung des Kletterns erforderlichen Maßnahmen ein. Bei Gruppenfahrten dagegen umfaßt die Aufsichtspflicht des Verantwortlichen und der Übungsleiter den gesamten Zeitraum der Fahrt. Sie beginnt am festgelegten Treffpunkt und endet erst mit der Auflösung der Gruppe, schließt also eine gemeinsame Hin- und Rückfahrt zum Kletterziel ebenso ein wie den Aufenthalt in Übernachtungsstätten. Werden von einzelnen Seilschaften Kinder oder Jugendliche zum Klettern mitgenommen, trifft dieser Zeitraum der Aufsichtspflicht für den Verantwortlichen der Seilschaft gegenüber den minderjährigen Sportlern ebenfalls zu.

Die schuldhafte Verletzung von Pflichten und Rechtsnormen kann in unterschiedlicher Form geahndet werden. Diese Verantwortlichkeit tritt ein

- als moralische Verantwortlichkeit; diese schließt mögliche Sanktionen durch die Sportorganisation ein (z. B. Sperren, Aberkennung einer Übungsleiterqualifikation u. a.),
- als strafrechtliche Verantwortlichkeit nach dem Strafgesetzbuch (StGB) und anderen Rechtsvorschriften,
- als zivilrechtliche Verantwortlichkeit nach dem Bürgerlichen Gesetzbuch (BGB).

Die schwerste Form persönlicher Verantwortlichkeit ist die strafrechtliche. Sie tritt dann ein, wenn das Gesetz diese Art staatlicher Reaktion ausdrücklich begründet. Für die strafrechtliche Bewertung spielt die Stellung des Bergsteigers eine wesentliche Rolle, ob er eine sog. „Garantenstellung" einnimmt oder nicht. Ersteres bedeutet, daß eine Verantwortlichkeit gegenüber dem Geschädigten durch Funktion, Auftrag, Vereinbarung oder in anderer Weise begründet ist, z. B. als Übungsleiter oder Leiter einer Gruppenfahrt. Aber auch der erfahrenere Bergsteiger in einer Seilschaft mit weniger geübten Teilnehmern befindet sich in dieser Position mit den entsprechenden Pflichten.

Strafrechtliche Verantwortlichkeit tritt ein, wenn fahrlässig eine Körperverletzung oder der Tod eines Menschen verursacht wird. Ebenfalls zur Verantwortung gezogen und auch zu einer Freiheitsstrafe verurteilt werden kann ein Bergsteiger, der bei einem Bergunfall nicht die notwendige und ihm mögliche Hilfe leistet, weil er seinen Interessen Vorrang einräumt.

Auch wenn bei Bergunfällen nur in seltenen Fällen eine strafrechtliche Verfolgung eintritt, weil oftmals Gründe für einen Schuldausschluß vorliegen, sollte sich doch jeder über die möglichen Konsequenzen seines Handelns im klaren sein. Je erfahrener und qualifizierter ein Bergsteiger ist, desto eher besteht die Möglichkeit, bei einer Pflichtverletzung zur Verantwortung gezogen zu werden.

Erwachsene haben mit strafrechtlichen Konsequenzen zu rechnen, wenn sie Kinder oder Jugendliche zum Alkoholmißbrauch verleiten, noch dazu beim Bergsteigen.

Wer unter Verletzung ihm obliegender Pflichten rechtswidrig einen Schaden verursacht, ist außerdem nach dem Zivilrecht zum Schadensersatz verpflichtet. Das kann sowohl für einen Schaden sein, den ein Sportler bei einem Unfall erleidet, als auch für Schädigungen Dritter, die im Zusammenhang mit der Sportausübung eintreten. Dabei kann im allgemeinen davon ausgegangen werden, daß erwachsene Sportler für ihre Handlungen selbst verantwortlich sind und der Schaden durch eine private Haftpflichtversicherung reguliert wird.

Anders ist die Sachlage bei Kindern und Jugendlichen. Hier ist derjenige, der im konkreten Fall die Aufsichtspflicht ausübt, zum Ersatz des Schadens verpflichtet, den diese Kinder oder Jugendlichen rechtswidrig verursachen. Das gilt allerdings nicht, wenn der Aufsichtspflichtige seine Pflichten nicht schuldhaft verletzt hat oder der Schaden auch bei ordnungsgemäßer Erfüllung dieser Pflichten eingetreten wäre. Diese Regelung schließt aber nicht aus, daß Jugendliche bei verantwortungslosem Handeln selbst verantwortlich gemacht und bestraft werden können.

Wird der Schaden bei der Wahrnehmung einer Aufgabe für die Sportorganisation verursacht, z. B. während der Tätigkeit als Übungsleiter, haftet dieser für den Schaden. Auch hier wird in den meisten Fällen eine Haftpflichtversicherung wirksam.

1.4. Die Entwicklung des Felskletterns in den deutschen Mittelgebirgen

Der heutige hohe Stand des Felskletterns wurde auf einem 125 Jahre langen Entwicklungsweg erreicht. Er nahm seinen Anfang im sächsischen Elbsandsteingebirge, dem auch heute noch größten und bedeutendsten Klettergebiet Deutschlands. Hier entwickelte sich frühzeitig das Felsklettern im Mittelgebirge zu einer selbständigen Form des Bergsteigens mit festen, allgemein anerkannten Grundsätzen, deren Einfluß ebenso wie die sportlichen Leistungen auf viele andere Klettergebiete ausstrahlte. Deshalb wird auch die Geschichte dieses Gebietes hier ausführlich dargestellt.

Als der Beginn sportlich motivierten Felskletterns gilt hier die Besteigung des Falkensteins am 6. März 1864 durch die Schandauer Turner Gustav Tröger, August Hering, Ernst Fischer, J. Wähner und H. Frenzel. Bei der Begehung dieses heute „Turnerweg" genannten Aufstieges wurden Leitern benutzt und Stufen in den Fels geschlagen. Solche und andere Hilfsmittel waren auch in der folgenden Periode der Früherschließung des Gebirges bis etwa 1888 üblich. In dieser Zeit wurden nur vereinzelt klettersportliche Unternehmungen durchgeführt, vor allem von Otto Ufer, Carl Beck, Friedrich Hartmann und Robert Kappmeier, die als erste verschiedene Felsen vor allem im Rathener Gebiet (Gansfelsen, Lokomotive-Domgipfel, Talwächter u. a.) bestiegen. Besonders zu nennen ist die Besteigung des Mönchs durch Otto Ufer 1874, weil hier erstmals keine

der genannten künstlichen Hilfsmittel benutzt wurden.

Ab 1890 begann mit den Touren Oscar Schusters, Conrad und Friedrich Meurers die eigentliche Erschließung des Elbsandsteingebirges für den Klettersport. In diese Zeit fallen die Erstbesteigungen so bedeutender Gipfel wie Meurerturm, Dreifingerturm, Winklerturm, Böser Turm und Großes Spitzes Horn. Der beliebte „Schusterweg" am Falkenstein wurde 1892 erstmals durchstiegen. Leistungshöhepunkte dieser ersten Periode waren die Besteigungen von Bloßstock (Heinrich Wenzel 1899) und Kreuzturm (Hermann Sattler 1901). Die Aufstiege verliefen zumeist in Kaminen, später auch in Rissen. Für die gesamte weitere Entwicklung des Felskletterns in unserem Gebiet war – neben der Einführung des Kletterschuhs – von entscheidender Bedeutung, daß unter dem Einfluß Schusters die Anwendung künstlicher Hilfsmittel verworfen und erste sportliche Grundsätze aufgestellt wurden.

Mit dem „Überfall" zur Esse der Lokomotive durch Albert Kunze begann 1903 die Periode der schweren Wandkletterei, die einen großen Anstieg der Zahl neuer Gipfel und Wege brachte. Ihr Niveau wurde vor allem durch Rudolf Fehrmann, Oliver Perry-Smith, Rudolf Nake und Walter Hünig bestimmt. Hervorragende Leistungen dieser Zeit waren die Erstbesteigungen von Höllenhund, Barbarine, Schiefer Turm, Jungfer und vor allem des Teufelsturmes, der 1906 von Perry-Smith bezwungen wurde. Auch erste schwierige und anstrengende Risse wie Mönch Nordostriß und Großer Falknerturm Matthäusriß wurden gemeistert. Um 1910 waren die meisten und bedeutendsten Kletterfelsen des Elbsandsteingebirges, teilweise schon auf mehreren Wegen, bestiegen. Ein erster Kletterführer des Gebirges wurde 1908 von Rudolf Fehrmann veröffentlicht.

Die Durchsteigung der „Weinertwand" am Vexierturm 1912 durch Eduard Weinert markiert den Beginn der dritten Periode der Haupterschließung. Sie ist durch die Bezwingung hoher, schwieriger und ausgesetzter Wandabstürze gekennzeichnet, sogenannter „Kletterei großer Linie", die einen bedeutenden Fortschritt in der Entwicklung von Technik, Kraft, Ausdauer und Wagemut brachten. Auch die Reibungskletterei begann sich in dieser Zeit zu entwickeln. Die bedeutendsten Erstbegehungen der Periode wurden von Rudolf Klemm, Emanuel Strubich, Ehrhardt Renger und Otto

Dietrich durchgeführt. Solche Wege wie Bloß-stock Westwand (1916), Kreuzturm Nordwand (1916), Wilder Kopf Westkante (1918), Höllenhund Südostwand (1920) und Falkenstein Westkante (1920) zählen noch heute zu den bedeutendsten Touren des Gebirges.

Die Jahre nach 1923 brachten vor allem eine Weiterentwicklung der schweren Rißkletterei, die durch Wege wie Frienstein Wiessnerriß (1924), Dreifingerturm Nordostweg (1926) und Fritz-Schulze-Riß am Goldstein (1926) gekennzeichnet ist. In den Jahren 1936 bis 1939 kam es dann noch zur Lösung einiger lang umkämpfter Probleme, unter denen die Erstbegehungen von Teufelsturm Talseite und Schrammtorwächter Nordwand durch Rudolf Stolle und Willy Häntzschel hervorragen. Auch die Handrißkletterei begann sich zu entwickeln. Besonderen Anteil daran hatte Richard Dreßler, der 1936 den Bergweg am Heringstein und 1938 den Gemeinschaftsweg an der Wilden Zinne erstmals durchstieg. Neben den Genannten gehörten noch Erwin Esche, Walter Barth und Helmut Oehme zu den herausragenden Kletterern dieser Jahre.

Hatten schon der erste Weltkrieg und das damals erlassene behördliche Kletterverbot die Berge entvölkert, brachte der vom deutschen Faschismus 1939 entfachte zweite Weltkrieg das Bergsteigen fast völlig zum Erliegen.

Nach der Befreiung vom Faschismus 1945 kam es unter schwierigsten Bedingungen zu einem erneuten Aufschwung der klettersportlichen Entwicklung. Auf den Leistungen der letzten Vorkriegsjahre aufbauend, entwickelten sich vor allem Riß- und Handrißkletterei und die Durchsteigung schwierigster Wände. Kennzeichnend dabei war neben der aus der Not geborenen Barfußkletterei die breite Anwendung der Seilschlinge, die eine wesentliche Verbesserung der Sicherheit brachte. Die bedeutendsten bis 1953 erschlossenen neuen Aufstiege waren Rohnspitze Dolch, Rokokoturm Talweg, Dreifingerturm Ostrisse, Goldstein Wahnsinnsverschneidung und Meurerturm Westwand. Diese Leistungen sind mit Namen wie Karlheinz Gonda, Harry Rost und Herbert Wünsche verbunden.

Nach 1954 kam es zu einer großen Breitenentwicklung im Felsklettern, verbunden mit weiteren herausragenden Einzelleistungen. Dietrich Hasse, Herbert Richter, Konrad Lindner, Fritz Eske und Kurt Richter gelangen hervorragende Erstbegehungen wie Höllenhund Talweg (1955), Sommerwand Fledermausweg (1958), Teufelsturm Ostwand (1965) und Kreuzturm Westkante (1965). Das Streben nach geradlinigen Aufstiegen mit großzügiger Wegführung bei hoher Schwierigkeit setzte sich durch und führte zu Begradigungen früher begangener Wege (1956 Falkenstein Direkte Westkante, 1958 Bloßstock Nordwand).

Eine vorerst letzte Periode der klettersportlichen Entwicklung setzte um 1969 ein und ist vor allem mit dem Namen Bernd Arnold verbunden. Alle bisherigen Leistungen wurden überboten und zahlreiche Wege mit durchgehend höchster Schwierigkeit erschlossen. Gab es bis dahin nur einen einzigen Aufstieg des Schwierigkeitsgrades IX (Frienstein Königshangel 1965), wurde mit Erstbegehungen wie Großer Wehlturm Superlative, Schwager Nordwand, Rokokoturm Siebziger Weg, Freier Turm Feuerwand und Nonnengärtner Wand der Abendröte dieser Grad durchgehend erschlossen. Erst Ende der siebziger Jahre konnten auch andere Kletterer wieder mit extremen Neutouren hervortreten. Ab 1983 wurde dann auch der X. Schwierigkeitsgrad erreicht. Wege wie Schwedenturm 6. Versuch und Friensteinwarte Ausflug ins Nirwana markieren erste Schritte in einen neuen Bereich extremer Anforderungen.

Die klettersportliche Erschließung anderer Mittelgebirge Deutschlands (Übersicht 4) begann um die Jahrhundertwende. Nur im Zittauer Gebirge (1876), im Battert (um 1880) und im Frankenjura (1890) sind bereits frühere Klettereien bekannt. Von anderen deutschen Klettergebieten sollen hier ebenfalls die Jahre der ersten klettersportlichen Besteigungen genannt werden:

Hohenstein und Kanstein (Weser-Leine-Bergland)	um 1900
Westharz (Okertal)	um 1900
Südpfalz	1904
Thüringer Wald	1907
Nordeifel	1908
Erzgebirge (Greifensteine)	um 1912
Ostharz	um 1920

Die Erschließung der meisten Klettergebiete und Klettergärten erfolgte vor allem, um für die dort ansässigen Bergsteiger Trainingsmöglichkeiten für das Hochgebirge zu finden. Deshalb wurden dort auch vor allem in den Jahren nach 1930 viele Aufstiege in künstlicher Kletterei durchstiegen. In den sächsischen Klettergebieten (Zittau, Erzgebirge) ebenso wie im Harz blieb jedoch der Einfluß des Elbsand-

Übersicht 4: Mittelgebirgsklettergebiete Deutschlands (Auswahl)

Klettergebiet	Gestein	Bedeutende Kletterziele
Elbsandsteingebirge	Sandstein	Rathener Gebiet, Bielatal, Schrammsteine mit Falkenstein, Affensteine
Zittauer Gebirge	Sandstein	Gebiet von Oybin und Jonsdorf
Erzgebirge	Gneis, Granit	Greifensteine, Teufelsstein bei Johanngeorgenstadt, Katzensteingebiet
Thüringer Wald	Porphyr, Tonschiefer, Konglomerat	Falkenstein bei Tambach-Dietharz, Lauchagrund bei Tabarz, Hoher Stein im Kanzlersgrund
Harz	Sandstein, Kalk, Granit u. a.	Gegensteine bei Ballenstedt, Feuersteingruppe bei Schierke, Oker- und Eckertal, Hübichenstein bei Bad Grund, Römerstein im Südharz
Weser-Leine-Bergland	Kalk, Sandstein	Hohenstein im Süntel, Kanstein, Ith östlich von Hameln, Bodensteiner Klippen bei Salzgitter
Frankenjura	Kalk	Fränkische Schweiz, Pegnitzalp, Altmühlalp mit Römerwald und Dohlenfels, Weismainalp bei Bamberg
Schwäbische Alp	Kalk	Oberes Donautal bei Sigmaringen, Gebiete von Geislingen, Blaubeuren und Urach, Lenninger Tal
Battert (Nordschwarzwald)	Konglomerate	Badener Wand, Cima della Madonna, Falkenwand
Südpfalz	Sandstein	Asselstein bei Annweiler, Felsen um Dahn, Hochstein, Trifels
Nordeifel	Sandstein-Konglomerat	Blenser und Rather Felsen im Rurbogen, Burgfelsen und Effels bei Nideggen, Hochkoppel

steingebirges und damit das freie Klettern ohne künstliche Hilfsmittel bestimmend.
Etwa ab 1970 setzte sich jedoch der Trend zum freien Klettern, vor allem unter dem Einfluß des US-amerikanischen Kletterstils, in den meisten Gebieten durch. Dabei wurden viele bisher künstliche Aufstiege frei begangen, und das allgemeine Leistungsniveau nahm einen deutlichen Aufschwung. Führend waren dabei die Kletterer im Frankenjura, wo 1976 der Begriff des Rotpunkt-Kletterns geprägt wurde.

Im Thüringer Wald entstand analog dazu das Klettern „Ohne künstliche Haltepunkte" (okH). Mit dieser Entwicklung wurden die Grenzen der bisherigen Schwierigkeitsskalen mehrfach gesprengt. Um 1975 wurde die Schwierigkeit VII der UIAA-Skala erreicht. 1983 bis 1985 fanden im Frankenjura die ersten Routen im X. Grad durch den Briten Jerry Moffatt, Wolfgang Güllich und Sepp Geschwendtner ihre Bezwinger.
Mit dieser Entwicklung traten auch unter-

schiedliche Auffassungen zutage. Neben das klassische Erschließen neuer Aufstiege von unten her trat – nicht unumstritten! – das vorherige Einrichten neuer Routen durch Anbringen der Sicherungsmittel, das Trainieren der Schlüsselstellen teilweise mit Sicherung von oben („toprope"), bevor dann die eigentliche freie Durchsteigung erfolgt. Die Entwicklung des Felskletterns kann sicher auch heute noch nicht als abgeschlossen gelten, auch wenn neue lohnende Kletterziele kaum noch gefunden werden und bedeutende Erstbegehungen nur wenigen Spitzenkönnern möglich sind.

2. Die Ausrüstung des Bergsteigers

Die Ausrüstung ist ein wesentlicher Faktor der Sicherheit im Bergsteigen und eine wichtige Voraussetzung für den Erfolg einer Bergtour. Dabei werden an die Sicherheitsausrüstung, die Schutz gegen die Folgen eines Absturzes bieten soll, besonders hohe Anforderungen gestellt. Im Hochgebirge besitzt der Schutz gegen Witterungseinflüsse die gleiche Bedeutung. Die Ausrüstung des Bergsteigers soll aber nicht nur sicher und zuverlässig, sondern auch leicht und zugleich robust sein. Ihre ständige Verbesserung und Weiterentwicklung trug dazu bei, das heutige Spitzenniveau im Bergsport zu erreichen.

Die für die einzelnen Bergtouren benötigte Ausrüstung ist sehr unterschiedlich. Hinweise dazu werden für das Felsklettern im Mittelgebirge im Abschnitt 3.4.2., für das Hochgebirge im Abschnitt 4.2.4. gegeben. Zu beachten ist, daß beim Klettern in einigen Mittelgebirgen bestimmte Sicherungs- und Fortbewegungsmittel (z. B. im sächsischen Elbsandsteingebirge und im Zittauer Gebirge) nicht verwendet werden dürfen.

2.1. Bekleidung

Die Bekleidung des Bergsteigers muß leicht, bequem und strapazierfähig sein und soll gut aussehen. Sie schützt den Körper vor Witterungseinflüssen wie Kälte, Wind, Regen und Schnee, aber auch vor zu starker Wärmeeinstrahlung und Verletzungen.

Bekleidung darf möglichst wenig Feuchtigkeit von außen aufnehmen bzw. muß aufgenommene Feuchtigkeit (z. B. Schweiß) möglichst schnell wieder abgeben. Das wird neben der Dicke und Dichte des Stoffes vor allem vom verwendeten Material beeinflußt.

Die Bekleidung soll die Wärmeregulation des Körpers unterstützen oder zumindest nicht behindern, wobei das Wärmeisolationsvermögen von der Dicke des Kleidungsstückes und der darin eingeschlossenen Luftmenge abhängt. Ein Austausch der isolierenden Luft muß jedoch unterbunden werden.

Den unterschiedlichen, teilweise sogar gegensätzlichen Anforderungen an die Bekleidung kann nur die sorgfältige Kombination verschiedener Kleidungsstücke gerecht werden.

Die Auswahl der Bekleidung erfolgt neben dem persönlichen Geschmack entsprechend Wetter und Jahreszeit sowie dem Charakter der Tour bzw. des Gebirges. Beispielsweise ist für eine hochalpine Tour mit Biwak eine andere Kleidung erforderlich als für eine Tageskletterei im Mittelgebirge. Gute, funktionsgerechte Bekleidung ist wesentlich für Wohlbefinden und Leistungsfähigkeit. Sie ist in Extremsituationen, wie Wetterstürzen im Hochgebirge, eine Überlebensvoraussetzung.

2.1.1. Bekleidungsmaterialien

Das Material (Naturfaser, Synthesefaser, Mischgewebe und entsprechende Füllmaterialien) entscheidet neben der Verarbeitung über die klimatischen Eigenschaften eines Kleidungsstückes. Um diese anhand der Materialangabe besser beurteilen zu können, seien die wichtigsten Natur- und Synthesematerialien mit ihren Vor- und Nachteilen aufgeführt:

Baumwolle ist der am häufigsten verwendete Textilrohstoff für alle Arten von Kleidungsstücken. Sie besitzt eine hohe Reiß- und Scheuerfestigkeit und neigt wenig zur Schmutzaufnahme. Durch das sehr große Feuchtigkeitsaufnahmevermögen ist Baumwolle sehr hautfreundlich, klebt aber schnell am Körper und trocknet langsam.

Wolle (Schafwolle) wird wegen ihrer geringen Reiß- und Scheuerfestigkeit meist mit Synthesefasern gemischt verarbeitet. Durch das sehr gute Feuchtigkeitsaufnahmevermögen ist Wolle hautfreundlich und wärmt auch noch im durchnäßten Zustand.

Naturseide besitzt eine enorme Reißfestigkeit und Dehnbarkeit, aber nur geringe Scheuerfestigkeit. Durch das hohe Feuchtigkeitsaufnahmevermögen ist Naturseide hautfreundlich und trocknet gut. Trotz ihrer Schweißempfindlichkeit wird sie wegen ihrer hervorragenden

Wärmeisolation für Unterwäsche, Unterziehstrümpfe und Unterziehhandschuhe bei extremer Kälte verwendet.

Naturdaune ist leicht, atmungsaktiv und entfaltet durch Aufquellen infolge Körperwärme und -feuchtigkeit ihre Eigenschaften voll. Sie läßt sich andererseits gut komprimieren und ist in ihrem Wärmeisolationsvermögen in Relation zur Masse unübertroffen. Naturdaune wird deshalb bevorzugt als Füllmaterial für hochwertige Biwakbekleidung und Schlafsäcke verwendet. Allerdings klumpt Naturdaune bei Durchnässung zusammen und verliert dadurch zumindest vorübergehend sehr stark an Wärmeisolationsvermögen. Auch durch eine chemische Behandlung kann dieser Nachteil kaum beseitigt werden.

Synthesefasern besitzen eine um vieles höhere Reiß- und Scheuerfestigkeit und ein geringeres Gewicht als Naturfasern. Sie neigen jedoch durch elektrostatische Aufladung stärker zur Schmutzaufnahme. Durch die geringe Feuchtigkeitsaufnahme trocknen Synthesefasern sehr gut, sind aber weniger hautfreundlich und nehmen schnell Schweißgeruch an. Sie wurden deshalb überwiegend für Oberbekleidung eingesetzt. Durch Weiterentwicklung der Synthesefasern gelang es jedoch, sie hautfreundlicher zu gestalten und ihre Nachteile gegenüber den Naturfasern so zu verringern, daß sie in zunehmendem Maß auch für Unterwäsche und Unterbekleidung Verwendung finden.

Naturfasern wie Baumwolle werden häufig durch Beschichten oder Imprägnieren veredelt. **Mischgewebe** vereinen durch die Kombination von Natur- und Synthesefasern die Vorzüge beider Faserarten in sich. Einige spezielle Materialien aus Synthesefasern besitzen sehr gute, den Naturfasern vergleichbare klimatische Eigenschaften:

Faserpelz besteht aus einem Trägergewebe, auf dem Synthesefasern zu einem dem Körper zugewandten Pelz verknüpft sind. Wegen seiner hervorragenden thermischen Eigenschaften bei wechselnden klimatischen Verhältnissen wird Faserpelz in unterschiedlicher Dicke und Dichte für Unterwäsche, Strümpfe, Mützen, Handschuhe usw. verwendet.

Bunting ist ein durch Bürsten beidseitig gewalkter Synthesefaserstoff, der durch seine samtartige Oberfläche sehr angenehme Trageeigenschaften besitzt. Bunting ist winddichter als Faserpelz, jedoch nicht so temperaturregulierend. Es eignet sich deshalb besser für konstante Klimaverhältnisse.

Goretex ist ein Laminat, bei dem eine zum mechanischen Schutz beidseitig kaschierte Teflonmembran so dimensionierte Poren besitzt, daß zwar Wasserdampf hindurchdringen kann, jedoch selbst kleinste Wassertröpfchen nicht mehr durchgelassen werden. Goretex ist gegenwärtig das Material, das die Eigenschaften Wasserdichtheit und Wasserdampfdurchlässigkeit am besten in sich vereint. Es wird u. a. bei Handschuhen, Anoraks, Gamaschen, Rucksäcken und Zelten eingesetzt.

Kunstdaune ist etwas schwerer als Naturdaune und läßt sich bei weitem nicht so gut komprimieren. Sie behält jedoch auch bei Durchnässung noch ein gewisses Wärmeisolationsvermögen. Kunstdaune wird als Füllmaterial für Anoraks, Biwakbekleidung und Schlafsäcke verwendet.

2.1.2. Unterbekleidung

Die richtige Wahl der Unterbekleidung ist für den Wärmehaushalt und damit für das Wohlbefinden des Körpers von großer Bedeutung. Unterbekleidung muß vor allem warm und feuchtigkeitsreguliert sein und gut sitzen.

Die **Unterwäsche** sollte besonders hautfreundlich sein. Baumwollwäsche, einmal vom Schwitzen oder Regen naß, klebt unangenehm am Körper, wirkt also gesundheitsgefährdend. Wolle (am besten Angorawolle) hält dagegen auch bei Nässe warm, trocknet aber ebenfalls langsam. Unterwäsche aus Synthesefasern oder Mischgewebe bietet Vorzüge, da sie viel schneller trocknet und dadurch den Körper warm hält. Entsprechend Jahreszeit und Wetter wird zwischen kurzer oder langer Unterwäsche gewählt. Für Winterfahrten ist neben Faserpelz oder Bunting auch Rheuma-Wäsche gut geeignet. Zusätzliche Nieren- und Knieschützer erhöhen das Wohlbefinden.

Die **Strümpfe** müssen strapazierfähig, warm und druckaufnahmefähig sein. Frottee aus Wolle mit Synthesefaseranteil oder reine Wolle (am besten Schurwolle) besitzen ein sehr gutes Druckaufnahmevermögen. Für den normalen Gebrauch haben Strümpfe aus Mischgewebe die ausgewogensten Eigenschaften. Kniestrümpfe sollten nicht zu kurz gewählt werden, da sie meist einlaufen. Es ist günstig, wenn unter der Kniebundhose das Knie vom Strumpf bedeckt wird, während unter langen Hosen Socken genügen.

2.1.3. Oberbekleidung

Die Oberbekleidung soll vor allem funktionsgerecht und strapazierfähig sowie atmungsaktiv sein.

Das **Hemd** aus Baumwoll-Mischgewebe oder Flanell ist am zweckmäßigsten. Vorteilhaft sind Hemden, bei denen der aufgerollte Ärmel durch eine Lasche festgeknöpft werden kann. Der Kragen darf nicht zu eng sein. Günstig sind gedeckte Farben. Besonders in der warmen Jahreszeit kann das Hemd durch einen dünnen Pulli, ein T-Shirt oder ähnliches ersetzt werden. Sogenannte Rollis (aus Synthesefasern oder Baumwolle) schützen bei schlechtem Wetter auch den Hals. Ihr Kragen sollte aber für wärmere Bedingungen unbedingt mit einem Reißverschluß zu öffnen sein.

Der **Pullover** soll in Relation zum Gewicht eine gute Wärmeisolation haben und strapazierfähig sein. Neben Wolle finden Synthesefasern zunehmend Verwendung. Zwei dünne Pullover oder Hemd und Pullover sind erfahrungsgemäß günstiger als ein dicker Pullover, da sie besser den häufig schwankenden Temperaturen angepaßt werden können. Beim Pullover ist auf ausreichende Ärmel- und Rückenlänge zu achten. Ein wasserdicht verpackter Pullover als Reservekleidung gehört im Hochgebirge auch im Sommer bei jeder Tour in den Rucksack.

Die **Hose** muß viel Bewegungsfreiheit bieten, hautfreundlich und strapazierfähig sein. Sie besteht aus hochwertigem Mischgewebe, im Sommer auch aus Popeline oder anderen schnell trocknenden Materialien. Bestens bewährt hat sich die Kniebundhose mit Schnürung oder Gummizug am Knie. Der Bund darf bei angewinkeltem Bein nicht spannen oder gar über das Knie rutschen. Lange Hosen behindern die Blutzirkulation in den Beinen weniger. Elastische oder zusammenziehbare Beinabschlüsse erübrigen meist zusätzliche Gamaschen. Jeans sind jedoch ungeeignet, da kalt und bewegungshemmend. Kordhosen verschleißen sehr schnell und trocknen nur langsam. Vorteilhaft sind vor allem im Hochgebirge Hosen mit Latz und hochgezogenem Bund als zusätzlicher Wärmeschutz für die Nieren. Mehrere gut verschließbare Taschen für persönliche Dinge gehören zur Ausstattung.

Die **Überhose** dient je nach Ausführung als zusätzlicher Kälte-, Wind- und Regenschutz. Wegen starker Kondenswasserbildung sind Überhosen aus beschichtetem Synthesefaserstoff für längeren Gebrauch ungeeignet. Die derzeit beste Lösung stellen Überhosen aus Goretex dar. Für besonders kalte Bedingungen sind gefütterte Überhosen empfehlenswert. Lange seitliche Reißverschlüsse, die das Anlegen der Hosen auch mit angezogenen Schuhen ermöglichen, gehören zur Ausstattung.

Der **Anorak** als zusätzlicher Kälte-, Wind- und Regenschutz muß warm, wasserdicht und möglichst atmungsaktiv sein. Imprägnierte Baumwoll- oder Mischgewebeanoraks erfüllen diese Forderungen, sind jedoch nicht dauerhaft wasserdicht. Anoraks aus beschichtetem Synthesefaserstoff bieten zwar guten Regen- und Windschutz, sind aber nicht atmungsaktiv. Wegen starker Kondenswasserbildung sind sie für längeren Gebrauch, besonders bei großen Anstrengungen, nicht geeignet. Die derzeit beste Lösung stellen Anoraks aus Goretex dar. Universell sind Anoraks, bei denen das Futter herausgeknöpft werden kann. Mehrere gut verschließbare Taschen und eine Kapuze gehören zur Ausstattung. Wenigstens ein dünner Anorak aus beschichtetem Synthesefaserstoff sollte auch im Sommer bei jeder Bergtour im Rucksack sein.

Die **Kopfbedeckung** muß den Kopf vor Kälte, Wind, Regen sowie starker UV-Strahlung schützen. Die Art der Kopfbedeckung richtet sich deshalb neben dem persönlichen Geschmack vor allem nach Jahreszeit und Wetter. Eine ohrenbedeckende Wollmütze ist der übliche Kälteschutz. Kopfhauben (z. B. aus Wolle oder Faserpelz) reichen bis über den Hals und schützen außerdem Wangen und Nase. Sie finden nur bei tiefen Temperaturen Verwendung und tragen sich sehr vorteilhaft unter dem Schutzhelm. Leichte Hüte dienen vor allem im Hochgebirge als Sonnenschutz. Durch ihren breiten Rand schützen sie zusätzlich Nacken und Gesicht.

Der **Handschuh** wärmt und schützt vor Verletzungen. Er ist deshalb auch im Sommer oft notwendig. Gut sitzende Fingerhandschuhe aus Leder sind bei trockener Kälte am vielseitigsten verwendbar. Sie eignen sich z. B. als Handschutz beim dynamischen Sichern, Abseilen oder Klettern im leichten Gelände. Bei großer Kälte sind Wollfäustlinge, eventuell auch wasserabweisende Überhandschuhe mit langen Stulpen aus Synthesefasern oder Segeltuch notwendig. Praktisch ist eine Fangschnur, die die Handschuhe vor Verlust bewahrt. Zum Klettern bei Kälte eignen sich Fingerhandschuhe aus Wolle oder Faserpelz mit abgeschnittenen Fingerspitzen. Auch kurze Stulpen, die Hand und Gelenk wärmen (sog. Pulsschützer), sind ein wirkungsvoller Schutz bei mäßiger Kälte.

Die **Gamasche** verhindert das Eindringen von Schnee und Steinen in den Schuh und das Durchnässen der Strümpfe. Sie besteht meist aus beschichtetem Synthesefaserstoff. Segeltuchgamaschen sind zwar sehr strapazierfähig, aber schwer und durchnässen leicht. Im Hochgebirge bzw. im Tiefschnee ist eine knielange Ausführung notwendig. Sehr vorteilhaft sind Gamaschen mit seitlichem Reiß- oder Klettverschluß, die ohne Ausziehen der Schuhe angelegt werden können. Ein unter der Schuhsohle durchgezogenes Spannband verhindert das Hochrutschen der Gamasche. Um ein Verhaken an Felsvorsprüngen oder den Steigeisen zu verhindern, muß sie gut am Bein anliegen. Für extreme Anforderungen werden gefütterte Gamaschen verwendet, die z. T. den gesamten Schuh mit umschließen.

2.1.4. Kletterbekleidung

In der Regel ist neben der Wegbekleidung eine Kletterbekleidung notwendig, die fest, robust, leicht und elastisch sein soll. Speziell im rauhen Sandstein der Mittelgebirge, wo die Bekleidung oft stark beansprucht wird, sollte es selbstverständlich sein, auf dem Weg ins Gebirge andere Kleidung als zum Klettern zu tragen. Das gilt ebenso für Ortschaften, Gaststätten und vielbegangene Wanderwege.

Als **Kletterhose** wird meist eine Kniebundhose aus festem Stoff (Leinen, Drillich) getragen. Sie soll eng am Körper anliegen, aber die notwendige Bewegungsfreiheit bieten. Zu empfehlen ist, Knie und Gesäß mit Dopplungen zu versehen. Tiefe Taschen aus festem Stoff ermöglichen das Mitnehmen notwendiger kleinerer Dinge. Für schwierige Felskletterei haben sich eng anliegende elastische Hosen wie Trainings- und Gymnastikhosen bewährt. Sie bieten neben einem gewissen Schutz vor Hautabschürfungen sehr viel Bewegungsfreiheit. Je nach Wetter und Temperatur werden dazu **T-Shirts**, **Sportjerseys** oder **Hemden aus Baumwolle** getragen. Bei Anwendung klassischer Abseilmethoden (z. B. Dülfersitz) sind Ausführungen mit Kragen zu empfehlen. Als **Kletterjacke** werden ungefütterte Anoraks oder Trainingsjacken getragen, auch Westen aus festem Stoff.

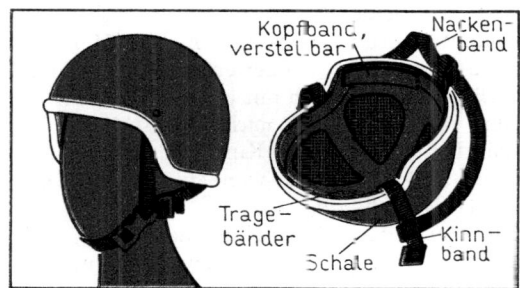

Abb. 5 Schutzhelm

Im Hochgebirge wird die Kleidung nicht so sehr durch das Gestein beansprucht. Die für die Tour notwendige Bekleidung wird hier meist bereits von der Unterkunft an getragen.

2.1.5. Schutzhelm

Der Schutzhelm besteht aus Helmschale, Innenausstattung und Beriemung. (Abb. 5)

Die **Helmschale** schützt den oberen Teil des Kopfes bis etwa zur Schläfe vor Beanspruchungen durch Stoß oder Schlag, die von oben oder seitlich wirken, und soll ohne besondere örtliche Veränderungen eine möglichst gleichmäßige Festigkeit aufweisen. Sie muß eine glatte Oberfläche haben und auf Außen- und Innenseite frei von vorspringenden starren Teilen sein, die zu Verletzungen führen können. An beiden Seiten der Helmschale befinden sich Lüftungsöffnungen, die meist verschließbar sind.

Die **Innenausstattung** muß einen druckfreien und sicheren Sitz des Schutzhelmes auf dem Kopf gewährleisten und kann stoßdämpfende Teile enthalten. Das Kopfband muß verstellbar sein, um bei Kälte eine Wollmütze oder Sturmhaube unter dem Helm tragen zu können. Der Abstand zwischen Helmschale und Kopfband soll aber unabhängig von der Einstellung des Kopfbandes am gesamten Helmumfang zwischen 5 und 20 mm liegen. Die Tragbänder und die Stege des Tragkorbes müssen mindestens 20 mm breit sein. Durch Verstellen der Tragbänder bzw. des Tragkorbes kann die Traghöhe des Helmes, d. h. der Abstand zwischen Kopf und Helmschale, verändert werden.

Die **Beriemung** des Schutzhelmes muß gabelförmig ausgeführt sein und aus Kinn- und Nackenband von mindestens 20 mm Breite bestehen. Beide Bänder müssen unlösbar miteinander verbunden sein. Um den Helm im Falle eines unkontrollierten Sturzes nicht zu verlieren, darf er sich mit geschlossenem Kinnband auf keinen Fall nach vorn schieben lassen. Das Tragen des Kinnbandes über dem Kinn, z. B. mit einem wannenförmigen Kinnschutz, ist nicht zulässig.

Die Masse des Schutzhelmes darf 800 g nicht überschreiten. Eine ausreichende Alterungsbeständigkeit der Helmschale gegen die Einwirkung ultravioletter Strahlung kann nur durch glas- oder karbonfaserverstärkte Kunststofflaminate gewährleistet werden. Sie sind an heller bzw. schwarzer Faserstruktur auf der Innenseite des Helms erkennbar. Helmschalen aus Thermoplasten, sogenannte Leichthelme, verspröden infolge der UV-Einstrahlung sehr schnell und sind meist kälteempfindlich. Ihre Verwendung ist nicht zu empfehlen, keinesfalls sollten sie länger als 5 Jahre benutzt werden. Die größte Alterung tritt bei den Helmen auf, die häufig im Hochgebirge getragen werden.

Neben der Alterung sind folgende Verschleißschwerpunkte zu beachten:
- Der größte Verschleiß tritt bei Helmen auf, die häufig in engen Kaminen oder Rissen getragen werden.
- Besondere Vorsicht ist in scharfkantigem Gestein geboten. Durch Stoß oder Schlag entstandene feine Risse können zum Bruch der Helmschale führen.

In folgenden Fällen sind Schutzhelme sofort auszusondern:
- bei sichtbaren mechanischen Beschädigungen oder stark angerosteten Befestigungsnieten der Tragbänder;
- bei Fall aus großer Höhe oder auf harten Untergrund;
- nach größerer Beanspruchung, z. B. durch Steinschlag oder Sturz.

Die Schutzhelme sind vor Stoß, Schlag, Fall sowie vor Chemikalien zu schützen. Vom Streichen, Spritzen oder Bekleben der Helmschale wird deshalb dringend abgeraten, ebenso von anderen Veränderungen wie dem Anbringen zusätzlicher Lüftungs- oder Befestigungslöcher in der Helmschale, weil damit das Energieaufnahmevermögen des Helms beeinträchtigt wird.

Helmschale, Tragbänder bzw. Tragkorb und Bänderung sind nach jedem Gebrauch auf sichtbare Schäden zu kontrollieren.

Eine Eigentumskennzeichnung des Schutzhelmes kann mit Kennfäden an den Tragbändern oder am Innenrand der Helmschale erfolgen.

2.1.6. Biwakbekleidung

Biwakbekleidung ist eine spezielle Kälteschutzbekleidung für extreme Bedingungen, wie sie z. B. Eistouren oder das Übernachten ohne feste Unterkunft im Hochgebirge darstellen.

Die **Biwakjacke** muß sehr warm und atmungsaktiv sein. Sie besteht aus mehreren, im Kammersystem verarbeiteten Schichten Synthesefaserstoff, zwischen denen sich eine wärmeisolierende Füllung aus Kunst- oder Naturdaune befindet. Angeschnittene Kapuze, Abdeckleiste für den Reißverschluß und einige gut verschließbare Taschen gehören zur Ausstattung. Biwakjacken mit Naturdaunenfüllung stellen in großen Höhen oder in Situationen, wo der Körper selbst wenig Wärme erzeugt, den besten Kälteschutz dar. Sie sind außerdem relativ leicht und klein verpackbar.

Auch eine Kombination aus Daunenweste und ungefüttertem Anorak aus Synthesefaserstoff kann in vielen Fällen bereits einen ausreichenden Kälteschutz bieten.

Die **Biwakhose** ist im allgemeinen nicht üblich, da die Beine beim Biwakieren durch den Schlafsack geschützt werden. Bei Eistouren oder großer Kälte ist jedoch eine gefütterte Überhose zu empfehlen.

Der **Biwakhandschuh** in Fäustlingsform mit Füllung aus Naturdaune bietet besten Kälteschutz, ist aber wegen seines Volumens zum Hantieren schlecht geeignet. Nützlich ist eine Fangschnur, die die Biwakhandschuhe vor Verlust bewahrt.

Der **Biwakschuh** mit Füllung aus Naturdaune bietet besten Kälteschutz und wird im Biwak an Stelle des Bergschuhes getragen. Ausführungen mit Schnürung und verstärkter Sohle eignen sich auch als Baudenschuh.

2.1.7. Regenschutz

Alle Arten von Bekleidung verlieren bei Durchnässung weitgehend ihr Wärmeisolationsvermögen. Deshalb gehört bei längeren Touren im Gebirge neben zweckmäßiger Bekleidung ein zusätzlicher Regenschutz zur Ausrüstung. Seine Wahl ist vor allem vom Cha-

rakter der Tour bzw. vom Gelände abhängig:
Der **Regenschirm** in stabiler, großer Ausführung bietet im Gehgelände durchaus einen wirksamen Regenschutz.

Der **Regenumhang** mit Kapuze ist im Gehgelände einem beschichteten Anorak vorzuziehen, da er die Körperatmung weniger behindert und dadurch nicht so stark zur Kondenswasserbildung neigt. Am günstigsten sind Ausführungen, unter denen auch der Rucksack Platz findet. Folieumhänge sind allerdings ungeeignet, da sie zu leicht zerreißen.

Der **Überanzug** aus beschichtetem Synthesefaserstoff ist im Klettergelände meist die einzige Möglichkeit des Wind- oder Regenschutzes. Ein Overall oder eine Kombination aus ungefütterter Überhose und Überanorak gewährleisten die notwendige Bewegungsfreiheit. Wegen starker Kondenswasserbildung ist der Überanzug für längeren Gebrauch, besonders bei großen Anstrengungen, nicht geeignet. Die derzeit beste Lösung stellen Überanzüge aus Goretex dar. Trotz seiner Nachteile sollte der Anzug besonders im Hochgebirge bei jeder Klettertour im Rucksack sein.

2.1.8. Schutzbrillen

Der Bergsteiger ist mit zunehmender Höhe einer verstärkten Lichtstrahlung ausgesetzt, die durch die hohen Reflexionswerte von Eis und Schnee noch verstärkt wird. Da eine Überdosis bestimmter Wellenlängenbereiche des Lichtes für die Augen schädlich ist, müssen sie durch Brillen geschützt werden.

Das Licht wird im wesentlichen in folgende Bereiche eingeteilt:

- ultraviolette Strahlung (UV);
- sichtbares Licht;
- infrarote Strahlung (IR).

Für das menschliche Auge ist also nur ein bestimmter Bereich des Lichtes sichtbar, während IR-Strahlung als Wärme wahrgenommen wird. Am gefährlichsten ist die unsichtbare, kurzwellige UV-Strahlung, die sehr schnell zu äußerst schmerzhaften Reizungen oder Entzündungen der Bindehaut bis zur sogenannten Schneeblindheit führen kann.

Eine gute Schutzbrille muß deshalb ein sehr hohes Absorptionsvermögen gegenüber UV- und IR-Strahlung besitzen, um Schädigungen bzw. unangenehmen Wärmestau im Augenbereich zu verhindern. Durch die Tönung der Gläser werden die Augen vor zu großer Helligkeit des sichtbaren Lichtes geschützt. Praktisch sind sogenannte heliotrope Gläser (Heliomatic), die ihre Tönung automatisch der Lichtintensität anpassen. Echte Gläser gewährleisten diesen Effekt ermüdungsfrei und sind in ihrer optischen Güte und Kratzbeständigkeit den Kunststoffgläsern überlegen.

Hinsichtlich ihrer Gestaltung und Anwendung werden folgende Schutzbrillenarten unterschieden:

Die Schutzwirkung der **Sonnenbrille** beruht auf der Abschirmung eines möglichst großen Gesichtsfeldbereiches. Qualitativ hochwertige Sonnenbrillen sind trotz des vorhandenen Absorptionsvermögens der Gläser für den Einsatz als Sonnenbrillen im Hochgebirge nur bedingt geeignet, da die Augen nicht gegen seitlich einfallendes Licht infolge Reflexion (Eis, Schnee) geschützt sind. Außerdem gewährleisten Ohrbügel meist nicht den erforderlichen festen Sitz der Brille. (Abb. 6/7)

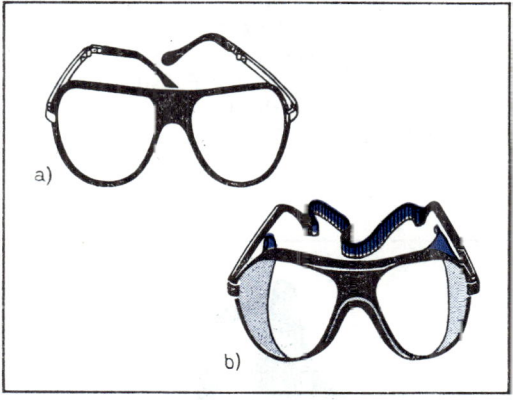

Abb. 6/7 Schutzbrillen
a – Sonnenbrille; b – Gletscherbrille

Die **Gletscherbrille** hat anstelle der Ohrbügel bei der Sonnenbrille ein elastisches Kopfband, das einen absolut sicheren Sitz gewährleistet. Die Brille sollte die Augen mit einer weichen, elastischen Auflage ringsum gegen Seitenlicht abschirmen, ohne das Gesichtsfeld und die Belüftung wesentlich einzuschränken. Sehr nützlich ist ein abnehmbarer Nasenschutz, der bei starker Strahlungsintensität für die empfindliche Nasenpartie nötig ist. (Abb. 6/7)

Zur Aufbewahrung und zum Transport der Schutzbrille dient ein stabiles, bruchsicheres Etui.

2.1.9. Schuhe

Der Schuh muß im Gebirge einen sicheren Kontakt zum Untergrund ermöglichen sowie vor Kälte und Verletzungen schützen. Gute Atmungsaktivität, Schweißaufnahmefähigkeit und Wasserdichtheit bei geringem Gewicht sind weitere Anforderungen.

Besonders wichtig bei allen Schuhen ist ein fester, aber bequemer Sitz. Zu enge Schuhe führen zu Druckstellen, behindern die Blutzirkulation und begünstigen Erfrierungen. Zu weite Schuhe reiben und verursachen Blasen. Günstig sind stoßdämpfende Sohlenkonstruktion (Gummiplatten unter Absatz) und Fußbetteinlagen.

Die Auswahl der Schuhe erfolgt entsprechend Wetter und Jahreszeit sowie Charakter des Gebirges. Kletterschuhe werden der Tour entsprechend gewählt.

Hinsichtlich ihrer Anwendung und Gestaltung werden folgende Schuhtypen unterschieden:

Der **Kletterschuh** besteht aus schmiegsamer Sohle mit seitlich hochgezogenem Rand und knapp sitzendem Schaft aus Spaltleder oder besser spaltlederverstärktem Segeltuch mit Knöchelschutz. Eine bis zur Fußspitze reichende Schnürung gewährleistet den festen, hautnahen Sitz im Schuh. Folgende Arten sind üblich:

– Spezialkletterschuh mit unprofilierter Porokrepp- oder Gummisohle. Dieser Schuh ist nur für reine Felskletterei geeignet. Durch seine ständige Verbesserung zum heutigen Spitzenmodell mit weicher Spezialgummisohle ist der Spezialkletterschuh durch seine ausgezeichneten Haftreibungseigenschaften eine wesentliche Voraussetzung extremer Freikletterei im Mittel- und Hochgebirge. (Abb. 8 a)

– Universalkletterschuh mit profilierter Gummisohle. Dieser Schuh ist für das Klettern im Hochgebirge gedacht und eignet sich für alle Geländeformen (außer Gletscher). (Abb. 8 b)

Kletterschuhe, vor allem Spezialkletterschuhe, müssen knapp sitzen. Da sie sich durch den Gebrauch weiten, werden sie beim Kauf ein bis zwei Nummern kleiner gewählt.

Der **Leichtbergschuh** besteht aus einfachem Lederschaft mit angegossener Kunststoff- oder Gummisohle unterschiedlicher Profilierung. Rauhseitig verarbeitetes Oberleder ist robuster gegen Beanspruchungen im Fels. Dieser Schuhtyp eignet sich vor allem als leichter Wanderschuh im Mittelgebirge. Er kann im Hochgebirge als Universalkletterschuh verwendet werden, ist aber in der Regel nicht genügend wasserdicht.

Der **mittelschwere Bergschuh** besteht aus ro-

Abb. 8   Schuhe
a – Spezialkletterschuh; b – Universalkletterschuh; c – mittelschwerer Bergschuh; d – schwerer Bergschuh.

bustem Lederschaft mit Knöchelpolsterung, Geröllabschluß, Faltzunge und stabiler Schnürung sowie rahmengenähter Zwischensohle mit Profilgummisohle. Das Oberleder ist zweckmäßig rauhseitig verarbeitet, teilweise verstärkt und robust gegen Beanspruchungen im Fels und gegen Nässe. Dieser Schuhtyp stellt den Universalschuh mit Vielzweckeignung bei jedem Wetter im Mittel- und Hochgebirge dar. (Abb. 8 c)

Der **schwere Bergschuh** besteht aus robustem, doppeltem Lederschaft mit Knöchelpolsterung, Geröllabschluß, Gehfalte, Faltzunge und stabiler Schnürung sowie mehrfach rahmengenähter, kräftiger Zwischensohle mit Profilgummisohle. Das Oberleder ist rauhseitig verarbeitet, teilweise verstärkt und äußerst robust gegen Beanspruchung im Fels, gegen Nässe und tiefe Temperaturen. Besonders schwere Modelle besitzen herausnehmbare Innenschuhe zur besseren Wärmeisolation, die als Hütten- oder Biwakschuhe verwendbar sind. Dieser Schuhtyp ist uneingeschränkt steigeisenfest und findet im Mittelgebirge kaum Verwendung. Er ist für Winterunternehmen, vergletschertes Hochgebirge sowie Kletterei im kombinierten Gelände oder Eis geeignet. (Abb. 8 d)

Gegenwärtig wird der schwere Bergschuh mehr und mehr durch den wesentlich leichteren und absolut wasserdichten Kunststoffschuh mit Innenschuh verdrängt. Durch seine steife Sohle ermöglicht er kraftsparendes Klettern mit den Frontalzacken der Steigeisen in steilem Eis oder schwierigem kombiniertem Gelände. Obwohl der Kunststoffschuh steifer als der schwere Lederschuh ist, überwiegen seine Vorteile in Schnee und Eis.

Da Lederschuhe durch Nässe im Laufe der Zeit eingehen, sollten sie beim Kauf mit zwei Paar dicken Strümpfen gut passen. Bei Kunststoffschuhen weitet sich der Innenschuh durch den Gebrauch, so daß beim Kauf ein Paar normale Strümpfe genügen.

2.2. Transportbehältnisse

Die Transportbehältnisse dienen dem Transport der oft umfangreichen Ausrüstung des Bergsteigers. Die Auswahl der Behältnisse erfolgt je nach Verwendungszweck, wobei die Palette vom kleinen Kletterrucksack für Tagestouren über Großrucksäcke bzw. Kraxen für Mehrtagestouren bis hin zu Plastecontai-

nern für Expeditionen reicht. Bei umfangreicher Ausrüstung sind wenige große Gepäckstücke, deren Einzelmasse jedoch 40 kg nicht überschreiten sollte, am günstigsten.

Beim Bergwandern wird ein Gepäck von etwa 7 kg kaum als störend empfunden, während eine komplette Wochenendausrüstung mit Verpflegung bereits eine Masse von etwa 15 kg hat. Bei mehrtägigen Klettertouren erhöht sich die Masse der Ausrüstung einschließlich Verpflegung und Biwakausrüstung auf mindestens 20 kg. Etwa ab 15 kg kommt dem Tragekomfort des Transportbehältnisses erhöhte Bedeutung zu, da der Bergsteiger seine Ausrüstung oft über weite Strecken in kompliziertem Gelände tragen muß.

Das Fassungsvermögen bzw. die Größe eines Transportbehältnisses wird durch das Volumen in Litern oder die Nutzmasse in Kilogramm angegeben.

2.2.1. Rucksäcke

Der Rucksack ist nach wie vor das gebräuchlichste Transportbehältnis des Bergsteigers und dient dem möglichst kraftsparenden Tragen der Ausrüstung. Sein Tragekomfort wird neben der Konstruktion und Ausstattung vor allem von der Schwerpunktlage des Rucksackes beeinflußt. Deshalb haben sich hohe und schlanke, anatomisch geformte Rucksäcke, deren Masseschwerpunkt möglichst dicht am Körperschwerpunkt liegt, durchgesetzt.

Hinsichtlich ihrer Konstruktion werden folgende Rucksackformen unterschieden:

Der **Rucksack ohne Gestell** muß durch sorgfältiges Packen der Rückenkontur angepaßt werden. Er eignet sich daher nur für relativ geringe Lasten.

Der **Rucksack mit flexiblem Innengestell** besitzt meist zwei Aluminiumleisten in der Rückenpartie, die sich durch Biegen der Rückenkontur anpassen lassen. Der Tragekomfort ist dadurch in der Regel besser. Anwendung vor allem bei mittelgroßen Rucksäcken ohne Hüfttragegurt.

Der **Rucksack mit starrem Innengestell** ist praktisch die Weiterentwicklung des Kraxenrucksackes. Ein anatomisch geformtes Gestell gewährleistet in Verbindung mit meist verstellbaren Befestigungspunkten für Schulter- und Hüfttragegurt hohen Tragekomfort durch gute Schwerpunktlage. Einsatz überwiegend für Großrucksäcke mit Hüfttragegurt.

Der **Rucksack mit starrem Außengestell** (sogenannte Kraxe) besteht aus anatomisch geformtem Gestell und Packsack. Er hat durch die Innengestellkonstruktion jedoch an Bedeutung verloren. Das Tragegestell eignet sich aber ohne Packsack sehr gut zum Transport sperriger Lasten und von Plastcontainern, die direkt am Gestell befestigt werden.

Die Qualität eines Rucksackes zeigt sich im Detail. Er muß robust und funktionell sein, wobei zu viele Bänder, Schnallen und Verstellmöglichkeiten hinderlich sind.

Das Rucksackmaterial muß äußerst strapazierfähig und wasserdicht sein. Beschichtete Synthesefaserstoffe, z. B. Dederon, eignen sich dafür am besten. Je größer Fassungsvermögen bzw. Nutzmasse des Rucksackes, desto kräftiger muß das Gewebe sein. Besonders beanspruchte Stellen wie der Boden sollten aus Leder oder doppelter Gewebelage bestehen.

Rückenpolsterungen aus Baumwolle sind zwar schweißaufsaugend, trocknen aber langsam.

Die Tragegurte sollen breit, aber nicht zu weich sein, um eine möglichst großflächige Auflage zu sichern. Sie dürfen weder am Hals drücken noch an den Rippen scheuern. Ein kleiner Brustgurt kann das Abrutschen der Tragegurte von den Schultern verhindern.

Mit dem Hüfttragegurt kann bei richtiger Anpassung des Rucksackes ein großer Teil der Last (etwa 60 bis 70 Prozent) von den Schultern auf die Hüfte verlagert und damit die Wirbelsäule wesentlich entlastet werden. Er muß großflächig aufliegen und weich gepolstert sein.

Die Schnallen an den Gurten dürfen sich nicht von allein verstellen und sollen sich auch mit Handschuhen gut bedienen lassen.

Hinsichtlich ihrer Größe und Verwendung werden folgende Rucksackarten unterschieden:

Der **Minirucksack** aus dünnem Synthesefaserstoff in Beutelform eignet sich als kleiner Zweitrucksack für Handgepäck und Reiseproviant, da er leicht und sehr klein zusammenlegbar ist. Allerdings besitzt er keinerlei Tragekomfort. (Abb. 9a)

Der **Kletterrucksack** aus Segeltuch mit Lederboden oder beschichtetem Synthesefaserstoff besitzt etwa 25 Liter Fassungsvermögen. Gut am Rücken aufliegende Ausführungen ohne Gestell sind vorzuziehen. Kraxen sind wegen ihrer Sperrigkeit und ihres relativ schlechten Körperkontaktes ungeeignet. Ein Hüfttragegurt ist nicht unbedingt erforderlich, zur La-

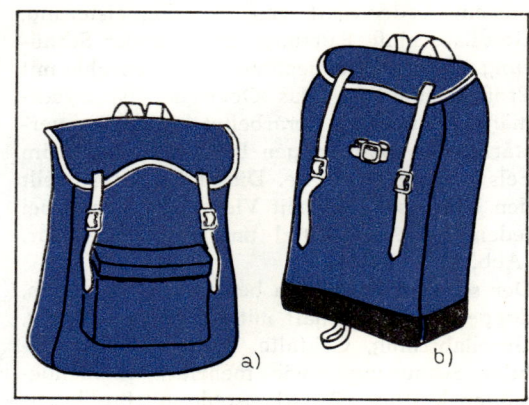

Abb. 9 Rucksackformen
a – Minirucksack; b – Kletterrucksack;
c – Großrucksack; d – Großkraxe.

gefixierung ist jedoch ein Bauchgurt vorteilhaft. Zur Ausstattung des Kletterrucksackes gehören unbedingt Steigeisenbefestigung, Pikkelschlaufen und eine stabile Metallöse zum Anhängen, während Außentaschen und abstehende Riemen störend wirken. (Abb. 9b)

Der **Großrucksack** bzw. die **Großkraxe** aus beschichtetem Synthesefaserstoff besitzt bei etwa 70 Liter Fassungsvermögen Mehrzweckeignung durch verschiedene Umbaumöglichkeiten wie abnehmbare Außentaschen, mehrere Reißverschlußtaschen, Beschläge zur Befestigung verschiedenen Zubehörs und ist oft höhenverstellbar. Ein möglichst integrierter, d. h. in die Seitennähte des Rucksackes eingesetzter (nicht höhenverstellbarer) Hüfttragegurt ist unbedingt erforderlich. Anatomische Rückenkontur und Hüfttragegurt gewährleisten durch engen Körperkontakt und sehr gute Schwerpunktlage hohen Tragekomfort. (Abb. 9c und d)

2.2.2. Pack- und Tragehinweise

Das Packen beginnt eigentlich mit der Wahl eines der geplanten Tour entsprechenden Rucksackes und erfolgt nach verschiedenen, teilweise widersprüchlichen Prinzipien, weil es z. B. unmöglich ist, *alle* Dinge leicht erreichbar zu verpacken.

– Die schwersten Ausrüstungsgegenstände kommen hoch in den Rückenbereich, um den Masseschwerpunkt möglichst dicht an den Körperschwerpunkt zu bringen. Allerdings darf der Rucksack wegen der Kipp-

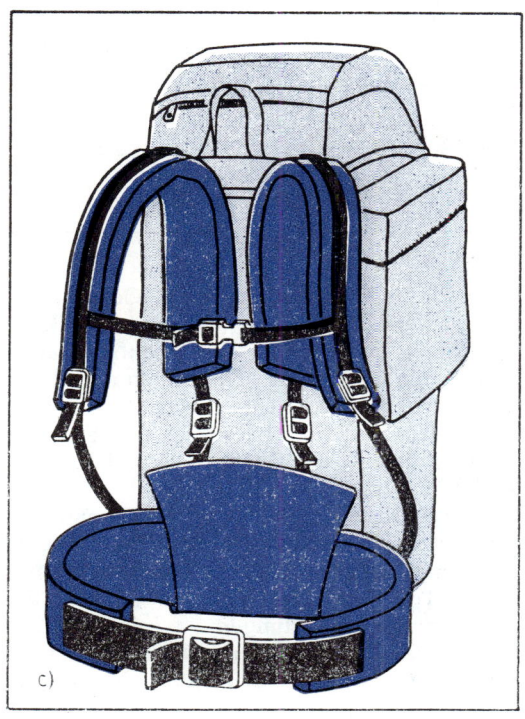

c)

gefahr auch nicht kopflastig werden. Leichte Gegenstände oder Bekleidung kommen überwiegend in den rückenfernen Bereich.
- Im Rückenbereich dürfen keine harten und unebenen Ausrüstungsgegenstände drükken.
- Alle Dinge, die oft gebraucht werden bzw. schnell griffbereit sein müssen (Verband- und Orientierungsmittel, Schutzbrille, Hautcreme, Taschenmesser, Fotoausrüstung), werden zweckmäßig in den Außentaschen untergebracht. Im unteren Teil des bei Kraxen häufig durch einen Zwischenboden geteilten Packsackes werden seltener benötigte Dinge wie Reservebekleidung untergebracht.
- Kleine Gegenstände und Verpflegung werden vorteilhaft durch Folietüten oder Plastedosen zu übersichtlichen Verpackungseinheiten zusammengefaßt, die außerdem mit unterschiedlichen Farben gekennzeichnet werden können.

Bei ungünstiger Masseverteilung zieht der Rucksack zu sehr nach hinten und zwingt seinen Träger zu stark nach vorn geneigter, kräftezehrender Haltung. Durch den Hüfttragegurt kann die Lastverteilung vorteilhaft zwischen Schultern und Hüfte variiert werden.

Im schwierigen Fels oder Eis muß besonders auf den guten Körperkontakt des Kletterrucksackes geachtet werden, um gefährliche Gleichgewichtsverlagerungen zu vermeiden.

2.2.3. Spezialbehältnisse

Wegen der Dauer des Transportes, der klimatischen Bedingungen, des Umfangs der Ausrüstung oder aus Sicherheitsgründen sind neben dem üblichen Rucksack oft Spezialbehältnisse notwendig.

Bei expeditionsartigen Unternehmungen haben sich Plastecontainer in runder oder eckiger Form mit 50 bis 100 Liter Fassungsvermögen gut bewährt. Die meist durch große Schraubdeckel verschlossenen Container sind hinsichtlich Wasserdichtheit allen anderen Transportbehältnissen überlegen. Ihr Transport erfolgt mittels Tragegestell oder direkt am Container befindlicher Tragegurte. Müssen jedoch größere Mengen an Verbrauchsmaterial transportiert werden, bieten sich Einwegbehältnisse wie in Folie eingeschweißte Kartons u. ä. an.

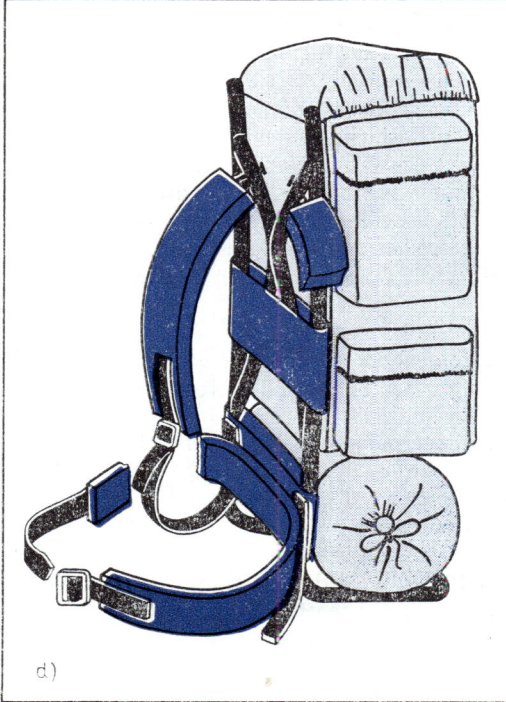

d)

Wird die Ausrüstung außer Kontrolle des Eigentümers transportiert (Flugzeug, Expreßgut), muß mit recht grober Behandlung gerechnet werden. Robuste Schutzhüllen, die die Gepäckstücke (auch Rucksäcke) außen glatt und unempfindlich machen, sind in solchen Fällen dringend zu empfehlen. Sperrige, spitze Gegenstände wie Pickel und Skistöcke werden gesondert verpackt.

Spezielle Behältnisse sind für hochwertige und besonders empfindliche Ausrüstungsgegenstände wie Film- und Fotoausrüstung, Brillen u. ä. erforderlich.

Ein wasserdichter Brustbeutel oder eine Dokumententasche schützt die wichtigsten Ausweise und Zahlungsmittel vor Verlust.

2.3. Sicherheitsausrüstung

Die Sicherheitsausrüstung bestimmt entscheidend die Sicherheit des Bergsteigers und wirkt damit auf seine Leistungsbereitschaft und das Maß eines möglichen Risikos beim Klettern ein. Besonders das Seil und die anderen Sicherungsmittel schützen den Bergsteiger unmittelbar vor den Folgen eines Sturzes.

Wegen ihrer Bedeutung muß die Sicherheitsausrüstung äußerst sorgfältig behandelt, gepflegt und ständig kontrolliert werden. Pflegehinweise und Gebrauchsanleitungen sind unbedingt zu beachten! Die Sicherheitsausrüstung sollte wegen fehlender Kontrolle nicht verborgt werden.

Für die meisten Gegenstände der Sicherheitsausrüstung existieren UIAA-Normen oder Normentwürfe, die bestimmte Mindestforderungen hinsichtlich Festigkeit, Gebrauchseigenschaften, Qualität und Prüfung festlegen. Sie sind in vielen Ländern durch nationale Standards als verbindlich erklärt.

2.3.1. Seil

Seilkonstruktionen

Das Seil ist der wichtigste Bestandteil der Sicherheitsausrüstung. Es dient in Verbindung mit anderen Sicherungsmitteln (Schlingen, Karabinerhaken, Ringe, Haken usw.) zur Gefährtensicherung, findet aber auch als Fortbewegungsmittel beim künstlichen Klettern, beim Abseilen sowie bei Bergungsaktionen Verwendung.

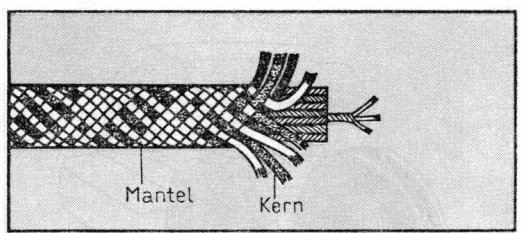

Abb. 10 Seilkonstruktion

Bergseile sind runde Kern-Mantel-Geflechte für überwiegend stoßartige (dynamische) Beanspruchung mit großem Energieaufnahmevermögen und geringer Fangstoßkraft, deren Wirksamkeit durch entsprechende Dehnung gewährleistet wird. Bergseile werden heute ausschließlich aus Chemiefasern (Polyamidseide) hergestellt.

Die zweiteilige Konstruktion des Kernmantelseils setzt sich aus dem Kern und dem Mantel zusammen. (Abb. 10) Der Seilkern ist der tragende Teil des Seiles, der den Großteil der auftretenden Belastungen aufnimmt. Der Mehrstufenzwirn des Kerns setzt sich aus etwa 30 000 bis 55 000 Elementarfäden je nach Seildurchmesser und Konstruktion zusammen. Dieser Kern wird von einem geflochtenen Mantel umschlossen, der ihn weitgehend vor Beschädigungen schützt.

Seile werden in Einfachseile und Halbseile unterschieden. Nach UIAA-Bestimmungen sind sie am Seilende durch eine Banderole gekennzeichnet. Die Auswahl des Seiles ist hauptsächlich von der geplanten Route abhängig.

Spiralgeflochtene Seile erfüllen einige Forderungen der UIAA-Norm, vor allem der Sturzfestigkeit nicht. Ihre Nutzungsdauer ist konstruktionsbedingt viel geringer als bei Kernmantelseilen. Spiralgeflochtene Seile sollen deshalb nicht mehr verwendet werden.

Seilkunde

Im folgenden werden die wichtigsten Eigenschaften des Seiles und Anforderungen an das Seil erläutert:

Arbeitsvermögen ist die Fähigkeit des Seiles, Sturzenergie durch Dehnung bruchfrei aufzunehmen.

Durchmesser ist die Seilstärke in Millimetern. Unter einer Vorlast (Halbseil 6 kg, Einfachseil 10 kg) wird der Durchmesser an drei verschiedenen Stellen je zweimal in senkrecht zueinander stehenden Richtungen gemessen. Das arithmetische Mittel ergibt den Nenndurchmesser.

Mindestdurchmesser für Halbseile ist 8 mm, für Einfachseile 10 mm.

Fangstoßkraft heißt die beim Abfangen eines Sturzes kurzzeitig entgegen der Bewegungsrichtung wirkende Kraftspitze. Die maximale Fangstoßkraft resultiert aus der Seilkonstruktion.

In der Praxis ist die Fangstoßkraft vor allem vom Sturzfaktor abhängig. Um Verletzungen des Gestürzten oder Zerstörung der Sicherungspunkte zu vermeiden, darf die Fangstoßkraft nicht zu groß werden. Maximal sind unter Prüfbedingungen 8 kN bei Halbseilen und 12 kN bei Einfachseilen zulässig.

Fangstoßdehnung ist die kurzzeitige Seildehnung während des Fangstoßes. Sie ist nicht genormt, beträgt aber in der Regel nicht mehr als 20 Prozent. Große Fangstoßdehnung bringt zwar eine niedrigere Fangstoßkraft, verlängert aber die Sturzhöhe.

Gebrauchsdehnung ist die Seildehnung, die beim normalen Gebrauch vorwiegend durch statische Krafteinwirkung, z. B. beim Abseilen oder bei Seilzug, auftritt. Zu große Gebrauchsdehnung erschwert die Handhabung des Seiles.

Griffigkeit des Seiles ergibt sich aus Oberflächenstruktur (Flechtverfahren), Seildurchmesser, Formbeständigkeit des Seilquerschnittes und Art des Materials. Das Seil soll griffig, d. h. nicht zu rauh und nicht zu glatt sein, um sich gut bedienen zu lassen.

Kantenarbeitsvermögen ist die Fähigkeit des Seiles, auch bei Umlenkung über eine Kante (Karabinerhaken) die Sturzenergie bruchfrei aufzunehmen. Dabei entsteht an der Außenseite des geknickten Seiles eine erhöhte Zugbelastung, die äußeren Fasern werden stärker beansprucht. (Abb. 11) Das Kantenarbeitsvermögen ist abhängig vom statischen Flächenmoment. Bei Belastung über eine Kante än-

dert sich die Form des Seilquerschnittes, so daß sich automatisch ein kleineres Flächenmoment einstellt.

Je kleiner der Kantenradius ist, desto größer ist die Gefahr eines Seilrisses durch Abscheren. Die Seilsturzzahl wird geringer. Bei Belastung über scharfe Kanten kann auch ein neues Seil reißen.

Klimatische Einflüsse vermindern die Reißfestigkeit des Seiles:

– *Licht:* Der ultraviolette Strahlenanteil des Sonnenlichtes schädigt alle Textilfasern. Beim Seil ist dieser Einfluß im Verhältnis zum Verschleiß normalerweise unbedeutend.

– *Wärme:* Zu große Reibungswärme, wie sie bei Anwendung dynamischer Sicherungsmethoden oder von Abseilgeräten auftreten kann, hinterläßt bleibende Verformungen (Verschmelzungen) am Seilmantel.

– *Kälte, Eis, Nässe:* Bei vereisten oder nassen Seilen verschlechtern sich Arbeitsvermögen, Knotbarkeit und Elastizität. Die Seilsturzzahl nimmt um 1 bis 2 Normstürze ab. Bei Temperaturen von −45 °C beträgt der Festigkeitsverlust etwa 30 Prozent. Trockene Seile erlangen bei normalen Temperaturen nahezu ihre ursprünglichen Eigenschaften wieder.

Knotbarkeit ist ein Maß für die Geschmeidigkeit des Seiles. Je geschmeidiger ein Seil ist, desto leichter läßt es sich knoten und um so haltbarer sind die Knoten.

Knotenfestigkeit gibt an, welche Reißfestigkeit im geknoteten Seil noch zur Verfügung steht, weil durch die Seilumlenkung im Knoten und die Scherkräfte an den Austrittsstellen des Seiles aus dem Knoten die Festigkeit gemindert wird.

Krangeln sind unerwünschte spiralförmige Verdrehungen, die durch Drehspannungen in Längsachse des Seiles auftreten und dessen Handhabung erschweren oder sogar unmöglich machen können, z. B. durch Blockieren des Seiles bei Anwendung dynamischer Sicherungsmethoden. Häufige Ursachen sind:

– falsches Auslegen und Aufnehmen des Seiles,

– Drehungen des angeseilten Bergsteigers um seine eigene Achse,

– schräger Zug des Seiles über Umlenkkanten.

Längenbezogene Masse (umgangssprachlich Metergewicht) ist die Seilmasse je laufenden Meter und gibt Auskunft über die Gesamtmasse des Seiles. Unter einer Vorlast (Halb-

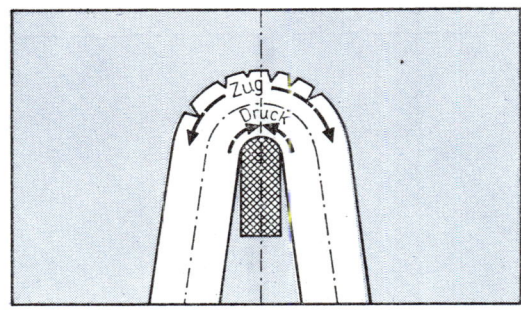

Abb. 11   Kantenarbeitsvermögen

seil 6 kg / Einfachseil 10 kg) wird 1 m Seil unter Normklimabedingungen (20 °C und 60 Prozent relative Luftfeuchtigkeit) abgelängt und gewogen.

Mantelverschiebung ist die Verschiebung des Seilmantels auf dem **Kern** infolge Walkarbeit.

Scheuerung am rauhen Fels bewirkt das Durchtrennen eines Teiles der dünnen Mantelfasern. Die abstehenden Faserenden bilden eine Art „Pelz", der die Griffigkeit des Seiles erhöht und das darunterliegende Seilgeflecht schützt. Ein anderer Teil der Mantelfasern verhakt sich an den Rauhigkeiten des Gesteins. Die ursprünglich glatt und gestreckt liegenden Fasern bilden dadurch kleine Schlaufen, die in ihrer Gesamtheit zu einer Verkürzung und Versteifung des Seiles führen.

Seilprüfung ist die Kontrolle der in den Normen festgelegten Eigenschaften des Seiles mit wiederholbaren, definierten Prüfmethoden. Alle Prüfungen finden unter Normklimabedingungen (20 °C und 60 Prozent relative Luft-

feuchte) statt. Folgende Eigenschaften werden geprüft:

– *Reißfestigkeit:* Sie wird mit dem Fallversuch geprüft (Abb. 12) Dabei darf die Fangstoßkraft beim ersten Versuch folgende Werte nicht überschreiten:

Halbseil: Fallkörper 55 kg/Fangstoßkraft max. 8 kN

Einfachseil: Fallkörper 80 kg/Fangstoßkraft max. 12 kN.

Alle Seile müssen mindestens 5 Normstürze bruchfrei abfangen. Beim Fallversuch wird der festigkeitsmindernde Einfluß der Seilumlenkung und des Knotens (Bulinknoten) berücksichtigt. In der Praxis wird meist ein Teil der Sturzenergie zusätzlich durch Reibung des Seiles und Dehnung der Schlingen aufgenommen. Auch die Elastizität des menschlichen Körpers bewirkt im Gegensatz zum starren Prüfkörper eine wesentliche Verringerung der Seilbeanspruchung, die bis zu 20 Prozent der Fangstoßkraft betragen kann. Durch sein völlig starres System bedeutet der Fallversuch deshalb höchste Seilbeanspruchung.

– *Gebrauchsdehnung:* Sie wird unter einer Vorlast von 5 kg bei einer Lasterhöhung auf 80 kg geprüft. Die Seildehnung darf beim Halbseil 10 Prozent und beim Einfachseil 8 Prozent nicht überschreiten.

– *Mantelverschiebung,* Sie wird mit Hilfe einer Walkvorrichtung geprüft, durch die ein 2 m langes Seilstück fünfmal gezogen wird. Die Verschiebung des Mantels gegenüber dem Kern darf 40 mm nicht überschreiten.

– *Knotbarkeit:* Sie wird an einem einfachen Knoten geprüft, der mit 100 N gespannt wird. Nach der Entlastung des Knotens darf dessen lichter Innendurchmesser den 1,1-fachen Seildurchmesser nicht überschreiten. (Abb. 13)

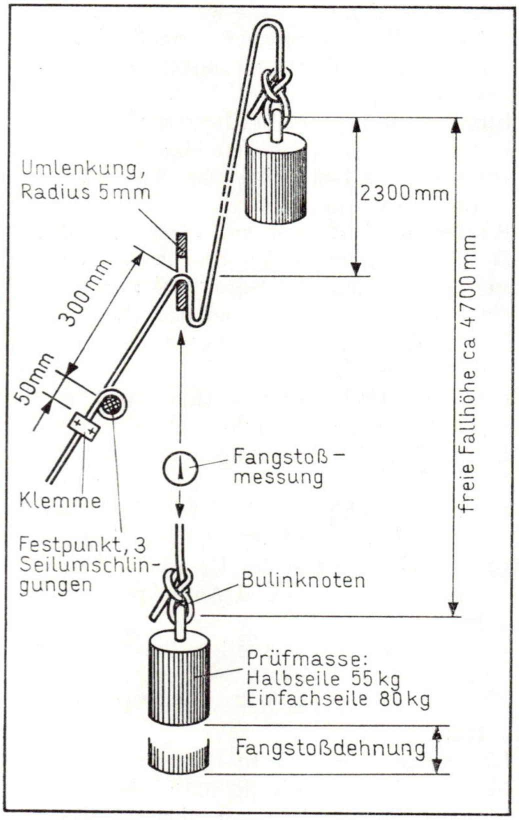

Umlenkung, Radius 5 mm

2300 mm

300 mm

50 mm

freie Fallhöhe ca 4700 mm

Klemme

Festpunkt, 3 Seilumschlingungen

Fangstoß-messung

Bulinknoten

Prüfmasse: Halbseile 55 kg Einfachseile 80 kg

Fangstoßdehnung

Abb. 12 Seilprüfung – Fallversuch

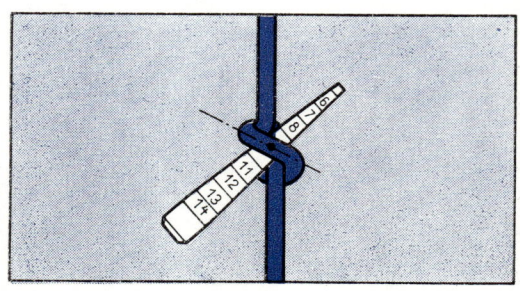

Abb. 13 Seilprüfung – Prüfung der Knotbarkeit

Seiltypen werden hinsichtlich ihrer bruchfreien Seilsturzzahl eingeteilt. Seile, die mit 5 bis 7 Normstürzen den Mindestforderungen entsprechen, werden als Normsturzseile und Seile mit 9 und mehr Normstürzen als Multisturzseile bezeichnet. Multisturzseile besitzen ein bedeutend größeres Energieaufnahmevermögen als Normsturzseile. Allerdings lassen sich höhere Seilsturzzahlen nur durch eine größere längenbezogene Masse erreichen. Multisturzseile sind dadurch etwas dicker und schwerer als Normsturzseile. (Tab. 1)

Tabelle 1: Seiltypen und ihre Durchmesser (mm)

	Normsturzseil	Multisturzseil
Halbseil	8 – 9	9 – 10
Einfachseil	10 – 11	11 – 12

Seilsturzzahl ist ein Maß für die Eigenschaft des Seiles, je nach Seiltyp eine bestimmte Anzahl von Normstürzen beim Fallversuch bruchfrei abfangen zu können. Die Seilsturzzahl wird jedoch beim Seilgebrauch durch Verschleiß, klimatische Einflüsse, Sturzbedingungen (Kantenradius, Sturzfaktor) und Anzahl der bereits abgefangenen Stürze immer weiter herabgesetzt.

Sturzfaktor ist eine Kennzahl für die Schwere eines Sturzes, die sich aus dem Verhältnis von Sturzhöhe zu durch den Sturz belasteter Seillänge ergibt:

$$f = \frac{h}{l} = \frac{\text{Sturzhöhe}}{\text{Seillänge}}$$

Bei einem Sturz ohne Zwischensicherung beträgt die Sturzhöhe das Doppelte der ausgegebenen Seillänge, der Sturzfaktor nimmt also den Extremwert 2 an. Bei Berücksichtigung der Verlängerung der Sturzhöhe infolge Fangstoßdehnung kann der Sturzfaktor sogar Werte größer 2 annehmen.

Seilformen

Hinsichtlich ihrer Anwendung werden folgende Seilformen unterschieden:

Einfachseil: Seil, das als Einzelseil verwendet die in den Normen geforderte Sturzsicherheit besitzt.

Halbseil: Es ist nicht geeignet, einen Sturz allein abzufangen, und muß deshalb immer doppelt verwendet werden. Ausnahmen sind

die Sicherung von Kindern (bis 40 kg Körpermasse auch im Vorstieg) und von Nachsteigern, wenn das Seil stets von oben kommt.

Als **Doppelseil** bezeichnet man eine Kombination aus zwei Halbseilen. Es bietet ein Maximum an Sicherheit und ermöglicht getrennte Seilführung, d. h. ein wechselweises Einhängen an Zwischensicherungen.

Das **Zwillingsseil** ist eine Kombination zweier leichter Halbseile (7 bis 8 mm Durchmesser), das wie ein Einfachseil gehandhabt wird. Ein leichtes Verdrehen der Seile innerhalb einer Seillänge fördert deren Parallelführung. Bei Doppel- und Zwillingsseilen ist die Verwendung verschiedenfarbiger Seile vorteilhaft.

Reepschnur ist ein rundes Kern-Mantel-Geflecht von 4 bis 8 mm Durchmesser. Sie wird vorwiegend für Schlingen, Trittleitern oder zum Nachziehen von Material benutzt. Da Reepschnur eine andere Konstruktion als Bergseile besitzt, sehr geringe Dehnbarkeit und damit ein geringeres Arbeitsvermögen, ist sie für die Gefährtensicherung nicht geeignet.

Die Vor- und Nachteile der einzelnen Seilformen sollen unter folgenden Aspekten dargestellt werden.

- *Kantenarbeitsvermögen:* Felskanten sind gefährlich für Seile. Doppel- und Zwillingsseil bieten deshalb durch ihre größere Querschnittsfläche gegenüber dem Einfachseil höhere Sicherheit gegen einen Seilriß.
- *Handhabbarkeit:* Doppel- und Zwillingsseil sind durch den größeren Gesamtdurchmesser wesentlich griffiger als ein Einfachseil. Das Einfachseil ist jedoch einfacher zu bedienen, da das Nachgeben zweier Seilstränge – besonders in getrennter Seilführung beim Doppelseil – einige Übung erfordert.
- *Seilführung:* Der gefürchtete Seilzug durch viele Umlenkstellen an Sicherungspunkten oder durch Querungen kann am besten durch das Doppelseil und getrennte Seilführung vermieden werden. Doppel- und Zwillingsseil erlauben gegenüber dem Einfachseil die doppelte Abseillänge und bieten eine zusätzliche Seil- bzw. Sicherheitsreserve.
- *Schadensrisiko:* Beim Doppel- und Zwillingsseil ist es unwahrscheinlich, daß beide Seilstränge gleichzeitig durch Felskanten, Steinschlag oder Steigeisenzacken total beschädigt werden.
- *Packvolumen und Gewicht:* Zwei einzelne Seile lassen sich zwar besser verpacken, besitzen aber ein größeres Packvolumen und Gewicht als ein Einfachseil.

Die Wahl der Seilform unterliegt neben dem individuellen Geschmack vor allem dem Charakter der geplanten Tour. Übliche Seillängen sind 40 m, 45 m, 50 m. Die Seilhersteller liefern meist auch Sonderlängen. 40-m-Seile sind wegen der notwendigen Seilreserve für dynamische Sicherung in der Regel zu kurz. Die optimale Seillänge für Mittel- und Hochgebirge beträgt 50 m.

Nutzungsdauer des Seiles

Im Gegensatz zu anderen Ausrüstungsgegenständen, deren Eigenschaften bei sachgemäßem Gebrauch erst nach längerer Nutzungsdauer gemindert werden, kann ein Seil unter ungünstigen Umständen bereits nach einmaliger Benutzung unbrauchbar werden, da bei größerer Sturzbelastung über eine scharfe Felskante jedes Seil, auch ein neues Multisturzseil, reißen kann. Die Nutzungs- oder Gebrauchsdauer eines Seiles bezieht sich deshalb auf den normalen Verschleiß, schließt also jede Überbelastung oder Beschädigung aus. Die Nutzungsdauer eines Seiles wird durch die Verminderung seines Arbeitsvermögens im Gebrauch bestimmt, die etwa 0,2 bis 0,5 Prozent je Benutzungsstunde, bezogen auf das neue Seil, beträgt. Ihr Grenzwert ist dann erreicht, wenn das restliche Arbeitsvermögen gleich der Energie eines schweren Sturzes ist, die dann nicht mehr mit ausreichender Sicherheit aufgenommen werden kann. Maßgebend für diesen Prozeß ist vor allem der mechanische Verschleiß durch den unmittelbaren Gebrauch des Seiles und durch äußere Einflüsse; die Alterung der Chemiefaser sowie klimatische Einflüsse können weitgehend vernachlässigt werden. Vorsicht ist jedoch bei vorgefundenen Fixseilen geboten, weil deren Arbeitsvermögen mit Sicherheit nachgelassen hat.

Beim Seilgebrauch treten folgende Verschleißschwerpunkte auf:

- Sturzbelastungen setzen je nach ihrer Schwere (Sturzfaktor) und den Sturzbedingungen (Sicherungsmethode, Umlenkradien usw.) die Nutzungsdauer sehr stark herab bzw. machen die Aussonderung des Seiles erforderlich. Den Extremfall bildet der Seilriß.
- Großer Verschleiß tritt beim künstlichen Klettern auf, da hier das Seil oft längere Zeit unter großen Zugspannungen steht und an den Umlenkpunkten stark auf Kantenarbeitsvermögen und Reibung beansprucht wird.

- Abseilgeräte (insbesondere Abseilachter) erhöhen durch ihre relativ kleinen Umlenkradien und die damit verbundene Walk- und Kantenarbeit sowie Reibung den Verschleiß erheblich. Ihre Anwendung sollte deshalb auf unbedingt notwendige Fälle beschränkt werden. Vor allem im Mittelgebirge können bei kurzen Abseilstrecken konventionelle Methoden (z. B. Dülfersitz) benutzt werden, da sie wesentlich seilschonender sind. Andernfalls ist eine frühere Aussonderung des Seiles erforderlich.
- Im scharfkantigen Gestein, bei Steinschlag und beim Klettern mit Steigeisen ist größte Sorgfalt beim Seilgebrauch geboten, um Beschädigungen zu vermeiden.
- Bei in einem Haken, Ring oder Riß verklemmtem Seil muß man sich zuerst von der richtigen Belastungsrichtung überzeugen, und dann kann man mit möglichst geringer Belastung abziehen.
- Alles Seilmaterial ist sowenig wie möglich der Scheuerung auszusetzen.
- Achtung: Die Belastbarkeit nasser oder vereister Seile ist geringer als im trockenen Zustand!

Unter Berücksichtigung dieser Verschleißschwerpunkte läßt sich für die Nutzungsdauer eines Seiles folgende grobe Näherungsformel aufstellen:

Angegebene Normstürze x 10 = Klettertage von 8 bis 10 Stunden.

Beispiel:

Ein Normsturzseil kann 5 Normstürze abfangen. 5 Normstürze x 10 = 50 Klettertage. 50 x 8 bis 10 Stunden = 400 bis 500 Kletterstunden. Bei überdurchschnittlichem Verschleiß (Stürze, künstliche Kletterei, Abseilgeräte) sollte die praktische Nutzungsdauer unter diesem rechnerischen Wert liegen!

In folgenden Fällen ist das Seil sofort auszusondern:

- beim Auftreten schwerer Stürze (etwa ab Sturzfaktor 1,5);
- bei sichtbaren Seilschäden wie lokale Manteldurchtrennung, starke Mantelaufscheuerung (Seilpelz), Einschnürung des Seilquerschnittes;
- beim Erreichen der rechnerischen Grenznutzungsdauer.

Aus persönlicher Verantwortung sollte deshalb jeder Seilbesitzer eine Nutzungskarte führen, die über das Alter des Seiles, seine Nutzung sowie Vorkommnisse (Stürze!) Auskunft gibt.

Pflege des Seiles

Eine sachgerechte Behandlung und Pflege des Seiles trägt zur Verlängerung seiner Nutzungsdauer bei.

Das bedeutet u. a. Schutz vor Scheuerung und Chemikalien aller Art, z. B. vor Öl, Fett, Benzin (Autotransport, Kochausrüstung). Bereits der Einsatz von Klebeband ist bedenklich, da das Seilmaterial vom Klebstoff angegriffen werden kann.

Verschmutzte Seile werden am besten in trockenem Zustand ausgebürstet. Stark verschmutzte Seile können gelegentlich bei einer Wassertemperatur von maximal 30 °C ohne Waschmittel und Weichspüler gereinigt werden. Das Seil ist dazu lose in eine Trommelwaschmaschine einzulegen und darf danach geschleudert, zum Trocknen aber weder gespannt noch in die Sonne gehängt werden. Das Seil wird anschließend kühl und dunkel gelagert. Häufiges Waschen schadet jedoch der Seilfaser durch das im Wasser enthaltene Chlor.

Vom individuellen Einfärben von Seilmaterial wird wegen der erforderlichen hohen Temperatur des Farbbades und der damit verbundenen Festigkeitsminderung dringend abgeraten!

Die Markierung der Seilmitte (praktisch beim Einrichten der Abseile) kann durch Umwickeln mit einem Kennfaden erfolgen, keinesfalls mit Farbe oder Klebeband. Bei der Eigentumskennzeichnung an den Seilenden sind letztere Methoden jedoch unbedenklich.

Aufnehmen des Seiles

Das Seil wird bei seiner Herstellung auf einer Rolle aufgewickelt, abgelängt, heruntergenommen und anschließend zum Bund verpackt. Um die lästigen Krangeln infolge Verdrehens um die Längsachse zu vermeiden, muß das Seil vor dem ersten Gebrauch wieder so abgewickelt

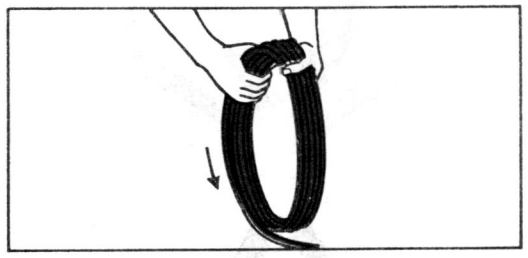

Abb. 14   Krangelfreies Abrollen des Seiles

Abb. 15   Wickeln des Seiles

werden, wie es aufgewickelt wurde. Der Seilbund wird deshalb zunächst krangelfrei abgerollt. (Abb. 14)

Anschließend wird das Seil von der Mitte oder den Enden her doppelt in armlangen Schlingen aufgenommen, ohne es um seine Längsachse zu verdrehen. Dabei müssen die Schlingen von selbst eine Achterform annehmen, weil nur so ein spannungsfreier Zustand des Seiles erreicht wird. (Abb. 15) Völlig falsch ist deshalb das Aufnehmen des Seiles in Ringform, z. B. über den Knien! Zum Schluß werden die reichlich 2 m langen Seilenden einige Male um den Seilbund gewickelt und mit einem Ankerstich fixiert. Nun kann das Seil wie ein Rucksack auf den Rücken gebunden werden.

2.3.2.   Anseilgurt

Der Anseilgurt ist ein Sicherheitsgeschirr, das die beim Auffangen eines Sturzes auftretenden Kräfte auf lastaufnahmefähige Körperteile wie Brustkorb, Becken und Oberschenkel überträgt. Die größte Belastung soll dabei auf den Sitzgurt wirken, während der Brustgurt den Körper in aufrechter Hängeposition hält. Gegenüber dem Einbinden ins Seil bietet der Anseilgurt durch die wesentlich größere Auflagefläche Schutz vor schweren Gesundheitsschäden, die durch Behinderung der Atmung und der Bewegungsfreiheit eintreten. Er besteht in der Regel aus Bandgeflecht, das sich auch bei Kantenbeschädigung nicht auflösen darf und dessen Nenndicke mindestens 1 mm betragen muß. Bänder, die beim Hängen mit dem Körper tragend in Verbindung stehen (außer Schultergurte), müssen mindestens 43 mm, für Hüftsitzgurte mindestens 65 mm breit sein. Nähte sind in Kontrastfarben auszuführen. Schnittkanten an und Stanzlöcher in Gurten müssen verschmolzen sein. Metallösen als Anseilschlaufen müssen an den Verbindungsstellen mit dem Seil einen Kantenradius von mindestens 3 mm besitzen. Unterschiedliche Farben für Brust- und Sitzgurt erleichtern das Anlegen des Anseilgurtes.

Hinsichtlich ihrer Gestaltung und Anwendung werden folgende Anseilgurtformen unterschieden:

Der **Komplettgurt** ist ein einteiliger Anseilgurt, der den Körper in sitzähnliche Hängeposition bringt. Er besteht aus einer unlösbaren Verbindung von Brust- und Sitzgurt. Beide Gurte sind getrennt verstellbar. Folgende Arten sind üblich:

– Normalgurt als Verbindung eines Sitz- oder Hüftsitzgurtes mit einem den Brustkorb umschließenden Band sowie Schultergurten. (Abb. 16 a)

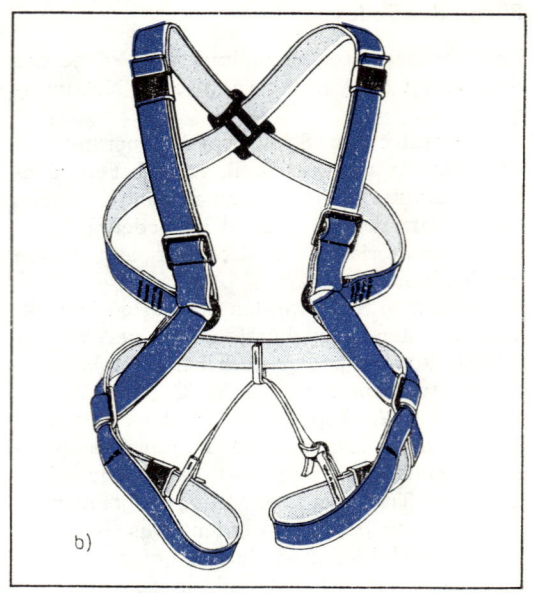

b)

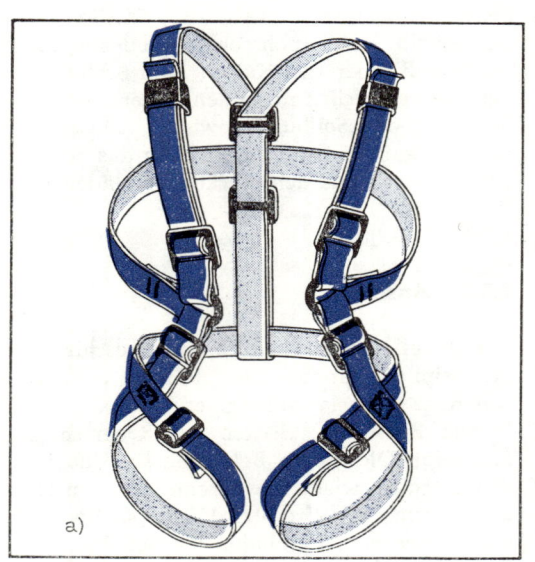

a)

c)

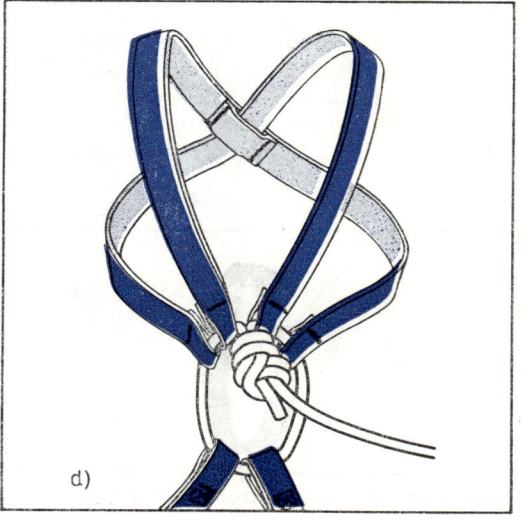

d)

Abb. 16 Anseilgurte
a – Komplettgurt; b – Hosenträgergurt; c – Brustgurt (Normalform); d – Achtergurt; e – Brustgurt (Seilgurt); f – Sitzgurt; g – Hüft-Sitzgurt.

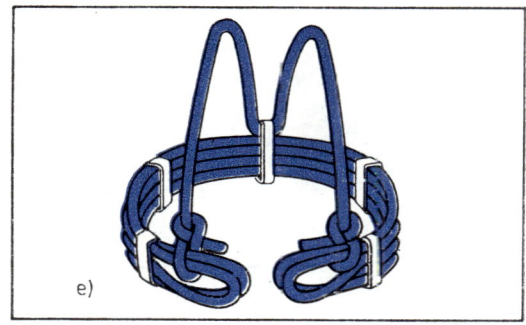

e)

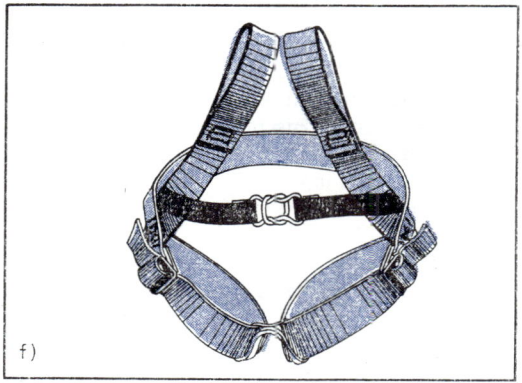

f)

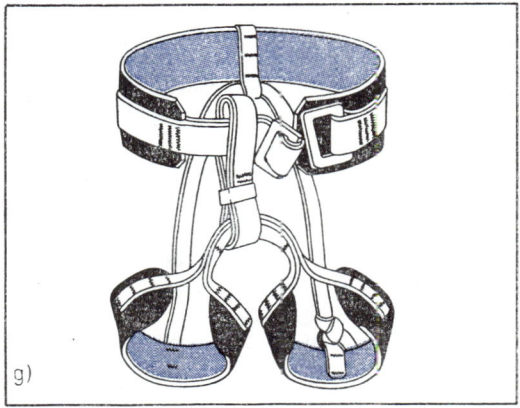

g)

Der **Brustgurt** ist der Teil eines mehrteiligen Anseilgurtes, der den oberen Teil des Körpers am Brustkorb umschließt und ihn gegen Abkippen stabilisiert. Folgende Arten sind üblich:

- Normalgurt aus einem den Brustkorb horizontal umschließenden Band mit Anseilschlaufen und verstellbaren Schultergurten. Normalgurte gibt es in verschiedenen Größen. Die Gurte können auch verstellbar sein oder mehrere Anseilschlaufen für unterschiedliche Körpergrößen besitzen. (Abb. 16 c)
- Achtergurt aus den Brustkorb diagonal umschließenden Bändern mit Anseilschlaufen. Achtergurte gibt es in verschiedenen Größen, die nicht verstellbar sind. (Abb. 16 d)
- Seilgurt aus einem den Brustkorb horizontal umschließenden, mehrfach parallel geführten Seilstück mit Anseilschlaufen und verstellbaren Schultergurten. Seilgurte sind nicht verstellbar, eignen sich aber gut für eine individuelle Anfertigung. (Abb. 16 e)

Die bequemste Art des Brustgurtes ist wegen seines geringen Gewichtes der Achtergurt. Materialschlaufen gehören zur Ausstattung.

Die Benutzung eines Brustgurtes ohne Sitzgurt setzt die Beherrschung von Selbstrettungstechniken, z. B. mittels Prusikschlinge, voraus, um den Körper ebenfalls in sitzähnliche Hängeposition zu bringen. Dies ist aber nur bei Handlungsfähigkeit und vorhandenem Bewußtsein nach dem Sturz möglich!

Der **Sitzgurt** ist der Teil eines mehrteiligen Anseilgurtes, der den unteren Teil des Körpers an Becken und Oberschenkeln umschließt und den größten Teil des Körpergewichtes trägt. Folgende Arten sind üblich:

- Normalgurt aus Oberschenkelgurten mit seitlich zusammengeführten Bändern und hochgezogenen Anseilschlaufen sowie verstellbarem Hüftgurt. Normalgurte gibt es in verschiedenen Größen. Die Gurte können auch verstellbar sein oder mehrere Anseilschlaufen besitzen. (Abb. 16 f)

Ein Verbindungssteg zwischen den Oberschenkelgurten dient dem Einhängen von Abseilgeräten.

- Hüft-Sitzgurt aus Oberschenkelgurten mit auf den Oberschenkeln zusammengeführten Bändern und zentraler Anseilschlaufe sowie breitem Hüftstützgurt. Hüft-Sitzgurte gibt es in verschiedenen Größen, die nicht verstellbar sind. (Abb. 16 g)

Die bequemste und sicherste Art des Sitzgur-

- Hosenträgergurt als Verbindung eines Hüft-Sitzgurtes mit hosenträgerartigen Schultergurten. Bei diesem vor allem für Gletschertouren gedachten Leichtgurt fehlt ein den Brustkorb umschließendes Band. (Abb. 16 b)

Die günstigste Art eines einteiligen Anseilgurtes ist die Verbindung eines Hüftsitzgurtes mit einem den Brustkorb umschließenden Band. Materialschlaufen, eventuell auch Hammerköcher, gehören zur Ausstattung.

tes ist der Hüft-Sitzgurt. Materialschlaufen, eventuell auch Hammerköcher, gehören zur Ausstattung.

Sitzgurte dürfen nicht ohne Brustgurt verwendet werden. Ihr Krafteinleitungspunkt liegt im Verhältnis zum Körperschwerpunkt so tief, daß sie den Körper bei unkontrollierten Stürzen und Bewußtlosigkeit nicht in aufrecht sitzähnlicher Hängeposition halten und zu tödlichen Wirbelsäulenverletzungen führen können!

Nur ein mehrteiliger Anseilgurt, bei dem Brust- und Sitzgurt durch das Seil miteinander verbunden sind, gewährleistet die notwendige Sicherheit. Die günstigste Art eines mehrteiligen Anseilgurtes ist eine Kombination von Brustgurt in Achterform und Hüft-Sitzgurt.

Damit der Anseilgurt den Körper beim Auffangen eines Sturzes in die angestrebte sitzähnliche Hängeposition bringen kann, ist eine sorgfältige Anpassung erforderlich. Dies ist nur durch einen Hängetest am eigenen Körper möglich, bei dem die Beine keinen Bodenkontakt mehr haben dürfen. Zur Sicherheit sollte unbedingt eine zweite Person anwesend sein! Auf folgendes ist zu achten:

- Der Brustgurt muß etwa eine Handbreit unter den Achselhöhlen sitzen. Da er bei Belastung nach oben rutscht, darf bei Modellen mit Metallringen als Anseilschlaufen der Anseilpunkt nicht zu hoch liegen, um Gesichtsverletzungen zu vermeiden.
- Die Anseilschlaufen sollen sich unterhalb der Brust in etwa drei Fingerbreit Entfernung treffen. Treten beim Hängen unter den Achseln Schmerzen auf, ist der Brustgurt zu eng und/oder sitzt zu hoch.
- Die Oberschenkelgurte dürfen nicht herabrutschen und keine direkte Belastung auf die Genitalien ausüben. Der Hüftgurt soll straff sitzen, ohne zu beengen.
- Im Bereich der Leisten, Nieren, Achselhöhlen und Innenseiten der Oberschenkel dürfen keine Metallteile angeordnet sein. Unvermeidbare Metallteile, z. B. Verstellschnallen, müssen parallel zum Körper liegen oder sich unter Belastung abheben.
- Die Oberschenkel müssen beim Hängen von selbst eine angewinkelte, sitzähnliche Lage einnehmen. Befindet sich bei Normal-Sitzgurten der Kreuzungspunkt der Oberschenkelgurte auf dem Hüftknochen oder gar etwas nach hinten versetzt, hängen die Beine senkrecht herab, und das dadurch entstehende Hohlkreuz verursacht Schmerzen.
- Normale Atmung und Bewegungsfreiheit

Abb. 17 Richtige sitzähnliche Hängeposition im Anseilgurt

dürfen nicht eingeschränkt werden. Sind die Oberschenkelgurte des Sitzgurtes zu eng, wird die Blutzirkulation behindert. Die Beine beginnen einzuschlafen.

Zu keiner Zeit dürfen heftige Schmerzen auftreten – das Hängen soll einigermaßen angenehm sein. Die richtige, sitzähnliche Hängeposition zeigt Abbildung 17.

Da der Anseilpunkt auch für Frauen im unteren Brustbereich liegt, sollte zum Vermeiden von Verletzungen ein etwas zu großer Brustgurt gewählt werden, der sich bei Sturzbelastung vom Körper abhebt. Die günstigste Anseilmethode, vor allem für Frauen mit stärkerem Brustumfang, ist die Kombination eines reichlichen Achtergurtes mit einem Hüft-Sitzgurt.

Auch für Kinder ist das Anseilen mit Brust- und Sitzgurt notwendig. Ein Brustgurt allein reicht nicht, weil gerade Kinder in Gefahrensituationen instinktiv nach oben greifen, wo das Seil zum Erwachsenen führt. Sie können so aufgrund der noch schmalen und weichen Schultern leicht aus dem Brustgurt rutschen. Bis etwa 50 kg Körpergewicht können die Bänder des Anseilgurtes etwas schmaler sein, mindestens jedoch 35 mm breit. Die richtige Anpassung muß ebenfalls im Hängetest erfolgen.

Da der Anseilgurt im Sturzfall nicht in dem Maße wie das Seil dem Aufnehmen von Fallenergie dient und eine Sicherheitsreserve besitzt, ist seine Nutzungsdauer nicht so kritisch wie bei Seilen. Sie ist hauptsächlich vom Verschleiß abhängig; die natürliche Alterung der Gurtfasern kann vernachlässigt werden.

Wenn vom Hersteller nicht anders angegeben, beträgt die Nutzungsdauer bei Anseilgurten aus Bandmaterial (z. B. Einteilige Anseilgurte, Sitzgurte) etwa 5 bis 6 Jahre.

Brust-Seilgurte sind meist erheblich überdimensioniert und können bis zu 10 Jahren verwendet werden.

Beim Gebrauch des Anseilgurtes treten folgende Verschleißschwerpunkte auf:
- Der größte Verschleiß ist bei Anseilgurten festzustellen, die häufig in engen Kaminen bzw. Rissen verwendet werden oder wenn beim Abseilen das Seil über die Gurte läuft.
- Die Anseilgurte sind sowenig wie möglich der Scheuerung auszusetzen. Alle Nähte und die Kanten der Anseilschlaufen sind besonders gefährdet. Sie sollten deshalb regelmäßig, vor allem aber nach einem Sturz, kontrolliert werden. Bei sichtbaren Beschädigungen (Risse, Nahtüberdehnungen, starke Abscheuerung) sowie bei Schäden an tragenden Metallteilen ist der Anseilgurt sofort auszusondern.

Da Anseilgurte in der Regel aus dem gleichen Fasermaterial wie Seile bestehen, treffen für sie die gleichen Pflegehinweise zu. Die Eigentumskennzeichnung kann durch Umwickeln mit einem Kennfaden erfolgen. Verwendung von Farbe, Klebband oder Einsticken des Namens in nichttragenden Bändern (Schultergurte) ist ebenfalls möglich.

2.3.3. Schlingen

Schlingen sind kurze Seil-, Reepschnur- oder Bandstücke von unterschiedlicher Länge und Stärke, die vor allem als Zwischensicherungen zur Verbindung des Seils mit dem Fels dienen. Nach ihrer Querschnittsform und den Abmessungen werden unterschieden:

Seilschlingen aus Kernmantelseil von 8 bis 11 mm Durchmesser

Reepschnurschlingen von 4 bis 8 mm Durchmesser

Bandschlingen aus flachem oder schlauchförmigem Bandgeflecht unterschiedlicher Breite und Stärke, das sich auch durch Kantenbeschädigung nicht auflösen darf.

Reepschnur- und Bandschlingen werden in verschiedenen Längen zwischen 1 und 4 m verwendet. Handelsübliche Längen für Seilschlingen sind 2,5 und 4,0 m.

Mindestreißkräfte von Reepschnur- und Bandschlingen sind in den Tabellen 2 und 3 enthalten. Bänder neuerer Fertigung besitzen Kennfäden in Bandmitte, die Rückschlüsse auf die Reißfestigkeit gestatten. Ein Faden bedeutet jeweils 5 kN, wobei maximal 4 Fäden $\triangleq$ 20 kN üblich sind.

Tabelle 2: Mindestreißkräfte von Reepschnüren (nach DIN 32 915)

Durchmesser in mm	Reißkraft in kN
4	3,2
5	5,0
6	7,2
7	9,8
8	12,8

Tabelle 3: Mindestreißkräfte von Bändern

Konstruktion	Querschnitt in mm	Reißkraft in kN
Flachband	20 × 2	8,0
Flachband	25 × 2	10,0
Flachband	45 × 2	18,0
Schlauchband	12 × 3	7,2
Schlauchband	16 × 3	9,6
Schlauchband	20 × 3	12,0

Bandschlingen besitzen wegen ihres flachen Querschnittes ein höheres Kantenarbeitsvermögen als Schlingen runden Querschnittes. Sie lassen sich auch in feinen Rissen unterbringen, liegen besser am Fels an und werden durch Seilbewegungen nicht so leicht abgehoben. Wegen dieser Vorteile setzen sich Bandschlingen immer mehr durch, ohne die klassische Seil- oder Reepschnurschlinge völlig verdrängen zu können.

Hinsichtlich ihrer Anwendung werden folgende Schlingenformen unterschieden:

Die **geknotete Schlinge** ist ein durch Knoten zu einer Schlinge formschlüssig zusammengefügtes Reepschnur-, Band- oder Seilstück. Sie ist in ihrer Länge beliebig verstellbar. Besonders Reepschnur- und Seilschlingen sind durch verschiedene Knoten sehr variabel verwendbar. (Abb. 18 a)

Bei Belastung erfährt die geknotete Schlinge neben der reinen Zugbeanspruchung im Knoten noch eine Biege-, Druck- und Scherbeanspruchung, die ihre Festigkeit mindert. Die Knotenreißkraft ist deshalb stets etwa 30 bis 45 Prozent niedriger als die Reißkraft ohne Knoten.

In der Praxis wird aus Sicherheitsgründen (Umlenkradien, Verschleiß) generell eine Reißkraftreduzierung von 50 Prozent angenommen, d. h., eine geknotete Schlinge hält nur so viel wie der einfache Strang. Erst die doppelt

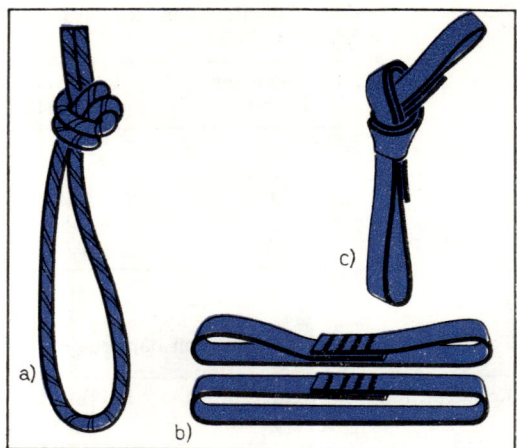

Abb. 18   Schlingen
a – geknotete Seilschlinge; b – genähte Bandschlinge; c – geknotete Expreßschlinge.

gelegte Schlinge erreicht eine höhere Reißkraft.

Die **genähte Schlinge** ist ein durch Nähte zu einer Schlinge formschlüssig zusammengefügtes
Bandstück. Sie ist in ihrer Länge nicht verstellbar. Die Nähte müssen in Kontrastfarbe
ausgeführt sein, wobei es verschiedene Konfektionsarten gibt. (Abb. 18 b)

Als sogenannte Expreßschlingen verschiedener
Länge dienen die genähten Schlingen in Verbindung mit zwei Karabinern als Zwischenglied an Sicherungspunkten wie Ringen, Haken oder Klemmkeilen.

Bei Belastung erfährt die genähte Schlinge
überwiegend reine Zugbeanspruchung sowie
Scherbeanspruchung der Naht, was ihre Festigkeit weit weniger als ein Knoten mindert. Für
genähte Schlingen wird eine Mindestreißkraft
von 22 kN gefordert. Beim Selbstknüpfen von
Expreßschlingen dürfen deshalb nur Bänder
mit vier Kennfäden (Mindestreißkraft 20 kN)
und der Bandschlingenknoten verwendet werden. (Abb. 18 c)

Als Hilfsmittel zum Legen der Schlingen ist
auch in Sandsteinklettergebieten ein Schlingenspatel aus Holz oder Plast von maximal
50 cm Länge zugelassen. Er wird mit einer
Fangschnur am Anseilgurt befestigt.

Die Nutzungsdauer der Schlingen ist größtenteils vom Verschleiß abhängig; die natürliche
Alterung der Schlingenfasern kann in der Regel vernachlässigt werden. Vorsicht ist jedoch
bei vorgefundenen Schlingen, insbesondere al

ten Abseilschlingen, geboten, weil deren Reißkraft mit Sicherheit nachgelassen hat.

Beim Gebrauch der Schlingen sind folgende
Verschleißschwerpunkte zu beachten:

– Der größte Verschleiß tritt bei den Schlingen auf, die häufig als Knotenschlingen ver·
wendet werden, da sie beim Legen und Entfernen starker Scheuerung unterliegen und
im Knoten ungünstige Belastungen auftreten.

– Im scharfkantigen Gestein ist größte Sorgfalt beim Einsatz der Schlingen geboten.

– Bei verklemmten Schlingen erst die richtige
Belastungsrichtung feststellen und dann mit
möglichst geringer Belastung entfernen.

– Alles Schlingenmaterial ist sowenig wie
möglich der Scheuerung auszusetzen. Bei genähten Schlingen sind die Nähte besonders
gefährdet.

– Achtung: Die Belastbarkeit nasser oder vereister Schlingen ist geringer als im trockenen Zustand! (s. Abschnitt 2.3.1. – Klimatische Einflüsse)

Für die Nutzungsdauer der Schlingen eine
Faustregel wie beim Seil aufzustellen ist nicht
möglich, da nicht alle Schlingen des Sortimentes gleich häufig benutzt werden und der Verschleiß sehr unterschiedlich sein kann. Bandschlingen, insbesondere genähte, sowie Reepschnurschlingen mit überdurchschnittlichem
Verschleiß (Knotenschlingen) müssen häufiger
gewechselt werden.

In folgenden Fällen sind Schlingen sofort auszusondern:

– bei sichtbaren Beschädigungen der Reepschnurschlingen am Mantel oder Kern (Einschnürungen);

– bei sichtbaren Beschädigungen der Bandschlingen an Kanten und Nähten (Risse,
Nahtüberdehnungen).

Eine sachgerechte Behandlung und Pflege der
Schlingen trägt zur Verlängerung ihrer Nutzungsdauer bei. Da Schlingen aus dem gleichen Fasermaterial bestehen wie Seile, treffen
für sie die gleichen Pflegehinweise zu. Darüber hinaus sind die Kanten und Nähte der
genähten Bandschlingen zumindest nach einem
Sturz zu kontrollieren. Schlingen sollten nicht
längere Zeit mit Knoten aufbewahrt werden.

2.3.4. Karabinerhaken

Karabinerhaken dienen vorwiegend der raschen und leicht lösbaren Verbindung von
Gliedern der Sicherungskette, insbesondere

des Seiles mit Schlingen, Felshaken, Klemmkeilen usw., sowie der Seilsicherung.

Aus Gewichtsgründen bestehen Karabinerhaken in der Regel aus Leichtmetall mit rundem oder T-förmigem Querschnitt. Ultraleichte Ausführungen besitzen Hohlprofil; Stahlkarabiner werden nur noch in Spezialausführungen hergestellt. Alle Teile der Oberfläche, die mit dem Seil oder der Hand des Bergsteigers in Berührung kommen können, müssen gratfrei sein.

Der Schnapper muß sich beim Öffnen nach innen drehen und wieder voll zurückfedern. Er kann eine Verschlußsicherung gegen ungewolltes Öffnen besitzen, deren Teile unverlierbar sein müssen. Gegenüber dem herkömmlichen Schraubverschluß setzen sich Verschlußsicherungen, die beim Loslassen des Schnappers selbsttätig schließen, wie Schiebe- oder Drehverschluß, immer mehr durch.

Der Schraubverschluß ist die sicherste Verschlußsicherung. Schraubkarabiner eignen sich dadurch besonders für eine direkte Verbindung von Sicherungsseil und Anseilgurt bzw. Anseilschlinge, z. B. bei der Gletschersicherung.

Die Verschlußsicherungen erhöhen die Bruchfestigkeit der Karabiner nicht!

Hinsichtlich ihrer Gestaltung und Anwendung werden folgende Formen unterschieden:

Normalkarabinerhaken (Abb. 19a) in Trapez-, D- oder Ovalform dienen bei einer Schnapperöffnung von mindestens 15 mm vor allem der Verbindung des Seiles mit anderen Sicherungsmitteln. Teilweise vorhandene Rastnasen bilden einen Anschlag und erleichtern das Einhängen. Die Karabinerhaken müssen in Längsrichtung bei geschlossenem Schnapper eine Mindestbruchkraft von 22 kN aufweisen. Bei einer in Querrichtung auf den geschlossenen Schnapper wirkenden Kraft von 6 kN darf sich dieser weder öffnen noch zu Bruch gehen, wobei Stahlkarabiner allgemein höhere Festigkeitswerte als Leichtmetallkarabiner aufweisen. Außer den sogenannten Leichtkarabinern, die diese Forderungen gerade erfüllen, erreichen die meisten Karabinerhaken durch ihren größeren Schenkelquerschnitt erheblich höhere Festigkeitswerte.

Unterschiedliche Schnapper bieten bei der Handhabung des Karabinerhakens verschiedene Vorteile:

– Schrägschnapper, die am Karabinerrücken vorbeifedern, vergrößern die Schnapperöffnung wesentlich, schließen aber in Endstellung des Schnappers nicht selbsttätig.

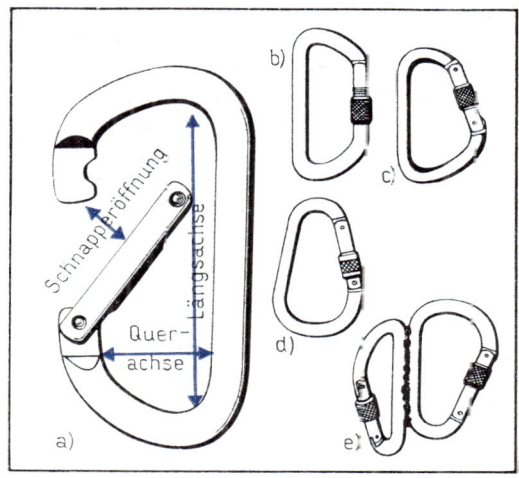

Abb. 19   Karabinerhaken
a – Normalkarabinerhaken; b – Normalkarabinerhaken mit Verschlußsicherung (Schraubkarabinerhaken); c – Klettersteigkarabiner; d – HMS-Karabinerhaken; e – Schmetterlingskarabiner.

– Gekröpfte Schnapper erleichtern das Öffnen und sollen Querbelastungen verhindern.
– Vertauschte Verschlußnasen (am Schnapper statt am Schenkel) verhindern das Hängenbleiben und erleichtern das Aushängen.

Die meisten Normalkarabinerhaken gibt es auch mit Verschlußsicherung. (Abb. 19 b)

Klettersteigkarabiner in Dreieckform besitzen eine sehr große Schnapperöffnung von mindestens 22 mm und dienen im Mittelgebirge vor allem der Selbstsicherung an Ringen und Abseilösen. Sie müssen in Längsrichtung bei geschlossenem Schnapper eine Mindestbruchkraft von 25 kN aufweisen. Klettersteigkarabiner sollen eine selbsttätige Verschlußsicherung besitzen. Sie sind jedoch wegen ihrer Form für die Halbmastwurfsicherung nicht geeignet! (Abb. 19 c)

HMS-Karabinerhaken (Abb. 19 d) in Birnenform besitzen eine große Schnapperöffnung und dienen ausschließlich als Bremsglied bei Anwendung der Halbmastwurfsicherung (HMS). Sie müssen in Längsrichtung bei geschlossenem Schnapper eine Mindestbruchkraft von 20 kN aufweisen und eine Verschlußsicherung besitzen. Schmetterlingskarabiner sind eine Sonderform, die aus zwei unter einem bestimmten Winkel miteinander verschweißten HMS-Karabinern bestehen. Die

Schweißnaht kann jedoch die Bruchfestigkeit mindern. Diese Karabinerhaken dienen dem getrennten Sichern mit Doppelseil. (Abb. 19 e)

Die Nutzungsdauer von Karabinerhaken ist im wesentlichen vom Verschleiß abhängig. Die Ermüdung des Materials kann vernachlässigt werden. Folgende Verschleißschwerpunkte treten auf:

– Karabinerhaken, die häufig bei künstlicher Kletterei und im Hochgebirge benutzt werden, unterliegen hohem Verschleiß, da hier mechanische Beschädigungen, z. B. durch Hammerschläge, nicht immer zu vermeiden sind. Durch Stoß oder Schlag entstehende feine Strukturrisse im Metall können bei Sturzbelastung zum Bruch führen.

– Nasse und verschmutzte Seile rufen eine starke Schmirgelwirkung hervor, die mit der Zeit den Karabinerquerschnitt schwächt. Das tritt besonders bei Anwendung von Abseilmethoden mit Karabinerhaken als Umlenk- oder Bremsglied und bei Seilzug auf.

In folgenden Fällen sind Karabinerhaken auszusondern:

– bei sichtbaren mechanischen Beschädigungen;
– nach einem Fall aus größerer Höhe oder auf harten Untergrund (Fels, Beton, Metall);
– bei wesentlicher Schwächung des Querschnittes;
– bei Schäden an der Schnapperfeder.

Karabinerhaken sind vor Stoß, Schlag oder Fall zu schützen. Bei Leichtmetallkarabinern ist keine Oberflächenpflege erforderlich, Stahlkarabiner sollten ab und zu mit einem Öllappen abgewischt werden. Einmal jährlich sind der Schnapper mit Feder und die Verschlußsicherung leicht zu ölen.

Die Eigentumskennzeichnung von Karabinerhaken erfolgt mit Farbe oder Klebband auf dem Karabinerrücken. Keinesfalls dürfen Schlagbuchstaben oder Einkerbungen verwendet werden, da diese die Materialstruktur nachteilig beeinflussen.

2.3.5. Felshaken

Felshaken sind Sicherungs- bzw. Fortbewegungsmittel, deren Schaft in Felsrisse eingeschlagen wird und sich durch seine schlanke Keilform verklemmt. Eine Besonderheit sind Bohrhaken, die bei ausreichend festem Fels an jeder beliebigen Stelle angebracht werden können.

Schaft und Öse bzw. Ring der Felshaken müssen so aufeinander abgestimmt sein, daß sich die Haken beim Einschlagen nicht deformieren. Zum Schutz von Öse bzw. Ring besitzen die meisten Haken eine verstärkte Schlagfläche. Felshaken bestehen entweder aus höherlegiertem, vergütetem, sehr zähhartem Stahl (Hartstahl) für harte Gesteine (z. B. Granit, Quarzit, Basalt) oder aus niedriglegiertem, zähhartem Schmiedestahl (Weichstahl) für weichere Gesteine (z. B. Kalk, Porphyr) – mitunter auch aus Leichtmetall oder Titan. Die Haken sind rostfrei bzw. oberflächenvergütet.

Alle Teile der Oberfläche, die mit dem Seil oder der Hand des Bergsteigers in Berührung kommen können, müssen gratfrei sein.

Die Festigkeit von Schaft und Öse bzw. Ring hängt wesentlich vom Hakenmaterial und vom Widerstandsmoment des Hakenquerschnittes gegen Biegung ab. (Abb. 20)

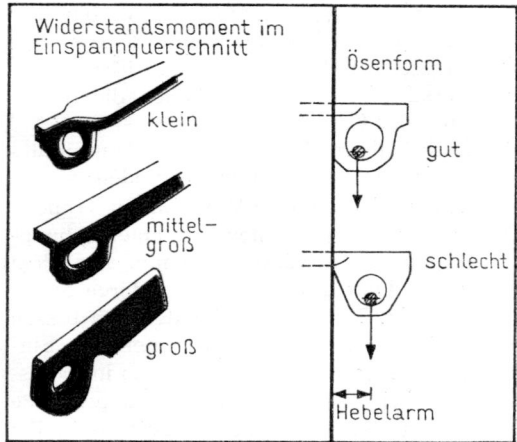

Abb. 20   Festigkeit von Felshaken

Wegen der sehr unterschiedlichen Hakenformen schwankt die Bruchfestigkeit und beträgt für Weichstahlhaken etwa 15 bis 25 kN sowie für Hartstahlhaken etwa 25 bis 45 kN.

Die Haltekraft im Fels hängt neben der richtigen Plazierung der Haken (u. a. Öse aufsitzend) von verschiedenen Faktoren ab:

– Mit der Festigkeit und Kompaktheit des Gesteins nimmt die Haltekraft zu, da sich härtere Gesteine nicht so leicht verformen und deshalb höhere Klemmkräfte bewirken.
– Ösenformen mit geringem Hebelarm und ein großes Widerstandsmoment des Schaftes gegen Biegung verhindern in Abhängig-

Tabelle 4: Haltekräfte von Felshaken

Hakenart	Haltekraft in kN
Hartstahlhaken in Längsrissen	5 bis 10
Hartstahlhaken in Querrissen	10 bis 15
Weichstahlhaken in Längsrissen	4 bis 6
Weichstahlhaken in Querrissen	5 bis 8

Die angegebenen Werte gelten für optimal geschlagene Haken.

keit von der Materialfestigkeit, daß die Haken bei Belastung verbogen und aus dem Fels gerissen werden.
- Der Schaft ist nicht bei allen Haken über die gesamte Länge konisch. Da die meisten Felsrisse nicht parallel sind, ist die Klemmwirkung von Haken mit Konus über die gesamte Schaftlänge stets größer als bei Haken, die lediglich eine konische Spitze haben.
- Die Belastungsrichtung ist am günstigsten quer zur Schaftrichtung, wobei Haken in Querrissen allgemein höhere Haltekräfte ermöglichen.

Bei richtiger Plazierung in festem Fels kann für die Haltekräfte der Felshaken mit den in Tabelle 4 angegebenen groben Richtwerten gerechnet werden.

Abb. 21   Sicherungshaken
a – Längshaken; b – Querhaken; c – Winkelhaken; d – Universalhaken; e – Schmetterlingshaken; f – Profilhaken; g – Bong-Haken; h – Ringhaken.

Hinsichtlich ihrer Gestaltung und Anwendung wird grundsätzlich unterschieden in Hakenformen, die sich für Sicherungszwecke eignen, und in solche, die nur der Fortbewegung dienen. Bei den Sicherungshaken, die sich natürlich auch für die Fortbewegung eignen, werden folgende Grundformen unterschieden:
Der **Längshaken** besteht aus flachem Schaft und dazu paralleler Öse. Er ist für senkrechte Risse gedacht. Bei parallelen Rissen ist die Haltekraft des Hakens trotz guter Klemmwirkung relativ gering, da er bei Belastung leicht herausgehebelt werden kann. Längshaken werden deshalb vorteilhaft durch Klemmkeile ersetzt. (Abb. 21 a)
Der **Querhaken** und der **Winkelhaken** bestehen aus flachem Schaft und dazu rechtwinkliger Öse. Beide Haken sind für waagerechte Risse gedacht. Bei Verwendung in senkrechten Rissen entsteht durch die querstehende Öse ein die Klemmwirkung erhöhendes Drehmoment. (Abb. 21 b und c)
Der **Universalhaken** besteht aus flachem Schaft und dazu diagonaler Öse. Er ist für die Anwendung in waagerechten und senkrechten Rissen geeignet. Durch die diagonale Öse entsteht ein die Klemmwirkung erhöhendes Drehmoment. (Abb. 21 d)
Der **Schmetterlingshaken** besteht aus flachem Schaft und zwei rechtwinklig zueinander stehenden Ösen. Als Kombination von Längs- und Winkelhaken weist er die Vorzüge des Universalhakens auf. (Abb. 21 e)
Der **Profilhaken** besteht aus U-, V- oder Z-förmigem Stahlblechschaft und seitlicher Öse. Er ist in breiteren Rissen sehr vielseitig anwendbar. Für Felslöcher finden auch Dreikanthaken Verwendung. (Abb. 21 f)

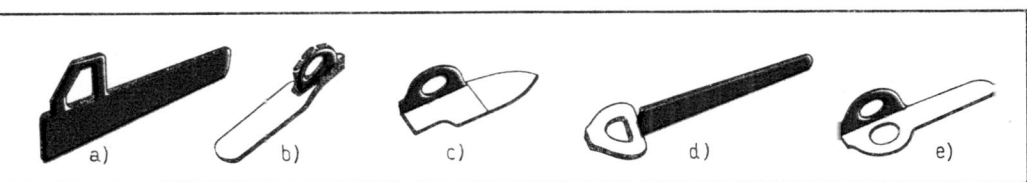

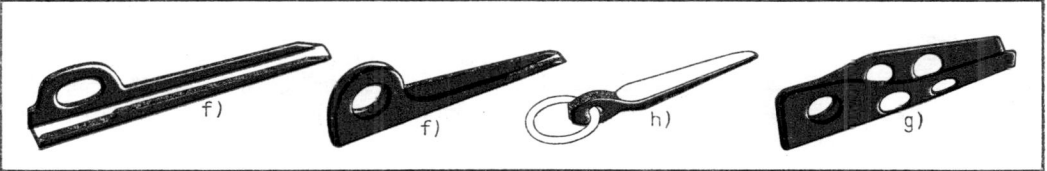

Der **Bonghaken** ist ein besonders breiter V-Profilhaken und ersetzt die früher verwendeten Holz- oder Leichtmetallkeile. Die Erleichterungsbohrungen können auch zum Durchfädeln von Schlingen genutzt werden, wenn sich der Haken nicht weit genug einschlagen läßt. (Abb. 21 g)

Der **Ringhaken** besteht aus einem Flach- oder Profilschaft mit eingeschweißtem Ring anstelle der Öse. Kritisch ist oftmals die Schweißnaht! Der Ringhaken ist nur für die Anwendung in waagerechten Rissen geeignet. Als Abseilhaken erleichtert er das Abziehen des Seiles oder ermöglicht am Standplatz das Einhängen mehrerer Karabiner. (Abb. 21 h)

Alle Grundformen der Sicherungshaken gibt es in abgestuften Größen mit unterschiedlicher Länge, Breite und Stärke des Schaftes. Darüber hinaus gibt es herstellerbedingt unterschiedliche Modifikationen – vor allem in Form und Größe der Hakenöse.

Haken mit besonders dünnem Schaft – sogenannte Spachtelhaken – bilden wegen ihrer relativ geringen Haltekräfte bereits den Übergang zu den Fortbewegungshaken. Bei diesen können hinsichtlich ihrer Anwendung folgende Grundformen unterschieden werden:

Der **Mikrohaken** besteht aus einem dünnen Stahlplättchen unterschiedlichster Form mit Bohrungen zum Einknoten einer dünnen Schlinge. Er ist für die Anwendung in feinsten Rissen geeignet. (Abb. 22 a)

Der **Cliffhänger** oder **Skyhook** besteht aus gebogenem Stahlblech unterschiedlicher Form mit Bohrung, Auge oder Ring. Die scharfe Hakenspitze findet an kleinsten Felsvorsprüngen Halt. Cliffhänger sind für die Überwindung solcher Stellen gedacht, an denen sonst ein Bohrhaken angebracht werden müßte. (Abb. 22 b)

Der **Bohrhaken** ist zur Anwendung in völlig ungegliedertem Fels vorgesehen. Er wird in ein vorher mit einem Meißel gebohrtes, wenige Zentimeter tiefes Loch geschlagen. Folgende Konstruktionen sind üblich:

– Der **Stiftbohrhaken** hat einen quadratischen Schaft, dessen Kanten sich im runden Bohrloch verklemmen. (Abb. 22 c)

– Der **Kronenbohrhaken** hat einen zylindrischen, hohlen Schaft, der durch einen Rundkeil im Bohrloch aufgespreizt wird. Der Schaft besitzt einen eingeschweißten Ring oder eine angeschraubte Öse. (Abb. 22 d)

Alle Fortbewegungshaken können nur in Verbindung mit Trittleitern bzw. Trittschlingen genutzt werden. Einige neue Bohrhakenmodelle eignen sich bei festem Fels und guter Plazierung auch als Sicherungshaken.

Die Nutzungsdauer der Felshaken ist im großen und ganzen vom Verschleiß und der Ermüdung des Metalls abhängig. Beim Gebrauch der Felshaken treten folgende Verschleißschwerpunkte auf:

– Der größte Verschleiß erfolgt bei häufig benutzten Haken durch Schlagen und Entfernen am Schaft, indem sich vor allem Weichstahlhaken gekrümmten Rissen anpassen oder sich deren Spitze einrollt.

– Die Deformierung der Schlagfläche bei sehr häufigem Gebrauch führt durch örtliche Verfestigung zur Versprödung des Metalls. Dadurch entstehende Strukturrisse können zum Bruch des Hakens bzw. der Öse führen.

– Bohrhaken sind konstruktionsbedingt nicht wiederverwendungsfähig und werden im Fels belassen.

In folgenden Fällen sind Felshaken sofort auszusondern:

– bei starker Deformierung des Schaftes, insbesondere bei Hartstahlhaken (nicht zurückbiegen!);

– bei starker Deformierung der Schlagfläche, so daß die Hammerschläge die Öse oder den Ring treffen;

– bei Deformierung der Öse oder des Ringes infolge Sturzbelastung;

– bei sichtbaren Rissen im Material.

Die Haken sind durch richtige Auswahl vor starker Deformierung zu schützen. Verbogene Haken können durch leichte Hammerschläge oder vorsichtiges Zurückbiegen (bei Hartstahlhaken nur bedingt möglich) wieder gerichtet werden.

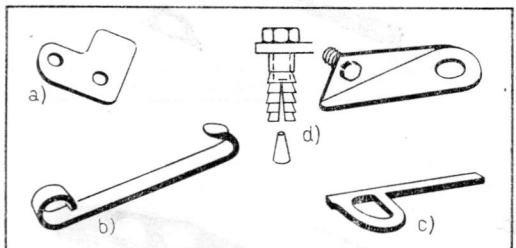

Abb. 22 Fortbewegungshaken
a – Mikrohaken; b – Cliffhänger; c – Stiftbohrhaken; d – Kronenbohrhaken.

Sich bildende Grate sind zu entfernen.

Die Spitzen von Spachtelhaken, Mikrohaken und Cliffhängern sind von Zeit zu Zeit nachzuschleifen.

Die Schlingen in einigen Fortbewegungshaken sind bei sichtbaren Beschädigungen auszuwechseln.

Die Eigentumskennzeichnung der Felshaken kann mit Farbe am Hakenkopf erfolgen. Auf keinen Fall dürfen Einkerbungen oder Schlagbuchstaben verwendet werden, da sie die Materialstruktur beeinflussen.

2.3.6. Klemmkeile und Klemmgeräte

Klemmkeile und Klemmgeräte sind Sicherungsmittel, die in Felsrisse gelegt werden und sich durch ihre konische Form bzw. durch Aufkanten verklemmen. Sie stellen eine Weiterentwicklung der klassischen Knotenschlinge dar und sind vor allem in breiteren Rissen sehr vielseitig verwendbar. Sie führen durch ihre kleinflächige Auflage zu stärkerer Abnutzung weicher Gesteine. Aus diesem Grund sind sie im Elbsandsteingebirge, im Zittauer Gebirge und in anderen Sandsteingebieten verboten.

Klemmkeile und Klemmgeräte bestehen aus Leichtmetall oder Messing, teilweise auch aus Stahl oder anderen Materialien.

Sie besitzen eine fest eingearbeitete Schlinge aus Drahtkabel (kleine Größen), Reepschnur, Seil oder Band (große und mittlere Größen). Bei eingeknoteten Schlingen ist stets der maximal mögliche Durchmesser zu wählen. Die Nähte von Bandschlingen müssen in Kontrastfarbe ausgeführt sein.

Alle Teile der Oberfläche, die mit dem Seil oder der Hand des Bergsteigers in Berührung kommen können, müssen gratfrei sein. Alle Kanten, an denen die Schlinge umgelenkt wird, müssen deutlich erkennbar gerundet sein.

Die Bruchfestigkeit der Klemmkeile und

Tabelle 5: Klemmkeile und Klemmgeräte; Bruchkraftklassen (nach DIN 32 919 und DIN 33948)

Bruchkraft-klasse	Mindestbruch-kraft in kN
1	5
2	10
3	15
4	20

Klemmgeräte hängt vom Material und dem Widerstandsmoment gegen Biegung bzw. Knickung ab. Neben der geforderten Mindestbruchkraft von 2,5 kN (Klemmkeile) bzw. 5 kN (Klemmgeräte) wird in Bruchkraftklassen unterteilt. (Tab. 5)

Die Haltekraft im Fels ist neben der richtigen Plazierung der Klemmkeile und Klemmgeräte von verschiedenen Faktoren abhängig.

Aus der Vielzahl von Systemen und Bezeichnungen sollen hinsichtlich ihrer Gestaltung und Anwendung folgende Grundformen von Klemmkeilen vorgestellt werden:

Der **doppelkonische Klemmkeil** (Stopper, Sadlewedge) besteht aus massivem bzw. hohlem Körper mit rechteckiger Grundfläche und eingeknoteter bzw. eingenähter Schlinge oder fester Drahtkabelschlinge. Er besitzt zwei Anwendungspositionen und ist für seichte Risse geeignet, wie sie häufig im Kalk vorkommen. Mikroausführungen bestehen aus Messingkörper mit eingelöteter bzw. eingegossener Drahtkabelschlinge und sind für feinste Risse vorgesehen. (Abb. 23 a)

Der **gewölbt-konische Klemmkeil** (Rock, Speedy, Halbmondstopper) besteht aus massivem bzw. hohlem bananenförmigem Körper mit rechteckiger Grundfläche und eingeknoteter bzw. eingenähter Schlinge oder fester Drahtkabelschlinge. Er besitzt zwei Anwendungspositionen und kann wie der doppelkonische Keil angewandt werden. Die Dreipunktauflage verhindert ein Verrutschen im Riß und erhöht die Klemmwirkung durch Eigenspannung. (Abb. 23 b)

Der **dreifach-konische Klemmkeil** besteht aus massivem Körper mit trapezförmiger Grundfläche und eingeknoteter bzw. eingenähter Schlinge oder fester Drahtkabelschlinge. Er besitzt zwei Anwendungspositionen und ist nur für außen konisch offene Risse geeignet, die häufig im Kalk vorkommen. (Abb. 23 c)

Der **sechseckige Klemmkeil** (Hexentric, Clog-Cog) besteht aus massivem bzw. hohlem Körper mit sechseckigem Querschnitt und eingeknoteter bzw. eingenähter Schlinge oder fester Drahtkabelschlinge. Er besitzt drei Anwendungspositionen und ist für tiefe, parallele Risse geeignet, wie sie häufig im Granit vorkommen. Bei richtiger Plazierung wird seine Haltekraft durch Aufkanten noch erhöht. (Abb. 23 d)

Spezialausführungen bestehen aus zusammensteckbaren Hohlkörpern mit eingeknoteter Schlinge. Sie besitzen mehrere Anwendungs-

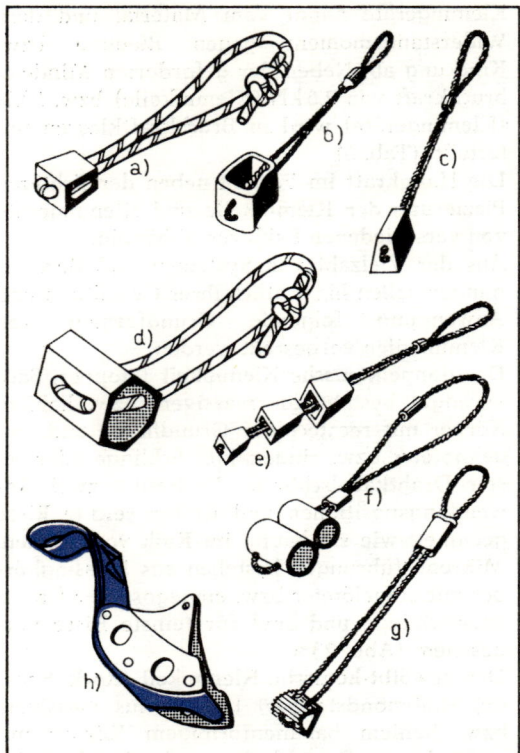

Abb. 23 Klemmkeile
a – doppelkonisch; b – gewölbt-ko-
nisch; c – dreifach-konisch; d – sechs-
eckig; e – Mehrstufenklemmkeil; f –
Rohr-Klemmkeil; g – Exzenter-Klemmkeil; – h Dreipunkt-Klemmkeil.

schlinge. Er besitzt eine Anwendungsposition und ist auch für parallele Risse geeignet. Bei richtiger Plazierung wird seine Haltekraft durch Aufkanten noch erhöht. (Abb. 23 g)

Der **Dreipunkt-Klemmkeil** (Tricam) besteht aus massivem bzw. genietetem Körper mit halbrundem Querschnitt und Rastnase sowie eingenähter Schlinge. Er besitzt eine Anwendungsposition und ist auch für außen konisch offene Risse und Felslöcher geeignet. Die Dreipunktauflage verhindert ein Verrutschen im Riß und erhöht die Klemmwirkung durch Eigenspannung. Bei richtiger Plazierung wird seine Haltekraft noch erhöht. (Abb. 23 h)

Klemmgeräte basieren auf dem gleichen physikalischen Prinzip wie Klemmkeile, ihre Klemmbreite ist jedoch stufenlos mechanisch verstellbar. Sie bestehen aus einer ganzen Reihe genau aufeinander abgestimmter Einzelteile. Hinsichtlich ihres Funktionsprinzips werden folgende Klemmgeräteformen unterschieden:

Das **Exzenter-Klemmgerät** (Friend, Bivo) besteht hauptsächlich aus einem Steg mit Achse, auf der ein (Bivo) oder zwei (Friend) bewegliche Klemmsegmentpaare exzentrisch gelagert sind, sowie eingeknoteter bzw. eingenähter Schlinge. Zugschlingen aus Drahtkabel ermöglichen das Entfernen der Klemmgeräte. Sie besitzen eine Anwendungsposition und sind für parallele, nach außen konisch offene Risse und Felslöcher gleichermaßen geeignet. Bivos sind erheblich schmaler als Friends und lassen sich auch in seichten Rissen und kleineren Felslöchern legen. Bei richtiger Plazierung und Größenwahl wird die Haltekraft der Klemmgeräte durch Aufkanten noch erhöht. Kritisch ist konstruktionsbedingt die Festigkeit der stählernen Achse. Zu weiche Achsen verbiegen sich, während zu harte brechen. In beiden Fällen verliert das Gerät seinen Halt im Riß. (Abb. 24 a)

Das **Federkeil-Klemmgerät** (Amigo, Slider) besteht hauptsächlich aus einem beweglichen Keilpaar, das sich selbständig der Rißbreite anpaßt, und eingeknoteter bzw. eingenähter Schlinge oder fester Drahtkabelschlinge. Es hat eine Anwendungsposition und ist zwar nicht ganz so vielseitig zu verwenden wie das Exzenter-Klemmgerät, dafür aber wesentlich einfacher zu handhaben. (Abb. 24 b)

Die Nutzungsdauer der Klemmkeile und Klemmgeräte ist in hohem Maße vom Verschleiß abhängig. Beim Gebrauch treten folgende Verschleißschwerpunkte auf:

positionen und sind durch das Baukastenprinzip auch in sehr breiten Rissen anwendbar. (Abb. 23 e)

Der **Rohr-Klemmkeil** besteht aus hohlem Körper mit kreisförmigem Querschnitt und eingeknoteter Schlinge oder fester Drahtkabelschlinge. Er besitzt zwei Anwendungspositionen und ist für tiefe und breite Risse geeignet. Der Querschnitt erhöht die Klemmwirkung durch Eigenspannung. (Abb. 23 f)

Einige Ausführungen bestehen aus mehreren lose nebeneinanderliegenden Rohrsegmenten, die sich bis zu einem gewissen Grad dem Verlauf gekrümmter Risse anpassen können.

Der **Exzenter-Klemmkeil** (Camlock) besteht aus massivem bzw. hohlem Körper mit halbrundem Querschnitt und eingeknoteter bzw. eingenähter Schlinge oder fester Drahtkabel-

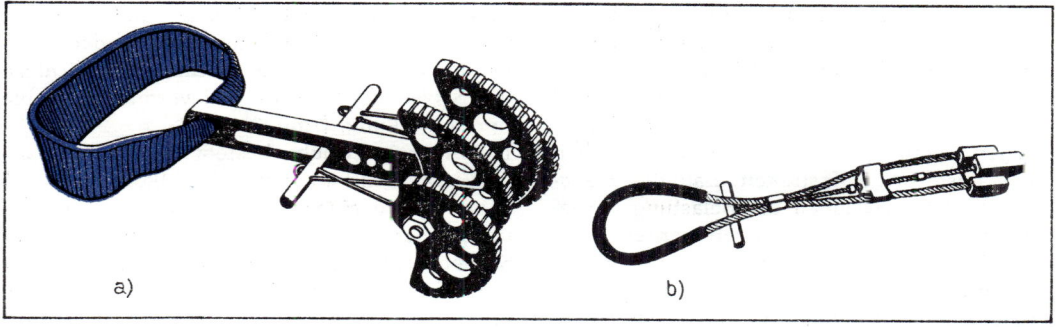

a)   b)

Abb. 24   Klemmgeräte
          a – Exzenter-Klemmgerät; b – Feder-
          keil-Klemmgerät.

– bei häufig benutzten Klemmkeilen durch das
  Festklopfen bzw. Entfernen;
– Abnutzung der Riffelung bei Exzenter-
  Klemmkeilen und -Geräten infolge häufiger
  Benutzung oder starker Belastung;
– Beschädigung der Klemmkeilschlingen durch
  Hammerschläge beim Legen oder Entfernen.
In folgenden Fällen sind Klemmkeile sofort
auszusondern:
– bei starker Deformierung des Keiles; insbesondere durch Einknicken des Querschnittes bei Rohr- und Sechseckkeilen großer Ab-
  messung (Hohlkörper);
– bei Deformierungen oder Gratbildungen an
  den Bohrungen für eingeknotete Schlingen;
– bei sichtbaren Rissen im Material;
– bei sichtbarer Beschädigung oder starker
  Korrosion eingelöteter oder eingegossener
  Drahtkabelschlingen.
In folgenden Fällen sind Klemmgeräte sofort
auszusondern:
– bei Deformierung der Klemmsegmente bzw.
  Federkeile;
– bei Deformierung der Achse von Exzenter-
  Klemmgeräten;
– bei starker Abnutzung der Riffelung an
  Klemmsegmenten bzw. Federkeilen.
Die Keile bzw. Geräte sind durch richtige Auswahl vor starker Deformierung zu schützen.
Sich bildende Grate sind zu entfernen. Einmal
jährlich sollten die bewegten Teile der Klemmgeräte leicht geölt werden. Die Schlingen müssen bei sichtbarer Beschädigung ausgewechselt
werden.

Die Eigentumskennzeichnung der Klemmkeile
und Klemmgeräte kann mit Farbe am Körper
oder durch Umwickeln der Schlinge mit einem
Kennfaden erfolgen. Auf keinen Fall dürfen
Einkerbungen oder Schlagbuchstaben verwendet werden, da sie die Materialstruktur des
Metalls beeinflussen.

2.3.7.   Eishaken und Eisschrauben

Eishaken und Eisschrauben sind Sicherungs-
bzw. Fortbewegungsmittel, deren Schaft in
kompakte Eisflächen eingeschlagen oder eingedreht wird und sich durch seine Schrauben-
form verklemmt.
Schaft und Öse müssen so aufeinander abgestimmt sein, daß sich die Haken und Schrauben beim Einschlagen bzw. Eindrehen nicht
deformieren.
Eishaken und Eisschrauben bestehen vorzugsweise aus hochlegiertem, vergütetem, sehr zähhartem Stahl (Hartstahl) – mitunter auch aus
Titan. Sie sind rostfrei bzw. oberflächenvergütet.
Alle Teile der Oberfläche, die mit der Hand
des Bergsteigers in Berührung kommen können, müssen gratfrei sein.
Die Festigkeit von Schaft und Öse richtet sich
nach Material und Widerstandsmoment des
Haken- bzw. Schraubenquerschnittes gegen
Biegung. Wegen der sehr unterschiedlichen Formen der Eishaken und Eisschrauben schwankt
die Bruchfestigkeit, wobei die Schäfte mit konischem oder zylindrischem Vollquerschnitt
wesentlich geringere Werte als zylindrische
Hohlquerschnitte (Rohrform) aufweisen.
Die Haltekraft im Eis hängt neben der richtigen Plazierung der Haken und Schrauben
(Setzwinkel; Öse aufsitzend) von verschiedenen Faktoren ab:

- Mit der Festigkeit und Kompaktheit des Eises nimmt die Haltekraft zu, da sich hartes und dichtes Eis nicht so leicht verformt.
- Ösenformen mit geringem Hebelarm und ein großes Widerstandsmoment des Schaftes gegen Biegung verhindern in Abhängigkeit von der Materialfestigkeit, daß die Eishaken und Eisschrauben bei Belastung verbogen und aus dem Eis gerissen werden.
- Die Form des Schaftes und die daraus resultierende Sprengwirkung im Eis hat entscheidenden Einfluß auf die Haltekraft. Schäfte mit Vollquerschnitt oder stumpfe Zahnungen und Gewinde an Rohrschäften rufen eine sehr große Sprengwirkung im Eis und damit geringe Haltekräfte hervor.
- Generell gewährleistet nur die Rohrform des Schaftes eine im Verhältnis zur Sprödigkeit des Eises akzeptable Sprengwirkung. Je größer der Rohrdurchmesser, um so größer die Haltekraft bei geringer Sprengwirkung.
- Mit der Schaftlänge nimmt die Haltekraft im Eis zu. Zum Erreichen der geforderten Mindesthaltekraft von 10 kN sind Nutzlängen von 15 bis 25 cm bei Rohreisschrauben und mindestens 18 cm bei Rohreishaken in festem Eis erforderlich.

Hinsichtlich ihrer Gestaltung und Haltekraft wird grundsätzlich unterschieden in Eishaken- und Eisschraubenformen, die sich für Sicherungszwecke eignen, und in solche, die nur der Fortbewegung dienen. Bei den Sicherungshaken- und -schrauben, die sich natürlich auch für die Fortbewegung eignen, werden folgende Grundformen unterschieden:

Der **Rohreishaken** besteht aus hohlem, zylindrischem Schaft mit Schneide und Gewinde sowie einer Öse. Ein feines, abgerundetes Gewinde sowie eine scharfe Schneide erleichtern das Setzen des Hakens und vermindern seine Sprengwirkung. (Abb. 25 a)

Die **Rohreisschraube** besteht aus hohlem, zylindrischem Schaft mit Schneidkopf und Gewinde sowie einer Öse oder Lasche. Ein feines, scharfes Gewinde sowie ein scharfer Schneidkopf erleichtern das Eindrehen der Schraube und vermindern ihre Sprengwirkung. Spezialausführungen mit verstellbarer Öse ermöglichen eine Veränderung der Nutzlänge entsprechend der Eisbeschaffenheit. (Abb. 25 b)

Bei den Eishaken und Eisschrauben für Fortbewegungszwecke können hinsichtlich ihrer Anwendung folgende Grundformen unterschieden werden:

Der **Spiralzahnhaken** besteht aus massivem, konischem Schaft mit Grobzahnung sowie einer Öse. Durch die sehr große Sprengwirkung ist seine Haltekraft gering. (Abb. 25 c)

Der **Winkeleishaken** (Einser) besteht aus Stahlblech in Form einer „Eins". Die konvexe, scharfe Spitze wird ins Eis geschlagen, während die Bohrung im Schaft zum Einhängen einer Trittleiter oder Trittschlinge dient. (Abb. 25 d)

Die **Eisspirale** besteht aus einem korkzieherartigen Stahldrahtschaft mit angebogener Öse. Durch ihre geringe Auflagefläche im Eis ist ihre Haltekraft gering. (Abb. 25 e)

Die Nutzungsdauer der Eishaken und Eisschrauben ist hauptsächlich vom Verschleiß und der Ermüdung des Materials abhängig. Beim Gebrauch gibt es folgende Verschleißschwerpunkte:

- Der größte Verschleiß tritt bei häufig benutzten Eishaken durch das Einschlagen am Schaftende bzw. der Öse auf. Deformierungen der Schlagfläche führen durch örtliche Verfestigung zur Versprödung des Metalls. Dadurch entstehende Strukturrisse können zum Bruch des Hakens bzw. der Öse führen.
- Bei Eisschrauben mit stumpfem Schneidkopf können die ersten Gewindegänge nicht von Hand eingedreht, sondern müssen eingeschlagen werden. Dadurch erhöht sich der Verschleiß wie bei Eishaken.
- Eishaken und Eisschrauben werden schnell stumpf, wenn sie beim Setzen auf Fels treffen.

In folgenden Fällen sind Eishaken und Eisschrauben sofort auszusondern:

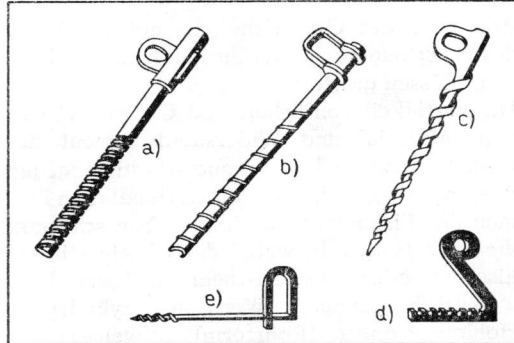

Abb. 25 Eishaken und Eisschrauben
a – Rohreishaken; b – Rohreisschraube; c – Spiralzahnhaken; d – Winkeleishaken; e – Eisspirale

- bei starker Deformierung des Schaftes oder der Öse infolge Sturzbelastung;
- bei starker Deformierung der Schlagfläche, so daß die Hammerschläge die Öse oder Lasche treffen;
- bei sichtbaren Rissen im Material.

Verbogene Haken mit Vollquerschnitt können durch vorsichtiges Zurückbiegen (bei Hartstahl nur bedingt möglich) wieder gerichtet werden. Das Richten von Rohrschäften ist mit einfachen Mitteln nicht möglich und führt in der Regel zu weiterer Deformierung. Sich bildende Grate sind zu entfernen. Die Schneide bzw. der Schneidkopf der Rohreishaken und -schrauben kann in bestimmtem Umfang mit einer Rund- oder Halbrundfeile nachgeschärft werden. (Abb. 26)

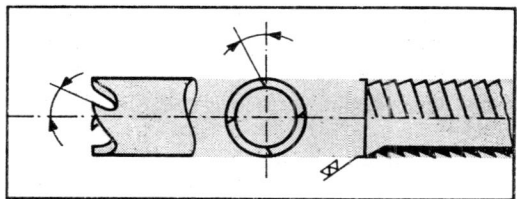

Abb. 26 Richtiges Nachschärfen von Eisschrauben.

Die Eigentumskennzeichnung der Eishaken und Eisschrauben kann mit Farbe am Schaftende erfolgen. Auf keinen Fall dürfen Einkerbungen oder Schlagbuchstaben verwendet werden, da sie die Materialstruktur beeinflussen.

2.4. Technische Hilfsmittel

Die technischen Hilfsmittel ergänzen die Sicherheitsausrüstung des Bergsteigers und ermöglichen in vielen Fällen überhaupt erst die Durchführung einer Bergtour, indem sie z. B. dem Anbringen von Sicherungsmitteln oder der Fortbewegung im Auf- oder Abstieg dienen.

Da diese Hilfsmittel einen erheblichen Sicherheitsfaktor darstellen, müssen sie sorgfältig behandelt sowie ständig kontrolliert werden. Pflegehinweise und Gebrauchsanleitungen sind unbedingt einzuhalten.

Für einige technische Hilfsmittel existieren UIAA-Normen bzw. -Normentwürfe, die bestimmte Mindestforderungen hinsichtlich Festigkeit und Qualität festlegen. Sie sind durch nationale Standards verbindlich.

2.4.1. Felsgeräte

Felsgeräte sind Hilfsmittel, die dem Anbringen und Entfernen felstypischer Sicherungsmittel – wie Felshaken, Klemmkeile und Klemmgeräte –, jedoch nicht unmittelbar als Halte- oder Sicherungspunkt, dienen.

Der Kopf der Felsgeräte besteht aus hochwertigem Stahl und ist rostfrei bzw. oberflächenvergütet. Für den Schaft finden Stahlrohr oder Kunststoff Verwendung.

Alle Teile der Oberfläche, die mit der Hand des Bergsteigers in Berührung kommen können, müssen gratfrei sein. Gummi- oder Kunststoffgriffe mindern die Prellwirkung.

Bei den Felsgeräten werden hinsichtlich ihrer Anwendung folgende Grundformen unterschieden:

Der **Felshammer** besteht aus Stahlrohrschaft mit Griff oder speziellem Kunststoffschaft sowie Hammerkopf und dient vorwiegend dem Schlagen und Entfernen von Felshaken. Modelle mit langer Spitze eignen sich außerdem zum Anklopfen von Klemmkeilen. Vorteilhaft für die Treffsicherheit ist eine möglichst große und ebene Schlagfläche, während die gezahnte Hammerspitze das Herausheben bereits gelockerter Haken ermöglicht. Um Verletzungen der Fingerknöchel zu vermeiden, sollte die Schaftlänge 280 mm nicht unterschreiten. Zur Gewährleistung einer optimalen Schlagwucht des Felshammers ist eine Masse von 500 bis 600 g erforderlich. Eine Öse oder Bohrung zum Befestigen einer Fangschnur am Schaftende, meist auch ein Karabinerloch im Hammerkopf, gehören zur Ausstattung. (Abb. 27 a)

Der **Klemmkeilhammer** besteht aus Stahlblechschaft mit hakenförmigem Ende sowie leichtem Hammerkopf und dient vorwiegend dem Anklopfen von Klemmkeilen bzw. dem Entfernen von Klemmkeilen und Klemmgeräten. Wegen seiner meist geringen Masse ist er zum Schlagen von Felshaken nur bedingt geeignet. (Abb. 27 b)

Der **Klemmkeilentferner** (Chock Cracker, Nut Key) besteht aus Stahlblechschaft mit hakenförmigem Ende sowie Griff mit Bohrungen zur Massereduzierung und dient ausschließlich dem Entfernen von Klemmkeilen oder Klemmgeräten. (Abb. 27 c)

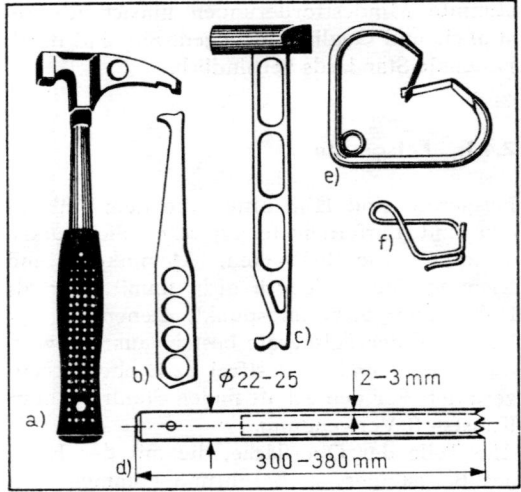

Abb. 27 Felsgeräte
a – Felshammer; b – Klemmkeilhammer; c – Klemmkeilentferner; d –
Kronenbohrer (Sandstein); e – Hakenschani; f – Hakenfänger.

Der **Bohrmeißel** und **Dübelsetzer** besteht aus
Handgriff mit Schlagfläche sowie Bohrkrone
und dient dem Bohren der Felslöcher für Stift-
bzw. Kronenbohrhaken. Die Bohrkrone ist
meist auswechselbar und bildet bei Kronenbohrhaken den im Bohrloch verbleibenden
Schaft. Zum Befestigen der Hakenösen sind
je nach System noch unterschiedliche Schrau-
benschlüssel erforderlich.
Zum Anbringen der Sicherungsringe im Mittelgebirge (z. B. in Sandstein-Klettergebieten)
werden zum Bohren der je nach Gesteinsfe-
stigkeit 200 bis 250 mm tiefen Felslöcher
ebenfalls Kronenbohrer verwendet. Sie besitzen bei einem Durchmesser von 25 bis 27 mm
eine Schaftlänge von 300 bis 380 mm. (Abb.
27 d)
Bei allen Kronenbohrern oder Dübelsetzern
gehört eine Bohrung zum Befestigen einer
Fangschnur am Schaftende zur Ausstattung.
Verschiedenes Zubehör ergänzt die Felsgeräte:
Der **Hammerköcher** oder die **Hammerschlaufe**
am Anseilgurt dienen der griffbereiten Aufbewahrung des Hammers während der Kletterei.
Der **Hakenfänger** verhindert gemeinsam mit
einer Fangschnur das Entgleiten der Fels- oder
Eishaken beim einhändigen Entfernen oder
Schlagen. Als Hakenfänger finden kleine Ka-

rabiner (Fahnenkarabiner) oder besser robu-
ste Bügel aus Federstahldraht Verwendung.
(Abb. 27 e)
Der **Hakenschani** dient der übersichtlichen Auf-
bewahrung von Haken, Klemmkeilen, kurzen
Schlingen usw. Ein Federmechanismus an der
Öffnung des Bügels ermöglicht das rasche Ein-
und Aushängen. (Abb. 27 f)

2.4.2. Eisgeräte

Eisgeräte sind Hilfsmittel, die dem Anbringen
und Entfernen eistypischer Sicherungsmittel
– wie Eishaken und Eisschrauben –, vorwiegend jedoch als unmittelbarer Halte- und Sicherungspunkt dienen.
Der Kopf der Eisgeräte besteht aus hochwertigem Stahl – mitunter auch aus Titan – und
ist rostfrei bzw. oberflächenvergütet. Für den
Schaft finden Leichtmetall oder Kunststoff Verwendung. Holzschäfte besitzen nicht die für
Sicherungszwecke erforderliche Bruchfestigkeit!
Ein Karabinerloch im Kopf der Eisgeräte,
meist auch verschiedene Bohrungen für Handschlaufen im Schaft, gehört zur Ausstattung.
Alle Teile der Oberfläche, die mit der Hand
des Bergsteigers in Berührung kommen können, müssen gratfrei sein. Eine möglichst glatte, am besten polierte Oberfläche des Kopfes
der Eisgeräte erleichtert das Eindringen und
Lösen des Gerätes bei der Eisarbeit. Gummi-
oder Kunststoffgriffe mindern die Prellwirkung.
Zur Gewährleistung einer optimalen Schlagwucht muß sich der Masseschwerpunkt der
Geräte, vor allem bei Eispickeln und Eisbei-
len, im vorderen Drittel befinden (Ausbalan-
cieren auf einem Finger). Bei einigen Modellen kann die Schlagwucht durch das Anschrau-
ben kleiner Zusatzgewichte an der Haue erhöht werden.
Moderne Eisgeräte, insbesondere Eispickel,
sind für einen bestimmten Anwendungsbereich
konzipiert. Universal- und Extremgeräte unterscheiden sich dadurch in ihrer konstruktiven Gestaltung. Wichtigstes Unterscheidungsmerkmal ist die Form der Haue. Folgende Details der Hauenform sind bei der Beurteilung
des Anwendungsbereiches der Eisgeräte zu beachten:
– Die Krümmung und die daraus resultieren-
den Kraftkomponenten beeinflussen die Haltekraft des Gerätes im Eis. Mäßig gekrümm-

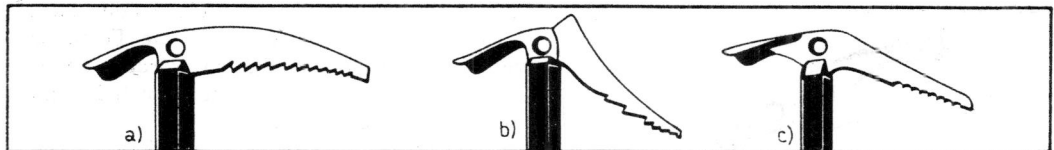

Abb. 28 Hauenkrümmung von Eisgeräten
a – Konkavhaue; b – Konvexhaue; c – abgewinkelte Haue.

te oder abgewinkelte Hauen, sogenannte Universalhauen, eignen sich sowohl als Zuggerät als auch zum Stufenschlagen, allerdings in beiden Anwendungsbereichen nicht optimal.

Bei stark gekrümmten oder abgewinkelten Hauen wirkt auf die Haue eine ins Eis gerichtete Kraftkomponente; hervorragende Eignung als Ankergerät für Zugtechnik. Während Konkavhauen durch ihre dem Schlagradius angepaßte Krümmung die Schlagwucht verstärken, lassen sich abgewinkelte oder konvexe Hauen (Bananenhauen) leichter aus dem Eis lösen. (Abb. 28)

– Rechteckige oder T-förmige Querschnitte erleichtern das Eindringen und Lösen der Haue in hartem Eis, während Rohr- oder Halbrohrhauen durch geringe Sprengwirkung mehr Halt in weichem Eis bieten.

– Die Länge der Zahnung beträgt je nach Anwendungsbereich ein bis zwei Drittel der Hauenlänge. Vorteilhaft ist eine zur Hauenspitze hin feiner werdende Zahnung an der Unterseite. Doppelzahnungen an Unter- und Oberseite bieten zwar mehr Halt, erschweren aber das Lösen des Eisgerätes. Zur Vermeidung von Dauerbrüchen (Ermüdungsbrüchen) der Haue ist auf einen sorgfältig geschliffenen und ausgerundeten Zahngrund zu achten. Seitliche Zahnungen erhöhen durch ihre Kerbwirkung ebenfalls die Bruchgefahr.

Folgende Schaufelformen sind je nach Anwendungsbereich des Eisgerätes üblich:

– Die leicht gewölbte Normalschaufel besitzt eine gerade oder wellenförmige Schneide, die sich zum Stufenschlagen in Eis und Firn eignet. (Abb. 29 a)

– Die stark gewölbte oder abgewinkelte Extremschaufel eignet sich für Zugtechnik im Firn. (Abb. 29 b)

– Die Eignung der Rohrschaufel entspricht

Abb. 29 Schaufelformen von Eisgeräten
a – Normalschaufel; b – Extremschaufel; c – Rohrschaufel.

durch ihre geringe Sprengwirkung weitgehend der Extremschaufel. (Abb. 29 c)

Bei den Eisgeräten werden folgende Grundformen unterschieden:

Der **Eispickel** besteht aus Kopf mit Haue und Schaufel sowie Schaft mit Spitze. Die Schäfte haben in der Regel eine Abstufung von 5 cm. Ihre Länge ist vom Anwendungsbereich des Gerätes und der Körpergröße abhängig. Für Universaleignung wird die Schaftlänge so gewählt, daß der Pickel bei aufrechter Haltung und ausgestrecktem Arm den Boden berührt, wobei auch für Extremgeräte 55 cm nicht unterschritten werden sollten. Einige Modelle besitzen ausziehbare Schäfte. Für die Schaftspitze haben sich runde oder quadratische Querschnitte allgemein durchgesetzt. (Abb. 30 a)

Das **Eisbeil** besteht aus Kopf mit Haue und Schlagfläche sowie Schaft mit Spitze. Die Schaftlänge beträgt 40 bis 55 cm. Vorteilhaft ist eine möglichst große und ebene Schlagfläche, die nicht kleiner als 3 cm × 3 cm sein sollte. (Abb. 30 b)

Der **Eishammer** besteht aus Kopf mit Spitze und Schlagfläche sowie Schaft. Die Schaftlänge beträgt 30 bis 45 cm. Eine Öse oder Bohrung zum Befestigen einer Fangschnur am Schaftende gehört zur Ausstattung. (Abb. 30 c)

Das **Wechselsystemgerät** besteht aus einem oder mehreren Grundkörpern (Schäften), in deren Kopf unterschiedliche Hauen- oder Schaufelformen sowie verschiedene Zusatzgeräte eingesetzt werden können. Durch verschiedene Schäfte vereinigt das Wechselsystem Eispickel, Eisbeil und Eishammer in sich. Es ist für alle Anwendungsbereiche geeignet und

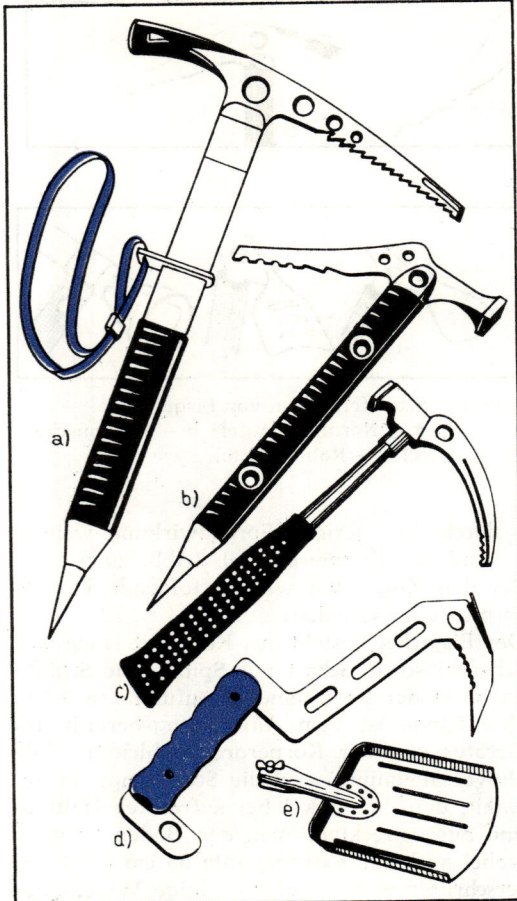

Abb. 30 Eisgeräte
a – Eispickel; b – Eisbeil; c – Eishammer; d – Eispfeil; e – Firnschaufel.

in bestimmtem Umfang mit einer Feile nachgeschärft werden. Dabei muß die Form soweit wie möglich beibehalten werden, da die
Geräte wegen der notwendigen Elastizität nur
oberflächengehärtet sind.
Verschiedenes Zubehör ergänzt die Eisgeräte:
Die **Handschlaufe** dient der kraftsparenden
Handhabung des Eisgerätes und verhindert
sein Entgleiten. Ihre Form richtet sich nach
dem Anwendungsbereich. Die Länge ist meist
verstellbar.
Die **Firnschaufel** dient u. a. dem Bau von
Schneebiwaks und als Lawinenschaufel. Sie
kann bei normalen Eispickeln auf den Schaft
gesteckt oder bei Wechselsystemen z. T. am
Gerätekopf befestigt werden. (Abb. 30 e)
Der **Pickelschutz** schützt vor Verletzungen bei
Transport und Aufbewahrung der Eisgeräte.
Er besteht aus einer Kappe für die Schaft-
spitze sowie einem Futteral für den Kopf des
Eispickels oder Eisbeiles.

2.4.3. Steigeisen

Steigeisen sind Fortbewegungshilfsmittel, die
dem sicheren Halt des Fußes auf Eis und Firn
dienen. Sie finden dann Verwendung, wenn
die Profilsohle des Bergschuhes bei entsprechender Hangneigung nicht mehr die erforderliche Griffigkeit gewährleistet.
Steigeisen bestehen aus hochwertigem Stahl
und sind rostfrei bzw. oberflächenvergütet. Einige Fabrikate besitzen einen speziellen Anti-
haftbelag, der das Anstollen von feuchtem
Firn jedoch nicht völlig verhindern kann und
durch den starken Abrieb auch nur kurze
Zeit wirksam ist. Alle Teile der Oberfläche
müssen gratfrei sein.
Moderne Steigeisen sind für einen bestimmten Anwendungsbereich konzipiert. Universal-
und Extremsteigeisen unterscheiden sich dadurch in ihrer konstruktiven Gestaltung. Wichtigstes Unterscheidungsmerkmal ist die Länge
und Form der Zacken (Zackengeometrie). Folgende Details sind bei der Beurteilung des
Anwendungsbereiches der Steigeisen zu beachten (Abb. 31):
– Im Steileis soll der Abstand der Frontalzak-
  ken voneinander etwa 50 mm (je größer,
  desto bessere Standsicherheit) und im kombinierten Gelände etwa 40 bis 45 mm (je
  größer, desto ungünstigere Hebelwirkung
  am Fels) betragen.
– Im Steileis können die Frontalzacken etwas

kann mit wenigen Handgriffen den verschie-
densten Eisverhältnissen angepaßt werden.
Der **Eispfeil** besteht aus einer Haue sowie
Schaft mit abgesetztem Handgriff. Dieses außerordentlich leichte Gerät ist hervorragend
für schnelles und kraftsparendes Klettern im
Steileis geeignet. Am Schaftende befindet
sich eine Bohrung zum Einhängen einer Trittleiter oder Trittschlinge. (Abb. 30 d)
Eine sachgerechte Behandlung und Pflege der
Eisgeräte trägt zur Verlängerung ihrer Nutzungsdauer bei.
Felsberührung der Geräte mit Haue und Schaufel ist zu vermeiden. Sich bildende Grate sind
zu entfernen.
Die Schneiden an Haue und Schaufel können

stärker gekrümmt bzw. abgewinkelt sein. Ihre Länge beträgt etwa 30 bis 35 mm gegenüber 25 bis 30 mm im kombinierten Gelände.

- Ein vertikales oder wenig nach vorn gerichtetes zweites Zackenpaar eignet sich für alle Anwendungsfälle. Während stark nach vorn gerichtete Zacken (sogenannte Diagonalzacken) sehr guten Halt im Steileis bieten, ist ihre Hebelwirkung am Fels zu groß. Der günstigste Abstand zwischen Frontalzacken und zweitem Zackenpaar beträgt 50 bis 55 mm.
- Die Vertikalzacken besitzen im allgemeinen eine Länge von 35 bis 40 mm, wobei längere Zacken kaum Vorteile bieten. Günstig sind eine senkrechte Vorder- und eine schräge Hinterkante, wodurch sich die Steigeisen besser eindrücken.

Hinsichtlich ihrer konstruktiven Gestaltung werden folgende Grundtypen von Steigeisen unterschieden:

Das **Steigeisen mit Gelenk** ermöglicht in gewissem Umfang das natürliche Abrollen des Fußes und kann auch mit weniger steifen Schuhen (z. B. mittelschwerer Bergschuh) verwendet werden. Bei Frontalzackentechnik wird das Steigeisen weniger auf Biegung beansprucht und neigt weniger zur Stollenbildung. Es besitzt in der Regel zwölf Zacken und je nach Zackengeometrie Universaleignung für Eis und kombiniertes Gelände. (Abb. 32 a)

Das **Scherensteigeisen** ist eine besondere Form des Steigeisens mit Gelenk, das sich beim An-

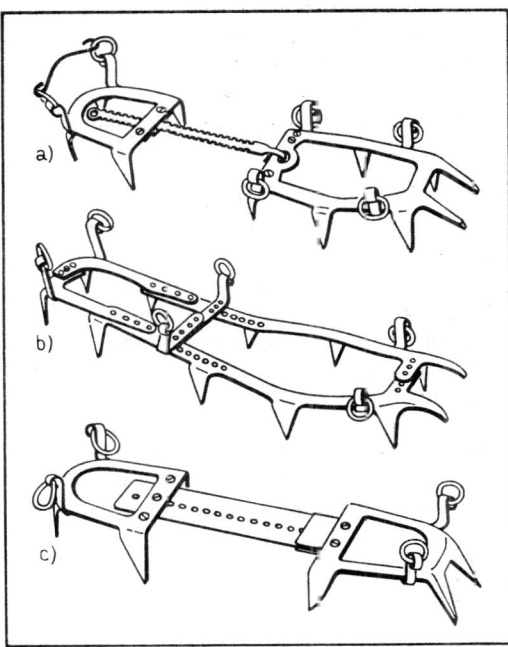

Abb. 32 Steigeisen
a – Steigeisen mit Gelenk; b – Steigeisen ohne Gelenk; c – Leichtsteigeisen.

legen durch Spannen in Längsrichtung dem Schuh auch seitlich anpaßt.

Das **Steigeisen ohne Gelenk** verhindert das Abrollen des Fußes und ist ausschließlich für die kraftsparende Anwendung der Frontalzackentechnik konzipiert. Wegen der starken Biegebeanspruchung (Bruchgefahr!) sind absolut steigeisenfeste Schuhe (z. B. Kunststoffschuhe) erforderlich. Wegen seiner Starrheit neigt dieser Steigeisentyp wesentlich stärker zur Stollenbildung. Einige Modelle besitzen bis zu zwanzig Zacken. Eignung nur für Steileis. (Abb. 32 b)

Das **Leichtsteigeisen** ermöglicht z. B. durch einen Steg aus Federstahl das natürliche Abrollen des Fußes und kann auch mit schmiegsamen Schuhen (z. B. Leichtbergschuh, Kletterschuh) verwendet werden. Es besitzt meist acht Zacken und eignet sich nur für einfache Anwendungsfälle, wo Vertikalzacken ausreichen. (Abb. 32 c)

Wichtig für den richtigen Sitz ist das sorgfältige Anpassen der Steigeisen. Um den richtigen Überstand der Frontalzacken entsprechend Anwendungsbereich zu gewährleisten, beginnt das Anpassen an der Schuhspitze. Das Steig-

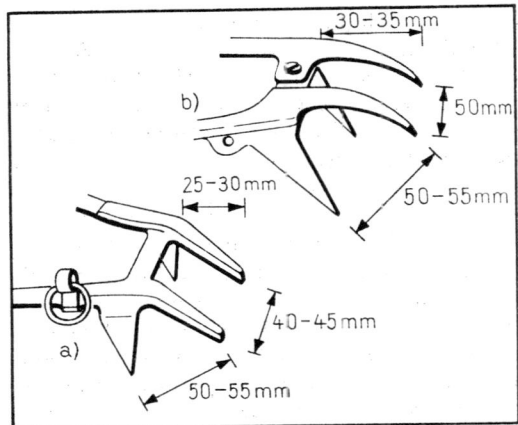

Abb. 31 Steigeisenzacken
a – für Normalsteigeisen und für kombinierte Touren; b – für Steileis.

eisen ist dann richtig angepaßt, wenn es ohne größeres seitliches Spiel und ohne angelegte Bindung bei kräftigem Schleudern des Fußes nicht vom Schuh fällt. Nach dem Anpassen sind alle Verschraubungen fest anzuziehen. Eine häufige Verstellung schadet allerdings den Schrauben.

Eine sachgerechte Behandlung und Pflege der Steigeisen trägt zur Verlängerung ihrer Nutzungsdauer bei.

Die Verschraubungen sowie die Bindungen sind vor Gebrauch auf festen Sitz zu prüfen.

Regelmäßige Sichtkontrolle von Steigeisen und Bindung hinsichtlich Rissen oder Brüchen ist notwendig.

Steigeisen werden mit der Zeit stumpf – besonders bei häufiger Benutzung im kombinierten Gelände. Verbogene Zacken können durch vorsichtiges Zurückbiegen gerichtet werden. Sich bildende Grate sind zu entfernen.

Die Zacken können in bestimmtem Umfang mit einer Feile nachgeschärft werden. Dabei muß die Zackenform soweit wie möglich beibehalten werden.

Folgendes Zubehör ergänzt die Steigeisen:

Die **Bindung** gewährleistet den sicheren Sitz des Steigeisens am Schuh. Folgende Arten haben sich bewährt:

– Beriemung aus stabilen Dederon- oder Neoprengurten (dehnen sich kaum) mit Dornenschnalle. Ledergurte sind zu feuchtigkeitsempfindlich und reißen leicht. Zu fest angezogene Riemen können die Blutzirkulation beeinträchtigen (Erfrierungsgefahr!). Nachteilig ist das umständliche An- und Ablegen der Steigeisen. (Abb. 33)

– Kipphebelbindung mit Klammern oder stabilem Drahtbügel an der Schuhspitze und verstellbarem Spanner zum Einstellen der richtigen Spannung an der Ferse. Das Öffnen der Bindung wird durch einen Riemen verhindert, der gleichzeitig als Fangriemen dient. Vorteilhaft ist das rasche An- und Ablegen der Steigeisen.

Der **Zackenschutz** dient dem Vermeiden von Verletzungen bei Transport und Aufbewahrung der Steigeisen. Er besteht aus durch Stege miteinander verbundenen Gummikappen, die einzeln auf die Steigeisenzacken geschoben werden.

Die **Antistollplatte** verhindert die lästige und gefährliche Stollenbildung bei feuchtem Firnschnee. Sie besteht aus verschleißfestem Gummi und wird unterhalb des Steigeisenrahmens zwischen den Zacken angebracht. Als Behelf kann auch ein Tuch aus kräftigem Stoff dienen, durch das die Steigeisenzacken getreten werden und das anschließend über dem Schuh verknotet wird.

Das **Werkzeug** (Schraubenschlüssel/Schraubendreher) zum Verstellen der Steigeisen sollte auch auf Tour ständig mitgeführt werden.

2.4.4. Trittleitern

Trittleitern sind Fortbewegungshilfsmittel, die in Verbindung mit fels- und eistypischen Sicherungsmitteln bzw. Eisgeräten der Überwindung ungangbarer Fels- und Eispassagen dienen.

Trittleitern haben drei bis vier Sprossen bzw. Schlaufen, deren Abstand nach oben hin kleiner wird, um das Balancieren beim Höhersteigen zu erleichtern. Ihre Länge wird je nach Körperhöhe so gewählt, daß die am Fiffihaken in der ausgestreckten Hand gehaltene Leiter gerade noch das bequeme Einsteigen in die unterste Sprosse bzw. Schlaufe ermöglicht. Zu lange Trittleitern neigen zum Verfitzen, zu kurze sind ermüdend.

Hinsichtlich ihrer Konstruktion werden zwei Grundtypen von Trittleitern unterschieden:

Die **Sprossenleiter** besteht aus Kernmantelreepschnur von mindestens 4 mm Durchmesser und Leichtmetallsprossen. Die Sprossen können fest eingeknüpft (Knoten ober- und unterhalb jeder Sprosse) oder verschiebbar sein (Knoten nur unter der Sprosse). Fest verknüpfte werden bevorzugt, um ein unerwünschtes Verschieben zu vermeiden. (Abb. 34 a)

Die **Bandleiter** besteht aus Bandmaterial von

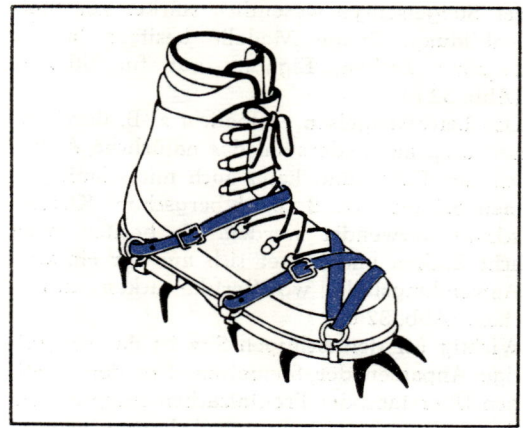

Abb. 33 Befestigen der Steigeisen am Fuß

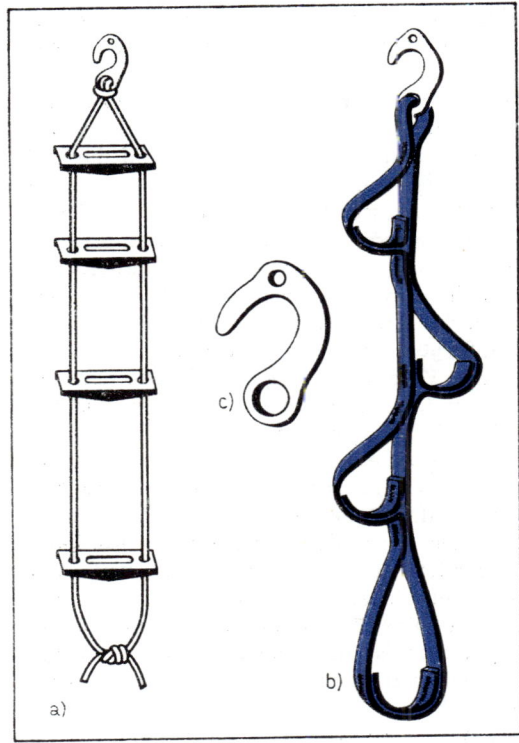

Abb. 34 Trittleitern
a – Sprossenleiter; b – Bandleiter; c – Fiffi-Haken.

mindestens 20 mm Breite. Ihre Trittschlaufen sind geknotet oder in Kontrastfarbe vernäht. (Abb. 34 b)

Folgendes Zubehör ergänzt die Trittleitern:

Der **Fiffihaken** besteht meist aus gestanztem Stahlblech mit Griff (Griff-Fiffi) oder Bohrung zum Einknoten der Trittleiter sowie einem Loch für die Fangschnur. Die Hakenöffnung ist so gestaltet, daß der Haken samt Leiter mittels der am Anseilgurt befestigten Fangschnur beim Weiterklettern aus den tiefer liegenden Haken gezogen werden kann. Als Fangschnur eignen sich dünne Reepschnur (verfitzt nicht so leicht) oder Lawinenschnur von etwa 1,5 m Länge. (Abb. 34 c)

Bei paariger Verwendung der Trittleitern sind verschiedenfarbige Bänder bzw. Reepschnüre (auch für die Fangschnur) vorteilhaft.

2.4.5. Steigklemmen

Steigklemmen sind das Seil umschließende Klemmgeräte, die bei Belastung in einer Richtung klemmen und sich in der anderen verschieben lassen. Sie dienen dem Auf- oder Abstieg am Fixseil ohne zusätzliche Seilsicherung oder als Rücklaufsperre beim Flaschenzugbau. Aus Gewichtsgründen bestehen Steigklemmen in der Regel aus Leichtmetall oder gestanztem Stahlblech. Alle Teile der Oberfläche, die mit dem Seil oder der Hand des Bergsteigers in Berührung kommen können, müssen gratfrei sein. Einige Modelle besitzen Kunststoffüberzüge am Handgriff. Ausführungen mit Griff eignen sich besonders zum Aufstieg am fixierten Seil, während Ausführungen ohne Griff für Selbstsicherungen handlicher sind.

Die Steigklemmen müssen in Belastungsrichtung eine lichte Öffnung von mindestens 13 mm Durchmesser haben und einer Kraft von mindestens 4 kN ohne Schäden oder Verformungen standhalten.

Die meisten Modelle lassen sich an jeder beliebigen Stelle des Seiles ein- und aushängen. Alle Steigklemmen besitzen eine mechanische Sperre gegen ungewolltes Aushängen sowie Löcher zum Einhängen von Karabinern für Selbstsicherung oder Trittleitern bzw. Trittschlingen.

Steigklemmen, insbesondere solche mit gezahntem Klemmsegment, erhöhen den Seilverschleiß. Ihre Anwendung sollte deshalb auf unbedingt notwendige Anwendungsfälle beschränkt werden.

Hinsichtlich ihrer Anwendung werden folgende Grundtypen von Steigklemmen unterschieden:

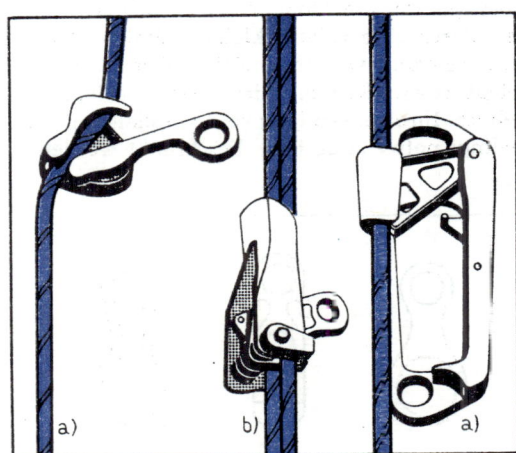

Abb. 35 Steigklemmen
a – für einfachen Seilstrang; b – für doppelten Seilstrang.

Die **Steigklemme für den einfachen Seilstrang** kann für Seildurchmesser von 8 bis 12 mm verwendet werden und genügt fast allen Anwendungsfällen. Ihre Klemmwirkung beruht je nach Modell auf unterschiedlichen Konstruktionsprinzipien und kann z. B. durch ein bewegliches Klemmsegment oder durch Abwinkeln des Seiles erreicht werden. (Abb. 35 a)

Die **Steigklemme für den doppelten Seilstrang** kann für Zwillings- oder Doppelseil verwendet werden. Ihre Klemmwirkung wird z. B. durch Abwinkeln oder Umschlingen des Seiles erzielt. (Abb. 35 b)

2.4.6. Abseilgeräte

Abseilgeräte sind vom Seil umschlossene Bremsgeräte, die durch entsprechende Seilführung die Seilreibung so weit erhöhen, daß das Körpergewicht eines Menschen mit normaler Handkraft am Bremsseil abgefangen bzw. gehalten werden kann. Sie dienen in Verbindung mit einem Sitzgurt oder einer Sitzschlinge dem Abseilen ohne Seilberührung am Körper. Einige Modelle können auch für die Bergung von Verletzten benutzt werden.

Abseilgeräte sollten jedoch wegen zu großer Gefahren infolge Fehlbedienung und ungünstiger Bremskräfte grundsätzlich nicht für Sicherungszwecke verwendet werden!

Aus Gewichtsgründen bestehen Abseilgeräte aus Leichtmetall. Alle Teile der Oberfläche, die vom Seil umschlossen werden, müssen gut gerundet sein.

Abseilgeräte, insbesondere Abseilachter, erhöhen durch ihre relativ kleinen Umlenkradien und die damit verbundene Walk- und Kantenarbeit sowie Reibung den Seilverschleiß erheblich. Ihre Anwendung sollte deshalb auf unbedingt notwendige Fälle beschränkt werden.

Hinsichtlich ihrer Konstruktion werden folgende Grundtypen von Abseilgeräten unterschieden:

Der **Abseilachter** besteht aus zwei Ösen mit Verbindungssteg. Große Öse und Steg werden vom Seil umschlungen, während die kleine Öse dem Einhängen eines Karabiners dient. Ösendurchmesser von mehr als 55 mm lichter Öffnung ermöglichen das Durchschlüpfen des Knotens bei Seilverlängerungen. Nachteilig ist auch die durch Abseilachter oft hervorgerufene starke Krangelbildung. (Abb. 36 a)

Die **Stegbremse** besteht aus zwei Ösen mit kurzem Verbindungssteg. Große Öse und quer darüber liegender Bremssteg führen das Seil, während die kleine Öse dem Einhängen eines Karabiners dient. Der Bremssteg als Bestandteil des Abseilgerätes ist zum Ein- und Aushängen des Seiles schwenkbar. Bei einigen Modellen wird als Bremssteg ein Karabiner verwendet. Auch die Kombination von Karabiner mit schwenkbarem Bremssteg oder zweitem Karabiner als Bremssteg ist möglich. Die Stegbremse ist das seilschonendste Abseilgerät und ruft kaum Krangelbildung hervor. (Abb. 36 b)

Das **Abseil- und Sicherungsgerät** (Clou) ist ein speziell geformter großer Karabiner, der sowohl als Abseilachter zum Abseilen als auch wie ein HMS-Karabiner zum Sichern verwendbar ist. (Abb. 36 c)

2.5. Biwakausrüstung

2.5.1. Zelte

Das Zelt schafft annehmbare Lebensbedingungen unabhängig von festen Unterkünften und ist im Hochgebirge oft die einzige Übernachtungsmöglichkeit. Ein Bergzelt muß deshalb vor allem leicht, windstabil, robust und möglichst warm sein. Letztere Forderung kann nur durch Doppelwand-Zelte erreicht werden, die gleichzeitig das leidige Kondenswasserproblem entschärfen. Wichtig ist dabei eine ausreichende Luftzirkulation zwischen Innen- und Überzelt.

Das Innenzelt besteht vorzugsweise aus atmungsaktivem Material und wird mit einem Überzelt aus beschichtetem Synthesefaserstoff kombiniert. Alubeschichtete Überzelte reflektieren bei nach außen gerichteter Beschichtung die Sonnenstrahlung und verhindern ein zu starkes Aufheizen des Zeltinnern, während ei-

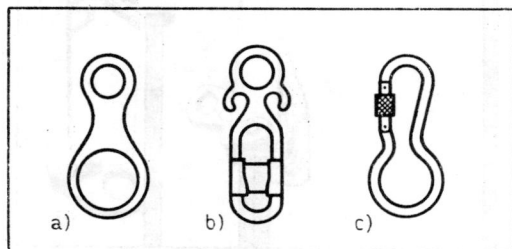

Abb. 36 Abseilgeräte
a – Abseilachter; b – Stegbremse; c – Abseil- und Sicherungsgerät.

ne nach innen gerichtete Beschichtung die abgestrahlte Wärme reflektiert und die Innentemperatur etwas anhebt. Nachteilig ist die geringe Lichtdurchlässigkeit der Alubeschichtung, wodurch das Zeltinnere sehr dunkel wird. Obwohl sich die Gebrauchseigenschaften erst bei Benutzung zeigen, sollte beim Kauf eines Bergzeltes bereits neben einer sorgfältigen Verarbeitung auf solch wichtige Details geachtet werden wie

– absolut wasserdichter, an den Seiten hochgezogener Zeltboden;
– robuste, leicht bedienbare Reißverschlüsse vorzugsweise aus Metall;
– Versiegelung der Zeltnähte durch Nahtbänder;
– stabile Befestigungen für Verspannungen;
– Mückennetze vor Lüftungsöffnungen des Innenzeltes, eventuell auch vor Zelteingang.

Die Auswahl des Zelttyps und der Zeltgröße richtet sich neben dem persönlichen Geschmack vor allem nach dem Anwendungszweck und den klimatischen Bedingungen. Als Mindestabmessungen sind 200 cm Innenlänge für mittelgroße Personen sowie 70 cm Innenbreite je Person erforderlich. Muß die Ausrüstung mit ins Zelt genommen werden, sind reichlichere Abmessungen angenehm.

Folgende Grundtypen von Bergzelten haben sich bewährt:

Das **Firstzelt** wird von zwei vertikalen Stangen gestützt, die bei stabilen Ausführungen noch durch eine horizontale Firststange verbunden sind. Zum Verspannen dieses Zelttyps sind relativ viele Fixpunkte für die Spannschnüre notwendig, was bei Fels- oder Schneeuntergrund oft Probleme bereitet. Im Hochgebirge haben sich deshalb weitgehend selbsttragende Konstruktionen durchgesetzt. (Abb. 37 a)

Das **Kuppelzelt** ist eine selbsttragende Konstruktion, bei der das Zelt an zwei bis vier flexiblen, bogenförmig über Kreuz verspannten Zeltstangen aufgehängt wird. Das Zelt steht durch seine Selbstverspannung auch ohne Bodenverankerung und ist durch seine Form außerordentlich windstabil. (Abb. 37 b)

Das **Tunnelzelt** ist eine nur bedingt selbsttragende Konstruktion, bei der das Zelt von flexiblen, bogenförmigen, parallel stehenden Zeltstangen aus elastischen Aluminium- oder Glasfaserstäben getragen wird. (Abb. 37 c)

Das **Pyramidenzelt** wird von einer zentralen Zeltstange getragen. Zum Verspannen sind viele Fixpunkte notwendig. Das sehr geräumige

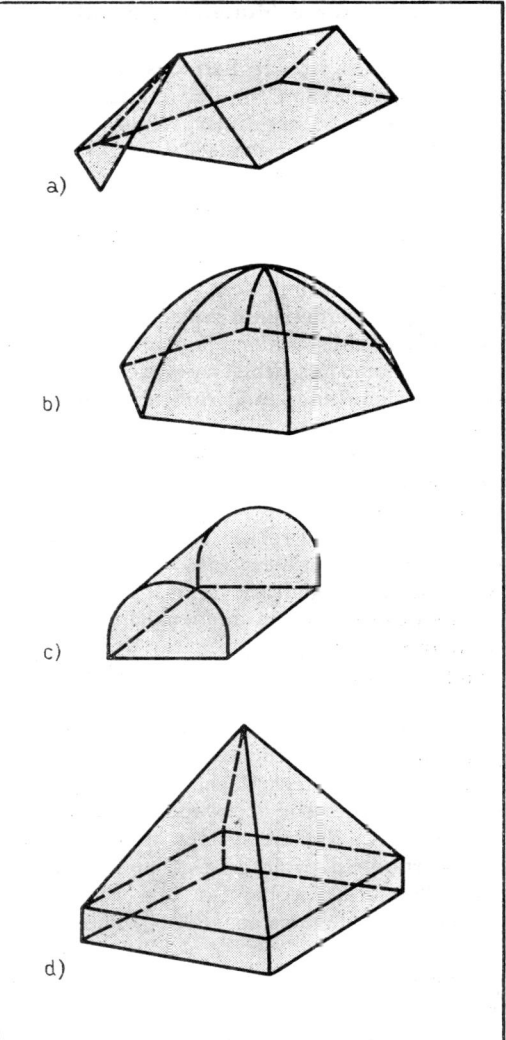

Abb. 37 Zelte
a – Firstzelt; b – Kuppelzelt; c – Tunnelzelt; d – Pyramidenzelt.

Zelt erlaubt das aufrechte Stehen, wird aber wegen seiner recht großen Eigenmasse vor allem stationär eingesetzt. (Abb. 37 d)

Eine sachgerechte Behandlung und Pflege der Zelte trägt zur Verlängerung ihrer Nutzungsdauer bei. Das Zelt sollte vor jedem längeren Gebrauch im aufgebauten Zustand sorgfältig mit Imprägniermitteln behandelt und nach Gebrauch gründlich gereinigt und getrocknet werden. Gleichzeitig sind Zelt und Zubehör, insbesondere alle Nähte, einer Sichtkontrolle zu unterziehen.

2.5.2. Schlafsäcke, Matten und Biwaksäcke

Der Schlafsack ist das Bett des Bergsteigers, das er beim Zelten, in der Hütte oder auf mehrtägigen Sommer- oder Wintertouren sowie Expeditionen verwendet.

Die Auswahl des Schlafsackes richtet sich nach dem überwiegenden Verwendungszweck. Entscheidend sind dabei neben dem Wärmeisolationsvermögen seine Masse und sein Packvolumen im komprimierten Zustand. Folgende Grundtypen werden unterschieden:

Der **Deckenschlafsack** mit umlaufendem Reißverschluß kann als Schlafsack oder Decke genutzt werden. Innen- und Außenbezugstoff bestehen oft aus Baumwoll- bzw. Baumwollmischgewebe. Er besitzt in der Regel nur durchgesteppte Nähte und Synthesefasern bzw. Kunstdaune als Füllmaterial. Der Deckenschlafsack findet vorwiegend beim Zelten oder Übernachten in Hütten Verwendung.

Der **Mumienschlafsack** mit körpernahem Schnitt besitzt eine zusammenziehbare Kapuze, gefütterte Abdeckleisten für den Reißverschluß und möglichst einen zusammenziehbaren Halsabschluß. Als Außenbezugstoff finden grundsätzlich imprägnierte Gewebe aus Synthesefasern und für den Innenstoff je nach Ausführung hautfreundliche Baumwoll- oder Synthesefasergewebe Verwendung. Die Nähte müssen im Kammersystem gearbeitet sein. Hochwertige Schlafsäcke besitzen Naturdaune als Füllmaterial, wobei für den Einsatz bei großer Kälte mindestens 800 g Füllung erforderlich sind.

Vorwiegend als Ergänzung zum Schlafsack oder für Notfälle sind gedacht:

Der **Biwaksack** besteht aus leuchtendfarbigem, beschichtetem Synthesefaserstoff. Der rechteckige Sack in der Normalgröße von etwa 200 mal 150 cm ist an einer Seite offen (Schnurzug) und besitzt einen abgedeckten Luftschlitz am geschlossenen Ende. Er bietet als Schlafsack zwei Personen bequem Platz, kann aber bei Schlechtwetter wie ein Zelt über den Kopf gestülpt werden. Eine starke Kondenswasserbildung ist dann allerdings unvermeidlich. Indem er vor Kälte, Regen und Wind schützt, wurde der Biwaksack besonders im Hochgebirge schon oft zum Lebensretter beim ungeplanten Biwak oder dem Transport eines Verletzten. Bei Hochgebirgstouren sollte deshalb je Zweierseilschaft unbedingt ein Sack zur ständigen Ausrüstung gehören.

Die **Rettungsdecke** aus hauchdünner, aluminiumbeschichteter Kunststoff-Folie reflektiert einen hohen Anteil der Körperwärme und bewahrt so Verletzte wirksam vor Unterkühlung, ist aber als Schutz gegen Bodenkälte nicht geeignet. Die Folie kann auch als provisorischer Regenumhang benutzt werden. Die klein zusammengefaltete Rettungsdecke neigt allerdings in der Verpackung zum Zusammenkleben.

Das Wärmeisolationsvermögen von Schlaf- oder Biwaksack wird nur dann wirksam, wenn durch isolierende Unterlagen ein ausreichender Schutz gegen Bodenkälte gegeben ist:

Die **Isomatte** ist eine geschlossenzellige Schaumstoffmatte mit hohem Druckaufnahmevermögen. Sie sollte etwa 180 x 60 cm groß und mindestens 12 mm dick sein. Isomatten sind sehr leicht, besitzen aber ein relativ großes Packvolumen.

Die **Leichtluftmatratze** ist in der Regel kleiner verpackbar als eine Isomatte, dafür aber schwerer und weniger robust. Ihr Wärmeisolationsvermögen wird außerdem durch Eigenzirkulation der Luft innerhalb der Kammern herabgesetzt.

Die **selbstaufblasende Liegematte** ist eine offenzellige Schaumstoffmatte mit luftdichtem Überzug, die sich durch Öffnen eines Ventils selbständig voll Luft saugt. Diese Mattenart ist allerdings sehr schwer, obwohl sie den besten Liegekomfort bietet.

2.5.3. Kochausrüstung

Die Kochausrüstung umfaßt neben dem Proviant vor allem die zum Zubereiten von Speisen notwendigen Gerätschaften, deren Umfang sich vor allem nach der Dauer der geplanten Tour richtet. Zur Kochausrüstung gehören u. a.:

Der **Kocher** soll bei guter Heizleistung möglichst klein und leicht sein. Benzinkocher sind sehr wirtschaftlich; ihr Brennstoff läßt sich leicht beschaffen, muß aber unbedingt in einem dafür zugelassenen, fest verschließbaren Metall- oder Plastbehälter aufbewahrt werden. Besonders bei Wind ist das Ingangsetzen des Kochers oft problematisch. Gaskocher sind hingegen wesentlich startfreudiger und besitzen in der Regel eine höhere Heizleistung. Beschaffung und Transport der Gaskartuschen sind jedoch aufwendig.

Das **Topfset** sollte aus mindestens zwei ineinandersteckbaren Alutöpfen und einem als

Bratpfanne nutzbaren Deckel bestehen. Praktisch sind fest mit dem Topf verbundene klappbare Griffe.

Ergänzt wird die Kochausrüstung durch einen Wasserbehälter (Plastkanister/Wassersack), bruchsichere Trinkflaschen sowie ein Minimum an Geschirr und Besteck. Zum Verpacken der Lebensmittel und zum Abtransport von Abfällen ist eine größere Anzahl Folietüten empfehlenswert.

2.6. Sonstige Ausrüstung

Zur sonstigen Ausrüstung gehören all jene großen und kleinen Dinge, die der Erhöhung der Sicherheit und dem körperlichen Wohlbefinden des Bergsteigers im Gebirge dienen und bei jeder Tour im Rucksack sein sollten:

Als **Waschzeug** genügen bei Eintagestouren im Mittel- und Hochgebirge Seife, kleines Handtuch und Kamm.

Das **Toilettenpapier** hilft in vielen Notfällen, u. a. zum Feueranzünden. Wasserdicht verpakken!

Die **Taschenlampe** ist im Gebirge weniger für die Wegsuche, sondern mehr als Beleuchtung des eventuellen Biwaks und für das Alpine Notsignal erforderlich. Für geplante Biwaks ist eine Stirnlampe auch im Mittelgebirge praktisch.

Die **Kerze** hat den Vorteil, außer Licht auch noch Wärme zu spenden. Wachs kann z. B. als Dichtmasse oder als Gleitmittel für klemmende Reißverschlüsse verwendet werden.

Die Streichhölzer dürfen bei Mehrtagestouren nicht fehlen und werden u. a. zum Zünden des Kochers gebraucht. Am günstigsten sind Sturmstreichhölzer, die auch bei stärkerem Wind brennen. Unbedingt wasserdicht verpacken!

Das **Taschenmesser** dient bei entsprechender Ausstattung nicht nur zum Schneiden und Büchsenöffnen, sondern als Universalwerkzeug für kleinere Reparaturen.

2.6.1. Orientierungsmittel

Zu den Orientierungsmitteln zählen alle Hilfsmittel, die in unbekanntem Gelände das Auffinden des Kletterzieles erleichtern bzw. überhaupt erst ermöglichen. Im Mittelgebirge sind

dazu im allgemeinen der Kletterführer mit seinen Lageplänen und eventuell eine Wanderkarte im Maßstab 1:30 000 oder 1:50 000 ausreichend. Im Hochgebirge sollte bereits bei der Tourenplanung auf alle verfügbaren Orientierungshilfen zurückgegriffen werden, da Kletterführer und Wanderkarten nicht in jedem Fall zur Verfügung stehen. Eine wertvolle Hilfe sind deshalb auch Anstiegsskizzen, Routenbeschreibungen und Fotos sowie Kompaß und Höhenmesser.

2.6.2. Erste-Hilfe-Ausrüstung

Unabhängig von den in einigen Mittelgebirgen vorhandenen Bergungs- oder Nothilfeboxen gehört bei jeder Bergtour eine Mindestausrüstung für die Erste Hilfe innerhalb der Seilschaft in den Rucksack. Dazu gehören:

Das **Verbandpäckchen** enthält eine Mullbinde und eine Kompresse. Es ist für großflächige Wunden gedacht. Die Innenseite der sterilen Verpackung kann zum Stillen stark blutender Wunden verwendet werden. Verbandpäckchen gibt es in verschiedenen Größen.

Das **Pflaster** besteht aus elastischem Gewebe mit Klebefläche und einer Kompresse. Es dient in verschiedenen Breiten als steriler Wundschnellverband für kleinere Wunden.

Das **Dreiecktuch** dient vor allem dem Ruhigstellen bzw. behelfsmäßigen Schienen verletzter Gliedmaßen, insbesondere bei Knochenbrüchen.

Die **Elastikbinde** hilft beim Stützen überanstrengter oder leicht verstauchter Gelenke.

Die Mindestausrüstung je Seilschaft sollte bestehen aus:

1 Verbandpäckchen klein,
1 Verbandpäckchen groß oder mittel,
1 Streifen Pflaster schmal (4 cm breit),
1 Streifen Pflaster breit (6 cm breit),
1 Elastikbinde mittel (etwa 5 cm breit),
1 Dreiecktuch.

Die Erste-Hilfe-Ausrüstung ist wasserdicht zu verpacken und wird zweckmäßig in den Außen- oder Deckeltaschen des Rucksackes bzw. der Kraxe untergebracht, um schnell griffbereit zu sein.

Bei Fahrten ins Hochgebirge sind darüber hinaus größere Mengen Verbandmaterial und eine umfangreiche Apotheke erforderlich. (s. Übersicht 13).

3. Felsklettern im Mittelgebirge

3.1. Technik des Felskletterns

Als sportliche Technik bezeichnet man die Art und Weise der Lösung einer sportlichen Bewegungsaufgabe. Sie ist ein System von Bewegungsabläufen, das in seinen Grundformen allgemein und in Anwendung auf bestimmte Situationen speziell gelehrt und erlernt werden kann. Dabei geht es um die bewußte Ausbildung von Bewegungsfertigkeiten und -handlungen, beim Felsklettern also um solche, die die Überwindung der verschiedenen Formen des Felsprofils ermöglichen. Es werden Techniken des freien Kletterns und des künstlichen Kletterns (s. Abschnitt 1.1.) unterschieden.

Die ständig wechselnde Felsstruktur und die sie u. a. repräsentierende Schwierigkeit der Aufstiege stellen dem Kletterer stets neue Aufgaben. Vor allem darin ist der Grund zu sehen, daß sportwissenschaftliche Untersuchungen der Klettertechnik erst am Anfang stehen. In neueren Veröffentlichungen[1] wird dabei von der bisher üblichen Einteilung nach den zu überwindenden Felsformen (Kamin, Wand, Riß usw.) abgegangen. Die neue Gliederung der Klettertechnik nach Bewegungsformen unterscheidet Techniken des Steigens, Spreizens, Stemmens, Hangelns, Klemmens und Reibungstechnik. Damit wird eine genaue Analyse und Darstellung dieser Techniken und ihre gezielte Ausbildung im Trainingsprozeß ermöglicht. In der Praxis eines Kletterweges treten diese Bewegungsformen einzeln, in unmittelbarem Wechsel oder kombiniert auf, so daß sich daraus die Forderung nach allseitiger Ausbildung ergibt.

Die herkömmliche Einteilung nach den Felsformen unterscheidet Wand-, Reibungs-, Hangel-, Kamin- und Rißklettern. Auch sie können in Kletterwegen einzeln oder kombiniert auftreten. Aus Abbildung 38 ist die gegenseitige Zuordnung beider Gliederungsformen zu ersehen.

[1] z. B. Sturm/Zintl: Felsklettern (Alpin-Lehrplan 2). München: BLV Verlagsgesellschaft, 1979

	Steigtechnik	Spreiztechnik	Stemmtechnik	Hangeltechnik	Klemmtechnik	Reibungstechnik
Wandklettern	●	●				●
Reibungsklettern		●				●
Hangelklettern		●		●	●	
Kaminklettern		●	●			
Rißklettern					●	●

Abb. 38   Gegenseitige Zuordnung der Klettertechniken

In diesem Lehrbuch bildet die Einteilung nach den Felsformen die Grundlage für die Darstellung der Klettertechnik. Sie wurde gewählt, weil sich die Ausbildung im Felsklettern vor allem während konkreter Klettertouren vollzieht und für eine andere Darstellung sportwissenschaftliche Untersuchungen noch weitgehend fehlen. Bei der Beschreibung der einzelnen Techniken spielen daher gegenwärtig empirische Thesen noch eine bedeutende Rolle.

Bei der Erschließung der Mittelgebirge für das Bergsteigen begann die klettersportliche Betätigung in den Kaminen, und erst später entwickelte sich die Wandkletterei. Bei der Beschreibung und Ausbildung der Klettertechnik wird der umgekehrte Weg gegangen. Sie beginnt mit der Wandkletterei, die der alltäglichen Geh- und Steigbewegung am ähnlichsten ist und mit ihren Bewegungsabläufen die Grundlage für das Erlernen weiterer Techniken bildet.

Das bisher Gesagte trifft vor allem für die Hauptform des Felskletterns, das freie Klettern ohne Verwendung künstlicher Haltepunkte, zu. Künstliches Klettern bildet im Mittelgebirge eine Ausnahme, die durch den Trend zum freien Klettern fast überwunden und nur auf bestimmte Kletterwege beschränkt ist. Fast ausschließlich kommen hier das Klettern an Zwischensicherungen und mit Seilzug sowie die Trittschlingentechnik zur Anwendung. Der Vollständigkeit wegen werden auch andere, fast nur im Hochgebirge benutzte Techniken künstlichen Kletterns wie der Seilquergang in diesem Abschnitt behandelt.

3.1.1. Allgemeine Grundlagen

Das Felsklettern stellt eine komplexe Bewegungsaufgabe dar, die in ständig unterschiedlichen Formen auftritt. Bei der Betrachtung der einzelnen Techniken lassen sich jedoch bestimmte allgemeingültige Erscheinungen und Verhaltensweisen erkennen. Sie sind für das Erlernen der Klettertechnik und ihre weitere Vervollkommnung von großer Bedeutung.

Aus der biomechanischen Analyse der Kletterbewegung stellt sich als grundlegend die Kontrolle des Körperschwerpunktes und damit der Erhalt eines stabilen Gleichgewichtes dar. Bei der Bewegung am Fels ändert sich die Lage des Körperschwerpunktes ständig. Sie ist abhängig von der Stellung des Körpers und der einzelnen Gliedmaßen. (Abb. 39) Die Gewichtskraft des Körpers, die aufgrund der Schwerkraft nach unten wirkt, verläuft mit ihrer Angriffslinie durch den Körperschwerpunkt.

Im geneigten Gelände befindet sich der Körperschwerpunkt über der Standfläche. (Abb. 40 a) In diesem Fall sind keine zusätzlichen Haltekräfte erforderlich, um den Körper im Gleichgewicht zu halten. Beim Klettern in steilem oder gar überhängendem Fels dagegen verläuft die Angriffslinie des Körpergewichtes nicht mehr durch die Standfläche. Es werden zusätzliche Kräfte benötigt, um den Körper des Kletterers in der aus den vorhandenen Griffen und Tritten gegebenen Position zu halten. (Abb. 40 b) Das können je nach Stellung Zugkräfte der Arme oder Druckkräfte der Beine sein. Diese zusätzlichen Kräfte müssen durch die Muskulatur aufgebracht werden. Ökonomisches, kraftsparendes Klettern verlangt also, den Erhalt einer optimalen Lage des Körperschwerpunktes durch günstige Griff- und Trittwahl ständig zu gewährleisten.

Die Standsicherheit des Kletterers ist außerdem abhängig vom Verhältnis der Breite der Standfläche zur Höhe des Körperschwerpunktes über derselben. (Abb. 41) Sie erhöht sich bei Verringerung dieser Höhe oder bei Vergrößerung der Standflächenbreite. Die Zweckmäßigkeit einer Spreizstellung beim Klettern ist daraus leicht erkennbar.

Das Heben des Körpers erfolgt primär durch Beinarbeit. Das ergibt sich aus dem Bau des menschlichen Körpers, wie er sich in der stam-

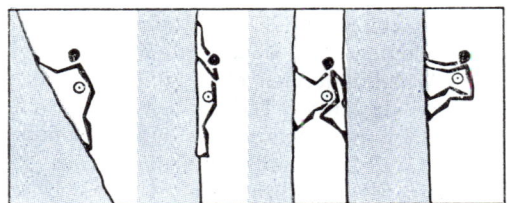

Abb. 39 Lage des Körperschwerpunktes bei verschiedenen Klettertechniken

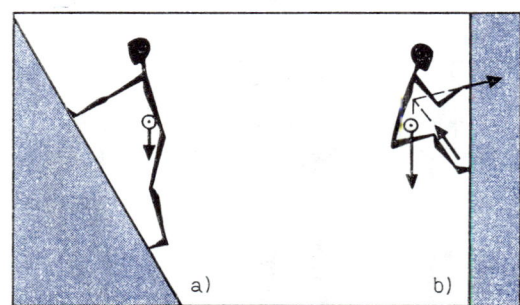

Abb. 40 Körperschwerpunkt über der Standfläche (a) und außerhalb der Standfläche (b)

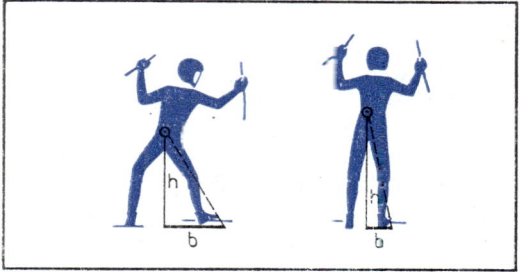

Abb. 41 Standsicherheit

mesgeschichtlichen Entwicklung herausgebildet hat. Auch bei einer im Training gut ausgebildeten Arm- und Fingerkraft ist die Muskulatur des Rumpfes und der Beine für die Hubarbeit prädestiniert. Die Arme halten nur den Körper im Gleichgewicht, von Ausnahmen, beispielsweise beim Hangeln, abgesehen. Die Fortbewegung soll so erfolgen, daß Endstellungen der Gelenke (volle Streckung, tiefe Hocke) weitgehend vermieden werden. Im Bereich mittlerer Beugung befinden sich die günstigsten Arbeitswinkel der Gelenke bei optimalen Muskelleistungen.

Neben diesen hier kurz dargestellten biomechanischen Grundlagen wurden aus der Praxis des Kletterns heraus weitere elementare Grundsätze entwickelt:

1. Beim Klettern wird von den vier Haltepunkten des Körpers (zwei Hände, zwei Füße) stets nur ein Haltepunkt aufgegeben, um einen neuen Griff oder Tritt zu fassen. Drei Haltepunkte bleiben stets am Fels. Eine Vernachlässigung dieser „Dreipunkteregel" kann bei Verlust eines weiteren Haltepunktes durch Ausbrechen oder Abrutschen zum plötzlichen Verlust des Gleichgewichtes und zum Absturz führen.

2. Griffe und Tritte sind möglichst senkrecht und großflächig zu belasten. Damit wird eine optimale Reibungsgröße erreicht, die benötigte Fingerkraft minimiert und einem Ausbrechen vorgebeugt. Zugbeanspruchung vom Fels weg ist beim Fassen von Griffen zu vermeiden.

3. Die Fortbewegungsgeschwindigkeit des Kletterers ist langsam und gleichmäßig. Hastige, schnellkräftige Bewegungen sind zu vermeiden. Sie führen oft zu ungünstigen Endstellungen einer Bewegung. Eine Ausnahme von dieser Regel liegt bei Kletterwettkämpfen vor. Aber auch hier ist ein gleichmäßiges, vorausschauendes Klettern vorteilhafter als sprunghafte, hastige Bewegungen.

4. Während des Kletterns ist vorausschauend der Weiterweg zu erfassen. Die nächsten Griff- und Trittmöglichkeiten sind einzuschätzen und ihre Folge festzulegen. Dies vollzieht sich bei einem guten Kletterer stets während der Bewegung, so daß der Kletterfluß kaum unterbrochen ist.

Mit der Steigerung der sportlichen Leistungen haben sich neue Elemente der Klettertechnik herausgebildet, die als **Extremtechnik** bezeichnet werden. Im Bereich hoher Schwierigkeiten (etwa ab Schwierigkeitsgrad VIII) verringern sich durch zunehmende Steilheit der Wand und abnehmende Felsgliederung Anzahl und Qualität der Haltepunkte in starkem Maße. Das bedeutet, daß derartige Stellen mit der klassischen Klettertechnik nicht mehr bewältigt werden können. Die neuen Techniken wurden beim Bouldern in unmittelbarer Bodennähe entwickelt und dann in das allgemeine Klettern übernommen. Sie sind gekennzeichnet durch dynamische Bewegungen, durch Schwung- und Stütztechniken und erfordern

den teilweisen Verzicht auf die Einhaltung der Dreipunkteregel. Da sie vor allem bei der Wandkletterei vorkommen, sind sie dort mit beschrieben.

Die erfolgreiche Anwendung der Extremtechniken erfordert vom Kletterer eine hohe körperliche Leistungsfähigkeit, besonders die Entwicklung maximaler Finger- und Armkräfte, und eine hohe psychische Leistungsbereitschaft und Konzentration. Der Kletterer muß sich völlig und ausschließlich auf die zu lösende Aufgabe konzentrieren können. Hast und Hektik sind abzulegen, alle Aktionen ruhig und gelöst auszuführen, Griff- und Trittfolge sind ständig vorausschauend zu kontrollieren. Oft bedeutet es für „klassisch" ausgebildete Kletterer eine große Umstellung, Elemente der Extremtechnik anzuwenden. Es soll deshalb nochmals unterstrichen werden, daß diese nur in den oberen Schwierigkeitsgraden ihren Platz haben und dafür speziell erlernt und trainiert werden müssen. In der allgemeinen Ausbildung der Klettertechnik wird immer von den klassischen Techniken der Fortbewegung am Fels ausgegangen.

3.1.2. Wandklettern

Das Wandklettern ist die dominierende Technik des Felskletterns. Diese Feststellung gilt für alle Gebirge. Im Elbsandsteingebirge, als dem bedeutendsten deutschen Klettergebiet, bilden Wandkletterereien etwa 70 Prozent aller Aufstiege. In dieser Technik – und der des steilen Reibungskletterns als einem Sonderfall der Wandkletterei – vollziehen sich gegenwärtig fast sämtliche großen Neuerschließungen von Kletterwegen. Dabei verfeinert sich die Klettertechnik ständig. Ursachen sind zunehmende Steilheit der durchstiegenen Wän-

Abb. 42 Kletterhaltung bei der Wandkletterei

de, abnehmende Felsgliederung und dadurch kleinere oder fehlende Haltepunkte.

Beim Klettern an der Wand (Abb. 42) erfolgt die Aufwärtsbewegung primär durch den Krafteinsatz der Beine. Die Hände halten den Körper frei und gelöst im Gleichgewicht. Da sich der Körperschwerpunkt immer über der Unterstützungsfläche befinden soll, wird diese durch leichtes Spreizen der Beine vergrößert. Die Kniegelenke und der Rumpf gleichen die Bewegungen des Oberkörpers aus. Beim Stehen am Fels soll die Beinkraft in Richtung der Felsoberfläche wirken. Deshalb wird der Unterkörper möglichst nahe an die Wand gelegt. Ab der Hüfte wird der Oberkörper von der Wand entfernt. Der Kopf befindet sich am weitesten weg. Die Augen schauen voraus, prüfen Griff- und Trittmöglichkeiten. Ist der Weiterweg klar, wird die nächste Kletterpassage eingeleitet. Beim Höhertreten schiebt man das Gesäß nach außen, entfernt es von der Wand und kann beim Fußeinsatz die optimale Trittausnutzung kontrollieren. Wird der Körper wieder gestreckt, muß der nun erreichte Felsabschnitt geprüft werden. Erst am Ende der Streckbewegung erfolgt der Griffwechsel. So schiebt sich der Kletterer, von den Füßen getragen und gehoben, Stück für Stück an der Felswand empor.

Diese Art, mit den Beinen zu steigen, ist stets bewußt und besonders in schwierigem Gelände zu kontrollieren. Sie allein ist der Schlüssel zu erfolgreichem Wandklettern.

Wie bei jeder Art der Fortbewegung ist es günstig, wenn auch beim Klettern der gesamte Fuß zur Stützung des Körpers genutzt wird. Benutzt man Tritte, auf denen nur die Zehenspitzen Halt haben, ermüdet die Fußmuskulatur schneller, und die Arme müssen mehr Arbeit leisten. Außerdem verringert sich die Reibung zwischen Fuß und Fels. Es ist also auf größtmöglichen Kontakt zum Fels zu achten. Beim Treten bedeutet das, Anstellen des Fußes im Bereich des Ballens oder der Fußkante unter Einbeziehung der Ferse. Auf Leisten, Kanten oder Platten wird der Fuß seitlich angestellt, wobei sich die Ferse nahe an der Felsoberfläche befindet und die Hubarbeit in dieser Richtung wirkt.

Noch rationeller muß mit der naturgemäß geringeren Hand- und Armkraft umgegangen werden. Griffe fasse man stets nur mit solcher Kraft, die notwendig ist, den Körper zu halten. Ein krampfhaftes Schließen der Hand mit maximaler Kraft führt zu frühzeitigem Ermü-

den der ständig überbeanspruchten Muskelgruppen. Ein optimales Verhältnis zwischen Form- und Kraftschluß ist anzustreben, wobei der Formschluß dominiert.

Einer Ermüdung der Armmuskulatur beim Steigen wird vorgebeugt, indem man von Zeit zu Zeit einen Arm locker hängen läßt und ausschüttelt. Dadurch wird der Muskulatur frisches Blut zugeführt. Zu beachten ist ferner, daß die Muskulatur eines gestreckten Armes weniger belastet wird als die eines gebeugten. Deshalb strecke man möglichst den Haltearm beim Schlingenlegen oder bei Rast zur Beurteilung des Weiterweges.

Nach den Möglichkeiten, die der Fels bietet, muß der Kletterer seine Steigtechnik einrichten. (Abb. 43) Die normale Form des Steigens besteht im wechselnden Einsatz von Armen und Beinen.

Vom Anfangsniveau, auf dem beide Hände und Füße an der Wand Halt finden, wird ein Fuß auf einen Tritt gehoben. Man kann nun durch Streckung des Kniegelenks den Körper an der Wand emporschieben. Die Hände ver-

Abb. 43 Grundtechniken des Antretens
a – Hochtreten mit abwechselndem Einsatz der Beine; b – Hochtreten mit Anhocken der Beine.

bleiben während dieser Steigphase an ihren Griffen und halten das Gleichgewicht. Anschließend wird der zweite Fuß nachgeführt, oder man setzt vor der Kniegelenkstreckung den zweiten Fuß auf einen Tritt in Höhe des ersten und schiebt den Körper durch Streckung beider Kniegelenke an der Wand empor. Das Schrittmaß richtet sich nach den Felsgegebenheiten. Nach Möglichkeit soll man die Schritte nicht so groß ansetzen, da leicht ungünstige Hebelverhältnisse entstehen und außerdem der Tritt nicht optimal belastet wird. Der Körperschwerpunkt befindet sich stets zwischen beiden Beinen, da die Spreizstellung beibehalten wird.

Die am Fels befindlichen Haltepunkte sollen, miteinander durch gedachte Linien verbunden, ein möglichst großes Haltedreieck bilden.

Ist ein besonders hoher Tritt zu erreichen, so neigt man den Körper auf dem Standbein nach der Gegenseite. (Abb. 44) Es kommt zu einer seitlichen Beugung des Rumpfes, die das Antrittbein entlastet. Dieses wird auf den hohen Tritt geführt. Anschließend verlagert man das Gewicht auf das angehockte hohe Bein und leitet die Streckung des Kniegelenks ein. Dabei muß der Körperschwerpunkt gut über der nun kleinen Unterstützungsfläche ausbalanciert werden. Ist der Tritt gut, erleichtert das seitliche Ansetzen des Fußes die Aktion. In extremer Lage zieht man den nachfolgenden Fuß entlang der Felsoberfläche und kann so die Kraft des Schubes dosieren und einem etwaigen Zurückkippen etwas begegnen.

Erreicht man nach einem in normalem Maße durchgeführten Kletterschritt die vorhandenen Griffe noch nicht, muß zwangsläufig ein weiterer Schritt folgen. (Abb. 45) Die Halte-

Abb. 45 Durchzug mit einseitigem Auflagegriff

punkte für die Hände scheinen plötzlich zu niedrig im Verhältnis zum Trittniveau. Um die Reichweite zu vergrößern, wird zunächst der Schultergürtel gedreht. Die Schulter in Greifrichtung muß gehoben werden. Auf der haltenden Hand liegt plötzlich eine größere Belastung als vorher. Günstig ist nun ein Griff in Form eines Loches, das einen Zug nach oben aufnehmen kann. Handelt es sich um eine Leiste oder Platte, muß der Unterarm relativ starr den Zug nach unten wirken lassen. Der Haltearm wird stark gebeugt, um eine starre Krafteinwirkung zu realisieren. Der Schultergürtel wird stark verdreht, und der freie Arm kann weit nach oben greifen. Auf diese Weise können auch noch weitere Tritte in Kletterrichtung getan werden – die Haltung der Arme ändert sich nicht. Ebenso können relativ weite Abstände überwunden werden. Ist der Griff erreicht und fixiert, wird die starre Haltung aufgelöst und zur normalen Kletterstellung zurückgeführt.

Beim Steigen in Plattenwänden oder an Haltepunkten, die aus der Felswand heraustreten, gilt der Grundsatz, die Haltepunkte stets in

Abb. 44 Antreten auf hohe Tritte

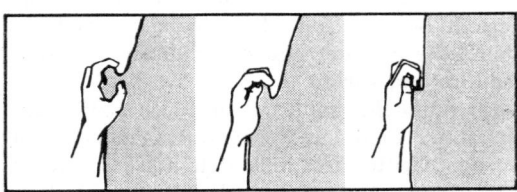

Abb. 46 Richtiges Belasten von Platten und Felsleisten

Richtung der Felsoberfläche zu belasten. (Abb. 46) Zugbelastung nach außen ist zu vermeiden, da eine große Bruchgefahr, vor allem bei Felsplatten, besteht. Was eingangs zum Einsatz der Füße gesagt wurde, gilt sinngemäß auch für die Hände. Die Belastung soll möglichst in Richtung der Unterarmachse erfolgen. Dadurch werden ungünstige Kraftwirkungen mit der Gefahr der Fehlbeanspruchung von Muskeln und Sehnen vermieden. Bei schmalen, kurzen Haltepunkten, die einen Einsatz aller Finger nicht gestatten, legt man die freien Finger über die aufliegenden, um auch diese Muskeln noch wirken zu lassen.

In steilen Wänden mit Kanten oder Leisten als Haltepunkte muß beachtet werden, daß man rechtzeitig weitergreift, bevor durch zu hohe Fußstellung die Grundfläche des Haltedreiecks zu klein wird und der Körper aus der Wand kippt.

Beim Steigen in Wänden, wo sich die Haltepunkte in Form von Löchern, Schlitzen oder anderen Einschnitten befinden, gilt ebenfalls der Grundsatz von Form- und Kraftschluß. Eine in einem Loch verklemmte Hand hält den Körper wesentlich länger als eine auf Zug an der Lochkante belastete.

Sanduhren fasse man stets an der Wurzel, also an der Stelle, an der sie in die Wand übergehen. Soll eine Seilschlinge befestigt werden, achte man rechtzeitig auf den erforderlichen Durchlaß und verstopfe ihn nicht mit der Greifhand.

Fingerlöcher nutze man als Griff in der Regel mit dem Mittelfinger.

Beim Heranklettern an Schlitze oder Bänder ist oft die griffgünstigste Stelle vor Erreichen des Einschnittes nicht zu sehen. In solchem Fall muß der Tastsinn helfen. Man faßt entweder die vordere Kante oder legt die ganze Hand auf. In schmalen Einschnitten kann die Hand verklemmt werden. Dabei wird die Hand flach in den Einschnitt geschoben und der Daumen in den Handteller gepreßt. Die Oberkante von Einschnitten sollte man stets auf das Vorhandensein von Untergriffen prüfen. Ein solcher Untergriff gestattet ein weites Heranführen der Füße an die Hände. (Abb. 47) Mit dem Verdrehen des Schultergürtels kann so in der schon beschriebenen Art eine weite grifflose Zone überwunden werden. Besonders hoch werden die Anforderungen, wenn der Aufstieg durch eine überhängende Wand verläuft oder sich ein einzelner kurzer Überhang in den Weg stellt.

Abb. 47 Hochtreten mit Benutzen von Untergriffen

An Überhängen müssen die bisher geschilderten Techniken mit großer Präzision ablaufen, da ein oftmaliges Probieren einer Kletterstelle mit zuviel Kraftverlust verbunden ist.

Man bevorzuge an Überhängen seitlich zu belastende Griffe. Sie erlauben die Technik mit der Verdrehung des Schultergürtels am besten und sichern eine schnelle Überwindung der Kletterstelle mit wenigen Kletterzügen. Beim Anhangeln solcher seitlich rutzbarer Griffe muß auch das jeweilig sich auf dieser Seite befindende Bein eingesetzt werden. (Abb. 48) Dabei ist zu beachten, daß sich die Trittstelle außerhalb der Grifflinie (einer vom Griff ausgehend gedachten Senkrechten) befindet. Wird dies nicht beachtet, entsteht nach kurzer Zeit eine Kippgefahr, die als Drall bezeichnet wird.

Beim überhängenden Ausstieg auf einen Sims, ein Band oder ähnliche Felsgebilde kann mit der Schwung-Stemm-Technik operiert werden.

Abb. 48 Hangeltechnik am Überhang

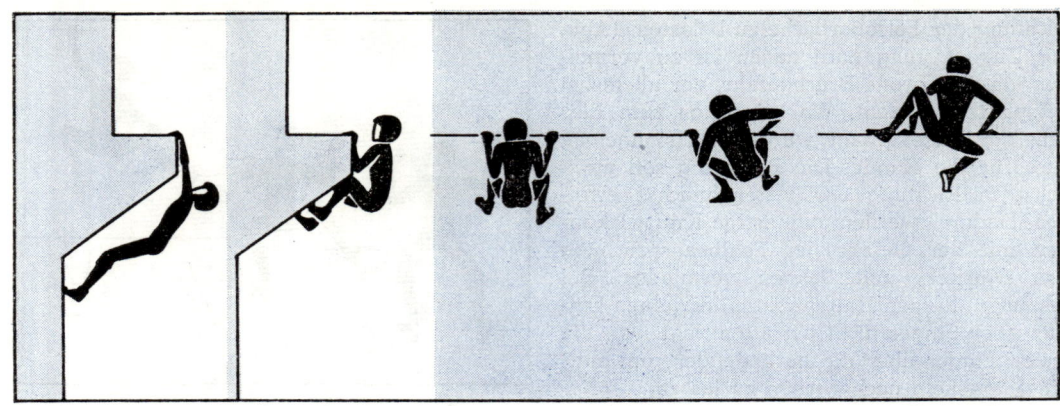

Abb. 49   Schwung-Stemm-Technik am Überhang

(Abb. 49) Nach dem Hochlaufen an vorhandenen Griffen wird die Bewegung weitergeführt und bis zum Stütz gezogen. Aus dem Stütz kann ein Fuß auf das Band gesetzt und, wie schon beschrieben, der hohe Tritt realisiert werden.

Ist der Fall eingetreten, daß der Körper in der höchsten Durchzugslage nicht fixiert werden kann, um eine Hand zu lösen und den nächstfolgenden Griff zu erfassen, muß der Griffwechsel dynamisch erfolgen. Diese Methode ist den Extremtechniken zugeordnet. Im Falle des Nichtgelingens folgt in der Regel ein Sturz. Beim dynamischen Durchzug (Abb. 50) wird der Körper in der Ausgangshaltung ge-

Abb. 51   Fußhangtechnik (am Überhang)

spannt. Die Arme sind möglichst gestreckt, und der Kletterer tritt an der Wand an. Meist sind keine oder nur wenige geringwertige Tritte vorhanden. Diese nutzend, wird dem Körper ein Schwung um den Haltepunkt erteilt. Im oberen Totpunkt der Schwingung hat der Körper die Bewegung Null. In diesem Moment wird eine Hand gelöst und der neue Griff erfaßt. Es ist sicher einleuchtend, daß vom Erfassen des Moments, der präzisen Ausführung der Bewegung sehr viel abhängt. Deshalb gilt für diese Technik das eingangs über die psychische Verfassung Gesagte uneingeschränkt.

An Überhängen ist es oft möglich, vor allem beim Ausstieg auf ein Band, einen Fuß zur „dritten Hand" zu machen und mit einem Fußhang eine günstige Situation zu erreichen. (Abb. 51) Die trainierte Beweglichkeit ausnützend, wird nach dem Anziehen des Körpers ein Fuß über die Handlinie, in diesem Falle eine gedachte Waagerechte über beide Griffpunkte, geführt. Mit dem Fuß verhakt man sich in einem Einschnitt, einem Loch oder mit

Abb. 50   Dynamische Technik am Überhang

der Ferse auf dem Band. Danach ist es möglich, eine Hand wieder zu lösen und einen neuen, höhergelegenen Griff zu fassen. Günstig haben sich in solchen Fällen Kletterschuhe mit seitlich hochgezogenen Gummisohlen oder um den unteren Teil des Oberleders geklebten Gummirändern bewährt.

Die beschriebenen Techniken der Wandkletterei können beim Klettern an Kanten gut angewandt werden. Eine Kante bietet immer zwei Griffebenen. Durch deren Winkelstellung wird aus einem geringwertigen Haltepunkt in der einen Wand bei Benutzung durch Belastung aus der anderen Wand oft ein brauchbarer Griff.

Bei Kanten ergeben sich drei grundsätzliche Taktiken. Einmal befindet sich der Kletterer in einer Wand, tritt dort höher und nutzt nur Griffe, die sich in der zweiten Wand, sozusagen hinter der Kante, befinden. Bei diesem Verhalten ist es durchaus möglich, den Fuß zum Zwecke des Griffwechsels um die Kante zu legen (Abb. 52) und mit einem Fußhang eine oder beide Hände lösen zu können. Solche Techniken gehören aber ebenfalls ins Reich der Extreme. Bei der zweiten Taktik steigt der Kletterer direkt auf der Kante und nutzt die Wände zu beiden Seiten als Griffebenen. Die dritte Form ist eine Abwandlung der zweiten. Hier steigt und greift der Kletterer zu beiden Seiten der Kante. Durch einen Druck der beiden Füße gegen die im Winkel zueinander stehenden Wände wird zusätzliche Haltekraft erzeugt, die oft das Fehlen von Tritten ausgleicht.

Wie bei den Kanten ergeben sich beim Gegenstück, den Verschneidungen, günstige Verhältnisse durch den Einsatz der Füße an den Verschneidungswänden. Spreizen an den Wänden und Greifen im Verschneidungsgrund ergibt bei senkrechtem Verlauf ein Gefühl des Kletterns im liegenden Gelände. Befindet sich im Grund der Verschneidung ein Riß oder eine Rißspur, kann man beides als Haltepunkt nutzen. Aber auch bei fehlender Rißspur ergeben die Verschneidungswände noch Möglichkeiten. Entweder befinden sich dort Griffe und Tritte, oder man erzeugt durch Druck gegen die Verschneidungswände eine vergrößerte Haftreibung.

Die zweite Haupttaktik bei der Durchsteigung einer Verschneidung ist dem Schulterrißklettern ähnlich. Im Verschneidungswinkel befinden sich ein Fuß und ein Arm. Sie finden dort Halt auf Haltepunkten oder werden im Winkel verkeilt. Die anderen Gliedmaßen werden auf einer der beiden Verschneidungswände eingesetzt. Gesäß und Rücken, an eine Verschneidungswand gepreßt, erhöhen die Reibung. Bietet die Felsformation die Möglichkeit, kann aus dieser Haltung in die Kamintechnik übergegangen werden. Dies erfordert in einer echten Verschneidung allerdings eine gewisse Kaltblütigkeit.

Bei Querungen oder Traversen verhält man sich prinzipiell wie beim Klettern in der Wand. Nur liegt hier das Ziel in der seitlichen Fortbewegung.

Wichtig ist, daß der Kletterer den Körperschwerpunkt durch richtiges Treten immer in Kletterrichtung weit vorschiebt. (Abb. 53) Seitlich zu nutzende Griffe werden nur so lange gehalten, bis ein neuer Griff in Reichweite kommt. Zu weite Spreizstellung der Arme schafft beim Aufgeben eines Griffes Drallgefahr. Bei Auflagegriffen muß man beachten, daß der Körperschwerpunkt unter die Haltepunkte gebracht wird. Bei Griffnutzung ist auch an die Folgehand zu denken, die ebenfalls Grifffläche benötigt. Bei Querungen soll man sich nicht vor den sogenannten Kreuzgriffen und -tritten scheuen. Oft wird durch komplizierten Griff- oder Trittwechsel erst

Abb. 52 Kantenkletterei mit Fußhang

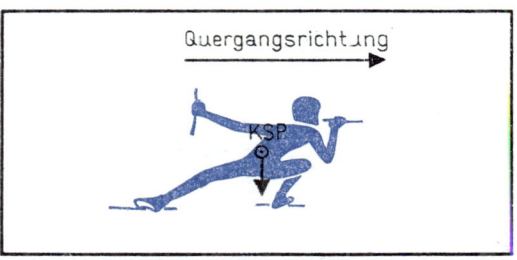

Abb. 53 Schwerpunktlage bei Quergängen

eine unsichere Situation geschaffen. Sind bei Querungen keine Tritte vorhanden, wird mit angehockten Beinen gehangelt. Erreichte Ruhepunkte dienen zum Entlasten der Arme und zur Begutachtung des Weiterweges.

3.1.3. Reibungsklettern

Man bezeichnet das Steigen auf schwach geneigten Wänden mit schwach ausgeprägten Griffen und Tritten als Reibungsklettern. Diese Technik ist für Sandsteinfelsen typisch und häufig anzutreffen. Man findet Reibungspassagen jedoch auch in Kalk- und Granitgebirgen. Die Entwicklung der jüngsten Zeit wird auf dem Gebiet der Neuerschließungen, wie bereits erwähnt, von der Durchsteigung steiler, exponierter Reibungswände mitbestimmt.

Die Schwierigkeit des Reibungskletterns wird von ihrer Steilheit und der Häufigkeit der Tritt- und Griffmöglichkeiten bestimmt. Reibungsaufstiege sind oft relativ schlecht gesichert. Die Glätte des Felsens und das Fehlen von Schlingenmöglichkeiten erfordern vom Kletterer Mut und technische Beherrschung des Aufstiegs.

Was im Abschnitt Wandklettern zum primären Einsatz der Füße gesagt wurde, gilt besonders für die Durchsteigung von Reibungsaufstiegen. Es ist die erstrebenswerte Kunst, das Gewicht des Körpers sicher auf die gut haftenden Füße zu verlagern. Erste Aussagen müssen daher dem Reibungswert der Kontaktflächen Fels–Kletterer gelten.

Bei Reibungsaufstiegen muß man sich gut sitzender Kletterschuhe mit weichen, rauhen Sohlen bedienen. Die Weichheit ermöglicht das Ausnützen kleinster Unebenheiten der Felsoberfläche, die Rauheit schafft eine große Kontaktfläche und Adhäsion Fels–Sohle. Gut haben sich weiche Porokreppsohlen bewährt.

Abb. 54 Körperhaltung beim Reibungsklettern

Abb. 55 Technik des Antretens beim Reibungsklettern

Diese garantieren ein stets gleiches, berechenbares Fels „gefühl". Das teilweise zu beobachtende Barfußklettern ist sicher im Ertasten kleinster Felsstrukturen und -unebenheiten unübertroffen, hat aber Nachteile in der Standsicherheit. Besonders bei starker Sonneneinstrahlung kommt es schnell zu Schweißaustritt und unsicherem Verhalten. Der Vorteil des Kletterschuhes besteht im festen Halt des Fußes und in der stets gleichen Kontaktreaktion, die sich nach einiger Übung leicht vorausbestimmen läßt und im psychischen Bereich bei restloser Konzentration zu einem Faustpfand des Erfolges wird.

Die Grundtechnik beim Reibungsklettern (Abb. 54) besteht im betonten Einsatz der Füße. Stets muß das gesamte Körpergewicht auf den Füßen ruhen. In dieser Standphase sind die Hände und Arme völlig entlastet. Beim Steigvorgang kann man, in stark vereinfachter Form, von einem inneren Gleichgewicht von Arm- und Beinkraft sprechen. Dies wird möglich durch eine Körperspannung, die bewirkt, daß bei starkem Armeinsatz die Füße zu entlasten sind und umgekehrt bei Entlastung der Arme alles Gewicht auf den Füßen ruht. Dieses Gleichgewicht erzeugt die Grundhaltung des Reibungskletterers. Das Gesäß ist von der Wand entfernt, der Gewichtsdruck wirkt voll auf die Füße; zum Ausgleich von bedingten Schwankungen wird der Körper locker gebückt.

Wird ein Fuß auf einen erkannten höheren Tritt gestellt, muß zuvor das gesamte Gewicht auf den Standfuß verlagert werden. Danach kann der Fuß angestellt und muß belastet werden. (Abb. 55) Der Druck hat unbe-

dingt entlang der Felsoberfläche zu wirken.
Dies erreicht man durch eine starke Abwinkelung des Fußgelenks, nicht indem man den
Körper auf die Wand legt, denn dadurch wird
die Haupttreibungskomponente, die das Verbleiben auf der Standfläche sichert, aufgehoben. Zur Unterstützung der Bewegung und
Gewährleistung des Gleichgewichtes werden
alle Griffmöglichkeiten genutzt.
Sichere Griffmöglichkeiten sind auf echter Reibung rar. Man muß die vorhandenen maximal nutzen. Es ist notwendig, einen idealen
Formschluß Finger—Griff herstellen. Dazu
sind Halteproben oder eine große Erfahrung
notwendig, die solche Manipulationen routinemäßig ablaufen lassen. Ist der richtige Griff,
die richtige Greifart gefunden, wird durch Anspannung der Fingermuskulatur der Griff fixiert. Gleichzeitig zieht man die Hände in
Richtung des Körperschwerpunktes – im Körper wird eine großflächige Spannung erzeugt,
die das Antreten möglich macht. In dieser Weise steigt man von Tritt zu Tritt empor.
Befindet sich in einer Reibungswand ein einziger guter Absatz, der Griff und Tritt darstellt, so gilt es, mit einem Durchlauf in einer
Aktion vom Erfassen bis zum Stand den Absatz
zu nutzen. (Abb. 56) Man muß sich vor dieser
Aktion klarwerden, in welcher Folge die Füße zu setzen sind, mit welchem Fuß man beginnt. Von schlechter Voraussicht des Kletterers zeugt es, wenn schon kurz nach dem Antreten Gleichgewichtsprobleme auftreten und
die Übersicht verlorengeht. Auf Reibungswänden ist es sehr schwierig zurückzusteigen,
da man den Fußdruck kaum von oben kommend aufbauen kann. So ist schnell ein Sturz

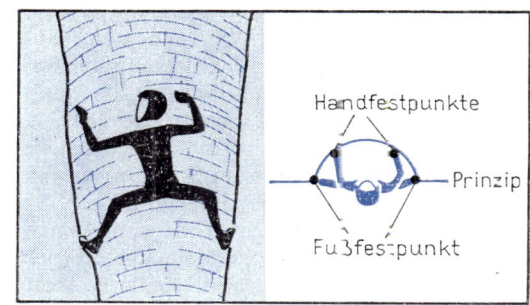

Abb. 57 Technik in Reibungsrinnen

die Folge von technischen Mängeln.
Hat man sich den genauen Überblick über die
folgende Situation verschafft, beginnt der
Durchlauf. Zunächst verhält man sich wie beim
schon beschriebenen Antritt. Während die Hände an Ort und Stelle bleiben, gelangen die
Füße in kleinen Antritten höher. Bevor sich
die Füße bei den Händen befinden, wird durch
Drehung des Schultergürtels in möglichst senkrechte Haltung eine Hand entlastet und nach
oben geführt. Sie faßt einen Haltepunkt oder
wird flach an die Felswand gelegt, was zum
Stabilisieren des Gleichgewichtes dient. Ein
Fuß kann nun auf das Band oder den Absatz
gesetzt werden. Hat man das Empfinden, daß
dabei die Hand nicht am Haltepunkt fixiert
werden kann, geht man zum Stütz auf dem
Handballen über. Dadurch vergrößern sich die
Kontaktfläche und der Druck auf diese Unterlage.
Oftmals folgen Reibungsaufstiege einer Felsmulde oder -rinne. Dann kann man vor dieser Rinne spreizen und Haltepunkte im Inneren der Rinne nutzen; besser ist es aber, die
Muldenwände als Trittflächen zu wählen. (Abb.
57) Dadurch erzeugt man einen Gegendruck
und kann mit einer bereits geringen Körperspannung eine hohe Standsicherheit erzeugen.
Hat man sich vorher vom Reibwert seiner
Schuhsohlen überzeugt, ist oft das Erstaunen
während des Steigens in einer Rinne groß über
das gute Vorankommen.

3.1.4. Hangeln

Eine Sonderform der Kletterei ist das Hangeln. Es wird oft angewandt, wenn Rippen,
Verschneidungen und Risse mit scharfen Kanten zu durchsteigen sind. Der Vorteil des
Hangelns liegt im relativ schnellen Voran-

Abb. 56 Durchlauftechnik mit Stütz beim Reibungsklettern

73

kommen, der hohen Klettergeschwindigkeit und damit dem raschen Überwinden der anstrengenden Passagen. Nachteilig muß der hohe Armkrafteinsatz genannt werden, der auch bei guter Hangeltechnik zu verzeichnen ist. Durch technische oder taktische Fehler erhöht sich der Krafteinsatz bis zum Scheitern wegen Kraftmangels mit allen psychischen Folgen.

Das effektivste Zusammenwirken von Armen und Beinen wird erreicht, indem der Körper beim Hangeln nicht gestreckt, sondern leicht in den Gelenken gebeugt wird. Zum einen können dadurch Schwankungen der Steigbewegung, Unebenheiten der Felswand ausgeglichen werden, zum anderen entsteht eine Spannung, die den notwendigen Gegendruck der Füße zu den Händen erzeugt. Wird der Körper gestreckt, fällt der Gegendruck weg, weil der Anstellwinkel der Füße zu klein wird.

Die Grundtechnik beim Hangeln lautet: Die Hände fassen die Hangel an der Stelle mit dem kleinsten Keilwinkel – dort, wo sie „am schärfsten" ist, möglichst rechtwinklig zur Winkelkante. Die Füße nutzen kleinste Unebenheiten oder, wenn vorhanden, entsprechende Tritte. Ein Abrutschen der Füße ist immer zu vermeiden, da erstens die Hände den Körper oft allein nicht halten können, der Kletterfluß unterbrochen wird und zweitens das erneute Anstellen der Füße mit Krafteinsatz verbunden ist.

Man unterscheidet zwei Hangelarten.

Beim Hangeln in Verschneidungen (Abb. 58) setzt man beide Füße an eine der Verschneidungswände und läuft höher. Die Hände fassen den im Verschneidungswinkel befindlichen Riß und werden ebenfalls abwechselnd höher geführt. Ist die Griffigkeit der Verschneidung gering, der Riß oft geschlossen, wird eine Hand höher geführt und die zweite nur bis zu deren Haltepunkt nachgeführt.

Beim Hangeln an Rippen in freier Wand (Abb. 59) setzt man in der Regel die Füße links und rechts neben die Rippe. Dadurch wird ein seit-

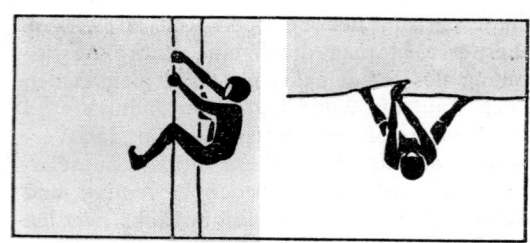

Abb. 59   Hangeln an Rippen

liches Abkippen vermieden. Verläuft die Rippe schräg, befinden sich die Beine automatisch auf nur einer Seite der Rippe. Auch hier wird der Körper gehockt hoch an die Rippe herangezogen, um die Andruckspannung für die Füße zu erzeugen.

Bei dünnen oder brüchigen Rippen kann mit einer kombinierten Klemm- und Hangeltechnik gestiegen werden. Hierbei wird nur eine Hand im Hangelgriff an der Kante, die andere als klemmende Hand im Riß hinter der Rippe eingesetzt. Auf diese Weise wird der Oberkörper nahe an die Felswand gebracht, die Belastung der Rippe verringert. Die fehlende Spannung des Körpers muß jedoch beachtet werden. Sie ist durch sauberes Treten zu ersetzen.

3.1.5.   Kaminklettern

Kamine sind beim Felsklettern Spalten, die so breit sind, daß der gesamte Körper darin Platz findet. Breiter als der Kamin ist die Schlucht, enger als er ist der Riß. Man unterscheidet den engen Kamin, Stemmkamin und Spreizkamin.

Allgemein gilt der Grundsatz, einen Kamin an der Stelle zu durchsteigen, wo bei größtem Sicherheitsempfinden die geringste Behinderung für das Fortbewegen besteht. Oft klettern Anfänger aus Gründen der Angst oder Unsicherheit im engsten Teil des Kamins, weil sie meinen, dort am sichersten zu stecken. Da sie mit der Technik nicht vertraut sind, verschwenden sie ihre Kraft, bringen sich in Gefahr oder scheitern.

Der enge Kamin, im Volksmund Schinder genannt, ist gerade so breit, daß der Körper hineingeschoben werden kann. Günstig ist es, wenn zunächst alle den Leibesumfang vergrößernden, störenden Elemente wie Schlingen und Karabiner so plaziert werden, daß sie beim Steigen nicht stören. Wichtig ist, alle

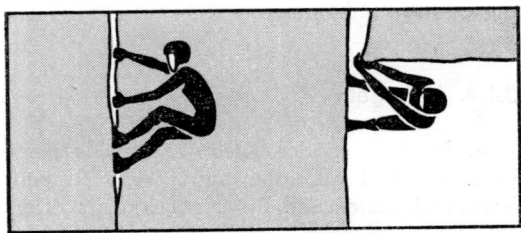

Abb. 58   Hangeln in Verschneidungen

Operationen ruhig und besonnen auszuführen. Durch **Scheuern**, Schaben, Stampfen entstehen die unbeliebten Druck- und Kratzwunden an Ellbogen und Knien, die zu ihrer Ausheilung einige Tage benötigen.

Die grundsätzliche Technik, basierend auf dem Motto „Gestiegen wird mit den Beinen", lautet: Fixieren des Oberkörpers durch das Fassen von Griffen oder Verklemmen der Arme, Anwinkeln und Fixieren eines Beines oder beider Beine. Danach Lösen des Oberkörpers, Strecken und erneutes Fixieren des Oberkörpers in der höchsten Stellung. (Abb. 60)

Dieser Bewegungsablauf gilt grundsätzlich. Je kraftvoller der Kletterer Oberkörper oder Beine fixiert, desto sicherer vermeidet er die anfangs erwähnten Verletzungen und desto beherrschter durchsteigt er den Kamin. Dabei soll nicht einem maßlos kraftvollen Verklemmen das **Wort** gesprochen werden, sondern es gilt auch hier der Satz, nur soviel Kraft wie nötig, nicht wie möglich, einzusetzen.

Es gibt die unterschiedlichsten Möglichkeiten, diese Grundtechnik umzusetzen. Als gebräuchlichste und erfolgreichste haben sich folgende erwiesen. Die Beine werden einzeln abwechselnd oder beide gemeinsam auf einer Körperseite angewinkelt, wobei bei letzterer Technik der Kletterer im Moment des Fixierens fast waagerecht im Kamin liegt. Erst nach der Streckung des Oberkörpers steht der Kletterer wieder senkrecht im Kamin. Entscheidend für die Wahl der technischen Variante sind Beschaffenheit des Kamins und Anlagen des Sportlers.

Über einige Zwischenstufen, die durch wechselnde Breiten des Kamins bestimmt werden und eine jeweils der Weite des Kamins angemessene Variation der Technik erfordern, gelangt man in der Beschreibung zum Stemmkamin.

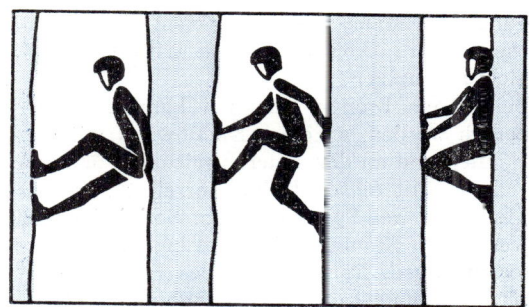
Abb. 61 Klettertechnik im Stemmkamin

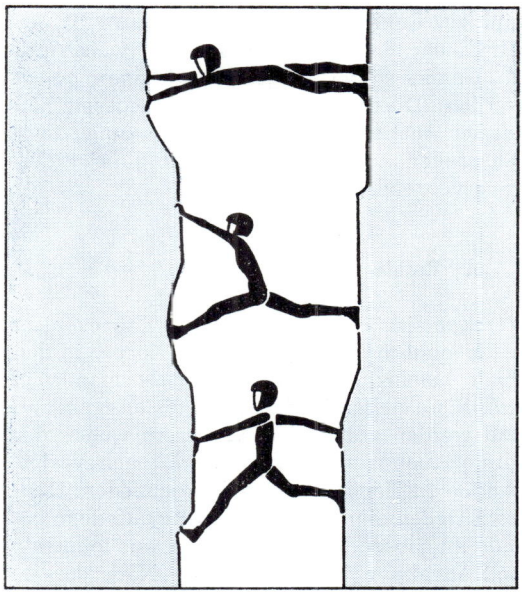
Abb. 62 Klettertechnik im Spreizkamin

Beim klassischen **Stemmkamin** (Abb. 61) befinden sich beide Beine an der einen Kaminwand, Hände, Gesäß und Rücken an der anderen. Die Hände stützen neben dem Körper an der Wand. Dadurch können Gesäß und Rücken abgehoben werden. Nach Abheben und Höhersetzen des Rückens können die Beine an der gegenüberliegenden Wand schrittweise höhertreten. Anschließend wird die gesamte Folge wiederholt.

Ist der Kamin noch breiter, kann der Rücken nicht mehr an der Wand angelegt werden. Nun befinden sich an jeder Wand je ein Bein und eine Hand. Man spricht in diesem Fall von einem **Spreizkamin**. (Abb. 62) Hier gewinnt die Regel von den drei Punkten mit Felskontakt wieder an Bedeutung. Die Hände und

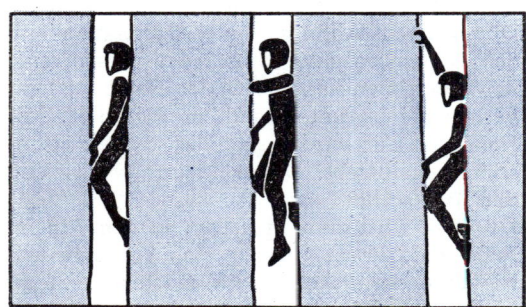
Abb. 60 Klettertechnik im engen Kamin

Füße sind immer mit Kraft gegen die Kaminwände zu drücken. Griffe und Tritte sind ausgiebig zu nutzen.

Bei extrem breiten Kaminen kann es erforderlich werden, an einer Kaminwand mit den Händen und an der anderen mit den Füßen zu steigen. Mit dieser Technik erreicht man das Maximum bei Spreizkaminen. Soll bei enger werdenden Kaminen die ursprüngliche Spreiztechnik durch Rückführen eines Fußes fortgesetzt werden, ist dies bevorzugt an einem Griff auszuführen. Durch die lang dauernde Spreizstellung kommt es zur Verkrampfung der Muskulatur und bei Änderung der Körperhaltung zur Entlastung eines Fußes.

Abschließend noch ein taktischer Hinweis. Auch im Kamin sollten Sicherungsschlingen gelegt werden. Durch die oft große Ausgesetztheit solcher Anstiege kann es zu unliebsamen Zwischenfällen kommen, denen mit guter Sicherung vorgebeugt wird.

3.1.6. Rißklettern

Verengt sich ein Kamin derart, daß es nicht mehr möglich ist, den gesamten Körper in den Spalt hineinzuschieben, so spricht man vom Riß. Risse gelten in der Regel als anstrengend und werden von vielen Kletterern wegen der infolge mangelnder Technik erlittenen Verletzungen an Händen und Füßen gemieden. Dennoch stellen einige der großen Rißaufstiege gerade im Elbsandsteingebirge überaus lohnende und attraktive Kletterziele dar. Nach der jeweiligen Rißbreite, die die anzuwendende Klettertechnik bestimmt, unterscheidet man als Grundformen Finger-, Hand- und Faust- sowie den Schulterriß.

Abb. 63   Fingerrißtechnik

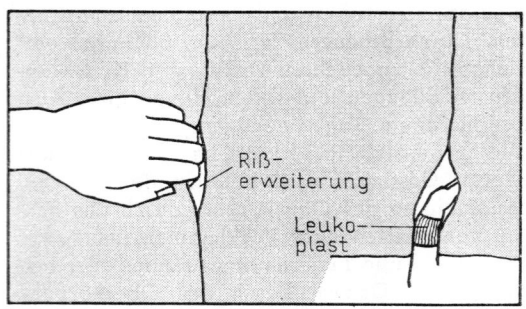

Abb. 64   Fingereinsatz bei Rißspuren

Generell gilt auch bei dieser Klettertechnik der Grundsatz, daß die Steigarbeit von den Beinen getragen wird. Wer meint, daß Rißklettern eine Sache der Armmuskulatur sei, der irrt.

Die schmalsten Risse sind die **Fingerrisse** und Rißspuren. (Abb. 63) Sie bieten maximal den Fingergliedern Halt, was natürlich nicht heißt, daß es keine weiteren Klemmstellen für Hand oder Faust gibt. Man bemühe sich, den Körperschwerpunkt neben dem Rißverlauf zu plazieren. So ergeben sich bei der Belastung der im Riß befindlichen Finger zwangsläufig hangeähnliche Kletterzüge. Von den Füßen kann ohnehin meist nur einer direkt an der Rißspur antreten. Der andere Fuß muß Unebenheiten der Wand nutzen. Die Finger werden so tief wie möglich in den Riß eingeführt, wobei man die Verdickung der Gelenke zum Verklemmen ausnützt. (Abb. 64) Da der Daumen zumeist außerhalb des Risses bleibt, ergeben sich mit Löchern oder Schalen in Rißnähe die Möglichkeiten zu sogenannten Zangengriffen. Geht es um spezielle Fingerrißpassagen, kann man auch mit Leukoplast gezielt eine Verdickung der Fingergelenke erzeugen.

Rechtzeitig denke man an das Legen von Sicherungsschlingen. Der Platz für eine gute Schlinge ist oft auch ein guter Haltepunkt. Durch einen Schlingenknoten kann man sich den Weiterweg unter Umständen versperren.

Bei **Handrissen** hat, wie es der Name aussagt, bereits die gesamte Hand im Riß Platz. Mit Hand und Fuß wird ein möglichst guter Formschluß angestrebt. Dieser ersetzt weitgehend den Kraftschluß.

Der Fuß wird zum Einsetzen in den Riß im Fußgelenk derart gedreht, daß Fußsohle und Rißkante weitgehend parallel stehen. Steckt man den Fuß in den Riß und belastet ihn, so hat er das Bestreben, seine frühere, normale

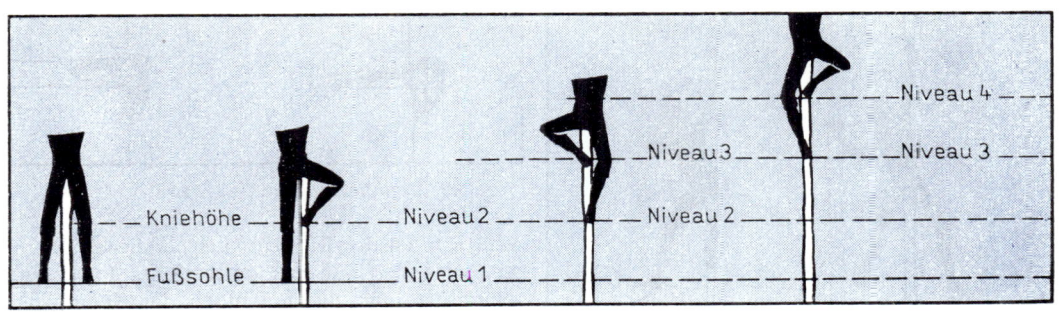

Abb. 65 Einsatz der Beine bei der Handrißkletterei

Lage wieder anzunehmen. Dadurch verklemmen sich die Fußkanten an den Rißwänden –
der Fuß steht. Setzt man ihn dazu in eine Riß-
erweiterung, so erhöht sich der Formschluß.
(Abb. 65)
Auch die Hände werden zum Einführen in
den Riß gestreckt. Der Daumen liegt neben
dem Zeigefinger. Das Einführen geschieht vorsichtig und möglichst mit Blickkontakt zur
Hand. Dadurch kann ein weitgehender Formschluß angestrebt werden. (Abb. 66) Die Hand
wird ebenfalls möglichst in eine Rißerweite-
rung über eine Verengung plaziert. Niemals
wird eine Hand blindlings in einen Riß hinein gestoßen oder geschlagen. Das Verklemmen erfolgt durch Verschieben des Daumens
in den Handteller, durch Verdrehen der ganzen Hand oder durch gänzliches bzw. teilwei-
ses Ballen zur Faust. Es ist zu prüfen, ob man
die Hand mit dem Daumen nach oben oder
nach unten einsetzt. Bei Einsetzen mit dem
Daumen nach unten wirkt bei Belastung noch
ein Verdreheffekt, da die Hand bestrebt ist,
in die Normallage zurückzukehren, was eine
Klemmwirkung zur Folge hat.
Beim **Faustriß** wird die Hand um den Daumen

zur Faust geschlossen, oder der Daumen wird
seitlich angelegt. Damit ist das Maximum an
Klemmbreite erreicht.
Das Schließen der Hand erfolgt kräftig, und
vor dem Herausziehen der Hand wird sie entspannt. Vorsicht bei Lageveränderungen der
Hand im Riß! Niemals darf eine geklemmte
Hand im Sinne des Aufstiegs gedreht werden.
Dies führt immer zu blutigen Verletzungen.
Auch beim Handriß wird die Steigarbeit von
den Füßen geleistet. Sie werden in der Regel
übereinander eingesetzt. Man steigt einen
schulmäßigen Handriß wie eine Leiter empor.
Befinden sich auf der Wand neben dem Riß
oder im Riß Griffe oder Tritte, werden sie
selbstverständlich benutzt. Diese Abwechslung
der Greifart ist günstig, da sich bereits nach
einigen Metern Handrißkletterei krampfartige
Wirkungen in der Hand einstellen können.
Verläuft ein Handriß in überhängender Wand,
klemmen die Hände erst in der Tiefe des Risses oder gibt es andere Gründe für eine Unsicherheit, so ist es nicht ratsam, in der beschriebenen Übersetztechnik zu steigen. Man
geht in solchen Fällen zur Nachrücktechnik
über. Eine Hand klemmt als Führhand und
die andere rückt nur bis zur Führhand nach.
Bei diesem Vorgehen erhöht sich die Sicherheit, da sich der Körper stets in der gleichen
Schwerpunktlage befindet und jegliche Veränderung dieser mit Störungen der Belastungs-
kontinuität verbunden ist. Auch die Füße werden nicht aneinander vorbeigezogen. Nachteile
der Nachrücktechnik gibt es nur bei der Klettergeschwindigkeit, die sich vermindert.
Verläuft der Handriß in einer Verschneidung,
wird die Reibung im Winkel ausgenutzt. Während eine Körperhälfte im Winkel verbleibt,
nutzen Fuß und Hand der anderen Hälfte die
Unebenheiten der Wand. Wenn es die Felsstruktur zuläßt, kann man auch beide Verschneidungswände anspreizen. (Abb. 67)

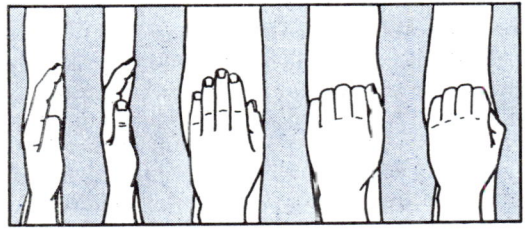

Abb. 66 Verklemmen der Hände in unterschiedlich breiten Rissen

Abb. 67   Klettern in einer Verschneidung

Fels ist rauh. Oft kommt es, wie schon erwähnt, zu Verletzungen. Aus diesem Grund verwenden manche Kletterer in Rissen Handschuhe oder kleben Pflaster auf die Handrükken. Der Schutz der Hände wird damit gewährleistet – vom Fels „gefühl" aber geht einiges verloren. Das richtige Maß muß jeder Kletterer selbst finden.

Beim **Schulterriß** läßt sich nur eine Körperhälfte oder eine Schulter in den Riß schieben. Da es sich bei dieser Technik um einen großflächigen Kontakt zur rauhen Felsoberfläche handelt, ist es ratsam, beim Durchsteigen von Schulterrissen Kletterschuhe und langärmlige Oberbekleidung zu tragen.

Während der Kletterei befindet sich immer eine Schulter im Riß und die andere außerhalb. (Abb. 68) Es ist selten möglich, die Seiten zu wechseln. Nach der Körperhälfte, die sich im Riß befindet, spricht man von einem rechten oder linken Riß.

Beim Durchsteigen wird das im Riß innen befindliche Bein hochgezogen und verklemmt. Das Verklemmen geschieht durch Hebelwirkung zwischen Knie, Ferse und Riß oder Fuß

Abb. 68   Grundtechnik im Schulterriß

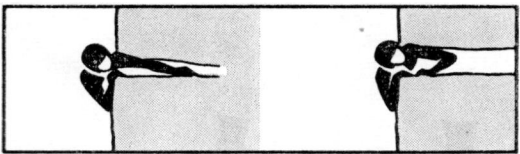

Abb. 69   Armhaltung im Schulterriß

und Riß. Ist der Riß schmaler als die Schuhlänge, wird der Fuß mit gestrecktem Fußgelenk eingesetzt und durch Beugen des Fußgelenks Schuhspitze und Hacken an den Rißwänden verklemmt. Bei Streckung des Kniegelenks wird der Körper gehoben. Der innen befindliche Arm kann nun verklemmt werden. Dies geschieht durch Ellbogen, Handfläche und Riß beim lang in den Riß gestreckten Arm. Ist der Riß so breit, daß man den Arm anwinkeln kann, liegt der Handrücken vor der Schulter. Der Druck entsteht zwischen Oberarm, Handfläche und Riß. Dieser Klemmart ist der Vorzug zu geben, da sie bei richtiger Ausführung sehr sicher wirkt. (Abb. 69) Einfacher ist nur, einen in der Tiefe des Risses befindlichen Griff zu nutzen.

Der äußere Fuß unterstützt die Aktion des inneren. Beim Hochsetzen des inneren Fußes verbleibt er auf einem Tritt außerhalb des Risses – fehlt ein solcher, so wird der Fuß mit der Sohle an die hintere Rißkante gedrückt. Ist der Innenfuß gehoben und verklemmt, folgt vor den Armen die Aktion des Außenfußes. Er wird wieder gegen die Rißkante gedrückt, wenn sich kein Tritt bietet.

Die Aufgabe des äußeren Armes ist die Unterstützung des inneren. Klemmt der Innenarm, so hält auch der äußere den Körper im Riß. Beim Heben des Körpers unterstützt der Arm an Wandgriffen, stützt an der Wand oder hangelt die Rißkante vor dem Körper an.

Beim Heben des Körpers wird der unverklemmte Teil aus dem Riß herausgeschoben, gehoben und wieder versenkt. So ergibt sich eine schlangenartige Bewegung, die beherrscht und ruhig ausgeführt wird und deren Phasen aus den Abbildungen zu ersehen sind.

Aus der Kenntnis dieses Ablaufs läßt sich ableiten, ob ein Riß links oder rechts innen geklettert werden muß. Die Entscheidung hängt von folgenden Faktoren ab: Auf welcher Seite hat der Rücken eine breitere Auflage, springt die Rißkante weiter vor? Auf welcher Seite ist eine Rißkante scharfkantig, also für den Gegenzug der Außenhand besser geeignet? Auf welcher Seite befinden sich Wandgriffe oder -tritte? Verläuft der Riß geneigt, ist es stets besser, die liegende Seite am Rücken zu haben. Es ergeben sich damit günstigere Möglichkeiten für den Fußeinsatz.

Daraus ersieht man, daß es bereits vor Einstieg in den Riß wichtig ist, diesen zu beurteilen. Hat man sich in der Wahl der richtigen Seite geirrt, nutzt man die nächste Gelegenheit, sich zu drehen. Jeder Meter auf der falschen Seite kostet unnütze Kraft. Auf guten Tritten sollte man rasten und die Arme entlasten. Man läßt sie abwechselnd hängen, lockert die Muskeln und verbessert die Durchblutung.

Entdeckt man außerhalb des Risses auf der Wand einen Griff, sollte man sich nicht sofort aus dem Riß herauslocken lassen. Ist der Riß einmal verlassen und das Körpergewicht hängt außerhalb an einem Griff, ist eine Rückkehr in den Riß oft nicht möglich.

3.1.7. Sonderformen

Im Rahmen dieses Abschnittes sollen einige Techniken beschrieben werden, die keiner der bisher behandelten zugeordnet werden können. Dennoch sind sie wichtig und werden in ihren grundsätzlichen Abläufen beschrieben.

Überfall, Übertritt und Sprung sind Sonderformen des Felskletterns. Sie dienen zur Überwindung von Klüften und Schluchten. Zur Technik muß sich bei der Anwendung eine Portion Mut gesellen, denn es ist eine nicht alltägliche Übung, über eine Kluft mit respektabler Tiefe zu springen.

Der **Überfall** (Abb. 70) ist die sicherste Art zum Überbrücken von Klüften. Beide Beine verbleiben an der Ausgangswand. Der Körper wird mit den Armen vorweg über die Kluft gestreckt. Dabei sind Arme und Beine leicht

Abb. 71 Übertritt

gegrätscht, um ein seitliches Abkippen zu vermeiden. Die Aktion besteht in einem Anhechten der gegenüberliegenden Wand aus einer leichten Hockstellung. Falsch ist ein schrankenartiges Hinüberklappen des gestreckten Körpers. Die Wucht des Aufpralls wird mit den Armen federnd abgefangen. Ist die Kluft überbrückt, folgt ein Bein nach. Daraufhin sucht man sich Griffe zum Nachziehen des Körpers und setzt den ersten Fuß nicht zu hoch an die Felswand. Dadurch wird das Nachziehen des zweiten Fußes erleichtert. Vielfach wird es durch ein kräftiges Abdrücken unterstützt.

Der **Übertritt** (Abb. 71) über eine Kluft kann vor- oder rückwärts ausgeführt werden. Die Benennung zeigt an, ob man der zu erreichenden Wand das Gesicht oder den Rücken zuwendet.

Der Übertritt vorwärts ist eine sehr spektakuläre Übung von großer Dynamik. Man steht am Rande der Kluft und gibt gleichzeitig drei Haltepunkte auf. Ein Fuß und beide Hände werden an die gegenüberliegende Wand gesetzt. Mit dem Fuß als dem tragenden Element der Übung zielt man auf eine Leiste, eine Lochkante oder einen sonstigen guten Haltepunkt. Ist kein solcher vorhanden, muß der Fuß relativ hoch an die Wand gesetzt werden. Dadurch entsteht ein wichtiger Druck, der das Abrutschen verhindert. Die Hände folgen sofort nach.

Anders beim Übertritt rückwärts. Der Kletterer befindet sich zu Beginn in Kletterhaltung an der zu verlassenden Wand. Ein Fuß wird rückwärts abgespreizt und an die gegenüberliegende Wand gesetzt. Nach dem Erreichen der Wand verfährt man wie im Spreizkamin, bis es möglich ist, die gegenüberliegende Wand zu ergreifen. Diese Technik hat den Vorteil, daß man die Kluft nicht direkt vor Augen hat und außerdem bis zum Berühren der Zielwand drei Haltepunkte am Fels weiß.

Abb. 70 Überfall

Sie ist vor allem für Anfänger zu empfehlen. Allerdings ist die Spannweite des rückwärtigen Übertritts geringer als die des vorwärts ausgeführten.

Sehr breite Klüfte sind nur durch einen Sprung zu überwinden. Diese Art der Kletterei, durch die manche Klettergipfel auch unmittelbar von benachbarten Felsen oder Massiven erreicht werden können, hat sich seit 1960 sehr verbreitet.

Der **Sprung** als ein Teil der Kletterei unterscheidet sich vom leichtathletischen Weitsprung vor allem dadurch, daß meist kein Anlauf und ein nur kleiner, oft unebener, harter Aufsprungplatz vorhanden sind. Die Schwierigkeit eines Sprunges hängt von der geforderten Weite, der Beschaffenheit des Ab- und Aufsprunges sowie vom Verlauf der Sprungkurve ab. Sprünge mit abwärts geneigter Sprungkurve, d. h. mit tiefer liegendem Aufsprung, sind leichter zu bewältigen als umgekehrt Sprünge nach oben. Bei großen Sprungentfernungen entsteht durch den zu erwartenden harten Aufsprung eine Verletzungsgefahr für den Kletterer. Es ist zweckmäßig, Kletter- oder Bergschuhe zu tragen. Das Anlegen einer Knöchelbandage ist ratsam.

Vor dem Sprung durchdenke man alle Komponenten wie Absprungbedingungen, Aufsprungstelle, Sprungweite und Sicherung. Ein gutes Distanz„gefühl" und die richtige Bemessung der notwendigen Absprungkraft sollten trainiert werden.

Der Absprung erfolgt so kräftig, daß genügend Schwung für die Flugphase vorhanden ist. Manchmal muß man auch aus der Kletterhaltung abspringen und sich in der Luft zum Aufsprung hin drehen. Die Landung sollte immer auf den Fußballen erfolgen, um den Schwung durch das Fußgelenk auffangen zu können. Eine Landung auf der Ferse oder dem ganzen Fuß birgt eine Verletzungsgefahr in sich.

Wer sich für die Durchführung von Überfällen und Sprüngen entschieden hat, sollte diese Elemente ausgiebig trainieren. An Ort und Stelle vermeide man, lange am Kluftrand zu stehen. Die zu erreichende Wand rückt scheinbar immer weiter, und die Kluft erscheint tiefer. Beim Sichern von Überfällen und Sprüngen ist darauf zu achten, daß der Vorsteiger genügend Seil zur Verfügung hat. Es ist auch an ein Nachfedern oder einen Auslauf nach Sprüngen zu denken. Anfängern oder ängstlichen Seilschaftsmitgliedern wird Mut zugesprochen. Alle Vorbereitungen laufen ruhig ab, und die Sicherung erfolgt besonders sorgfältig.

3.1.8. Unterstützungsstellen

Jeder Kletterer kann im Verlauf der Besteigung Unterstützung in Anspruch nehmen. Er wird dann an der entsprechenden Stelle des Aufstiegs durch einen oder mehrere Angehörige seiner oder einer anderen Seilschaft derart unterstützt, daß er eine Stelle des Aufstiegs erreicht, von wo aus er die Besteigung aus eigener Kraft fortsetzen kann. Die Formen der Unterstützung sind unterschiedlich. Sie müssen den Regeln des Felskletterns entsprechend durchgeführt werden. Jeder Beteiligte hat sich wie während des Kletterns zu verhalten. Ringe und angebrachte Seilschlingen dienen ausschließlich Sicherungszwecken. Weder der Vorsteiger noch der Unterstützende dürfen durch das Seil gehalten oder unterstützt werden.

In der zurückliegenden Zeit hat sich der Trend verstärkt, Unterstützungsstellen zu übersteigen. Im Kletterführer sind solche Unterstützungsstellen in Klammern gedruckt. Dennoch gibt es Passagen, die nur mit Unterstützung überwunden werden können. Man unterscheidet einfache und ausgiebige Unterstützung. Bei der einfachen ist nur ein Unterstützender notwendig, um den Weiterweg zu erreichen. Bei ausgiebigem Unterstützen sind mehrere Unterstützende notwendig. Die Anzahl wird nicht festgelegt.

Unterstützt wird an überhängenden, glatten, griff- oder trittlosen Stellen. Der Unterstützende bietet dem Vorsteiger zusätzliche Haltepunkte. Je nach Höhe der zu überwindenden Felszone richtet sich der Umfang der Unterstützung. Genügt auf einem guten Absatz ein Tritt in die verflochtenen Hände und auf die Schultern des Unterstützenden (sogenannte Räuberleiter), so müssen bei Unterstützung in Kletterstellung vom Untermann oft große Leistungen gebracht werden. Er steht an der Felswand oder klemmt im Riß, muß sich selbst halten, dem Vorsteiger Griffe und Tritte bieten und dessen Last tragen. (Abb. 72)

Griffe und Tritte können Knie, Hüfte, Rücken, Schultern oder Kopf sein. Soll es noch höher gehen, muß der Unterstützende einen Arm nach oben strecken, und der Vorsteiger kann auf die Hand treten. Diese muß aus Stabilisierungsgründen an die Felswand gepreßt wer-

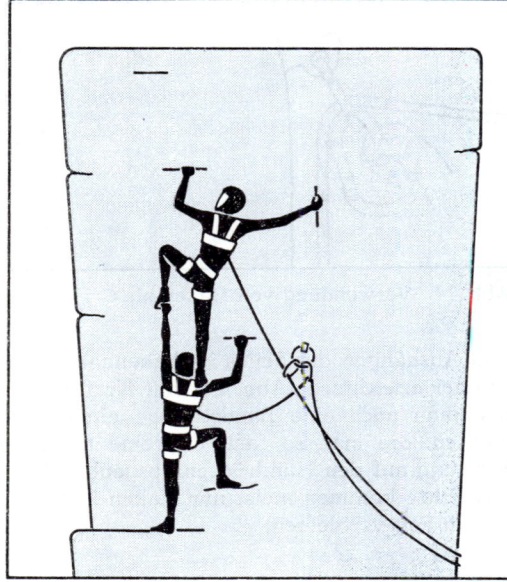

Abb. 72   Einfache Unterstützungsstelle

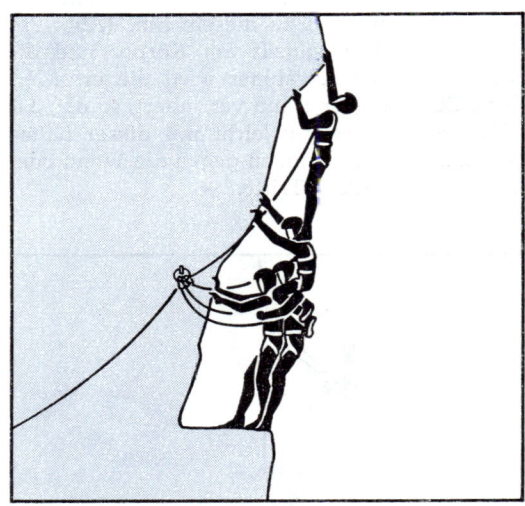

Abb. 73   Ausgiebige Unterstützungsstelle

tern von der Wand entfernen und die Situation verbessern.

Ähnlich, nur mit mehr Beteiligten verläuft die ausgiebige Unterstützung. (Abb. 73) Die Beteiligten dürfen sich beliebig übereinanderstellen oder -setzen. Man kennt Unterstützungen mit sehr vielen Beteiligten. Hier wird dann eine kleinere Hilfsgruppe für das Errichten und Betreten der eigentlichen Unterstützungssäule eingesetzt.

Für alle Arten von Unterstützungsstellen gelten die drei Grundforderungen Sicherheit, Ruhe und Übersicht.

Sicherheit bedeutet: Jeder Beteiligte muß stets ausreichend gesichert sein. Für Unterstützende erfordert das eine gute Selbstsicherung, für den Vorsteiger die Sicherung durch einen Dritten. Zu zweit sollten daher nur relativ leichte, überschaubare Unterstützungsstellen angegangen werden. Der Vorsteiger benutzt in solchem Fall eine ausreichende Selbstsicherung vom Ring oder einer guten Seilschlinge. Das Seil darf den Untermann nicht behindern oder gefährden. Bei Schlingensicherung wird für den Vorsteiger eine separate Schlingenmöglichkeit gesucht.

Ruhe bedeutet: Der Erfolg ist das Werk aller Beteiligten. Ein Kletterer, meist der wichtigste Untermann, gibt die Kommandos. Er legt fest, ob eine Ruhepause eingelegt wird und wann der nächste Angriff stattfindet.

Übersicht bedeutet: Von der Art und Richtung des Weiterweges sind die Positionen aller Beteiligten abhängig. Unterstützende stehen dort, wo sie gebraucht werden oder von wo sie den Einsatzort schnell erreichen können. Der Vorsteiger ist so plaziert, daß er schnell auf den oder die Unterleute gelangen kann. Oft ist es günstig, wenn der Vorsteiger bis an die Grenze des kletterbaren Geländes steigt und dann durch Nachrücken der anderen übernommen wird. Der Sichernde muß alle Vorgänge gut beobachten können. Bevorzugt wird er in geringer Entfernung postiert, um die Aktivitäten nicht zu behindern.

Der Vorsteiger steigt behutsam auf die Unterstützenden. Keinesfalls darf er versuchen, mit einem Satz die Schultern zu erreichen. Er darf nicht zu nahe an den Hals herantreten und auch nicht zu weit nach außen. Mit ruhigen Worten schildert er die Situation im Wandbereich über sich und verlagert sein Gewicht langsam. Die Unterstützungsmänner verändern ihre Position nur nach Rücksprache mit dem Vorsteiger, um ihn nicht zu verunsichern.

den. Das Aufsteigen auf den Untermann ist für den Vorsteiger eine wackelige, instabile Prozedur, die ihm nach Möglichkeit zu erleichtern ist. Der Untermann kann sich hocken und streckt sich erst, wenn der Vorsteiger die Schultern erreicht hat. Bei der Unterstützung an Überhängen muß der Untermann bestrebt sein, den Überhang auszugleichen. Durch waagerechtes Strecken der Arme kann er seine Schul-

Rechtzeitig teilen sie ihm auch eine etwaige Überlastung mit. Die Benutzung des Kopfes oder der an die Felswand gepreßten Hand kann nur kurzzeitig erfolgen und bedarf einer Rücksprache.

Hat der Vorsteiger den Weiterweg angetreten, bleibt die Unterstützungsstelle bestehen. Sie wird erst auf Kommando des Vorsteigers aufgelöst. Kommt es zum Rückzug, weil der Weiterweg nicht gelingt, tut jeder diszipliniert alles, um den Vorsteiger in Sicherheit zu bringen. Ein erneuter Versuch wird später eingeleitet.

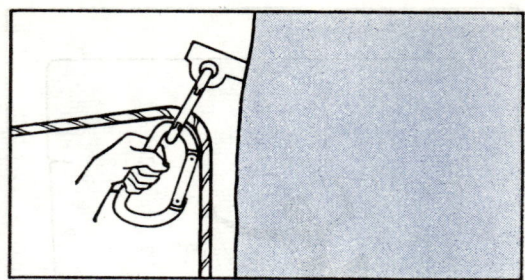

Abb. 74   Verwendung von Haken als Griff

3.1.9.   Techniken des künstlichen Kletterns

Künstliches Klettern bedeutet, daß nicht nur die vorhandenen natürlichen Griffe und Tritte zur Fortbewegung benutzt werden, sondern in erster Linie die vom Kletterer angebrachten Sicherungsmittel (Haken, Keile, Schlingen u. a.) und zusätzlichen künstlichen Hilfsmittel („Fortbewegungshaken" u. a.). In den künstlichen Kletterwegen vieler Mittelgebirge sind diese Fixpunkte meist vorhanden. Dagegen müssen sie im Hochgebirge – abgesehen von wenigen vielbegangenen Routen – vom Kletterer während der Durchsteigung selbst angebracht werden (s. Abschnitt 3.2.4. – Felshaken).

Die Techniken des künstlichen Kletterns unterscheiden sich in solche, bei denen die künstlichen Haltepunkte mittel- oder unmittelbar als Griffe oder Tritte benutzt werden (Klettern an Zwischensicherungen, Trittleitertechnik), und in diejenigen, bei denen das Seil als Bindeglied zum Fixpunkt dient (Selbstzug, Seilquergänge). Dabei werden diese Techniken, die hier einzeln dargestellt sind, in den meisten Fällen kombiniert angewandt.

Vorausgeschickt werden soll noch, daß die Techniken des künstlichen Kletterns in besonderem Maße ständiges Üben erfordern, damit vor allem die notwendige Seiltechnik von allen Beteiligten richtig beherrscht wird.

Klettern an Zwischensicherungen

Das Benutzen von Zwischensicherungen, vor allem von Haken, als Griff und seltener auch als Tritt stellt die einfachste Form künstlichen Kletterns dar. Der in den Haken eingehängte Karabiner wird mit der Hand gefaßt, keinesfalls aber der Haken selbst. Durch Verwenden eines zweiten Karabiners wird das Ein-

und Aushängen des Seiles im hakennahen Karabiner erleichtert. (Abb. 74) Zur Kraftersparnis kann auch eine Bandschlinge eingehängt werden, die man so faßt, daß eine tragende Wirkung auf den Handrücken ausgeübt wird. Als Tritte kommen meist nur Haken in Frage, die im Fels verbleiben.

Selbstzug

Bei der Selbstzugtechnik hängt der Kletterer sein Seil in einen Haken ein und zieht sich durch Zug am Seil zu diesem hin. (Abb. 75) Durch den Kraftangriff am Körper und die Umlenkung im Karabiner wird die erforderliche Zugkraft der Hand verringert, so daß der Kletterer sich relativ leicht mit dieser halten kann. Die Füße stemmen gegen die Wand oder nutzen vorhandene Tritte.

Abb. 75   Klettern mit Selbstzug

Je höher sich dabei der Körperschwerpunkt des Kletterers gegenüber dem Haken befindet, desto größer wird die erforderliche Zugkraft, aber auch die Belastung des Fixpunktes. Selbstzug soll deshalb nur an sicheren Haken erfolgen.

Auch der Nachsteiger kann sich Selbstzug geben. Beim Klettern am Einfachseil verwendet er dazu ein freies Seilende von etwa 2 m Länge („Seilschwanz") oder eine besondere Reepschnur.

Trittleitertechnik

Trittleitertechnik in Verbindung mit Selbstzug ist die häufigste Form künstlichen Kletterns. Damit ist ein ökonomischer Krafteinsatz auch über längere Strecken möglich, die Haken werden günstig belastet, und beim Schlagen von Haken können größere Abstände erreicht werden. In vielen Fällen ist eine Trittleiter ausreichend. Nur bei längeren und überhängenden Kletterstellen benutzt man eine zweite Leiter.

Der Vorsteiger hängt den Fiffi-Haken seiner Trittleiter in den Karabiner am Haken oder in den Haken selbst ein. Im zweiten Fall gewinnt man zwar einige Zentimeter Höhe zusätzlich, die Trittleiter läßt sich aber vielfach schwieriger nachziehen. Der Nachsteiger muß immer in die Hakenöse einhängen, damit es möglich ist, das Seil aus dem Karabiner zu entfernen. Mit dem Mittelfuß hat man den sichersten Stand auf der Trittleiter. Den gewünschten Höhengewinn erreicht der Kletterer durch Höhersteigen in der Leiter in Verbindung mit Selbstzug. (Abb. 76) Liegt die Leiter am Fels an, muß man sie mit dem unteren Fuß von der Wand wegziehen, damit der andere auf der höheren Sprosse Platz findet. Wenn das Bein bis zum Gesäß angewinkelt wird, kann man in einer Trittleiter auch relativ bequem ausruhen. (Abb. 77)

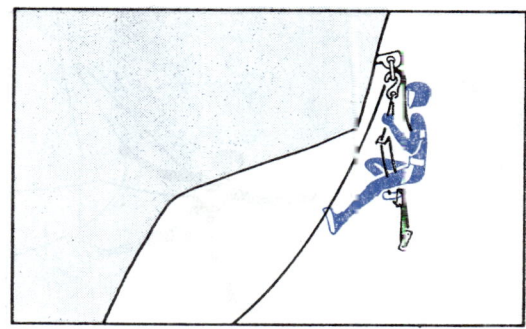

Abb. 77   Ausruhen in Trittleiter

Werden zwei Trittleitern verwendet, ist es zweckmäßig, die eine rechts und die andere links mit der Fangschnur am Brustgurt zu befestigen. Mit der Fangschnur des Fiffi-Hakens wird die unbelastete Leiter beim Höhersteigen selbsttätig nachgezogen. Während des Kletterns muß auf eine konsequente Ordnung und saubere Führung von Seil und Trittleitern geachtet werden, damit Seilverschlingungen vermieden werden.

In extremen künstlichen Kletterrouten werden auch Bohrhaken und der Skyhook als Fixpunkte benutzt. Da diese nur geringen Belastungen standhalten, ist besonders ruhiges Steigen und vorsichtiger Zug erforderlich. Der Skyhook, der nur auf einer schmalen Fläche aufsitzt, ist vor allem gegen ruckartige Belastung und seitlichen Zug empfindlich.

Seilquergänge

Zur seitlichen Fortbewegung an glatten Wänden, die in freier Kletterei nicht mehr bewältigt werden können, benutzt man Seilquergänge. Dabei werden unterschieden:

Seilzugquergang (Abb. 78)

Er dient zur Überwindung relativ kurzer Quergänge. Der Vorsteiger erhält dabei vom Sichernden dosierten Seilzug und versucht, unter Ausnutzung der wenigen vorhandenen Griffe und Tritte entgegen der Zugrichtung wieder kletterbares Gelände zu erreichen. Die Füße sind dabei oft nur auf Reibung gegen den Fels gestemmt. Wird am Doppelseil gegangen, kann sich der Vorsteiger mit einem Seil Selbstzug geben und so besser das Gleichgewicht halten. Mit dem anderen Seil wird er gesichert.

Der Nachsteiger muß einen langen Seilschwanz

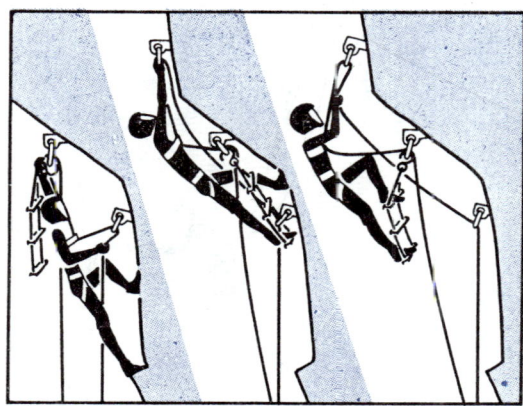

Abb. 76   Klettern mit Trittleiter und Selbstzug

Abb. 78 Seilzugquergang

Abb. 80 Nachsteiger quert am Seilgeländer

benutzen, mit dem er sich Selbstzug gibt. Beim Klettern am Doppelseil kann er dazu eine entsprechend lange Seilschlaufe eines Seiles verwenden. In die Hakenöse wird dabei eine kurze Reepschnur geknüpft, durch die das Seil läuft und die am Haken zurückbleibt.

Seilquergang (Dülferquergang; Abb. 79)
Längere Quergänge werden meist mit Hilfe des Dülfersitzes schräg abseilend überwunden. Dazu muß am Beginn des Querganges möglichst hoch ein sicherer Haken geschlagen werden. Zum besseren Abziehen des Seiles nach dem Quergang wird eine kurze Reepschnurschlinge eingeknüpft.

Das Anlegen des Dülfersitzes (s. Abschnitt 3.2.9. – Abseilmethoden) ist abhängig von der Richtung des Querganges. Beim Queren nach links läuft das Seil um den linken, nach rechts um den rechten Oberschenkel und über die jeweils andere Schulter. So kann der Kletterer in Quergangsrichtung schräg abseilen. Dabei stemmt er sich mit den Füßen gegen

den Seilzug. Mit der Hand, die die freien Seilenden führt, versucht er, sich in Quergangsrichtung zu ziehen und ein Zurückpendeln zu verhindern.

Gesichert wird durch Einhängen des Sicherungsseiles in Zwischenhaken des Querganges. Es muß beachtet werden, daß dieses Seil unter dem Quergangsseil eingehängt wird.

Der Nachsteiger überwindet den Quergang an einem Seilgeländer. (Abb. 80) Dazu wird das Quergangsseil am Ende des Querganges festgezogen und mit einem Mastwurf befestigt. Der Nachsteiger hängt seinen Anseilgurt mit einem Karabiner ein und hangelt am Quergangsseil hinüber. Dabei wird er mit einem zweiten Seil gesichert. Das Quergangsseil wird danach abgezogen.

Pendelquergang (Abb. 81)
Wenn ein Quergang in senkrechter Wand verläuft, ist meist ein schräges Abseilen nicht

Abb. 79 Seilquergang (Vorsteiger)

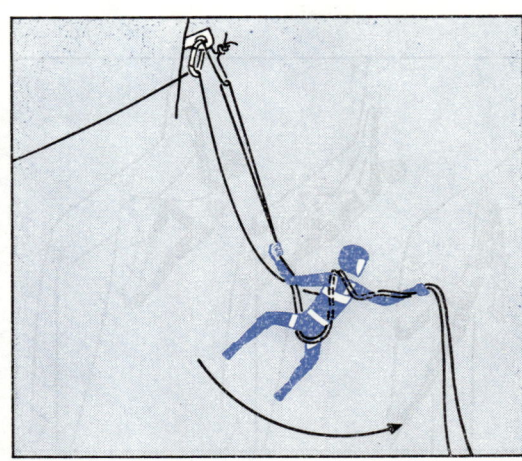

Abb. 81 Pendelquergang

möglich. Solche Strecken können im Pendelquergang überwunden werden.

Auch hier ist ein möglichst hoch geschlagener Haken (8 bis 10 m über dem Quergang) notwendig. Man seilt im Dülfersitz etwas tiefer ab als der Punkt, der erreicht werden soll. Nun werden mit einer Hand das lose und das zum Haken führende straffe Seil gefaßt. So hat man die in Bewegungsrichtung zeigende Hand frei zum Erfassen von Griffen. Das Pendeln wird durch Laufen an der Wand und kräftiges Abstoßen mit den Füßen eingeleitet. Meist sind mehrere Pendelbewegungen erforderlich, unter Umständen auch eine Korrektur der Ausgangshöhe, um das Ziel zu erreichen. Die Sicherung erfolgt durch den Pendelhaken. Der Nachsteiger folgt in gleicher Weise, wobei er durch Zug am Sicherungsseil unterstützt wird.

Klettern mit Steigklemmen

Soll unter bestimmten Bedingungen ein schnelles Vorankommen der Seilschaft erreicht werden, kann die Steigklemmentechnik benutzt werden. Dabei überwindet nur der Führende die jeweilige Seillänge kletternd, gleich, ob frei oder künstlich, während die Nachsteiger am fixierten Seil mittels Steigklemmen folgen. Diese Technik entspricht der bei der Selbstrettung gebräuchlichen Prusiktechnik und ist im Abschnitt 5.8.3. – Prusikmethode beschrieben. Anstelle des Prusikknotens werden jedoch Steigklemmen benutzt. In weniger steilem Gelände, wo die Körperlast noch überwiegend auf den Beinen ruht, genügt oft eine Steigklemme, die mit einer kurzen Bandschlinge hinter der Handwurzel befestigt wird. So kann mit geringem Kraftaufwand gehangelt werden. Wichtig ist in jedem Fall die sichere Befestigung des Seiles.

Diese Art der Fortbewegung einer Seilschaft findet in einigen Klettergebieten der Welt regelmäßig, vor allem bei längeren Aufstiegen, und bei Expeditionen im Hochgebirge Anwendung. Das Gepäck wird dabei meist an einem Strang des Doppelseiles über eine Seilrolle nachgezogen, während der Nachsteiger am anderen Seil hochsteigt. In den USA ist dies als „Big-wall-Technik" zur Perfektion entwickelt. (Abb. 82)

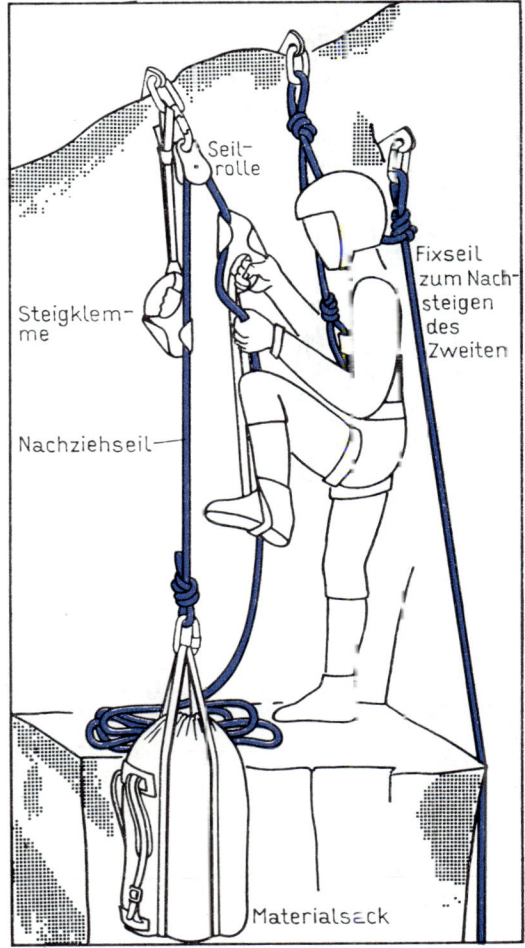

Abb. 82 Big-wall-Technik

3.2. Seil- und Sicherungstechnik

3.2.1. Theoretische Grundlagen

Die Sicherungskette

Bei der Anwendung des Bergseiles zur Sicherung wird zwischen Gefährtensicherung und Selbstsicherung unterschieden. Unter Selbstsicherung versteht man die Sicherung eines Kletterers ohne Mitwirken eines Seilgefährten. Im Fels ist das in der Regel eine fixierte Sicherung am Standplatz. Eine gleitende Selbstsicherung wird u. a. beim Abseilen benutzt. Gefährtensicherung ist die Sicherung des klet-

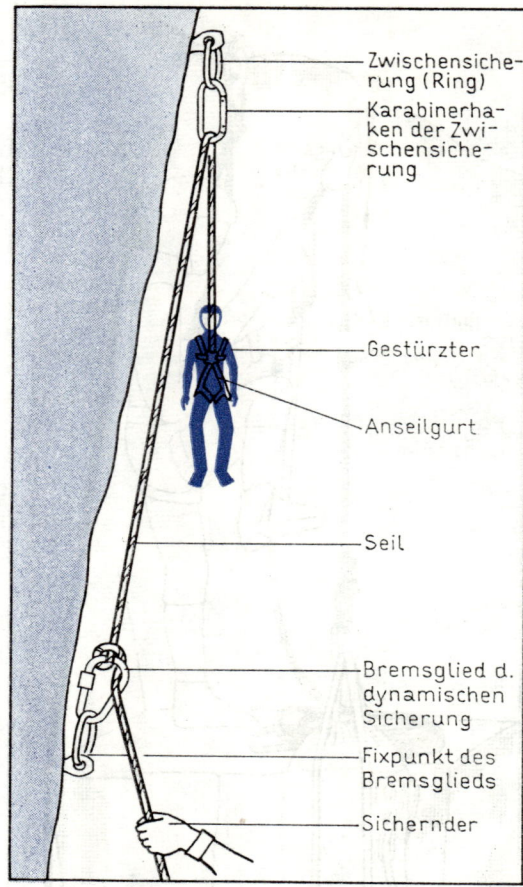

	Zwischensicherung (Ring)
	Karabinerhaken der Zwischensicherung
	Gestürzter
	Anseilgurt
	Seil
	Bremsglied d. dynamischen Sicherung
	Fixpunkt des Bremsglieds
	Sichernder

Abb. 83   Glieder der Sicherungskette

ternden Bergsteigers durch seine Seilgefährten. Dabei ist er über seinen Anseilgurt und das Seil mit dem Bremsglied der Sicherung verbunden. Alle Elemente, die am Ablauf der Seilsicherung beteiligt sind, werden unter dem Begriff „Sicherungskette" zusammengefaßt. (Abb. 83) Die Sicherungskette ist ein Modell zur Betrachtung von Systemen der Seilsicherung.

Die angebrachten Fixpunkte (Ringe, Seilschlingen, Haken) stellen zusammen mit dem Seil die Verbindung zwischen der sich fortbewegenden Seilschaft und dem Fels dar. Das Bremsglied der Gefährtensicherung verbindet ausgegebene Seillänge und Seilreserve miteinander und ist bei Stürzen mit hoher Belastung entscheidend für den Abbau der Sturzenergie.

Beim Sturz ins Seil können erhebliche Kräfte zur Wirkung kommen. Der menschliche Körper, aber auch die einzelnen Glieder der Si-

cherungskette sind jedoch nur begrenzt belastbar. Das System der Sicherung muß daher so aufgebaut sein, daß es möglichst viel Sturzenergie aufnehmen kann.

Um sich eine Vorstellung von den auftretenden Kräften zu machen, werden zunächst die physikalischen Vorgänge betrachtet. Bewegt sich ein Körper in einer Wand aufwärts, nimmt seine potentielle Energie mit jedem Meter, den er höher steigt, zu.

$$W_{pot} = m \cdot g \cdot h \quad (1)$$

Dabei ist m die Masse des Körpers, h die Höhe und g die Erdbeschleunigung. Beim Sturz wird die potentielle Energie in kinetische (= Bewegungs-) Energie umgewandelt.

$$W_{kin} = \frac{m}{2} \cdot v^2 \quad (2)$$

Die Sturzgeschwindigkeit v ist von der Masse unabhängig.

$$v = \sqrt{2 \cdot g \cdot h} \quad (3)$$

Setzt man v aus der Gleichung (3) in die Gleichung (2) ein, ist zu sehen, daß die Fallenergie mit der Fallhöhe linear zunimmt (unter Vernachlässigung des Luftwiderstandes). Schon nach wenigen Metern Fallhöhe besitzt der Körper eine derartig hohe kinetische Energie, daß er einen Aufschlag nicht ohne Schaden überstehen könnte. Die Seilsicherung soll einen Unfall beim Sturz verhindern und die Energie des Sturzes aufnehmen. Daran sind verschiedene Glieder der Sicherungskette beteiligt:

– Das Seil wandelt einen erheblichen Teil der Sturzenergie in Dehnungsarbeit um. Die Fähigkeit der Energieaufnahme wird auch als Arbeitsvermögen bezeichnet. Ist die Sturzenergie größer als das Arbeitsvermögen, reißt das Seil.

– Auch die Knoten (Einbindeknoten, Knoten der Zwischensicherungen) sind in der Lage, Energie aufzunehmen (sogenannte Knotenarbeit).

– Die Sturzenergie kann auch in Reibungswärme umgewandelt werden, eine Reibung, die zwischen dem Seil und den Karabinerhaken bzw. zwischen Seil und Felsoberfläche erzeugt wird (sogenannte äußere Reibung).

Dieser Anteil der Energieumwandlung kann unterschiedlich groß sein. Er hängt u. a. von der Anzahl der Zwischensicherungen und vom Seilverlauf ab.

Eine Sicherungsmethode, die allein durch diese Faktoren Energie aufnehmen kann, wird als statisch bezeichnet. Die Möglichkeit der Energieaufnahme durch die genannten Faktoren ist allerdings begrenzt. Daher treten bei statischer Sicherung erhebliche Kräfte auf. Eine wesentliche Reduzierung der Belastung der Sicherungskette kann durch den Einsatz dynamischer Sicherungsmethoden erreicht werden. Während bei statischer Sicherung der Sturz des Seilgefährten durch Blockieren des Sicherungsseiles abrupt unterbrochen wird, läuft das Seil bei dynamischer Sicherung durch ein Bremsglied. Dabei entsteht als Folge der Reibung Wärme. Die Fallenergie wird in Wärmeenergie umgewandelt. Die Sicherungskette wird geringer belastet. Der damit verbundene Seildurchlauf führt allerdings zu einer Verlängerung der Sturzstrecke. In Tabelle 6 sind die Unterschiede zwischen statischer und dynamischer Sicherung gegenübergestellt.

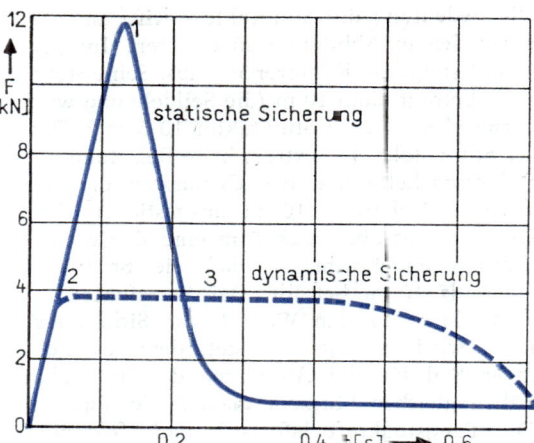

Abb. 84 Kraft-Zeit-Diagramm eines Sturzes
1 = Fangstoßkraft; 2 = Beginn des Seildurchlaufs bei dynamischer Sicherung; 3 = konstante Bremskraft.

Tabelle 6: Vergleich zwischen statischer und dynamischer Sicherung

Statische Sicherung	Dynamische Sicherung
Abbau der Sturzenergie erfolgt durch:	
Dehnungsarbeit des Seiles	*Reibung im Bremsglied*
Knotenarbeit	Dehnungsarbeit des
äußere Reibung	Seiles
Dämpfung durch den	Knotenarbeit
Sichernden	äußere Reibung
Wesentliche Größen:	
Fangstoßkraft	Bremskraft
Sturzfaktor	Seildurchlauf
	Sturzstreckenverlängerung
kleiner Sturzfaktor ≙	großer Seildurchlauf ≙
niedrige Fangstoßkraft	geringe Bremskraft ≙
	größere Sturzstreckenverlängerung

Statische Sicherung

Zunächst werden die Verhältnisse bei statischer Sicherung betrachtet. Der Kraft-Zeit-Verlauf eines Sturzes ist in Abbildung 84 dargestellt. Am Ende der Sturzstrecke beginnt sich das Seil zu dehnen. Die zur Wirkung kommende Kraft erreicht ihr Maximum, wenn das Seil seine größte Dehnung erreicht hat. Diese Kraft wird als Fangstoßkraft bezeichnet. Sie kann im Extremfall Werte über 12 kN erreichen. Das stellt das Maximum der Belastbarkeit des menschlichen Körpers dar. Auch viele Zwischensicherungen (Schlingen, Haken) können einer solchen Belastung nicht standhalten.

Bei den folgenden Betrachtungen soll die Möglichkeit der Energieaufnahme durch das Seil im Vordergrund stehen. Die Knotenarbeit und die äußere Reibung werden nicht berücksichtigt. Jeder Meter Seil, der am Abfangen eines Sturzes beteiligt ist, kann einen bestimmten Energiebetrag aufnehmen, praktisch sichtbar durch die Seildehnung, die bis zu 25 Prozent betragen kann. Entscheidend für die Belastung des Stürzenden und der gesamten Sicherungskette ist also nicht nur die auftretende Energie, die von der Sturzhöhe abhängt, sondern auch die Seillänge, die zur Aufnahme der Energie zur Verfügung steht. Eine große Seillänge bedeutet eine große Aufnahmefähigkeit, es kann mehr Energie in Dehnungsarbeit umgewandelt werden.

Eine wichtige Größe, die den Zusammenhang zwischen der am Sturz beteiligten Seillänge und der Sturzhöhe ausdrückt, ist der **Sturzfaktor**. Er ist das Verhältnis aus Sturzhöhe h und ausgegebener Seillänge l:

$$f = \frac{h}{l} \quad (4)$$

Die Bedeutung des Sturzfaktors wird an zwei Beispielen in Abbildung 85 erläutert. Im Beispiel 1 steigt der Kletterer 5 m aus. Seine Sturzhöhe beträgt dann 10 m (die Seildehnung wird vernachlässigt), der Sturzfaktor 10:5 = 2. Dieser Sturz stellt eine extrem hohe Belastung der Sicherungskette und des Gestürzten dar. Im Beispiel 2 wurden 10 m ausgestiegen. Der Kletterer hat aber nach 5 m eine Zwischensicherung angebracht, so daß die Sturzhöhe ebenfalls 10 m beträgt. Der Sturzfaktor erreicht hier nur den Wert 1, die Sicherungskette wird geringer belastet, denn es steht mehr Seil für die Aufnahme der in beiden Fällen gleichen Sturzenergie zur Verfügung. Die Fangstoßkraft läßt sich nach folgender Gleichung berechnen:

$$F = G + G \sqrt{1 + \frac{2 \cdot f \cdot M}{G}} \qquad (5)$$

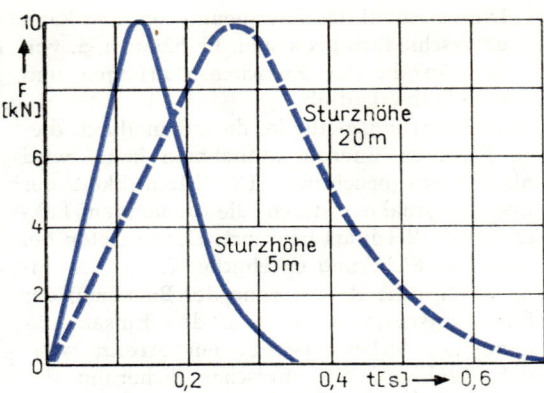

Abb. 86   Impuls beim Auffangen eines Sturzes

Dabei ist
G – das Gewicht des Bergsteigers (einschließlich Ausrüstung)
f – der Sturzfaktor
M – der Seilmodul.
Der Seilmodul ist ein Ausdruck für die Steifigkeit des Seiles. Er ist abhängig von der Flechtart, dem Durchmesser und vom Elastizitätsmodul des Seilmaterials. Bei unterschiedlichen Stürzen eines Bergsteigers mit dem gleichen Seil ist der Sturzfaktor die einzige veränderliche Größe. Nur er beeinflußt die Größe der Fangstoßkraft.
Für Systeme mit dynamischer Beanspruchung (z. B. der freie Fall eines Körpers) ist allerdings nicht nur die auftretende Kraft von Bedeutung. Eine weitere wichtige Größe ist der **Fangimpuls.** Der Impuls, d. h. die Kraftwirkung über einen Zeitraum, ist ausschlaggebend dafür, ob ein Sturz leichter oder schwerer zu halten ist. Bei hoher Geschwindigkeit (große Sturzhöhe) ist der Impuls größer, die Kraft wirkt länger auf die Sicherungskette ein. In Abbildung 86 ist der Kraft-Zeit-Verlauf für unterschiedliche Sturzhöhen dargestellt. In jedem Fall ist es für den Sichernden schwerer, den Sturz aus 20 m Höhe zu halten, obwohl die Maximalkraft in beiden Fällen gleich ist. Auch für die Glieder der Sicherungskette (z. B. Haken oder Schlingen) wirkt sich ein großer Impuls ungünstig aus. Einer kurzzeitigen Belastung hält ein Haken besser stand als einer länger anhaltenden Krafteinwirkung. Diese Aussage gilt besonders für das Schlingenmaterial. Die Festigkeit der Polyamidfasern ist bei kurzzeitiger Belastung z. T. erheblich größer als bei Belastungen über längere Zeitdauer. Die Schlußfolgerungen aus diesen theoretischen

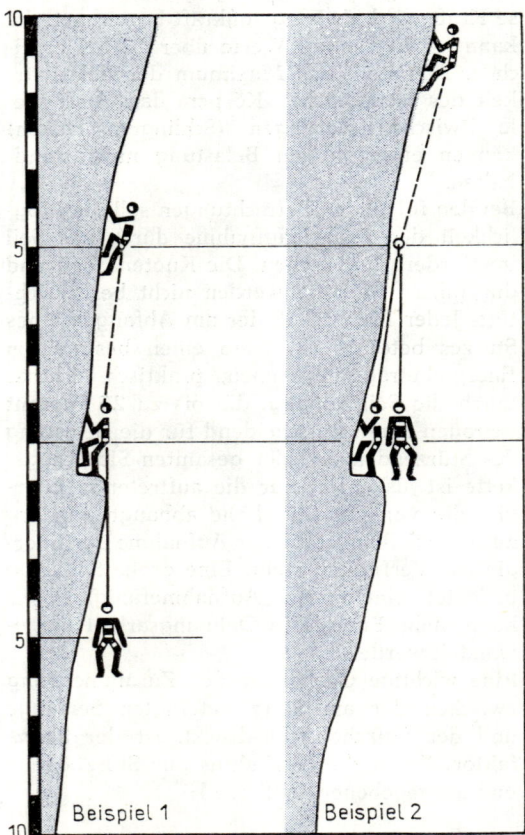

Abb. 85   Unterschiedliche Sturzfaktoren

Betrachtungen können nur sein, durch möglichst viele Zwischensicherungen die Sturzhöhe zu verringern und einen günstigen Sturzfaktor zu schaffen. Die Verringerung der Sturzhöhe führt zu einer geringeren Belastung des Stürzenden und der Sicherungskette. Ein Sturz aus großer Höhe führt zu hohen Fallgeschwindigkeiten. Es steigt damit die Verletzungsgefahr bei Felsberührungen und die Gefahr des Überschlagens.

Die Belastung der einzelnen Glieder der Sicherungskette ist nicht gleich. Die Umlenkpunkte der Kraftrichtung werden mit einer Kraft belastet, die z. T. weitaus größer als

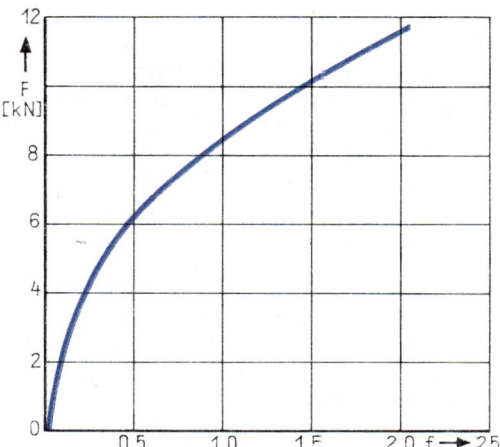

Abb. 89 Verhältnis von Fangstoßkraft F und Sturzfaktor f bei statischer Sicherung

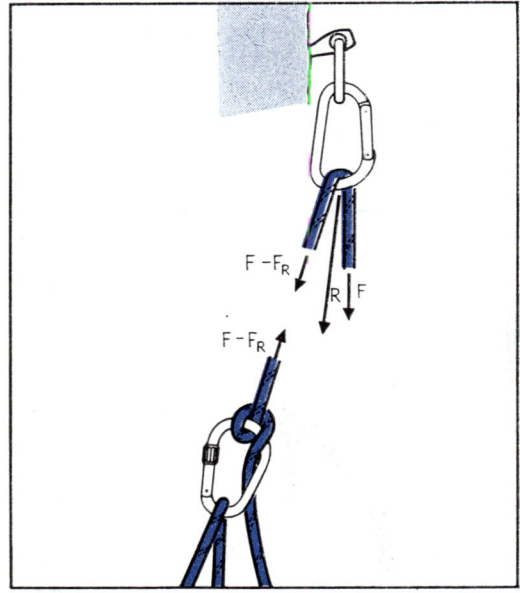

Abb. 87 Belastung einer Zwischensicherung

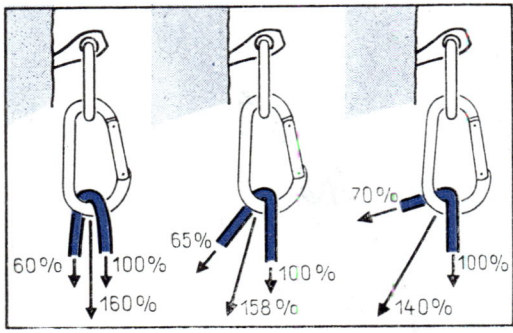

Abb. 88 Unterschiedliche Belastungen von Zwischensicherungen in Abhängigkeit vom Umlenkwinkel

die Fangstoßkraft ist. Auf die Karabinerhaken der Zwischensicherungen wirkt in Richtung des Gestürzten die Fangstoßkraft und in Richtung des Sichernden eine Kraft, die um den Wert der Reibung zwischen Seil und Karabinerhaken geringer ist. (Abb. 87) Beide Kräfte wirken auf den Fixpunkt und addieren sich vektoriell. Unterschiedliche Seilumlenkwinkel verändern die Belastung. (Abb. 88) Im Beispiel 1 wird die Zwischensicherung extrem hoch belastet, in den Beispielen 2 und 3 kommt es zu günstigerer Belastung.

Da Zwischensicherungen bis zum 1,6fachen der Fangstoßkraft belastet werden können und bei statischer Sicherung selbst bei einem Sturzfaktor um 1 noch Fangstoßwerte von etwa 9 kN erreicht werden, wird deutlich, wie wichtig eine Reduzierung der Belastung der Sicherungskette ist. Um bei statischer Sicherung in den Bereich einer zumutbaren Fangstoßkraft zu kommen, muß der Sturzfaktor weit unter 1 liegen, was in der Praxis nicht immer realisierbar ist. Abbildung 89 stellt den Zusammenhang zwischen Fangstoßkraft und Sturzfaktor dar.

Dynamische Sicherung

Eine Verringerung der auftretenden Kräfte ist vor allem durch dynamische Sicherungsmethoden möglich. Das Prinzip einer solchen Sicherung ist in Abbildung 84 dargestellt. Der Kraft-Zeit-Verlauf deckt sich zunächst mit dem der statischen Sicherung. Die Kraft steigt bis zu dem Punkt an, an dem das Bremsglied wirksam wird. Das Sicherungsseil beginnt jetzt durch das Bremsglied zu laufen. Die dabei auftretende Kraft wird als Bremskraft bezeichnet, sie bleibt während des Seildurchlaufes nahezu konstant.

Bei jedem Sturz ist die Sturzstrecke größer als die doppelte Entfernung zwischen dem letzten Sicherungspunkt und dem zuletzt erreichten Punkt in der Wand. Diese Verlängerung der Sturzstrecke ist bei statischer Sicherung die Seildehnung. Bei dynamischer Sicherung ist sie die Summe aus Seildehnung und Seildurchlauf, wobei die Dehnung als Folge der geringeren Belastung bei dynamischer Sicherung kleinere Werte erreicht.

Wie muß eine optimale Sicherungsmethode wirken?

Bei Sicherung nach unten, also beim Sturz ohne Zwischensicherungen, kann sich durch eine weitere Verlängerung der Sturzhöhe durch übermäßigen Seildurchlauf die Verletzungsgefahr erhöhen. In diesem Fall kommt es also auf eine möglichst geringe Sturzstreckenverlängerung an. Größere Bremskräfte wirken sich nicht nachteilig aus, da keine Zwischensicherungen belastet werden. Bei Sicherung nach oben wird in jedem Fall eine Zwischensicherung belastet, maximal mit der 1,6fachen Bremskraft. Zahlreiche Fixpunkte, z. B. dünne Knoten- oder Sanduhrschlingen, sind aber hohen Belastungen nicht gewachsen. Die Bremskraft muß also so gering wie möglich gehalten werden. Da die Sturzhöhe durch die Zwischensicherungen reduziert wird, wirkt sich eine Verlängerung der Sturzstrecke in der Regel nicht nachteilig aus.

Abb. 90 Bremskräfte verschiedener dynamischer Sicherungsmethoden

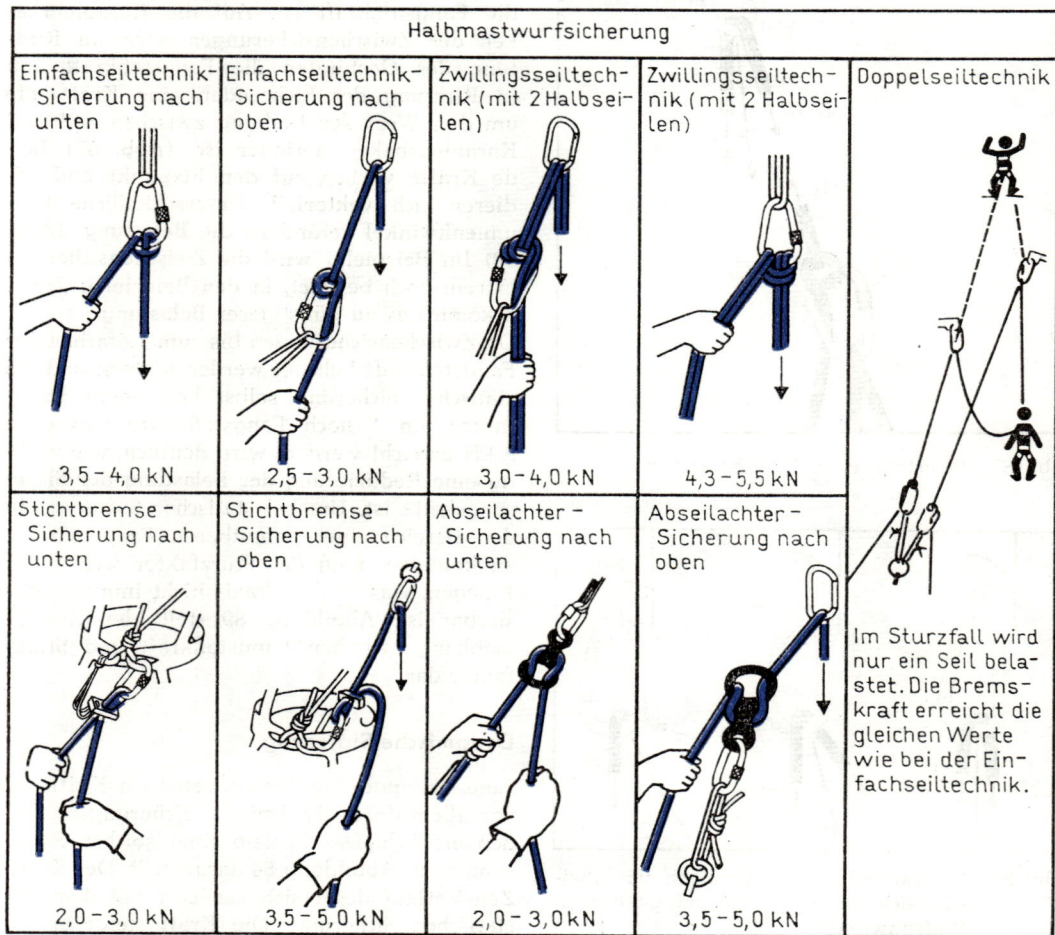

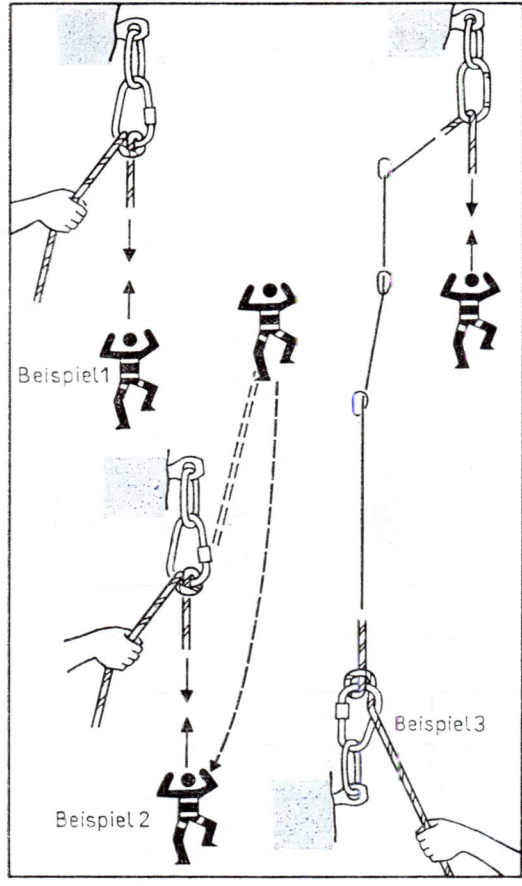

Abb. 91 Unterschiedliche Belastungsfälle bei Halbmastwurf-Sicherung
Beispiel 1 – Sicherung des Nachsteigers. Es wirkt eine Kraft von 1,6 kN, die Sicherung wirkt statisch;
Beispiel 2 – Sicherung des Vorsteigers ohne Zwischensicherung. Es wirkt eine Bremskraft von 4 bis 4,4 kN, die Sicherung wirkt dynamisch;
Beispiel 3 – Sicherung des Vorsteigers mit vielen Zwischensicherungen, der Sturzfaktor ist gering. Die auftretende Kraft bleibt unter der Bremskraft des dynamischen Gliedes, die Sicherung wirkt statisch.

Eine optimale Sicherungsmethode muß demnach bei Sturzzug nach oben geringere Bremskräfte zulassen, während bei Sturzzug nach unten die Sturzstreckenverlängerung begrenzt werden muß. Nach dem heutigen Erkenntnisstand erfüllt diese Anforderung nur die Halbmastwurfsicherung. Bei der Sicherung mit

Stichtbremse und Abseilacht sind die Verhältnisse genau umgekehrt, d. h., die Bremskraft ist bei Sicherung nach oben z. T. erheblich größer als bei Sicherung nach unten. Abbildung 90 gibt eine Übersicht über die Bremskräfte der einzelnen Sicherungsmethoden.
Liegen die auftretenden Belastungen unterhalb der Bremskraft des dynamischen Bremsgliedes, wirkt die Sicherung statisch. Das ist in der Regel bei Sicherung des Nachsteigers der Fall. Aber auch bei Sicherung des Vorsteigers kann die dynamische Sicherung statisch wirken. Das tritt immer dann ein, wenn aufgrund eines günstigen Sturzfaktors die Fangstoßkraft geringer ist als die Bremskraft. In Abbildung 91 sind Beispiele unterschiedlicher Belastungsfälle dargestellt.
Das Verhältnis von Sturzstreckenverlängerung und Bremskraft ist von großer Bedeutung für das Verständnis der dynamischen Sicherung. (Abb. 92) Sturzstreckenverlängerung und Bremskraft verhalten sich nicht proportional. Eine geringe Sturzstreckenverlängerung führt schon zu einer deutlichen Reduzierung der Bremskraft. Vor allem im Bereich großer Kräfte wird das deutlich. So zieht eine Reduzierung der Bremskraft von 12 auf 4 kN (also um 300 Prozent) nur eine Verlängerung der Sturzstrecke von etwa 110 Prozent nach sich. Abbildung 93 zeigt die Unterschiede zwischen statischer und dynamischer Sicherung. Im Beispiel 1 ist ein Sturz mit Sturzfaktor 2 dargestellt. Bei statischer Sicherung erreicht hier die Fangstoßkraft den Maximalwert von über

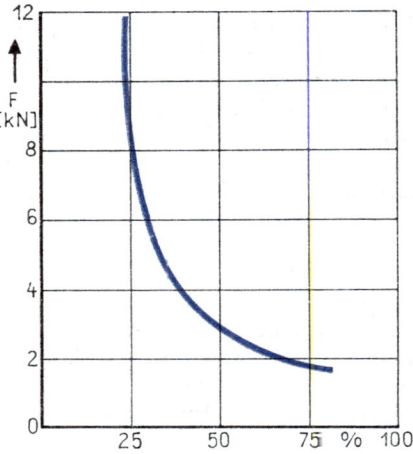

Abb. 92 Verhältnis von Bremskraft F und Sturzstreckenverlängerung in Prozent bei dynamischer Sicherung (HMS)

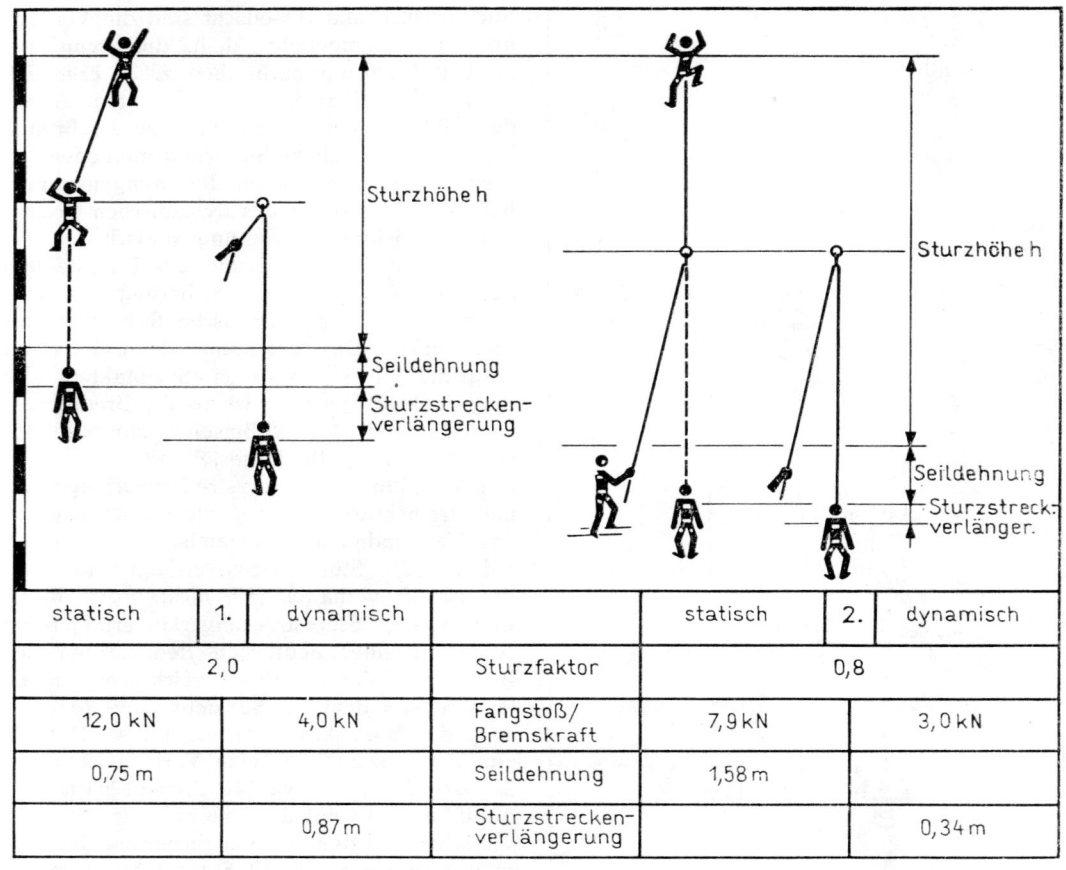

statisch	1.	dynamisch		statisch	2.	dynamisch
2,0			Sturzfaktor	0,8		
12,0 kN		4,0 kN	Fangstoß/ Bremskraft	7,9 kN		3,0 kN
0,75 m			Seildehnung	1,58 m		
		0,87 m	Sturzstrecken- verlängerung			0,34 m

Abb. 93 Vergleich zwischen statischer und dynamischer Sicherung

12 kN. Wird dynamisch gesichert, beträgt die Bremskraft nur etwa ein Drittel, die Verlängerung der Sturzstrecke durch den Seildurchlauf 0,87 m = 116 Prozent. Beispiel 2 zeigt eine Sicherung vom Wandfuß aus. Bei Sturzfaktor 0,8 beträgt die Bremskraft dynamischer Sicherung nur 3 kN, die Sturzstrecke verlängert sich gegenüber statischer Sicherung um nur 0,34 m.

Die Beispiele zeigen deutlich, daß es bei dynamischer Sicherung mit geeigneter Bremskraft nur selten zu einer gefährlichen Verlängerung der Sturzstrecke kommt. Nur bei Sicherung vom Wandfuß führen Stürze mit einem Sturzfaktor > 0,8 immer zum Aufschlagen auf dem Boden.

Bisher wurde nur der senkrechte Fall eines Körpers betrachtet. Etwas anders sind die Verhältnisse bei schrägen An- und Abstiegen und bei Quergängen. Bei horizontaler Kletterrichtung beschreibt der Stürzende eine annähernde Kreisbahn um den Sichernden bzw. die Zwischensicherung. Die Energie des Sturzes wird nicht vom Seil aufgenommen, sondern als Bewegungsenergie in eine Pendelbewegung umgewandelt. Am tiefsten Punkt des Pendels wird die höchste Geschwindigkeit erreicht, die der des freien Falls entspricht. Ein Anschlagen am Fels als Folge des Pendelns birgt daher eine hohe Verletzungsgefahr. Bei schräg ansteigender Kletterbewegung setzt sich der Sturz aus zwei Teilen zusammen. Der Bergsteiger stürzt zunächst senkrecht, bis sich das Seil gestrafft hat. Der senkrechte Fall geht dann in eine Pendelbewegung über. Die Sturzenergie aus dem freien Fuß muß von der Sicherungskette aufgenommen werden, die Energie der anschließenden Pendelbewegung bleibt als Bewegungsenergie erhalten. Die Belastung der Sicherungskette wird also um so größer, je steiler der Aufstieg verläuft. Bei Quergängen treten derartige Belastungen auch bei Si-

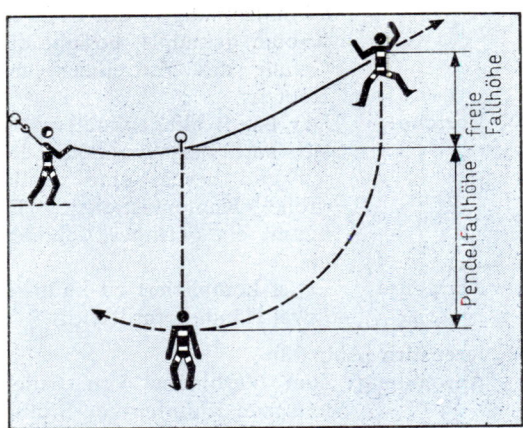

Abb. 94 Pendelsturz aus einem Quergang

cherung des Nachsteigers auf. (Abb. 94)
Alle bisherigen Aussagen beruhen auf rein
theoretischen Betrachtungen. In der Praxis
werden die auftretenden Kräfte immer unter
den theoretisch ermittelten Werten bleiben, da
es praktisch keine absolut statische Sicherung
gibt und ein Teil der Sturzenergie durch Reibung des Seiles am Fels und an den Zwischensicherungen abgebaut wird. Es wird kaum
möglich und auch wenig sinnvoll sein, vor Ort
am Fels theoretische Berechnungen über mögliche Belastungen anzustellen. Wer sich aber
eine Vorstellung über die Größenordnung auf-
tretender Belastungen machen kann und die
theoretischen Kenntnisse der Seil- und Sicherungstechnik beherrscht, wird stets in der Lage sein, seine Sicherungsausrüstung optimal
einzusetzen.

3.2.2. Knoten

Allgemeines

Knoten sind Verbindungselemente des Seil-
und Schlingenmaterials. Sie ermöglichen es,
Seile und Schlingen untereinander zu verbinden oder an anderen Elementen zu befestigen.
Knoten müssen stets exakt geknüpft sein.
Nur bei einwandfreier Führung der Seilstränge ist die Festigkeit der Knoten gewährleistet.
Jeder Bergsteiger muß die wichtigsten Knoten
der Sicherungstechnik beherrschen. Es kommt
aber nicht darauf an, möglichst viele Knoten
zu kennen, sondern die für einen bestimmten
Zweck erforderlichen Knoten müssen exakt,
sicher, schnell und auch unter widrigen Umständen (Dunkelheit, Kälte, Nässe) geknüpft
werden können. Für Ausbildungszwecke und

in Notsituationen muß jeder Bergsteiger die
Knoten auch am Partner ausführen können.
Bei großen Belastungen besteht die Gefahr
des Aufreißens des Knotens. Nur ein exaktes
Knüpfen kann das verhindern. Es gilt die wichtige Regel: Die Länge der freien Enden eines
Knotens muß mindestens dem zehnfachen
Durchmesser des Seiles oder der Schlinge entsprechen. Bei Bandschlingen muß das Ende
mindestens viermal so lang sein wie die Breite
des Bandes.

Übersicht der wichtigsten Knoten
Sackstich (Abb. 95)
- Anwendung: Zum Knüpfen von Schlingen,
  zur Selbstsicherung und zum
  Einbinden.
- Vorteile: Der Sackstich kann schnell
  und einfach geknüpft werden,
  gegebenenfalls auch mit einer
  Hand. Er läßt sich im unbe-
  lasteten Zustand leicht lösen.
- Nachteile: Nach Belastung läßt sich der
  Sackstich nur sehr schwer lö-
  sen. Er hat eine relativ gerin-
  ge Knotenfestigkeit.

Abb. 95 Sackstich

Achterknoten (Abb. 96)

- Anwendung: Zum Knüpfen von Schlingen,
  vor allem dann, wenn ein großes Knotenvolumen erreicht
  werden soll. Zum Einbinden
  in den Anseilgurt.
- Vorteile: Der Achterknoten läßt sich
  nach Belastung leicht lösen.
  Er hat eine relativ große Knotenfestigkeit. Als Rißschlinge

zieht sich der Achterknoten gut fest, auch wenn der Knoten nur locker (flach) in den Riß gelegt wurde.

- Nachteile: Der Achterknoten hat ein sehr großes Knotenvolumen (was als Knotenschlinge auch von Vorteil sein kann). Er läßt sich schlecht nachstellen (Verkürzen oder Verlängern der Einbinde oder der Schlinge).

Abb. 96   Achterknoten

Bandschlingenknoten (Abb. 97)
- Anwendung: Zum Knüpfen von Schlingen, zum Verbinden von Seilen und zum Einbinden in den Anseilgurt. Der Bandschlingenknoten ist der einzige Knoten, der sich zum Knüpfen von Bandschlingen eignet. Wird Band-

Abb. 97   Bandschlingenknoten

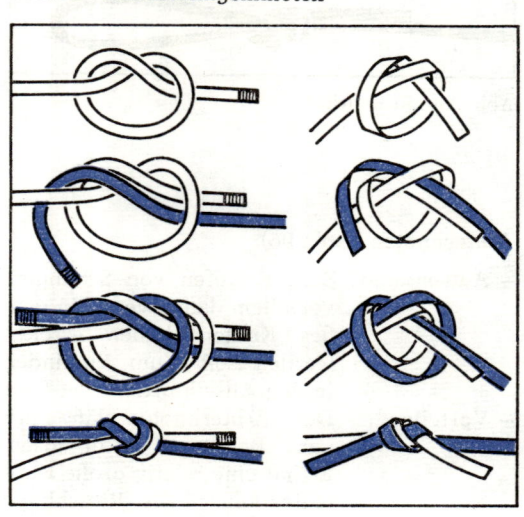

schlingenmaterial mit anderen Knoten geknüpft, besteht die Gefahr des Aufreißens des Knotens.

- Vorteile: Der Bandschlingenknoten läßt sich nach Belastung leicht lösen und besitzt eine relativ große Knotenfestigkeit. Er nimmt ein geringes Volumen ein.
- Nachteile: Er ist kompliziert zu knüpfen (zwei Hände erforderlich).

Spierenstich (Abb. 98)
- Anwendung: Zum Verbinden von Seilen und zum Knüpfen von Schlingen.
- Vorteile: Der Spierenstich ermöglicht auch das Verbinden von Seilen mit unterschiedlichen Durchmessern. Er ist nach Belastung leicht lösbar.
- Nachteile: Der Spierenstich ist kompliziert zu knüpfen (zwei Hände erforderlich).

Abb. 98   Spierenstich (unten der doppelte Spierenstich)

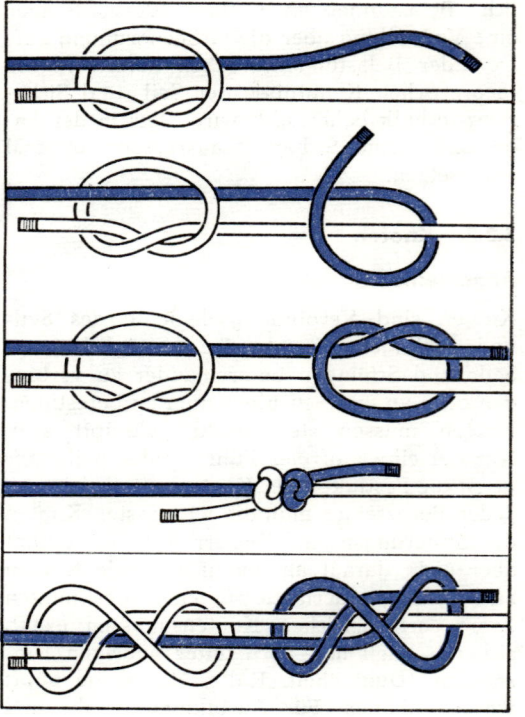

Mastwurf (Abb. 99)

– Anwendung: Zum Fixieren von Seilen an Fixpunkten (z. B. zur Selbstsicherung).

– Vorteile: Der Mastwurf läßt sich auch nach hoher Belastung leicht lösen. Er ist schnell und gegebenenfalls auch mit einer Hand geknüpft. Die Länge des mit dem Mastwurf fixierten Seilendes kann ohne Aufgabe der Sicherung verändert werden.

– Nachteile: Der Mastwurf hat eine geringe Festigkeit. In einem Normalkarabinerhaken kann aufgrund des großen Knotenvolumens nur ein Mastwurf untergebracht werden.

Abb. 99 Mastwurf

Prusikknoten (Abb. 100)

– Anwendung: Zur gleitenden Selbstsicherung (z. B. beim Abseilen) und zum Befestigen von Reepschnurmaterial am Seil (z. B. zur Selbstrettung oder bei der Flaschenzugtechnik). Der Prusikknoten kann ohne Belastung mühelos am Seil verschoben werden. Bei Belastung zieht er sich zu und schafft damit eine feste Verbindung Seil—Prusikschlinge.

– Vorteile: Der Prusikknoten läßt sich nach Belastung leicht lösen (mit einer Hand möglich).

– Nachteile: Eine einwandfreie Klemmwirkung wird nur erreicht, wenn der Knoten exakt geknüpft ist, d. h., die einzelnen Stränge müssen parallel verlaufen. Die Funktionsfähigkeit ist weiterhin abhängig von der Steifigkeit der Prusikschlinge. Nur bei weichem Schlingenmaterial

ist das Blockieren des Knotens sichergestellt. Zwischen Seil und der Prusikschlinge muß ein genügend großer Unterschied im Durchmesser bestehen. Sind beide annähernd gleich, ist die Funktionsfähigkeit nicht gewährleistet.

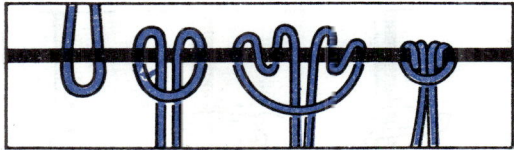

Abb. 100 Prusikknoten

Kreuzklemmknoten (französischer Prusikknoten; Abb. 101)

– Anwendung: wie Prusikknoten.

– Vorteile: Der Kreuzklemmknoten blockiert in jeder Situation, auch bei nichtparalleler Führung der einzelnen Stränge. Das ist vor allem in Notsituationen von Bedeutung, denn gerade hier wird als Folge der Streßsituation die exakte Ausführung des Knotens oft vernachlässigt. Der Kreuzklemmknoten ist daher zur gleitenden Selbstsicherung sehr gut geeignet. Die Funktionsfähigkeit ist auch bei nahezu gleichen Durchmessern von Seil und Schlinge sichergestellt. Der Kreuzklemmknoten ist sehr schnell geknüpft.

– Nachteile: Er läßt sich nach Belastung schwerer lösen und ist daher zum Aufsteigen am Seil weniger geeignet.

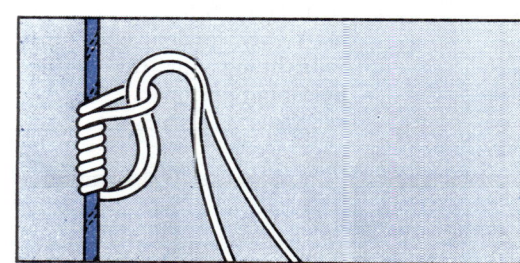

Abb. 101 Kreuzklemmknoten

Karabiner-Klemmknoten (Abb. 102)
- Anwendung: wie Prusikknoten.
- Vorteile: Der Karabiner-Klemmknoten läßt sich sehr gut am Seil verschieben und ist nach Belastung leicht lösbar.
- Nachteile: Er ist etwas aufwendiger zu knüpfen und wirkt nur in einer Richtung.

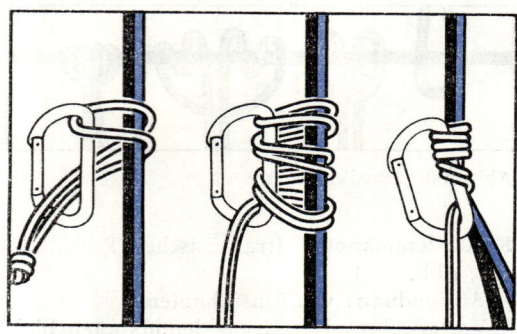

Abb. 102   Karabinerklemmknoten

Schleifknoten (Abb. 103)
- Anwendung: Zum Fixieren des Seiles unter Belastung, z. B. nach einem Sturz. Der Schleifknoten löst sich bei Belastung und darf deshalb nur zu diesem Zweck verwendet werden.

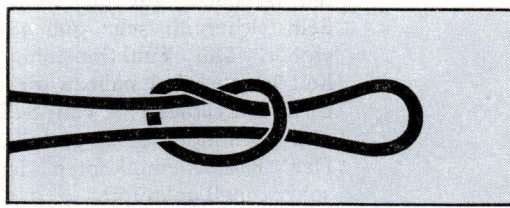

Abb. 103   Schleifknoten

Ankerstich (Abb. 104)
- Anwendung: Zum Befestigen eines Seiles oder einer Schlinge an anderen Gegenständen. Bei Zug in Seilrichtung nur für geringe Belastung geeignet.

Abb. 104   Ankerstich

3.2.3.   Anseilmethoden

Der Anseilgurt stellt die Verbindung zwischen Seil und Bergsteiger her. Das traditionelle Einbinden direkt ins Seil oder nur in einen Brustgurt ist abzulehnen. Es birgt die Gefahr von Schädigungen des Körpers beim freien Hängen nach einem Sturz in sich (s. Abschnitt 5.4.). Vor dieser Gefahr schützt nur ein Anseilgurt aus Sitz- und Brustgurt. Alle anderen Anseilmethoden sind nur als Notlösung zu betrachten.
Der Anseilgurt soll die beim Sturz auftretenden Kräfte schonend auf den Stürzenden übertragen und ihn zugleich in eine günstige Sturzhaltung bringen. Dieser Aspekt darf nicht unterschätzt werden, um die Verletzungsgefahr bei einem Anprall an der Wand gering zu halten. Der Fangstoß soll voll auf den Sitzgurt wirken, da Oberschenkel und Beckenbereich derartige Belastungen am besten ertragen. Der Brustgurt soll lediglich verhindern, daß der Oberkörper nach hinten kippt.

Einbinden in den Anseilgurt

Als erstes wird der Sitzgurt bequem angelegt. Anschließend legt man den Brustgurt etwa handbreit unter den Achselhöhlen um den Brustkorb an. Die Schlaufen von Sitz- und Brustgurt werden durch einen Seilring ver-

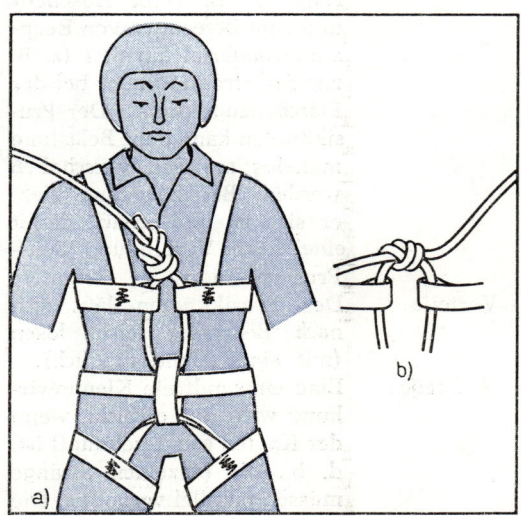

Abb. 105   Einbinden in den Anseilgurt
a – mit Achterknoten (Tropfenform);
b – mit Bandschlingenknoten (Ringform).

96

bunden, der mittels Bandschlingen- oder Achterknoten hergestellt wird. (Abb. 105) Beim Verwenden von zwei Seilen wird jedes Seil einzeln gebunden. In diesem Fall ist der Bandschlingenknoten vorteilhaft, da er weniger aufträgt. Der so gebildete Seilring soll sich zwischen Bauchnabel und unterem Ende des Brustbeines befinden. Beim Gebrauch herkömmlicher Sitzgurte dürfen die Schlaufen nicht über den Bauchnabel reichen, damit eine günstige Belastung und Position bei einem Sturz erreicht wird. Bei Sturzbelastung verschiebt sich der Anseilpunkt nach oben. Sitzt der Brustgurt zu hoch, kann dies zu Abschnürungen und Druckverletzungen unter den Achseln führen. Das Hochziehen des Anseilpunk-

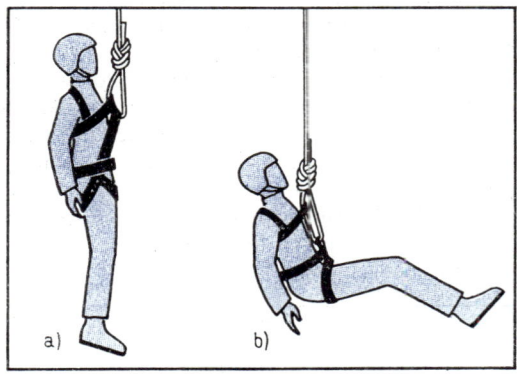

Abb. 106 Sturzhaltung
a – mit herkömmlichem Sitzgurt; b – mit Hüftsitzgurt.

Abb. 107 Anseilmethode nach Münchenbach

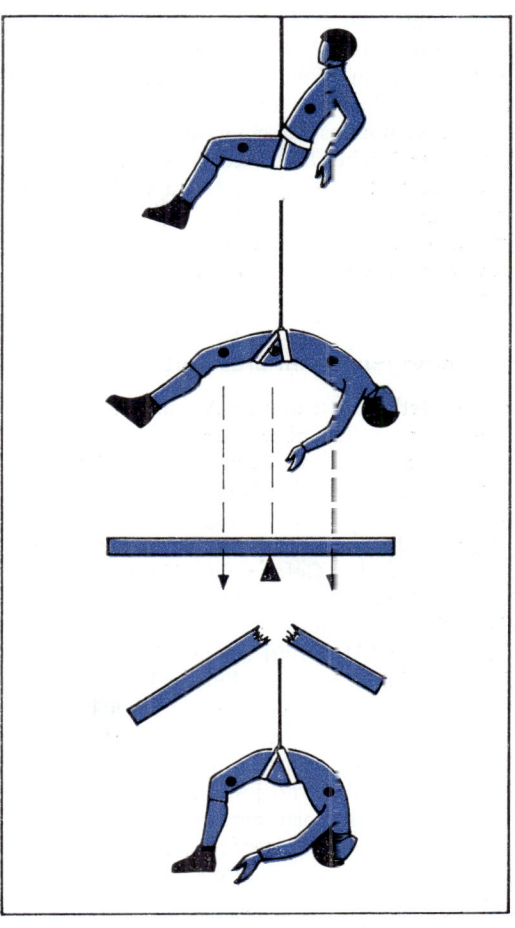

Abb. 108 Gefahr von Wirbelsäulenverletzungen bei Sturz in den Hüftgurt ohne Verwendung eines Brustgurtes

tes bei Belastung führt außerdem zu einer sehr ungünstigen Sturzhaltung. (Abb. 106) Beim Einbinden in eine Kombination aus Brustgurt und Hüftsitzgurt nimmt der Körper automatisch eine günstige Sturzhaltung ein, bei der die Beine nach vorn gestreckt sind.

Eine weitere Form des Einbindens erfordert einen Brustgurt, der so lang ist, daß sich seine Schlaufen vor der Brust überlappen. Das Seil wird von oben durch diese beiden Schlaufen gesteckt und dann in die Schlaufen des Sitzgurtes eingebunden. Der Knoten soll sich dabei in Höhe des Bauchnabels befinden. (Abb. 107) Von Vorteil bei dieser Methode ist, daß keine Behinderung beim Atmen eintritt und daß der Brustgurt beim Stand am Ring nicht belastet wird.

Das Einbinden nur in den Hüftsitzgurt ohne

Verwendung eines Brustgurtes ist abzulehnen! Bei dieser Anseilmethode befindet sich der Anseilpunkt in Höhe des Körperschwerpunktes. Kippt der Oberkörper beim Sturz nach hinten, kommt es zu einer gefährlichen Belastung der Wirbelsäule und im Extremfall zum Bruch derselben. (Abb. 108) Da weder unkontrollierte Stürze noch größere Belastungen ausgeschlossen werden können, ist das Einbinden nur in einen Hüftsitzgurt lebensgefährlich.

Einbinden nur in den Brustgurt

Diese Methode ist nur in Ausnahmefällen anzuwenden, sollte aber dann in Verbindung mit einer behelfsmäßigen Sitzschlinge erfolgen. Diese zusätzliche Sitzschlinge ist bei Kindern und Frauen unbedingt erforderlich, da aufgrund der besseren Beweglichkeit des Schulterbereiches die Gefahr des Herausrutschens aus dem Brustgurt besteht.

Der Behelfssitzgurt kann als sogenannter **Grödnersitz** (Abb. 109) hergestellt werden. Eine hinreichend lange Schlinge wird so gebunden, daß sie um das gesamte Gesäß bis etwa zur Gürtellinie reicht (Sitzring). Die freien Enden werden durch die gegrätschten Beine nach vorn geführt und jeweils links und rechts durch den nach vorn gezogenen Sitzgurt gesteckt. Anschließend werden die freien Enden mittels Bandschlingenknoten vor dem Bauch verbunden und wiederum mittels Bandschlin-

Abb. 109   Anfertigen eines Grödnersitzes

genknoten am Brustgurt befestigt, wobei durch Verändern der Länge der freien Enden eine Lastverteilung möglich ist.

Der Grödnersitz stellt nur eine Behelfslösung dar und kann einen Sitzgurt mit breiten Bändern nicht ersetzen. Beim freien Hängen kommt es nach kurzer Zeit zu Einschnürungen der Oberschenkel, was Schmerzen und Durchblutungsstörungen zur Folge hat.

Zum Einbinden in den Brustgurt werden Sackstich, Achter- oder Bandschlingenknoten verwendet.

Einbinden direkt ins Seil

Das direkte Einbinden ins Seil ist grundsätzlich abzulehnen. Sollte es als Notbehelf dennoch erforderlich sein, erfolgt es mittels Achter- oder Bandschlingenknoten.

Der durch den Einbindeknoten gebildete Seilring wird unter den Achseln fest um den Brustkorb gezogen. Das freie Ende des Knotens wird als Träger über die Schultern geführt. (Abb. 110)

Auch beim Einbinden direkt ins Seil wird zusätzlich ein Behelfssitz (Grödnersitz) angebracht.

Abb. 110   Einbinden direkt in das Seil

Einbinden in die Seilmitte

Die einfachste Form des Einbindens in die Seilmitte kann mit einem Ankerstich (Abb. 111) erfolgen. Dazu werden Brust- und Sitzgurt durch eine separate Schlinge verbunden. Die Seilmitte wird von unten durch diese Schlinge geführt und über den Kopf und den gesamten Körper gezogen. Die Beine steigen durch diese Seilschlinge, anschließend wird der Ankerstich festgezogen.

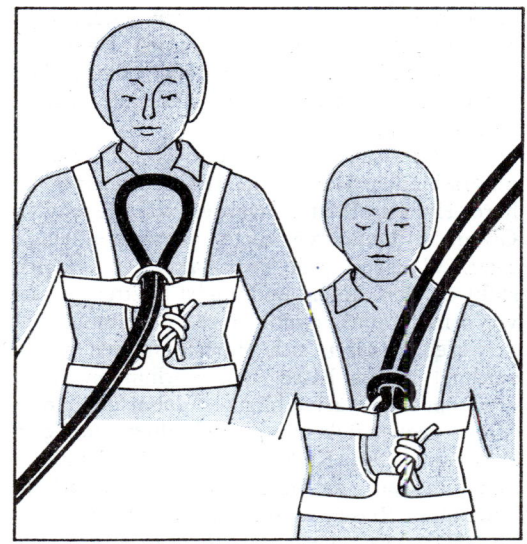

Abb. 111 Einbinden in die Seilmitte mit Ankerstich

Das direkte Einbinden in die Seilmitte ist wiederum als Notbehelf anzusehen. Es erfolgt mittels Achterknoten oder Sackstich. Der Seilring ist durch eine Reepschnur gegen Herunterrutschen zu sichern.

3.2.4. Fixpunkte

Fixpunkte (Sicherungspunkte) stellen die Verbindung zwischen dem Fels und dem Seil- und Schlingenmaterial her, das an der Selbst- oder Gefährtensicherung beteiligt ist. Dabei können Fixpunkte als Zwischensicherung oder als Sicherungspunkt am Standplatz dienen.

Sicherungsringe

Sicherungsringe (kurz Ringe genannt) sind typische Fixpunkte in Sandsteingebieten. Im Gegensatz zu den meisten anderen Fixpunkten verbleiben Ringe im Fels. Sie dürfen nur

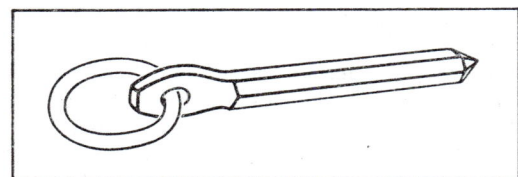

Abb. 112 Sicherungsring

vom Erstbegeher eines Kletterweges, in besonderen Fällen auch nachträglich geschlagen werden. Sicherungsringe sind absolut zuverlässige Fixpunkte. Sie sind so dimensioniert, daß sie allen beim Sturz im Fels auftretenden Belastungen standhalten. Das setzt selbstverständlich voraus, daß sie ordnungsgemäß gesetzt wurden.

Der Sicherungsring besteht aus dem Ringschaft und dem eigentlichen Ring. Der Teil des Schaftes, der in das Ringloch eingetrieben wird, hat einen sechseckigen Querschnitt. Das Ende des Schaftes ist flach gestaucht und mit einer Bohrung für den Ring versehen. (Abb. 112) An das Material und die Fertigung der Sicherungsringe werden hohe Ansprüche gestellt, die in einem Standard festgelegt sind.

Ein Sicherungsring ist in möglichst festes Gestein zu schlagen, keinesfalls in brüchigen, stark verwitterten oder gerissenen Fels. Im Sandstein muß er mindestens 500 mm über bzw. 300 mm unter einer Einschnittkante angebracht werden. Der seitliche Abstand zu einer Kante oder einem Riß muß mindestens 300 mm betragen. (Abb. 113) Der Ring soll möglichst in Augenhöhe vom Standplatz angebracht sein, damit er gut erreichbar ist. Zu vermeiden ist, Sicherungsringe direkt auf Bän-

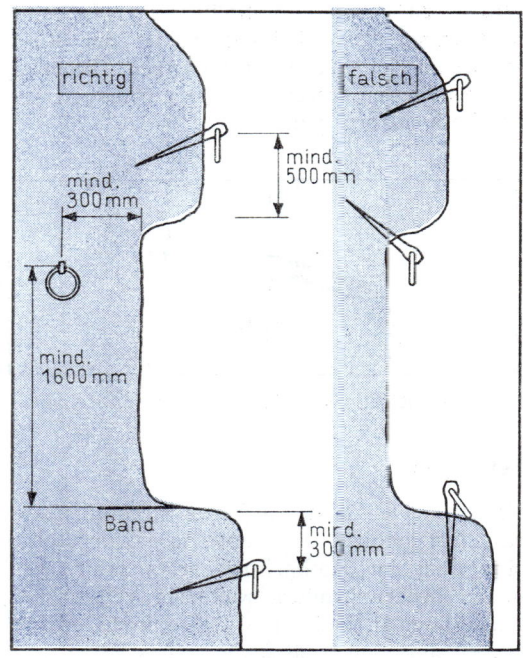

Abb. 113 Beispiele für die Wahl des Ringortes

der zu setzen. Beim Weitersteigen darf der Ring den Kletterer nicht behindern.

Das Bohren des Ringloches erfolgt mit dem Kronenbohrer, in festeren Gesteinen auch mit einem Meißel. Mit dem Kletterhammer wird zunächst ein Ansatzpunkt geschlagen. Das Ringloch wird mit einer Neigung von etwa 20° gegen die Waagerechte bei senkrechtem Fels gebohrt. Bei überhängender oder liegender Wand ist die Neigung geringer bzw. größer zu halten, so daß eine Belastung möglichst rechtwinklig zum Ringschaft wirkt. Die Tiefe des Ringloches richtet sich nach Gesteinsart und Felsbeschaffenheit. Im harten Sandstein (z. B. Bielatal) soll sie 200 mm, in weicherem Sandstein (z. B. Rathen) 250 mm betragen. In anderen Gesteinsarten werden je nach der Härte des Gesteins 120 bis 200 mm tiefe Löcher gebohrt. Nach 40 bis 50 mm Tiefe kann der Kronenbohrer als Haltepunkt benutzt werden. Das Ringloch muß mindestens 20 mm tiefer sein, als der Ringschaft lang ist, damit dieser nicht aufsitzt. Vor dem Einschlagen des Ringes ist das Loch zu säubern und mit Bleistreifen auszulegen. (Abb. 114) Der Sicherungsring wird mit kräftigen Schlägen in das Loch getrieben, bis der Schaftansatz am Fels anliegt. Mit einem Dorn werden die Bleistreifen sorgfältig in die Ritzen zwischen Schaft und Fels verstemmt, um ein Eindringen von Wasser zu verhindern. Sollte der Fels beim Einschlagen Risse bekommen, ist der Ring wieder zu ziehen und neu zu setzen. Die neue Stelle muß mindestens 500 mm vom gerissenen Loch entfernt sein.

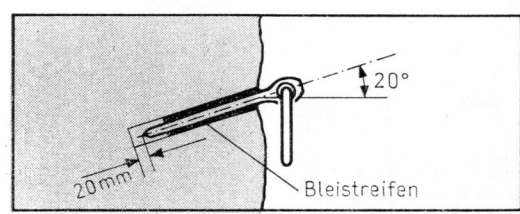

Abb. 114   Richtig geschlagener Sicherungsring

Felshaken

Haken spielen in der Sicherungstechnik unserer Mittelgebirge eine untergeordnete Rolle, sind aber im Hochgebirge trotz zahlreicher neuer Sicherungsmittel weiterhin von großer Bedeutung. In einigen Mittelgebirgen dürfen Haken nur vom Erstbegeher eines Kletterweges und nur in den *Nichtsandsteingebieten* ge-

schlagen werden. Lediglich in den sogenannten alpinen Trainingsgebieten können Haken zu Übungszwecken von jedem Begeher eines Weges geschlagen werden und sind dann wieder zu entfernen.

Es wird zwischen Weich- und Hartstahlhaken unterschieden. Hartstahlhaken haben eine größere Haltekraft und werden vorwiegend in Granit und anderen harten Gesteinen eingesetzt. Während sich Profilhaken aus Weichstahl in den tiefen und meist glatten Rissen verformen und damit ihre Klemmwirkung verlieren, pressen sich Hartstahlhaken ausgezeichnet in die Risse. Untersuchungen haben ergeben, daß Hartstahlhaken dabei einer doppelt so großen Belastung standhalten wie Weichstahlhaken. Im Kalkstein sind Weichstahlhaken günstiger, da sie sich besser den oft gekrümmten Rissen dieser Gesteinsart anpassen. Die Haltekraft von Felshaken in Querrissen ist bedeutend größer als in Längsrissen (Fichtl-Haken). Müssen Haken in Längsrisse geschlagen werden, sind auch hier vorzugsweise Quer- oder Drehmomenthaken zu verwenden.

Der Haken wird zunächst in den Riß gesteckt. Im Granit soll er zu etwa zwei Drittel eingeführt werden, im Kalk zu etwa einem Drittel. Kann der Haken ohne Kraftaufwand tiefer eingesteckt werden, ist ein größeres Exemplar zu wählen. Anschließend wird er mit kräftigen Hammerschlägen bis zur Öse in den Riß getrieben. Je größer der Widerstand beim Einschlagen, desto größer ist die Haltekraft des Hakens. Liegt die Hakenöse bereits nach wenigen Schlägen an, ist die zu erwartende Haltekraft gering und ein größerer Haken zu wählen. Kann der Haken trotz kräftiger Schläge nicht bis zur Öse eingeschlagen werden, ist er zu dick und muß ebenfalls ausgewechselt werden. Ist das nicht möglich (z. B. aus Mangel an anderen Modellen), ist der hervorstehende Teil mit einer Bandschlinge abzubinden. Dadurch werden günstigere Hebelverhältnisse erreicht. Weichstahlhaken können zu diesem Zweck umgeschlagen werden. (Abb. 115)

Vor und nach dem Einschlagen ist die Umgebung des Risses abzuklopfen. Am Klang der Hammerschläge ist zu erkennen, ob der Fels kompakt ist oder ob es sich um Felsbereiche handelt, die nicht im festen Verbund mit dem Massiv stehen. Diese sind durch einen hohlen Klang erkennbar. Hohe, singende Töne beim Einschlagen des Hakens sind ein Zeichen für festen Sitz.

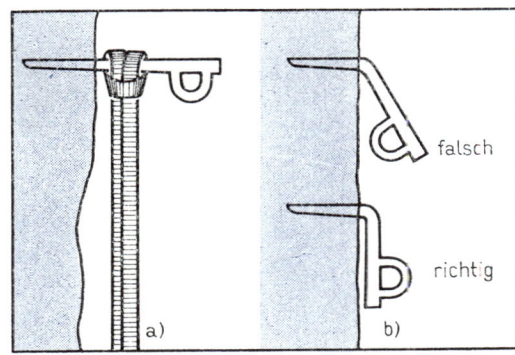

Abb. 115 Abbinden (a) oder Umschlagen (b) von
Haken, die nicht vollständig im Riß
stecken

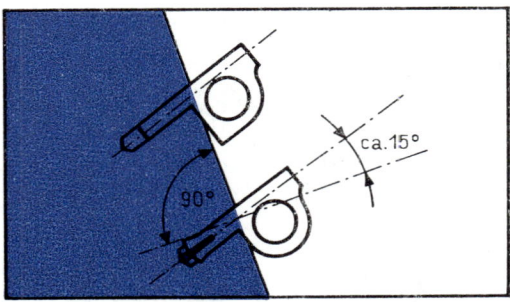

Abb. 116 Bohrhaken

Wenn die vom Vorsteiger der Seilschaft angebrachten Haken wieder entfernt werden sollen, geschieht das durch wechselseitiges Hin-
und Herschlagen der Hakenöse in Rißrichtung.
Dabei lockert sich der Haken. Der letzte Widerstand kann durch Aushebeln mit dem Kletterhammer überwunden werden. Ein Anruk-
ken mit einer am Hammer befestigten Kette
erleichtert ebenfalls das Entfernen. Eine Reepschnur ist dafür ungeeignet, da sie elastisch
ist und die Wirkung des Ruckes dämpft. Vor
dem Entfernen ist jeder Haken durch eine
Fangschnur zu sichern. Vor allem Hartstahlhaken brechen oft nach anfänglichem Widerstand ruckartig aus und würden ohne Sicherung verlorengehen.

Bohrhaken

Bohrhaken können an jeder beliebigen Stelle
im kompakten Fels angebracht werden. Allerdings ist das Schlagen von Bohrhaken sehr
kraft- und zeitaufwendig. Mit einem Steinbohrer wird ein 2 bis 5 cm tiefes Loch gebohrt, in das der Bohrhaken eingetrieben

wird. Die Haltekraft kann durch einen Expansionskeil erhöht werden. Tief eingeschla-
gene Bohrhaken mit Expansionskeil können
Belastungen von etwa 10 kN standhalten.
(Abb. 116)
Bohrhaken werden vorwiegend als Fortbewegungshaken in Wegen mit künstlicher Kletterei verwendet.

Schlingen

Schlingen sind wichtige Sicherungsmittel im
Fels. Sie beeinträchtigen die Felsoberfläche
kaum. Allerdings wirken sie – im Gegensatz
zu Sicherungsringen oder Haken – meist nur
in einer Richtung. Auch die Möglichkeit schrägen Seilzuges, der bei Belastung zum Abheben der Schlingen führen kann, muß beachtet
werden.
Schlingen können entsprechend der unterschiedlichen Oberfläche des Felsens in den ver-
schiedensten Formen gelegt werden. Der Kletterer sieht sich dabei ständig neuen Bedin-
gen gegenübergestellt, die Erfahrung, Kreativität und Einfallsreichtum verlangen, um eine
optimale Sicherung anbringen zu können.
Die Festigkeit einer Schlinge steigt mit ihrer
Länge. Mit langen Schlingen wird ein günstiger Belastungswinkel erreicht. Je größer der
Winkel zwischen den beiden Strängen ist, desto
geringer wird die Belastbarkeit der Schlinge.
(Abb. 117)
Die Grundformen des Anbringens von Schlingen werden im folgenden dargestellt:

Knotenschlingen (Abb. 118)

Beim Legen einer Knotenschlinge wird der
Knoten in einem Riß verklemmt und wirkt
wie ein verklemmter Keil. Die Stärke der
Schlinge ist der Breite des Risses entsprechend
zu wählen, auch die Größe des Knotens kann
variiert werden. Bandschlingen eignen sich für
sehr schmale Risse. Knotenschlingen wirken
nur in einer Richtung. Als Fixpunkt am Standplatz sind sie deshalb gegen Herausziehen zu
sichern. Knotenschlingen können auch in waagerechte Risse verklemmt werden, wenn sie
entsprechend verspannt sind.
Oft erlaubt es die Breite eines Risses nicht,
den Knoten mit den Fingern richtig zu plazieren. In solchen Fällen kann er mit einem
Schlingenspatel in die richtige Lage gebracht
werden. Die Enden der Knoten sind möglichst
lang zu halten. Sie sollten aus dem Riß her-
ausragen. Knotenschlingen ziehen sich bei Be-

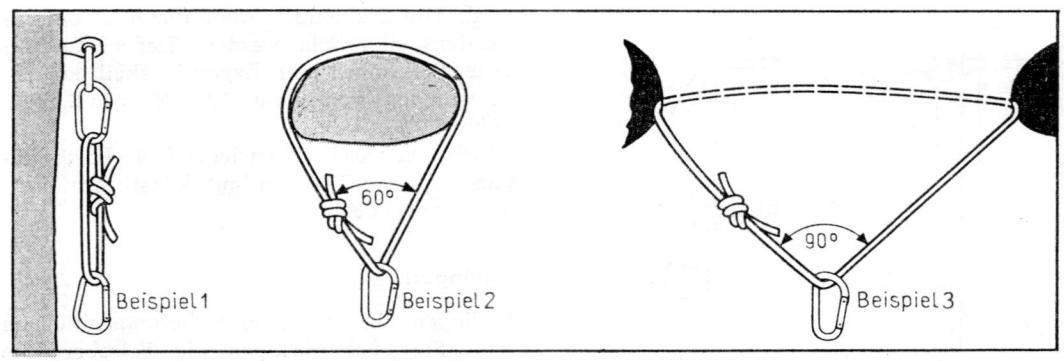

Abb. 117   Festigkeit von Schlingen bei verschie-
denem Spreizwinkel
Beispiel 1 – beide Stränge verlaufen
parallel zueinander;
Beispiel 2 – bei einem Winkel von 60°
reduziert sich die Festigkeit der Schlinge um etwa 15 Prozent;
Beispiel 3 – bei einem Winkel von
90° werden nur noch etwa 60 Prozent
der ursprünglichen Festigkeit erreicht.

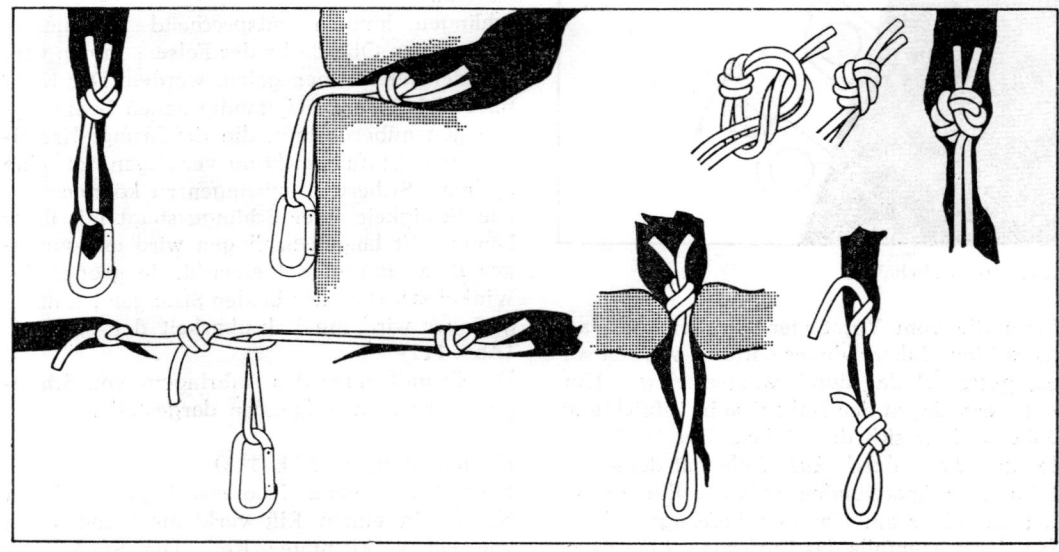

Abb. 118   Knotenschlingen

Abb. 119   Platten- und Zackenschlingen

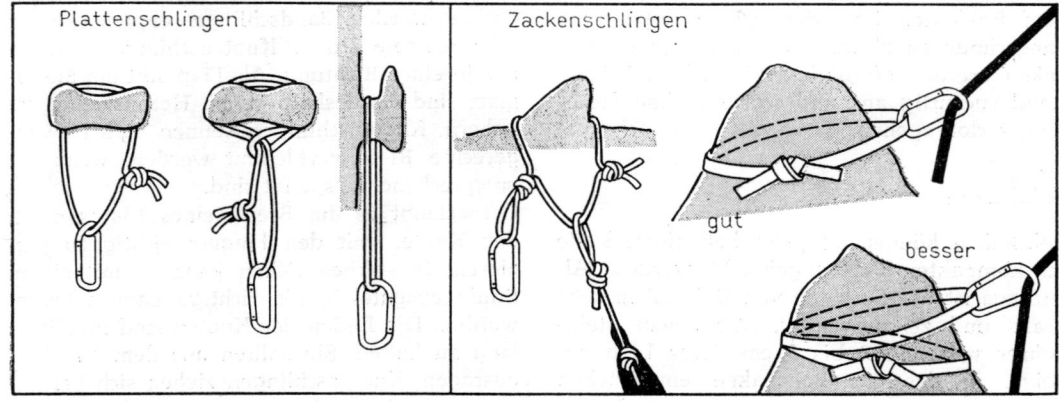

lastung sehr fest und lassen sich daher u. U. nur schlecht wieder entfernen. Ein aus dem Riß ragendes Ende erleichtert das Entfernen, ist damit zeit- und kraftsparend und vermeidet Verletzungen (Hautabschürfungen) der Hände, zu denen es kommen kann, wenn in engen Rissen versucht wird, festgezogene Knotenschlingen zu entfernen.

Platten- und Zackenschlingen (Abb. 119)
Werden Schlingen hinter Platten gelegt, müssen sie den natürlichen Gegebenheiten entsprechen. Eine zu starke Schlinge, die nicht tief genug hinter eine Platte gelegt werden kann, schafft einen ungünstigen Angriffspunkt und kann beim Weitersteigen leicht abgehoben werden. Bei zu dicken Schlingen, die nicht über den vollen Durchmesser hinter die Platte gedrückt werden können, besteht außerdem die Gefahr einer Sprengwirkung im Falle einer Sturzbelastung. Bei der Auswahl des Schlingendurchmessers sollte daher das Optimum zwischen Belastbarkeit der Platte und Festigkeit der Schlinge gefunden werden. Als Plattenschlingen eignen sich vor allem Bandschlingen. Sie können aufgrund ihres flachen Querschnittes tief hinter die Platte gelegt werden und verfügen trotzdem über eine hohe Festigkeit. Es ist zu vermeiden, Schlingen über scharfe Kanten zu legen, die Festigkeit würde dadurch wesentlich herabgesetzt.

Zackenschlingen sollten möglichst um den Ansatz der Zacke gelegt werden, da diese in der Regel dort die größte Festigkeit besitzt. Um ein Herausziehen bei Seilzug nach oben zu vermeiden, kann die Schlinge als Zugschlinge ausgeführt oder durch eine zweite Schlinge verspannt werden. Auch bei Zackenschlingen eignet sich Bandmaterial am besten. Die Bandschlingen erzeugen eine größere Reibung und werden daher nicht so leicht durch Seilzug herausgerissen.

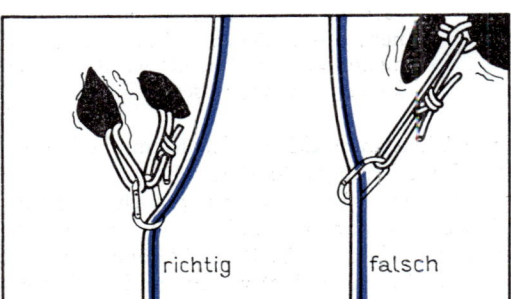

richtig   falsch

Abb. 120   Sanduhrschlinge

Sanduhrschlingen (Abb. 120)
Sanduhren sind säulenartige Felsgebilde, die sich zum Anbringen von Schlingen besonders eignen. Allerdings besitzen sie nur in festem Gestein und bei ausreichendem Durchmesser die notwendige Festigkeit.

Sanduhrschlingen sind locker um die Wurzel der Sanduhr zu legen. Man kann das verknotete Seil doppelt durch das Felsloch stecken oder die Schlinge einfach legen und danach wieder verknoten. Der Durchmesser der Schlinge soll so gewählt werden, daß eine Belastung vor allem auf die Wurzel der Sanduhr wirkt.

Klemmkeile

Klemmkeile sind Sicherungsmittel, die in den letzten Jahren immer größere Verbreitung gefunden haben. Ihre Anwendung in einigen *Sandsteingebieten*, z. B. im Elbsandsteingebirge, ist *untersagt!* In den Nichtsandsteinklettergebieten und vor allem im Hochgebirge sind sie nicht mehr wegzudenken. Die Anwendung von Klemmkeilen hat eine Reihe von Vorteilen. Sie sind schnell wieder entfernt. Klemmkeile werden von der Seilschaft wieder aus dem Fels entfernt und hinterlassen keine Spuren. Die Festigkeit eines Klemmkeiles läßt sich besser abschätzen als die eines Felshakens.

Das Anbringen von Klemmkeilen erfordert Übung. Sie sind möglichst tief in den Riß zu legen. Ein kleiner, aber tief eingelegter Keil kann günstiger sein als ein großer Keil am Rande eines Risses. (Abb. 121) Mit Klemmkeilen ist es möglich, auch in kleinsten Rissen, die für Knotenschlingen zu eng sind oder sich nach außen nicht genügend verengen, Sicherungspunkte anzubringen. Die kleinen Klemmkeile sind mit Stahlseil versehen und verfügen damit über eine hohe Festigkeit. Klemmkeile mit Stahlseil erfordern ein elastisches und bewegliches Zwischenglied, da sich diese Keile bei Seilzug nach oben leicht aus dem Riß ziehen lassen. Durch kurzes Festziehen mit der Hand erhöht sich der Widerstand gegen unbeabsichtigtes Herausziehen nach oben.

Da Klemmkeile – ähnlich wie Knotenschlingen – nur in einer Richtung Last aufnehmen können, sind sie am Standplatz gegen Herausziehen zu sichern.

Schlecht gelegte Klemmkeile ziehen sich mitunter sehr fest und lassen sich daher schlechter wieder entfernen. Es empfiehlt sich, für solche Fälle einen Klemmkeilentferner mitzuführen. Mit diesem kann auch ein tief eingelegter Keil bewegt und gelockert werden.

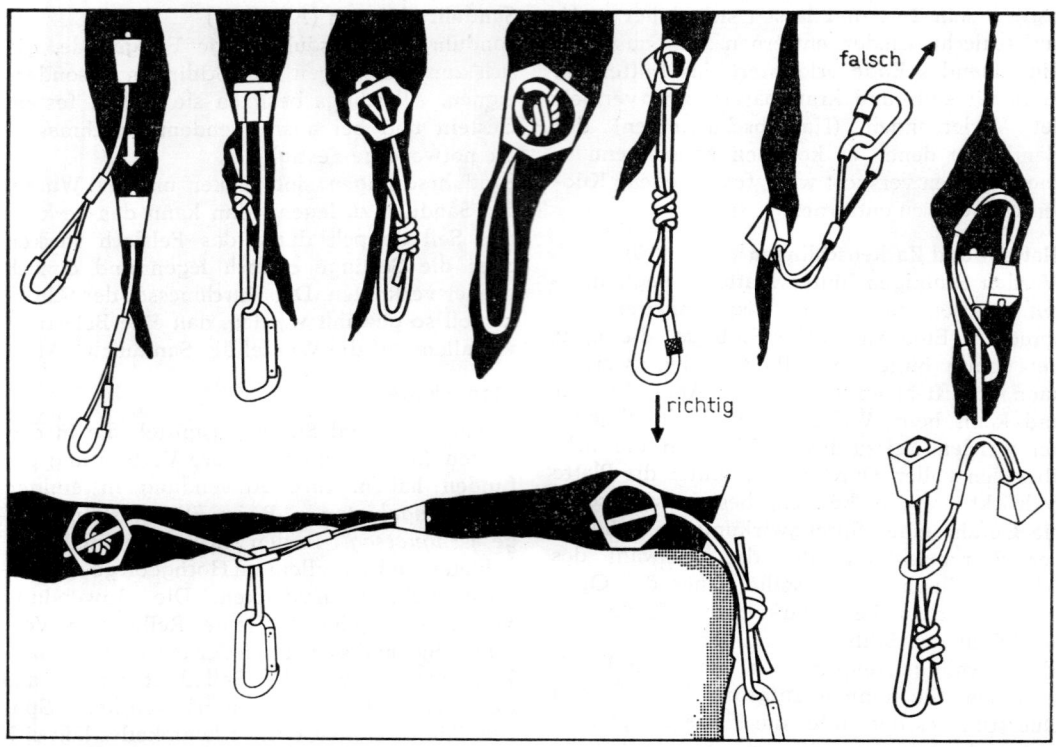

Abb. 121 Anbringen von Klemmkeilen

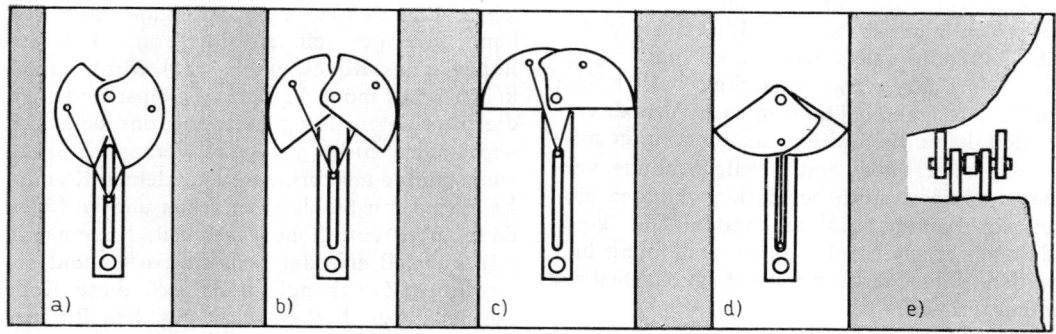

Abb. 122 Anbringen des Klemmgerätes „Friend"

a und b: die Zugstange wird nach unten gezogen. Dadurch drehen sich die Klemmbacken nach unten, und der „Friend" kann in den Riß geführt werden. Durch Loslassen der Zugstange gehen die Backen wieder nach oben, und der „Friend" ist verklemmt;

c, d und e: schlecht gelegte Klemmgeräte

c – der Riß ist zu breit, die Klemmwirkung daher zu gering; d – die Klemmwirkung ist zwar gut, aber der „Friend" läßt sich nicht mehr entfernen; e – es liegen nicht alle vier Segmente an, der „Friend" würde bei Belastung herausgerissen.

Eine Weiterentwicklung der Klemmkeile stellen die Klemmgeräte dar. Mit ihnen ist es möglich, eine Klemmwirkung auch in parallelen oder sogar nach außen konischen Rissen zu ermöglichen. (Abb. 122) Sie können schnell und dabei sicher gelegt werden und sind ebenso schnell wieder entfernt, was vor allem an extremen Kletterstellen vorteilhaft ist.

3.2.5. Gefährtensicherung

Die Mitglieder einer Seilschaft sichern sich während der Fortbewegung am Fels durch eine Methode der Gefährtensicherung. Dabei wird der jeweils Kletternde von seinem Gefährten aktiv über Seil und ein Bremssystem gegen die Folgen eines Absturzes, der Sichernde durch eine zuverlässige fixierte Selbstsicherung gegen Mitreißen gesichert.

Bei der Gefährtensicherung können unterschiedliche Seiltechniken zur Anwendung kommen:

Einfachseiltechnik

Es wird mit einem Einfachseil gesichert. Diese Technik hat den Vorteil, daß sie unkompliziert zu handhaben ist. Jedes Seilschaftsmitglied hat nur ein Seilende zum Einbinden. Am Standplatz muß ebenfalls nur mit einem Seil gearbeitet werden. Die Einfachseiltechnik besitzt aber einen entscheidenden Nachteil. Da im Extremfall jedes Seil reißen kann, z. B. wenn es über scharfe Kanten belastet wird, besteht bei der Verwendung von nur einem Seil keine Redundanz. Ein Seilriß führt in jedem Fall zum Absturz.

Doppelseiltechnik

Die Doppelseiltechnik erfordert die Verwendung von zwei Halbseilen. Der Vorsteiger bindet sich dabei getrennt in beide Seile ein, während der Nachsteiger in der Regel an einem Seil gesichert werden kann. Vorsicht ist nur bei stark fallenden Quergängen geboten. Hier sind genügend Zwischensicherungen oder ein schräg von oben kommendes Seil erforderlich.
Beide Seile werden wechselseitig in die Zwischensicherungen eingehängt. Deren Abstände dürfen dabei nicht zu groß sein, damit das zuerst belastete Seil nicht durch einen hohen Sturzfaktor überbeansprucht wird und reißt. In einem solchen Fall müßte dann das zweite Seil ebenfalls eine hohe Sturzenergie aufnehmen. Besonders im ersten Drittel der Seillänge soll der Abstand der Zwischensicherungen kurz sein, da noch nicht genügend Seil zur Aufnahme hoher Sturzenergie zur Verfügung steht. Bei größeren Abständen der Zwischensicherungen müssen deshalb beide Seile eingehängt werden, wobei man für jedes einen Karabinerhaken benutzt.
Der Vorteil der Doppelseiltechnik besteht neben der Redundanz im Falle eines Sturzes vor allem in der Möglichkeit einer günstigen Seilführung. Das wechselseitige Einhängen in die Zwischensicherungen vermindert den Seilzug.

Zwillingsseiltechnik

Bei der Zwillingsseiltechnik werden zwei 7- bis 8-mm-Seile wie ein Seil gehandhabt, d. h., beide Seile werden zusammen in jede Zwischensicherung eingehängt. Diese Technik bietet ein hohes Maß an Sicherheit (Redundanz) bei geringem Seilgewicht. Die Zwillingsseiltechnik kann auch mit zwei Halbseilen durchgeführt werden. Dabei erhöht sich allerdings die Bremskraft als Folge der größeren Reibung.
Doppel- und Zwillingsseiltechnik haben noch weitere Vorteile. Bei der Durchsteigung langer Kletterwege steht gegebenenfalls ein zweites Seil für eventuelle Rettungs- oder Hilfsaktionen zur Verfügung. Außerdem verdoppelt sich die mögliche Abseillänge.

Wie im Abschnitt 3.2.1. bereits erörtert, wird die Sicherungskette bei dynamischer Sicherung geringer belastet als bei statischen Sicherungsmethoden. Statische Sicherung sollte daher nur in Ausnahmefällen zur Anwendung kommen. Ein solcher Fall kann z. B. eintreten, wenn der Sichernde das dynamische Bremsglied verloren hat. Deshalb sollten auch statische Methoden von jedem Bergsteiger beherrscht werden.
Das Bremsglied der dynamischen Sicherung kann am Fixpunkt oder am Körper des Sichernden befestigt werden. Es wird also zwischen Körpersicherung und *Fixpunktsicherung* unterschieden. Wenn keine außergewöhnlichen Umstände dagegen sprechen, sollte immer am Fixpunkt gesichert werden. Bei natürlichen Fixpunkten (Sanduhren, Platten u. a.) ist jedoch Vorsicht geboten, da deren Festigkeit schwer einzuschätzen ist. Diese körperferne Sicherung hat folgende Vorteile:
- Der Sichernde wird nicht durch den Sturz des Seilgefährten belastet. Er behält seine volle Bewegungsfreiheit.
- Der menschliche Körper kann nur einer sehr geringen Kraft Widerstand entgegensetzen. (Abb. 123) Die Gefahr, daß der Sichernde bei Körpersicherung aus dem Stand gerissen wird, ist daher groß. Das kann zu Verletzungen und Fehlreaktionen, wie Loslassen des Sicherungsseiles, führen.
- Der Anseilgurt des Sichernden wird bei Kör-

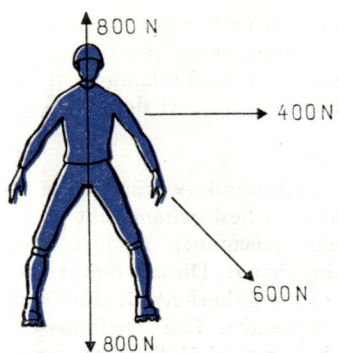

Abb. 123 Diesen angreifenden Kräften kann der Mensch frei stehend Widerstand leisten. Sind die Kräfte größer, wird er aus dem Stand gerissen.

persicherung ebenfalls durch den Sturz des Vorsteigers belastet.

Für das Verständnis der Gefährtensicherung ist es weiterhin wichtig, die Belastungsrichtung eines zu erwartenden Sturzes zu betrachten. Es ist dabei nicht ausreichend, zwischen Vor- und Nachsteiger zu unterscheiden. Die Belastung kann auch bei Stürzen des Vorsteigers in verschiedene Richtungen erfolgen. Steigt der Vorsteiger ohne Zwischensicherung aufwärts, wirkt der Sturzzug nach unten. Hat er eine Zwischensicherung angebracht, wird die Kraftrichtung umgelenkt, der Sturzzug wirkt dann in Richtung der Zwischensicherung. Bricht diese aus, wirkt der Sturzzug wiederum nach unten. Es muß also zwischen Sicherung nach oben und Sicherung nach unten unterschieden werden.

Dynamische Sicherungsmethoden

Nach dem heutigen Erkenntnisstand ist die einzige Sicherungsmethode, die in beide Sturzrichtungen gleichermaßen sicher wirkt, die *Halbmastwurfsicherung*. Sie ist einfach zu handhaben und beinhaltet wenig Fehlerquellen. Zur Halbmastwurfsicherung ist unbedingt ein geeigneter Karabinerhaken erforderlich. Dieser muß über einen genügend großen Durchmesser verfügen, da der Halbmastwurf-Knoten (Abb. 124) beim Wechsel zwischen Einholen und Ausgeben bzw. bei Belastungswechsel durch den Karabinerhaken umschlägt und bei zu engem Durchmesser blockieren kann. Außerdem muß er verschraubbar sein, denn der Knoten kann beim Umschlagen die Karabinerfalle aufdrücken und sich damit aus

dem Karabinerhaken lösen, was unweigerlich zum Seildurchlauf führen würde.

Die Halbmastwurfsicherung kann auch mit einem sogenannten Bremsbügel („Frogbügel") durchgeführt werden. (Abb. 125)

Die Handhabung der Sicherung ist bei den einzelnen Seiltechniken unterschiedlich. Bei der Doppelseiltechnik wird als Folge des wechselseitigen Einhängens der Seile in die Zwischensicherungen zunächst nur ein Halbseil belastet. Würden beide Seile in einem HMS-Karabinerhaken geführt, könnte das zum Abscheren des unbelasteten Seiles führen. Daher müssen bei der Doppelseiltechnik zwei HMS-Karabinerhaken verwendet werden. Diese müssen so angeordnet sein, daß sie sich nicht gegenseitig beeinträchtigen und das Seileinholen bzw. -ausgeben nicht behindern. Dazu werden sie in zwei verschieden lange Schlingen gehängt. (Abb. 126)

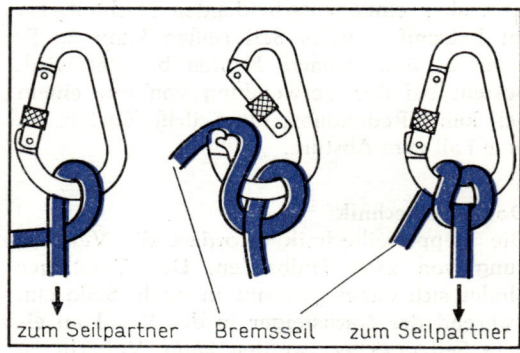

Abb. 124 Halbmastwurf

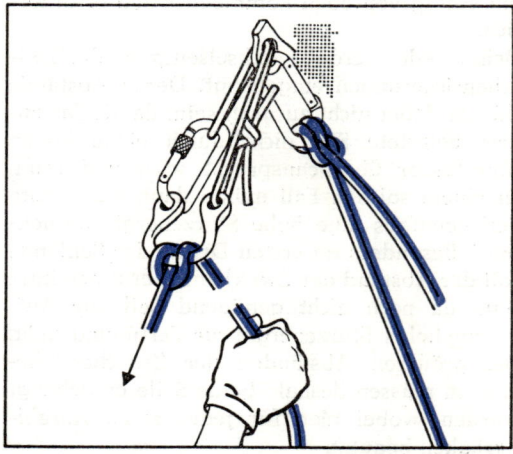

Abb. 125 Halbmastwurfsicherung mit Frogbügel

Da bei der Zwillingsseiltechnik beide Seile wie ein Seil gehandhabt werden, wird aus beiden Seilen *ein* Halbmastwurf gebildet, und wird in *einem* HMS-Karabinerhaken geführt.

Wie bei allen Sicherungsmethoden wirkt eine Hand als Bremshand, die andere als Führhand. Beim Sturz wird die Bremswirkung durch eine kräftig zupackende Bremshand erreicht. Die Bremskraft stellt sich dabei selbständig ein. Die Halbmastwurfsicherung erfordert keine weiteren gezielten Reaktionen, sondern wirkt allein durch die Instinktivreaktion des kräftigen Zupackens.

Die praktische Ausführung der Halbmastwurfsicherung am Ring ist in Abbildung 127 dargestellt. Der HMS-Karabinerhaken wird mit einer kurzen Schlinge am Ring befestigt. Der Sichernde ist durch eine separate Schlinge selbst gesichert. Bei Fixpunktsicherung an Felshaken ist darauf zu achten, daß der HMS-Karabinerhaken niemals direkt in den Haken gehängt wird. Bei Sicherung nach oben schlägt der Karabinerhaken um, und es kann dabei zu einer gefährlichen Querbelastung des Karabinerhakens kommen.

Bei jeder dynamischen Sicherung ist eine *Seilreserve* für den Seildurchlauf zu halten. Bei wenig Zwischensicherungen und der damit verbundenen großen Sturzhöhe muß diese 3 bis 5 m betragen.

Da es vor allem bei Stürzen mit großem Sturzfaktor zu erheblichem Seildurchlauf kommt,

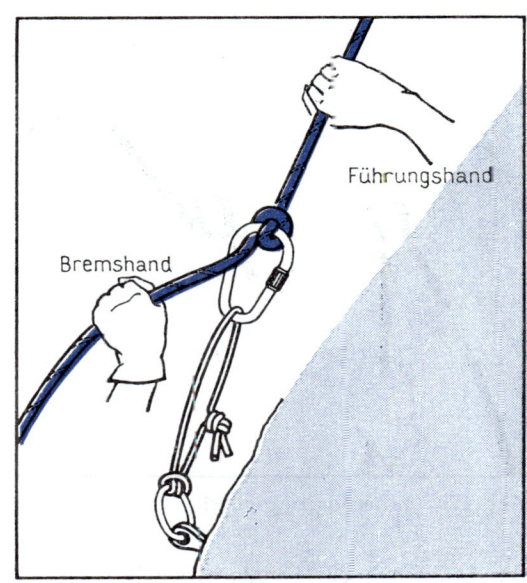

Abb. 127 Halbmastwurfsicherung am Ring mit Einfachseil

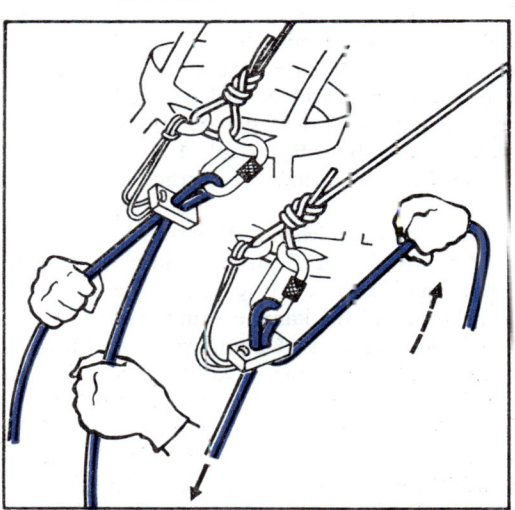

Abb. 128 Sichern mit Stichtbremse

muß bei dynamischer Sicherung ein Bremshandschuh getragen werden. Der Seildurchlauf würde sonst zu Verbrennungen der Bremshand und den damit verbundenen Fehlreaktionen (Loslassen des Sicherungsseiles) führen.

Von den zahlreichen weiteren dynamischen Sicherungsmethoden sind vor allem gebräuchlich:
– die Stichtbremse,
– die Sicherung mit Abseilachter.

Beim Sichern mit *Stichtbremse* (Abb. 128) wird

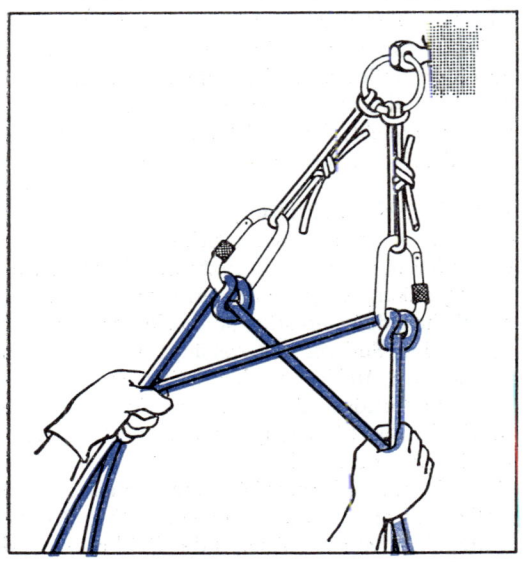

Abb. 126 Halbmastwurfsicherung mit Doppelseil

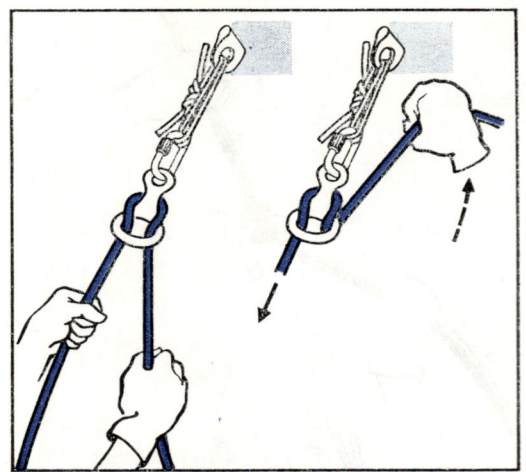

Abb. 129   Sichern mit Abseilachter

Die Sicherung mit Stichtbremse und Abseilachter birgt also eine Reihe von Fehlerquellen bzw. Gefahren in sich, so daß sie nicht als sichere Methoden der Gefährtensicherung anzusehen sind.

Abseilachter aus Aluminiumguß erfüllen außerdem in keiner Weise die Festigkeitsanforderungen, die an ein dynamisches Bremsglied gestellt werden.

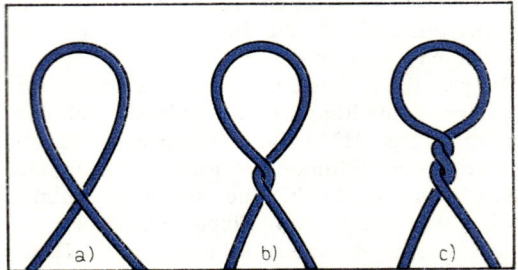

Abb. 130   Seilverlauf bei der Kreuzsicherung
a – Einfachkreuz; b – Doppelkreuz;
c – Dreifachkreuz.

das Seil durch das Langloch der Bremsplatte geschoben und in einen oder zwei Karabinerhaken eingehängt. Bei Sturzbelastung wird die Bremsplatte an den oder die Karabinerhaken gezogen, wodurch die zum Abbremsen erforderliche Reibung erzeugt wird. Beim Sichern mit Abseilachter wird das Seil wie beim Abseilen um die Acht gelegt und mittels Karabinerhaken befestigt. (Abb. 129)

Beide Methoden haben entscheidende Nachteile:

1. Um eine ausreichende Bremswirkung zu erreichen, muß bei Sicherung nach unten die Bremshand nach oben gerissen werden. Geschieht das nicht, kann es zum unkontrollierten Seildurchlauf und damit zum Absturz des Seilgefährten kommen. Das Sichern mit diesen Methoden erfordert also gezielte Reaktionen, die nicht in jeder Situation gewährleistet werden können. Dagegen wirkt die Halbmastwurfsicherung allein durch die Instinktivreaktion des kräftigen Zupackens der Bremshand.

2. Da zum Abbremsen des Sturzes ein Hochreißen der Bremshand erforderlich ist, dürfen die Fixpunkte nicht zu hoch angebracht sein. In vielen Fällen ist die Sicherung mit Stichtbremse oder Abseilachter daher nur am Körper möglich. Damit ist aber die Gefahr des Aus-dem-Stand-Reißens verbunden, die wiederum zu Fehlreaktionen (wie Loslassen des Sicherungsseiles) führen kann.

3. Bei Sicherung mit Stichtbremse und Abseilachter sind die Bremskräfte bei Sicherung nach oben größer als bei Sicherung unten. Die umgekehrten Verhältnisse wären richtig.

Statische Sicherungsmethoden

Im Unterschied zu dynamischen Sicherungsmethoden wird bei statischer Sicherung der Sturz des Seilgefährten durch Blockieren des Sicherungsseiles unterbrochen. Es tritt kein gezielter Seildurchlauf auf. Eine absolut statische Sicherung kann in der Praxis jedoch kaum erreicht werden und ist auch nicht wünschenswert. Es wird vor allem bei Stürzen mit hoher Belastung immer zu einem mehr oder weniger geringen Seildurchlauf kommen. Das Blockieren des Seiles wird durch Abklemmen der Seilkreuze erreicht. Das Seil kann einfach, doppelt oder dreifach gekreuzt werden. (Abb. 130)

Karabiner-Kreuzsicherung (Abb. 131)

Bei der Karabiner-Kreuzsicherung wird das ein- oder mehrfach gekreuzte Seil in zwei Karabinerhaken eingehängt, die am Brustgurt des Sichernden befestigt sind. Keinesfalls darf es in eine Seilschlinge gehängt werden. Das würde zum Aufdrehen der Seilkreuze und damit zum Auflösen der Sicherung führen. Diese Methode der Sicherung ist also nur als Körpersicherung möglich.

Die Karabiner-Kreuzsicherung kann sowohl statisch als auch dynamisch wirken. Ihre Bremskraft hängt von der Anzahl der Seilkreuze und von der Reaktion des Sichernden ab. Das Halten eines Sturzes mit hoher Fangstoßkraft ist

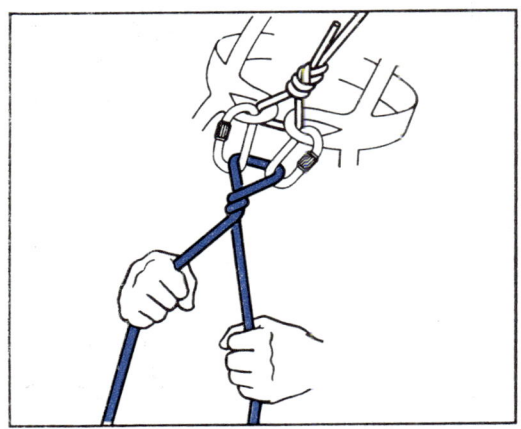

Abb. 131   Karabiner-Kreuzsicherung

nur mit drei Seilkreuzen sicher möglich. Dabei wirkt die Sicherung nahezu statisch. Bei einfacher oder doppelter Seilkreuzung besteht bei hoher Belastung die Gefahr unkontrollierten Seildurchlaufs.

Gegenüber dynamischen Sicherungsmethoden hat die Karabiner-Kreuzsicherung entscheidende Nachteile. Ihre Bremskraft ist nicht definiert und läßt sich nur durch Manipulieren an der Sicherung variieren, d. h. durch Veränderung der Anzahl der Seilkreuze, was aber ohne Aufgabe der Sicherung nicht möglich ist. Der Vorteil gegenüber anderen statischen Methoden besteht darin, daß das Seil nicht um den Körper des Sichernden läuft. Die Belastung durch die Fangstoßkraft wird über den Brustgurt und damit schonender übertragen. Verletzungsgefahr durch Seilreibung oder Verrutschen des Seiles besteht nicht. Die Karabiner-Kreuzsicherung ist daher von den statischen Methoden als die sicherste anzusehen.

Brust- und Schulter-Kreuzsicherung

Bei der Brust-Kreuzsicherung läuft das Seil

Abb. 132   Brust-Kreuzsicherung

waagerecht um den Oberkörper des Sichernden und ist vor der Brust verkreuzt. (Abb. 132) Sie kann zur Sicherung des Vorsteigers benutzt werden, wenn der Seilzug bei Belastung nach oben erfolgt. Bei der Schulter-Kreuzsicherung läuft das zum Kletterer führende Seil unter der Achsel des Sicherungsmannes und über dessen Rücken zur entgegengesetzten Schulter. Es wird ebenfalls vor der Brust verkreuzt. (Abb. 133) Diese Form der Kreuzsicherung wird meist zur Sicherung des Nachsteigers verwendet.

Beide Methoden können bei großer Fangstoßkraft und bei korrekter Anwendung zu Verletzungen führen. Mit der Schulter-Kreuzsicherung sind Verbrennungen am Hals oder ein Abklemmen der Halsschlagader möglich.

Abb. 133   Schulter-Kreuzsicherung

Ein Verrutschen des Seiles der Brust-Kreuzsicherung in die Bauchgegend kann innere Verletzungen zur Folge haben. In solchen Fällen sind auch Fehlreaktionen des Sichernden nicht auszuschließen. Die Kreuzsicherung sollte deshalb, vor allem bei der Sicherung des Vorsteigers, nur in Ausnahmefällen zur Anwendung kommen.

3.2.6.   Fortbewegung der Seilschaft

Vorbereitung der Durchsteigung

Nach dem Einbinden wird das Sicherungsmaterial aufgenommen. Die Karabinerhaken werden zusammen in eine Schlinge oder in die Materialschlaufen des Sitzgurtes gehängt. Expreßschlingen, Klemmkeile und Haken werden gesammelt in Karabinerhaken, nach Größe und Länge geordnet, getragen. Kurze Schlingen können direkt am Sitzgurt befestigt werden, längere werden einzeln über eine Schulter gehängt. Schlingen dürfen niemals gekreuzt über verschiedene Schultern getragen werden.

Die Knoten der Schlingen sollen nur locker geknüpft sein, damit sie in der Wand auch unter schwierigen Bedingungen und mit einer Hand geöffnet werden können.

Beim Klettern von Rissen, Kaminen oder Hangeln ist vorher zu überlegen, an welcher Körperseite das Sicherungsmaterial angebracht wird. Es kann sonst vorkommen, daß es mit einer Hand nicht erreichbar ist oder beim Klettern behindert.

Standplätze

Standplätze sind die Orte am Beginn, im Verlauf und am Ausstieg eines Kletterweges, von denen die Gefährtensicherung durchgeführt wird. Sie müssen über einen oder mehrere sichere Fixpunkte zum Einhängen der Sicherung und zum Anbringen einer Selbstsicherung verfügen. Von einem sicheren Standplatz hängen Leben und Gesundheit der Seilschaft ab. Während der Ausbruch einer Zwischensicherung eine Verlängerung der Sturzstrecke mit den dadurch verbundenen Gefahren bedeutet, kann das Versagen der Fixpunkte am Standplatz zum Absturz der gesamten Seilschaft führen. Ausreichende, sichere Fixpunkte am Standplatz sind deshalb unerläßlich.

Standplätze sind immer so einzurichten, daß der Sichernde bequem stehen oder sitzen, den HMS-Karabinerhaken immer erreichen und den Seilgefährten möglichst beobachten kann. Der Sichernde sollte dabei ausreichende Bewegungsfreiheit haben, um einem eventuellen Sturz des Vorsteigers ausweichen zu können.

Standplatz am Wandfuß

Auch am Wandfuß müssen sichere Fixpunkte vorhanden sein. Ein Sturz des Vorsteigers belastet den Sichernden mit dem Vielfachen seines Körpergewichts. Wird diese Kraft in einer Zwischensicherung umgelenkt, kann sie den Sichernden an der Wand emporreißen. Fixpunkte am Wandfuß können Felsblöcke, Bäume oder starke Wurzeln sein. (Abb. 134) Sie dürfen sich allerdings nicht zu weit von der Wand entfernt befinden, da es sonst zu einer ungünstigen Belastung der Zwischensicherungen kommt. Diese würden dann nicht senkrecht, sondern schräg nach außen belastet, was ihre Haltbarkeit wesentlich herabsetzt. Knotenschlingen und Klemmkeile können dabei leicht aus dem Riß gezogen werden. Sind keine sicheren Fixpunkte für die Halbmastwurfsicherung in unmittelbarer Wandnähe vorhanden,

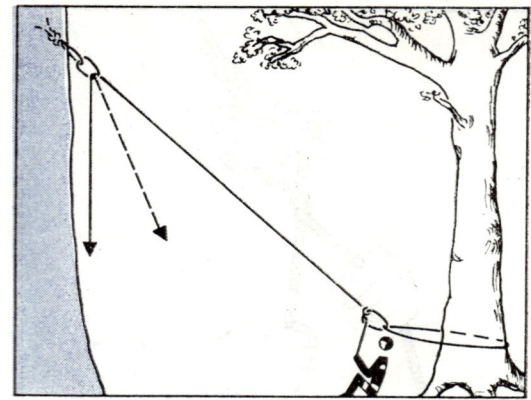

Abb. 134   Sicherung vom Wandfuß

Abb. 135   Standplatz am Sicherungsring

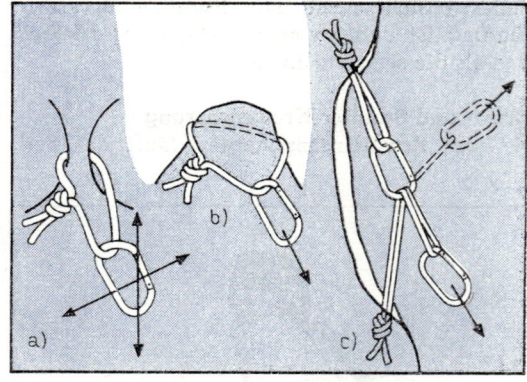

Abb. 136   Sicherung an selbstangebrachten Fixpunkten
a – in jeder Richtung belastbar; b – nur nach unten belastbar; c – Knotenschlingen in Gegenzugposition.

110

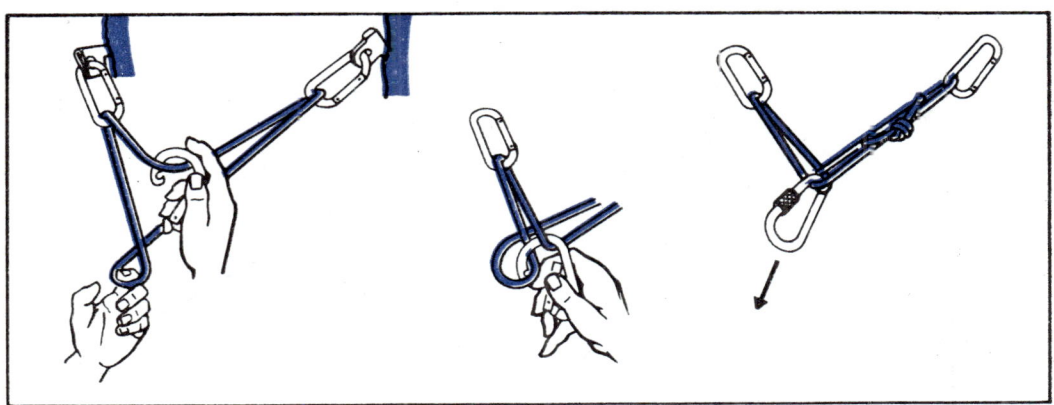

Abb. 137   Verbinden zweier Fixpunkte (Kraft-
dreieck)

sollte am Körper gesichert werden. Eine straffe Selbstsicherung ist dann unbedingt erforderlich.

Standplatz am Sicherungsring

Vor allem in den Sandsteingebieten sind Sicherungsringe häufige und zugleich sicherste
Standplätze. Am Ring angekommen, hängt
der Kletterer zunächst sein Seil mit einem Karabinerhaken ein. So ist er bei allen weiteren
Handlungen gesichert. Danach wird die Sitzgurtschlinge eingehängt und mittels Mastwurf oder Sackstich eine Selbstsicherung angebracht. (Abb. 135) Erst dann darf das Kommando zum „Aussichern" erfolgen. Die Sitzgurtschlinge darf nicht zu lang sein, so daß
beim Sichern bequem der HMS-Karabinerhaken erreicht werden kann, auch wenn dieser
nach oben umgeschlagen ist. Benutzt der Kletterer keinen Sitzgurt, muß eine entsprechend
lange und starke Schlinge als Sitzschlinge verwendet werden.
Bei Anwendung einer Körpersicherung genügt
es nicht, wenn nur eine einfache Selbstsicherung in den Ring eingehängt ist. Hier ist das
Seil vom Ring aus um den Rücken des Sichernden zu führen und auf der anderen Körperseite mit einem zweiten Karabinerhaken wieder in den Ring einzuhängen. Eine solche
Rückenstütze ist auch zweckmäßig, wenn man
am Ring einen schlechten Stand hat.
Für den ankommenden Nachsteiger gilt ebenfalls, daß er erst eine Selbstsicherung in den
Ring einhängen muß, bevor seine Sicherung

aufgegeben wird. Wichtig ist, den Nachsteiger
auf der richtigen Seite des Standplatzes zu plazieren, damit das Weiterklettern durch ihn nicht
behindert wird.

Standplatz an selbst angebrachten Fixpunkten

Zum Einrichten eines Standplatzes ohne Sicherungsring müssen Seilschlingen oder
Klemmkeile gelegt werden. (Abb. 136) Meist
sind dabei mehrere Fixpunkte erforderlich, um
ausreichende Sicherheit zu erhalten. Eine absolute Angabe dazu ist nicht möglich, weil sowohl die Möglichkeiten der Anbringung wie
die dafür geeigneten Schlingen variieren. Die
Summe aller Fixpunkte sollte jedoch die gleiche Festigkeit wie ein Ring erreichen. Um die
Fixpunkte gleichmäßig zu belasten, werden sie
mit einer Schlinge verbunden. (Abb. 137) Sie
sollten nicht zu weit voneinander entfernt sein.
Je dichter sie liegen, desto geringer ist ihre
Belastung. (Abb. 138)
Die Fixpunkte müssen zur Sicherung des Vorsteigers nach oben und nach unten, unter Umständen auch seitlich wirksam sein. Schlingen,
die nur über Felszacken oder Platten gehängt
werden, erfüllen diese Forderung ebensowenig wie Knotenschlingen oder Klemmkeile. Sie
müssen also stets gegen Abheben oder ein Herausziehen nach oben gesichert werden. Diese
Verspannung muß straff erfolgen und der zu
erwartenden Belastung entsprechen.
Die Festigkeit von Fixpunkten für die Halbmastwurfsicherung muß adäquat der dabei
auftretenden Belastung sein. Darauf ist besonders im Sandstein zu achten, wo sehr unterschiedliche Festigkeiten von Sanduhren, Platten usw. aufgrund der Gesteinsbeschaffenheit
auftreten. Die Selbstsicherung ist möglichst an
einem unabhängigen Fixpunkt zu befestigen.

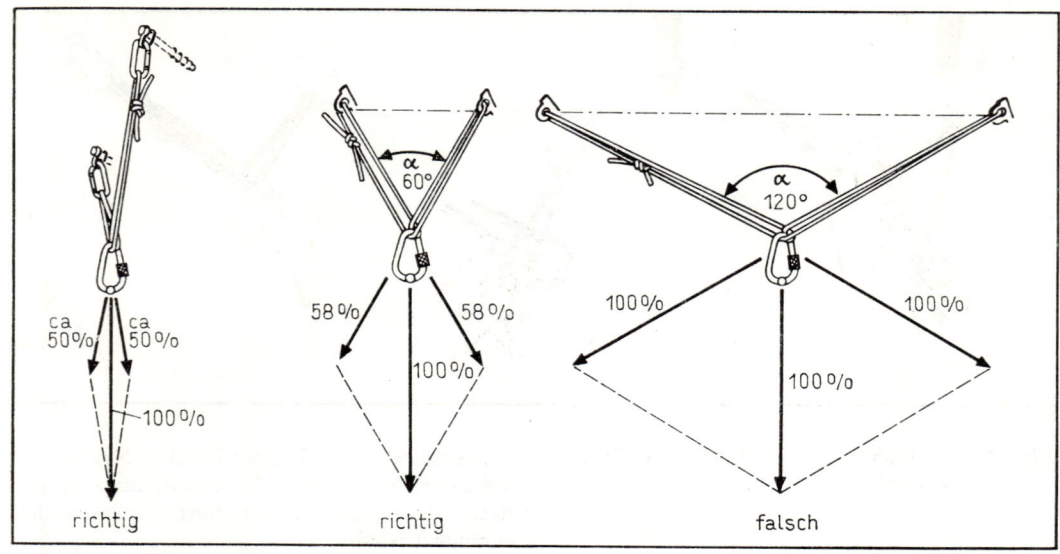

Abb. 138 Belastung der Fixpunkte am Standplatz

Standplatz auf dem Gipfel

Zum Nachholen auf dem Gipfel ist ebenfalls ein sicherer Standplatz, möglichst mit Sichtverbindung zum Nachsteiger, erforderlich. Auf den meisten Gipfeln können die dort befindlichen Abseilösen benutzt werden. Allerdings benötigt man dazu einen Karabinerhaken mit größerer Fallenöffnung, z. B. einen Klettersteigkarabiner, oder man muß eine Seilschlinge durch die Öse ziehen. Auf keinen Fall darf die Gipfelbuchstütze als Fixpunkt benutzt werden, weil sie nicht fest genug im Fels sitzt. Ist keine Abseilöse vorhanden, müssen natürliche Fixpunkte genutzt werden. In einigen Fällen sind auch spezielle Nachholeringe auf dem Gipfel angebracht.

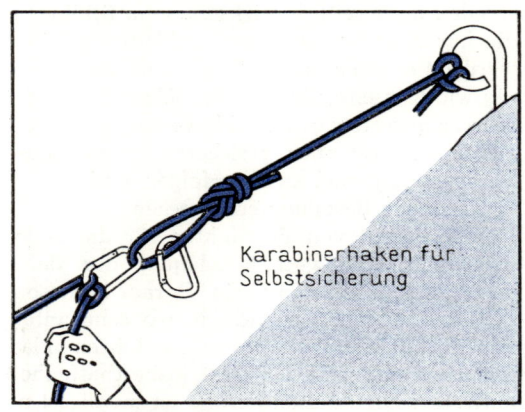

Karabinerhaken für Selbstsicherung

Abb. 139 Standplatz auf dem Gipfel

Oft befindet sich der Fixpunkt auf dem Gipfel in mehr oder weniger großer Entfernung vom Sichernden. Es ist dann eine Verlängerung mit dem Seil notwendig, das mit Mastwurf am Fixpunkt befestigt wird. Am ausgewählten Nachholeplatz wird ein Achterknoten geknüpft, in den der HMS-Karabinerhaken und die Selbstsicherung eingehängt werden. (Abb. 139) Das Unterlegen eines Kleidungsstückes unter den Karabinerhaken vermeidet Beschädigungen des Seiles durch Scheuern. Die Wirkungslinie einer Sturzbelastung soll über die Sicherung bis zum Fixpunkt möglichst geradlinig verlaufen, um ein seitliches Wegreißen des Sichernden zu vermeiden.

Auch auf dem Gipfel darf die Sicherung erst aufgegeben werden, wenn der dort Ankommende einen sicheren Stand erreicht hat und das Kommando dazu gibt.

Zwischensicherungen

Die Durchsteigung eines Kletterweges beginnt in der Regel am Fuße der Wand. Bis zum Erreichen der ersten Sicherungsmöglichkeit ist der Vorsteiger ungesichert. Er wird also versuchen, so bald wie möglich Zwischensicherungen anzubringen. Sind keine Sicherungsringe vorhanden, muß er andere Fixpunkte schaffen. Bereits vor Beginn der Durchsteigung wird der Kletterweg visuell auf mögliche Sicherungspunkte untersucht.

Es ist allerdings nicht immer einfach, aus einer

komplizierten Kletterstellung heraus eine Schlinge oder einen Klemmkeil zu legen. Vor allem bei schwierigen Kletterwegen ist dies mit einem erhöhten Kraftaufwand verbunden, was letztendlich die Leistungsfähigkeit einschränkt. Das Anbringen von zu vielen Zwischensicherungen wirkt sich außerdem negativ auf den Kletterfluß aus. Es muß also immer das Optimum zwischen erforderlicher Sicherung und möglichem Kraftaufwand gefunden werden.

Die Festigkeit von dünnen oder nicht optimal gelegten Schlingen oder Klemmkeilen läßt sich nur schwer einschätzen. Mangelndes Vertrauen auf die Fixpunkte wirkt sich negativ auf die Psyche des Kletterers aus. Es ist besser, an einer Stelle mehrere Sicherungsmöglichkeiten zu nutzen (z. B. mehrere dünne Sanduhrschlingen nebeneinander), vor allem wenn das Anbringen aus einer günstigen Kletterstellung erfolgen kann. Eine solche Konzentration von Fixpunkten schafft größeres Vertrauen als „Angstschlingen" in sehr kurzen Abständen.

Das Einhängen des Seiles in die Zwischensicherungen erfordert vom Sichernden und vom Vorsteiger gleichermaßen Aufmerksamkeit. Da sich der Fixpunkt in der Regel über dem Vorsteiger befindet, muß zum Einhängen eine zusätzliche Seilstrecke ausgegeben werden. Der Sichernde beobachtet daher den Vorsteiger genau, um im richtigen Augenblick die exakt dosierte Seillänge ausgeben zu können.

Zum Einhängen muß der Vorsteiger einen mehr oder weniger großen Seilzug überwinden. Das erfordert einen erhöhten Kraftaufwand, der in ungünstigen Kletterstellungen die Gleichgewichtslage beeinträchtigen kann. Ein zusätzlicher Seilzug, wenn der Sichernde nicht rechtzeitig das Seil ausgibt, kann das Einhängen erschweren und im Extremfall zum Absturz führen. Die eventuelle Sturzstrecke verlängert sich im Moment des Einhängens um den doppelten Betrag der Entfernung Anseilpunkt–Fixpunkt. (Abb. 140) Falls das Einhängen unter akuter Absturzgefahr erfolgt, sollte vorher eine separate Sicherungsschlinge in die Zwischensicherung gehängt werden. Diese ist griffbereit am Brust- oder Sitzgurt befestigt und kann ohne Verlängerung der Sturzstrecke fixiert werden. Verliert der Vorsteiger beim Einhängen des Seiles sein Gleichgewicht, ist er durch diese Schlinge gesichert. Es eignet sich Reepschnurmaterial mit 5 bis 6 mm Durchmesser, da keine größere Belastung auftritt.

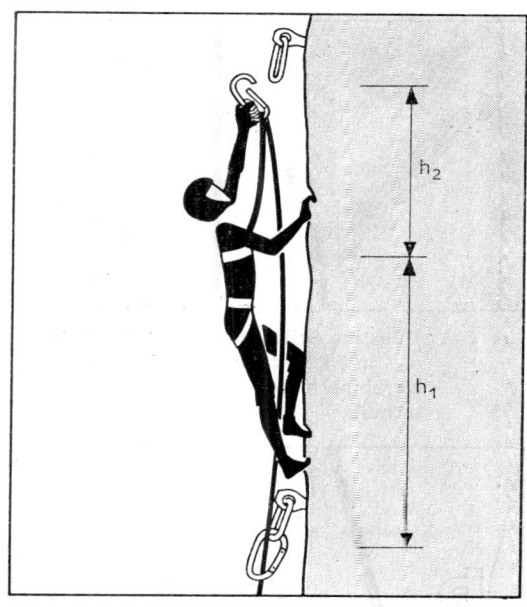

Abb. 140 Einhängen des Karabinerhakens in die Zwischensicherung

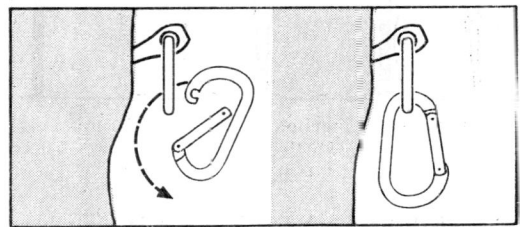

Abb. 141 Richtiges Einhängen des Karabinerhakens in einen Sicherungsring

Das Einhängen des Karabinerhakens in den Fixpunkt erfolgt immer von oben. (Abb. 141) Er wird danach gedreht, so daß sich die Falle des Karabinerhakens auf der vom Fels abgewandten Seite befindet. Das Seil läßt sich auf diese Weise am leichtesten einhängen. Die Gefahr des unbeabsichtigten Aufdrückens der Karabinerfalle ist gering. Es ist zweckmäßig, in Sicherungsringe oder gut sitzende Schlingen zwei Karabinerhaken parallel einzuhängen. Das führt zu einem größeren Knickradius und damit zu einer günstigeren Belastung des Seiles.

Werden Doppelseile gleichzeitig in die Zwischensicherungen gehängt (Zwillingsseiltechnik), besteht die Gefahr, daß der Karabinerhaken nicht nur in Längsrichtung belastet wird. Ein Teil der Kraft wirkt auf die Karabinerschenkel nach außen. Die Festigkeit des Ka-

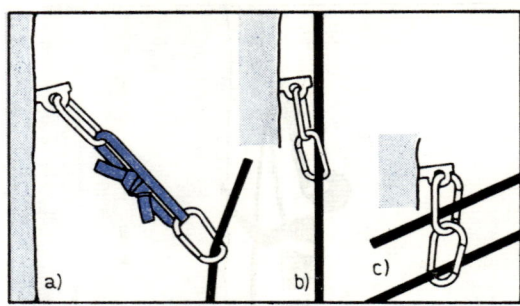

Abb. 142 Günstige Seilführung an Felshaken
a – mit Expreßschlinge; b – mit zwei
Karabinerhaken; c – bei Doppelseiltechnik.

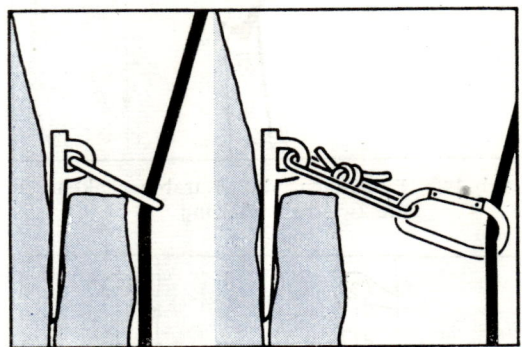

Abb. 143 Karabinerhaken dürfen nicht auf Felskanten aufliegen
links – falsch, rechts – richtig.

rabinerhakens wird bei dieser Belastung herabgesetzt. Beim gleichzeitigen Einhängen von
Doppelseilen sollen daher ebenfalls zwei Karabinerhaken verwendet werden. Ist das parallele Einhängen nicht möglich (z. B. bei Hakenösen), werden die Karabinerhaken hinter-

einander fixiert, und jedes der beiden Doppelseile wird einzeln in einen Karabinerhaken
eingehängt. (Abb. 142)
Karabinerhaken dürfen niemals auf Felskanten aufliegen. Das führt zu einer Querbelastung oder zum Ausheben des Felshakens.
(Abb. 143) In diesem Fall ist eine kurze
Schlinge direkt an der Hakenöse zu befestigen.
Die Verbindung Seil–Felshaken sollte mit
einer Expreßschlinge oder mit zwei hintereinander eingehängten Karabinerhaken erfolgen.
Die bessere Beweglichkeit dieser Verbindungs-
stücke reduziert die Seilreibung und damit den
Seilzug. (s. Abb. 142)
Die Lage der Zwischensicherungen wird vor
allem durch die Felsstruktur bestimmt. Eine
geradlinige Seilführung wird daher meist nicht
möglich sein. Wenn das Seil direkt in die Zwischensicherungen eingehängt wird, kann dies,
vor allem bei kurzen Schlingen, Klemmkeilen
oder Felshaken, ebenfalls eine ungünstige Seilführung zur Folge haben. Mit zunehmender
Zahl von Zwischensicherungen wird dann der
Seilzug so stark, daß er das Weitersteigen behindert oder gar unmöglich macht. Man vermeidet dies durch Verwenden längerer Schlingen, durch Einhängen eines zweiten Karabinerhakens oder einer Expreßschlinge. (Abb.
144) Besonders wichtig ist eine solche Verlängerung unter Überhängen. (Abb. 145) Die
ohnehin kraftaufwendigen Kletterzüge zu dessen Überwindung werden durch den erhöhten
Seilzug zusätzlich erschwert.
Jede dieser Verlängerungen ist allerdings mit
einer vergrößerten Sturzstrecke verbunden.
Der Vorsteiger muß daher das Optimum zwischen vermindertem Seilzug und verlängerter
Sturzstrecke finden.

Abb. 144 Seilführung in den Zwischensicherungen

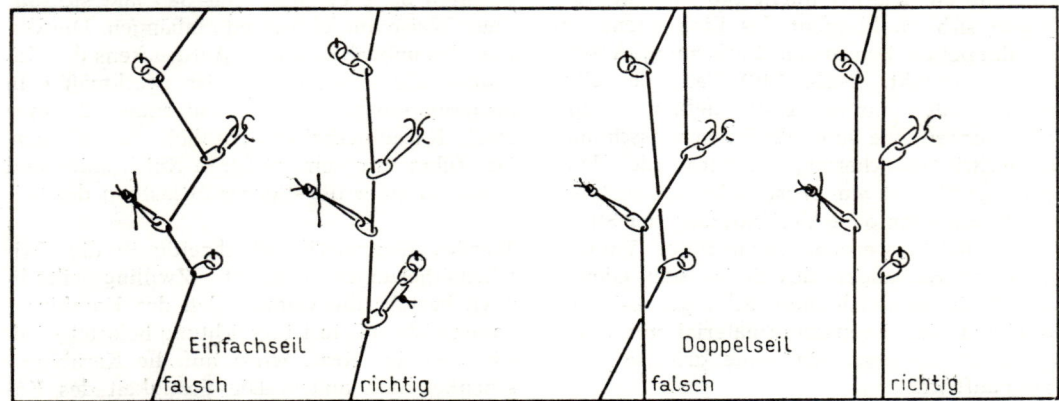

Einfachseil

falsch   richtig

Doppelseil

falsch   richtig

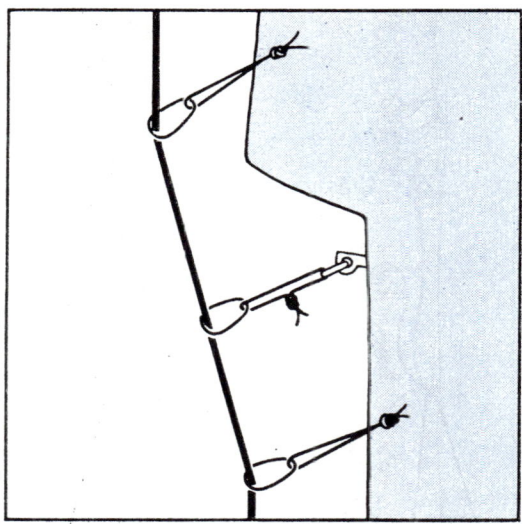

Abb. 145   Seilführung am Überhang

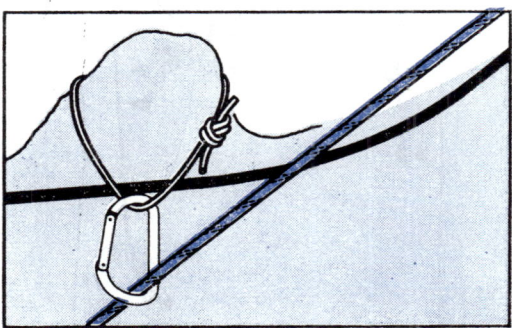

Abb. 146   Schlechte Seilführung – Gefahr des Ab-
hebens der Schlinge

Kommt es bei der Doppelseiltechnik zum Über-
kreuzen der Seile, besteht die Gefahr, daß
Schlingen oder Klemmkeile durch einen Seilstrang ausgehebelt werden. (Abb. 146)
Bei Quergängen und Sicherung mit Doppelseiltechnik ist die in Abbildung 177 dargestellte Seilführung empfehlenswert.

Zusammenwirken der Seilschaft

Vor Beginn einer Durchsteigung sprechen sich
Vor- und Nachsteiger genau über den Ablauf
der Tour ab. Wegverlauf, Sicherungsmöglichkeiten, Standplätze und eventuelle Besonderheiten müssen mit allen Mitgliedern der Seilschaft abgestimmt werden. Die Verständigung
der Seilschaft spielt eine große Rolle. Seilkommandos sind deutlich und unmißverständlich zu
geben. Es sollte immer das gleiche Vokabular

Übersicht 5: Seilkommandos

Der Sichernde teilt dem Partner mit, daß er die Gefährtensicherung über- nommen hat:	Du kannst an- fangen!
Der Vorsteiger meldet:	Ich gehe los!
Wird das Ende einer Seil- länge erreicht, meldet der Sichernde die noch ver- bleibende Seillänge:	Noch . . . Meter!
Der Vorsteiger hat den Standplatz erreicht und sich gesichert:	Aussichern! oder: Stand!
Der Sichernde bestätigt:	Ausgesichert!
Der Vorsteiger beginnt das Seil einzuziehen:	Ich ziehe ein!
Wenn das Seil straff ist, meldet der Nachsteiger:	Seil aus! oder: Ich bin dran!
Hängt bei Doppelseilen ein Seil durch, fordert der Nachsteiger:	Noch rot (blau) einholen!
Der Vorsteiger hat die Gefährtensicherung über- nommen und fordert zum Nachkommen auf:	Nachkommen!
Der Nachsteiger antwortet:	Ich gehe los!
Muß während des Kletterns zurückgegangen werden, ruft der Nachsteiger:	Nachlassen!
Der Kletterer steigt weiter:	Einholen!
Ein Sturz ist zu erwarten:	Achtung!

verwendet werden. (Übersicht 5) Verneinende
Kommandos (wie „nicht einholen") sind unbedingt zu vermeiden. Die Verneinung kann
leicht überhört werden, die Ausführung des
gegenteiligen Kommandos wäre die Folge.
Bei guter Verständigungsmöglichkeit sollte der
Vorsteiger auch Hinweise geben, die für seinen Nachsteiger von Bedeutung sein können,
z. B. über angebrachte Zwischensicherungen,
über nassen oder brüchigen Fels. Ebenso kann
der Nachsteiger mitteilen, an welcher Stelle
des Weges er sich befindet, wenn er vom Vorsteiger nicht gesehen werden kann.
Der Sicherungsmann muß seinen Vorsteiger
aufmerksam beobachten und ihm gegebenenfalls Hinweise geben, z. B. wenn das Seil über

Zacken läuft und damit zusätzlicher Seilzug entstehen kann oder wenn er eine Sicherungsmöglichkeit erkennt, die der Vorsteiger in seiner Position nicht wahrnehmen kann. Vor allem in kritischen Situationen ist die Verständigung wichtig. Die Verhaltensweise kann allerdings sehr unterschiedlich sein. Während die einen in kritischen Situationen absolute Ruhe wünschen, helfen anderen Zurufe der Seilpartner. Auch dieses Zusammenspiel zwischen Vor- und Nachsteiger ist nicht zu unterschätzen.

3.2.7. Verhalten bei Stürzen

Unter einem Sturz beim Felsklettern versteht man die Unterbrechung der gewollten Aufwärtsbewegung bzw. des Stehens am Fels. Ein plötzlicher, unerwarteter Sturz ist in der Regel die Folge eines Griff- bzw. Trittausbruches oder Abrutschens. Stürzt ein Kletterer, weil er seine Leistungsgrenze überschritten hat (Entkräftung, mangelnde Technik), kann er das Ereignis schon eine mehr oder weniger lange Zeitspanne voraussehen. Er und sein Sicherungsmann können sich auf den Sturz und seine möglichen Folgen einstellen. Es muß also zwischen kontrolliertem und unkontrolliertem Sturz unterschieden werden. (Abb. 147)
Nicht jeder Sturz führt zu einem Unfall. Das Risiko einer Verletzung als Folge eines Sturzes kann vom Kletterer herabgesetzt werden. Abgesehen von den äußeren Bedingungen (z. B. Beschaffenheit der Felsoberfläche), hängt es oft von ihm selbst ab, ob der Sturz zu Verletzungen führt oder ob er ohne Komplikationen abläuft. Die Handlungsweise vor dem Sturz entscheidet in vielen Fällen über dessen Verlauf. Beim Sturz selbst besteht kaum eine Möglichkeit der Korrektur der Körperlage.
Zunächst sollen ein kontrollierter und ein unkontrollierter Sturz gegenübergestellt werden. Beim **kontrollierten Sturz** ist der Kletterer physisch und psychisch auf das Ereignis vorbereitet. Er drückt sich von der Wand ab und vermeidet damit Felsberührungen. Der Körper nimmt eine senkrechte Haltung ein. Die Körpermuskulatur ist angespannt, wodurch der Körper mehr Widerstand beim Aufprall am Fels besitzt. Die Beine sind angewinkelt nach vorn gestreckt, um den Aufprall abzufangen. Es muß in jedem Fall vermieden werden, mit dem Oberkörper nach hinten zu kippen. Der **unkontrollierte Sturz** tritt plötz-

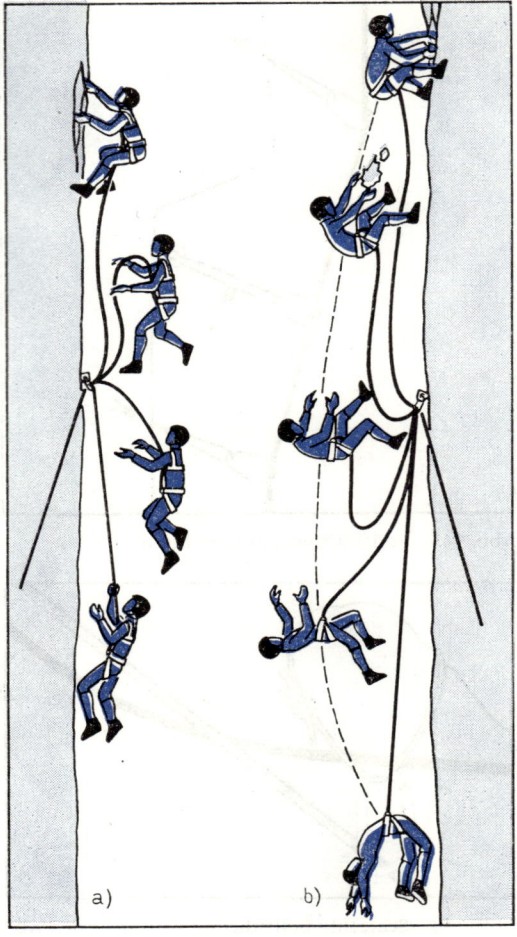

Abb. 147   Kontrollierter (a) und unkontrollierter Sturz (b)

lich und unerwartet ein. Vor allem bei Griffausbruch und entsprechendem Gegendruck der Beine (Hangel) kommt es zur unkontrollierten Körperhaltung, die während des Sturzes nicht mehr zu korrigieren ist. Der erfahrene Bergsteiger wird aber auch während eines unerwarteten Sturzes versuchen zu reagieren, indem er seine Körpermuskulatur anspannt, den Fangstoß bewußt erwartet und die Beine nach vorn bringt.
Sturzkontrolle beginnt bereits vor dem Sichlösen aus der Wand. Zur Sturzkontrolle gehört die Kontrolle der Seilführung. Das Seil muß so zum Vorsteiger führen, daß es beim Sturz keine Veränderung der senkrechten Körperhaltung bewirkt. Aus dieser Haltung kann der Stürzende gebracht werden, wenn das Seil

z. B. um die Beine oder den Oberkörper gewunden ist. Eine derartige Seilführung kann zum Nachhintenkippen des Oberkörpers oder gar zu Saltos führen. Die Verletzungsgefahr durch Aufschlagen gefährdeter Körperteile erhöht sich immens. Der Anprall an die Wand kann nicht mehr mit den Beinen gedämpft werden. **Eine korrekte Seilführung ist daher ein wesentlicher Teil der Sturzkontrolle.**

Befindet sich ein Kletterer in einer kritischen Situation, d. h., stellt er fest, daß er sich in der augenblicklichen Lage nicht mehr lange halten kann, wäre eine „Flucht nach vorn" in den meisten Fällen falsch. Er entfernt sich dabei weiter von seiner letzten Zwischensicherung, ein Zurücksteigen bringt ihn dagegen ständig näher an die letzte Sicherung zurück. Die Belastung der Sicherungskette und die Aufschlagbeschleunigung im Fall eines Sturzes sind damit geringer.

Steht ein Sturz unmittelbar bevor, sollte der Kletterer das Gelände kurz überprüfen (soweit das in seiner Lage möglich ist). Durch gezieltes Abspringen kann er unter Umständen vermeiden, auf Absätze, Felsnasen oder ähnliches zu stürzen. Das gleiche gilt für den gezielten Absprung aus dem Einstieg eines Kletterweges. Auf vielen Wegen befindet sich die Schwierigkeit bereits am Beginn, also in unmittelbarer Nähe des Wandfußes. Bei entsprechendem Untergrund kann noch aus mehreren Metern Höhe abgesprungen werden. In jedem Fall sollte aber vorher die Bodenbeschaffenheit überprüft werden. Steine sind – wenn möglich – zu entfernen. Die Lage von Wurzeln oder anderen Unebenheiten sollte man sich genau einprägen, um beim Absprung nicht darauf zu landen.

3.2.8. Spezielle Sicherungen

Sicherung des Alleingängers

Das Klettern ohne Sicherung durch den Seilgefährten stellt die Ausnahme dar. Auch bei den im folgenden beschriebenen Möglichkeiten der Sicherung des Alleingängers kann keine Sicherheit erreicht werden, die der Gefährtensicherung gleichzusetzen ist, abgesehen davon, daß die Sicherung des Alleingängers umständlich und zeitaufwendig ist.

Alleingänge sollten nur von erfahrenen Bergsteigern unternommen werden. Dabei sollten Wege ausgewählt werden, die deutlich unterhalb der Leistungsgrenze liegen.

Es gibt verschiedene Möglichkeiten der Sicherung eines Alleingängers. Im Mittelgebirge wird vor allem die Sicherung von Fixpunkt zu Fixpunkt mit anschließendem Abziehen des Sicherungsseiles angewandt. (Abb. 148)

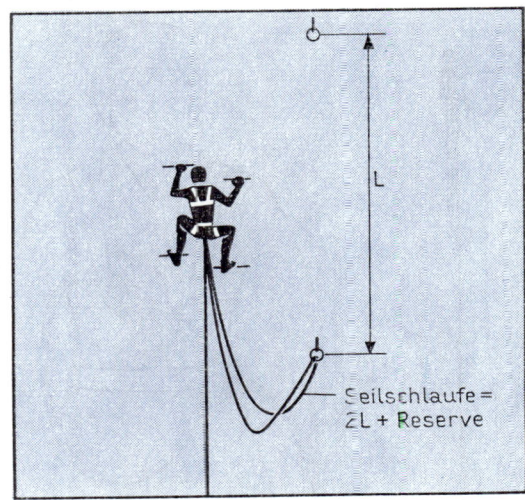

Abb. 148 Sicherung des Alleingängers vom Fixpunkt aus

Der Alleingänger bindet sich zunächst in seinen Anseilgurt ein. Hat er den ersten Fixpunkt erreicht, schätzt er die Entfernung zur nächsten Sicherungsmöglichkeit ab. Er zieht das Seil in einer Länge, die der doppelten Entfernung des nächsten Fixpunktes plus Reserve entspricht, durch den Ring oder den Karabinerhaken des Sicherungspunktes. Das durchgezogene Seil wird mittels Schraubkarabinerhakens und Sackstiches am Brustgurt befestigt. Dadurch entsteht eine Seilschlinge, die ihn mit dem ersten Fixpunkt verbindet, bis er die nächste Sicherungsmöglichkeit erreicht hat. Nachdem er sich dort selbst gesichert hat, löst er den Sackstich und zieht das Seil durch den Ring bzw. Karabinerhaken der ersten Sicherung ab. Handelt es sich dabei um eine Schlinge oder einen Klemmkeil, verbleibt das Material zunächst am Fels und muß anschließend durch Abseilen geborgen werden. Diese Methode hat zwei Nachteile:

– Der Alleingänger steigt ständig unter ungünstigen Sturzverhältnissen, d. h., er ist

117

rein statisch gesichert und erreicht immer einen hohen Sturzfaktor.

– Die selbstangebrachten Fixpunkte müssen nach der Durchsteigung durch Abseilen geborgen werden.

Die Sicherung des Alleingängers kann auch wie folgt realisiert werden (Abb. 149):

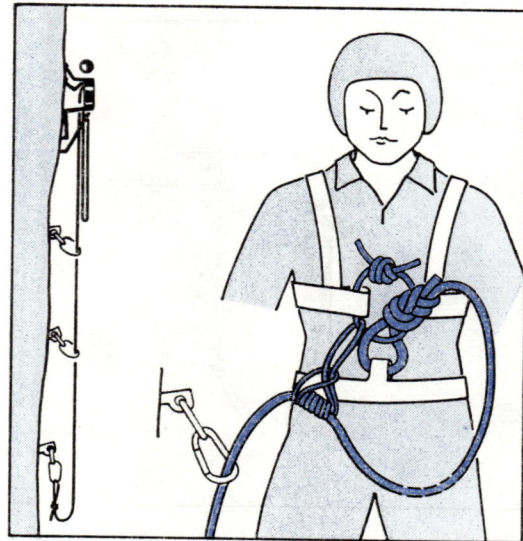

Abb. 149   Sicherung des Alleingängers mit Zwischensicherungen

Bei Erreichen der ersten Sicherungsmöglichkeit wird ein Standplatz eingerichtet. Dort ist das Ende des Seiles durch Sackstich zu fixieren. Das Seil wird anschließend mittels Klemmschlinge am Brustgurt befestigt. Da von der Funktionstüchtigkeit der Klemmschlinge die Wirksamkeit der Sicherung abhängt, sollte der Kreuzklemmknoten verwendet werden. Die Schlinge muß mindestens 7 bis 8 mm Durchmesser besitzen. Das Seil wird beim Weitersteigen in alle Zwischensicherungen eingehängt und seine Länge durch Verschieben des Klemmknotens der Kletterhöhe angepaßt. Wird der nächste Standplatz erreicht, bringt der Alleingänger eine Selbstsicherung an. Mit einem zweiten Seil, das lose hängend mitgeführt wurde, seilt er zum ersten Standplatz ab und entfernt dabei die Zwischensicherungen. Anschließend steigt er mit Steigklemmen oder Prusikschlingen zum zweiten Standplatz zurück.

Diese Methode hat den Vorteil, daß die Sicherungskette aufgrund der Zwischensicherun-

gen geringer belastet wird. Sie ist vor allem dann sinnvoll, wenn der Gipfel mit einer Seillänge erreicht werden kann. Das Durchsteigen des Weges ist dadurch ohne Unterbrechung möglich.

Zu Übungszwecken kann sich ein Alleingänger auch eine Sicherung von oben einrichten. Dazu wird das Sicherungsseil auf dem Gipfel befestigt und am Wandfuß durch ein geringes Gewicht (etwa 50 N) belastet. Der Alleingänger bindet sich mit einer Seilschlinge in seinem Anseilgurt ein und stellt die Verbindung zum Seil mit einem Kreuzklemmknoten her. Beim Klettern führt er den Knoten in Körperhöhe aufwärts. Das Verschieben wird durch das am Seil befestigte Gewicht erleichtert, es ist mit einer Hand möglich.

Schwebesicherung und Abzug

Eine Schwebesicherung wird verwendet, wenn keine oder unzureichende Möglichkeiten zum Anbringen von Zwischensicherungen vorhanden sind und bei einem Sturz ein Aufschlagen des Kletterers auf den Boden zu erwarten ist.

Bei dieser Art der Sicherung ist ein Fixpunkt oberhalb des Kletterers und so weit hinter ihm angeordnet, daß er sich beim Sturz von der Wand entfernt. Er darf jedoch nicht durch ein nahezu von oben kommendes Seil zum „Nachsteiger" werden. Der Fixpunkt befindet sich auf einem benachbarten Massiv, einem anderen Kletterfelsen oder auf einem Baum. Das Schwebeseil wird dort in einem Ka-

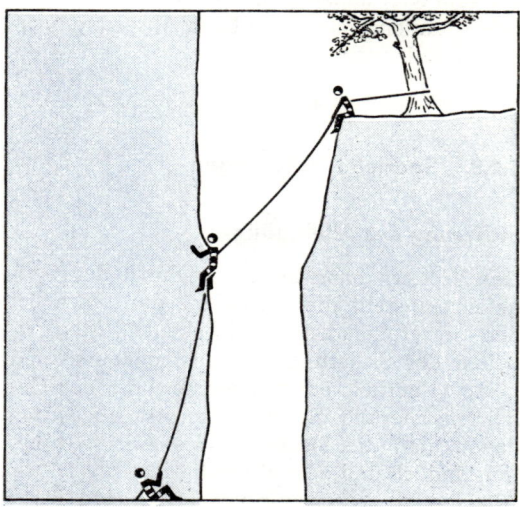

Abb. 150   Schwebesicherung

rabinerhaken umgelenkt, es kann aber auch unmittelbar vom Fixpunkt aus gesichert werden. (Abb. 150) Wichtig ist, daß der Kletterer gut beobachtet werden kann.

Das **Schwebeseil** befestigt der Vorsteiger zusätzlich an seinem Anseilgurt. Hierzu ist die Verwendung eines Schraubkarabiners möglich, da keine große Belastung beim Sturz auftritt. Bei der Schwebe kann deshalb auch ein Halbseil verwendet und statisch gesichert werden. Das Seil soll nicht locker hängen. Es darf aber auch nicht so straff geführt werden, daß der Kletterer durch den Seilzug von der Wand weggezogen oder beim Höhersteigen unterstützt wird.

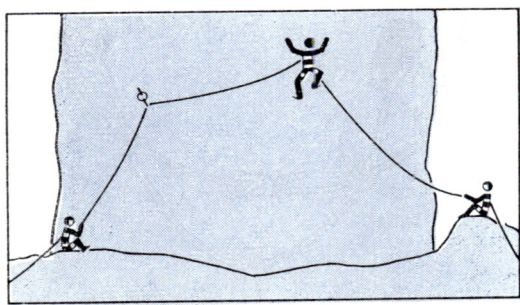

Abb. 151 Abzug

Der **Abzug** (Abb. 151) dient dazu, ein Anschlagen des Gestürzten am Fels zu verhindern, zumindest aber die Wucht des Anpralls zu mindern. Er findet vor allem bei längeren Quergängen Anwendung, wird aber auch in Verbindung mit Schwebesicherung benutzt. Dabei wird ein zusätzliches Seil vom Kletterer zu einem Fixpunkt geführt, der sich entgegengesetzt zur erwarteten Sturzsicherung, jedoch unterhalb des Kletterers befindet. Während der Kletterer von hinten gesichert wird, das Sicherungsseil also auch in Zwischensicherungen eingehängt wird, muß das Abzugsseil in gleichem Tempo locker eingezogen werden. Bei einem Sturz ist es straff anzuziehen, so daß ein Zurückpendeln des Kletterers vermieden wird. Diese Sicherung erfordert große Aufmerksamkeit, ist aber sehr wirkungsvoll.

Eine weitere Anwendungsform ist der **Rückenabzug** für den Vorsteiger. Er ist in Wänden mit scharfkantigen Platten u. ä. zu empfehlen. Bei einem Sturz wird das Abzugsseil schnell eingezogen und verhindert ein hartes Anschlagen an die Wand. Schließlich kann bei

Quergängen auch dem Nachsteiger von hinten Abzug gegeben werden.

Sicherungsübungen

Beim Abfangen eines Sturzes können erhebliche Belastungen auftreten. Wer noch nie einen Sturz zu halten hatte, kann sich kaum eine Vorstellung darüber machen, aber auch Personen, die bereits mehrfach Stürze gehalten haben, müssen dabei nicht die maximale Belastung erfahren haben. Es ist daher zu empfehlen, Sicherungsübungen durchzuführen, um eine Vorstellung von den auftretenden Belastungen zu bekommen und das Gefühl für das dynamische Abbremsen eines Sturzes zu erhalten.

Diese Sicherungsübungen können auf verschiedene Weise durchgeführt werden. Es eignen sich dazu im Prinzip alle Stellen im Gelände, an denen der freie Fall eines Gegenstandes, z. B. eines Sandsackes, vollzogen werden kann. Bei allen Sicherungsübungen ist zu beachten:
- nur dynamische und körperferne Sicherung durchführen;
- stets einen absolut sicheren Fixpunkt verwenden;
- nur ausgesondertes Sicherungsmaterial verwenden;
- mit Gewichten von maximal 400 N beginnen.

Es sollten dabei Sturzbelastungen in beiden Richtungen, also nach oben und unten, geübt werden. Da sich bei Sturzbelastung nach oben der Sichernde gegebenenfalls unter dem Gewicht befindet, muß der Standplatz in sicherer Entfernung eingerichtet werden.

Eine andere Möglichkeit, Sturzbelastungen zu simulieren, ist der sogenannte Autotest. (Abb. 152) Dazu wird das Seil am Heck eines Autos befestigt, als Sicherungsfixpunkt dient ein starker Baum. Das Auto rollt mit geringer Geschwindigkeit an (maximal 15 bis 20 km/h, je nach Masse des Fahrzeuges) und wird dann sofort ausgekuppelt. Die Länge des Seils zwischen Auto und Sicherungspunkt ergibt sich aus dem angenommenen Sturzfaktor. Auch wenn die Verhältnisse hierbei nicht den realen Sturzbedingungen entsprechen – zu geringe Geschwindigkeit und zu große abzubremsende Masse –, vermittelt diese Übung doch das Gefühl für das dynamische Bremsen eines Sturzes. Um die Wucht selbst so geringer Belastungen wie das In-die-Sicherung-Rutschen des Nach-

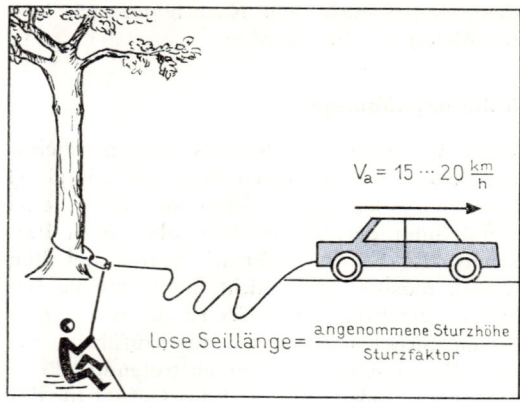

$$V_a = 15 \cdots 20 \frac{km}{h}$$

$$\text{lose Seillänge} = \frac{\text{angenommene Sturzhöhe}}{\text{Sturzfaktor}}$$

Abb. 152   Autotest

steigers zu demonstrieren, kann folgende Übung durchgeführt werden. Der Sichernde steht am äußersten Rand eines 1-m-Sprungbrettes eines Schwimmbades. Sein Partner schwimmt im Wasser und hält mit einer Hand das am Brustgurt des „Sichernden" befestigte Seilstück, mit der anderen Hand zieht er sich am Brett hoch und läßt sich unterhalb des Brettes ins Wasser fallen. Diese Übung kann auch an anderen geeigneten Orten durchgeführt werden, z. B. in der Sprunggrube der Turner.

3.2.9. Abseilen

Einrichten der Abseilstelle

Auf den meisten Gipfeln der Mittelgebirge sind Abseilringe oder -ösen vorhanden. Das Seil wird von einem Ende her durch die Abseilöse geführt und in armlangen Schlingen aufgenommen. Ist die Seilmitte erreicht, wird nach unten das Kommando „Seilwurf!" gegeben und einige Sekunden danach das Seil im leichten Bogen in die Wand geworfen. Es ist darauf zu achten, daß es nicht an Bäumen oder anderen Hindernissen hängenbleibt. Dann ist es erneut aufzunehmen und nochmals zu werfen.

Muß an natürlichen oder von der Seilschaft angebrachten Fixpunkten abgeseilt werden, müssen diese absolut zuverlässig sein. Kann ihre Festigkeit nicht sicher eingeschätzt werden, ist ein zweiter Fixpunkt anzubringen. Beide werden mit einer Schlinge von mindestens 5 mm Durchmesser verbunden. Diese wird an jedem Fixpunkt mit einem Sackstich

eingehängt und die freien Enden miteinander verknotet. (Abb. 153) Das Seil wird so durch die Schlinge geführt, daß es auch bei Ausbruch eines Fixpunktes aufgehängt bleibt. Die Schlinge darf dabei nicht verkreuzt werden, um das Abziehen des Seiles nicht zu erschweren. Auch beim Abseilen an natürlichen Fixpunkten ist eine Schlinge zu verwenden. Sie erleichtert das Abziehen des Seiles und vermeidet zugleich Felsbeschädigungen.

Die beiden Seilstränge müssen frei nach unten hängen und auf keinen Fall verdreht sein. Wird an zwei zusammengebundenen Seilen abgeseilt, ist der Verbindungsknoten (Spierenstich oder Bandschlingenknoten) so anzubrin-

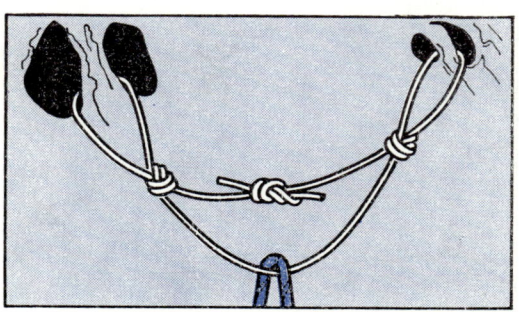

Abb. 153   Verbinden zweier Fixpunkte zum Abseilen

gen, daß sich das Seil leicht abziehen läßt. Bei Abseilringen soll er so sitzen, daß das Seil nach unten aus dem Ring herausgezogen werden kann.

Vermeiden sollte man, ständig die gleiche Stelle des Seiles durch die Umlenkung in der Abseilöse zu belasten. Bei kürzeren Abseilstellen läßt man einen Seilstrang nur so lang, daß der Boden erreicht wird. Das ist auch beim Abziehen des Seils von Vorteil.

Es ist zu vermeiden, die Enden des Seiles zusammenzuknoten. Ein Knoten kann sich beim Aufziehen verklemmen. Kann nicht genau eingeschätzt werden, ob das Seil bis zum Wandfuß bzw. bis zum nächsten Standplatz reicht, muß mit Selbst- oder Gefährtensicherung abgeseilt werden.

Abseilmethoden

Um Abseilen zu können, muß zwischen Seil und den Abseilenden eine Reibung erzeugt werden. Diese muß die Schwerkraft nahezu

Abb. 154 Dülfersitz

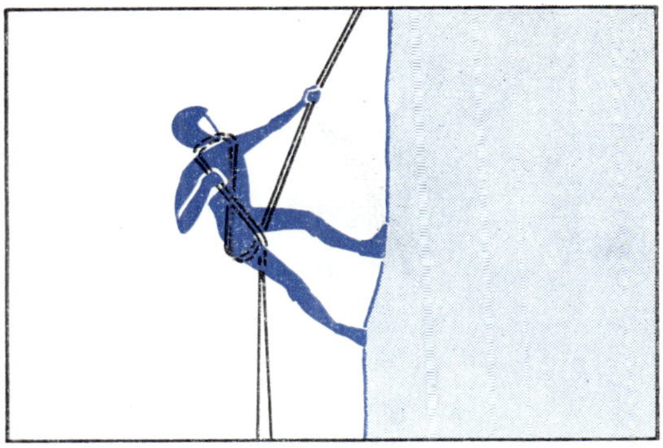

Abb. 155 Geschlossener Dülfersitz

(in der Bewegung) oder vollständig (beim Unterbrechen der Abseilbewegung) kompensieren. Die Reibung kann durch Seilführung um den Körper oder durch ein Bremsglied erzeugt werden.

Eine der ältesten und einfach zu handhabenden Abseilmethoden ist der **Dülfersitz**. (Abb. 154) Man stellt sich dazu mit dem Blick zur Abseilöse und hat das Seil zwischen den Beinen. Die linke Hand dient als Führhand und nimmt das von der Öse kommende Seil auf. Die rechte Hand ergreift das nach unten hängende Seil und führt es außen um den rechten Oberschenkel und schräg über die Brust zur linken Schulter, von der es über den Rücken herabhängt. Beim Abseilen erfaßt die rechte Hand das Seil hinter dem Rücken und reguliert die Abseilgeschwindigkeit, während die linke das Gleichgewicht hält.

Da man oft keinen guten Stand zum Einseilen hat, kann man es auch im Sitzen tun. Man setzt sich dazu mit dem Blick ins Tal so neben die Öse, daß sich diese neben dem linken Oberschenkel befindet. Das Seil läuft über den linken und unter dem rechten Schenkel hindurch, dann über die Brust zur linken Schulter und zum Rücken. Mit der linken Hand faßt man das Seil dicht neben der Öse und dreht den Körper auf diese zu, so daß man im Abseilsitz hängt.

Beim Abseilen im Dülfersitz werden vor allem die linke Schulter und der rechte Oberschenkel durch das um den Körper laufende Seil belastet. An diesen Stellen ist die Reibung am größten. Um unangenehme Wärmeeinwirkung zu vermeiden, ist eine entsprechend dicke Kleidung zu tragen. Kleidungsstücke aus synthetischen Fasern sind ungeeignet, da sie unter der Wärmeeinwirkung

schmelzen können. Der Hals ist durch Hochschlagen des Kragens zusätzlich zu schützen.

Der Dülfersitz hat den Vorteil, daß er ohne Hilfsmittel realisiert werden kann. Er birgt allerdings die Gefahr von Verbrennungen in sich, hervorgerufen durch zu schnelles Abseilen oder durch zu dünne Kleidung. Beim Abseilen mit Dülfersitz ist unbedingt auf ordnungsgemäße Seilführung zu achten. Um ein Abrutschen des Seiles von der linken Schulter und damit das Auflösen des Dülfersitzes zu verhindern, muß sich die Führhand immer in Kopfhöhe befinden.

Schlingen oder ein zweites zusammengelegtes Seil sind über das zum Dülfersitz geführte Seil zu hängen. Sie könnten sonst durch die Wärmeeinwirkung beschädigt werden.

Soll bewußt eine größere Reibung erzeugt werden, z. B. beim Abseilen mit Gepäck, kann das durch den **geschlossenen Dülfersitz** erreicht werden. Dazu wird das am Rücken herunterhängende Seil nochmals um den Hals über die rechte Schulter geführt und vorn zwischen die Beine genommen. (Abb. 155)

Als Bremsglied beim Abseilen hat sich der **Abseilachter** eingeführt. Eine Schlaufe des Seiles

Abb. 156 Seilverlauf im Abseilachter

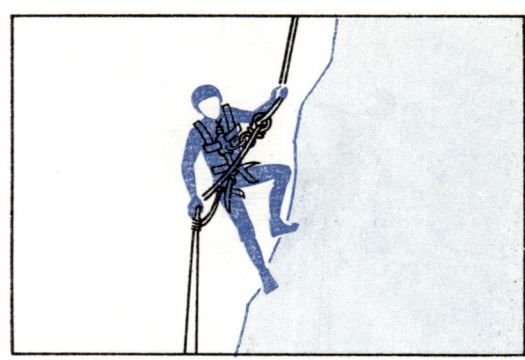

Abb. 157 Abseilen mit Abseilachter und Selbstsicherung

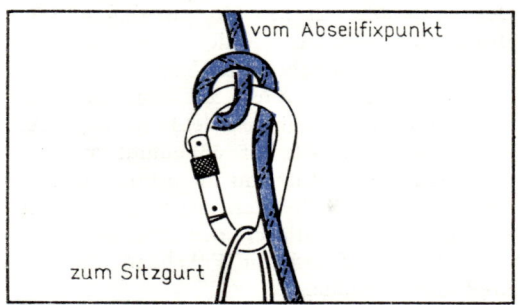

Abb. 158 Richtige Seilführung beim Abseilen mit HMS-Karabinerhaken

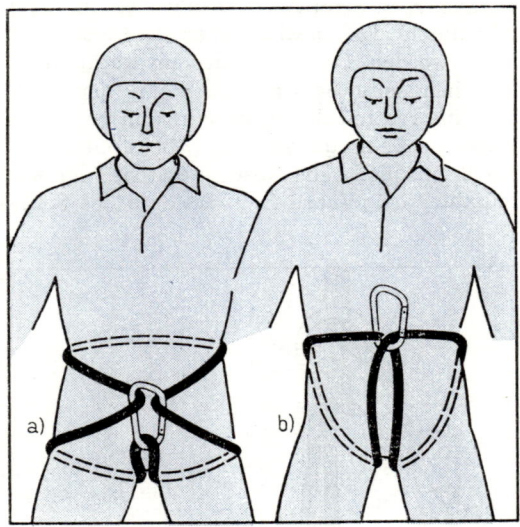

Abb. 159 Sitzschlingen zum Abseilen
a – Julischlinge; b – Achterschlinge.

wird durch die große Öffnung desselben hindurchgesteckt und um die kleine Öse herumgelegt. (Abb. 156) Dabei liegt das von der Abseilöse kommende Seil links. Mit einem Schraubkarabinerhaken wird der Abseilachter in die Sitzgurtschlinge eingehängt. Während die linke Hand wieder als Führhand dient, reguliert die rechte durch Verändern des Winkels des nach unten hängenden Seiles die Geschwindigkeit. Dieses Seil wird rechts neben dem Körper geführt.

Das Abseilen ist auch mit einem HMS-Karabinerhaken möglich. (Abb. 158) Mit dem Seil wird ein Halbmastwurf gebildet und in den HMS-Karabinerhaken eingehängt. Der Knoten erzeugt die zum Abseilen erforderliche Reibung. Beim Abseilen mit Halbmastwurf ist darauf zu achten, daß sich das nach unten führende Seil niemals auf der Seite der Karabinerhakenfalle befindet. Das kann zum Aufdrehen der Verschraubung, zum Öffnen der Falle und damit zum Auflösen des Halbmastwurfes führen.

Beide Methoden haben den Vorteil, daß der Körper nicht durch die Reibung des Seiles belastet wird. Ein Auflösen des Abseilsitzes, wie beim Dülfersitz möglich, ist bei richtiger Handhabung ebenfalls ausgeschlossen. Das Abseilen mit Abseilachter oder Halbmastwurf enthält allerdings die Gefahr des Nachhintenkippens des Oberkörpers, was durch Anwendung einer Prusikschlinge verhindert werden kann. Nachteilig ist auch, daß bei Benutzung von Abseilhilfen die Nutzungsdauer des Seiles verkürzt wird. Es muß in jedem Fall seilschonend, d. h. langsam abgeseilt werden.

Wenn kein Sitzgurt vorhanden ist, können Abseilachter oder HMS-Karabinerhaken auch an einer sogenannten **Julischlinge** befestigt werden. Eine lange Schlinge ist dazu doppelt um das Gesäß zu legen. Der obere Strang der Schlinge muß auf den Beckenknochen liegen. Ein Strang wird durch die Beine nach vorn gezogen, zwei weitere von links und rechts um die Hüften. (Abb. 159 a) Die so entstandenen drei Schlaufen werden mittels Schraubkarabiner in den Abseilachter bzw. in den Karabinerhaken gehängt. Steht keine derartige lange Schlinge zur Verfügung, kann auch eine kurze Schlinge verwendet werden, die zu einer Acht geformt wird. In die beiden Augen der Acht steigen beide Beine. Die Schlinge wird bis zum Schritt gezogen und der Karabinerhaken in das Kreuz der zur Acht geformten Schlinge gehängt. Es ist zweckmäßig, für diese Schlingen Bandmaterial zu verwenden. (Abb. 159 b)

Verhalten beim Abseilen

Wie schon dargestellt, dient die linke Hand als Führhand, während die rechte Hand die Geschwindigkeit reguliert. Die Beine sind leicht gebeugt und unterstützen ebenfalls den Erhalt des Gleichgewichtes. Der Körper nimmt eine leicht gebeugte Haltung ein. Die Beine stehen nahezu senkrecht am Fels. Das gesamte Körpergewicht wird vom Sitz aufgenommen, die linke Hand nimmt keine Last auf. Es wird mit gleichmäßigem Tempo abgeseilt, wobei die Füße an der Wand „herunterlaufen". Ruckartige Bewegungen (Sprünge) sind zu vermeiden. Hat das erste Mitglied der Seilschaft den Wandfuß bzw. Standplatz erreicht, prüft es, ob sich das Seil abziehen läßt. Gegebenenfalls muß die Lage des Seiles durch die folgenden Seilpartner verändert werden. Nach jedem Abseilen ist das Seil einige Zentimeter weiterzuziehen, um eine ständige Belastung der gleichen Seilstelle zu vermeiden. Durch das Kommando „Seil frei" wird den folgenden Partnern das Beenden des Abseilens mitgeteilt.

Vor dem Abziehen des Seiles prüft man, ob die beiden Stränge miteinander verdreht sind. Ist eine eventuelle Verdrehung beseitigt, zieht man das Seil gleichmäßig an einem Ende ab. Befindet sich an der Abseilstelle ein Abseilring, muß an dem Seilende gezogen werden, das unten aus dem Ring herausläuft. Anderenfalls drückt der Zug den Ring auf das untere Seil und behindert das Abziehen. Läßt sich das Seil schwer ziehen, führt man mit dem freien Strang wellenförmige Schleuderbewegungen aus, um das Seil zu lockern. Gleichzeitig wird am anderen Ende gezogen. Zweckmäßig ist es, dabei so weit wie möglich von der Wand wegzugehen.

Sichern beim Abseilen

Anfänger und Kinder sind beim Abseilen grundsätzlich mit Gefährtensicherung durch ein von oben kommendes Seil zu sichern. In anderen Fällen kann auch eine gleitende Selbstsicherung mittels einer kurzen Prusikschlinge benutzt werden (s. Abb. 157). Der Prusikknoten wird unterhalb des Abseilachters am Seil befestigt und in eine der Beinschlaufen des Sitzgurtes gehängt. Die Brems-

hand nimmt den Knoten beim Abseilen mit. Bei ruckartiger Belastung (Sturz) zieht er sich zu und blockiert weiteres Abseilen. Diese Methode der Abseilsicherung ermöglicht es auch, an jeder beliebigen Stelle anzuhalten und beide Hände vom Seil zu nehmen, um z. B. eine hängengelassene Schlinge zu entfernen. Wird im Dülfersitz abgeseilt, verwendet man zur gleitenden Selbstsicherung eine längere Prusikschlinge. Ihr Knoten wird durch die Führhand am Seil mitgenommen.

3.3. Das Training des Felskletterers

Das Ziel jedes klettersportlichen Trainings ist die Erhöhung und Erhaltung der für das Felsklettern notwendigen Leistungsfähigkeit. Die Erfüllung dieser Zielstellung erfordert einen pädagogischen Prozeß. In ihm sind alle wissenschaftlich fundierten Methoden und komplexen Maßnahmen, die der Erreichung des Trainingszieles dienen, zu koordinieren. Die Leistungsfähigkeit eines Felskletterers resultiert aus einer Summe von Faktoren, deren trainingsmäßige und erzieherische Beeinflussung ihre Zuordnung zu den Bereichen

- Konditionstraining
- Techniktraining und
- Taktiktraining erfordert.

Die Kletterpraxis, als zugleich beste Trainingsform, steht den wenigsten Kletterern zeitlich ausreichend zur Verfügung. Sobald sich die Klettermöglichkeiten nur auf das Wochenende beschränken, muß man den Begriff bergfern gebrauchen. Viele Kletterer haben aus den unterschiedlichsten Gründen keine Möglichkeit eines organisierten Trainings zwischen den Kletterfahrten. Andere belassen es bei den regelmäßigen Felstouren am Wochenende. Für alle diese Kletterer ist ein Ausgleichs- und Zusatztraining zur Erhaltung der Leistungsfähigkeit notwendig. Zwangsläufig beinhaltet es mehr die konditionelle Seite. Ein gleichzeitiges Techniktraining hängt von den vorhandenen Möglichkeiten ab, z. B. Mauerwerk, Turnhalle und ähnlichem. Mit strukturverwandten Bewegungsformen läßt sich dort die Technik zumindest simulieren.

Felskletterer, die an ihrer individuellen Leistungsgrenze klettern, auch wenn diese nur eine VI ist, müssen hohe Anforderungen erfüllen. Die Leistungsfähigkeit läßt sich durch regelmäßiges Training erhöhen. Die Verbesserungen im konditionellen Bereich vergrößern die Basis zum Erlernen und Weiterentwickeln der Klettertechniken.

Eine Leistungssteigerung im Felsklettern ist jedoch nicht allein mit den angestrebten Trainingszielen in den Bereichen Kondition und Technik zu erreichen. In den Bereich des Taktiktrainings fällt auch die charakterliche Vervollkommnung des Kletterers. Neben den zur Ausübung des Klettersports erforderlichen theoretischen Kenntnissen und dem Wissen, das für eine effektive Mitarbeit im Training erforderlich ist, sind noch sportartspezifische Schwerpunkte zu vermitteln, z. B. Unterstützung der Aktivitäten zum Schutz der Natur im Klettergebiet. Ein Fortbestand der Spezifik des sächsischen Felskletterns verlangt die bewußte Einhaltung der Kletterregeln. Die Motivationen zu klettersportlichen Höchstleistungen müssen gleichzeitig an die Entwicklung eines ausgeprägten Sicherheitsbewußtseins gebunden sein.

3.3.1. Anforderungen an den Felskletterer

Sportliche Leistungen im Felsklettern erfordern die bewußte Ausbildung der bestimmenden Leistungsfaktoren im Training. Dabei muß sich der Kletterer zugleich mit einigen Grundfragen seiner Sportart auseinandersetzen. Dazu zählen:
– reales Einschätzen der Anforderungen und Gefahren des Felskletterns;
– Übereinstimmung von Leistungsfähigkeit und sportlicher Zielstellung;
– persönliche Motivation zum Klettern.

Als wesentliche Leistungsfaktoren im Felsklettern sind Kondition, Technik und psychische Eigenschaften zu betrachten, deren optimale Entwicklung Inhalt des Trainings ist. Unter dem Leistungsfaktor Kondition sind die körperlichen Fähigkeiten Kraft, Ausdauer, Schnelligkeit und Beweglichkeit zu verstehen. Im Felsklettern dominiert die Kraftausdauer, sie ist eine Mischform aus den Fähigkeiten Kraft und Ausdauer. Das Klettern im Extrembereich verlangt gleichzeitig eine große Maximalkraft. Die reine Ausdauerfähigkeit spielt nur eine Rolle, wenn zugleich alpine Leistungsziele angestrebt werden. Die Schnelligkeit hat keine für das Felsklettern spezifische Bedeutung, sie bedarf keiner trainingsmäßigen Beachtung.

Die Kraftfähigkeit in ihren verschiedenen Erscheinungsformen drückt sich in der Arbeits-

leistung der Muskeln aus. Beim Felsklettern werden fast alle Muskeln des Körpers beansprucht. Einige große Muskelgruppen muß man jedoch hervorheben. Bei den Beinen sind es besonders die Beinstrecker, die die Körperlast anheben. Am Oberschenkel ist es der vordere, am Unterschenkel der hintere Bereich. An den Armen sind es sowohl die Beuger als auch die Strecker, einschließlich der Hand- und Fingermuskulatur. Am Rumpf sind es die Muskeln des Schultergürtels, der Brust und des Rückens. (Abb. 160 u. 161)

Bei den verschiedenen Klettertechniken werden unterschiedliche Muskelgruppen mehr oder weniger beansprucht. (Tab. 7)

Der technisch-koordinative Leistungsfaktor umfaßt die Beherrschung aller erforderlichen Klettertechniken. Da im Verlauf einer Klettertour meist mehrere Techniken, auch als Mischformen, vorkommen, muß jede einseitige Ausbildung oder Vernachlässigung einer Technik vermieden werden. Die Qualität der Beherrschung einer Klettertechnik und der dafür er-

Tabelle 7: Klettertechnik und belastete Muskelgruppen (nach Radlinger/Iser/Zittermann)

Muskelgruppe:	Reibung	Wand	Stemmtechnik	Spreiztechnik	Klemmtechnik	Schulterklemmtechnik	Hangel	Zugtechnik	Zug-Beineinsatz	Zug-Stütztechnik	Zug-Stütz-Beineinsatz
Hand/Finger		+			+	+	+	+	+		
Oberarm vorn		+			+	+	+	+	+	+	
Oberarm hinten			+	+		+				+	+
Unterarmbeuger					+		+	+	+	+	
Brust		+	+	+	+	+	+	+	+	+	+
Schulter		+	+	+	+	+	+	+	+	+	+
Rücken		+		+	+	+	+	+	+	+	+
Bauch									+		+
Hüftbeuge	+										
Gesäß	+										
Oberschenkel v.	+	+	+	+	+	+			+		+
Oberschenkel h.				+							
Unterschenkel h.	+	+	+	+	+	+					
Fuß	+	+									

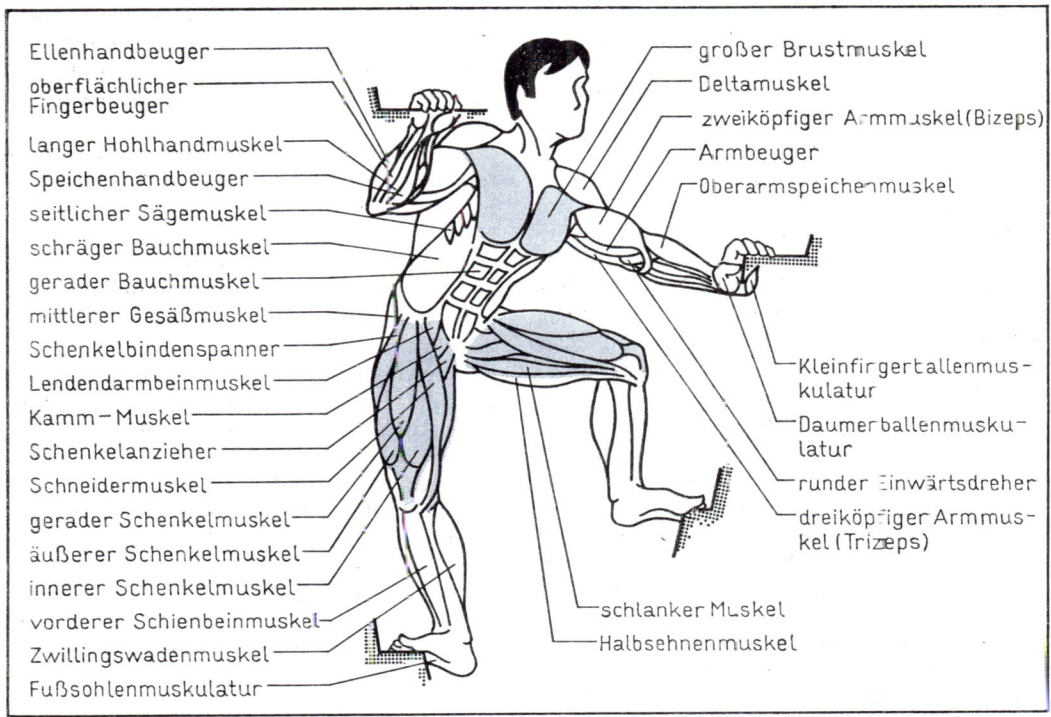

Ellenhandbeuger
oberflächlicher Fingerbeuger
langer Hohlhandmuskel
Speichenhandbeuger
seitlicher Sägemuskel
schräger Bauchmuskel
gerader Bauchmuskel
mittlerer Gesäßmuskel
Schenkelbindenspanner
Lendendarmbeinmuskel
Kamm–Muskel
Schenkelanzieher
Schneidermuskel
gerader Schenkelmuskel
äußerer Schenkelmuskel
innerer Schenkelmuskel
vorderer Schienbeinmuskel
Zwillingswadenmuskel
Fußsohlenmuskulatur

großer Brustmuskel
Deltamuskel
zweiköpfiger Armmuskel (Bizeps)
Armbeuger
Oberarmspeichenmuskel
Kleinfingerballenmuskulatur
Daumenballenmuskulatur
runder Einwärtsdreher
dreiköpfiger Armmuskel (Trizeps)
schlanker Muskel
Halbsehnenmuskel

Abb. 160 Muskelgruppen mit Belastung beim Felsklettern (Vorderansicht; nach Radlinger/Iser/Zittermann)

Abb. 161 Muskelgruppen mit Belastung beim Felsklettern (Rückansicht; nach Radlinger/Iser/Zittermann)

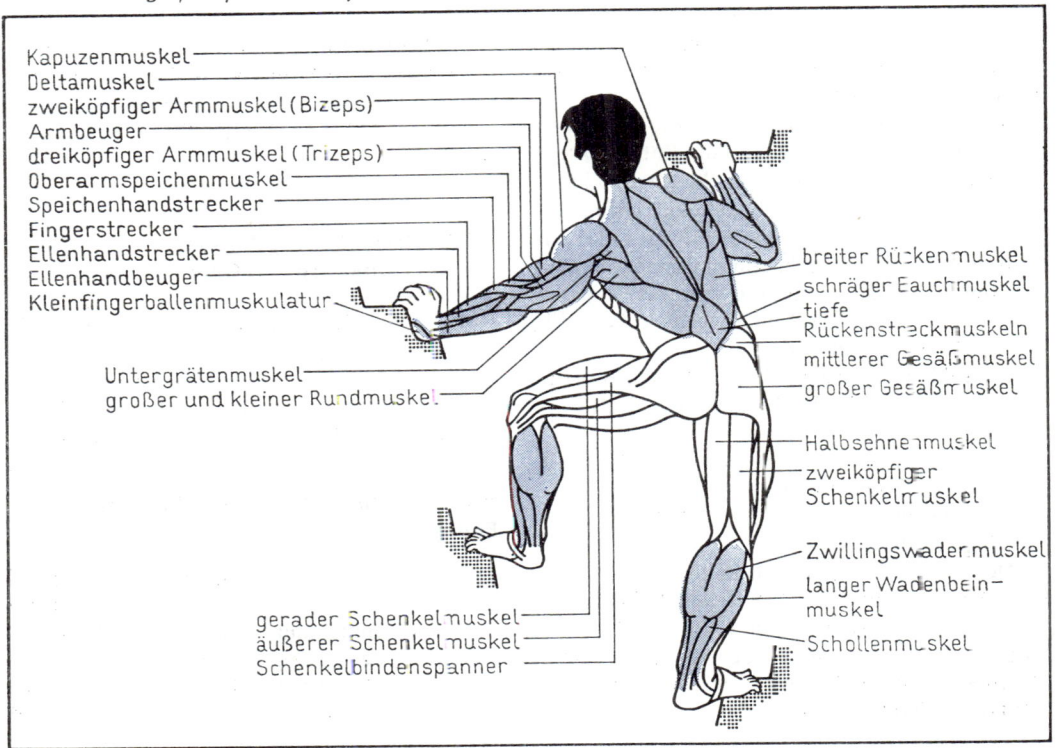

Kapuzenmuskel
Deltamuskel
zweiköpfiger Armmuskel (Bizeps)
Armbeuger
dreiköpfiger Armmuskel (Trizeps)
Oberarmspeichenmuskel
Speichenhandstrecker
Fingerstrecker
Ellenhandstrecker
Ellenhandbeuger
Kleinfingerballenmuskulatur

Untergrätenmuskel
großer und kleiner Rundmuskel

breiter Rückenmuskel
schräger Bauchmuskel
tiefe Rückenstreckmuskeln
mittlerer Gesäßmuskel
großer Gesäßmuskel
Halbsehnenmuskel
zweiköpfiger Schenkelmuskel
Zwillingswadenmuskel
langer Wadenbeinmuskel
Schollenmuskel

gerader Schenkelmuskel
äußerer Schenkelmuskel
Schenkelbindenspanner

forderliche Zeitaufwand werden vor allem durch folgende Faktoren bestimmt:

- umfassende konditionelle Grundausbildung als Basis für die Entwicklung spezieller Fähigkeiten im Felsklettern;
- vielseitige allgemeine Koordinationsfähigkeit;
- Überwinden psychischer Hemmungsfaktoren und Erreichen einer hohen Leistungsbereitschaft.

Konstitutionelle Eigenheiten des Sportlers können die Ausführung einzelner Techniken unterschiedlich beeinflussen, insgesamt aber besitzen sie keine sportarttypische Bedeutung. Die Beweglichkeit, eine motorische Fähigkeit, die von konstitutionellen Komponenten geprägt wird, beeinflußt sowohl die konditionellen als auch die koordinativen Fähigkeiten. Sie wird im Training oft nicht genügend beachtet. Eine hohe Beweglichkeit vergrößert einerseits den Kraftansatz der Muskeln, andererseits erzeugt sie die flüssigen und harmonischen Kletterbewegungen.

Den psychischen Eigenschaften kommt in der Leistungsstruktur des Felskletterns eine besondere Bedeutung zu. Beim extremen Klettern kann ihre Wertigkeit mit mehr als der Hälfte der drei genannten Leistungsfaktoren eingeschätzt werden. Ein Mangel an Kondition oder an Klettertechnik läßt sich durch überdurchschnittliche Ausbildung eines dieser Faktoren meist ausgleichen, was im Bereich der Psyche nicht möglich ist.

Zu den wichtigsten psychischen Eigenschaften des Felskletterers gehören Mut, Entschlossenheit und Willensstärke. Dazu kommen Eigenschaften, die erst erworben oder aufgebaut werden müssen. Vorrangig sind dies das situationsgerechte Einschätzungsvermögen und die fundierte Überzeugung von der eigenen Überlegenheit. Im Training werden diese Eigenschaften entwickelt durch:

- Auswahl von Wegen, die in ihren Anforderungen den Möglichkeiten des Kletterers entsprechen;
- eine optimale Sicherung, die Angstgefühle weitgehend ausschließt;
- eine Vielzahl von Wegen zur Erhöhung des Fels„gefühls";
- Klettern von Wegen, die in technischen Anforderungen und konditionellen Belastungen maximale Zielvorstellungen vorbereiten.

Alle Maßnahmen zur Verbesserung des psychischen Leistungsfaktors setzen einen guten physischen Trainingszustand voraus.

Der Felskletterer muß aber auch umfangreichen technischen Anforderungen, die zur Gewährleistung seiner und der Sicherheit der ganzen Seilschaft notwendig sind, gerecht werden. Dazu gehört die Beherrschung und richtige Anwendung der Seil- und Sicherungsmittel. Die erforderlichen Knoten, die richtige Anbringung der Sicherungsschlingen, das Einbinden, das Abseilen sowie die Handhabung dynamischer Sicherungsmethoden sind zu erlernen. Aber auch die Selbstrettung und Bergung klappt im Ernstfall nur, wenn sie genügend trainiert wurde.

Die Ausübung des Klettersports und Gestaltung des Trainings verlangt ein vielschichtiges theoretisches Wissen. Das Wissen über die biologischen Auswirkungen sportlichen Trainings läßt sich in Verbindung mit den Kenntnissen über die Belastungsgestaltung zweckdienlich anwenden. Besonders wichtig sind diese Wissenskomplexe für Kletterer, die ihr Training individuell gestalten.

Der Bereich des Taktiktrainings ist im Klettersport sehr umfassend. Die Regelordnung vermittel die Verhaltensnormen für die Ausübung des Felskletterns. Für ein richtiges Verhalten im Gebirge sind Kenntnisse zum Landschafts- und Naturschutz erforderlich, und die Praxis des Felsklettern verlangt vielfältiges theoretisches Wissen.

Der Kletterführer letztlich gibt nicht nur Orientierung für die Wahl des Kletterweges, er gibt Einblick in die Geologie, Geographie und historische klettersportliche Erschließung der Klettergebiete.

3.3.2. Grundwissen für die Trainingsgestaltung

Hohe Zielstellungen im Felsklettern verlangen ein planmäßiges Training. Die richtige Gestaltung eines solchen Prozesses setzt einige Grundkenntnisse über biologische Zusammenhänge und Trainingsmethodik voraus.

Muskelaufbau, Nerv-Muskel-Prozesse, Energiehaushalt

Jede Bewegungshandlung im Training oder beim Klettern beruht auf der Arbeitsleistung der Skelettmuskulatur. Die Muskeln als aktiver Bewegungsapparat sind durch die Art ihrer Befestigung am Knochen in der Lage, Hebelwirkungen zu erzielen. So läßt sich der

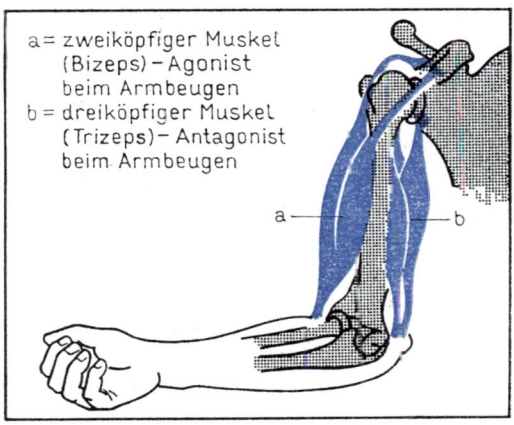

a = zweiköpfiger Muskel
(Bizeps) – Agonist
beim Armbeugen
b = dreiköpfiger Muskel
(Trizeps) – Antagonist
beim Armbeugen

Abb. 162 Befestigung der Muskeln am Skelett

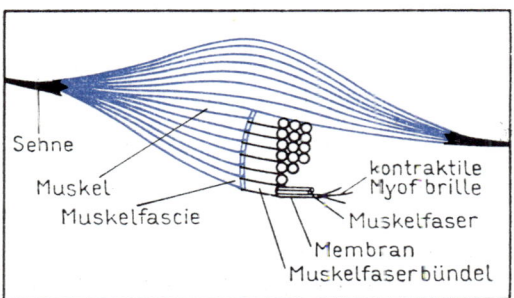

Sehne
Muskel
Muskelfascie
kontraktile Myofibrille
Muskelfaser
Membran
Muskelfaserbündel

Abb. 163 Aufbau des Skelettmuskels

passive Bewegungsapparat, das Stützskelett, bewegen. (Abb. 162).

Der Skelett- oder quergestreifte Muskel besteht aus Muskelbündeln, diese aus Muskelfasern. Bei großen Muskeln, wie den Bizeps, sind es weit über eine Million. Die Muskeln sind von einer Fascie umhüllt und gehen an ihren Enden in Sehnen über, die mit dem Knochen verwachsen sind. Die Skelettmuskulatur ist durch den Willen beeinflußbar.

Die Fähigkeit der **Muskelfaser,** sich zusammenzuziehen, ermöglicht die Bewegungsarbeit. Ein und derselbe Muskel hat bei den einzelnen Menschen eine unterschiedliche Anzahl von Muskelfasern. Als kleinste Einheit gliedert sie sich nochmals in Bauteile. (Abb. 163) Eine Membran umgibt die Grundsubstanz, das Sarkoplasma. Diese enthält die Mitochondrien, sie sind verantwortlich für den Stoffwechsel und die Speicherung der Energieträger. Durch das Sarkoplasma ziehen sich feine Fäden, die Myofibrillen. Diese ziehen sich auf Impulse des motorischen Nervensystems zusammen,

sie kontrahieren sich und führen die eigentliche Muskelbewegung aus. Während die Anzahl der Muskelfasern erblich festgelegt und nicht änderbar ist, können sich die Myofibrillen sowohl nach der Größe als auch nach der Anzahl ändern.

In einem Muskel können die Anteile der einzelnen **Muskelfasertypen** sehr unterschiedlich angelegt sein. Es gibt die sich langsam kontrahierenden ST-Fasern und die sich schnell kontrahierenden FT-Fasern. Die ST-Fasern, durch den hohen Myoglobingehalt auch rote Fasern genannt, haben eine gute Ausdauerfähigkeit und reagieren auf Anforderungen bis zu 25 Prozent der Maximalkraft. Die FT-Fasern, durch den geringen Myoglobingehalt als weiße Fasern bezeichnet, haben eine bis zum Zehnfachen höhere Kraftentfaltung, ermüden aber schnell. Die FT-Fasern unterteilen sich nach der Art ihrer Energiebereitstellung nochmals in FTO- und FTG-Fasern. Die FTO-Fasern haben gleich den ST-Fasern eine vorwiegend oxydative Energieumwandlung, die FTG-Fasern dagegen eine glykolytische Energieumwandlung. Die Ausstattung mit ST- und FT-Fasern ist erblich festgeschrieben und durch Training nicht zu verändern. Innerhalb der FTG- und FTO-Fasern ist aber eine Umwandlung durch gesteuerte Trainingsreize möglich. Die differenzierte Anlage der Fasertypen in den einzelnen Muskeln äußert sich in den speziellen Erscheinungsformen der Kraft, z. B. Schnellkraft beim Sprinter. Eine trainingsmäßige Beeinflussung zu noch speziellerer Ausprägung einer sportlichen Fähigkeit ist nur in Richtung des vorgegebenen Muskeltyps sinnvoll.

Die Auslösung und Steuerung der Muskelkontraktion geht vom Gehirn aus. Der ausgesandte Reiz erreicht über das Rückenmark die Vorderhornzelle und über die motorischen Nervenbahnen die Muskelfasern. (Abb. 164) Die an eine Nervenzelle gekoppelten Muskelfasern gehören alle dem gleichen Fasertyp an. Ihre Anzahl kann dabei sehr unterschiedlich sein, oft sind es mehrere hundert. Die Nervenzelle bildet mit den dazugehörigen Muskelfasern eine **motorische Einheit.** Diese Konstellation ist angeboren und durch Training ebenfalls nicht veränderbar. Der Impuls einer Zelle läßt alle Fasern der Einheit kontrahieren. Die Kraftfähigkeit einer motorischen Einheit wird durch die Anzahl ihrer Fasern bestimmt. Die Größe der aufgebrachten Kraft resultiert aus der Anzahl der beteiligten Ein-

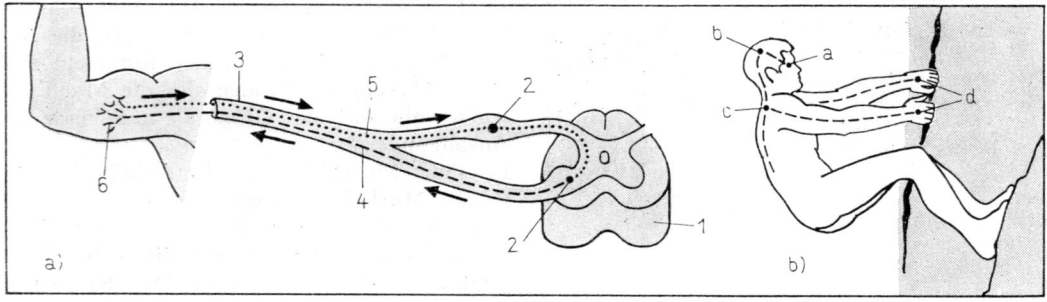

Abb. 164   Darstellung der Nerv-Muskel-Prozesse

I – Schema der motorischen Einheit
(nach Hartmann/Tünnemann)
1 = Rückenmark, 2 = Zellkörper,
3 = Rückenmarksnerv, 4 = motorische
Nervenfaser, 5 = sensible Nervenfaser, 6 = Muskel mit Muskelfasern;

II – Schema der Sinneswahrnehmung
und Muskelreaktion
a = Blick zur Hangel (optische Wahrnehmung), b = Weiterleitung zum
Gehirn, c = Impuls über das Rükkenmark, d = Muskelkontraktion
durch die Reaktion der angesprochenen motorischen Einheiten.

heiten. Die Fasertypen haben unterschiedliche Erregungsschwellen und reagieren nur auf den entsprechenden Impuls. Der Muskel differenziert also den Krafteinsatz nicht durch mehr oder weniger Kontraktion, sondern durch die Zahl der beteiligten Einheiten und Fasertypen. Der Prozentsatz an motorischen Einheiten, der befähigt und auch bereit ist, sich an der Bewegung zu beteiligen, hängt vom Trainingszustand ab. Bei hochtrainierten Sportlern erreicht er bis zu 85 Prozent und darüber. Der Selbstschutz des Körpers behält sich immer eine Reserve vor. Die Beteiligung der motorischen Einheiten kann also nie 100 Prozent erreichen. Zum Gehirn führende Nervenbahnen sorgen für die Rückinformation über den momentanen Muskelzustand. Der arbeitende Muskel (Agonist) kommt durch Erschlaffen oder die Kontraktion seines Gegenspielers (Antagonist) wieder in seine Ausgangslage zurück. Ein augenfälliges Beispiel hierfür ist das Zusammenwirken von Armbeuger (Bizeps) und Armstrecker (Trizeps).
Die Muskeltätigkeit stellt entsprechende Anforderungen an den **Energiehaushalt**. Sie beruht auf der Umwandlung von Energieträgern, die der Organismus in Form von energiereichen Phosphaten, Fetten und Kohlenhydraten (Glykogen) bereithält. Hauptenergieträger ist dabei das Glykogen, das als Vorrat in der Leber und im Muskel gespeichert ist. Die unmittelbare Energiequelle der Muskelfaser ist das Adenosintriphosphat (ATP). Bei seiner Spaltung in Adenosindiphosphat (ADP) und Phosphat (P) wird Energie freigesetzt.

Die Vorräte von ATP im Muskel erschöpfen sich bereits nach kurzer intensiver Belastung. Ein System gleichzeitig einsetzender Prozesse sorgt für Nachschub und Wiederaufbau. Plötzliche hohe Belastungen werden aus Kreatinphosphat (KP), dessen Vorräte nur 8 bis 10 Sekunden reichen, gedeckt. Die weitere Muskelarbeit wird bei einem Leistungsabfall durch Spaltung von Glykogen in Milchsäure (Laktat) und Energie gewährleistet. Dieser anaerobe Spaltprozeß (ohne Sauerstoff), bei dem je Glukosemolekül nur zwei Phosphatverbindungen zur Energiegewinnung frei werden, hinterläßt Laktat und CO_2-Rückstände. Diese Stoffwechselendprodukte sind schlecht zu beseitigen, sie führen zur Übersäuerung des Muskels, zu Muskelkater. Dieser Prozeß, der zwar kurzzeitig eine große Kraftentfaltung ermöglicht, führt zu rascher Ermüdung und ist unökonomisch. Bei weniger hohen Belastungen können Glukose und Fette aerob (mittels Sauerstoff) zu CO_2 und H_2O abgebaut werden. Je Glukosemolekül werden 36 Phosphatverbindungen zur Energiegewinnung frei. Da die Stoffwechselendprodukte weitgehend über Atmung und Harnwege ausgeschieden werden, ist dieser Prozeß sehr ökonomisch.
Die Funktion des gesamten Energiehaushaltes ist abhängig von der Belastungszeit und -höhe. Im Ausdauerbereich, bei geringer Belastungshöhe und langer Belastungszeit, läuft der Energieumsatz aerob ab. Im Kraftbereich, bei großer Belastungshöhe, aber begrenzter Belastungszeit, läuft er vorrangig anaerob ab.

Entsprechendes Training ermöglicht eine Anpassung an die jeweilige Belastungsart.

Die biologischen Anpassungen

Der Wiederaufbau von Muskelproteinen, verbunden mit der Erhöhung der Vorräte an Glykogen und energiereichen Phosphatverbindungen, erfolgt in der Erholungsphase und überschreitet die vorherige Ausgangsbasis, führt zur Superkompensation. (Abb. 165)

Die **Superkompensation** ist sowohl im Kraft- als auch im Ausdauerbereich wirksam. Das individuell unterschiedliche Ausgangsniveau an Leistungsfähigkeit muß bei den zu setzenden Trainingsreizen beachtet werden:

- Sind die Trainingsreize unterschwellig und erreichen nur 30 Prozent oder weniger der maximalen Leistungsfähigkeit, lösen sie keinen Anpassungseffekt aus.
- Zu hoch angesetzte Trainingsreize, sowohl vom Umfang als auch von der Intensität, gepaart mit zu kurzen Erholungspausen, bewirken einen Leistungsabfall durch Überforderung.

Auf Anzeichen der Überforderung und der schnellen Beseitigung ihrer Ursachen ist zu achten. Übertraining äußert sich durch Störungen im Verhältnis zwischen Belastung und Erholung. Die damit verbundenen Auswirkungen auf das Zentralnervensystem führen zu Schlafstörungen, Appetitlosigkeit, Reizbarkeit, Konzentrationsunfähigkeit und ähnlichen Symptomen.

Abb. 165 Belastung – Erholung und biologische Anpassung (Superkompensation) nach Jakowlew

- Es muß also die richtige Höhe der Trainingsreize, was Umfang, Intensität und Länge der Erholungspausen betrifft, gefunden werden, wenn eine optimale Anpassung erreicht werden soll.

Zu große Erholungspausen lassen die Überschußreaktion an Energieträgern wieder auf das Ausgangsniveau absinken. Folgen zum Zeitpunkt der überhöhten Energiebereitstellung wiederum Belastungsreize, so lösen sie erneute Überschußreaktionen aus. Es kommt zu einem Summationseffekt, die physische Leistungsfähigkeit steigt. Die richtige Nutzung verlangt also auf der Anfängerbasis erneute Belastungsreize, die wie folgt zu setzen sind:

- Ausdauer   1 bis 1,5 Tage
- Kraftausdauer   2 bis 3 Tage
- Maximalkraft   3 bis 3,5 Tage

Gut trainierte Kletterer können nur etwa die Hälfte der Zeit vergehen lassen, um mit neuen Trainingsreizen den Superkompensationseffekt zu nutzen.

Die Erhöhung der Muskelkraft erfolgt mittels gezielt gesetzter überschwelliger Trainingsreize. Die angestrebten Anpassungen werden durch eine Reizakzentuierung beeinflußt und bestimmt. Erste Anpassungsvorgänge liegen dabei im Bereich der Nerv-Muskel-Prozesse. Es kommt zur **inner- oder intramuskulären Koordination.**

Der Muskel lernt zunächst, eine größere Anzahl motorischer Einheiten und damit eine größere Anzahl seiner Fasern an der Bewegung zu beteiligen, was eine höhere Kraftentfaltung ermöglicht. Erreicht wird dieser Effekt durch kurzzeitige Anspannungen im maximalen Kraftbereich (90 bis 100 Prozent der persönlichen Kraftfähigkeit) mit nachfolgender

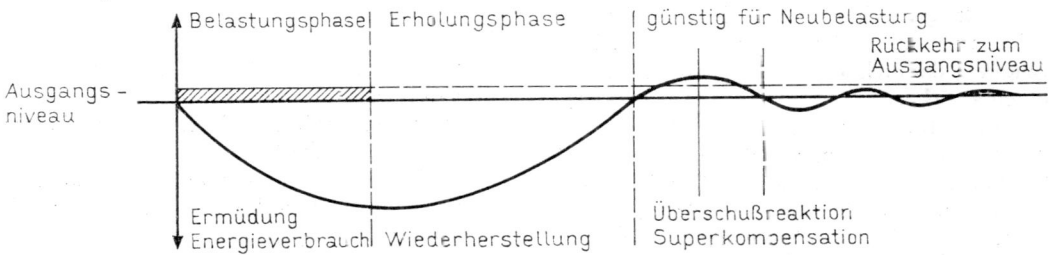

Belastungsphase | Erholungsphase | günstig für Neubelastung

Rückkehr zum Ausgangsniveau

Ausgangs-niveau

Ermüdung
Energieverbrauch | Wiederherstellung | Überschußreaktion Superkompensation

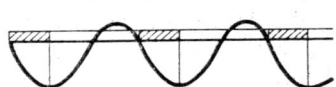

zu große Erholungsphasen
-kein Anpassungseffekt

richtige Neubelastung
–Summation der Anpassung

zu kurze Erholungsphasen
–Leistungsabfall

vollständiger Erholungspause. Die Reaktion des Organismus, den Prozentsatz aktivierter Einheiten zu erhöhen, schließt die Fähigkeit der Verbesserung ihres differenzierten Einsatzes ein. Bei mäßig trainierten Kletterern lassen sich dadurch relativ hohe Kraftreserven erschließen, da der normale Nutzungsgrad ihrer Muskelfasern nur bei etwa 60 Prozent liegt. Hochtrainierte Kletterer haben einen Fasernutzungsgrad von 80 Prozent und mehr, logischerweise dort geringere Reserven.

Die verbesserte Fasernutzung wirkt sich auch auf die übrigen an der Bewegung beteiligten Muskeln aus. Ihr Zusammenspiel erreicht eine höhere Qualität, es kommt zur **zwischen- oder intermuskulären Koordination.**

Dieser Vorgang des rationeller werdenden Krafteinsatzes bei qualitativ sich verbessernder Bewegungsausführung bezieht sich jeweils nur auf diese eine spezielle Bewegung. Übergreifender Einfluß auf strukturähnliche Bewegungen kann nur in abgeschwächter Form auftreten.

Eine Steigerung der Kraftfähigkeit durch Methoden, die die intra- und intermuskuläre Koordination auslösen, hat den Vorteil, nicht mit der Erhöhung der Körpermasse verbunden zu sein.

Wenn die Leistungssteigerung über die Nerv-Muskel-Prozesse einen bestimmten Ausschöpfungsgrad erreicht hat, kommt es zu weiteren Anpassungen wie der **Hypertrophie.**

Ein Kraftzuwachs durch Hypertrophie äußert sich in einer Zunahme des Muskelquerschnittes, die durch das Wachstum innerhalb der Muskelfasern ausgelöst wird. Es entsteht eine erhöhte Kapillarisierung im Muskel mit steigendem lokalem Blutangebot. Die Muskelzelle gelangt auch noch durch chemische Veränderungen zu erhöhter Sauerstoffaufnahmefähigkeit, dadurch kann der Muskel mehr Glykogen speichern.

Auslösend für diesen Prozeß sind Belastungen im mittleren bis submaximalen Bereich (70 bis 90 Prozent der persönlichen Kraftfähigkeit). Hier sind mehr Serien als im maximalen Kraftbereich möglich, sie müssen aber bis zur Ermüdung des Nerv-Muskel-Systems betrieben werden. Dabei sind Energieverbrauch und Intensivierung der Stoffwechselvorgänge hoch. Da diese vorwiegend auf anaerober Basis ablaufen, kann die erhöhte Proteinspaltung im Training nicht mehr voll ergänzt werden. Die Verringerung des Vorrates an Muskelproteinen führt zur Erschöpfung.

Der Kraftzuwachs durch Hypertrophie wirkt vor allem im Bereich der Kraftausdauer, aber auch der Maximalkraft. Die Kraftausdauer, von der Maximalkraft beeinflußt, wird jedoch vorrangig durch die Ausdauerkomponente geprägt und ist eine Kraftmischform.

Neben der steigenden Leistungsfähigkeit der Muskulatur kommt es auch zu Anpassungen im **Herz-Kreislauf-System.** Ausdauerbelastungen beschleunigen diesen Prozeß. Durch die Anpassungen der inneren Organe verbessern sich die physiologischen Grundvoraussetzungen für hohe sportliche Leistungen.

Das Herz:
– Es erreicht bei gleichzeitiger Stärkung des Herzmuskels eine Volumenvergrößerung auf das Zweifache und darüber.
– Der Ruhepuls kann auf den halben Wert sinken, das ermöglicht eine Verbesserung der Herzmuskelversorgung.
– Das größere Herzminutenvolumen hält die Erhöhung der Schlagfrequenz in Grenzen.
– Mit der Erhöhung der Herzleistung verbessert sich der Stoffwechseltransport, die Bereitstellung von Energieträgern vergrößert sich.
– Die Pulsnormalisierung und Erholung erfolgt schneller.

Die Lunge:
– Durch die bessere Ausnutzung des Lungenvolumens steigt die Vitalkapazität auf das Zwei- bis Dreifache.
– Die Vergrößerung des Lungenvolumens wird durch die Kombination von Bauch- und Brustatmung sowie das intensivere Ausatmen ermöglicht.
– Das steigende Sauerstoffangebot begünstigt die Energieumwandlung.

Das Blut:
– Die Menge des Blutes erhöht sich um ein Drittel seines Volumens, das vergrößert die Transportkapazität für Nährstoffe und Stoffwechselendprodukte.
– Der Gehalt an Hämoglobin (Sauerstoffträger) nimmt zu und damit das Sauerstoffaufnahmevermögen.

Weitere Anpassungen:
– Durch die zunehmende Kapillarisierung verbessert sich die lokale Blutversorgung. Es kommt zur Öffnung und Verästelung dieser kleinsten **Blutgefäße.**
– Die Glykogenvorräte und die Sauerstoffaufnahmefähigkeit in den Zellen erhöhen sich.

Gestaltung der Trainingsbelastung

Eine Leistungssteigerung ist abhängig von der methodisch richtigen Belastungsgestaltung. Für das Klettertraining sind dabei folgende Komponenten wichtig:

- Die *Trainingshäufigkeit.* Darunter ist die Zahl der Trainingstage und Trainingseinheiten (TE) in der Woche, unter günstigen Bedingungen die Zahl der TE am Tag, anzusehen. Zum aufgewendeten zeitlichen Gesamtumfang zählt auch die Einbeziehung der fachtheoretischen Probleme und der medizinischen Betreuungsmaßnahmen.
- Der *Trainingsumfang.* Darunter fällt die Festlegung von Übungsdauer, Anzahl der Übungen und ihrer Wiederholungen, von Gewichtssummen oder zu bewältigenden Strecken.
- Die *Trainingsintensität.* Darunter ist die prozentual zur Maximalleistung festgesetzte Belastungshöhe zu sehen. Sie kann sich sowohl auf Zusatzlasten als auch auf Wiederholungen beziehen. Die Steuerung des Tempos durch Festlegung von Zeiteinheiten erhöht die Intensität zusätzlich. (Abb. 166)
- Die *Trainingsmittel.* Dazu zählen die verwendeten Turn- und Gymnastikgeräte, Krafttrainingseinrichtungen und Gewichte, Partner- und Zweikampfübungen sowie Übungen mit der eigenen Körpermasse. Besonders wichtig für den Kletterer sind spezielle Hilfsgeräte zur Technikimitation sowie Fels bzw. felsähnliche Klettermöglichkeiten.

Die **Grundsätze der Trainingsbelastung** verlangen die Steigerung, Kontinuität und zyklische Gestaltung der Belastungsanforderungen. Durch die Steigerung der Belastungsanforderungen bleibt auch die Wirksamkeit der biologischen Anpassung erhalten. Das individuelle Leistungsniveau verlangt dabei differenzierte Anforderungen. Eine Steigerung über die Trainingshäufigkeit ist für den größten Teil der Kletterer nur durch ergänzendes individuelles Training möglich. Die Steigerung des Umfangs und der Intensität verlangt bereits antrainierte Voraussetzungen, darunter besonders die Belastungsverträglichkeit. Im Anfängerbereich sind durch das niedrige Leistungsniveau zunächst relativ rasche Steigerungsraten möglich. Hier muß aber das Prinzip der Allmählichkeit besonders beachtet werden. Die Steigerung des Trainingsumfangs schafft die Grundlagen für die Erhöhung der Intensität. Der Anpassungseffekt verlangt, daß alle Belastungen bis zur Ermüdung betrieben werden. Fortgeschrittene mit einem stabilen Leistungsniveau lassen sich zeitweilig durch Erhöhung von Umfang und Intensität zu einem Leistungsschub bringen. Dieser ist zumeist nicht stabil und läßt sich nicht uneingeschränkt wiederholen. Bleibende Verbesserungen der Leistungsfähigkeit sind nur über längere Planzeiträume aufzubauen. Insgesamt

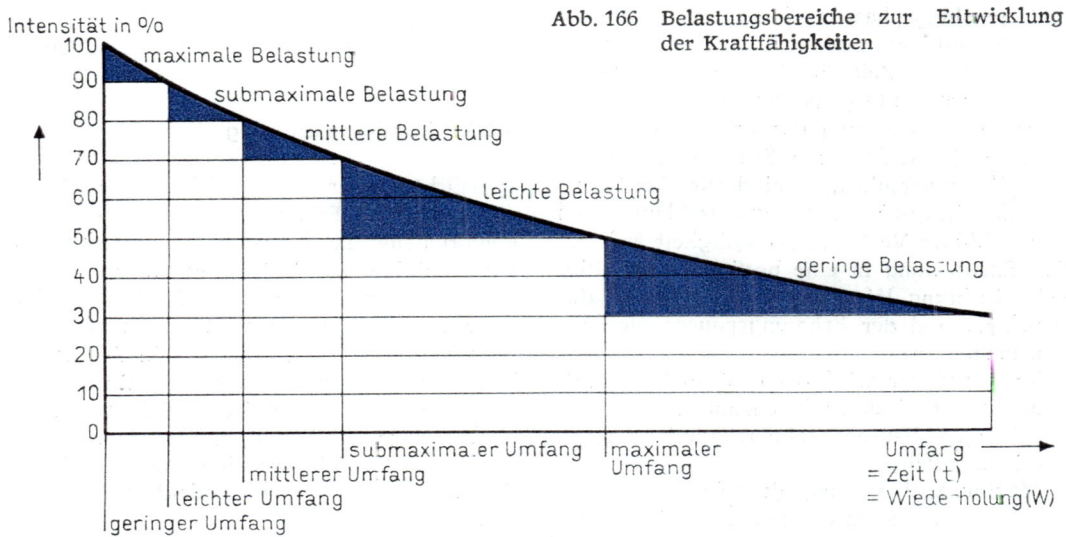

Abb. 166 Belastungsbereiche zur Entwicklung der Kraftfähigkeiten

läßt sich auf einem bereits sehr hohen Leistungsniveau nur langsam und mit ausgeklügelten Methoden eine weitere dauerhafte Steigerung erreichen. Die Trainingswirksamkeit ist ständig zu kontrollieren, damit es nicht zu Überforderungen kommt.

Der Grundsatz der kontinuierlichen Steigerung der Belastung verlangt das Vermeiden von Trainingsausfällen. Krankheit oder urlaubsbedingter Belastungsausfall führen leicht zum Leistungsrückgang. Die körperlichen Fähigkeiten werden davon unterschiedlich betroffen. Ausdauer und Kraftausdauer fallen schneller ab als Maximalkraft und Schnellkraft. Im Rückbildungstempo gibt es Unterschiede zwischen Anfängern und langfristig aufgebauten Aktiven.

Der Grundsatz der zyklischen Belastungsgestaltung orientiert sich am Vorhandensein von Phasen in der Leistungsentwicklung. Den Phasen des Aufbaus folgen solche der Stabilisierung, der sprunghaften Steigerung und, bedingt durch nicht so schnell auszugleichenden Substanzverlust nach hohen Belastungen, auch solche des Leistungsabfalls. Es kann vorkommen, daß ein Nachholebedarf bei bestimmten konditionellen Fähigkeiten besteht, die dann vorrangig entwickelt werden müssen.

Der Grundsatz der zyklischen Phasen bei sportlichen Belastungen unterliegt nicht dem Selbstlauf. Die Periodisierung des Trainingsprozesses schafft einen Wechsel zwischen Belastung und Erholung. Die gesetzmäßigen Zusammenhänge ermöglichen bei ihrer Beachtung gleichzeitig die Steuerung der zeitlichen Erfordernisse.

Die **Erholungsphase** verlangt die Beachtung ihrer Einflußfaktoren:

- ausreichende Zeit für die Wiederherstellung der belasteten Organsysteme;
- eine Nichtbeachtung der erforderlichen Erholungsphase führt zur Ermüdung, was sich in Trainingsunlust, geminderter Leistungsfähigkeit, gestörten Bewegungsabläufen und in erhöhter Verletzungsanfälligkeit äußert.

Die Entwicklung in eine bestimmte konditionelle Richtung läßt sich durch die Wahl der Belastung und der Erholungspausen gleichermaßen steuern:

- Kraftausdauer wird bei großem Trainingsumfang, geringerer Intensität und unvollständigen Pausen trainiert (noch deutlich erhöhter Puls).
- Maximalkraft verlangt dagegen hohe Intensität bei geringem Umfang und nahezu voll-

ständigen Pausen (Puls erreicht fast den Ruhewert).

Die Erholungsphasen lassen sich sowohl passiv als auch aktiv gestalten, wobei letzteren der Vorzug zu geben ist. Bereits im Training werden die Erholungsprozesse durch Methoden mit veränderten Belastungen, besonders beim Trainingsausklang, eingeleitet. Es können auch direkt Einheiten, die der aktiven Erholung dienen, eingeplant werden. Nach hohen Belastungen unterstützen physiotherapeutische Maßnahmen wie Massagen, Bäder, Sauna die Erholung. Autogenes Training und psychologische Einflußnahmen zählen ebenfalls dazu.

Richtlinien für den Trainingsprozeß:

- Trainiere planmäßig und mit erreichbarer Zielstellung!
- Trainiere regelmäßig und ohne große Unterbrechungen!
- Beachte die individuellen Gegebenheiten wie Alter, Geschlecht, Leistungsfähigkeit usw.!
- Führe vor dem Training eine zielgerichtete Erwärmung durch!
- Steigere die Belastung nach trainingsmethodischen Grundsätzen!
- Beachte die Zusammenhänge der Wechselwirkungen zwischen Belastung und Erholung!
- Trainiere vielseitig und variabel, achte dabei auf eine qualitative Übungsausführung!
- Periodisiere das Training, kontrolliere die Wirkung durch Tests, führe darüber Aufzeichnungen!
- Achte auf die Erhaltung der Gesundheit!

3.3.3. Konditionstraining

Sportliche Leistungen im Felsklettern sind vorrangig an die Erhaltung oder Verbesserung konditioneller Leistungsfähigkeiten gebunden. Die konditionellen Fähigkeiten Kraft und Ausdauer beeinflussen sich wechselseitig. Aus Gründen der Systematik erfolgt ihre Betrachtung aber als Einzelgrößen. Die Beweglichkeit, durch konstitutionelle Eigenheiten geprägt, ist eine motorische Fähigkeit. Da sie gleichermaßen im konditionellen Bereich wirksam ist, bietet sich ihre Einordnung in diesem Zusammenhang aus methodischen Gesichtspunkten an.

Kraftfähigkeiten

Die Kraftfähigkeiten unterscheiden sich nach ihren Hauptformen in: **Maximalkraft, Schnellkraft** und **Kraftausdauer.**

Dem Felskletterer werden besondere Fähigkeiten hinsichtlich der Kraftausdauer abverlangt. Sie äußert sich in der hohen Widerstandsfähigkeit des Organismus gegen Ermüdung bei lang andauernden mittleren Kraftleistungen. Forderungen an die Maximalkraft stellen sich verstärkt in den oberen Schwierigkeitsbereichen. Sie verlangen nachfolgend immer Erholungsmöglichkeiten. Die Schnellkraft hat für das Felsklettern keinen sportarttypischen Bezug.

Die Kraftausdauer wird von der Maximalkraft beeinflußt. So ermöglicht eine hohe Maximalkraft in der Regel auch eine höhere Zahl von Anspannungen bei Widerständen im mittleren bis submaximalen Bereich, etwa bei 70 bis 80 Prozent der persönlichen Kraftfähigkeit. In diesem Bereich laufen die Kletterbewegungen vorwiegend ab.

Kletterbewegungen erfordern wiederholt die Überwindung des Widerstandes Schwerkraft durch die Muskelkraft. Entscheidend für die Bewältigung der Bewegungsfolgen im Klettern ist die **relative Kraft** des Kletterers. Diese ist aus dem Verhältnis seiner absoluten Kraft (Maximalkraft) und der Körpermasse abzuleiten. Ziel des Trainings muß es also sein, ein ausgewogenes Verhältnis zwischen Gesamtkörpermasse und aktiver Muskelmasse herzustellen.

Die Arbeitsweise des Nerv-Muskel-Systems unterscheidet in eine **dynamische** und eine **statische Erscheinungsform der Kraftfähigkeit.**

Dynamische Kraft

Die **Kontraktionskraft** der Muskeln vermag einen äußeren Widerstand zu überwinden (überwindende Arbeit), oder sie wirkt nachgebend auf ihn ein (nachgebende Arbeit). In beiden Fällen entsteht Bewegung. Beim Felsklettern dominieren die dynamischen Kraftäußerungen, zumeist in der überwindenden Arbeitsweise.

Statische Kraft

Die **Kontraktionskraft** der Muskeln vermag einen äußeren Widerstand nicht zu überwinden, bzw. sie kann ihm in einer anderen Situation widerstehen. In beiden Fällen entsteht keine Bewegung.

Am Beispiel einer Unterstützungsstelle lassen sich alle Erscheinungsformen von Kraftäußerungen darstellen:

- Die auf den Untermann wirkende Partnerlast läßt ihn nicht aus der Hocke aufstehen (statisch).
- Seine Beinkraft ermöglicht das Aufstehen (dynamisch überwindend).
- Verharren unter der Partnerlast (statisch).
- Nach Abbruch erfolgt ein Senken unter der Partnerlast in die Hocke (dynamisch nachgebend).

Methoden zur Steigerung der Kraftfähigkeiten

Die Anwendung spezieller Methoden zur Steigerung bestimmter Kraftfähigkeiten setzt einen dafür vorbereiteten Organismus voraus. Für Anfänger sind die Voraussetzungen deshalb erst durch ein Grundlagenprogramm zu schaffen. Ein derartiges Programm muß wenigstens für den Zeitraum eines Jahres geplant werden. Dabei sind vorsichtige Steigerungsraten des Widerstandes im Verhältnis zur Maximalkraft, der Übungswiederholungen, gemessen an der maximal möglichen Anzahl, und des Ausführungstempos bei gleichzeitiger Pausenverkürzung zu planen.

Kraftausdauerentwicklung

Die Kraftausdauer wird vorrangig durch Belastungen im mittleren und submaximalen Be-

Tabelle 8: Belastungsvorgaben für Kraftausdauerprogramme nach der Intervallmethode

	extensiv	intensiv	statisch
Widerstand (% der Maximalkraft)	30 – 50	50 – 65	40 – 70*
Anzahl der Übungen	6 – 8	6 – 8	5 – 10
Übungsdauer (s)	30 – 60 (zügig)	20 – 30 (hoch)	10 (u. mehr)
Serienpausen (s) unvollständig	25 – 90	10 – 60	10 – 60
Anzahl der Kreise	3 – 6	3	4 – 6
Kreispausen (min) unvollständig	3 – 5	2 – 3	2 – 4
Kontrolle (Pulszahl)	160 – 180 minus Alter		
Übungshäufigkeit	mindestens 2 TE je Woche		

* (der maximalen Haltezeit)

Tabelle 9: Belastungsvorgaben für Kraftausdauerprogramme nach der Pyramidenmethode

Widerstand (% der Maximalkraft)	30	40	50	60	70
Wiederholungen je Übung	14	12	10	8	6
Serien	5	4	3	2	1
Summe	70	48	30	16	6
Anzahl der Übungen	2 – 3				
Summe gesamt	140 – 210	96 – 144	60 – 90	32 – 48	12 – 18
Serienpausen	1 – 3 min, unvollständig				
Übungshäufigkeit mindestens 2 TE je Woche					

Pyramidenaufbau	Widerstand (%)	Serien und Wiederholungen
15. Serie	70	6
13. + 14. Serie	60	8 + 8
10. – 12. Serie	50	10 + 10 + 10
6. – 9. Serie	40	12 + 12 + 12 + 12
1. – 5. Serie	30	14 + 14 + 14 + 14 + 14

Tabelle 10: Belastungsvorgaben für Kraftausdauer- und Maximalkraftprogramme

	Methode der wiederholten submaximalen Anspannungen		Methode der maximalen Anspannungen	
Widerstand (% der Maximalkraft)	70 – 80	80 – 85	85 – 90	90 – 95
Wiederholungen je Übung	8 – 16	7 – 12	5 – 8	2 – 4
Serien je Übung	5 – 8		4 – 6	
Übungen je Programm	2 – 3		2 – 3	
Serien je Programm	10 – 24		8 – 18	
Maximale Wiederholungen der Übung je TE	60 – 100	30 – 70	25 – 50	20 – 40
Serienpausen	1 – 2 min, unvollständig		2 – 4 min	
Übungshäufigkeit mindestens 2 TE je Woche				

Tabelle 11: Übungsbeispiel für Kraftausdauer (Anfänger bis Fortgeschrittene)

Trainingsmittel: Rasen, Fußboden, Eigengewicht
Organisationsform: Kreistraining
Trainingsmethode:

Intervallmethode	extensiv	intensiv
Tempo	mäßig	hoch
Übungsdauer (s)	20 – 40	15 – 30
Kreise (n)	3 – 6	3
Serienpausen (s)	60 – 90	15 – 30
Kreispausen (min)	3 – 6	3

Trainingshäufigkeit: mindestens 2 TE je Woche

Übungen:
1. Hockstand – Strecksprung
2. Liegestütze
3. Rückenlage – Hocken, Strecken, Senken der Beine
4. Kniebeugen – Oberschenkel waagerecht
5. Bauchlage – Aufbäumen
6. Schwebesitz – Beinscheren
7. Kerze – Beine gestreckt, Rücken senken und heben
8. Liegestützbeugen – mit Anhocken und Strecken der Beine

Tabelle 12: Übungsbeispiel für Kraftausdauer (Anfänger bis Könner)

Trainingsmittel: Turnbänke
Trainingsmethode: Dauerleistungsmethode
Übungsdauer: 1 – 2 min in zügigem Tempo
Kreise: 2 – 3
Serienpausen: nur zum Stationswechsel
Kreispausen: 1 – 2 min
Trainingshäufigkeit: mindestens 2 TE je Woche

Übungen:
1. Auf- und Abgrätschen in der Vorwärtsbewegung
2. Ziehen in der Bauchlage
3. Anheben des Bankendes mit Umsetzen und Absenken
4. Hockwenden in der Vorwärtsbewegung
5. Rückenlage mit gegrätschten Beinen auf der Bank, diese kreisend hochführen, auflegen – Rückbewegung

Trainingsmittel: Übungen mit Zusatzlast (Hantel)
Trainingsmethode: I. – wiederholte submaximale Anspannung
                II. – intensive Intervallmethode
Organisationsform: Satztraining
Serienpausen: I. 30 – 50 s   II. 30 – 90 s
Satzpausen: I. 60 – 90 s   II. 60 – 120 s
Übungshäufigkeit: eine TE je Woche, zweite TE mit ähnlichem Programm

Übungen: a. – Drücken der Hantel (Abb. 168 a u. 168 b)
          b. – Kreuzheben mit Hantel (Abb. 168 c)
          c. – Kniebeugen mit Hantel (Abb. 168 d)

| Beispiele | I. (Könner) | | | | II. (Anfänger) | | | |
	Wider-stand	a.	b.	c.	Wider-stand	a.	b.	c.
1. Satz	70 %	10 ✕	12 ✕	12 ✕	45 %	20 ✕	25 ✕	25 ✕
2. Satz	80 %	8 ✕	10 ✕	10 ✕	50 %	16 ✕	20 ✕	20 ✕
3. Satz	85 %	4 ✕	6 ✕	6 ✕	55 %	12 ✕	15 ✕	15 ✕
4. Satz	90 %	2 ✕	3 ✕	3 ✕	60 %	8 ✕	10 ✕	10 ✕
5. Satz	85 %	3 ✕	5 ✕	5 ✕	65 %	6 ✕	3 ✕	8 ✕
6. Satz	85 %	3 ✕	5 ✕	5 ✕	65 %	6 ✕	3 ✕	8 ✕
7. Satz	80 %	6 ✕	8 ✕	8 ✕	55 %	12 ✕	15 ✕	15 ✕
8. Satz	70 %	8 ✕	10 ✕	10 ✕	50 %	16 ✕	20 ✕	20 ✕

Übung a. (s. Abb. 168 a): Die Hantel wird aus der Rückenlage zur Hochstrecke gebracht, Hantelablage auf Halterung.
Die Hantel wird im Stand oder Sitz aus der Brust- oder Nackenauflage zur Hochstrecke gebracht (s. Abb. 168 b).

Übung b. (s. Abb. 168 c): Das Anheben und Senken der Hantel erfolgt aus dem Streckstand.

Übung c. (s. Abb. 168 d): Mit Nackenlage der Hantel erfolgt das Kniebeugen auf dem Schrägbrett bis zur Waagerechten.

reich entwickelt. (s. Abb. 166) Leichte und geringe Belastungen wirken dagegen verstärkt auf die Komponente Ausdauer. Die Entwicklung der angestrebten Kraftfähigkeit hängt von der richtigen Belastungsdosierung ab. (Tab. 8 bis 10)
Als Organisationsform eignet sich vorrangig das Kreistraining. Sollen Muskelgruppen gezielt angesprochen werden, ist das Satztraining günstiger. Bei extensiven Belastungen (gering bis mittel) läuft der Stoffwechsel aerob, bei intensiven Belastungen (mittel bis hoch) läuft er aerob und anaerob ab. Die Pausen dürfen keine vollständige Erholung gestatten. Die Übungsbeispiele sollen einige der verschiedenartigen Übungsmöglichkeiten aufzeigen. (Tab. 11 bis 14; Abb. 167)

Maximalkraftentwicklung
Die Maximalkraft läßt sich durch Belastungen im maximalen und auch submaximalen Bereich erhöhen. (Tab. 15 u. 16)

Als Organisationsform dient das Stationstraining. Die ständigen Belastungen der gleichen Muskelgruppen erfordern relativ hohe Serienpausen. Bei anaerober Energiewandlung sind Energieverbrauch und Stoffwechsel geringer als bei der Kraftausdauerentwicklung. Die Anpassung über intra- und intermuskuläre Koordination aktiviert die Reserven der motorischen Einheiten, Muskelzuwachs erfolgt zunächst kaum. Für Hochtrainierte, mit 85 Prozent und mehr aktivierter Einheiten, erfolgt im Maximalbereich kaum noch Kraftzuwachs. Die Beispielprogramme zeigen verschiedene Übungsmöglichkeiten auf. (Tab. 17 bis 20; Abb. 168 u. 169)

Trainingshinweise für den Anfängerbereich
– Die Bewegungsabläufe müssen unkompliziert sein.
– Spezielle Übungen sind nicht bis zur Erschöpfung durchzuführen.

Übungen	Wedelhüpfen	Klimmzugstemme	Beinschwünge	Einbeinaufstehen
		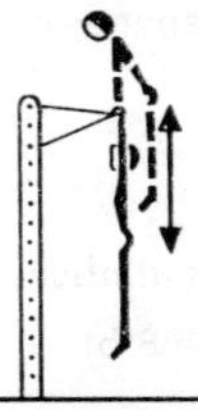		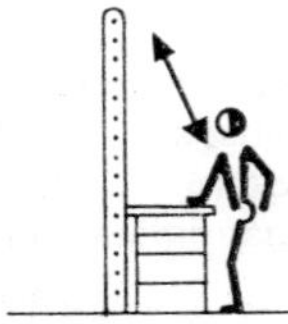
Geräte	Turnbank	Sprossenwand Klimmzuggerät	Bock, Pferd	Sprossenwand, Kasten, Bock
Variante Punkte (P.)	−vorwärts oder am Ort = 1 P. −einbeinig = 3 P. −mit Last (10 % vom Eigengewicht) = 1 P.	−mit Fußschub = 1 P. −mit Konter = 3 P. −ohne Konter = 5 P. −mit Last (10 % vom Eigengewicht) = 2 P.	−bis waagerecht = 1 P. −Maximalhöhe = 2 P. −mit Halt (Zählzeit) = 2 P.	−Arme in Seithalte = 2 P. −Arme auf dem Rücken = 3 P. −mit Last (10 % vom Eigengewicht) = 1 P.
Übungen	Beugestütze	Rückenlagen	Banksprünge	Stangenhangeln
	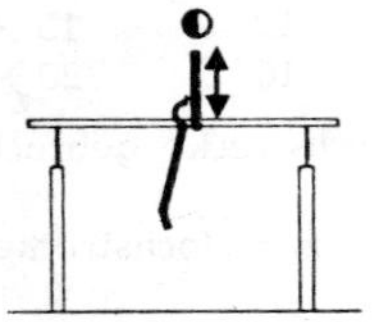	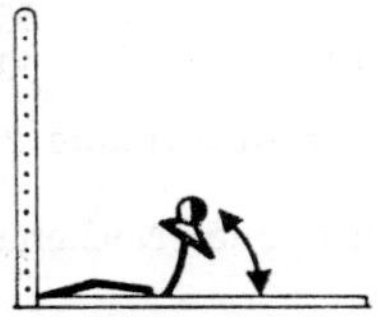		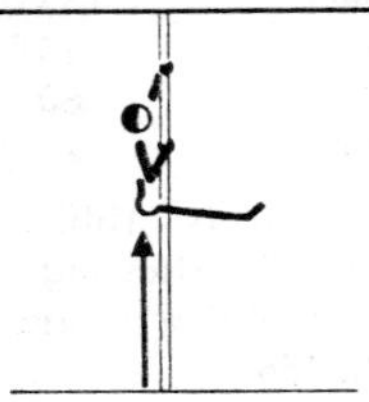
Geräte	Hochbarren	Sprossenwand	2 Turnbänke	Kletterstangen
Variante Punkte	−normal = 2 P. −mit Wandern im Schrägstütz = 3 P. −dyn. vor− oder rückw. = 2 P. −dyn. vor− und rückw. eine Bewegung = 6 P. −mit Last = 1 P.	−gebeugte Beine = 1 P. −mit Körperdrehung = 1,5 P. −gestreckte Beine = 2 P. −mit Last (10 % vom Eigengewicht) = 1 P.	−Schlußsprung = 1 P. −einbeinig = 2 P. −Schrittsprung = 1,5 P. −mit Last (10 % vom Eigengewicht) = 2 P. −Sprungweite ab 0,5 m = 1 P. / 0,5 m	−1 m = 2 P. −Beinvorhalte = 2 P. Zuschlag −mit Last (10 % vom Eigengewicht) = 2 P.

Abb. 167 Kreistrainingsprogramm Kraftausdauer (alle Leistungsbereiche − intensive Intervallmethode)

Serien: 30 s mit 30 s Wechsel und Eintragen der Leistung; Kreispausen: 1 bis 2 min bei 2 bis 3 Kreisen.

Tabelle 14: Übungsbeispiele für Kraftausdauer

Trainingsmittel: Partnerübungen
Trainingsmethode: Wiederholte submaximale Anspannung
Organisationsform: Satztraining
Serienpausen: 30 – 60 s einschließlich Partnerserie
Satzpausen: 2 – 3 min
Übungshäufigkeit: 1mal wöchentlich im Wechsel mit ähnlichem Programm in der zweiten TE
Übungen: a. – Partnerdrücken (Abb. 168 e)
       b. – Rumpfaufrichten mit Partner (Abb. 168 f)
       c. – Klimmzüge am Partner
       d. – Beinstrecken mit Partnerauflage (Abb. 168 g)

| | Anfänger | | | | Fortgeschrittene | | | |
	a.	b.	c.	d.	a.	b.	c.	d.
1. Satz	3 ×	5 ×	4 ×	6 ×	5 ×	8 ×	6 ×	10 ×
2. Satz	5 ×	7 ×	6 ×	10 ×	7 ×	10 ×	8 ×	14 ×
3. Satz	5 ×	7 ×	6 ×	10 ×	7 ×	10 ×	8 ×	14 ×
4. Satz	4 ×	6 ×	5 ×	8 ×	6 ×	9 ×	7 ×	12 ×
5. Satz	4 ×	6 ×	5 ×	8 ×	6 ×	9 ×	7 ×	12 ×
6. Satz	3 ×	5 ×	4 ×	6 ×	5 ×	8 ×	6 ×	10 ×

Übung a. (s. Abb. 168 e): Aus der Rückenlage erfolgt ein Beugen und Strecken der Arme unter der passiven Partnerlast.
Übung b. (s. Abb. 168 f): Grätschwinkelstand, der Partner hält sich mit Flechtgriff und Schrägliegehang am Nacken. So erfolgt ein Rumpfaufrichten und -senken.
Übung c. (s. Abb. 168 f): Bei gleicher Ausgangsstellung wie in Übung b. werden Schräghangklimmzüge ausgeführt.
Übung d. (s. Abb. 168 g): Aus der Rückenlage erfolgt ein Beugen und Strecken der Beine unter der passiven Partnerlast.

Tabelle 15: Belastungsvorgaben für Maximalkraftprogramme

Trainingsmethode: kurzzeitige maximale Anspannung

	dynamisch			statisch
Widerstand (% zur maximalkraft)	90	95	100	100
Wiederholungen je Übung	3	2	1	5 – 10 s
Serien	8	3	1	5 – 6
Summe	24	6		
Anzahl der Übungen	2 – 3		1	
Summe gesamt	48 – 72	12 – 18	2 – 3	10 – 18
Serienpausen	3 – 5 min vollständig			20 – 60 s

Übungshäufigkeit mindestens 2 TE je Woche

Tabelle 16: Belastungsvorgaben für
Maximalkraftprogramme (Pyramidentraining für Könner)

Trainingsmethode: kombinierte Methode				
Widerstand (% der Maximalkraft)	85	90	95	100
Wiederholungen je Übung	6 – 8	3	2	1
Serien	4	3	2	1
Summe	24 – 32	9	4	1
Anzahl der Übungen	2 – 3			
Summe gesamt	48 – 96	18 – 27	4 – 6	2 – 3
Serienpausen	2 – 4 min, relativ vollständig			

Pyramidenaufbau	Widerstand	Serien und Wiederholungen
10. Serie	100 %	1
8. + 9. Serie	95 %	2 + 2
5. – 7. Serie	90 %	3 + 3 + 3
1. – 4. Serie	85 %	6 – 8 + 6 – 8 + 6 – 8 + 6 – 8

Bei reduzierter Anzahl an Übungen und Wiederholungen kann die Pyramide nochmals in umgekehrter Folge absolviert werden.

Abb. 168 Übungsbeispiele zur Entwicklung der Kraftausdauer

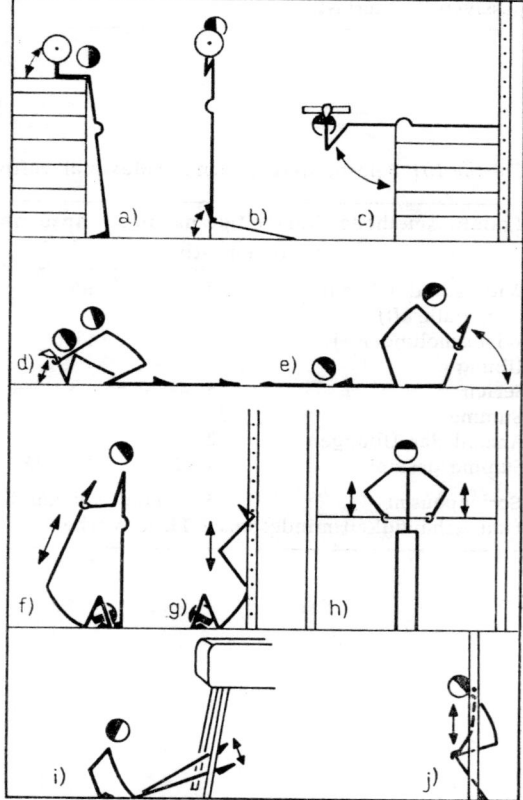

Abb. 169 Übungsbeispiele zur Entwicklung von Maximalkraft

Tabelle 17: Übungsbeispiel für Maximalkraft
(Pyramidentraining mit fixierten Lasten für Fortgeschrittene)

Trainingsmittel: Hanteln und Geräte
Trainingsmethode: Methode der wiederholten submaximalen bis kurzzeitigen maximalen
Anspannung
Organisationsform: Stationstraining
Serienpausen: 2–3 min (Lockerungsübungen)
Trainingshäufigkeit: mindestens 2 TE je Woche

Übungen: a. – Armbeugen mit Hantel (Abb. 169 a)
b. – Fersenheben mit Hantel (Abb. 169 b)
(Steigerung durch Unterlage)
c. – Rumpfaufrichten mit Hantel (Abb. 169 c)

Pyramidenaufbau	Widerstand	Serien und Wiederholungen
10. Serie	100 kg	1
8. + 9. Serie	95 kg	2 + 2
5. – 7. Serie	90 kg	3 + 3 + 3
1. – 4. Serie	85 kg	4 – 6 + 4 – 6 + 4 – 6 + 4 – 6

Die Zusatzlast kann je nach Kraftfähigkeit verändert werden.

Tabelle 18: Übungsbeispiel für spezielle Maximalkraft (Könner)

Trainingsmittel: Hanteln und Geräte
Trainingsmethode: Methode der kurzzeitigen
maximalen Anspannung
Organisationsform: Stationstraining
Serienpausen: 2 – 3 min (Lockerungsübungen)
Trainingshäufigkeit: mindestens 2 TE je Woche

Widerstand (% der Maximalkraft)	90	95	100	90	95	90
Wiederholungen (n)	3	2	1	2	1	3
Serien (n)	$3+n$	2–3	1	2	1	2–3

Übung a. (s. Abb. 169 a): Bei aufgestützten Ober-
armen werden die Unterarme gebeugt und gestreckt.
Übung b. (s. Abb. 169 b): Die Hantel befindet sich
in Nackenlage, die Füße sind mit den Zehen auf
dem Schrägbrett.
Übung c. (s. Abb. 169 c): In Beinlage auf einem
Kasten, die Füße sind in der Sprossenwand fixiert, es erfolgt ein Rumpfaufrichten und -sen-
ken mit der Hantel im Nacken.
Erst nach allen Serien einer Übung folgt die
nächste Übung.

Tabelle 19: Übungsbeispiel für Maximalkraft
(Fortgeschrittene)

Trainingsmittel: Partnerübungen
Trainingsmethode: Methode der kurzzeitigen
Anspannung
Organisationsform: Stationstraining
Widerstand: 6 – 10 s maximal, dann über-
windend bzw. nachgebend
Wiederholungen: 3
Serien: 6 – 8
Serienpausen: 1–2 min, danach folgt die Part-
nerserie
Trainingshäufigkeit: 1–2 TE je Woche

Übung a – Armbeugen gegen Partnerwiderstand
(Abb. 169 d): Bauchlage, ausgestreckte Arme,
gegen deren Beugen sich der Partner, auf dem
Rücken sitzend, stemmt.
Übung b – Beinbeugen gegen Partnerwiderstand
(Abb. 169 e): Bauchlage und Beugen der Unter-
schenkel gegen den Widerstand des auf dem
Rücken sitzenden Partners.
Übung c – Beindrücken durch den Partner (Abb.
169 f): Rückenlage und senkrechtes Hochhalten
der Beine gegen den Partnerwiderstand.

Tabelle 20: Übungsbeispiel für Maximalkraft
(Anfänger und Fortgeschrittene)

Trainingsmittel: Geräte oder Möbel
Trainingsmethode: Methode der kurzzeitigen maximalen Anspannung – statisch
Organisationsform: Stationstraining
Widerstand: 5–8 s
Wiederholungen: 3–4
Serien: 4–6
Serienpausen: 1–2 min
Trainingshäufigkeit: 1–2 TE je Woche

Übung a – Beindrücken (Abb. 169 g):
Rückenlage und Druck der gewinkelten Beine gegen eine fixierte Reckstange (im Türrahmen sitzend).

Übung b – Armbeugen (Abb. 169 h):
Armbeugen gegen fixierte Reckstange (schweres Möbelstück).

Übung c – Beinspreizen (Abb. 169 i):
Beingrätschen im Turnbockinneren (stabiler Stuhl).

Übung d – Körperstrecken (Abb. 169 j):
Rumpfaufrichten gegen fixierte Reckstange (Möbelstück).

- Serienpausen 1 bis 3 min, keine völlige Erholung gestatten.
- Die Maximalkraftentwicklung setzt hier schon bei 50 bis 70 Prozent Widerstand ein.
- Die Übungswiederholungen einer Serie nur bis 50 Prozent des persönlichen Maximalwertes, den Gesamtumfang jedoch auf das 2- bis 4fache steigen lassen.
- Das Kreistraining ist unter allen Bedingungen realisierbar.
- Die Dehnfähigkeit der Muskeln fördern, den Gegenspielereinsatz beachten.
- Die Programme nach 3 bis 4 Monaten wechseln, den Inhalt beibehalten.

Ausdauerfähigkeiten

Die Ausdauerfähigkeiten werden nach der Belastungsdauer unterschieden in Kurzzeit-, Mittelzeit- und Langzeitausdauer, in Verbindung mit den konditionellen Fähigkeiten Kraft oder Schnelligkeit aber auch in Kraftausdauer und Schnelligkeitsausdauer. Das allgemeine Ausdauertraining fördert die Grundlagenausdauer, sie ist die Basis für die spezifischen Ausdauerbereiche. Spezialisierungen in bestimmten Aus-

dauerbereichen erfordern auch entsprechende biologische Voraussetzungen. In Felskletterrouten können neben der Dominanz von Kraftausdauer auch Kriterien der Kurz- oder Mittelzeitausdauer auftreten. Die reine Langzeitausdauer hat ihre Bedeutung mehr im alpinen Bereich.

Nach der Art ihrer Energiebereitstellung und -umwandlung werden die Ausdauerfähigkeiten dem anaeroben oder aeroben Bereich zugeordnet. Beide Bereiche treten jedoch meist in vermischter Form in Erscheinung. Die anaerobe Ausdauer ist vor allem im Bereich der Kraftausdauer, anteilmäßig auch in den Bereichen der Kurz- und Mittelzeitausdauer beteiligt. Die aerobe Ausdauer setzt im längeren Kurzzeitbereich ein (etwa 3 min), gewinnt vom Mittel- (8 bis 10 min) zum Langzeitbereich (über 10 min) immer mehr an Bedeutung, wobei sie im letzten Fall fast ausschließlich dominiert. Unter diesen Bedingungen des Gleichgewichtes der Organfunktionen spricht man von einem **steady-state.**

Das Charakteristikum der Ausdauerfähigkeit, bei den verschiedenartigsten Dauerbelastungen widerstandsfähig gegen Ermüdung und danach schnell erholungsfähig zu sein, ist an verschiedene Bedingungen biologischer Anpassung geknüpft. Diese, sich vorrangig auf das Herz-Kreislauf-System beziehend, bilden zugleich die Basis für die Anpassungen aller übrigen Organsysteme. Ausdauerbelastungen wirken nachhaltig im psychischen Bereich, sie fördern die Herausbildung von Willensqualitäten.

Mittel zur Steigerung der Ausdauerfähigkeiten

Als Übungsformen kommen vorwiegend Läufe zur Anwendung. Im Winter können dies auch Skilangläufe sein, eine entwickelte Motorik vorausgesetzt. Gut eignet sich auch das Radfahren. Langzeitbelastungen in speziellen Sportarten wie Schwimmen, Eislauf, Rudern, Paddeln und dergleichen verlangen eine entsprechende technische Ausbildung mit weitgehend automatisierten Bewegungsabläufen. Die Entwicklung spezieller Ausdauerfähigkeiten ist an entsprechende Belastungsdosierungen geknüpft. (Tab. 21 u. 22)

Das Ausdauertraining muß vor allem kontinuierlich durchgeführt werden, soll es zu dauerhaften Anpassungen führen und die angestrebten Fähigkeiten erreichen. Übertreibungen und unsystematisches Vorgehen können vor allem den Sehnen- und Bänderapparat schädigen.

Tabelle 21: Belastungsvorgaben zur Entwicklung der Ausdauerfähigkeiten

Trainingsmethode	kontinuierliche Dauermethode	Wechselmethode	Fahrtspiel
Tempo	gleichmäßig	planmäßige Änderungen	situative Änderungen
Pausen	ohne	ohne	ohne
Puls (Schläge/min)	150–170	140–180	130–180
Energie	aerob	aerob/anaerob O₂-Schuld	aerob/anaerob O₂-Schuld
Zeit	50–120 min mindestens 30 min Anfänger/Nachwuchs		

Tabelle 22: Belastungsvorgaben zur Entwicklung der Ausdauerfähigkeiten

Trainingsmethode	extensive Intervallmethode	intensive Intervallmethode
Tempo	hoch	sehr hoch
Pausen	unvollständig bis 130 Puls	unvollständig bis 120 Puls
Zeit	kurz: 3–8 min mittel: 8–30 min lang: 30–60 min	kurz: 15–120 s mittel: 2–8 min lang: 8–15 min
Puls	150–170	160–180
Energie	aerob/anaerob O₂-Schuld	aerob/anaerob O₂-Schuld

Beweglichkeit

Die Beweglichkeit als motorische Fähigkeit beeinflußt zugleich alle Leistungsfaktoren des konditionellen Bereiches. Der Aktionsradius der Gelenke ist bei allen Menschen unterschiedlich, er ist angeboren und durch Training begrenzt beeinflußbar. Die Form der Gelenkflächen, die Dehnbarkeit der Muskeln, Sehnen und Bänder sind bestimmend für den Beweglichkeitsgrad. Eine maximale individuelle Beweglichkeit läßt sich nur im Kindes- und Jugendalter erreichen. Mit zunehmendem Alter verringert sich diese Fähigkeit und verlangt erheblichen Trainingsaufwand. Das weibliche Geschlecht hat eine angeborene höhere Beweglichkeit, kann diese Fähigkeit aber auch nur durch Training voll entfalten und konstant halten. Die Sehnen und Bänder sind für den Zusammenhalt und die Funktion der Gelenke ausschlaggebend. Ihre Beeinflussung ist daher mit besonderer Vorsicht zu betreiben.

Die Verbesserung der Bewegungsweite (Amplitude) eines Gelenkbereiches ist an die Kraftfähigkeit des arbeitenden Muskels und die Dehnfähigkeit seines Gegenspielers gebunden. Einseitig gesetzte Kraftreize können bei dadurch zunehmender Hypertrophie zur Muskelverkürzung und Einschränkung der Amplitude führen. Dies hat dann eine ungünstigere Ausgangslage des betreffenden Muskels, verbunden mit geringerer Kraftfähigkeit, zur Folge. Demgegenüber erhöht sich die Kontraktionskraft vorgedehnter Muskeln. Daher ist es notwendig, Dehnung und Kräftigung wechselseitig zu betreiben. Günstigerweise koordiniert man beides innerhalb eines Kraftprogrammes. Muskelentwicklung ohne gleichzeitige Beweglichkeitsentwicklung führt, genau wie einseitige Arbeit, zu einer Verschiebung des Kräftegleichgewichtes im Stützapparat. Dies äußert sich in anormalen Körperhaltungen wie Hohlkreuz oder Rundrücken. Die damit verbundene Fehlstellung der Gelenke kann eine einseitige Abnutzung der Knorpel, die eine Verletzungsanfälligkeit der Sehnen, Bänder und Muskeln einschließt, nach sich ziehen. Starke Dehnungen weisen wie starke Kontraktionen leistungsmindernde Rückstände auf. Das Gleichgewicht ist durch gegenteilige Maßnahmen wieder herzustellen.

Bei der Beweglichkeit unterscheiden wir in eine *aktive* und eine *passive* Erscheinungsform. Aktiv wäre z. B. die durch Muskelkraft zu erreichende und zu haltende Höhe des seitgespreizten Beines. Passiv wäre die mit Partnerhilfe zusätzlich erreichte Höhe. Das Trainingsziel verlangt die Verringerung der Differenz zwischen aktiver und passiver Beweglichkeit. Um wirksame Dehnungsreize zu erhalten, lassen sich sowohl *dynamische* als auch *statische Arbeitsweisen* anwenden. Eine Verbesserung der Bewegungsweite erfordert ein mehrfaches Überschreiten der aktiven Grenze. Die Schmerzgrenze muß dabei erreicht werden. Wichtig ist es, daß dem dynamischen Schwingen, Federn, Spreizen und Kreisen ein statisches Verharren im Grenzbereich folgt. In Verbindung mit passiven Formen, wie der Verwendung von Gewichten, Partnern, des Eigengewichtes oder der eigenen Muskelkraft, läßt sich nach vorherigen dynamischen Arbeitsweisen durch eine längere statische Phase der Trainingseffekt noch erhöhen.

Dehnungsmethoden und Dosierungshinweise

Am Beispiel des Rumpfbeugens im Grätschsitz lassen sich die wichtigsten Methoden darstellen:

- *Wiederholte Dehnung* (dynamisch); Rumpfbeugen mit Federn bis zur Schmerzgrenze. Bei wenigstens 20 Wiederholungen mit Steigerungscharakter werden 3 bis 4 Serien durchgeführt. Bei Partnerunterstützung kann die Wiederholungszahl reduziert werden. Die Serienzahl wird beibehalten. Partnerhilfe erfordert Einfühlungsvermögen, sonst kommt es leicht zu Zerrungen!
- *Dauerdehnung* (statisch); in der Rumpfvorlage erfolgt ein Verharren im Grenzbereich. Die Zeitdauer beträgt bei 5 bis 6 Serien wenigstens 30 s. Erfolgt eine Gewichts- oder Partnerbelastung, reduziert man die Zeit auf etwa 5 s und erhöht die Serienzahl leicht. Die Regel, je intensiver die Belastung, desto kürzer die Belastungszeit, ist hier zu beachten!
- *Vorspannungs-Dehnung*; der Rumpfvorlage unter Belastung wird vor dem Grenzbereich ein Widerstand entgegengesetzt. Nach 5 bis 7 s folgt ein Nachgeben bis zur Schmerzgrenze und ein etwa gleich langes Verharren. Es wird mit 5 bis 6 Serien gearbeitet. Diese sehr wirksame Methode eignet sich besonders für Partnerübungen.

Einfluß der Beweglichkeit auf das Leistungsvermögen

- Große Bewegungsamplituden erlauben längere Beschleunigungswege und damit rationelle, elegante Bewegungsfolgen.
- Die Qualität aller konditionellen Leistungsfaktoren wird durch die Beweglichkeit beeinflußt.
- Die Verletzungsanfälligkeit der Muskeln und Sehnen wird durch den Grad ihrer Dehnfähigkeit beeinflußt.
- Die Ermüdungsanfälligkeit wird durch die an längere Beschleunigungswege geknüpfte größere Erholungsphase hinausgeschoben.
- Eine hohe Beweglichkeit begünstigt die Lernprozesse.
- Im Felsklettern genügt eine gute allgemeine Beweglichkeit mit einem großen Aktionsradius der Fuß- und Handgelenke.

- Eine hohe Beweglichkeit im Becken- und Schulterbereich vergrößert zusätzlich die Möglichkeiten klettersportlicher Bewegungen.

Trainingshinweise zur Beweglichkeitsentwicklung

- Die Beweglichkeit ist planmäßig und systematisch zu trainieren.
- Den Belastungen müssen entsprechende Erholungen folgen.
- Auch spezielle Anforderungen verlangen Übungsvielfalt.
- Konstante Beweglichkeit verlangt tägliches Üben.
- Die Bewegungshöchstgrenze muß mehrmals erreicht werden.
- Der Grenzbereich verlangt und fördert Willensqualitäten.
- Beweglichkeitstraining verlangt gründliche Erwärmung.
- Nach Erschöpfungszustand kein Beweglichkeitstraining!

3.3.4. Techniktraining

Klettersportliche Leistungsziele verlangen neben der konditionellen Leistungsfähigkeit auch die Beherrschung der Klettertechniken. Das Ziel des Techniktrainings ist die Herausbildung der Grundstrukturen aller Klettertechniken. Die Entwicklung kletterspezifischer koordinativer Fähigkeiten muß ein flexibles Handlungsvermögen einschließen, da es im Felsklettern kaum identische Bewegungsfolgen gibt. Der Bereich des Techniktrainings schließt auch das Erlernen aller notwendigen Fertigkeiten im Umgang mit den Seil- und Sicherungsmitteln ein.

Entwicklung koordinativer Fähigkeiten

Das Zusammenspiel zwischen Gehirn, Nerven und Muskeln bei der Ausführung einer sportlichen Bewegung oder Handlung bezeichnet man als koordinative Fähigkeit. Früher üblich war der Begriff Gewandtheit als Sammelbegriff für koordinative Voraussetzungen. Die koordinativen Fähigkeiten werden in der sportlichen Leistung nur in Verbindung mit den konditionellen Fähigkeiten wirksam, da ohne Kraft, Ausdauer oder Beweglichkeit keine sportliche Bewegung durchführbar ist. Die koordinativen Voraussetzungen stützen sich auf

eine Reihe spezieller Fähigkeiten. Für das Felsklettern sind besonders das *statische* und *dynamische Gleichgewicht*, die *Reaktionsfähigkeit* und die *Anpassungsfähigkeit* wichtig. Voraussetzungen für die Entwicklung des Koordinationsvermögen sind:
- Erkennen der Bewegungsaufgabe,
- Bewegungserfahrung,
- Kondition.

Die Aufgabenstellung muß zu einer Bewegungsvorstellung führen. Die bekannte und anzuwendende Technik gestattet die geistige Vorvollziehung des Bewegungsablaufes.

Eine vielseitige Grundausbildung, aufgebaut durch die Verwendung kletterähnlicher Bewegungselemente, bildet die Basis für das Erlernen und Ausführen differenzierter Klettertechniken.

Die Summe der konditionellen Fähigkeiten ist vor allem in der Lernphase von Bedeutung, da ohne mehrmalige Wiederholung einer Bewegung keine qualitative Verbesserung möglich ist.

Der Lernprozeß der Bewegungskoordination verläuft in drei Phasen:
- Anfangsphase,
- Präzisierungsphase,
- Beherrschungsphase.

In der Anfangsphase kommt es zur *Grobkoordination.* Sie ist noch fehlerhaft und ungenau, da die Reize in der Hirnrinde Irradiationen aufweisen, die die Beteiligung nicht erforderlicher Muskelgruppen hervorrufen. Die Steuerung und Regelung der Bewegung gelingt infolge mangelnder Analysefähigkeit noch nicht so gut. Die Analyse beruht auf Informationen, die sich auf äußere und innere Wahrnehmungen gründen. Für das Klettern sind aus einer Vielzahl von Wahrnehmungen besonders die optische als äußere, die kinästhetische[1] und die vestibulare[2] als innere bedeutsam.

Das Erlernen einer bestimmten Klettertechnik verlangt in der Anfangsphase ein geeignetes Felsprofil. So sollte z. B. eine Hangel nicht durch ihre Steilheit zu maximalem Kraftaufwand zwingen. Trittmöglichkeiten und damit

Ruhepunkte gestatten eine erneute Konzentration. Geklettert wird im Nachstieg oder mit Sicherung von oben. Jede weitere Trainingstätigkeit wie Bouldern, Techniksimulation, Kraftprogramme usw. sollte durch Hangelvarianten zur Erhöhung der Anpassungsfähigkeit beitragen. Diese ist notwendig, wenn die zu erlernende Technik unter unterschiedlichen Bedingungen hinsichtlich des Felsprofils geübt wird.

In der Präzisierungsphase findet eine Konzentration der Prozesse in der Hirnrinde statt. Die an der Bewegung beteiligten überflüssigen Muskelgruppen werden durch Hemmungsprozesse in ihrer Wirkung gemindert und abgebaut. Es kommt zur Differenzierung und Korrekturfähigkeit, da die Wahrnehmungen verbessert aufgenommen und analysiert werden. Die Regelung und Steuerung des Einsatzes der richtigen und wichtigen an der Bewegung beteiligten Muskelkräfte führt zur *Feinkoordination.*

Die Präzisierungsphase verlangt die wiederholte Anwendung der erlernten Kletterbewegung. Im Felsklettern erfolgt die Festigung einer erlernten Klettertechnik durch häufiges Klettern gleichartiger oder ähnlicher Routen. Ein Vorsteigen ist in dieser Phase sinnvoll, wenn die Bedingungen hinsichtlich der Sicherungsmöglichkeiten und der für die erlernte Technik typischen Felsbeschaffenheit des gewählten Weges optimal sind. Stellt der ausgewählte Kletterweg hinsichtlich der koordinativen Erfüllbarkeit zu große Anforderungen an den Kletterer, so können sich psychische Barrieren aufbauen, die zu Rückschlägen in der Koordinationsentwicklung führen.

Die Beherrschungsphase ist erreicht, wenn auf einen Impuls hin die Bewegung automatisiert abläuft. Dies ist bei vielen Einzeldisziplinen der verschiedenartigsten Sportarten der Fall. Beim Klettern bestehen jedoch Einschränkungen. Durch das immer wieder anders gestaltete Felsprofil verändern sich auch für jede einzelne Bewegung die Bedingungen. Der Impuls für eine Kletterbewegung muß daher gezielt und situationsbezogen erfolgen. Bei Bewegungsfolgen müssen der nächste und übernächste Schritt mit kalkuliert sein. Das schließt aber nicht aus, daß Kletterer mit einem großen Erfahrungsschatz an Bewegungen auch „automatisch" reagieren. Die Beherrschung einer Klettertechnik ist erreicht, wenn sich der Kletterer variabel und flexibel verhält und auf störende Einflüsse reflexartig reagiert. Diese

---

[1] Kinästhesie = Bewegungsempfindung, Information über die Lage der Körperteile zueinander

[2] Vestibularapparat = Gleichgewichtsapparat, Information über die Abweichung von der Normalstellung

Phase ermöglicht dann auch den ökonomischen Einsatz der Muskelkraft.

Mit der Beherrschung einer Klettertechnik sind auch die Voraussetzungen für den entsprechenden Vorstieg gegeben. Wichtig ist es, in allen Techniken Ausgeglichenheit zu erreichen, da die meisten Kletterrouten mehrere Techniken verlangen. Spezielle Fähigkeiten, wie das Gleichgewichtsempfinden auf Reibungen, schult man auf Reibungsblöcken am effektivsten. Aber auch beim Hallentraining bieten sich vielerlei Möglichkeiten, das Gleichgewicht mit Hilfe von Geräten zu schulen. Die Reaktionsfähigkeit wird am besten durch Spiele oder Hinderniswettbewerbe gefördert.

Trainingshinweise zur Koordinationsentwicklung

- Betreibe die Koordinationsschulung planmäßig und beachte die leichte Ermüdbarkeit des Nervensystems!
- Schule die Technik vor der Kondition, nie im Zustand der Ermüdung!
- Bei Kindern und Jugendlichen ist durch eine allgemeine Koordinationsentwicklung die Basis für spezielle Techniken zu schaffen, wobei Übungen aus vielen Sportarten herangezogen werden können.
- Der Bewegungsablauf ist durch oftmaliges Wiederholen unter gleichen Bedingungen zu festigen.
- Variables Üben unter wechselnden Bedingungen unterstützt das Aneignen koordinativer Fähigkeiten.
- Auf negative und auf positive Ausführungsdetails ist hinzuweisen.
- Die didaktischen Prinzipien[1] sind einzuhalten, da sie im koordinativen Bereich unumgänglich sind.

Sporttechnische Ausbildung

Die „Gesamtheit der planmäßig organisierten Maßnahmen zur Befähigung der Sportler, sportliche Handlungen mit einer koordinativ beherrschten, zweckmäßigen Technik auszuführen"[2], wird als sporttechnische Ausbildung bezeichnet. Im Bergsteigen ist die Ausbildung in der Kletter- und Sicherungstechnik fester Bestandteil vor allem des Anfängertrainings. Damit werden die Grundlagen für die Entwicklung sportlicher Leistungen und hoher Sicherheit im Felsklettern gelegt. Auch für den Fortgeschrittenen ist das ständige Üben bestimmter Elemente, besonders der Sicherungs- und Rettungstechnik, unerläßlich. Nur so kann erreicht werden, daß diese Techniken auch unter schwierigsten Bedingungen und in Notfällen einwandfrei und sicher beherrscht werden.

Die Ausbildung im Felsklettern vollzieht sich im Wechsel zwischen dem Erlernen bestimmter Techniken und ihrer praktischen Anwendung und Festigung auf ausgewählten Klettertouren. Da hier das Üben unmittelbar mit dem Erreichen eines sportlichen Ziels verbunden ist, wird besonders der Anfänger ständig neu motiviert. Die praktische Ausbildung muß in jeder Stufe mit dem Erwerb des notwendigen theoretischen Wissens ergänzt werden.

Beim Erlernen der Klettertechnik wird mit dem Wandklettern begonnen, weil diese dem natürlichen Bewegungsablauf am meisten entspricht. So gewinnt der Anfänger bald ein Erfolgserlebnis durch leichte Klettertouren. Wenn eine bestimmte Fertigkeit und eine allgemeine Vertrautheit mit dem Fels erreicht sind, muß unbedingt die Schulung weiterer Techniken des Kletterns einsetzen, um jeder Einseitigkeit in der Ausbildung vorzubeugen. Weil beim Wandklettern relativ rasch gute Leistungen erreichbar sind, vor allem von athletisch gut ausgebildeten Sportlern, werden die anderen Techniken oft vernachlässigt. Ihre Beherrschung ist aber bei sehr vielen Aufstiegen, auch im oberen Schwierigkeitsbereich, erforderlich.

Die Ausbildung in den weiteren Techniken sollte in der Reihenfolge Kamin – Reibung – Handriß – Schulterriß erfolgen. Es kommt dabei zunächst darauf an, die Grobform der Bewegungshandlung zu erlernen. Damit ist der Kletterer bald den unterschiedlichsten Anforderungen gewachsen, die das Felsprofil schon beim Klettern bis zum Schwierigkeitsgrad V stellt. Die weitere Festigung dieser Techniken vollzieht sich dann vor allem im Prozeß des Kletterns selbst.

Jede Kletterbewegung setzt sich aus verschiedenen Elementen zusammen (Greifen, Treten, Stemmen, Klemmen usw.). Diese müssen zunächst einzeln erklärt und geübt werden, ehe sie zum Gesamtablauf einer Kletterbewegung zusammengefügt werden. Dazu gehören auch

---

[1] Für den Trainingsprozeß sind die folgenden didaktischen Prinzipien von Bedeutung: Anschaulichkeit, Bewußtheit, Dauerhaftigkeit, Faßlichkeit und Systematik.
[2] Thieß/Schnabel u. a.: Grundbegriffe des Trainings. Berlin: 1986, Sportverlag, S. 22

die Grundlagen der Klettertechnik wie das richtige Griffassen, das Belasten der Griffe und Tritte, das Körperheben durch Beinarbeit u. a., die nicht nur am Fels, sondern auch an Geräten, Mauern usw. geübt werden können. Für den Übungsleiter kommt es vor allem darauf an, unter Beachtung didaktischer Prinzipien die Ausbildung anschaulich zu gestalten. Er muß selbst in der Lage sein, die jeweilige Technik zu demonstrieren und ihren Ablauf erklären zu können. Beim Erlernen einer Technik ist es wichtig, jeden Fehler sofort zu erkennen und zu beseitigen, damit sich beim Sportler kein fehlerhafter Bewegungsablauf ausbildet.

Geeignete Stellen für die Ausbildung muß der Übungsleiter im Klettergebiet oder am Heimatort auswählen. Geeignet sind dazu niedrige Felswände, Blöcke, Einstiege von Kletterwegen, Steinbrüche, aber auch Natursteinmauern. Dabei müssen unbedingt die entsprechenden Rechtsvorschriften beachtet werden. Bei Übungsstellen außerhalb von Klettergebieten ist die Erlaubnis des Grundstückseigentümers einzuholen. Beim Üben an Bauwerken sind Beschädigungen zu vermeiden.

Für das Erlernen und Üben der Klettertechnik sind möglichst optimale Bedingungen zu schaffen und störende Einflüsse auszuschalten. Es werden übersichtliche Kletterstellen mit geradlinigem Verlauf des Aufstieges gewählt. Brüchiger, nasser oder bewachsener Fels ist zu meiden. Bei Anfängern, beim Erlernen einer neuen Technik oder an schwierigen Übungsstellen muß von oben gesichert werden. Zweckmäßig ist es, dazu einen sicheren Fixpunkt oberhalb der Übungsstelle anzubringen, in dem das Seil umgelenkt wird.[1] Der Übungsleiter kann so den Kletternden gut beobachten. Wichtig ist auch, eine sichere Möglichkeit für den Abstieg bzw. das Abseilen zu schaffen.

Seil- und Sicherungstechnik, Abseilen und Rettungstechnik können weitgehend außerhalb des Gebirges erlernt werden. Neben den bereits genannten Möglichkeiten des Übens bieten sich dazu auch in der Turnhalle zahlreiche Gelegenheiten, z. B. an der Sprossenwand. Schwerpunkte der Ausbildung der Anfänger sind hier: Erlernen der Seilknoten, Anseilen, Selbstsicherung am Standplatz, Abseilen, dynamische Sicherung mit HMS und Entlastung nach einem Sturz. Sie sollten häufig geübt werden, damit sie in der Kletterpraxis sicher beherrscht werden. Natürlich müssen bestimmte Elemente auch am Fels selbst unter schwierigen Bedingungen geübt werden, so das Anbringen von Sicherungsmitteln und das Abseilen. Besondere Beachtung ist dem Üben der dynamischen Sicherung zu widmen. Hier können auch die in Abschnitt 3.2 8. – Sicherungsübungen – dargestellten Möglichkeiten eingesetzt werden.

Ein wesentlicher Teil der sporttechnischen Ausbildung wird durch die Teilnahme an Klettertouren realisiert. Für den Übungsleiter bedeutet das, der Vorbereitung solcher Touren besondere Aufmerksamkeit zu widmen, damit das jeweilige Ausbildungsziel erreicht wird. Kletterwege für den Anfänger sollen kurz, übersichtlich und möglichst geradlinig sein. Übungsleiter und Sichernder müssen den Kletternden gut beobachten können. Art und Schwierigkeitsgrad des Aufstiegs sind entsprechend dem Ausbildungsstand auszuwählen. Das Klettern eines Weges soll immer auf dem vorher Geübten aufbauen. In den meisten Fällen bedeutet das, daß sich die Anforderungen des Weges auf eine Klettertechnik beschränken. Erst zu einem späteren Zeitpunkt können dann Wege gestiegen werden, die verschiedene Techniken verlangen oder bei denen auch Elemente der Sicherungstechnik beherrscht werden müssen.

Vor der Teilnahme an seiner ersten Klettertour muß der Anfänger über das richtige Verhalten während des Kletterns Bescheid wissen. Er soll das Einbinden und wenn nötig auch das Abseilen selbständig ausführen können. Der Übungsleiter muß diese Vorgänge kontrollieren. Wichtig ist, daß der Anfänger Vertrauen zur Seilsicherung besitzt, deren Handhabung und Wirkungsweise ihm zumindest vorher zu zeigen ist. Am Einstieg eines Weges muß eine Einweisung über dessen Verlauf und die besonderen Anforderungen erfolgen. Anfänger klettern nur mit Sicherung von oben, auch beim Abstieg und beim Abseilen. Wird in Seilschaften gestiegen, ist es zweckmäßig, ihn in die Mitte zwischen zwei erfahrene Kletterer zu nehmen, von denen einer dann den Vorsteiger sichert.

Während des Kletterns soll der Übungsleiter nur bei groben Fehlern eingreifen, vor allem, wenn eine Gefahr für den Sportler entstehen

---

[1] An Kletterfelsen dürfen dazu lt. Regelordnung Felsklettern keine zusätzlichen Ringe oder Haken geschlagen werden.

kann. Auf andere Fehler ist nach der Begehung hinzuweisen. Auch ständiges Erklären von Griffen und Tritten ist falsch. Es zwingt den Sportler nicht, sich selbständig in der Wand zu orientieren und seine erlernten Fertigkeiten richtig anzuwenden.

Felstraining

Techniktraining im Felsklettern wird in erster Linie durch häufiges und regelmäßiges Klettern realisiert. Ein spezielles Üben von Elementen der Kletterbewegungen gibt es nur selten, es wird meist nur in der Anfängerausbildung durchgeführt. Nach dem Erlernen der Grundformen vollzieht sich die weitere Ausbildung während des Kletterns. Der Kletterweg ist dabei sportliches Ziel und zugleich Training für weitere Leistungen.

Wenn das Klettern als Trainingsmittel eingesetzt wird, so müssen folgende Bedingungen erfüllt werden:

– Durch systematisches Konditionstraining müssen die körperlichen Voraussetzungen für sportliche Leistungen am Fels vorhanden sein.

– Während der Vorbereitungs- und Hauptperiode sollte an jedem Wochenende geklettert werden. Weitergehende Möglichkeiten sind zu nutzen. Für das Erreichen von Höchstleistungen ist ein mehrmaliges wöchentliches Training am Fels unabdingbar.

– Die Auswahl der Kletterwege muß so erfolgen, daß sie in Technik, Schwierigkeit und sonstigen Anforderungen zu den Höhepunkten des Jahres hinführen.

Zugleich muß darauf geachtet werden, daß keine einseitige Ausbildung einer Klettertechnik erfolgt. Neben Wandkletterei müssen auch Reibung und Riß im Trainingsplan enthalten sein, speziell wenn diese Techniken vorrangig entwickelt werden sollen. Die Schwierigkeiten sind so zu wählen, daß zu Beginn der Hauptperiode das Leistungsniveau des Vorjahres erreicht wird.

In der sportlichen Praxis haben sich darüber hinaus zwei Trainingsformen (Abb. 170) besonders bewährt:

– Im Frühjahr, aber auch nach längeren Trainingspausen, wird das **Gewöhnungstraining** eingesetzt, um rasch wieder das erforderliche Felsgefühl zu bekommen und die erlernten Bewegungsfertigkeiten zu mobilisieren. Durch Klettern möglichst vieler Wege ge-

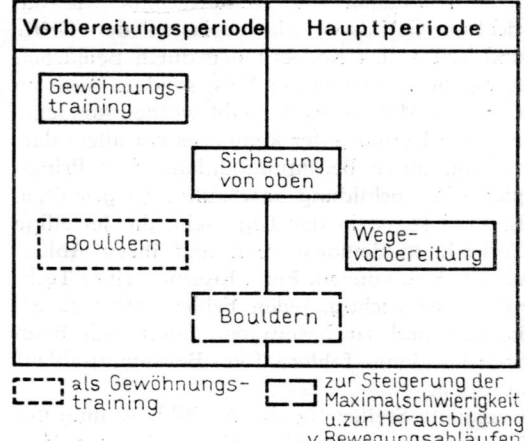

Abb. 170 Einsatz spezieller Trainingsformen im Techniktraining

ringerer Schwierigkeit schafft man eine Voraussetzung für die nachfolgende Steigerung der Anforderungen. Zugleich entwickelt und festigt man dabei die psychischen Fähigkeiten, die vor allem bei schwierigen Wegen von Bedeutung sind. Deshalb werden am Ende eines solchen Trainingsabschnittes vor allem lange und noch unbekannte Wege geklettert, die vielseitige Anforderungen stellen.

– Zur **Wegevorbereitung** klettert man an einem oder zwei Wochenenden vorher mehrere Wege niedrigerer Schwierigkeit, die gleiche technische und andere Anforderungen stellen, und steigert die Schwierigkeit in unmittelbarer Aufeinanderfolge. Diese Trainingsform eignet sich vor allem vor besonderen Höhepunkten des Kletterjahres.

Für eine rasche Leistungssteigerung ist es notwendig, die Anforderungen an den Kletterer maximal zu erhöhen, d. h. auch beim Klettertraining bis zu einer gewissen Erschöpfung zu gelangen. Dies ist jedoch beim Klettern im Vorstieg nicht möglich wegen des damit verbundenen Risikos. Es muß also mit Sicherung von oben geklettert werden. Hier kann und muß die jeweilige Leistungsgrenze erreicht und überschritten werden. Zweckmäßig ist es, mit kurzen Aufstiegen zu beginnen und später auch die Dauer der Anforderungen zu erhöhen. Das kann durch mehrfache Wiederholungen innerhalb eines Trainings erreicht werden. Dabei ist der richtige Wechsel zwischen Belastungs- und Erholungsphasen zu beachten. Das Klettern mit Sicherung von oben muß gezielt und im richtigen Verhältnis zum Vorstieg eingesetzt werden. Individuell unterschiedlich kann es sonst zu einer psychologischen Barriere beim Vorstieg kommen.

Als ein Trainingsmittel mit vielfältigen Effekten ist das **Bouldern**[1] einsetzbar. Es besitzt eine Reihe von Vorteilen gegenüber anderen Mitteln. Der Kletterer kann allein trainieren, da er sich nur in geringer Höhe bewegt, also keine Sicherung benötigt. Auch psychische Hemmungen werden durch diese Bedingungen abgebaut. Zum Training können kleinere Blöcke, Felswände oder auch künstliche Bauwerke benutzt werden. Wird im Verhältnis zu anderen Trainingsaufgaben zuviel Bouldern durchgeführt, kann es zu Störungen im psychischen Bereich kommen, und das gewünschte Ergebnis wird nicht erreicht.

Bouldern ist in allen Perioden des Trainings einsetzbar und kann verschiedenen Zielen gerecht werden. Vor allem dient es der Entwicklung spezieller Bewegungsfertigkeiten des Kletterers. Zu unterscheiden sind dabei:

- *Allgemeines Gewöhnungstraining.* Dabei liegt die Schwierigkeit unterhalb der Maximalschwierigkeit. Es werden verschiedene Stellen mit unterschiedlichen Anforderungen geklettert, möglichst wenig Wiederholung gleicher Stellen.
- *Training zur Steigerung der Maximalschwierigkeit.* Üben schwierigster Kletterstellen in Wiederholung, bis man sie einwandfrei beherrscht.
- *Training zur Herausbildung motorischer Bewegungsabläufe.* Hier liegt die Schwierigkeit unter der maximalen. Eine Kletterstelle wird wiederholt, bis sie mindestens zweimal zügig geklettert werden kann. Danach erfolgt ein Wechsel zu einer ähnlichen Kletterstelle, um die erworbene Fähigkeit unter veränderten Bedingungen zu festigen.

Neben dem Techniktraining trägt Bouldern in jedem Fall auch zur Entwicklung der Kraft- und Ausdauerfähigkeiten bei, jedoch sollte es nicht als allgemeines Krafttraining eingesetzt werden. Für die Intensität des Bouldertrainings und den Umfang innerhalb einer Trainingseinheit gibt es noch keine gesicherten Erkenntnisse. Es kann jedoch im allgemeinen nach den für ein Krafttraining geltenden Grundsätzen verfahren werden.

Bouldern eignet sich vor allem für das Training von Wand- und Reibungskletterei. Auch die Überwindung von Überhängen kann dabei gut geübt werden.

Rißbouldern ist nur sinnvoll, wenn die Felswand nicht hoch ist oder nach wenigen Metern ein guter Stand erreicht wird. Ein unfreiwilliger Abbruch ist hier immer mit einer Verletzungsgefahr verbunden.

Der Bergsteiger, der nicht regelmäßig klettern kann, muß bestrebt sein, sich andere Möglichkeiten für ein Techniktraining zu erschließen. Dazu können Mauern, Brückenpfeiler aus Natursteinen, kleine Felswände, Steinbrüche, Blöcke usw. genutzt werden, aber auch künstlich errichtete Übungswände. Aufgrund der meist geringen Vielfältigkeit solcher Übungsstellen muß durch entsprechende Wegauswahl bei den Kletterfahrten ein Ausgleich gesucht werden, um die allseitige Ausbildung der Klettertechnik zu erreichen.

Ergänzend kann dazu in größerem Umfang ein Imitationstraining in der Turnhalle (s. Abschnitt 3.3.4. – Imitationsübungen) eingesetzt werden.

Imitationsübungen

Der methodische Aufbau des Trainings verlangt die Einbeziehung von technischen Elementen. Ein Training zwischen den Klettertouren erfolgt in der Regel bergfern, besonders aber im Winter und in Schlechtwetterperioden. Die Möglichkeiten des Ausgleichs durch Imitationsübungen sind dabei stark an die örtlichen Gegebenheiten und die Kreativität der Übungsleiter gebunden.

Stehen Steinbrüche, Natursteinmauern, alte Bauwerke, Bäume usw. zur Verfügung, so ergeben sich daraus Möglichkeiten, die keinen allgemeingültigen Charakter haben und daher nicht der Beschreibung bedürfen. Ihre Nutzung ist zumeist auch vom Wetter abhängig.

Neben den Technikelementen, die Strukturverwandtschaft zu einzelnen Klettertechniken aufweisen, lassen sich auch solche einbeziehen, die dem Bereich der Seil- und Sicherungstechnik zuzuordnen sind. Dieser Bereich, zur sporttechnischen Ausbildung gehörend, nimmt bei Anfängern und beim Nachwuchs ohnehin breiten Raum ein.

Die Imitationsübungen lassen sich in geringem Umfang mit herkömmlichen Mitteln, z. B. Geräten und Halleneinrichtungen, durchführen. Effektiver sind speziell für einige Techniken konstruierte Hilfsgeräte. Die Darstellung von

---

[1] Bouldern (engl.) = Blockklettern

Imitationsmöglichkeiten erfolgt am zweckmäßigsten anhand der Klettertechnik.

Wandklettern

An Sprossenwänden, Turnleitern oder Gitterleitern sind Kletterbewegungen nach allen Richtungen möglich. Ein gleichzeitiger Nutzeffekt zur Vorbereitung von Felskletterwettkämpfen könnte in der Einbeziehung von Zeitlimits und der Festlegung von Griff- und Trittzonen bestehen.

Neben diesen Wanderklettervarianten eignet sich die Sprossenwand zum Üben der Zug-Stütz-Technik. Diese Übung läßt sich sowohl als reiner Klimmzug mit Umsetzen und Durchstützen als auch mit Fußabstoß durchführen. Eine Variante besteht in der Unterstützung durch ein seitlich hoch angespreiztes Bein. (Abb. 171 a)

Die Sprossenwand ist auch ein gutes Mittel zur Übung von Griffarten. Da es sich nicht um Feinkoordination handelt, können sie in Kraftprogramme eingefügt werden. Geübt wird dabei nach Zeit oder Anzahl der zu querenden Felder. Die einzelnen Varianten sind:

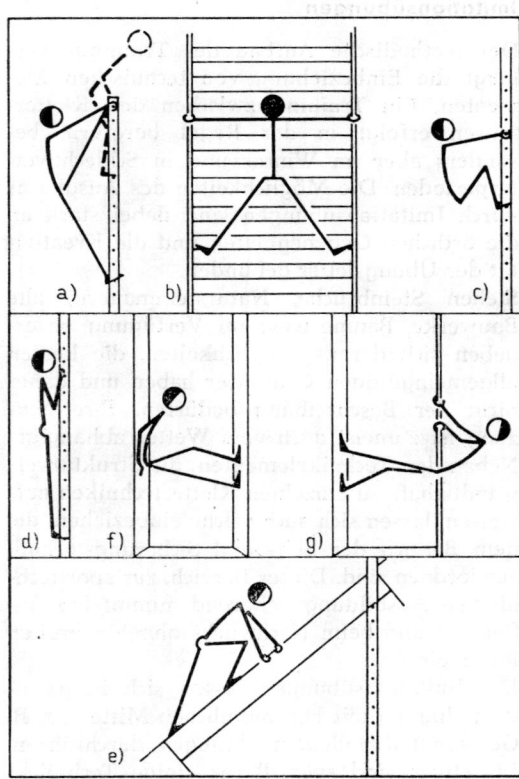

Abb. 171 Imitationsübungen

- Hangeln im Streckhang,
- Queren mit Zangengriff an den Längsholmen,
- Queren mit Untergriff (Kammgriff) an den Sprossen,
- Queren mit aufgestellten Fingerendgliedern auf den Sprossen. (Abb. 171 b u. d) Bei allen Varianten verändert sich mit dem Abstand zwischen Tritt- und Griffebene zugleich die Belastung.

An den Turnleitern lassen sich Hangelklimmzüge ausführen. Eine Steigerung entsteht durch das Übergreifen mehrerer Sprossen. Eine Variante besteht im Hochsteigen mit Zangengriff an den Längsholmen. Stehen mehrere Leitern in Reihe, so ist ein Wanderklettern möglich. Bei Schrägstellung der Leitern läßt sich auf deren Rückseite hangeln und steigen, wobei ein Überhangeindruck besteht. Eine anstrengende Übung ist auch das Umklettern von sehr flach gestellten Turnleitern.

Stellt man die verschiedenartigsten Turngeräte in loser Folge vor die Sprossenwand oder die Leitern, so bietet das entstandene Hindernis viele Klettervarianten.

Als Hilfsgeräte für Wandkletterimitationen sind das Griffbrett und das Steckbrett zu nennen.

Das Griffbrett

Neben der Imitation von Kletterzügen dient es gleichzeitig der Entwicklung der Arm- und Fingermuskulatur. Kleine Holzgriffleisten lassen sich waagerecht, senkrecht oder schräg auf das Brett montieren. Bei genormten Lochabständen im Brett und in den Leisten können von Zeit zu Zeit neue Varianten eingestellt werden. Bei Mehrfarbigkeit der Leisten kann durch das Verbleiben in einem bestimmten Farbbereich die Palette der Variationsmöglichkeiten nochmals vergrößert bzw. die Schwierigkeit erhöht werden. (Abb. 172 a)

Günstig ist es, das Brett zur Anbringung an der Sprossenwand mit gelenkigen Hänge- und Stützstreben auszustatten. Dadurch sind Abstand und Neigung zur Sprossenwand verstellbar. Da die Füße an der Sprossenwand treten, besteht für den Griffbereich ein Überhangcharakter. Steht ein zweites Brett zum Darunterhängen zur Verfügung, so läßt sich die Fußarbeit einbeziehen.

Das Steckbrett

Es wird wie das Griffbrett angebracht und verwendet. Das Brett muß sehr stabil sein, da

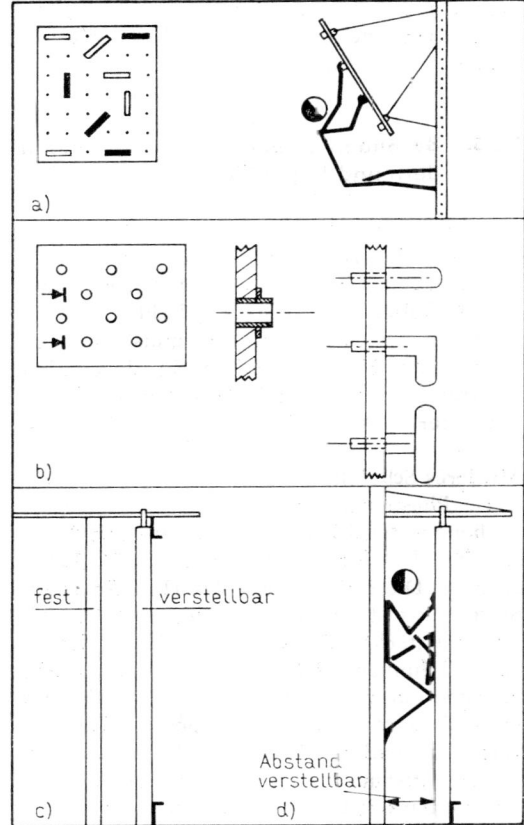

Abb. 172   Übungen mit Hilfsgeräten
a – Griffbrett; b – Steckbrett; c –
Klemmgerüst; d – Klemmwand

die eingebohrten Löcher Steckgriffe aufnehmen müssen. Die Haltbarkeit kann durch eingelassene Stahlrohrbuchsen erhöht werden. (Abb. 172 b) Das Umstecken der Griffe imitiert Handlungen unter der Bedingung des Festhaltens an einer Hand, wie sie auch beim Schlingenlegen erforderlich sind. Eine Verwendung abgewinkelter Steckgriffe bringt eine Anlehnung zur Griffhaltung des Eispickels und dient so besonders dem Alpinisten.

Reibungsklettern
Auf schräg in die Sprossenwand eingehängten Turnbänken läßt sich die Reibungstechnik üben. Der Neigungswinkel, die Beschaffenheit der Trittfläche und Schuhsohlen bestimmen den Grad der Unterstützung durch die Hände. Dies reicht von einer leichten Fingerauflage bis zum kräftigen Druck der ganzen Handfläche. Eine Möglichkeit besteht im Stützen mit verdrehter Hand, wobei die Fingerspitzen in Richtung Füße zeigen. Bei sehr steiler Bankstellung unterstützen die Hände durch Hangeln, was vom Anlegen der Hände an der Seitenkante bis zum festen Zufassen reicht. Wenn beide Hände dabei auf einer Seite der Bank unterstützen, so entspricht das der Körperstellung, wie sie an Reibungskanten vorkommt. (s. Abb. 171 e)
Eine Übung, die nicht unmittelbar die Reibungstechnik widerspiegelt, ihr aber zugeordnet werden muß, ist das Einbeinaufstehen. (s. Abb. 167) Hier wird aus der einbeinigen tiefen Hocke auf einem dicht vor einer Wand stehenden Turngerät (Kasten, Bock) aufgestanden. Dabei darf die dicht vor dem Körper befindliche Wand nicht berührt werden, die Arme sind passiv, am besten auf dem Rükken, zu halten.

Kaminklettern
Eine Turnhalle bietet dazu Möglichkeiten, wenn z. B. Kletterstangen und Gitterleiter in entsprechender Entfernung zur Wand stehen. Weiterhin eignen sich Türrahmen mit angemessener Breite. Hier könnte durch Bretteinlagen die Breite variiert werden, was gleichzeitig auch ein Schutz vor Verschmutzung durch Hände und Füße sein kann. Die Steigbewegung muß wegen der geringen Türhöhe aus dem Sitz beginnen. (s. Abb. 171 f)

Hangelklettern
In einer normal ausgestatteten Turnhalle gibt es zumindest an den Kletterstangen Hangelmöglichkeiten. Bei günstiger Entfernung zur Wand kann diese als Gegentrittfläche dienen. Wenn das nicht möglich ist, so läßt sich gegen eine weitere Stange treten, wenn dazwischen eine ausgelassen wird. Wichtig ist es, mit beiden Händen auf derselben Seite der Stange anzufassen, da dies der Realität bei einer Riß- oder Hangelkante entspricht (vgl. Abb. 171 g). Das Gleitgestell für die Turnleitern läßt sich ebenfalls als Hangelmöglichkeit verwenden.

Rißklettern
Klemmöglichkeiten, die sich durch Geräte oder Halleneinrichtungen von selbst ergeben, gibt es kaum. Es müssen Hilfsgeräte geschaffen werden, die ein rißähnliches Profil aufweisen:

Das Klemmgerüst
Es besteht aus einem fest stehenden und einem beweglichen Balken oder Schenkel und sollte

149

wenigstens 3,5 bis 4,0 m hoch sein. (vgl. Abb. 172 c) Die Klemmflächen sind am besten mit Gummi (Förderband) zu belegen. Stehen nur Bohlen zur Verfügung, die dem Klemmdruck nicht widerstehen, so müssen sie versteift werden, etwa als T-Profil.

Die Verstelleinrichtung für den beweglichen Schenkel ist ein konstruktives Problem, das durch vielerlei Varianten lösbar ist. Eine einfache Form wäre eine Rollenaufhängung am oberen Ende mit einer Verriegelung an beiden Enden, ähnlich einer Torverriegelung. Die Mehrfacheinstellung wird durch ein Lochraster für beide Riegel ermöglicht. Die Klemmbreite ist dabei jedoch nur mit Abstufungen einstellbar.

Die Klemmwand

Eine stabile Bretterwand wird so vor einer Mauer installiert, daß sie in ihrem Abstand verstellbar ist. Bei einer Breite von wenigstens 80 cm muß sich der gesamte Körper dahinter verklemmen lassen. Der Einstieg von beiden Seiten erlaubt, die Technik sowohl links als rechts zu üben. (vgl. Abb. 172 d)

Sprungübungen

Im Sandsteinklettern ist auf dem Weg zum Gipfel oft das Überspringen von Spalten und Klüften notwendig. Die dabei auftretenden Probleme sind meist psychischer Natur und lassen sich trainingsmäßig beeinflussen. Sprünge von Gerät zu Gerät, bestehend aus Pferden, Böcken und Kästen, bei einer Höhe von 1,10 m, dienen der Mutschulung. Die Geräte werden dazu im Kreis mit einer Entfernung von 1,20 bis 2,00 m aufgestellt. Eine Steigerung ist durch unterschiedliche Gerätehöhen (maximal 50 cm) möglich.

Unterstützungen

Einfache und ausgiebige Unterstützungen lassen sich überall, besonders auch beim Hallentraining, üben. Eine Steigerung der Anforderung besteht darin, beim Aufstieg nur den Partner anzufassen. Eine Variante ist der Aufbau der Unterstützungsstelle, bei der auch der Untermann auf der Sprossenwand steht und sich daran festhält.

Künstliche Kletterwände oder Klettertürme, wie sie bereits in einigen Ländern für Trainings- und Wettkampfzwecke existieren, sind zwar relativ aufwendig, ihre Bedeutung für das Training wird aber in Zukunft bestimmt zunehmen. Als Material dienen Beton, Holz

oder Plast. Griff- und Trittelemente werden eingelassen oder aufgeschraubt, oft sind sie auch auswechselbar.

3.3.5. Besonderheiten des Trainings mit Kindern und Jugendlichen

Das Training mit Kindern und Jugendlichen erfordert die Berücksichtigung der Entwicklungsmerkmale in den verschiedenen Altersstufen. Dabei sind auch geschlechtsspezifische Merkmale zu beachten. Der günstigste Einstieg in das Klettern und in ein zielgerichtetes Training erfolgt nach Abschluß des frühen Schulalters (7 bis 10 Jahre).

Mittleres Schulalter

Diese Phase mit ihrer proportionalen Ausgeglichenheit wird bei Mädchen etwa mit 9 Jahren, bei den Jungen aber erst mit 11 Jahren erreicht. Die Entwicklung des Herz-Kreislauf-Systems weist bei Mädchen bis zum 12. Jahr eine verstärkte Zunahme des Herzvolumens auf, bei Jungen setzt sie dann erst ein. Wachstumsbedingt verändert sich auch das Atemsystem. Es kommt zu einem größeren Atemzugvermögen und zur Erhöhung der Vitalkapazität. Im Ausdauerbereich liegt daher eine gute Trainierbarkeit vor. Die Fähigkeit der anaeroben Energiebereitstellung, also ein Sauerstoffdefizit einzugehen, ist noch unzureichend. Dies hat Auswirkungen auf die Belastbarkeit, eine hohe Intensität führt rasch zur Ermüdung.

Mit dem Ausreifen des Zentralnervensystems verbessern sich die daran gebundenen Faktoren wie Koordinations- und Reaktionsvermögen. Die psychischen Merkmale werden durch höhere geistige Aktivitäten und größere Gedächtnisfähigkeit geprägt. An das wachsende Abstraktionsvermögen knüpfen sich Differenzierungsfähigkeit und Ansätze zur Logik, die nach Beziehungen und Zusammenhängen suchen lassen. Diese Phase wird als kritischer Realismus bezeichnet, es kommt zu charakteristischen Zügen in der Persönlichkeitsentwicklung. Im Verhalten bringen Ausgeglichenheit und Optimismus günstige Lernvoraussetzungen. Die Motivationen sind stark erfolgsabhängig. Es kommt zu festen kollektiven Bindungen.

Fällt der Kletterbeginn mit dieser Altersstufe zusammen, so ergeben sich daraus Möglichkeiten und Notwendigkeiten für die Trainings- und Kletterpraxis.

Die Touren müssen zunächst leicht, abwechslungsreich und technisch unkompliziert sein, damit sie die Freude am Klettern wecken und erhalten. Die ersten Schritte in der Technikausbildung sind im Wandklettern zu absolvieren. Wände mit Reibungscharakter eignen sich, wenn sie auch einige gute Griffe und Tritte aufweisen. Die häufige Anwendungsnotwendigkeit der Kamintechnik zwingt bald zu ihrer Vermittlung, obgleich sie am Anfang eine starke Belastung darstellt. Bei einer kontinuierlichen Steigerung der Schwierigkeitsanforderungen muß auch die Sicherungstechnik erlernt werden. Wegen der Neigung zur Selbstüberschätzung sind in dieser Altersstufe Kontrollen und Beaufsichtigungen besonders gewissenhaft durchzuführen. Die Anforderungen längerer Anmarschwege und Wanderungen werden gut verkraftet. Das Niveau der konditionellen, vor allem aber der koordinativen Fähigkeiten ist in diesem Alter günstig zu beeinflussen. Der Beweglichkeit muß ständig die erforderliche Beachtung zuteil werden. Die Kraftfähigkeit ist bei Vermeidung jeglicher Einseitigkeit am besten mit dem eigenen Körpergewicht zu entwickeln. Sollten Zusatzlasten verwendet werden, dann nur mit geringen bis mittleren Widerständen und zur Schonung des Stützapparates im Sitzen oder Liegen.

Präpubertät

In der folgenden Phase der Präpubertät setzt in der zweiten Hälfte ein erneuter Wachstumsschub ein, die sogenannte zweite Streckung. In dieser Phase, bei Mädchen mit etwa 11 Jahren und bei Jungen erst mit 13 Jahren, verdoppelt sich das Größenwachstum. Dies verändert erneut die Proportionen und führt zur Disharmonie der Bewegungen.

Bei einer allgemein guten Anpassungsfähigkeit an sportliche Betätigung und Trainingsbelastungen dominiert vorrangig der Ausdauerbereich. Die Mädchen haben dabei zunächst einen Vorlauf.

Die einsetzenden starken biologischen Veränderungen führen vor allem im emotionalen Bereich zu Unausgeglichenheit und Labilität. Fragen der Beziehungen zwischen den Geschlechtern gewinnen an Bedeutung. Die geistige Entwicklung gestattet ein tieferes Eindringen in die Zusammenhänge zwischen Umwelt und Gesellschaft. Unsicherheit, Sensibilität und Unverstandensein sind Verhaltensmerkmale. Typisch sind auch Trotzreaktionen und der Versuch, einiges durch Imponiergehabe zu überspielen. In dieser Phase wächst aber auch die Selbständigkeit, was die Herausbildung von Formen der bewußten Mitarbeit, Aktivität und Eigenverantwortlichkeit begünstigt. In dieser Altersstufe ist ein partnerschaftlicher Führungsstil in den Beziehungen zwischen Sportler und Übungsleiter besonders gefragt.

Auf der Basis der vorherigen Entwicklung lassen sich mittelschwere bis schwere Touren klettern. Das Leistungsgefälle ist in dieser Altersstufe individuell sehr unterschiedlich. Hauptaugenmerk ist auf die Festigung im technischen Bereich zu legen. Geplante Steigerungen versprechen nur Erfolg, wenn sie der Interessenlage des Jugendlichen entsprechen. Zu langen Wanderungen und strapaziösen Anmarschleistungen besteht wenig Neigung.

Im Training lassen sich alle konditionellen Fähigkeiten ausbauen. Deutliche Unterschiede bestehen dabei aber zwischen langjährig Trainierten und Untrainierten. Im koordinativen Bereich kann es leicht zu Beeinträchtigungen durch die proportionalen Veränderungen kommen.

Pubertät

Bei Mädchen mit 13/14 Jahren und etwa zwei Jahre später bei den Jungen kommt es zur Verringerung des raschen Wachstums. Durch Breitenwachstum, vor allem auch der Gliedmaßen, kommt es zu ausgeglichenen Proportionen und allmählich zu den Erwachsenenwerten mit der entsprechenden Geschlechtsspezifik.

Alle Organsysteme entwickeln sich bis zur vollen Leistungsfähigkeit. Die Vervollkommnung des Herz-Kreislauf-Systems im Zusammenwirken mit dem Atemsystem führt zur Erhöhung der Sauerstoffaufnahmefähigkeit. Dies bezieht sich auf die Körpermasse in gleichzeitiger Abhängigkeit von der Geschlechtsspezifik. Während die Zunahme der Sauerstoffaufnahmefähigkeit bei Jungen bis zum 18. Lebensjahr andauert, ist dieser Prozeß nach dem 14. Lebensjahr bei den Mädchen nur noch für langjährig Trainierende zutreffend. Der Stoffwechsel paßt sich der Belastungshöhe an, muß aber noch immer Wachstums- und Entwicklungsanforderungen abdecken. Die Fähigkeit zur anaeroben Energiebereitstellung erhöht sich mit der völligen Ausreifung des Herz-Kreislauf- und Atemsystems. Damit verbessert sich auch die Trainierbarkeit der Kraftfähigkeit immer mehr. Das Zentralnervensystem ermöglicht durch seine Ausreifung eine gute Belastungsanpassung im koordinativ-motorischen Bereich.

In der Pubertät kommt es zu einer hohen Abstraktionsfähigkeit, die in der Qualität den Erwachsenen gleichkommt. Eine bewußt kritische Haltung verbindet sich mit einer eigenständigen Meinung und Selbstreflektion. Die Individualität der Persönlichkeit stabilisiert sich. Eine Harmonisierung in allen Bereichen ermöglicht die Steigerung der körperlichen Leistungsfähigkeit. Im Verhalten wird besonders Wert auf die Betonung der Selbständigkeit gelegt. Die Interessen und Bedürfnisse prägen sich sehr individuell heraus, eine Zukunftsorientierung zeichnet sich ab. Zunehmend spielen auch die Partnerbeziehungen eine Rolle.

Bei einer individuell unterschiedlichen Ausprägung der Leistungsfähigkeit lassen sich schwere bis sehr schwere Touren klettern. Die technische Seite sollte aber vor der konditionellen rangieren. Wichtig ist die Ausprägung aller Klettertechniken, vor allem auch der Rißtechniken. Die zunehmenden Vorstiegsanforderungen verlangen die Perfektionierung der Sicherungstechnik. Ausdauerbelastungen werden besonders im Kollektiv sehr gut ertragen.

Das Training verlangt in allen konditionellen Bereichen steigende Anforderungen. Die Entwicklung der Kraftfähigkeit ist verstärkt zu betreiben. Die geschlechtsspezifischen Unterschiede kommen voll zur Geltung und verlangen differenzierte Belastung.

Adoleszenz

Die Zeit zwischen der Pubertät und dem Wachstumsabschluß wird als Adoleszenz bezeichnet und endet bei den Mädchen etwa mit 18 Jahren, bei den Jungen mit 22 Jahren.

Bis dahin ist allen Altersstufen eigen, daß die Verknöcherung des Skeletts noch nicht abgeschlossen ist. Altersstufenbedingt sind noch mehr oder weniger Wachstumsfugen und Knorpelanteile vorhanden. Die Belastbarkeit des Skeletts ist der des Erwachsenen nicht gleichzusetzen. Belastungen, die sehr einseitig, sehr hoch oder sehr lang anhaltend sind, können zu Knochenverlagerungen oder Wirbelsäulenschäden führen.

Durch die volle Ausreifung aller Organsysteme, Organe und des Zentralnervensystems sind die physiologischen Voraussetzungen für hohe Anforderungen erreicht.

Mit einer Stabilisierung in der Persönlichkeitsentwicklung werden auch die Grenzen der für das Klettern so wichtigen psychischen Möglichkeiten erkennbar.

Im Klettern ist die individuelle Leistungsgrenze erreichbar, wenn die Leistungsfaktoren das notwendige Niveau aufweisen. Die Trainingsbelastung kann unter Berücksichtigung des noch ausstehenden Wachstumsabschlusses maximal sein.

3.3.6. Periodisierung

Die Grundsätze der Trainingsbelastung (vgl. Abschnitt 3.3.2. – Gestaltung der Trainingsbelastung) sehen steigende Anforderungen bei einem Wechsel zwischen Belastung und Erholung vor. Dies ist am besten durch eine Periodisierung des Trainings zu erreichen. Für den Felskletterer ist die Trainingsplanung für den Zeitraum eines Jahres am günstigsten. Die Planung erfolgt dabei unter Bezugnahme auf die Trainingsabschnitte. Diese haben ihre eigentliche Bedeutung im Leistungssport, jedoch macht sie ihre Allgemeingültigkeit für jedes ernsthafte Training wirksam. Sie sollen daher in diesem Rahmen erwähnt, nicht aber beschrieben werden.

Die Aufteilung des Jahreszeitraumes in Perioden sieht für den Felskletterer in der Regel eine Dreiteilung vor:
– Vorbereitungsperiode
– Hauptperiode
– Übergangsperiode.

Bei Kletterern mit gleichzeitig alpinistischen Aktivitäten muß das Jahr noch differenzierter periodisiert werden. Es kann dann z. B. zwei Hauptperioden aufweisen, eine für eventuelle Winterbesteigungen, die andere für die Kletterhöhepunkte des Sommers.

Durch die unterschiedlichen Anforderungen in den Perioden wird die optimale Leistungsfähigkeit zu einem vorgegebenen Zeitraum angestrebt. Die Praxis macht es notwendig, die einzelnen Perioden nochmals in Abschnitte zu untergliedern. Die Planung des Trainings und der Kletterpraxis muß in den einzelnen Perioden Teilvorgaben enthalten, die systematisch auf die Zielvorgabe hinarbeiten. (Abb. 173)

Vorbereitungsperiode (Dezember/Januar bis April)

Zunächst ist die konditionelle und technische Leistungsfähigkeit zu analysieren. Danach wird der verfügbare Zeitraum in zwei bis drei Abschnitte aufgeteilt.

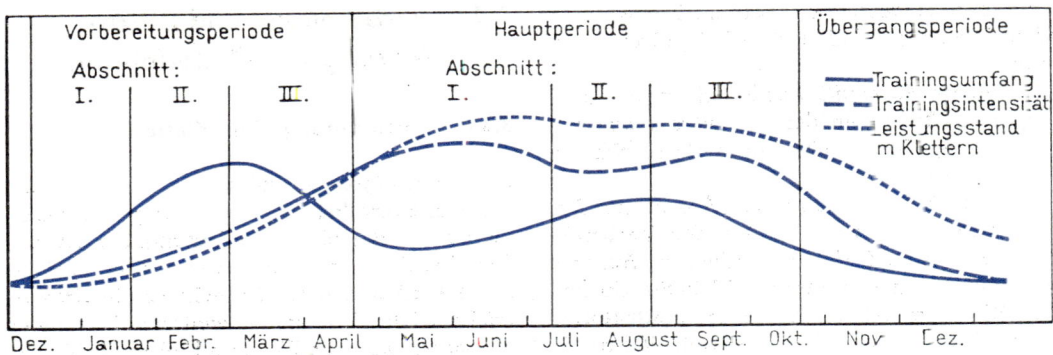

Abb. 173 Trainingsperiodisierung für Felskletterer

— Im *ersten Abschnitt* (Dezember/Januar) wird der Trainingsumfang verstärkt und die Intensität langsam gesteigert. Bei der Entwicklung der konditionellen Fähigkeiten werden Schwerpunkte gesetzt. Elemente des Technikbereiches lassen sich in Konditionsprogramme einbeziehen, wenn es sich um Grobformen mit allgemeingültigem Charakter handelt. So können alle möglichen Hangelvarianten an Geräten und Halleneinrichtungen zur Entwicklung der Arm- und Fingerkraft herangezogen werden. Die praktische Trainingsarbeit am Fels wird zu dieser Jahreszeit weitgehend durch die Witterung und die Festlegungen des Naturschutzes eingegrenzt.

— Im *zweiten Abschnitt* (Januar/Februar) folgt eine weitere Intensitätssteigerung. Der konditionelle Bereich wird weiter differenziert, z. B. Entwicklung der Maximalkraft und Beweglichkeit. Im technischen Bereich wird Ausgeglichenheit angestrebt, soweit sie sich imitieren läßt. Die praktische Seite des Techniktrainings ist von der Witterung abhängig, es sei denn, alpine Möglichkeiten können einbezogen werden. Die Beteiligung an Wettkämpfen in wintersportlichen Disziplinen kann den Trainingsprozeß unterstützen. Tests und Kontrollen geben Aufschluß über die Wirksamkeit der angewandten Methoden.

— Im *dritten Abschnitt* (März/April) wird die Trainingsbelastung durch weitere Intensitätssteigerung erhöht. Der zeitliche Umfang für den Konditionsbereich läßt sich dabei verringern. Die volle Ausschöpfung der Trainingszeit ermöglicht verstärkt das Einbeziehen von Ausgleichssportarten wie Spiele

oder Crossläufe. Die Möglichkeiten der Kletterpraxis am Fels sind zunächst durch eine Vielzahl von Wegen unterhalb des Leistungsvermögens zu nutzen. Auf diese Weise soll bei leichten Steigerungsraten das Fels„gefühl" aufgebaut und verbessert werden. Das Ende der Vorbereitungsperiode sollte mit einem Anknüpfen an den Vorjahresleistungsstand verbunden sein.

Hauptperiode (Mai bis September/Oktober)
Anfänglich wird nochmals eine Steigerung der Leistungsfähigkeit über eine Intensitätserhöhung angestrebt. Zweckmäßig ist wiederum eine Einteilung in zwei bis drei Abschnitte.

— Der *erste Abschnitt*, verbunden mit einer Intensitätssteigerung bei der Verringerung des zeitlichen Umfangs, ist voll auf die Aneignung konditioneller Fähigkeiten zur Bewältigung der kletterspezifischen Anforderungen ausgerichtet. In der Kletterpraxis auftretende technische Schwächen müssen jetzt verstärkt beseitigt und eine Stabilisierung des technischen Vermögens angestrebt werden. Bekannte Wege, die der Leistungsgrenze nahe kommen, können durch ihre Wiederholung zur Festigung vor allem im psychischen Bereich beitragen.

— Der *zweite Abschnitt* hat die maximale Leistungsfähigkeit in allen Bereichen als Zielstellung. Die Kletterwege sollen der individuellen Leistungsgrenze entsprechen. Beim bergfernen Training muß die höchste Intensität beibehalten werden.

Wird die Periode in drei Abschnitte eingeteilt, so kann am Ende des zweiten Abschnittes bei herabgesetzter Intensität, aber größerem Umfang, eine Phase der Entspannung und Regeneration eingeschoben werden. Ein wesentlicher Leistungsabfall darf dabei jedoch nicht eintreten.

– Der *dritte Abschnitt* würde bei einem nochmaligen Anstreben der Leistungsgrenze zunächst wiederum eine Intensitätserhöhung voraussetzen.

Eine zeitliche Einteilung der Abschnitte der Hauptperiode ist vom Verlauf der Vorbereitungsperiode und der individuellen Ausprägung der Leistungsfaktoren abhängig. So finden Kletterer schnell zu ihrer Höchstform, während andere eine lange Anlaufzeit benötigen.

Übergangsperiode (Ende Oktober bis Dezember)

Sie dient der Erholung, sollte aber, als aktive Erholung betrieben, den Leistungsabfall in Grenzen halten. Dem Organismus soll ausreichend Zeit zur Regeneration der vorher stark beanspruchten Organe und Muskulatur gegeben werden. Ein totaler Trainingsabbruch würde zu einem erheblichen Leistungsabfall und zu Gesundheitsschäden führen. Es empfiehlt sich, durch verstärkte Einbeziehung anderer Sportarten die Vielseitigkeit weiter zu schulen. Bei der Wahl der Ausgleichssportarten ist auch die Verletzungsgefahr zu berücksichtigen. In der Übergangsperiode stehen Freude an der körperlichen Betätigung sowie die physische und psychische Entspannung im Vordergrund. Der in letzter Zeit aufkommende Trend, ganzjährig die höchsten Schwierigkeiten zu klettern, steht im Widerspruch zu den Trainingsgrundsätzen. Wissenschaftliche Erkenntnisse besagen, daß nach einer Phase der hohen Belastung eine der aktiven Erholung erfolgen muß. Dies ist aus biologischen Gründen notwendig. Einmal ist der Organismus nicht konstant zu Maximalleistungen ohne Substanzverlust fähig, andererseits sind die Erholungsphasen für die biologischen Anpassungen und damit für die Erhöhung der Leistungsfähigkeit notwendig (s. Abb. 173). Wer also diese Phasen nicht in seinen Trainings- und Kletterrhythmus hineinbringt, treibt Raubbau an seiner Gesundheit und schöpft sein eigentliches Leistungsvermögen nie aus.

3.4. Vorbereitung und Durchführung von Kletterfahrten

3.4.1. Vorbereitung einer Kletterfahrt

Für die erfolgreiche und sichere Durchführung einer Kletterfahrt ist ihre richtige Vorbereitung von maßgeblicher Bedeutung. Sie hat großen Anteil daran, daß das sportliche Ziel erreicht wird und jeder Teilnehmer ein Erfolgserlebnis hat, das ihn zu weiteren Leistungen anspornt. Die gründliche und allseitige Vorbereitung der Kletterfahrt umfaßt einen großen Bereich körperlicher und geistiger Aktivitäten der Sportler. Sie reicht vom allgemeinen Kennenlernen des Klettergebietes über das Training bis zum direkten Studium des geplanten Aufstiegs. In diesem Abschnitt wird nur die unmittelbare Vorbereitung der Kletterfahrt behandelt.

Art und Umfang der Vorbereitung einer Seilschaft sind unterschiedlich und hängen weitgehend von der Erfahrung und der sportlichen Zielstellung ab. Es ist ein großer Unterschied, ob sich das Team auf einen äußerst schwierigen Aufstieg oder gar auf eine Erstbegehung vorbereitet oder ob eine Tour im Rahmen erholsamer sportlicher Betätigung geplant ist. In jedem Fall umfaßt die Vorbereitung folgende Schwerpunkte:

– Auswahl des Kletterweges
– Studium des Weges und seiner Anforderungen
– Wahl der erforderlichen Ausrüstung
– Festlegen der Taktik für die Durchsteigung
– Vorbeugende Maßnahmen für eventuelle Unfälle.

Die Zusammensetzung der Seilschaft ist wichtig für das Gelingen der Tour. Im Bergsteigen kommt es auf die Leistung jedes einzelnen Mitglieds der Seilschaft an. Zum Erreichen hoher Leistungen sind feste Gemeinschaften Voraussetzung, die sich lange Zeit kennen, zusammen trainieren und klettern. Zufällige Begleiter sollte man – auch bei leichten Wegen – nur mitnehmen, wenn man sich von ihrem Können überzeugt hat. Grundsätzlich soll niemand an Klettertouren teilnehmen, die sein Leistungsvermögen übersteigen. Damit würde nicht nur der Erfolg der Tour gefährdet, sondern auch der sportlichen Entwicklung des Nachsteigers kein guter Dienst erwiesen. Das ist besonders beim Klettern mit Anfängern, Kindern und Jugendlichen zu beachten.

Der Vorsteiger einer Seilschaft trägt in der Regel die Verantwortung für das Gelingen eines Aufstiegs und für die Sicherheit seiner Seilschaft. Sie schließt die richtige Vorbereitung der Tour ein und endet erst, wenn der letzte Teilnehmer den Abstieg beendet hat. Zum Gelingen trägt aber auch der Nachsteiger wesentlich bei. Er muß die Sicherung des Führenden übernehmen und bei Unterstützungsstellen unmittelbare Hilfe geben. Auch seine moralische Unterstützung, seine Einstellung zum Gelingen des Aufstieges ist wichtig. Das Leistungsvermögen des Nachsteigers soll weitgehend dem des Führenden entsprechen. Auch er soll ohne Seilhilfe alle schwierigen Stellen einwandfrei überwinden, wie es in den Kletterregeln gefordert ist. Außerdem bringt eine solche Hilfe eine zusätzliche körperliche Belastung des Vorsteigers mit sich. Bei einem Mißerfolg oder gar einem Sturz trägt der Nachsteiger eine große Verantwortung für den sicheren Rückzug.

Die Vorbereitung der Klettertour beginnt mit der Auswahl der vorgesehenen Aufstiege. Sie ergeben sich in erster Linie aus dem Jahrestrainingsplan, der sportlichen Zielstellung der Seilschaft, oft auch aus dem Wunsch, bestimmte lohnende Wege oder Gipfel kennenzulernen. Die Auswahl der Wege verlangt eine richtige Einschätzung des Leistungsvermögens aller Beteiligten und der Seilschaft als Ganzes. Dabei müssen Ausbildungs- und Trainingszustand ebenso berücksichtigt werden wie die aktuelle körperliche Verfassung der Sportler. Oft wird zuwenig beachtet, daß körperliches Unwohlsein, überstandene Krankheit und andere außergewöhnliche Beanspruchungen, auch schon eine längere Anreise ins Klettergebiet, das sportliche Leistungsvermögen mindern.

Bei der Wahl der Kletterwege gilt das Prinzip der stetigen Steigerung der Leistungen. Jeder Weg soll zugleich ein Baustein zur nächsthöheren Schwierigkeit sein. Bei Anfängern wird zuerst das Klettern leichter Wände und Kamine im Vordergrund stehen, bevor zu schwierigen und kombinierten Touren übergegangen wird. Die gleiche Reihenfolge ergibt sich nochmals, wenn der Sportler mit dem Vorstieg beginnt. Es ist darauf zu achten, daß jeder Weg Anforderungen an den Kletterer stellt, ihn aber nicht überfordert. Bewußt muß jeder einseitigen Entwicklung der Klettertechnik entgegengewirkt werden. Besonders jüngere Bergsteiger neigen dazu, rasch gute Leistungen bei der Wandkletterei zu vollbringen, kommen jedoch in Rissen und oft schon in Kaminen nicht zurecht. Allseitige Ausbildung der Klettertechnik ist aber Voraussetzung für hohe Leistungen, denn die meisten bedeutenden Aufstiege sind nicht auf eine Technik beschränkt.

Sehr umsichtig muß die Auswahl der Wege für Kinder und Jugendliche erfolgen (s. Abschnitt 3.4.8.). Auch für Frauen ist nicht jeder Weg geeignet. Sie sollten besonders größere körperliche Anstrengungen von längerer Dauer vermeiden, wie sie sich beim Klettern von Rissen oder langen Kaminen ergeben.

Wetter und Jahreszeit müssen ebenfalls in die Überlegungen einbezogen werden. Im Mittelgebirge ist es im allgemeinen möglich, maximale Leistungen unter den dafür günstigen äußeren Bedingungen zu erreichen, die Aufstiege also entsprechend auszuwählen. Hier müssen auch die wetterbedingten Einschränkungen des Kletterns beachtet werden (s. Abschnitt 3.4.5.).

Kenntnis des geplanten Aufstiegs verschafft man sich zuerst durch den Kletterführer. Er enthält den genauen Wegverlauf, Schwierigkeitsgrad und andere Hinweise. Auch aus den Angaben über den Erstbegeher wird der erfahrene und mit der Geschichte des Klettersports vertraute Bergsteiger Schlüsse ziehen können. Die Angaben des Kletterführers müssen immer durch das Studium des Weges am Fels selbst ergänzt werden. Hier kommt es zunächst darauf an, sich den genauen Wegverlauf einzuprägen, Sicherungs- und Nachholemöglichkeiten zu erkennen und danach die Taktik der Besteigung festzulegen. Das ist vor allem bei langen Aufstiegen und Rotpunkt-Begehungen von Bedeutung. Fragen wie Wahl der Standplätze, Verhalten an Unterstützungsstellen, Reihenfolge der Nachsteiger und Wahl des Abstieges sollten vor Beginn des Kletterns geklärt sein. Dabei soll man sich nicht scheuen, den Rat erfahrener Bergsteiger einzuholen, die den Aufstieg schon kennen. Sie werden oft wertvolle Hinweise geben können.

Aus den dargestellten Überlegungen ergibt sich auch die Wahl der erforderlichen Ausrüstung. Bereits im voraus versucht man einzuschätzen, welche Seilschlingen benötigt werden. Art und Verwendung der Seile sind festzulegen. Dabei ist an eine eventuelle Sicherung beim Abseilen zu denken. Auch mögliche Zwischenfälle sind nicht außer acht zu lassen, Material für Erste Hilfe und Selbstrettung ist mitzunehmen. Alle Teilnehmer sind über Hilfsmöglichkeiten wie Bergungsboxen und Telefon zu informieren.

Gruppenfahrten erfordern immer eine sorgfältige Vorbereitung durch den verantwortlichen Übungsleiter. Das ergibt sich aus den Erwartungen der Teilnehmer an die Fahrt, vor allem aber aus seiner Verantwortung für die sichere Durchführung und das Erreichen des gestellten Zieles. In vielen Fällen werden solche Fahrten Höhepunkte im Leben eines Vereins oder einer Übungsgruppe sein.

Die organisatorische Vorbereitung muß z. T. langfristig erfolgen und umfaßt die Planung des Termins, An- und Abreise, Unterkunft, Verpflegung, Ausrüstung, Kosten u. a. Dazu findet man in touristischer Literatur[1] entsprechende Hinweise.

Die inhaltliche Gestaltung wird durch Teilnehmerkreis und Zielstellung der Fahrt bestimmt. Steht die sportliche Seite, etwa die Erfüllung von Klassifizierungsnormen, im Vordergrund, muß sich der Übungsleiter vorher über die Vorhaben der einzelnen Seilschaften unterrichten. Bei Ausbildungsfahrten ist die rechtzeitige Auswahl und eventuelle Vorbereitung von Übungsstellen zu beachten. Es kann aber auch der bildende Charakter einer Fahrt überwiegen, besonders in Jahreszeiten, die Einschränkungen für das Klettern mit sich bringen. Der Übungsleiter plant entsprechend das Programm und den Ablauf der Fahrt. Dabei sollte ein besonderer Höhepunkt, der zur Festigung der Gemeinschaft beiträgt, nicht fehlen. Das kann beispielsweise die gemeinsame Besteigung eines Gipfels oder ein Abend am Lagerfeuer sein. Auch ein Ausweichprogramm für den Fall schlechten Wetters ist vorzubereiten. Für den Übungsleiter ist es wichtig, daß er sich vorher mit dem zu besuchenden Gebiet befaßt. Das betrifft nicht nur die Wahl geeigneter und lohnender Kletterziele, sondern er soll sich auch Kenntnisse über die Natur, Geologie und Geschichte aus einschlägiger Literatur verschaffen. Mit solchem Wissen kann er die Fahrt inhaltsreicher gestalten und einen Beitrag zur Bildung und Erziehung seiner Sportler leisten.

Schließlich soll darauf hingewiesen werden, daß der Übungsleiter alle Teilnehmer vorher über richtiges Verhalten auf der Fahrt, in der Unterkunft und im Klettergebiet belehren muß. Dazu benötigt er die Kenntnis der entsprechenden Bestimmungen.

[1] z. B. Fisch: Wandern. Berlin: Sportverlag, 1983

3.4.2. Ausrüstungsliste

Bei der Vorbereitung einer Kletterfahrt stellt die Ausrüstungsliste eine wertvolle Hilfe dar. In Übersicht 6 ist die erforderliche Ausrüstung für eine Tagestour zusammengestellt, die von jedem individuell ergänzt werden kann. Was bei mehrtägigen Fahrten zusätzlich mitgenommen werden muß, richtet sich vor allem nach der Dauer der Fahrt und der Art der Unterkunft (Hütte, Zelt u. a.).

In einer Seilschaft oder Gruppe sollte vor der Fahrt abgesprochen werden, wer welche Ausrüstungsgegenstände mitbringt. Besonders ist das für die Sicherheitsausrüstung notwendig. In den Sandsteinklettergebieten werden von einer Zweierseilschaft für Kletterwege bis zum Schwierigkeitsgrad VII etwa benötigt:

2 Halbseile 9 mm, 50 m lang;
je 1 Reepschnurschlinge 5 und 7 mm, 2 bis 2,5 m lang;
2 Seilschlingen 9 mm, 2,5 m lang;
1 Seilschlinge 9 mm, 4,0 m lang;
2 Seilschlingen 11 mm, 4,0 m lang;
2 Bandschlingen;
8 bis 10 Karabinerhaken (Normalform);
1 Karabinerhaken (Klettersteigform) für die Gipfelsicherung;
2 HMS-Karabiner.

Verfügt der Kletterer über keinen Sitzgurt, muß die persönliche Ausrüstung noch um eine Sitzschlinge (11 mm oder stärker, 4 m lang, auch aus Gurtmaterial möglich) und eine Reepschnurschlinge (5 mm, 3 m lang) für die Selbstrettung ergänzt werden. Die Sitzschlinge darf nicht für Sicherungszwecke benutzt werden, weil sie durch die ständige Belastung ihre Festigkeit schneller einbüßt.

In den Nichtsandsteingebieten finden neben den Seilschlingen auch Klemmkeile und Klemmgeräte Verwendung. Die Auswahl muß hier sehr differenziert nach der Art des Gesteins, der Breite der Risse und der im Weg vorhandenen, fest angebrachten Sicherungsmittel (Haken) erfolgen. Im allgemeinen sind 5 bis 10 Klemmkeile ausreichend:

– 2 große sechseckige Keile (Hexentrics) bis 50 mm;
– 4 bis 5 mittlere, doppelkonische und sechseckige Keile;
– 2 bis 3 kleine doppelkonische Keile ("Stopper").

Der Bedarf an Karabinerhaken erhöht sich wesentlich beim künstlichen Klettern und auf solchen Wegen, die vorwiegend mit fest ange-

Übersicht 6: Ausrüstungsliste für das Klettern im Mittelgebirge

Bekleidung
Wegbekleidung:
Bergstiefel/Leichtwanderstiefel/Sportschuhe
Unterwäsche
Taschentücher
Kniestrümpfe/Socken
Hemd/Pulli/T-Shirt
Pullover (nach Wetter und Jahreszeit)
Kniebundhose/lange Hose/Shorts
Anorak
Mütze
Regenumhang/Regenschirm
Kletterbekleidung:
Kletterschuhe
Kniestrümpfe/Socken
Hemd/T-Shirt/Sportjersey
Kletterhose
Kletterjacke/Weste
Schutzhelm
Lederhandschuhe zum Sichern

Transportbehälter
Rucksack/Kraxe

Sicherheitsausrüstung
Seil
Anseilgurt
Seilschlingen
Karabinerhaken
Klemmkeile/Klemmgeräte (nur in Nichtsandsteingebieten)

Hilfsmittel
HMS-Karabiner/Seilbremse
Schlingenspatel
Abseilachter
Trittleitern (bei künstlicher Kletterei)

Sonstiges
Verpflegung
Trinkflasche
Messer
Toilettenpapier
Waschzeug
Kletterführer
Wanderkarte
Kompaß
Fahrplan
Verbandzeug
Fotoausrüstung
Personalausweis
Mitgliedsausweis/Bergsteigerausweis
Geld
Schreibzeug

Bei **Mehrtagesfahrten** werden zusätzlich, je nach Dauer der Fahrt und Art der Unterkunft, benötigt:
Zelt/Schlafsack
Luftmatratze/Isoliermatte
Schlafanzug
Kochausrüstung/Wasserbehälter.

brachten Sicherungsmitteln versehen sind. Bei Verwendung von Expreßschlingen ist er ebenfalls größer, da für jede Schlinge 2 Karabinerhaken benötigt werden.

3.4.3. Regeln für das Felsklettern

Ob Regeln für das Felsklettern erforderlich sind, darüber bestehen unterschiedliche Meinungen. Unzweifelhaft dürfte es aber sein, daß mit der Entwicklung des modernen Sportkletterns solche Regeln bestimmte Richtungen und Verhaltensweisen definieren müssen, um einen Vergleich der Leistungen zu ermöglichen. Ansätze dazu finden sich in einigen Gebieten.

Im Elbsandsteingebirge, dem bedeutendsten Klettergebiet Deutschlands, wurde frühzeitig erkannt, daß eine Verwendung künstlicher Hilfsmittel zur Fortbewegung den Wert einer sportlichen Leistung mindert und bewußt auf solche Hilfsmittel verzichtet.

In der Haupterschließerzeit des Gebirges waren es vor allem Dr. Oscar Schuster und Rudolf Fehrmann, die diese streng sportliche Richtung vertraten. Im Kletterführer-Nachtrag von 1913 formulierte Fehrmann erstmals den Begriff „künstliches Hilfsmittel": „Künstliches Hilfsmittel ist die vom Menschen beim Ersteigungsangriff auf den Fels eingeführte Hilfsgröße, zu dem Zweck benutzt, die Überwindung der Schwerkraft zu ermöglichen oder zu erleichtern." Der bewußte Verzicht auf diese Hilfsmittel war für die weitere Entwicklung des Felskletterns im Elbsandsteingebirge bestimmend. Er trug wesentlich zu dem hohen Leistungsstand der dort kletternden Bergsteiger bei und wurde zu einem bedeutenden Faktor bei der Herausbildung des heutigen freien Kletterns.

Die Bestimmungen für das Verhalten beim Klettern, den Gebrauch der Sicherungsmittel und über Erstbegehungen, die sich aus der Ablehnung künstlicher Hilfsmittel ergaben, waren jedoch im einzelnen nicht schriftlich festgelegt. Sie galten als „ungeschriebene Gesetze", die von den Bergsteigern anerkannt, eingehalten und mündlich überliefert wurden. Erst 1948 wurden sie als „Grundsätze für das Bergsteigen in Sachsen" schriftlich niedergelegt und 1950 erstmals veröffentlicht. 1965 wurden durch den Deutschen Wanderer- und Bergsteigerverband „Regeln für das Felsklettern in den Mittelgebirgen der DDR" beschlossen, die später in wesentlichen Punkten der Sicherheit und des Verhaltens im Gebirge ergänzt wurden. Seit 1981 war dann die „Regelordnung Felsklettern" gültig. Auch wenn durch die gesellschaftlichen Veränderungen und neuen Organisationsformen im Bergsteigen eine Reihe Bestimmungen dieser Regelordnung keine Verbindlichkeit mehr haben, werden doch die Abschnitte

    3 Verhalten in den Klettergebieten
    4 Kletterziele
    5 Regeln für das Felsklettern
    6 Erstbegehungen

in den sächsischen und anderen Klettergebieten weiterhin bis zu einer Neufassung angewendet. Die wichtigsten Bestimmungen daraus sollen hier (und im Abschnitt 3.4.9.) erläutert werden. Das ist auch deshalb von Wichtigkeit, weil das Elbsandsteingebirge jetzt von vielen Bergsteigern aufgesucht wird, die mit den dort herrschenden Regeln nicht vertraut sind. Es ist aber stets erforderlich, den vollständigen Text der Regeln z. B. im Kletterführer nachzulesen und Änderungen und Ergänzungen zu beachten.

Für die Klettergebiete der ČSFR gelten ähnliche, vom Bergsteigerverband herausgegebene Regeln.

Freies Klettern

Das Felsklettern in den sächsischen Mittelgebirgen beruht auf den Grundsätzen des freien Kletterns.

Die Fortbewegung des Kletterers darf nur mit eigener Körperkraft und an natürlichen Haltepunkten erfolgen. Jede Verwendung von Hilfsmitteln, durch die er bei der Fortbewegung unterstützt wird, ist nicht erlaubt. Dazu gehören vor allem

- das Benutzen aller Sicherungsmittel als Griff oder Tritt,
- das Schlagen oder Verwenden von Griff- oder Trittstiften, Keilen und anderen künstlichen Haltepunkten,
- das Benutzen von Leitern, Baumstämmen, herbeigeschafften Blöcken u. ä.,
- Seilwurf und Seilzug.

Auch der Gebrauch von chemischen oder mineralischen Stoffen, die zur Erhöhung der Reibung am Fels dienen sollen, z. B. Magnesia, ist in den meisten deutschen Klettergebieten nicht erlaubt.

Wichtigstes Kriterium des richtigen Verhaltens beim Klettern ist die regelgerechte Verwendung aller Sicherungsmittel. Das Seil darf – außer beim Abseilen – nur zur Sicherung benutzt werden. Unterstützung des Kletterers durch gestrafftes Seil bei Abwärtskletterstellen, Überfall und Übertritt, Absteigen am Seil und Abseilen im Verlauf eines Kletterweges sind nicht erlaubt. Bei Unterstützungsstellen darf das Seil nicht dazu dienen, die unterstützenden Kletterer am Sicherungspunkt zu halten. Es ist nur eine lose hängende Selbstsicherung gestattet, auch muß der Unterstützende aus einer Sitzschlinge heraussteigen. Schließlich darf auch nach einem Zurückgehen, nach Unterbrechung oder Abbruch einer Klettertour nicht am Seil hochgehangelt werden, um die Besteigung fortzusetzen. Es muß das entsprechende Wegstück, nach Abbruch einer Tour der gesamte Aufstieg neu durchstiegen werden. Nur nach einem Sturz darf bis zum obersten noch vorhandenen Sicherungspunkt gehangelt werden, weil der Gestürzte möglicherweise in einem Wandstück hängt, das sich durch Klettern nicht bewältigen läßt.

Sicherungsringe und Haken und die gelegten Seilschlingen und Klemmkeile[1] sind nur als Sicherungspunkte, keinesfalls aber zur Unterstützung der Kletterbewegung zu verwenden. Das Einhängen in den Ring erfolgt üblicherweise, wenn sich dieser in Brust- oder Kopfhöhe befindet, kann aber auch früher erfolgen. Nach dem Einhängen des Seils darf der Ring als Haltepunkt benutzt werden, so zum Anbringen der Selbstsicherung und beim Einsteigen in eine Sitzschlinge. Vor allem, wenn der Ring an einer schwierigen Stelle steckt, besteht hier die Möglichkeit, daß ein oder gar mehrere Kletterzüge ausgelassen werden. Deshalb muß mit dem Klettern an der gleichen Stelle wieder begonnen werden, wo es durch Anfassen des Ringes unterbrochen wurde, also an den zuletzt benutzten Griffen und Tritten. Das gilt ebenso, wenn an einer Seilschlinge nachgeholt wird. Oft ist es zweckmäßig, nach Einhängen des Seils in den Ring noch einige Züge weiterzuklettern, damit das spätere einwandfreie Verlassen des Standplatzes nicht durch den dort sitzenden Sicherungsmann behindert wird.

Jede Kletterbewegung, bei der Sicherungsring, Haken, Seilschlinge oder Klemmkeil als Hal-

---

[1] Haken werden fast ausschließlich in den Nichtsandsteinklettergebieten verwendet. Im Elbsandsteingebirge ist jeder Gebrauch von Klemmkeilen verboten!

tepunkt benutzt werden, gilt als unsportlich. Das trifft auch für jede Art von Versuchen zu, z. B. für das Tasten nach dem nächsten Griff. Ausruhen an den Sicherungsmitteln mindert den sportlichen Wert einer Begehung. Die Regelordnung läßt Ausruhen zwar zu, orientiert aber darauf, es sowenig wie möglich zu tun. Auch hier gilt, daß das Klettern wieder dort begonnen werden muß, wo es unterbrochen wurde.

Für das Anbringen der Sicherungsmittel legt die Regelordnung fest, daß Sicherungsringe und Haken grundsätzlich nur vom Erstbegeher eines Aufstieges geschlagen werden dürfen. Seilschlingen und Klemmkeile müssen stets aus der Kletterstellung gelegt werden. Dabei kann der „Spatel" – ein Stab aus Holz oder Plaste bis 50 cm Länge – benutzt werden; zum Entfernen von Klemmkeilen auch der Klemmkeilhammer.

Bei der besonders im Elbsandsteingebirge häufig verwendeten Schwebesicherung darf diese keine Unterstützung des Kletterers durch Seilzug ermöglichen und nicht der Sicherung eines Nachsteigers gleichkommen. Das verlangt, daß sich der Fixpunkt der Schwebe so hinter dem Kletterer befindet, daß sich dieser bei einem Sturz deutlich von der Wand entfernt. Bei einer Abzugsicherung muß deren Fixpunkt unterhalb des Kletterers befestigt sein.

Leistungsorientiertes Klettern

Die internationale Entwicklung des Felskletterns geht dahin, auf alle Hilfen zu verzichten, die nicht unmittelbar der Sicherung dienen, so daß höhere Anforderungen an das Leistungsvermögen des Kletterers gestellt werden. Dazu gibt die Regelordnung eine entsprechende Orientierung: Anzustreben ist ein Klettern über die weitestmögliche Strecke ohne Ausruhen und ohne Nachholen sowie ein Überklettern von Unterstützungsstellen bei optimaler Nutzung der vorhandenen Sicherungsmöglichkeiten.

Als einfachste Form der Leistungssteigerung bietet sich ein Durchsteigen an Sicherungsringen an. Das bedeutet, daß dort nicht mehr nachgeholt, sondern nur das Sicherungsseil eingehängt wird. Es darf auch nicht mit Benutzen des Ringes ausgeruht werden, z. B. in einer Sitzschlinge oder durch straff gehaltenes Seil. Der Ring darf auch nicht zum Anhalten verwendet werden. Beim Verzicht auf Ausruhen trifft dies ebenfalls für Seilschlingen zu.

Hauptformen des leistungsorientierten Kletterns sind *Rotkreis* und *Rotpunkt*.

Rotkreis bedeutet das Durchsteigen eines Kletterweges bzw. einer Seillänge im Vorstieg ohne Nachholen. Alle Sicherungsmittel dürfen weder zur Fortbewegung noch zum Ausruhen benutzt werden. Eine Ausnahme bilden die notwendigen Nachholestellen. Bei einem Sturz muß der Aufstieg vom Einstieg, vom letzten Standplatz oder von einem Ort, wo der Kletterer ohne Benutzen der Hände stehen kann, neu begonnen werden. Dabei darf das Seil im höchsten erreichten Sicherungspunkt eingehängt bleiben.

Rotpunkt bedeutet eine sturzfreie Begehung eines Aufstiegs nach der Rotkreis-Regel. Das verlangt, daß nach einem Sturz das Seil aus allen Sicherungspunkten entfernt und die Tour vom Einstieg aus neu begonnen werden muß. Unterstützung und Schwebesicherung sind bei Rotpunkt-Begehungen nicht zulässig.

Ein wesentliches Kriterium dieser Regel ist das Aussteigen der vollen Seillänge, unter der man eine Kletterstrecke von etwa 40 m versteht. Dieses Maß kann entsprechend den vorhandenen Standplätzen an Sicherungsringen oder Haken variieren. Durch den Wegverlauf und die Anordnung der Sicherungsringe kann es in Ausnahmefällen auch vorkommen, daß eine kürzere Seillänge am Anfang oder in der Mitte eines langen Aufstiegs geklettert wird, wenn die übrigen Seillängen voll ausgestiegen werden. Kurze Wege bis etwa 40 m Länge müssen in jedem Fall ohne Nachholen durchgestiegen werden.

Künstliches Klettern

Eine Ausnahme der Regeln bildet das künstliche Klettern, das sich vor allem im Thüringer Wald und einigen anderen Nichtsandsteingebieten erhalten hat. Dies ist in erster Linie aus der Entwicklung des Bergsteigens in diesen Gebieten zu verstehen, das früher vorwiegend auf Training für das Hochgebirge gerichtet war und wenig Kontakt zum klassischen Freiklettergebiet Elbsandsteingebirge hatte. Hinzu kommt, daß die Art des Gesteins – Granit, Porphyr u. a. – die Anwendung von Haken begünstigt und so die Durchsteigung sonst unbezwingbar erscheinender Aufstiege möglich wurde.

Künstliches Klettern ist in den Mittelgebirgen meist nur an solchen Wegen zulässig, die im Kletterführer mit dem entsprechenden Schwierigkeitsgrad der UIAA-Skala (s. Abschnitt 3.4.4. – UIAA-Skala) gekennzeichnet sind. Beim Klettern sind hier das Benutzen aller Sicherungsmittel als Griff oder Tritt, Seilzug und die Verwendung von Trittschlingen zulässig. Der Einsatz der künstlichen Hilfsmittel soll jedoch auf das notwendige Maß beschränkt und das sportliche Ziel darin gesehen werden, möglichst viel im freien Klettern zu überwinden. Beim Schwierigkeitsgrad A 0 ist zu beachten, daß hier nur einzelne Haken als Griff, Tritt oder für einfachen Seilzug dienen dürfen, keine Trittschlingen zu verwenden sind und der übrige Teil des Aufstieges frei geklettert werden muß. Letzteres trifft auch für die häufig vorkommenden Wege zu, in denen sowohl freies wie künstliches Klettern anzutreffen ist. Schlagen von Haken ist auch beim künstlichen Klettern nur dem Erstbegeher erlaubt. Jedoch dürfen schadhafte oder unzuverlässige Haken sofort erneuert werden. Vorhandene Haken müssen im Fels verbleiben.

In den letzten Jahren wurde eine Reihe künstlicher Aufstiege frei begangen. An solchen Wegen ist auch weiterhin künstliches Klettern zulässig. Nur in Fällen, wo die Mehrzahl aller Begehungen frei erfolgt, wird der Aufstieg als freies Klettern umgestuft.

Gipfelbucheintragung

Auf den meisten Kletterfelsen befinden sich Gipfelbücher[1]. Sie sind ein wichtiges Dokument, in dem die Leistungen der Bergsteiger nachgewiesen werden. Deshalb werden von jedem Ehrlichkeit, wahrheitsgetreue und vollständige Angaben erwartet. Nur entsprechend der Regelordnung Felsklettern sportlich einwandfrei durchgeführte Begehungen berechtigen zur Eintragung in das Gipfelbuch. Der Eintrag soll in sauberer, lesbarer Schrift – nur mit Bleistift geschrieben – folgende Angaben enthalten: Datum, Aufstieg, Verein des Vorsteigers, Vor- und Familienname aller Teilnehmer. Eine solche Eintragung sieht dann so aus:

18. 5. 1990   Südwestkante
DAV Sektion Neustadt
Peter Müller
Wolfgang Richter.

---

[1] In *Massivwänden* – von hinten ohne Kletterei erreichbaren Felsen – liegen Wandbücher aus.

Der Aufstieg ist mit dem im Kletterführer angegebenen Namen einzutragen. Alle Abweichungen vom Originalweg sind anzugeben. Dazu gehören neben den im Kletterführer genannten Varianten auch Wegkombinationen oder das Umgehen von Ein- oder Ausstiegen auf anderen Wegen. Die Zahl der Durchsteigungen eines Aufstieges wird in der Regel bis zur 100. Begehung eingetragen. Voraussetzung ist, daß der Weg so geklettert wurde, wie es vom Erstbegeher erfolgte. Beim Benutzen von Varianten wird die Begehungszahl des Originalweges nicht weitergezählt, sondern es erfolgt eine gesonderte Numerierung der Begehungen *mit Variante*. Die Namen der Beteiligten werden in der Reihenfolge eingetragen, wie sie den Gipfel erreicht haben. Wurde die Führung unterwegs gewechselt, werden die Namen der beiden Vorsteiger durch „und" verbunden. Klettern mehrere Sportler einen Weg ohne Sicherung, trennt man die Namen der einzelnen durch einen kurzen waagerechten Strich voneinander:

26. 9. 1989   Alter Weg
KV. Brückentürmer
Dieter Schmidt
Werner Falk.

In diesem Fall erhält jeder Kletterer eine eigene Begehungszahl, wenn diese noch gezählt wird.

Zur normalen Gipfelbucheintragung müssen zusätzlich angegeben werden:
- Verwendung von Schwebesicherung;
- Unterstützung an Stellen, die nicht im Kletterführer angegeben sind;
- Überklettern von Unterstützungsstellen;
- Rotpunkt- oder okH-Begehungen;
- Benutzen von Ringen anderer Aufstiege, die nicht in der Wegbeschreibung genannt sind;
- Sicherung von unten, vom Massiv oder vom Nachbargipfel, wenn kein Nachsteiger den Gipfel erreicht;
- Sicherung von oben;
- Erstbegehungen (mit Angabe von Wegbeschreibung und Schwierigkeitsgrad).

Mit *Sicherung von oben* durchstiegene Wege werden nicht gezählt, da eine solche Begehung nicht der sportlichen Leistung eines Vorsteigers entspricht und deshalb nicht als vollwertig gilt.

Zusätze zu fremden Begehungen müssen sachlich und begründet sein, z. B. bei Regelverstößen oder wenn eine eingetragene Erstbegehung schon früher durchgeführt wurde. Sie sollen kurz, eindeutig und lesbar geschrieben sein. Name und Verein des Schreibers und das Datum sind anzugeben.

Die Gipfelbücher sind schonend zu behandeln. Der Bleistift darf nicht in das Buch geklemmt werden. Auf richtigen Verschluß der Kapsel und ihr ordentliches Hinstellen in die Haltevorrichtung ist zu achten, damit das Buch nicht durch Witterungseinflüsse beschädigt oder unbrauchbar wird. Ausgeschriebene Gipfelbücher sowie Schäden an Büchern und Kapseln sind der zuständigen Gebietskommission zu melden.

3.4.4. Schwierigkeitsgrade

Bewertung der Schwierigkeit

Für den Bergsteiger ist es wichtig, die Anforderungen zu kennen, die bei der Durchsteigung eines Kletterweges an ihn gestellt werden. Ein wesentlicher Teil derselben wird durch den Schwierigkeitsgrad ausgedrückt, der die klettertechnischen Anforderungen eines Aufstieges bewertet und in Ziffern und verbalen Begriffen („schwer") dargestellt wird.

Bei den Schwierigkeitsgraden wird unterschieden, ob es sich um freies oder künstliches Klettern handelt. Letzteres stellt im Gegensatz zu früheren Auffassungen keine Steigerung des freien Kletterns dar, sondern eine eigene Form der Felskletterei und muß deshalb besonders bewertet werden. In einigen Klettergebieten gibt es außerdem eine Bewertung von Sprüngen auf Kletterfelsen oder in Kletterwegen.

Der Schwierigkeit eines Kletterweges liegen im allgemeinen zugrunde:

- normale äußere Bedingungen des jeweiligen Aufstieges, in der Regel also trockener Fels und warmes Wetter;
- ein für den jeweiligen Grad durchschnittlicher Aufwand an Kraft und psychischen Anforderungen;
- die Bedingungen einer Wiederholungsbegehung, d. h., alle erschwerenden Einflüsse bei Erstbegehungen – wie das Anbringen der Sicherungsringe oder die erhöhte psychische Beanspruchung des Kletterers – bleiben außer Betracht.

Die Bewertung eines Kletterweges kann entweder nach der Maximalschwierigkeit oder als eine allgemeine Bewertung erfolgen. Bei der ersten Methode wird die schwierigste Kletterstelle des Aufstiegs zugrunde gelegt. Damit wird die für den Kletterer wichtigste Aussage

getroffen, welche höchsten Anforderungen in klettertechnischer Hinsicht an ihn gestellt werden. Dabei bleiben bestimmte Faktoren, die für die Einschätzung des Aufstiegs ebenfalls von Bedeutung sind, wie Länge des Kletterweges, Höhe, Ausgesetztheit, ungenügende Sicherung oder übermäßiger Kraftaufwand, unberücksichtigt. Sie werden in den Kletterführern meist als Zusätze zum Schwierigkeitsgrad (z. B. „anstrengend") angegeben.

Die Bewertung nach der schwierigsten Stelle wird vor allem im Mittelgebirge angewendet. Bei längeren Routen, besonders im Hochgebirge, findet man oft neben dem Grad der schwierigsten Stelle eine weitere Angabe, durch die der übrige Teil des Aufstiegs charakterisiert wird (z. B. VII, eine Seillänge sonst meist V bis VI-). Auch in Anstiegsskizzen (Routendiagrammen) werden die einzelnen Teilstrecken mit Schwierigkeitsangaben versehen.

Bei Aufstiegen der höchsten Schwierigkeitsgrade wurde das dargestellte Prinzip teilweise durchbrochen. Hier stellt eine längere Folge extremer Kletterstellen bereits eine höhere Qualität komplexer Anforderungen an den Kletterer dar, die auch in einer höheren Bewertung zum Ausdruck kommt. Oft ist auch von Bedeutung, wie hoch sich eine schwierige Stelle befindet und wie gut sie gesichert ist.

Eine allgemeine Bewertung von Routen findet bisher nur vereinzelt Anwendung, so in der sowjetischen Schwierigkeitsskala (s. Abschnitt 4.2.3. – Schwierigkeitsskalen). Sie stellt keinen einfachen rechnerischen Mittelwert der einzelnen Teilabschnitte dar, sondern soll noch weitere Gesichtspunkte berücksichtigen wie Höhe und Länge des Aufstieges, spezielle Anforderungen und Bedingungen u. a. Deshalb muß sich der Bergsteiger genau mit dem angewandten Bewertungsmodus befassen, um nicht zu Fehleinschätzungen zu kommen.

Die Schwierigkeitsbewertung ist immer subjektiv. Sie beruht auf dem Vergleich mit bestimmten Aufstiegen, die meist als Standardwege für ein bestimmtes Gebiet festgelegt sind. So sind Abweichungen bis zu einem Grad durchaus möglich, vor allem bei neueren oder selten begangenen Aufstiegen. Erst nach einer Vielzahl von Begehungen kann sich eine genauere Bewertung herausbilden, die subjektive Einflüsse minimiert. Die heutigen Schwierigkeitsskalen sind prinzipiell nach oben offen. Bei einem weiteren Leistungsanstieg kann ein neuer Grad hinzugefügt werden, ohne daß ältere Aufstiege umgestuft oder – wie im früheren sächsischen Grad VII – in der höchsten Stufe ein großer Schwierigkeitsbereich zusammengepreßt werden müssen.

Im Laufe der Entwicklung des Bergsteigens haben sich eine Vielzahl von Schwierigkeitsskalen herausgebildet. (Übersicht 7) Mit der UIAA-Skala wurde 1968 der Versuch unternommen, eine international einheitliche Be-

Übersicht 7: Zur Entwicklung der Schwierigkeitsbewertung

1894	F. Benesch (Wien) verwendet im „Raxführer" erstmalig eine Schwierigkeitsskala von VII bis I.
1908	Im Kletterführer „Der Bergsteiger in der Sächsischen Schweiz" benutzt R. Fehrmann eine siebenstufige Skala mit Wortbezeichnungen.
1914	Eine fünfstufige Schwierigkeitsbewertung mit Wortbezeichnungen (Münchener Skala) wird in alpinen Führern (z. B. „Der Hochtourist") verwendet.
1923	R. Fehrmann gebraucht im Kletterführer „Der Bergsteiger im Sächsischen Felsengebirge" die Ziffern I bis VII für die Schwierigkeitsgrade.
1926	W. Welzenbach (München) schlägt eine sechsstufige Skala (I bis VI) vor, die sich im Alpenraum bald durchsetzt.
1936	R. Schinko (Wien) schlägt eine gesonderte Bewertung für „hakentechnische" Routen vor.
1947	Die Internationale Bergsteigertagung in Chamonix beschließt die sechsstufige „Alpenskala" (I bis VI mit Unterteilung + und –).
um 1950	Eine Schwierigkeitsbewertung künstlichen Kletterns wird zuerst in Frankreich verwendet (A = artificiel = künstlich).
1961	In der Sächsischen Schwierigkeitsskala wird der oberste Grad VII in 3 Stufen unterteilt.
1965	Schwierigkeitsgrade für Sprünge werden im Elbsandsteingebirge eingeführt.
1968	Die UIAA-Generalversammlung in London beschließt die Richtlinie für eine einheitliche Schwierigkeitsbewertung. Diese „UIAA-Skala" unterscheidet erstmals konsequent zwischen freiem und künstlichem Klettern.
1979	Die bisher bis zum Schwierigkeitsgrad VI+ reichende UIAA-Skala wird um den VII. Grad erweitert und als nach oben offen erklärt.
1980	Die Sächsische Skala wird um die Grade VIII und IX und 1984 noch um den X. Grad erweitert.

wertung zu erreichen. Sie hat sich jedoch bisher – vor allem in Felsklettergebieten – nicht durchsetzen können. So sind nach wie vor eigene spezielle Schwierigkeitsskalen in mehreren Ländern in Gebrauch. (Abb. 174). Die in den folgenden Abschnitten beschriebenen Skalen sind von praktischer Bedeutung.

Die in den Hochgebirgen der Sowjetunion und anderer osteuropäischer Länder verwendeten Schwierigkeitsskalen sind im Abschnitt 4.2.3. – Schwierigkeitsskalen erläutert.

Sächsische Skala

Die Sächsische Schwierigkeitsskala steht in unmittelbarem Zusammenhang mit den hier gel-

Erweiterte UIAA-Skala	Sächsische Skala	Yosemite-Skala (USA)		Französische Skala	Ewbank-Skala (Austral.)
V+		5.7			14/15
—	VII a/b	5.8		V+	16/17
VI		5.9			18/19
+	VII c			6a	20
—	a	5.10	a		
VII	VIII b		b	6b	21
			c		22
+	c		d	6c	
—	a	5.11	a		23
VIII	IX b		b	7a	24
			c		
+	c		d	7b	25
—	a	5.12	a		26
IX	X b		b	7c	27
			c		
+	c		d		28
—	a	5.13	a	8a	29
	b		b		
X	c		c	8c	30
+	d		d		

Abb. 174 Vergleich verschiedener Schwierigkeitsskalen (oberer Bereich) – nach verschiedenen Quellen zusammengestellt

162

tenden Kletterregeln und bewertet ein freies Klettern ohne Anwendung künstlicher Hilfsmittel. Sie wird im sächsischen Elbsandsteingebirge, im Zittauer und im Erzgebirge, im Ostharz und in einigen kleineren Gebieten verwendet.

Es werden z. Z. 10 Schwierigkeitsgrade von I bis X unterschieden (Abb. 175), wobei mit I die leichtesten und mit X die derzeit schwierigsten Aufstiege bewertet sind. Ab Schwierigkeitsgrad VII erfolgt durch Hinzufügen der Buchstaben a, b oder c eine weitere Differenzierung von niederer zu höherer Schwierigkeit. Die Bewertung, die grundsätzlich nach der schwierigsten Stelle erfolgt, umfaßt stets den Gesamtaufstieg. Bei Varianten gilt der Schwierigkeitsgrad also für die Variante + den zu kletternden Teil des Originalweges.

Zusätzlich zu den Schwierigkeitsgraden wird ein besonders hoher Aufwand an Kraft durch das Wort „anstrengend" angegeben. Der Zusatz „ungenügend gesichert"[1] weist darauf hin, daß die vorhandenen Sicherungsmöglichkeiten unzureichend sind und eine höhere Gefährdung des Kletterers besteht. Weiter wird der Zusatz „brüchig" verwendet.

Für Sprünge auf Kletterfelsen oder im Verlauf eines Kletterweges gilt eine besondere vierstufige Skala, deren Werte im Unterschied zur Kletterschwierigkeit in arabischen Ziffern geschrieben werden:

1 – leicht
2 – mittelschwer
3 – schwer
4 – äußerst schwer.

Der Schwierigkeitsgrad eines Sprunges stellt eine Gesamteinschätzung von Sprungweite, Sprungbahn, Auf- und Absprungmöglichkeit dar. Die Schwierigkeit vor oder nach dem Sprung zu kletternder Wegteile wird dazugesetzt (z. B. 2/VIIa).

UIAA-Skala

Die UIAA-Skala unterscheidet scharf zwischen freier und künstlicher Kletterei, für die jeweils eine besondere Bewertung erfolgt. Sie findet in den meisten deutschen Mittelgebirgen, außer in den sächsischen Klettergebieten, Anwendung.

Die Schwierigkeit *freien Kletterns* wird mit den Graden I bis VII bewertet. (Übersicht 8)

[1] Im Kletterführer ist dieser Zusatz durch ein ! dargestellt.

Sächs. Skala	UIAA-Skala	Vergleichswege aus dem Elbsandsteingebirge
	I	
I	I	Rauschenstein AW Westl. Feldkopf AW
II	II	Lochturm AW Nonne AW
III	– III	Mönch SO-Weg Kampfturm Puschweg Vord. Gansfels Gühnekamin Falkenstein Schusterweg
IV	+	Winklerturm AW Spitzer Turm Löschrerwand
	–	Brosinnadel AW Kl. Herkulessäule AW
V	IV +	Chinesischer Turm AW Hirschgrundkegel Emporkante Kl. Wehlturm SO-Wand Viererturm SW-Kante
VI	– V	Höllenhund Perry-Smith-Weg Onkel Westkante Esse Lammriß Winklerturm Westkante
VIIa	+	Onkel Südriß Dachsenstein Klavier
		Heringstein Südriß Höllenhund SO-Wand
VIIb	VI	Dachsenstein Perry-Fiß Bloßstock Westwand
VIIc	+	Wolfsspitze Felsensportweg Hoher Torstein Knirpelwand
VIIIa	–	Rokokoturm Talweg Teufelsturm Talseite
VIIIb	VII	Einsiedler Schiefer Tod Falkenstein Südwand
VIIIc	+	Friensteinwarte NW-Risse Frienstein Rübezahlstiege
IXa	–	Rokokoturm Siebziger Weg Meurerturm Lineal
IXb	VIII	Schwager Nordwand Freier Turm Feuerwand
IXc	+	Gr. Wehlturm Superlative Nonnengärtner Wand d. Abendröte m.Var.
Xa	–	Hoher Torstein Zerbrochener Spiegel Westl. Rauschenturm Abenteuer d. Tugend
Xb	IX	Schwedenturm 6. Versuch Freie Wand Sibirischer Sommer
Xc	+	Rauschenspitze Marathon

Abb. 175 Vergleich der Schwierigkeitsgrade von Sächsischer Skala und UIAA-Skala

Es sind jedoch in westlichen Klettergebieten schon Wege durchstiegen worden, die den Schwierigkeitsgrad IX und X erreichen. Ab Schwierigkeitsgrad III werden als Zwischenstufen „untere" (–) und „obere" (+) Grenzen hinzugefügt, so daß eine differenzierte Bewertung möglich ist.

Die Bewertung *künstlichen Kletterns* erfolgt in vier Graden, denen der Buchstabe A (franz. artificiel = künstlich) vorangestellt ist. (Übersicht 9) Dabei wird nicht zwischen dem Anbringen der künstlichen Haltepunkte und dem Klettern mit ihrer Hilfe unterschieden. In den norddeutschen Klettergebieten (Westharz, Weser-Leine-Bergland u. a.) wurde von R. Goedeke eine Unterscheidung der Schwierigkeit beim Anbringen künstlicher Fortbewegungshilfen („A") und für die Benutzung vorhandener Fortbewegungshilfen („a") vorgenommen. Künstliches Klettern ist nach heutiger Auffassung nur gerechtfertigt, wenn freies Klettern unter Beachtung der fortgeschrittenen Klettertechnik, im Hochgebirge vor allem aber bei Berücksichtigung optimaler Sicherheit (Zeitfaktor!) nicht möglich ist.

Die Bewertung soll von den normalen Verhältnissen eines Weges ausgehen. Bei häufig begangenen Aufstiegen, in denen die notwendigen Haken gewöhnlich vorhanden sind, wird dies in der Bewertung berücksichtigt. Solche Aufstiege stellen natürlich geringere Anforderungen, weil das Anbringen der Haken entfällt. Zusätzliches Schlagen von Haken über das in der Wegbeschreibung angegebene Standardmaterial hinaus setzt bei normalen Verhältnissen die Leistung der Begeher weiter herab, trotzdem kann es in besonderen Situationen notwendig werden.

Kommen in einem Aufstieg freies und künstliches Klettern vor, werden beide Schwierigkeitsgrade angegeben. An erster Stelle wird dabei die überwiegende Art der Kletterei genannt. Ist das Anbringen von Bohrhaken notwendig, soll das durch den Zusatz „e" zum Schwierigkeitsgrad ausgedrückt werden, z. B.: A 2 e. Das gilt ebenfalls, wenn bei freiem Klettern solche Haken zur Sicherung geschlagen werden müssen.

Die UIAA-Skala verlangt eine Reihe weiterer Angaben über den Charakter und die Anforderungen des Aufstieges wie Kraftaufwand, Ausgesetztheit, Felszustand, Orientierung, Wandhöhe u. a. Im Mittelgebirge werden davon meist nur die Zusätze verwendet, die auch bei der Sächsischen Skala gebraucht werden.

Übersicht 8: UIAA-Schwierigkeitsskala für freies Klettern

I	Geringe Schwierigkeiten.

Einfachste Form der Felskletterei (kein leichtes Gehgelände!). Die Hände sind zur Unterstützung des Gleichgewichtes erforderlich. Anfänger müssen am Seil gesichert werden. Schwindelfreiheit bereits erforderlich.

II	Mäßige Schwierigkeiten.

Hier beginnt die Kletterei, die Drei-Punkt-Haltung erforderlich macht.

III	Mittlere Schwierigkeiten.

Zwischensicherungen an exponierten Stellen empfehlenswert. Senkrechte Stellen oder gutgriffige Überhänge verlangen bereits Kraftaufwand. Geübte und erfahrene Kletterer können Passagen dieser Schwierigkeit noch ohne Seilsicherung erklettern.

IV	Große Schwierigkeiten.

Hier beginnt die Kletterei schärferer Richtung. Erhebliche Klettererfahrung notwendig. Längere Kletterstellen bedürfen meist mehrerer Zwischensicherungen. Auch geübte und erfahrene Kletterer bewältigen Passagen dieser Schwierigkeit gewöhnlich nicht mehr ohne Seilsicherung.

V	Sehr große Schwierigkeiten.

Zunehmende Anzahl der Zwischensicherungen ist die Regel. Erhöhte Anforderungen an körperliche Voraussetzungen, Klettertechnik und Erfahrung. Lange hochalpine Routen im Schwierigkeitsgrad V zählen bereits zu den ganz großen Unternehmungen in den Alpen und außeralpinen Regionen.

VI	Überaus große Schwierigkeiten.

Die Kletterei erfordert weit überdurchschnittliches Können und hervorragenden Trainingszustand. Große Ausgesetztheit, oft verbunden mit kleinen Standplätzen. Passagen dieser Schwierigkeit können in der Regel nur bei guten Bedingungen bezwungen werden. Häufig kombiniert mit künstlicher Kletterei (A 0 bis A 4).

VII	Außergewöhnliche Schwierigkeiten.

Ein durch gesteigertes Training und verbesserte Ausrüstung erreichter Schwierigkeitsgrad. Auch die besten Kletterer benötigen ein an die Gesteinsart angepaßtes Training, um Passagen dieser Schwierigkeit nahe der Sturzgrenze zu meistern. Neben akrobatischem Klettervermögen ist das Beherrschen ausgefeilter Sicherungstechnik unerläßlich.

A 0   ... bedeutet, daß beim Klettern ein der Wand nicht zugehöriger Punkt als Griff oder Tritt verwendet wird. Wer sich an einem Haken hochzieht oder darauf steht, klettert A 0.

A 1   ... bedeutet, daß das gesamte Gewicht des Aufsteigenden auf künstlichen Fixpunkten ruht (Haken, Klemmkeile usw.). Diese Hilfsmittel sind leicht zu befestigen. Trittleitern werden oft benutzt.

A 2   ... bedeutet, daß es schwieriger wird, Hilfsmittel anzubringen.

A 3   ... und A 4 bedeutet größere Schwierigkeiten beim Hakensetzen (z. B. kompakter Fels, geschlossene Risse) sowie außergewöhnliche Anstrengungen (z. B. große Dächer), welche besondere Beherrschung der Technik verlangen.

A 4   nicht besonders definiert, s. o.

Jednotná pískovcová klasifikace

Die „Jednotná pískovcová klasifikace" („Einheitliche Sandsteinklassifikation"; JPK) wurde 1976 für die böhmischen Sandsteinklettergebiete der ČSFR[1] eingeführt. Sie unterscheidet folgende Grade:

I   sehr einfach
II   einfach
III   leicht
IV   mäßig schwer
V   ziemlich schwer
VI   schwer
VII   sehr schwer
VIIb   ungewöhnlich schwer
VIIc   äußerst schwer.

Seit 1986 ist auch die JPK nach oben offen und um die Grade VIII, VIIIb, VIIc, IX usw. erweitert. Auf eine Benennung der neuen Grade wurde verzichtet.

Die Einstufung der Wege erfolgt nach der schwierigsten Stelle. Nur kurze Aufstiege (bis 10 m) mit einer einzigen schwierigen Stelle können eine Stufe niedriger bewertet werden. Zusätzliche Angaben können sein: brüchig, schlecht oder nicht gesichert, anstrengend, sehr anstrengend.

Für Sprünge gilt eine vierstufige Skala von 1 bis 4.

---

[1] In allen anderen Klettergebieten der ČSFR wird die UIAA-Skala verwendet.

Obwohl eine formelle Übereinstimmung der JPK mit der Sächsischen Skala besteht, ist ein Vergleich der Schwierigkeiten nur bedingt möglich. Ab IV muß grundsätzlich der nächsthöhere Grad der Sächsischen Skala angenommen werden. Die bisherige VIIc der (nicht erweiterten) JPK entspricht bereits einer sächsischen VIII. Auch mit lokalen Unterschieden der Bewertung muß gerechnet werden.

3.4.5. Verhalten im Gebirge

Der Bergsteiger übt seinen Sport unmittelbar in der Natur aus. Seine Sportstätte sind die Felstürme und Wände der Mittelgebirge. So ergeben sich für ihn bestimmte Verhaltensregeln, die in gesetzlichen und anderen Bestimmungen enthalten sind und die er kennen und beachten muß.

Der Schutz und die Erhaltung der natürlichen Umwelt als Lebensgrundlage des Menschen gewinnen in der modernen Gesellschaft zunehmend an Bedeutung. Wenn dabei auch globale und überregionale Probleme im Vordergrund stehen, behält der spezielle Naturschutz ebenfalls seine Aufgabe. Hier geht es um Pflege und Erhalt wertvoller Landschaftsteile und Naturgebilde, von seltenen oder vom Aussterben bedrohten Pflanzen und Tieren. Objekte des Naturschutzes sind u. a.

- Landschaftsschutzgebiete und Naturparks
- Naturschutzgebiete und Nationalparks
- Naturdenkmale
- geschützte Pflanzen und Tiere.

Naturschutzgebiete unterliegen besonders strengen Bestimmungen. Hier ist es u. a. nicht gestattet,

- Pflanzen zu beschädigen, zu entnehmen oder Teile von ihnen abzutrennen
- Tiere zu beunruhigen, zu fangen oder zu töten
- den Zustand des Gebietes zu verändern oder zu beeinträchtigen
- die Wege zu verlassen, zu lärmen, Feuer zu machen, zu zelten oder das Gebiet zu verunreinigen.

Teile von Naturschutzgebieten können als Totalreservate erklärt und völlig für jeden Zutritt gesperrt werden.

Die meisten Klettergebiete der Mittelgebirge befinden sich in geschützten Landschaften. Im Interesse des Bergsteigers liegt es, diese Möglichkeiten auch für die Zukunft zu erhalten, weitere Einschränkungen zu vermeiden und dazu beizutragen, daß auch spätere Generationen in einer schönen Natur wandern und klettern können. Das verlangt von ihm, in allen Klettergebieten bestimmte Grundregeln des Verhaltens zu beachten:

- Der Zugang zu vielen Kletterfelsen erfolgt auf schmalen Pfaden und über steile Waldhänge. Damit keine Schädigung der im Gebirge dünnen Humusdecke erfolgt, sind diese Pfade einzuhalten und unnötiges Abweichen zu vermeiden. Markierte Zugänge sind unbedingt zu benutzen.
- Auch die unmittelbare Umgebung der Kletterfelsen bedarf dieses Schutzes, damit Wald und Bodenwuchs hier erhalten bleiben. Schutzanlagen gegen Bodenerosion, die häufig in Sandsteingebieten auftritt, sind zu schonen und nicht zu betreten.
- Sauberkeit in der Umgebung der Kletterfelsen ist wie überall im Gebirge eine wichtige Forderung. Abfälle jeder Art sind nicht wegzuwerfen oder zu vergraben, sondern wieder mitzunehmen.
- Fahrverbote mit Kraftfahrzeugen sind einzuhalten. Rücksicht ist auch beim Parken geboten, Einfahrten in Waldwege dürfen nicht verstellt werden, um Fahrzeugen des Forstes oder der Feuerwehr freie Fahrt zu lassen.
- Die Bestimmungen des Brandschutzes sind strikt zu beachten.

Beim Klettern ist die Natur so wenig wie möglich zu beeinflussen. Lautes Rufen ist möglichst zu unterlassen. Beschädigungen der Felsoberfläche, die vor allem im Sandstein durch das Seil eintreten, sind zu vermeiden. Deshalb soll auch das Abseilen in der Regel nur an den vorgesehenen Abseilstellen und gerade hinunter erfolgen. Lockermassen und Pflanzenwuchs im Bereich der Kletterwege dürfen nur entfernt werden, wenn sie eine Gefährdung des Kletterers darstellen.

Das Elbsandsteingebirge als größtes Klettergebiet Deutschlands wurde am 1. September 1956 in einer Größe von 368 km² zum Landschaftsschutzgebiet erklärt. In diesem Gebiet liegen außerdem 5 große Naturschutzgebiete, 3 Totalreservate und über 80 Naturdenkmale. Eine 1983 erlassene Verhaltensordnung fordert von jedem Besucher des Gebirges ein achtungsvolles und umsichtiges Verhalten gegenüber der natürlichen Umwelt und die Einhaltung bestimmter Regeln. Für den Bergsteiger sind die folgenden Bestimmungen wichtig:

- Felsklettern darf nur nach den Bestimmungen der geltenden Regelordnung (s. Abschnitt 3.4.3.) durchgeführt werden.
- Massivkletterei, künstliches Klettern, Benutzung von Magnesia und Klemmkeilen sowie von ungeeignetem Schuhwerk sind untersagt.
- In Naturschutzgebieten und Flächennaturdenkmalen darf nur von organisierten Bergsteigern geklettert werden, die sich entsprechend ausweisen müssen.
- In brüchigem und sandigem Gestein darf bei Schnee, Vereisung, Tauwetter sowie während oder vorübergehend nach Regen nicht geklettert werden.
- Übernachten im Freien ist in Naturschutzgebieten und Flächennaturdenkmalen verboten.

Das Kletterverbot bei Regen und Nässe dient sowohl der Erhaltung der Kletterwege, an denen unter solchen Bedingungen Griffe und Tritte, aber auch wichtige Sicherungspunkte ausbrechen können wie der Sicherheit des Kletterers selbst. Jeder muß deshalb verantwortungsbewußt einschätzen, ob die geplante Kletterei unter den jeweiligen Bedingungen zulässig ist, ob er zu einem anderen Aufstieg oder in ein anderes Gebiet ausweichen kann oder ganz auf das Klettern verzichten muß. Das Verbot ist allgemein gefaßt, weil die konkreten Bedingungen in jedem Fall anders sind. Art und Dauer des Niederschlags beeinflussen die Zeit eines Kletterverbots wesentlich. Sie wird nach einem sommerlichen Gewitterguß kürzer sein können als bei Tauwetter oder Dauerregen. Zusammensetzung und Festigkeit des Sandsteins sind ebenfalls zu beachten. Gebiete, die auch unter normalen Bedingungen als brüchig gelten, sind besonders gefährdet. Hinweise dazu gibt der Kletterführer. In solchen Gebieten soll der Fels nicht nur oberflächlich abgetrocknet sein. Erst bei weiter fortgeschrittener Abtrocknung darf hier wieder geklettert werden. Das trifft beispielsweise für die Klettergebiete Rathen und Schrammsteine zu. Bei Wand-, Reibungs- und teilweise auch bei Handrißkletterei gibt es kaum Zweifel, daß ein Kletterverbot bei Nässe notwendig ist. Die Gefahr des Ausbrechens oder Abrutschens ist hier objektiv vorhanden. Kamine und enge Risse sind davon meist weniger betroffen. Doch schrofige Stellen im Wegverlauf, kurze Wandstücke unterwegs oder am Ausstieg stellen ebenfalls Gefahrenpunkte dar, die Beachtung erfordern.

Die Genehmigung zum Klettern in Naturschutzgebieten stellt eine Ausnahmeregelung zu den gesetzlichen Bestimmungen dar. Sie kann jederzeit aufgehoben oder eingeschränkt werden, wenn es der Schutz des Gebietes erfordert oder die für die klettersportliche Nutzung geltenden Bestimmungen nicht eingehalten werden. In diesen Gebieten darf nur an den im Kletterführer beschriebenen Felsen geklettert werden. Beim Zugang zu den Felsen ist das sonst verbotene Verlassen der Wander- und Forstwege gestattet. Der Zugang muß jedoch ohne Umwege und soweit möglich auf vorhandenen Pfaden erfolgen.

Nicht alle Naturschutzgebiete sind jedoch dem Bergsteiger zugänglich. Aufgrund ihres wissenschaftlichen Wertes, zum Schutz seltener oder vom Aussterben bedrohter Tier- und Pflanzenarten können ständige oder zeitweise Sperrungen erfolgen. Das ist auch für Gebiete oder Felsen außerhalb von Naturschutzgebieten möglich. In den meisten Fällen ist das Betreten solcher Gebiete auch auf den Wegen verboten oder auf wenige Hauptwege beschränkt. Sperrungen können auch aus Gründen des Forstschutzes, der Jagd oder bei hoher Waldbrandgefahr erfolgen. Sie werden in der Presse veröffentlicht und im Gelände durch Markierungen oder Hinweisschilder kenntlich gemacht. Wenn hier die Bestimmungen des Elbsandsteingebirges ausführlicher erläutert wurden, muß darauf hingewiesen werden, daß ähnliche Regelungen auch für andere Klettergebiete des In- und Auslandes gelten, über die man sich vor einem Besuch dieser Gebiete informieren muß.

3.4.6. Gefahren beim Felsklettern

Beim Klettern im Mittelgebirge sind die Gefahren im Vergleich zum Hochgebirge gering. Sie dürfen aber trotzdem nicht unbeachtet bleiben. An erster Stelle steht im Fels die Gefahr des Absturzes, die zu einem Unfall mit mehr oder weniger schweren Folgen führen kann. Alle anderen Gefahren des Mittelgebirges bewirken oftmals auch einen Sturz, werden hier aber getrennt behandelt.

Die Mehrzahl aller Unfälle beim Felsklettern ist vermeidbar! Sie sind letztlich auf ein Fehlverhalten des Kletterers zurückzuführen. Unter den Bedingungen des Mittelgebirges ist es fast immer möglich, vorhandene Gefahren zu meiden, wenn man sie kennt und alle Umstände richtig einschätzt.

Absturzgefahr

Die Gefahr eines Absturzes ist beim Klettern objektiv immer vorhanden. Sie ergibt sich aus der Steilheit des Geländes, das der Bergsteiger aufsucht, und aus der Gravitation. Diese Gefahr kann der Bergsteiger nicht meiden. Er muß aber bestrebt sein, sie weitgehend auszuschließen und zugleich vorbeugende Maßnahmen zu seiner Sicherheit im Falle eines Absturzes zu treffen. Ein Absturz ist immer ein ernst zu nehmender Zwischenfall, der die Durchführung der Klettertour gefährdet. Er kann zu einem Unfall führen, wenn durch Aufschlagen oder Anprall am Fels oder durch den Fangstoß Verletzungen des Gestürzten oder des Sichernden eintreten, die die Handlungsfähigkeit der Seilschaft beeinträchtigen.

Die Ursachen eines Absturzes sind sehr oft subjektiver Art:
- ungenügende Beherrschung der erforderlichen Klettertechnik;
- fehlende Kondition;
- Überschätzung des eigenen Leistungsvermögens;
- ungenügende Beachtung natürlicher Bedingungen wie Nässe, brüchiges Gestein, Kälte.

Ein Absturz ist also meist Folge eines Fehlverhaltens des Bergsteigers. Er läßt sich aber besonders bei schwierigsten Aufstiegen nicht völlig ausschließen. Deshalb muß durch geeignete Maßnahmen dafür gesorgt werden, daß es nicht zu einem Unfall kommt, dessen Schwere eingeschränkt wird und nach einem Sturz ein sicherer Zustand der Seilschaft wiederhergestellt werden kann.

Die wichtigste Maßnahme zur Verhinderung eines Absturzunfalls ist die Seilsicherung. Ihre richtige Anwendung unter Beachtung der jeweiligen Bedingungen kann bei einem Sturz die Schädigung des Gestürzten vermeiden oder gering halten. Dazu kommen andere vorbeugende Maßnahmen wie das Tragen eines Anseilgurtes und des Schutzhelmes sowie die aktive Sturzkontrolle, um ein gefährliches Anschlagen am Fels möglichst zu vermeiden. Für den Sicherungsmann besteht die Gefahr, daß er bei ungenügender Selbstsicherung vom Standplatz weggerissen wird. Neben Verletzungen kann das dazu führen, daß er die Kontrolle über die Sicherung verliert und keine Hilfe mehr leisten kann. Bei statischer Sicherung ist er außerdem durch den hohen Fangstoß gefährdet, bei dynamischer Sicherung durch Verbrennungen beim Seildurchlauf, wenn keine Handschuhe getragen werden.

Freies Hängen im Seil nach einem Sturz kann zu schweren gesundheitlichen Schäden und sogar zum Tod führen. Dazu kann ausführlich, auch über die notwendigen Maßnahmen, im Abschnitt 5.5. nachgelesen werden.

Schließlich ist noch auf die Möglichkeit der Gefährdung anderer Seilschaften bei einem Sturz hinzuweisen. Das kann sowohl durch direkte Berührung des Stürzenden mit einem unter ihm Kletternden als auch durch herabfallende Gegenstände oder Steine erfolgen. Bester Schutz dagegen ist das Einhalten eines ausreichenden Abstandes zwischen zwei Seilschaften.

Gefahren durch das Gestein

Einige beliebte Klettergebiete bestehen aus Sandstein, einem Sedimentgestein, das durch Ablagerung im Flachmeer der Kreidezeit entstanden ist. Er weist eine charakteristische Schichtung auf, die entweder durch abwechselnde Lagen gröberen und feineren Materials oder durch wechselnde Mineralzusammensetzung hervortritt. Unterschiedlich ist die Festigkeit der einzelnen Schichten je nach Alter der Ablagerung und den vorhandenen Bindemitteln. Chemische und physikalische Verwitterungsvorgänge erzeugen wie in kaum einem anderen Gestein eine Vielzahl von Kleinformen wie Löcher, Sanduhren, Waben und Rippen.

Gefahr für den Kletterer entsteht im Sandstein vor allem durch die Brüchigkeit des Gesteins. Sie tritt dort auf, wo die Bindemittel des Sandsteins (Kalke und Tone) nur in geringer Menge vorhanden oder durch chemische und Witterungseinflüsse gelöst sind, wie im Bereich der genannten Kleinformen. Brüchigen Fels trifft man auch an, wenn sich über wasserstauenden Schichten Überhangzonen herausgebildet haben. Der Zusammenhalt des Gesteins ist hier durch Salzverwitterung gestört. In solchen Bereichen ist die Gefahr des Ausbrechens von Griffen und Tritten, aber auch der Befestigungspunkte für Sicherungsmittel sehr groß. Sie wird noch verstärkt, wenn das Gestein stark durchfeuchtet ist. Im Winter wird dieser Prozeß außerdem durch das Gefrieren des eingedrungenen Wassers und die damit verbundene Frostsprengung unterstützt. Das unter solchen Bedingungen für Sandsteingebiete geltende Kletterverbot sollte deshalb im Interesse der eigenen Sicherheit eingehalten werden.

Die sehr unterschiedliche Größe der den Sandstein bildenden Mineralkörner wirkt sich auf die Trittsicherheit aus. Grob- und mittelkörnige Sandsteine bieten auch bei Reibungskletterei guten Stand. Dagegen ist auf sehr feinkörnigem Fels diese Kletterei bedeutend erschwert. Auf konglomeratischem Sandstein des Zittauer Gebirges, in den häufig große Kiesel eingeschlossen sind, ist die Reibung ebenfalls herabgesetzt. Auch besteht die Gefahr des Ausbrechens einzelner Kiesel, wenn diese als Griff oder Tritt benutzt werden.

Sandstein ist oft mit Flechten überzogen, die besonders nach Regen die Reibung am Fels stark verringern. Auch anderer Bewuchs wie Moos, Gras, Heidekraut u. a. kann zu einer Gefahr werden, wenn ihn der Kletterer unachtsam betritt oder gar als Griff benutzt.

Vieles davon trifft auch auf andere Gesteine zu, wenn auch die Ursachen verschiedener Erscheinungen dort unterschiedlich sind. Splittrigen brüchigen Fels findet man an den Porphyrfelsen im Thüringer Wald, im Gneis des Katzensteins im Erzgebirge und in den Kalkgebieten des Jura. Pflanzenbewuchs tritt fast überall auf. Flechten finden sich vor allem auf den Granitfelsen der Greifensteine und des Harzes.

Steinschlag spielt im Mittelgebirge kaum eine Rolle. Natürliche Ursachen, die ihn im Hochgebirge auslösen, sind hier ausgeschlossen. Nur der Kletterer selbst kann durch Ausbrechen von Griffen und Tritten Steine lösen oder lose liegende durch unachtsame Bewegungen hinabstoßen. In solchen Fällen, die besonders in Diabas-, Porphyr- und Gneisgesteinen vorkommen, gefährdet er nach ihm kletternde Bergsteiger, in einigen Fällen auch Personen auf den unterhalb der Felsen laufenden Wanderwegen.

Orientierungsschwierigkeiten

Schwierigkeiten in der Orientierung treten beim Klettern im Mittelgebirge selten auf. Witterungseinflüsse wie Nebel und Dunkelheit können eventuell dazu führen. Jedoch sind die Kletterwege meist leicht zu überblicken, und man kann sich ihren Verlauf schon vom Einstieg aus einprägen.

Versteigen während der Tour kommt meist nur bei schwieriger Wandkletterei vor, weil der Blickwinkel in einer senkrechten Wand beschränkt ist. Das kann dazu führen, daß man in ungangbares oder wesentlich schwierigeres Gelände gelangt, aus dem man nur schwer zurückkommt. Der Kletterer soll deshalb jede Gelegenheit nutzen, den weiteren Wegverlauf auszumachen und sich einzuprägen. Auf größeren Gipfeln ist es manchmal schwer, den richtigen Abstieg zu finden. Hier kann nur vorheriges genaues Studium des Kletterführers helfen. Ist man sich nicht sicher, sollte mit Sicherung abgestiegen werden.

Die Zugänge zu den Kletterfelsen sind nicht immer gefahrlos, vor allem wenn man sich in steilem, felsigem oder unwegsamem Gelände bewegt. Auch ein Abkommen vom Weg ist nicht ausgeschlossen und kann vor allem bei Dunkelheit zu gefährlichen Situationen führen. Allgemeine Kenntnis des Gebietes, das Mitführen von Karte und Kompaß und einer Taschenlampe können hier sehr von Nutzen sein.

Witterungseinflüsse

Ein Wetterumschlag bedeutet im Mittelgebirge keine derartige Gefahr wie in hohen Bergen. Hier ist ein Rückzug durch Abseilen oder Abstieg meist in kurzer Zeit möglich, so daß der Kletterer höchstens mit einer Durchnässung rechnen muß. Da er jedoch im Rucksack trockene Kleidung vorfindet und dann meist rasch einen warmen Ort aufsuchen kann, ist dies ohne größere Bedeutung.

Beachtet werden muß jedoch der Einfluß der Witterung auf die Sicherheit beim Klettern. Regen und Nässe vermindern nicht nur stark die Reibung am Fels, sie führen auch zu kalten Fingern und damit zu verminderter Griffsicherheit. Die gleiche Folge haben auch kalter Wind, niedrige Temperatur und Schnee. Nach Regen kommt es durch Herabspülen von Sand oft zu einer Versandung einzelner Felspartien und damit zu verringerter Trittsicherheit. Auf die erhöhte Brüchigkeit nassen Sandsteins wurde bereits eingegangen.

Ein Gewitter bedeutet auch im Mittelgebirge stets eine ernst zu nehmende Gefahr. Verletzungen durch Blitzschlag können schwerwiegende Folgen haben. Nähere Hinweise zum richtigen Verhalten bei Gewitter findet man im Abschnitt 4.3.1. – Wetter und alpine Taktik.

3.4.7. Taktik beim Felsklettern

Unter Taktik beim Felsklettern wird die Gesamtheit der Maßnahmen während einer Klettertour verstanden, die auf die erfolgreiche und sichere Durchführung derselben gerichtet sind. Taktisch richtiges Verhalten umfaßt einen großen Bereich, der umfangreiche Kenntnisse und Erfahrungen des Kletterers verlangt.

Als Normalfall einer Klettertour gilt das Klettern in Seilschaften mit gegenseitiger Sicherung. Die Stärke einer Seilschaft beträgt allgemein zwei oder drei Kletterer. Eine Dreierseilschaft ist vor allem bei schwierigen Touren von Vorteil, da sie eine bessere gegenseitige Unterstützung, auch bei Zwischenfällen, ermöglicht. Bei kürzeren Aufstiegen von nur einer Seillänge können ohne größeren Aufwand auch mehr Kletterer teilnehmen. Ausgiebige Unterstützungsstellen erfordern eine größere Teilnehmerzahl, wenn auch nicht alle Unterstützenden an der weiteren Begehung selbst beteiligt sein müssen.

Im Mittelgebirge ist die Einzelführung üblich, d. h., der Vorsteiger einer Seilschaft klettert bis zum Standplatz und holt dort seine Gefährten nach. Dann steigt er, von diesen gesichert, die nächste Seillänge. Angeseilt wird dabei jeweils am Seilende. Beim Klettern mit Doppelseil kann an jedem Seil ein Nachsteiger gesichert werden. Bei schwierigen Aufstiegen ist es jedoch wegen der oft beengten Standplätze und der Möglichkeit flexibler Anwendung der Sicherung günstiger, für den dritten Mann ein weiteres Seil zu benutzen. Wechselführung bringt nur bei Zweierseilschaften und in langen Aufstiegen Vorteile, weshalb sie im Mittelgebirge selten angewandt wird. Bei dieser Methode wird an jedem Standplatz die Führung gewechselt. Der ankommende Nachsteiger führt jeweils die nächste Seillänge. So werden der oft umständliche Standplatzwechsel und damit Zeit gespart.

Alleingänge sollten nur in Ausnahmefällen erfolgen. Wer sich dazu entschließt, muß das höhere Risiko beachten, das sich daraus ergibt, daß fast immer ohne Sicherung geklettert wird und bei einem Unfall niemand zur unmittelbaren Hilfeleistung anwesend ist. Das Leistungsvermögen des Kletterers muß deshalb wesentlich über den Anforderungen des Aufstiegs liegen. Können Kamine meist – außer von Anfängern – ohne Sicherung geklettert werden, ist beim Wand- und Rißklettern stets eine kritische Einschätzung erforderlich.

Dabei sind Ausgesetztheit und Brüchigkeit ebenso zu beachten wie das Wetter und die Tagesform des Kletterers. Ein besonders umsichtiges Verhalten während der Tour wird gefordert. Selbstsicherung an schwierigen oder ausgesetzten Stellen (s. Abschnitt 3.2.8. – Sicherung des Alleingängers) ist anzuraten. Für den Abstieg oder einen eventuellen Rückzug ist ebenfalls das Mitnehmen eines Seiles zweckmäßig. Der Alleingänger sollte stets das Ziel seiner Tour und die geplante Zeit der Rückkehr am Ausgangsort (Wohnung, Hütte, Parkplatz) und auch am abgelegten Rucksack hinterlassen. So kann bei übermäßig langem Ausbleiben Hilfe organisiert werden, ohne daß aufwendige Suchaktionen notwendig sind.

Die Auswahl der Standplätze (Nachholestellen) richtet sich nach Länge und Gliederung des Aufstiegs. Grundsatz ist, eine Seillänge voll auszusteigen und so selten wie möglich nachzuholen. Dabei ist natürlich in jedem Fall die Qualifikation der Teilnehmer zu beachten. Bei schwierigen Wegen sind die Standplätze meist durch Sicherungsringe vorgegeben. In anderen Fällen sind Bänder, Absätze, Pfeiler und ähnliche Orte zum Nachholen geeignet. In jedem Fall muß sich eine Selbstsicherung anbringen lassen. Ohne Sicherungsmöglichkeit sollte nur in Ausnahmefällen nachgeholt werden, wenn durch die Sitzposition oder durch Verstemmen im Kamin ein Wegreißen durch Seilzug ausgeschlossen ist. Zur Sicherung des Vorsteigers sind solche Plätze jedoch ungeeignet. Auf dem Gipfel dient meist die Abseilöse als Fixpunkt, keinesfalls aber die Gip-

Abb. 177 Sicherung in einer Dreierseilschaft

felbuchstütze, die für starke Belastungen nicht geeignet ist. Blickverbindung zum Gesicherten sollte an jedem Standplatz angestrebt werden.

Um Seilzug zu vermeiden, ist es zweckmäßig, vor längeren Quergängen nachzuholen. Einen günstigen Seilverlauf in den Zwischensicherungen für den Fall, daß nach dem Quergang noch eine weitere Kletterstrecke folgt, zeigt Abbildung 176. Bei Wegen mit mehreren Sicherungsringen befindet sich der Sicherungsmann oft an einem der unteren Ringe. Folgt dann auf einen Ring eine besonders schwierige Stelle, ist es zweckmäßig, einen Nachsteiger dorthin nachzuholen. Er kann durch Nachgeben des Seiles unerwünschten Seilzug verhindern, aber auch unmittelbare Hilfe bei einem Rückzug oder Sturz geben. (Abb. 177)

Rotpunktbegehungen (Abb. 178) stellen besonders hohe Anforderungen an alle Mitglieder der Seilschaft. Hier wird auch von den Nachsteigern eine hohe Leistungsfähigkeit gefordert, denn bei 40 und mehr Metern ausge-

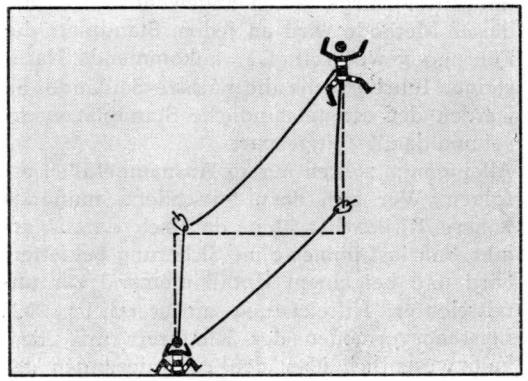

Abb. 176 Zweckmäßige Seilführung bei Quergängen
Die gestrichelte Linie zeigt den Verlauf des Kletterweges.

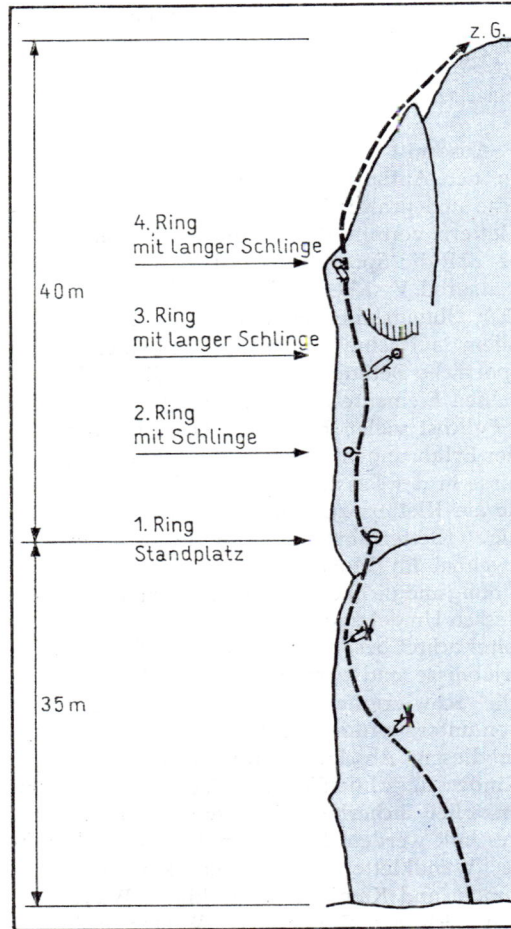

z.G.

4. Ring
mit langer Schlinge

40 m

3. Ring
mit langer Schlinge

2. Ring
mit Schlinge

1. Ring
Standplatz

35 m

Abb. 178   Rotpunktbegehung

und durch die Seildehnung vergrößert sich aber die mögliche Sturzhöhe oft beträchtlich. Das Tragen des Schutzhelms ist hier unerläßlich. Auch die Selbstrettung muß beherrscht und notwendiges Material mitgeführt werden, denn eine gegenseitige Hilfe ist unter Umständen unmöglich.

Auch Unterstützungsstellen erfordern ein richtiges taktisches Verhalten. Da hier technische und taktische Fragen eng miteinander verknüpft sind, wird auf die zusammenfassende Darstellung im Abschnitt 3.1.8. verwiesen.

Über den günstigsten Abstieg vom Gipfel gibt der Kletterführer Auskunft. Absteigen ist nur möglich, wenn leichte Wege vorhanden sind. Bei größeren Gipfeln ist es oft nicht einfach, den Beginn des Abstiegs zu finden und diesen dann anhand der Wegbeschreibung zu verfolgen. Zweckmäßig ist, den Abstieg vorher von unten einzusehen und sich markante Stellen einzuprägen.

Abseilen kann im allgemeinen ohne Schwierigkeiten erfolgen, da im Mittelgebirge meist Abseilösen oder -ringe angebracht sind. Im Kletterführer findet man entsprechende Hinweise, wenn

– die Abseillänge mehr als 20 m beträgt,
– mehrmals abgeseilt werden muß oder
– sich die Abseilöse nicht direkt auf dem Gipfel befindet.

Grundsätzlich verläßt beim Abseilen der Vorsteiger zuletzt den Gipfel, nachdem er sich überzeugt hat, daß sich das Seil abziehen läßt. Bei längeren oder unbekannten Abseilstrecken sollte jedoch ein erfahrener Kletterer, erforderlichenfalls sogar mit Sicherung, zuerst abseilen. Folgen mehrere Abseilstellen aufeinander, seilen alle Kletterer zunächst die erste Strecke ab und hängen sich mit Sitzgurt oder -schlinge in die nächste Abseilöse ein. Danach wird das Seil abgezogen und gleichzeitig in die folgende Abseilöse eingeführt. Bei größeren Seilschaften oder bei schlechtem Stand an den Abseilösen sollte man mit mehreren Seilen arbeiten. Dabei baut der zuerst Abseilende zunächst die weitere Abseilstrecke auf, ehe der nächste von oben folgt. Hat ein Kletterer das Abseilen beendet und den Abseilsitz verlassen, gibt er mit dem Ruf „Seil frei!" das Zeichen, daß der nächste folgen kann.

Ob beim Abstieg oder beim Abseilen gesichert werden muß, hängt von einer Reihe Faktoren ab. Maßgebend sind vor allem Qualifikation und Erfahrung der Kletterer. Anfänger und Kinder müssen in jedem Fall eine Sicherung

gebener Seillänge können sie nicht auf Unterstützung von oben rechnen. Für diese Form des Kletterns sind geradlinige Aufstiege zu bevorzugen. Wege mit langen Quergängen sind kaum Rotpunkt-durchführbar und können sogar gefährlich werden. Ebenso problematisch sind sehr große Überhänge und Reibungsausstiege. Es ist notwendig, den Wegverlauf und die Sicherungsmöglichkeiten genau zu durchdenken. Rotpunktbegehungen sollten nur mit Seilen von 50 m oder mehr Länge durchgeführt werden, um ausreichende Seilreserve zu haben, die sowohl für die dynamische Sicherung wie für eventuelle Hilfeleistungen notwendig ist. Um Seilzug in den Zwischensicherungen zu vermeiden, müssen Seilschlingen verlängert oder zusätzlich in Sicherungsringe eingehängt werden. Dadurch von oben erhalten. Aber auch schwierige oder unübersichtliche Stellen des Abstiegs, Dunkelheit oder Nässe können Veranlassung für eine Sicherung sein. Notwendig wird diese auch, wenn Teilnehmer verletzt oder überanstrengt sind.

Befinden sich mehrere Seilschaften in einem Aufstieg oder in benachbarten Wegen, ist gegenseitige Rücksichtnahme erforderlich. Jede Behinderung oder Gefährdung der anderen Seilschaft, z. B. durch herabhängende Seile, ist zu vermeiden. Ein Überholen darf nur mit Zustimmung und an einer geeigneten Stelle erfolgen.

3.4.8. Klettern mit Kindern und Jugendlichen

Im Kindes- und Jugendalter werden die Grundlagen für eine erfolgreiche und beständige sportliche Entwicklung gelegt. Dabei steht die unbedingte Sicherheit beim Klettern an erster Stelle. Das Klettern mit Kindern und Jugendlichen unterliegt besonderen Bedingungen, die sich aus dem physischen und psychischen Entwicklungsstand dieser Altersgruppe ergeben (s. Abschnitt 3.3.5.). Neben der körperlichen Belastbarkeit muß vom Übungsleiter besonders berücksichtigt werden, daß vor allem Jugendliche ihre Leistungsfähigkeit häufig nicht real einschätzen. Ihnen fehlt einerseits noch die Erfahrung, zum anderen ist für dieses Alter eine Neigung zur Selbstüberschätzung und zum Risiko typisch. An die Fürsorge- und Aufsichtspflicht aller Verantwortlichen werden deshalb hohe Anforderungen gestellt. Sie müssen mit pädagogischem Geschick die sportliche Entwicklung der jungen Menschen lenken. Die Vorbildwirkung des Übungsleiters vermag dabei oft mehr als ständige Belehrungen.

Das günstigste Alter für den Beginn des Kletterns liegt zwischen dem 10. und 12. Lebensjahr. In dieser Periode befinden sich die Kinder in einer Entwicklungsphase guter Harmonie, in der zwischen der körperlichen und der geistigen Entwicklung wesentliche Übereinstimmung besteht. Wesentlich sind auch Disziplin und die Bereitschaft der Kinder, sich in eine Gemeinschaft einzufügen. Eine vorherige sportliche oder touristische Betätigung der Kinder bildet eine gute Grundlage. Auch kleinere Klettereien und Wanderungen im Kreis der Familie tragen dazu bei, das Kind auf ein regelmäßiges sportliches Training vorzubereiten.

Für Kinder und Jugendliche empfehlen sich die im folgenden dargestellten *Ausbildungsabschnitte,* die jeweils einem Zeitraum von ein bis zwei Jahren umfassen:

1. Abschnitt

In der Anfängerausbildung werden theoretische und praktische Grundkenntnisse im Felsklettern vermittelt. Ziel dieser Ausbildung ist es, daß die Sportler Wege bis zum Schwierigkeitsgrad V sicher nachsteigen können.

Der Übungsleiter muß in dieser Periode vor allem auf eine vielseitige und interessante sportliche Betätigung achten, in die er die einzelnen Elemente der Ausbildung einbettet. Bei möglichst vielen Klettertouren sollen die Kinder Erfahrungen sammeln, die erlernten Kenntnisse in der Praxis festigen und zugleich Freude am Klettern gewinnen. Dazu sind regelmäßige Kletterfahrten – mindestens ein- bis zweimal im Monat – notwendig. Zusätzliche Übungsmöglichkeiten am Heimatort und in dessen Umgebung sind zu nutzen. Der Übungsleiter achtet besonders auf regelmäßige Erfolgserlebnisse und gemeinschaftliche Höhepunkte. Die Schwierigkeit der Kletterwege ist noch von untergeordneter Bedeutung.

In diesem Abschnitt erfolgt das Klettern der Kinder ausschließlich im Nachstieg. So kann in voller Sicherheit die erforderliche Technik geschult werden. Die ersten Touren sind leichte Wandkletterelen, später kommen Reibungs- und Kaminaufstiege hinzu. Wanderungen (richtiges Gehen!), im Winter auch Skitouren zum Kennenlernen der Umgebung des Heimatortes und des Klettergebietes ergänzen das Programm dieses Alters.

2. Abschnitt

In dieser Periode steht die weitere Ausbildung und Festigung der sportlichen Fähigkeiten und Fertigkeiten und des theoretischen Wissens im Vordergrund. Die Kinder sollen, beginnend etwa mit dem 13. Lebensjahr, an den Vorstieg herangeführt werden. In dieser Zeit lernen sie weitere Klettertechniken kennen (Riß, Hangeln u. a.). Spezielle Beachtung ist jetzt der Beherrschung der Sicherungstechnik zu widmen.

Der Beginn des Vorsteigens ist nicht absolut an eine Altersgrenze gebunden. Er kann dann erfolgen, wenn Erfahrung und Können, Umsicht und Disziplin als Nachsteiger ausreichend unter Beweis gestellt wurden.

Jetzt sollen die jungen Sportler auch an den

ersten Wettkämpfen im Felsklettern teilnehmen. Hier können sie im unmittelbaren Vergleich mit anderen zeigen, was sie im Training und auf Bergfahrten gelernt haben.

3. Abschnitt

Inhalt dieses Ausbildungsabschnittes bildet die systematische Steigerung der Leistungen der jungen Sportler. Sie sollen befähigt werden, mit 15 und 16 Jahren selbständig erste Kletterwege höherer Schwierigkeit zu durchsteigen. Nach wie vor gilt, daß Vielseitigkeit bei der Wahl der Kletterziele notwendig ist, um keine „Spezialisten" für eine Klettertechnik heranzubilden. Es sollten immer neue Gipfel bestiegen und andere Wege geklettert werden, um durch veränderte Situationen die sportlichen Fähigkeiten zu entwickeln. Ständiges Klettern der gleichen Aufstiege ist zu vermeiden. Besonders veranlagte Jugendliche sollten zusätzlich gefördert werden. Das kann durch individuelle Trainingspläne, Anleitung durch erfahrene leistungsstarke Bergsteiger und durch Mitnehmen bei schwierigen Kletterwegen erfolgen.

In allen drei Ausbildungsabschnitten darf sich der Übungsleiter nicht auf das Klettern beschränken. Er muß zugleich touristische Kenntnisse wie Orientierung und richtiges Verhalten in der Natur, Erste Hilfe und allgemeines Wissen über das Bergsteigen vermitteln. Auch die kulturelle Betätigung, das Singen ebenso wie ein Museumsbesuch, gehören dazu.

Die Auswahl der Kletterwege für Kinder und Jugendliche muß der Übungsleiter mit hohem Verantwortungsbewußtsein vornehmen. Für den Anfänger sind kurze, leichte und griffige Wände geeignet. Es ist auf einen einfachen, unkomplizierten Wegverlauf zu achten, der sowohl vom Kletterer wie vom Sichernden gut übersehen werden kann. Bei Kindern spielen auch Körperhöhe und Reichweite eine wichtige Rolle, vor allem bei noch wenig entwickelter Technik. Das Erlernen der Kamintechnik ist die notwendige nächste Stufe. Es werden kurze, möglichst gegliederte Kamine bis zum Schwierigkeitsgrad III gewählt. An lange Kamine und an Risse sollen Kinder und Jugendliche erst herangeführt werden, wenn die notwendige Technik ausreichend geübt wurde und auch die körperlichen Voraussetzungen vorhanden sind.

Sorgfalt muß auch auf die Wahl der Wege für die ersten Vorstiege gelegt werden. Hier ist eine übersichtliche Wandkletterei mit guten, leicht erkennbaren Sicherungsmöglichkeiten am besten geeignet. Die Schwierigkeit soll etwa zwei Grade unter dem liegen, was bereits im Nachstieg sicher geklettert wurde.

Beim Klettern mit Kindern und Jugendlichen dürfen auf einen Übungsleiter nicht mehr als fünf Sportler entfallen. Besonders zu Beginn der Ausbildung ist es jedoch günstig, wenn einer solchen Übungsgruppe zwei Übungsleiter zur Verfügung stehen. Einer der beiden steigt dann den Kletterweg vor, während der andere die Kontrolle am Einstieg ausübt, beobachtet und anleitet. Zum Ablauf der Ausbildung und zum Klettern werden weitere Hinweise im Abschnitt 3.3.4. – Sporttechnische Ausbildung gegeben. Bei mehreren Übungsgruppen muß der Verantwortliche diese so einteilen und den Ablauf der Ausbildung organisieren, daß er über höchstens vier Gruppen die Oberaufsicht führt.

Um die Sicherheit beim Klettern mit Kindern und Jugendlichen zu gewährleisten, sollten folgende Hinweise beachtet werden. So dürfen Kinder und Jugendliche nur dann mit der Sicherung des Vorsteigers beauftragt werden, wenn sie dieser Aufgabe körperlich gewachsen sind und ausreichende Übung besitzen. Beim Abstieg und beim Abseilen müssen sie Sicherung erhalten, wenn es ihr Ausbildungsstand, die Schwierigkeit der Abseilstelle oder andere Umstände verlangen. In keinem Fall darf ein Kind als letzter den Gipfel verlassen, also unkontrolliert abseilen. Das Klettern mit Kindern soll nicht erfolgen.

– bei ungünstiger Witterung (Regen, Nebel, Schnee, kalter oder starker Wind u. a.) und bei Dunkelheit;
– bei sehr niedrigen Temperaturen, besonders bei Kältegraden, und bei großer Hitze;
– nach größeren körperlichen Anstrengungen ohne ausreichende Erholungspause.

Um körperliche Überlastung zu vermeiden, sind für Kinder Kletterziele ohne längeren Anmarsch zu wählen. Auch das von ihnen mitgeführte Gepäck ist auf das Notwendige zu beschränken.

Kindern ist das Klettern nur unter unmittelbarer Aufsicht des Übungsleiters oder eines anderen erfahrenen Bergsteigers und nur mit Sicherung erlaubt. Nur so kann die dem Verantwortlichen obliegende Fürsorge- und Aufsichtspflicht für diese Altersgruppe realisiert werden. Anders ist die Sachlage bei Jugendlichen. Sie können bei Gruppenfahrten mit Zustimmung des Übungsleiters in eigenen Seilschaften klettern. In der Zuständigkeit der

Vereinsleitung liegt es, bestimmten Jugendlichen als Seilschaft die Zustimmung zur Durchführung selbständiger Kletterfahrten zu erteilen, wenn deren Ausbildungs- und Leistungsstand und ihre Zuverlässigkeit ausreichend Gewähr für hohe Sicherheit bieten. Völlige Alleingänge Jugendlicher sind jedoch unvertretbar und mit der ordnungsgemäßen Wahrnehmung der Aufsichtspflicht unvereinbar.

Beim Erteilen dieser Genehmigung muß das Einverständnis der Eltern vorliegen, das schriftlich eingeholt werden sollte. Immerhin müssen sich die Eltern zu einem in begrenztem Maße erhöhten Risiko bereit erklären. Die Vereinsleitung bestätigt, welcher Jugendliche die Verantwortung für die Seilschaft trägt, und weist ihn entsprechend ein. Den Jugendlichen sollte individuell eine obere Schwierigkeitsgrenze vorgegeben werden, die sie beim selbständigen Klettern nicht überschreiten dürfen. Den jungen Seilschaften sollten ältere Bergsteiger als Paten zur Seite stehen, die sie beraten, ab und zu auf einer Kletterfahrt begleiten und auch eine bestimmte Kontrolle ausüben.

3.4.9. Erstbegehungen

Zu den bedeutenden bergsteigerischen Erlebnissen und Leistungen gehört ohne Zweifel die Erschließung eines neuen Aufstiegs. Wenn auch schwierigste Erstbegehungen, die zugleich die Weiterentwicklung im Felsklettern dokumentieren, nur den besten Kletterern vorbehalten sind, besitzt doch jeder neue Aufstieg einen Wert nicht nur für die daran Beteiligten. Mit ihm kann für alle Bergsteiger eine neue sportliche Möglichkeit erschlossen werden. Wer eine Erstbegehung plant und durchführt, muß sich klar darüber sein, daß er sich einer besonderen Aufgabe stellt, Verantwortung für die optimale Lösung des Problems übernimmt und bestimmte Forderungen einhalten muß:

- Selbständigkeit gegenüber anderen Aufstiegen;
- klare, möglichst geradlinige und vertikale Linienführung;
- ausreichende Sicherungsmöglichkeiten;
- Durchführung entsprechend den Bestimmungen der Regelordnung.

Erstbegehungen stellen aber auch höhere Anforderungen an die Beteiligten, in erster Linie an den Vorsteiger. Durchsteigbarkeit, Schwierigkeit und Sicherungsmöglichkeiten

sind vorher nur selten genau einzuschätzen. Mehr als bei anderen Touren bleibt ein Risiko bestehen. Es gilt auch hier, daß das Leistungsvermögen der Seilschaft dem geplanten Aufstieg entsprechen soll, um das Risiko so gering wie möglich zu halten und nicht Leben und Gesundheit der Teilnehmer aufs Spiel zu setzen.

Die nachstehenden Hinweise treffen im wesentlichen für die sächsischen Klettergebiete zu.

Auswahl und Erkundung einer Erstbegehung

Als **Kletterwege** gelten, so die Regelordnung, Aufstiege . . ., die über den größten Teil ihrer Länge selbständig und in genügendem Abstand – entsprechend der natürlichen Gliederung des Felsens – von anderen Aufstiegen verlaufen. Der Mindestabstand zwischen zwei Wegen muß 2 m betragen, sollte aber in der Regel noch darüber liegen. Das trifft vor allem bei Wänden zu, die in größerer Breite kletterbar sind, und an höheren Felsen (über 30 m). Dabei müssen nicht nur die Sicherungsringe benachbarter Aufstiege diesen (horizontalen) Abstand haben, sondern der gesamte Weg. Werden Teile eines vorhandenen Aufstiegs mit benutzt, kann als Faustregel gelten, daß der neue Weg selbständig ist, wenn er etwa zwei Drittel der Wandhöhe neu durchsteigt.

Varianten, also Abweichungen von vorhandenen Kletterwegen, müssen kritisch bewertet werden. Sie haben dann einen Wert, wenn sie die Umgehung einer schwierigen Stelle ermöglichen oder zu einer Begradigung des Aufstiegs führen. Unbedeutende Abweichungen von geringer Länge oder zu geringem Abstand zu anderen Wegen, Quergänge zwischen vorhandenen Wegen oder solche Varianten, die einen Aufstieg komplizieren, z. B. durch eine zusätzliche Unterstützungsstelle, finden keine Anerkennung. Dagegen können Begradigungen durchaus den Charakter eines selbständigen „direkten" Weges erreichen.

Klare Linienführung wird vor allem durch Nutzen der vertikalen Gliederung des Felsens erreicht. Risse, Verschneidungen, Rinnen und Kanten bieten sich dafür am besten an. Auch bei Wänden sollte eine gerade Linie der Neutour angestrebt werden. Häufiges Kreuzen anderer Aufstiege, Quergänge zwischen noch „freien" Wandteilen u. ä. widersprechen dieser Forderung.

Führt eine Neutour durch brüchigen Fels, ist

das Gestein bewachsen oder unter normalen Bedingungen stets naß, verliert der neue Aufstieg wesentlich an Qualität.

Hat man sich nach diesen Gesichtspunkten für eine Neutour entschieden, muß diese genau erkundet und die Taktik der Erstbegehung festgelegt werden. Dazu dürfen alle umliegenden Punkte aufgesucht werden, die eine Einsicht gewähren, also benachbarte Gipfel oder Felsmassive, Bäume oder andere Kletterwege. Nicht erlaubt ist es, über die vorgesehene Route abzuseilen oder diese mit Sicherung von oben ganz oder teilweise zu durchsteigen. Auch eine Teilnahme an nicht regelgerechten Begehungen oder Versuchen wird einer unerlaubten Erkundung gleichgesetzt.

Die Erkundung einer geplanten Neutour richtet sich vor allem auf die Durchsteigungsmöglichkeit selbst, die zu erwartende Schwierigkeit, den besten Wegverlauf und die Sicherung. Man muß bestrebt sein, vorhandene natürliche Sicherungsmöglichkeiten zu erkennen und im voraus festzustellen, wo Sicherungsringe erforderlich und anzubringen sind.

Versuch und Anrecht

Erstbegehungen können oft nicht im ersten Anlauf vollendet werden. In solchen Fällen fordert die Regelordnung das Kennzeichnen der begonnenen Neutour und eine Meldung an die zuständige Gebietskommission. Die Kennzeichnung erfolgt durch einen notwendigen Ring oder eine sichtbar gelegte Seilschlinge, die durch eine wetterfeste Schnur zu bezeichnen sind. Zu empfehlen ist es, in einem Plastebeutel den Namen des Vorsteigers und das Datum des ersten Versuches zu hinterlassen. Solche Kennzeichnungen dürfen auch dann nicht entfernt werden, wenn kein Anrecht mehr auf die Neutour besteht. Für andere Bergsteiger ist oft nur dadurch erkennbar, daß der Aufstieg noch nicht durchstiegen wurde.

Ein Versuch kann allerdings nur als solcher gelten, wenn dabei ein wesentlicher Abschnitt des geplanten Aufstiegs durchstiegen wurde. Das ist oft dann der Fall, wenn ein Sicherungsring geschlagen wurde. Eine gelegte Seilschlinge wenige Meter über dem Einstieg hingegen begründet noch kein Anrecht auf diese Neutour.

Mit einem derartigen Versuch wird ein Anrecht auf Durchführung der Neutour für die Zeit von drei Jahren erworben, gerechnet vom Tag des ersten Versuches an. Erst danach darf sich ein anderer Bergsteiger an der Neutour versuchen. Ein neues Anrecht, diesmal nur für ein Jahr, kann dann jeder erwerben, der ein weiteres wesentliches Wegstück durchsteigt und kennzeichnet. Kein Anrecht entsteht, wenn nur der höchste Punkt früherer Versuche erreicht wird.

Erkennt der Bergsteiger bei der Erkundung oder der Durchführung der Neutour, daß bereits von anderen ein Durchsteigungsversuch gemacht wurde, muß er bei der zuständigen Gebietskommission nachfragen, ob diese noch ein Anrecht besitzen. Dabei ist die Meldefrist von vier Wochen zu beachten, da der Versuch erst kurz vorher stattgefunden haben kann.

Es gilt als sportliche Unfairneß, von anderen Bergsteigern begonnene Erstbegehungen ohne deren vorheriges Einverständnis weiterzuführen, solange deren Anrecht besteht. In solchen Fällen wird die Neutour nicht anerkannt, allerdings nur, wenn auch eine Anmeldung bei der Gebietskommission vorliegt. Als gute Sitte hat sich eingebürgert, den Erstversucher nach Ablauf der Anrechtsfrist zu benachrichtigen, wenn man die Tour weiterführen will, und ihn zur Teilnahme einzuladen.

Durchführung der Erstbegehung

Für das Klettern bei Erstbegehungen gelten die gleichen Regeln wie für alle anderen Besteigungen. Zusätzliche Bestimmungen enthält die Regelordnung (vor allem für das Anbringen von Sicherungsringen) in folgenden Punkten:

Erstbegehungen sind in jedem Fall von unten nach oben zu erschließen. Die Neutour muß also vom Einstieg aus im Vorstieg bewältigt werden. Das schließt ein, daß Sicherungsringe ebenfalls im Verlauf der Durchsteigung angebracht werden und der Ort dieser Ringe von unten über den geplanten Wegverlauf erreicht werden muß. Hineinqueren von anderen Aufstiegen oder gar ein vorheriges Anbringen der Ringe, indem der Ringort durch Abseilen oder mit Sicherung von oben erreicht wird, ist nicht zulässig. Jede Erstbegehung muß bis zum Gipfel durchgeführt werden, auch bei Varianten oder bei Benutzung eines anderen Weges als Aufstieg.

Der Sicherung ist bei Erstbegehungen besondere Beachtung zu schenken. Der Aufstieg ist trotz vorheriger Erkundung noch unbekannt. Sicherungsringe sind noch nicht vorhanden und müssen erst unter meist schwierigen Bedingun-

Kletterhammer
Masse etwa 800 g, bei gutem Stand auch schwerer

Kronenbohrer
Durchmesser 22–25 mm, Wandstärke 2–3 mm

Sicherungsring
nach Standard (Abb. 112)

Bleistreifen
150–200 mm lang, etwa 10 mm breit und 1–2 mm dick

Speziallöffel o. ä.
zum Reinigen des Ringloches von Sand

Durchschlag (Dorn)
mit stumpfer Spitze (2 x 7 mm) zum Verstemmen

Meßband
zur Kontrolle der Ringabstände

Schlagzeugbeutel
aus festem Zeltbahnstoff, zum Transport des Werkzeuges

Reepschnur
Durchmesser 5–7 mm, 40–60 m lang

Anmerkung:
Die Angaben sind auf Sandsteinklettergebiete bezogen. Zum Befestigen von Sicherungsringen und anderen festen Zwischensicherungen in anderem Gestein werden teilweise andere Werkzeuge benötigt.

gen angebracht werden. Die dabei benötigte Ausrüstung ist in Übersicht 10 zusammengefaßt.

Durch eine gute Sicherung muß einem möglichen Unfall entgegengewirkt werden. Ständige konzentrierte **Aufmerksamkeit** des Sicherungsmannes, aber auch aller anderen Teilnehmer, ist unabdingbar. Die höheren Anforderungen einer Erstbegehung verlangen meist auch ein häufigeres Ausruhen. Abgelehnt wird jedoch, daß sich der Kletterer in kurzen Abständen in Seilschlingen setzt, um zu ruhen, ohne längere Strecken zu klettern.

Das Beräumen von Lockermassen (Erde, Humus, Steine usw.) und Bewuchs im Kletterweg ist gestattet, jedoch nicht ein Beseitigen größerer Humusbänder oder Bäume, die keine unmittelbare Gefahr für den Kletterer darstellen. Brüchige Felsteile dürfen abgeschlagen werden. Die Benutzung des Kletterhammers ist dazu allerdings nicht erlaubt. Selbstverständlich ist das Schlagen von Griffen oder

Tritten und ein künstliches Herstellen oder Verbessern von Fixpunkten für Seilschlingen verboten.

Fehlen ausreichende natürliche Sicherungsmöglichkeiten, ist der Erstbegeher zum Anbringen von Sicherungsringen verpflichtet. Dabei darf er nicht nur von der eigenen Tagesform und Sicherheit ausgehen, sondern muß auch an spätere Begeher des Aufstiegs denken. Jeder fehlende, aber notwendige Ring bedeutet eine vielfache Gefährdung aller folgenden Seilschaften. Deshalb werden ungenügend gesicherte Neutouren nicht bzw. erst dann anerkannt, wenn nachträglich der erforderliche Ring geschlagen wird.

Sicherungsringe müssen angebracht werden, wenn an notwendigen Nachhole- oder Unterstützungsstellen eine ausreichende natürliche Sicherung fehlt. Der Erstbegeher soll auch dann einen Ring schlagen, wenn an schwierigen Kletterstellen beim Sturz aus größerer Höhe ein Aufschlagen zu befürchten ist. Schwierige Kletterstellen, an denen ein Ring erforderlich sein kann, sind auch solche, wo ein Wechsel der Klettertechnik erfolgt, z. B. ein Übergang vom Riß zur Wand oder aus steiler Wand zur Reibungskletterei.

Für Anzahl und Abstände der Ringe gilt allgemein, daß unter Beachtung der Schwierigkeit des Aufstiegs, vorhandener natürlicher Sicherungsmöglichkeiten und objektiv bestehender Gefährdungen mit geringster Anzahl und maximaler Entfernung der Ringe eine optimale Sicherung erreicht wird. Vor allem in schwierigsten Neutouren, wo es nur wenig natürliche Sicherungsmöglichkeiten gibt, die Sturzgefahr aber sehr groß ist, werden kürzere Ringabstände erforderlich. Die Regelordnung schreibt dafür einen Mindestabstand zwischen zwei Ringen von 3 m vor, der geradlinig von Ringschaft zu Ringschaft gemessen wird. Die Summe der Ringabstände von drei aufeinanderfolgenden Ringen darf 7,50 m nicht unterschreiten. (Abb. 179) Diese Abstände müssen auch zu Ringen eines anderen Aufstiegs eingehalten werden, wenn die Neutour von diesem abzweigt, in ihn einmündet oder ihn kreuzt.

Beim Schlagen des Ringes darf der Erstbegeher in einer an natürlichen Fixpunkten befestigten Seilschlinge sitzen oder diese als Haltepunkt benutzen. Auch der zum Schlagen des Ringloches verwendete Kronenbohrer kann dazu dienen. Andere, zusätzlich angebrachte Haltepunkte, Sicherung oder andere Hilfe von

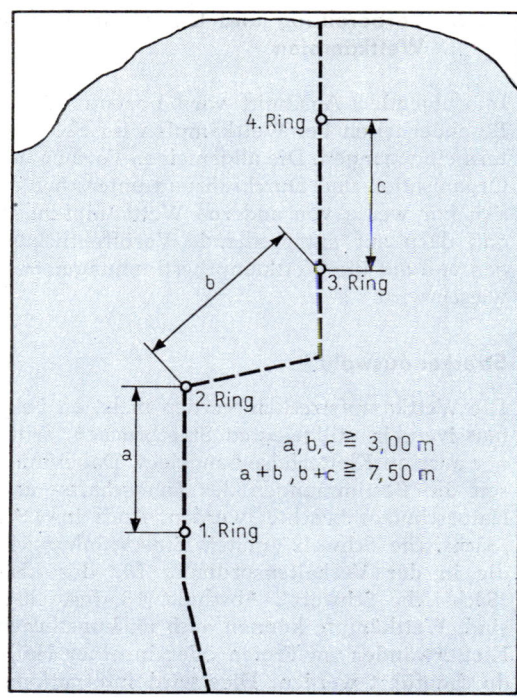

Abb. 179 Ringabstände nach Regelordnung Felsklettern (Ergänzungsbeschluß vom 5. 10. 1984)

oben sind nicht erlaubt. Das Anbringen des Ringes selbst ist im Abschnitt 3.2.4. – Sicherungsringe beschrieben. Die Erstbegehung muß in der Regel an dem auf diese Weise angebrachten Ring durchgeführt werden. Nur in wenigen Ausnahmefällen ist erlaubt, an nicht vollendeten Wegen Ringveränderungen vorzunehmen.

Eine durchgeführte Erstbegehung ist im Gipfelbuch einzutragen. Neben den üblichen Angaben gehört dazu eine genaue Wegbeschreibung und die Einschätzung der Schwierigkeit. Der Wegname, den der Erstbegeher vorschlagen kann, soll kurz, eindeutig und allgemein verständlich sein. Außerdem ist jede durchgeführte Erstbegehung der zuständigen Gebietskommission oder dem Kletterführerbearbeiter zur Überprüfung schriftlich einzureichen.

3.5. Wettkämpfe im Felsklettern

Der Wert des Wettkampfes liegt vor allem in seiner stimulierenden Wirkung. Dieser stellt eine Herausforderung an den Sportler dar, sein ganzes Können und seine im Training erworbene Leistungsfähigkeit im unmittelbaren Vergleich mit anderen zu beweisen und für seine Mannschaft oder Sektion ein gutes Ergebnis zu erzielen. Daraus ergibt sich die Motivation zu einem besseren und intensiveren Training, ohne das solche Leistungen nicht erreichbar sind und das sich fördernd auf die Leistungen im normalen Klettern auswirkt. Wettkämpfe entsprechen vor allem dem Streben der Jugend nach vielseitiger, interessanter sportlicher Betätigung und dem unmittelbaren Leistungsvergleich.

Die Wettkämpfe im Felsklettern sind eine wertvolle Bereicherung des Bergsteigens. Sie sollen das traditionelle Klettern weder ersetzen noch verdrängen, sondern es in sinnvoller Weise ergänzen.

3.5.1. Historische Entwicklung

Wettkämpfe im Felsklettern wurden erstmals in der Sowjetunion durchgeführt. 1947 von I. Antonowitsch zunächst als Trainingsmittel entwickelt, fanden bereits ein Jahr später die ersten offiziellen Vergleiche statt. Seitdem wurde das „sportliche Felsklettern" zu einem bedeutenden Bestandteil des sowjetischen Bergsports mit regelmäßigen Meisterschaften. Die Bewertung der verschiedenen Formen dieser Wettkämpfe erfaßt neben der Kletterzeit auch Kletter- und Sicherungstechnik. Seit 1976 werden auch internationale Vergleiche ausgetragen, die meist an den Felsen der Krim stattfinden. Diese Form des Felskletterns stellt heute die zweite Disziplin des Bergsteigens neben der Alpinistik dar. Damit werden junge Sportler gut auf das Bergsteigen vorbereitet, und es kann eine ganzjährige sportliche Betätigung erreicht werden. Es ist aber auch eine Disziplin, in der Kletterer bewußt und planmäßig nach Höchstleistungen streben. Viele bekannte sowjetische Alpinisten sind durch diese Schule gegangen.

In den osteuropäischen Ländern verbreiteten sich Wettkämpfe im Felsklettern vor allem seit 1975. In den meisten Ländern werden heute Landesmeisterschaften und andere Wettkämpfe, oft mit internationaler Beteiligung, ausgetragen.

In vielen weiteren Bergsteigerländern finden Wettkämpfe im Felsklettern ebenfalls Aufmerksamkeit. In Japan wurden die ersten Wettkämpfe bereits 1979 ausgetragen, der erste bedeutende Wettkampf in Westeuropa fand 1985 in Italien statt. In diesen Ländern ist vor allem das „Schwierigkeitsklettern" vorherrschend, bei dem es in Anlehnung an die modernen Tendenzen im Felsklettern um Durchsteigung schwierigster Routen geht. Durch die UIAA, die diese Entwicklung seit längerem verfolgt, wurde 1987 eine erste einheitliche Wettkampfordnung für internationale Vergleiche herausgegeben. Seit 1988 finden Wettkämpfe um einen Weltcup im Klettern statt, die teilweise auch an künstlichen Kletterwänden und in Hallen ausgetragen werden.

3.5.2. Wettkampfformen

Grundgedanke der Wettkämpfe im Felsklettern ist das Durchsteigen einer festgelegten Kletterstrecke. Dabei gelten die Regeln des freien Kletterns; nur in Ausnahmefällen sind einzelne, besonders gekennzeichnete künstliche Haltepunkte zulässig. Aus der Vielzahl bisheriger Wettkampfformen haben sich zwei Grundformen herausgebildet:
– Beim **Schwierigkeitsklettern** sind Kletterstrecken hoher Schwierigkeit, bei internationalen Wettkämpfen im Extrembereich, zu durchsteigen, wobei die innerhalb der festgesetzten Limitzeit erreichte Höhe über den Sieg entscheidet. Boulderwettkämpfe, die meist nach einem Punktsystem gewertet werden, können ebenfalls dieser Grundform zugerechnet werden.
– Beim **Schnellklettern** entscheidet die für die Kletterstrecke benötigte Zeit. Es kann als Einzel- oder Seilschaftswettkampf stattfinden. Eine besondere Form ist das Paarklettern, bei dem zwei Sportler gleichzeitig parallele Strecken klettern und danach wechseln.
Die Wettkämpfe können nach vorherigem Training auf der Kletterstrecke, nach Demonstration der Durchsteigung oder „on sight" (s. Übersicht 2) stattfinden. Im letzteren Fall ist dem Kletterer die jeweilige Strecke vor dem Start unbekannt. Er darf andere auch nicht beobachten oder in irgendeiner Form Hinweise über die Strecke erhalten.
Wettkämpfe für Kinder und Jugendliche haben meist einen vielseitigeren Inhalt als im Erwachsenenbereich, um die erzieherischen und bildenden Zielstellungen dieser Altersgruppen zu fördern.

3.5.3. Vorbereitung und Durchführung von Wettkämpfen

Im folgenden Abschnitt wird nur auf einige Besonderheiten bei Wettkämpfen im Felsklettern eingegangen. Die allgemeinen Formen der Organisation und Durchführung unterscheiden sich nur wenig von anderen Wettkämpfen, so daß dazu auf entsprechende Veröffentlichungen und auf die Wettkampfbestimmungen verwiesen wird.

Streckenauswahl

Die Wettkampfstrecken werden meist an Felsmassiven, in stillgelegten Steinbrüchen, seltener auch an Kletterfelsen angelegt. Dabei müssen die Bestimmungen des Landschafts- und Naturschutzes beachtet werden. Auch im LSG „Sächsische Schweiz" gelten Einschränkungen, die in der Verhaltensordnung für das LSG „Sächsische Schweiz", Abschnitt 18, festgelegt sind. Wettkämpfe können auch an künstlichen Kletterwänden im Freien oder in einer Halle durchgeführt werden. Dies wird international angestrebt, um besonders bei größeren Wettkämpfen Schäden an der Natur zu vermeiden, aber auch den Medien bessere Möglichkeiten der Popularisierung zu geben.
Die Kletterstrecken sollen so gewählt werden, daß vom Kletterer der volle Einsatz seiner Kraft und Technik gefordert ist und er die Klettertechnik möglichst vielseitig anwenden muß. Leichte Felsabschnitte sind zu vermeiden. Bei Wettkämpfen mit ausschließlicher Bewertung der Klettertechnik, wie sie mit Kindern und Jugendlichen durchgeführt werden, können sich die geforderten Wege auch auf eine Klettertechnik beschränken. Schwierigkeit und Länge der Strecken richten sich nach der Art des Wettkampfes und dem Leistungsvermögen der erwarteten Teilnehmer und sind in den Wettkampfordnungen festgelegt.
Wenn die Strecke markiert wird, soll dies nicht direkt auf dem Fels erfolgen. Ist keine natürliche Abgrenzung vorhanden, wird meist eine seitliche Begrenzung durch farbige Bänder benutzt. Auf diese Weise können auch leichtere Stellen ausgeschlossen werden.
Die Kletterstrecken sollen möglichst gerade nach oben verlaufen, damit eine gute Sicherung möglich ist. Am Ende der Strecke ist ein Standplatz anzuordnen, von dem aus abgeseilt werden kann.
Das Gelände unter der Wand soll ausreichende

und möglichst ebene Fläche für Startbereich und Kampfrichter bieten. Freie Sicht auf die Kletterstrecke ist unbedingt erforderlich. Start- und Kampfrichterbereich sind abzusperren. Wenn erforderlich, ist auch dafür zu sorgen, daß ein unnötiges Betreten von Wald- oder Sandhängen, Anpflanzungen usw. unterbleibt.

Sicherheit

Die Gewährleistung der Sicherheit ist bei Wettkämpfen oberstes Gebot, um Unfälle, auch von Kampfrichtern oder Zuschauern, zu vermeiden. Grundsätzlich werden Wettkämpfe mit Sicherung von oben durchgeführt. Dabei wird meist oberhalb der Kletterstrecke ein Umlenkpunkt für das Sicherungsseil (Ring, Haken, Seilschlinge) angebracht und vom Fuß des Felsens aus gesichert. So besitzt der Sicherungsmann eine bessere Übersicht, als wenn er oberhalb des Kletterers sitzt. Zum Sichern werden entweder Bergseile größerer Länge oder Stahlseile benutzt, die über eine Handwinde laufen. Der Kletterer befestigt seinen Anseilgurt mittels Knoten oder Schraubkarabiner am Sicherungsseil. Vor dem Start wird dies durch einen Kampfrichter kontrolliert. Wettkämpfe im Schwierigkeitsklettern werden international mit normaler Gefährtensicherung von unten durchgeführt. Dafür dürfen nur Einfachseile, die den Normen der UIAA entsprechen, verwendet werden. Der Kletterer muß sein Seil in alle vor dem Wettkampf vom Kampfrichter angebrachten Fixpunkte einhängen. Die Wettkampfstrecken und die Bereiche, die vom Sicherungsseil bestrichen werden, sind vor dem Wettkampf von losen Steinen, Geröll, Schutt und eventuell auch von Bewuchs zu säubern. Sehr brüchige Felsen sollen nicht für Wettkämpfe benutzt werden. Für die Wettkämpfer ist das Tragen eines Schutzhelmes Pflicht. Der Startbereich unter der Wand darf nur vom Wettkämpfer nach seinem Aufruf und von Kampfrichtern betreten werden. Ist mit Steinschlag zu rechnen, müssen auch die Kampfrichter Schutzhelme tragen.

Ermittlung der Wettkampfergebnisse

Beim Schnellklettern wird die vom Kletterer benötigte Zeit mit der Stoppuhr ermittelt. Gemessen wird vom Startkommando bis zum Anschlag am markierten Zielpunkt. Das Abseilen wird in die Zeit nicht einbezogen. Bei einem Sturz oder bei Überschreiten einer Limitzeit für die Strecke scheidet der Kletterer aus.

Um die Ergebnisse mehrerer Strecken oder mehrerer Kletterer (bei Mannschaftswertung) zusammenzufassen, müssen die gemessenen Zeiten in Punkte umgerechnet werden. Dazu wird folgende Formel benutzt:

$$P = P_{max} \cdot \frac{T_{min}}{T_x}$$

Dabei bedeuten:

P – Punktzahl für den Wettkämpfer

P_{max} – maximal erreichbare Punktzahl

T_{min} – Bestzeit für die Kletterstrecke

T_x – Zeit des Wettkämpfers.

Die Punktwerte für die einzelnen Strecken eines Wettkampfes können nach Länge und Schwierigkeit unterschiedlich festgelegt werden. Bei internationalen Wettkämpfen gilt ein einheitlicher Wert von 120 Punkten. Für das Durchsteigen der Strecke beim Schwierigkeitsklettern wird eine Limitzeit festgelegt. Gewertet wird die innerhalb dieser Zeit erreichte Höhe, die ebenfalls in Punkte umgerechnet werden kann. Damit auch Unterschreitungen der Limitzeit berücksichtigt werden können, wenn der Kletterer die gesamte Strecke durchstiegen hat, kann folgende Formel benutzt werden:

$$P = P_s \cdot \frac{S}{S_x} \cdot \frac{T_{min}}{T_x}$$

Es bedeuten dabei:

P_s – Punktwert für die Strecke

S – Länge der Strecke

S_x – vom Kletterer durchstiegene Strecke.

Bei einem Sturz wird – im Gegensatz zum Schnellklettern – ebenfalls die erreichte Höhe gewertet. Eine andere Form der Bewertung legt für einzelne Abschnitte der Strecke Punkte entsprechend der jeweiligen Schwierigkeit fest. Das Ergebnis wird dann aus der Punktsumme der innerhalb der Limitzeit durchkletterten Teilstrecke ermittelt. Bei Boulderwettkämpfen ist meist jeder Kletterstelle ein Punktwert zugeordnet, der Schwierigkeit und eventuell Länge derselben berücksichtigt. Innerhalb einer festgelegten Zeit sind eine oder mehrere Kletterstellen zu bewältigen, so daß die höchste erreichte Punktzahl den Sieger ergibt.

Eine Disqualifikation des Wettkämpfers erfolgt bei Verlassen der Kletterstrecke, Zurücktreten mit einem oder beiden Beinen nach dem Start, Übergreifen oder Übertreten der Streckenbegrenzung, Benutzen nicht erlaubter Hilfsmittel, Nichteinhängen des Sicherungsseiles in vorgegebene Fixpunkte und bei Nichtbeachten von Anweisungen der Kampfrichter. Ebenfalls vom weiteren Wettkampf ausgeschlossen wird ein Kletterer, der bei Wettkämpfen „on sight" unerlaubt die Strecke erkundet oder sich Informationen darüber verschafft.

Bei einer Bewertung von Kletter- und Sicherungstechnik erfolgen von einer maximalen Punktzahl Abzüge für

- schlechte Klettertechnik wie Abrutschen, Suche nach Griffen, langes Stehen an einer Stelle u. a.;
- Fehler in der Sicherungstechnik;
- Verlust von Ausrüstungsgegenständen.

Einzelheiten dazu sind in den Wettkampfordnungen enthalten.

Bei Mehrkämpfen werden die erreichten Punkte der einzelnen Disziplinen zusammengefaßt. Dabei können diese unterschiedliche Wertigkeit haben. Ein Beispiel für eine Mehrkampfwertung ist in Tabelle 23 dargestellt.

3.5.4. Vorbereitung der Wettkämpfer

Zwischen dem üblichen Klettern und einem Wettkampf bestehen einige Unterschiede, auf die sich der Sportler einstellen muß. Eine längere Vorbereitung auf einen Wettkampf ist deshalb unbedingt erforderlich. Sie soll dazu dienen, den Sportler konditionell und technisch vorzubereiten, aber auch eine entsprechende psychische Einstellung und hohe Leistungsbereitschaft zu erreichen.

Die längerfristige Vorbereitung, die etwa drei bis vier Wochen vor dem Wettkampf beginnen soll, umfaßt die Umstellung auf den andersartigen Kletterstil, die Gewöhnung an die Gesteinsart und die konditionelle Vorbereitung. Hier spielt – vor allem bei langen Wettkampfstrecken – die Verbesserung der Kraftausdauer die wichtigste Rolle. Zur klettertechnischen Vorbereitung können Bouldern und Klettern in einem Gestein, das dem Wettkampfgebiet

entspricht, genutzt werden. Das Durchsteigen langer Aufstiege, möglichst Rotpunkt, ist ebenfalls Bestandteil der Vorbereitung. Dabei soll etwas unter der individuellen Leistungsgrenze geklettert werden, dafür aber in einem zügigen, schnellen Bewegungsablauf. Wichtig ist das rasche Erfassen der Griff- und Trittmöglichkeiten und die Umsetzung in die entsprechende Kletterbewegung (Bewegungsantizipation). Übungen in der Turnhalle, die ein schnelles Klettern imitieren – Leitersteigen, Sprossenwand u. a. – werden ebenfalls ins Trainingsprogramm aufgenommen. Zur Vorbereitung auf den Wettkampf gehört auch, daß sich der Sportler mit den Wettkampfregeln und dem Austragungsmodus vertraut macht.

Die Möglichkeit eines Trainings auf den Wettkampfstrecken, wenn das Reglement es zuläßt, ist ebenso wie eine Streckenerklärung und Demonstration auch dazu zu nutzen, sich die Route einzuprägen und das taktische Konzept der Durchsteigung zu entwickeln. Besonders kommt es darauf an, Schlüsselstellen zu erkennen und für die Einteilung der Kräfte und das Tempo des Kletterns Schlüsse zu ziehen.

Wichtigster Bestandteil der unmittelbaren Wettkampfvorbereitung ist die Erwärmung vor dem Start. Darunter versteht man, daß der gesamte Organismus durch entsprechende Körperübungen auf die Belastung des Wettkampfs eingestellt wird. Durch die Erwärmung werden zahlreiche physiologische Reaktionen, die das Erreichen der körperlichen Höchstleistung beeinflussen, auf das erforderliche Aktivitätsniveau gebracht.

Durch die Vorbelastung wird, wie der Begriff „Erwärmung" schon sagt, die Körpertemperatur des Sportlers auf den optimalen Wert von etwa 39 °C erhöht. Wesentlich ist, daß vor allem die Muskeln erwärmt und angeregt werden, die für den Bewegungsablauf beim Klettern verantwortlich sind. Damit wird zugleich einer Verletzungsgefahr vorgebeugt.

Man beginnt die Erwärmung mit allgemeinen Körperübungen, bei denen große Muskelgruppen beansprucht werden. Im weiteren Verlauf geht man zu speziellen und wettkampfähnlichen Übungen über. Den Hauptanteil nehmen dabei Übungen zur Lockerung und Dehnung ein. Zu beachten ist, daß besonders zum Ende der Erwärmung alle Übungen schnell ausgeführt werden, um sich auf die Art der Bewegung beim Wettkampf einzustellen. Wenn möglich, sind auch Übungskletterstellen zu nutzen.

Die optimale Dauer der Erwärmung beträgt 20 bis 40 Minuten. Dabei sind die Umgebungstemperatur und die individuellen Besonderheiten des Sportlers maßgebend. Bei niedrigen Temperaturen sind die Aufwärmzeit zu verlängern, warme Kleidung zu tragen und eventuell auch passive Mittel zur Erwärmung (Einreibung) zu benutzen. Die Intensität der Erwärmung soll etwa bei 70 Prozent der maximalen Leistungsfähigkeit liegen, Pulswerte um 160 Schläge/Minute sind anzustreben. Der Zeitraum vom Ende der Erwärmung bis zum Start soll 5 bis 10 Minuten betragen, wobei leicht erregbare Sportler den kürzeren Wert wählen. Bis zum Start muß der Körper durch entsprechende Kleidung warm gehalten werden.

Zur Startvorbereitung gehört auch die Überprüfung und Vorbereitung der persönlichen Ausrüstung wie Anseilgurt, Kletterschuhe und Schutzhelm.

Nach dem Wettkampf soll sich der Sportler zunächst vom Wettkampfgeschehen ablenken. Er führt Lockerungsübungen durch, um den funktionellen Zustand des Organismus zu normalisieren. Besonders bei kühler Witterung ist warme Kleidung anzulegen. Pausen zwischen den einzelnen Durchgängen sollten vor allem zur Entspannung, wenn möglich auch zur Wettkampfbeobachtung, genutzt werden. Vor dem nächsten Start ist dann eine erneute Erwärmung notwendig.

Tabelle 23: Bestenermittlung im Kinder- und Jugendbergsteigen, Mehrkampfbewertung

Disziplin	Wertung								Max. Punkte/ Seilschaft	Zeitlimit (min)
Einzel-klettern I	1 Pflichtweg je Teilnehmer; Klettertechnik								20	2x10
Einzel-klettern II	1 Weg mit freier Wahl der Schwierigkeit je Teilnehmer; Klettertechnik Wertung: 2x10 Punkte x Schwierigkeitsfaktor								50	2x10
		III/IV	IV/V	VI	VII a	VII b	VII c	VIII a	VIII b	
	11–12 J.	0,5	1,0	1,5	2,0	2,5	–	–	–	
	13–14 J.	–	0,5	1,0	1,5	2,0	2,5	–	–	
	15–16 J.	–	–	–	0,5	1,0	1,5	2,0	2,5	
Seilschafts-klettern	1 Weg; Kletter- und Sicherungstechnik								20	30
Theoretische u. praktische Prüfung	Selbstrettung								20	2x5
	Unfallhilfe/Bergung von Verletzten								30	30
	Knoten, Seilschlingen								14	2x15
	Regeln und bergsteigerisches Allgemeinwissen								16	2x5
Croßlauf	Orientierung, Laufzeit								20	60
	Max. Punktzahl:								200	

4. Bergsteigen im Hochgebirge

4.1. Die Technik des Alpinisten

Die Technik des Alpinisten ist die planvolle Nutzung der motorischen Fähigkeiten des Alpinisten, der Geländeeigenschaften und der technischen Hilfsmittel im koordinierten Handeln der Seilschaft. Sie hat den Zweck, das Erreichen eines alpinistischen Zieles zu ermöglichen, die Schwierigkeiten des Weges zu meistern und in enger Wechselwirkung mit taktischen Überlegungen die Sicherheit der Seilschaft zu gewährleisten.

Die Seilschaft kombiniert jeweils eine Technik der Fortbewegung mit einer Technik der Sicherung gegen die Folgen eines Absturzes. Oberbegriff für alle alpinistischen Fortbewegungstechniken ist **Steigen** (Aufstieg, Abstieg). Steigen ohne Handeinsatz heißt **Gehen**, mit Handeinsatz **Klettern**. Eine breite Palette spezifisch alpinistischer Techniken besteht darin, die Hände mittelbar über Pickel, Eisbeil, Eishammer oder Skistock einzusetzen. Diese Technik umfaßt Bewegungsabläufe, die vom Gehen bis zum Klettern reichen, wir bezeichnen sie als **Steigen mit Pickel**.

Die Techniken der Sicherung gegen die Folgen eines Absturzes umfassen die Gefährtensicherung, spezielle Seilanwendungen, Techniken am fixierten Seil und Techniken der aktiven Sturzkontrolle.

4.1.1. Gehen

Allgemeine Regeln

Vom Zeit- und Kraftaufwand jeder alpinen Tour entfällt ein erheblicher Teil auf das Gehen. Deshalb muß der Alpinist ganz bewußt dieser für den Menschen natürlichen Fortbewegungsart viel Aufmerksamkeit widmen. Grundvoraussetzungen für einen guten Gehstil sind ein ausgeprägtes Gleichgewichtsvermögen, gute Auge-Fuß-Koordination, ausreichende Kraft und Beweglichkeit der Beine und nicht zuletzt gutsitzendes, festes, bequemes Schuhwerk. Das Gehen in beliebigem Gelände muß

trainiert werden. Ziel ist dabei, zunehmend lange und schwierige Strecken auf verschiedenstem Untergrund mit rationellem Krafteinsatz zu gehen und die Grenze zwischen dem Gehgelände und dem Klettergelände (charakterisiert durch Benutzung der Hände zum Festhalten und Abstützen) so zu verschieben, daß auch relativ steile Passagen noch sicher im ökonomischen Gehstil bewältigt werden.

Typisches Gehgelände sind Wege, Pfade, Geröll, Blöcke, Grashänge, Moränen, teilweise auch Schrofen, Steiganlagen und Gletscher.

Soweit wie möglich werden Wege und Pfade benutzt, auch wenn sie länger erscheinen als ein direkter pfadloser Zugang. Im pfadlosen Gelände ist die richtige Einschätzung der Geländeeigenschaften und die Planung der Route wichtig. Im Gebirge ist der kürzeste Weg selten der beste. Der Alpinist geht lieber Umwege auf gehfreundlichem Untergrund mit mäßiger Steilheit, als daß er sich in ungünstigem Gehgelände verausgabt.

Der Körper wird beim Aufstieg möglichst gerade, beim Abstieg in leichter Vorlage gehalten. Die Füße sollten vollsohlig, gerade und kippsicher etwa hüftbreit voneinander entfernt aufgesetzt werden. Das Gewicht des Körpers wird erst dann auf den Fuß verlegt, wenn dieser sicher steht. Man macht keine zu großen und hohen Schritte, mit zunehmender Steilheit nimmt das Schrittmaß ab. Beim Vorschwingen des Spielbeines sind bewußt die Muskeln zu lockern, vor allem im Abstieg.

Die Augen orientieren sich nicht allein auf den nächsten, sondern auf die weiteren drei bis vier Schritte. Durch dieses Vorausschauen entsteht ein flüssiger Bewegungsablauf ohne ruckartige, kräftezehrende und balancegefährdende Bewegungen. Die Atmung erfolgt tief, gleichmäßig und möglichst durch die Nase. Besonders im Aufstieg sollte man nur das nötigste sprechen, um den Atemrhythmus nicht zu stören.

Die Gehgeschwindigkeit richtet sich stets nach dem schwächsten Mitglied einer Gruppe. Sie soll gleichmäßig, aber nicht zu schnell sein. Die Intensität der Belastung wird normalerweise so gesteuert, daß man auch nach stundenlangem Gehen nicht erschöpft ist. Intensität und Pausenregime sollen so gestaltet werden, daß lange Gehintervalle und wenige, aber nicht zu kurze Pausen bei den ersten Ermüdungsanzeichen möglich sind. Wenn die Muskeln ermüden oder verkrampfen, ist die Gangart zu schnell. Es muß dann das Tempo verringert oder gerastet werden.

Für die Pausen wählt man sichere und windgeschützte Plätze. Meist zieht man sich ein warmes Kleidungsstück über, ißt und trinkt etwas.

Gehen auf speziellen Geländeformen

Geröllhänge besitzen je nach Steilheit, Gesteinsart, Stärke der Geröllschicht, Alter, Bewuchs und Korngröße sehr unterschiedliche Eigenschaften. Der Alpinist muß diese Eigenschaften richtig einschätzen und seinen Weg geschickt wählen.

Ungünstiges Gehgelände sind:
- sehr steile Geröllhänge (Ausnahme: starke Auflage feinen Gerölls im Abstieg);
- lockeres Geröll mit dichtem, sichtbehinderndem Bewuchs;
- auf schrägen Felsplatten oder Eis aufliegendes Geröll;
- Geröll von frischen Felsstürzen;
- Schiefer- und Basaltgerölle (insbesondere im Aufstieg);
- Gerölle, die lange mit Schnee bedeckt waren und erst frisch abgetaut sind;
- Stirn- und Seitenmoränen auf Gletschern.

Günstige Gehgelände sind:
- grobe, abgelagerte Gerölle;
- flache Geröllhänge;
- Granit- und Gneisgerölle;
- von Altschnee verbackene Gerölle;
- Gerölle auf gut gestuftem Untergrund;
- Grate und bergseitige Hänge von Ufermoränen.

Im Geröll geht die Seilschaft dicht aufgeschlossen, um die Verletzungsgefahr durch losgetretene Steine zu verringern. Sehr stark steinschlaggefährdete Passagen werden einzeln begangen, wobei die wartenden Gefährten von sicherer Stelle aus beobachten und nötigenfalls vor Steinschlag warnen.

Für den **Aufstieg** wählt man lieber grobes, abgelagertes Geröll; der Alpinist erkennt an der Vegetation und dem Flechtenbewuchs, daß das Geröll nicht mehr in Bewegung ist. Sehr steile Geröllabschnitte werden möglichst umgangen.

Man erstrebt einen ruhigen gleichmäßigen Bewegungsablauf; überhastete Schritte und Sprünge kosten viel Kraft. Deshalb ist besonders bei Geröllaufstiegen das vorausschauende Gehen erforderlich; es gilt, die besten Trittmöglichkeiten bereits visuell sicher zu erkennen und lockere Blöcke zu vermeiden. Die zuweilen etwas unsicheren Tritte verleiten leicht zu verkrampften Bewegungen: Das Spielbein wird nicht locker geschwungen, die Rumpf- und Schultermuskulatur wird im Kampf um die Balance unter Spannung gehalten. Die Folge ist schnelle Ermüdung und Forcierung der Trittunsicherheit, sofern man nicht rechtzeitig rastet. Ist ein Aufstieg in feinerem Geröll unvermeidlich, dann benutzt man möglichst eine alte Spur und geht in kleinen Schritten. Skistöcke oder Pickel sind zur Unterstützung oft angenehm.

Im **Abstieg** meidet man das grobe Geröll, weil die Beschaffenheit der Tritte visuell kaum eingeschätzt werden kann. Ausnehmend leicht gestaltet sich der Abstieg auf steilen Hängen, die mit einer starken Auflage feinen Gerölls bedeckt sind. Der Alpinist nimmt eine starke Vorlage ein und geht in langsamen, breitbeinigen Schritten unter bewußter Ausnutzung der „Kugellagereigenschaft" des Untergrundes. Skistöcke oder Pickel werden dabei im Gegensatz zum Aufstieg nicht eingesetzt (Verletzungsgefahr). Es werden Gamaschen angelegt. Beine und Arme werden durch Kleidungsstücke gegen die Folgen kleiner Stürze geschützt. Wenn der Absteigende zuviel Geröll in Bewegung bringt, muß er die Gefährten warnen und seitlich aus dem Geröllstrom aussteigen. Am Ende des Geröllstreifens geht man langsam, weil dort durch gröberes, fester liegendes Geröll plötzlich die flotte Talfahrt gebremst wird und infolge der Trägheit des Körpers ein Sturz nach vorn zu befürchten ist.

Grashänge mäßiger Steilheit werden im Aufstieg in Serpentinen bei festem Eindrücken der Sohlenkanten auf die Köpfe der Rasenpolster begangen. Im Abstieg geht man geradlinig in leichter Körpervorlage und drückt die Absätze auf die Polsterköpfe. Steile Grashänge oder von Felsgürteln unterbrochene Grashänge sind im Grenzbereich des Gehgeländes. Insbesondere bei Nässe, Reif oder dünner Schneeauflage sind Fortbewegungs- und Sicherungstechnik ähnlich wie beim Steigen auf Firn und Eis angebracht. Auch Pickel und Steigeisen werden dann mitunter eingesetzt.

Schrofen sind mäßig steile, geröll- und grasdurchsetzte Felszonen. Sie bilden einen Grenzbereich zwischen Geh- und Klettergelände. Besonders bei Nässe, Eisglasur oder dünner Schneeauflage besteht eine erhebliche Absturzgefahr. Trittsichere Alpinisten steigen auf Schrofen überwiegend in Gehtechnik und stützen nur selten mit den Händen ab. Weniger routinierte Bergsteiger brauchen die Hände stärker, sie müssen dabei aber dennoch den Körperschwerpunkt stets über den Füßen behalten. (Abb. 180)

Großblockige Kare überwindet der Alpinist zügig mit lockeren, schwingenden Schritten und Sprüngen, dabei das dynamische Gleichgewicht einer möglichst geradlinigen Bewegung nutzend. Wichtig und nicht einfach ist das schnelle, vorausschauende Einschätzen der Trittmöglichkeiten. Fehltritte und kippende Blöcke können leicht zu Verletzungen führen.

Bäche und Flüsse haben im Hochgebirge oft einen erstaunlichen Strömungsdruck und bewegen grobes Geröll. Man geht deshalb zugunsten einer Brücke oder einer guten Übergangsstelle gern auch größere Umwege. Der Übergang ist dort am leichtesten, wo das Gewässer flach und in mehrere Arme gespalten ist; meist ist an solchen Stellen auch feineres, weniger gefährliches Flußgeröll anzutreffen. Mitunter muß man eine Zeit niedrigen Wasserstandes abwarten (meist frühmorgens).

Abb. 181   Flußdurchquerung

Die Standardtechnik besteht darin, daß man die Schuhe ohne Strümpfe anzieht und die vereinte Kraft mehrerer Alpinisten, die sich gegenseitig direkt oder über Stöcke u. ä. halten, gegen die Strömung einsetzt. (Abb. 181)

Latschenfelder und strauchbewachsene Flächen sind äußerst mühsam zu begehen. Dies gilt besonders dann, wenn sie von Schnee zugedeckt sind. Man versucht deshalb stets, auf Geröllgassen oder anderen Unterbrechungen voranzukommen.

4.1.2.   Klettern im Fels

Charakteristik der Gesteinsarten

In den Hochgebirgen treten auf:
- magmatische Gesteine (Granit, Porphyr, Basalt);
- Sedimentgesteine (Kalk, Dolomit, Sandstein, Löß, Mergel);
- metamorphe Gesteine (Gneis, Glimmerschiefer, Urtonschiefer).

Granit

Quarzreicher Granit ist sehr fest. Es besteht meist geringe Bruchgefahr – aber auf Graten, Bändern und unter Geröllflächen sind lockere Blöcke zu erwarten. Granitkanten bilden eine große Gefahr für das Seil – auch beste Multisturzseile können unter Sturzbelastung an Granitkanten reißen. Granit mit reichem Feldspat- oder Glimmeranteil und im Bereich von geologischen Störungen kann auch sehr brüchig sein.

Granitkletterei bietet vielfach weit auseinanderliegende Haltepunkte und Risse. Sie stellt meist erhebliche athletische Anforderungen.

Abb. 180   Steigen im Schrofengelände

Kalk und Dolomit

Gestein ist allgemein fest, es gibt aber eisenhaltige gelblich-rötliche Zonen und Störungen mit brüchigem Gestein. Ton- und lehmhaltige oder bewachsene Kalke werden bei Nässe extrem glitschig. Die oft kleinen, sehr vielgestaltigen Haltepunkte erfordern Gewandtheit und technisch sauberes Klettern.

Schieferige Gesteine

Sie besitzen wenig Festigkeit zwischen den einzelnen Schichten. Bei schräg liegender Schichtung bilden sich am Berg eine plattige, schräge Seite und eine steile Seite, an der die Schichtköpfe anstehen. Plattige Flanken können bereits bei mäßiger Steilheit große Schwierigkeiten und Risiken bieten, während die steilere Köpfel-Seite oft viel günstiger ist.

Gneis

Gneis ist ein meist sehr hartes Gestein, das oft dem Granit ähnelt. Es besitzt eine charakteristische Schieferung unter Ausbildung scharfer Kanten, die bei günstiger Schichtung gute Griff- und Trittmöglichkeiten bieten, aber auch das Seil bei einem Sturz zerschneiden können. Gneis ist von sehr unterschiedlicher Festigkeit.

Basalt

Er ist sehr hart und spröde. Feine Oberflächenstrukturen sind selten. Große, extrem glatte Platten und Risse bilden ein überraschend schwieriges Klettergelände.

Grundsätzliches zum Klettern im Fels

Im Hochgebirge werden die Techniken des freien Kletterns und des künstlichen Kletterns angewandt. Die Routenbeschreibung sagt eindeutig aus, an welchen Stellen künstliche Kletterei zulässig ist. Wenn eine Seilschaft an frei kletterbaren Routenabschnitten künstliche Haltepunkte benutzt, so mindert das den sportlichen Wert der Begehung. Aufstiege mit ursprünglich künstlichen Kletterstellen werden heute vielfach ohne bzw. mit geringstem Einsatz an künstlichen Haltepunkten begangen. Dieser Trend ist sportlich wertvoll, sofern dadurch nicht Zeitaufwand und Sturzrisiko unnötig ansteigen. Die Techniken des freien Kletterns dominieren auch im Hochgebirge immer stärker. Trotzdem darf unter erschwerten Bedingungen und in Gefahrensituationen nicht durch eine zu enge und dogmatische Auslegung dieser Auffassung zusätzliche Gefahr heraufbeschworen werden. Im Fels der Hochgebirge werden grundsätzlich die gleichen Techniken der Fortbewegung und Sicherung benutzt wie im Mittelgebirge. Unterschiede bestehen in den Bedingungen, unter denen sie angewandt werden müssen:

- Die Routen sind wesentlich länger.
- Man muß beim Klettern meist einen Rucksack tragen.
- Während man zu Hause auf einige wenige Gesteinsarten fixiert war, begegnen dem Alpinisten im Hochgebirge weit vielgestaltigere Gesteinsarten, man muß stärker mit lockerem und brüchigem Material rechnen.
- Die Gefahren der alpinen Umwelt sind allgegenwärtig, Klima und Wetter sind meist rauher; lange An- und Rückmärsche erfordern viel Zeit und Kraft; Orientierung und taktische Überlegungen verlangen weit größere Aufmerksamkeit.
  Die Wahrscheinlichkeit, daß man unter erschwerten Bedingungen (Nässe, Sturm, Vereisung, Sichtbehinderung) weiterklettern muß, ist viel größer als im Mittelgebirge.
- Häufiger als im Mittelgebirge muß im Fels auch abgestiegen werden.
- Weit mehr noch als im Mittelgebirge kommt es darauf an, die Klettertechniken mit ausreichender *Sicherheitsreserve*, in *zügigem, kraftsparendem Stil* und mit betonter *Umsicht*, Vorsicht und Aufmerksamkeit zu praktizieren.

Klettern im kombinierten Gelände

Der Alpinist bezeichnet ein Gelände, in dem Fels, Schnee und Eis häufig abwechseln, sowie verschneiten oder vereisten Fels als kombiniertes Gelände. Bei winterlichen Felstouren, in Wetterstürzen und in Höhen über der Schneegrenze ist mit derartigem Gelände zu rechnen.
Kombiniertes Gelände stellt höchste Ansprüche an die Kletter- und Sicherungstechnik des Alpinisten:

- Die Bedingungen wechseln ständig;
- Tritt-, Griff- und Sicherungsmöglichkeiten sind schwer erkennbar;
- die Reibung zwischen Körper und Fels (insbesondere Hand–Fels und Fuß–Fels) ist oft sehr gering und meist schwer kalkulierbar.

Zur Verbesserung der Reibwerte steigt der Alpinist in kombiniertem Gelände mit Steigeisen und Wollhandschuhen. Er bevorzugt Gegendruck-Techniken, bei denen seine Kraft möglichst senkrecht auf Haltepunkte mit zweifelhafter Reibung wirkt (Klemmen, Spreizen, Hangeln). Soweit nötig, wird lockerer Schnee von den Griffen geputzt. Für den steigeisenbewehrten Fuß muß der Schnee in der Regel nicht von den Tritten entfernt werden. Die Füße werden vorzugsweise mit dem Innen- oder Außenrist eingesetzt. Ein Stehen nur auf den Stirnzacken ist im Fels enorm anstrengend und ergibt selten einen ruhigen, sicheren Stand. Im Zweifelsfall, wenn die Steigeisen nur selten wirklich nötig sind, steigt der Alpinist dennoch lieber mit als ohne Steigeisen.

Der Pickel wird in kombiniertem Gelände so getragen, daß er aus der Kletterstellung heraus jederzeit erreichbar ist, ohne jedoch beim Klettern zu stören. Er wird von oben zwischen Rücken und Rucksack gesteckt, so daß er mit Haue und Schaufel auf dem Rucksackriemen liegt und der Stiel schräg zur Seite zeigt. In Kaminen und beim Absteigen mit dem Rücken zur Wand muß der Alpinist allerdings besondere Vorsicht walten lassen, damit der Pickel sich nicht verhakt oder verlorengeht.

4.1.3. Steigen mit Pickel

Allgemeine Grundlagen

Auf Wintertouren, auf Gletschern und in Höhenlagen über der Schneegrenze trifft der Alpinist größere, zusammenhängende Schnee- und Eismassen an. Das Steigen auf Schnee und Eis erfordert die Anwendung spezieller Hilfsmittel (Steigeisen, Pickel, Eishammer, Eisbeil, Eisstickel, Eisschrauben u. a.) und Techniken, und es stellt hohe Anforderungen an sein taktisches Verhalten, seine Ausdauer und Härte.

Schnee, Firn und Eis sind äußerst vielgestaltige und rasch veränderliche Medien (s. Abschnitt 4.3.2.).

Typisch für diese Medien ist in jedem Fall sehr geringe Zugfestigkeit. Daraus resultiert das technische Prinzip des Steigens mit Pickel: Das A und O des effektiven und sicheren Steigens sind die Beinarbeit und das Gleichgewicht der möglichst aufrechten Körperhaltung. Dieses Prinzip ist dem Bergsteiger bereits vom Felsgehen her bekannt, wo es insbesondere beim Reibungsklettern unverzichtbar ist.

Allgemein werden die Füße hüftbreit, bei angelegten Steigeisen mindestens hüftbreit gesetzt. Besonders mit Steigeisen, aber auch sonst bei nicht absolut sicheren, festen Tritten sind

zu eng getretene Spuren und Über-Kreuz-Schritte gefährlich, weil der Alpinist beim Nachgeben eines Trittes leicht stürzen kann. Es ist besser, die Steigeisen einmal „unnötigerweise" anzuschnallen, als sie zu spät auszupacken bzw. zu früh abzuschnallen.

Es gibt zwei grundlegende Techniken des Steigens mit Steigeisen:

Eckensteintechnik

Unter dieser Technik versteht der Alpinist das Steigen auf den Vertikalzacken der Steigeisen. Diese Technik wurde zur Zeit der zehnzackigen Steigeisen (ohne schräge Frontalzacken) bis zur artistischen Perfektion an Eiswänden von 70° geübt. Da die objektiven Grenzen der Technik durch die maximale Biegbarkeit der Beingelenke bestimmt sind, stiegen die Alpinisten bei extremer Steilheit mit dem Rücken zur Wand.

In Eckensteintechnik werden die Füße in relativ hohen Schritten (die Zacken dürfen nicht gezogen werden) bewegt und senkrecht nach unten (also nicht senkrecht zum Hang) aufgesetzt.

Heute benutzt der Alpinist die Eckensteintechnik dort, wo er ohne größere Mühe *alle* Vertikalzacken einsetzen kann, d. h. im frontalen Aufstieg bis etwa 30°, im Schrägaufstieg bis gegen 50°, im Abstieg bis gegen 50°. In diesem Terrain ist die Eckensteintechnik we-

Abb. 182   Eckensteintechnik

nig anstrengend und sehr sicher, weil jeder Fuß zehn Haltepunkte auf dem Untergrund besitzt. (Abb. 182)

Frontalzackentechnik

Diese Technik erfordert Steigeisenformen, die ein oder zwei Paar schräge Frontalzacken an jedem Steigeisen besitzen. Das Einsatzgebiet der Frontalzackentechnik beginnt dort, wo sich der Alpinist mit der Eckensteintechnik nicht mehr sicher fühlt. Der Auf- und Abstieg erfolgt möglichst in Fallinie. Die Technik ist anstrengend und kaum ohne ausgiebigen Einsatz von Handgeräten sicher anwendbar.

Das Spielbein wird so eingesetzt, daß zuerst die Frontalzacken greifen. Das geschieht dadurch, daß mit waagerecht gehaltener Sohle mit leichtem Druck in Wandrichtung auf die Frontalzacken getreten wird. Kräftiges waagerechtes Vorprellen des Fußes bringt meist geringeren Erfolg. Nach dem Eindringen der Frontalzacken wird die Ferse gesenkt, bis die Fußsohle leicht zur Ferse hin hängt. Dadurch greift meist auch das erste Vertikalzackenpaar, und der Fuß kann voll belastet werden. (Abb. 183)

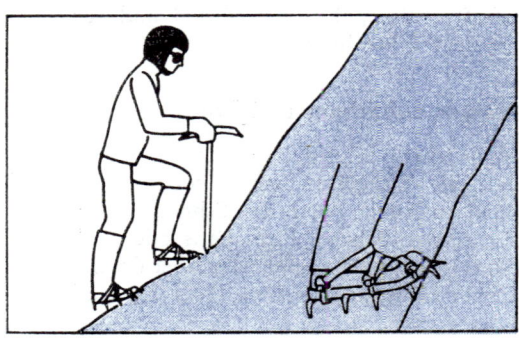

Abb. 183   Frontalzackentechnik

Beim „Steigen mit Pickel" benutzt der Alpinist solche Handgeräte wie Pickel, Eisbeil oder Eishammer. In leichtem Gelände reicht ein Gerät aus, bei größeren Schwierigkeiten führt jede Hand ein solches Gerät. Der Alpinist steigt dann mit drei bzw. vier Stützpunkten, wobei er jeweils nur einen davon löst und weitersetzt (analog der Dreipunktregel beim Klettern im Fels).

Die benutzten Handgeräte sind in der Regel fest mit dem Alpinisten verbunden, um sie vor Verlust zu bewahren. Außerdem unterstützt die Verbindung bestimmte Einsatztechniken und muß dabei mitunter erhebliche Belastungen aushalten. Der Verlust eines Handgerätes kann bei einem Sturz die Chancen auf erfolgreiche Anwendung der Techniken der aktiven Sturzkontrolle stark verringern. Folgende Verbindungen zwischen Handgerät und Alpinist sind einzeln oder kombiniert anwendbar:

Handschlaufe mit Gleitring

Der Gleitring ist zwischen Pickelkopf und einem Bolzen am unteren Ende des Pickelschaftes frei beweglich. Die Handschlaufe ist so groß, daß der Alpinist auch mit den dicksten Handschuhen hindurchfahren kann, und läßt sich durch eine Schiebeschnalle am Handgelenk fixieren.

Reepschnur zwischen Gerät und Anseilgurt

Eine 6 bis 8 mm starke Reepschnur wird an einem der dafür vorgesehenen Löcher des Gerätes und am Anseilgurt befestigt, so daß das Gerät mit voll ausgestrecktem Arm geführt werden kann. Im Steileis erfolgt die Befestigung am Sitzgurt. Dadurch kann der Alpinist ein fest eingeschlagenes Gerät sitzend belasten, was die Handhabung von Sicherungsmitteln erleichtert.

Fixierte Handschlaufe

Dazu wird eine Bandschlinge am Gerät befestigt, deren Länge so bemessen ist, daß bei Anwendung der Zugtechnik die um das Handgelenk verlaufende Schlinge die Hand entlastet.

Es gibt vier grundlegende Trage- und Einsatztechniken für Handgeräte:

Pickelrettungsgriff

Eine Hand hält den Pickelkopf am Schaftansatz so, daß die Haue nach unten zeigt. Die andere Hand erfaßt den Schaft. Dies ist die Grundhaltung des Pickels in Erwartung eines Sturzes; der Alpinist kann im Sturzfall sofort und ohne jedes Zugreifen die Technik der Selbstrettung mittels Pickelrettungsgriff anwenden. Auf Flanken und Steilhängen kann im Auf- wie Abstieg die Haue als Stützpunkt und Anker eingesetzt werden. Bei Querungen sowie im Schrägan- und -abstieg wird der Pickelrettungsgriff so angewandt, daß der Pickeldorn bergseitig schräg nach unten bis waagerecht als Stütze eingesetzt werden kann. (Abb. 184 a)

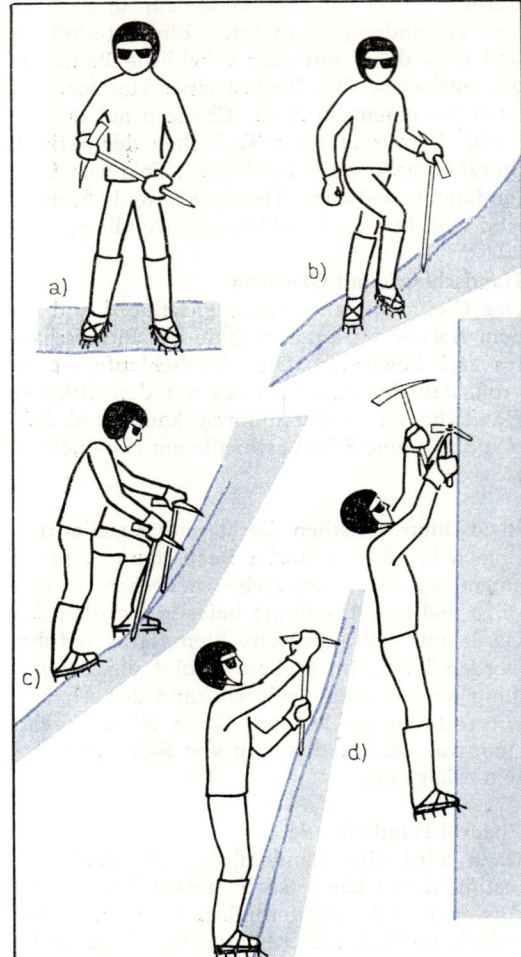

Abb. 184   Einsatztechniken für Handgeräte
a – Pickelrettungsgriff; b – Spazierstockgriff; c – Stützgriff; d – Zuggriff.

Spazierstockgriff

Eine Hand umfaßt den Kopf des Gerätes am
Schaftansatz, so daß die Haue nach hinten
zeigt. Das Gerät wird mit dem Schaftende
(Pickeldorn) aufgesetzt oder eingestochen.
(Abb. 184 b) Wenn die andere Hand den
Schaft des Gerätes erfaßt, erhält der Alpinist
sofort und ohne Umgreifen den Pickelrettungsgriff. Beim Spazierstockgriff wird der Pickel in
der jeweils bergseitigen Hand getragen. Um
beim Serpentinen-Aufstieg nicht an jeder Wende die Pickelhand wechseln zu müssen, werden
meist abwechselnd der Spazierstockgriff und
der Pickelrettungsgriff angewendet.

Stützgriff

Die Hand umfaßt das Gerät wie beim Spazierstockgriff am Kopf, jedoch wird die Haue vorn
getragen und fest eingedrückt. Der Schaft wird
nur als zweiter Stützpunkt mit angelehnt. (Abb.
184 c) Für die Stütztechnik sind auch der Eisstichel, zur Not auch Haken für die zweite
Hand als Behelf verwendbar.
Im Steileis wird mitunter der Stützgriff in
Kombination mit einem Zuggriff angewendet,
wenn z. B. beim Ausstieg auf ein Band das
Durchlaufen an einem Handgerät erforderlich
wird.

Zuggriff

Beim Kopfzuggriff umfaßt die Hand den Gerätekopf auf Zug. Beim Schaftzuggriff wird es
am Schaft gefaßt, die Haue (seltener die Schaufel) in fast gestreckter Haltung oben eingeschlagen und auf Zug belastet. Für längere
Passagen in dieser Technik ist die Präparation der Handgeräte mit Bandschlingen zur
Entlastung der Hände sinnvoll. (Abb. 184 d)
Daneben wird im Abstieg mitunter der (doppelverzahnte) Pickel im „Geländergriff" eingesetzt: Das Gerät wird am Schaftende erfaßt und vorn mit der Haue eingesetzt. Dann
gleitet die Hand während zweier Schritte am
Schaft entlang, löst den Pickel und setzt ihn
erneut wie beschrieben ein.

Steigen auf Schnee und Firn

In weichem Schnee kann man auf das Anlegen der Steigeisen meist verzichten, es sei
denn, man tritt durch den Schnee hindurch auf
Eis, harten Schnee, Firn, Gras oder Fels. Der
Alpinist legt seine Spur möglichst dort, wo der
Schnee nicht zu dick liegt (über Kuppen, Gra-

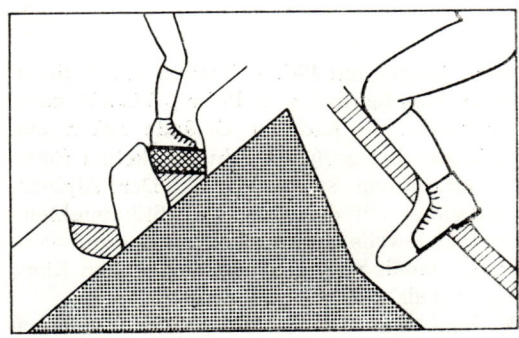

Abb. 185   Spuren im weichen Schnee

te, Rippen, auf der Luvseite). Im Aufstieg und bei Querungen wird eine feste Spur getreten, deren Schrittmaß dem Kleinsten der Gruppe angemessen ist. Die Tritte werden durch mehrmaliges Auftreten mit wachsendem Gewicht allmählich verdichtet. (Abb. 185)

Beim Aufwärtsspuren auf Steilhängen wird die erste Schneeverdichtung mit dem Knie vorgenommen. Die Trittstufen sollen möglichst immer leicht hangeinwärts geneigt sein. Bei schlechten, weichen Spuren am Steilhang kann durch das Anlehnen von Unterschenkel und Knie eine größere Fläche belastet werden, so daß man nicht einsinkt.

Die Gruppe steigt langsam, die Führung wird regelmäßig gewechselt.

Wenn sich im nassen Schnee an den Steigeisen Stollen bilden, legt der Alpinist je ein Stück glatten Stoff oder Folie an; er tritt mit den Steigeisen auf das Material, so daß die Zacken durchdringen, zieht die Ränder hoch und bindet sie mit der Steigeisenberiemung fest. Zur Not muß bei jedem Schritt ein leichter Pendelschlag mit dem Pickeldorn seitlich an die Steigeisen die Stollen lösen, oder die Steigeisen werden abgelegt.

Der Pickel wird in „Spazierstockhaltung" eingesetzt. Er wird im Aufstieg weit vorn mit Dorn und Schaft etwa senkrecht zum Hang tief eingestochen, dann gehen die Füße in mehreren kleineren Schritten bis etwa in die Höhe des Pickels. Bei sehr tiefem, weichem Schnee auf steilen Anstiegen kann der Alpinist mit beiden Händen den Pickelkopf und den Schaft nahe beim Dornansatz erfassen und das Gerät waagerecht vor sich in den Schnee drücken. Beim Abstieg in weichem Schnee wird der Pickel nicht eingesetzt, sondern nur in „Pickelrettungsgriff"-Haltung getragen.

Mitunter benutzt der Alpinist in weichem Schnee auch einen Pickel, an dessen Dorn der Schneeteller eines Skistockes befestigt ist, oder ein bis zwei kurze Skistöcke als Gehhilfe.

Auf **Bruchharsch** kommt es darauf an, die Harschdecke bereits beim Aufsetzen des Fußes zu durchtreten. Das Gehen wird dadurch außerordentlich anstrengend. Der Anfänger hofft bei jedem Schritt, die trügerisch harte Decke möge halten: Er hebt sein Gewicht vorsichtig auf den Harsch, zieht das andere Bein aus dem letzten Trittloch – und sitzt in einem neuen fest; dadurch wird das Gehen noch zermürbender.

Lediglich im Anstieg auf sehr steilen Hängen kann der Alpinist den Harsch manchmal im Katzengang überlisten, indem er auf allen vieren schleicht.

Bei **festem Schnee oder Firn** tritt sich der Alpinist mit lockerem Unterschenkelschwung Kerben mit der Sohlenkante oder Löcher mit der Schuhspitze, im Abstieg mit dem Absatz. Die Tritte sollen leicht hangeinwärts geneigt sein. Günstiger ist jedoch die Benutzung der Steigeisen. Solange wie möglich (bis etwa 50° Steilheit) steigt der Alpinist in Eckensteintechnik und führt den Pickel im Pickelrettungsgriff oder in Spazierstockhaltung. Im Aufstieg wird die Spur möglichst in Serpentinen gelegt, im Abstieg gerade.

Bei gut griffigem Untergrund genügt es, die Steigeisen und die Handgeräte leise einzudrükken, bei härterem Untergrund wird kräftiger aufgestampft und das Handgerät mit leichtem Schwung eingesetzt.

Bei größerer Steilheit bevorzugt der Alpinist die Frontalzackentechnik und setzt seine beiden Handgeräte vorzugsweise im Stützgriff ein. Im Abstieg wird das Spielbein nie voll gestreckt eingesetzt, weil sonst beim Nachgeben des Trittes unter der Last ein Hintenüberschlagen des Körpers zu befürchten wäre.

Bei extremer Steilheit kann der Alpinist auch mit Frontalzackentechnik und Handgeräteeinsatz im Zuggriff steigen (s. Abschnitt 4.1.3. – Steigen im Eis).

Im Abstieg mit dem Rücken zum Hang geht der Alpinist in leichter Vorlage, besonders bei größerer Steilheit werden die Knie nie voll durchgedrückt und die Füße V-förmig gesetzt – damit ist die von der Biegbarkeit der Beingelenke her maximale Anpassung an das Gelände erreichbar.

Bei geeignetem Schnee und oberflächlich erweichtem Firn ist das Abfahren auf den Schuhsohlen möglich, wenn man es beherrscht und absolut kein gefährlicher Sturz möglich ist.

Das Herabrutschen auf dem Hosenboden ist jedoch in jedem Fall sehr gefährlich, weil oft Steine im Schnee verborgen sind und weil kaum ein Steuern oder schnelles Abbremsen möglich ist.

Gelegentlich werden im Schnee und Firn drei weitere Techniken zur Überwindung kurzer Hindernisse angewandt:

– An kleinen Steilstufen ist eine spezielle Unterstützungstechnik sinnvoll. Ein Alpinist hält in die Wand gespießte Pickel, auf die der Vorsteiger tritt. (Abb. 186)

– Wächten werden an ihrer schwächsten Stelle abgeschlagen, um einen Wandausstieg gang-

Abb. 186 Unterstützungsstelle im Firn

Abb. 187 Abschlagen einer Wächte

bar zu gestalten. Dazu werden unter sorgfältiger Sicherung von der Seite her zwei senkrechte Kerben hergestellt, die ein Stück der Wächte heraustrennen. Danach wird vorsichtig mit der Pickelhaue an der Wächtenwurzel gearbeitet, bis die Wächte durch ihr Eigengewicht abgeht. (Abb. 187) Ein Kubikmeter Wächtenschnee kann nahezu eine Ton-

ne Masse haben. Deshalb ist Vorsicht bei dieser gefährlichen Arbeit geboten!
– Schneeüberhänge müssen mitunter durchgraben werden.

Steigen im Eis

Eis tritt im Hochgebirge in vielfältigen Formen auf und erfordert entsprechend verschiedene Techniken und Geräte. Grundsätzlich werden unterschieden:
– *Gletschereis,* das durch Umwandlung aus Schnee entsteht (s. Abschnitt 4.3.2. – Gletscher) und infolge vieler Lufteinschlüsse meist gut griffig und wenig spröde ist;
– *Wassereis,* das als Eisglasur auf Fels oder als gefrorener Wasserfall auftritt. Es ist meist sehr dicht und spröde. Nur mit bestens geschärften Geräten, die konstruktiv auf geringe Sprengwirkung orientiert sind, ist ein sicheres Steigen möglich.
Die Eisoberfläche kann blank oder bedeckt sein. Blankeis besitzt oft eine ausgewitterte brüchige Oberschicht, die der Alpinist vor jedem Schritt mit der Pickelschaufel abschlagen muß. Firn- oder schneebedecktes Eis kann eine gute Verbindung zwischen der durchgefrorenen Deckschicht und der Eisunterlage haben und dadurch leicht begehbar sein. Meist erweicht jedoch im Tagesverlauf die Deckschicht, sie wird naß und instabil. Dann ist die Begehung derartiger Hänge gefährlich und schwierig. Es drohen Naßschneelawinen und Stürze durch Stollenbildung an den Steigeisen. Geröllbedecktes Eis ist äußerst anstrengend und unangenehm zu begehen. Wenn der Alpinist dennoch gezwungen ist, kurze steile Anstiege zu bewältigen, wird er meist das Geröll abräumen und Stufen schlagen müssen. Eis mit eingefrorenem Geröll erschwert die Anwendung der Eissicherungsmittel, das Stufenschlagen und das Gehen mit Steigeisen.
Im allgemeinen steigt der Alpinist auf Eis unter Benutzung der Steigeisen. Lediglich auf flachem Gletschereis mit rauher Oberfläche kann er auf diese verzichten. Die Schritttechnik ist wie im Firn, bei größerer Steilheit und harter glatter Oberfläche wird aber kräftiger aufgetreten und stärker durch Handgeräte unterstützt. Meist geht der Alpinist dann bereits bei etwa 40° Neigung zur Stütztechnik über.
In steilen Eiswänden werden die Steigeisen vorrangig in Frontalzackentechnik eingesetzt und mit zwei Handgeräten in Schaftzugtechnik unterstützt. Grundhaltung dabei ist: Die

Füße sind gleich hoch etwa schulterbreit eingesetzt, die Handgeräte in gestreckter Haltung etwa schulterbreit verankert. Der Alpinist steigt mit kurzen Wechselschritten hoch, bis das Gesicht etwa in Höhe der Hände ist und beide Füße wieder auf einem Niveau stehen. Dann werden die Handgeräte nacheinander durch leichte Drehung gelöst und möglichst hoch wieder eingeschlagen. Wie bei jeder Kletterbewegung ist dabei der richtige Fußeinsatz, der ein ruhiges, kraftsparendes Stehen ermöglicht, maßgebend.

Nur umfangreiche Praxis vermittelt das „Gefühl" für den optimalen Krafteinsatz beim Einschlagen der Handgeräte. Der Anfänger wird zuviel Kraft aufwenden und dann Schwierigkeiten beim Lösen der Geräte haben. Der Schlag erfolgt bei Handgeräten mit stark abgewinkelter Haue bei kurzem Radius (aus dem Handgelenk) unter gleichzeitigem Zug nach unten. Dadurch dringt die Spitze der Haue leichter ein.

Gelegentlich kann auch der Bewegungsablauf Fuß – Hand – Fuß – Hand angewandt werden.

Manchmal bildet das Eis Kamine und Rinnen, in denen mit Steigeisen Stemm- und Spreiztechniken anwendbar sind. Schmale, scharfe Eisgrate erlauben auch Hangeltechniken oder sie werden im Reitsitz überwunden.

In extremem Steileis kann eine Technik angewandt werden, die stärker an die Technik des Kletterns an künstlichen Haltepunkten im

Abb. 189   Schlagen einer Trittstufe

Fels angelehnt ist. Dazu werden zwei Griffhaken mit angehängter Trittleiter benutzt. (Abb. 188) Auch das Durchlaufen an Rohreisschrauben oder anderen Eissicherungsmitteln kann ohne und mit Trittleitereinsatz ausgeführt werden.

Die dominierende Eistechnik des klassischen Alpinismus war das *Stufenschlagen*. Als Fortbewegungstechnik ist es heute nur noch sinnvoll, wenn die Seilschaft nicht genügend mit Eisgeräten ausgerüstet ist oder eine bequeme Treppe – zum Beispiel für Transporte – braucht. An Standplätzen jedoch schlägt der Alpinist stets eine große Stufe, auf der er selbst und einer der Nachsteiger bequem und vollsohlig mit beiden Füßen stehen kann. (Abb. 189)

Stufen werden möglichst außerhalb der Falllinie der Nachsteiger geschlagen, um diesen den kleinen Eisschlag zu ersparen. Der Alpinist schlägt seine Stufe seitlich über sich, so daß er den Pickel bequem mit beiden fast gestreckten Armen führen kann. Das bedeutet, daß Stufenreihen immer schräg zum Hang bzw. in Serpentinen entstehen und daß die jeweils neu gefertigte Stufe erst nach zwei bis drei weiteren Stufen betreten wird. Dementsprechend wird eine Standstufe dann geschlagen, wenn man 1,5 bis 2 m unterhalb des vorgesehenen Standplatzes ist. Eventuell wird sich der Alpinist kleinere Hilfsstufen hauen, um seine Standstufe bequemer anlegen zu können. Beim Stufenschlagen nutzt der Alpinist möglichst beidhändig den Schwung des Pickels. Die Schläge werden abwechselnd senkrecht und waagerecht geführt, dazu wird im Eis vorwiegend die Haue benutzt. Die fertige Stufe ist leicht hangeinwärts geneigt und wird zuletzt mit der Pikkelschaufel von groben Eisbrocken befreit. Analog lassen sich Griffe anfertigen.

Der Abstieg im Steileis erfolgt vorwiegend am fixierten Seil.

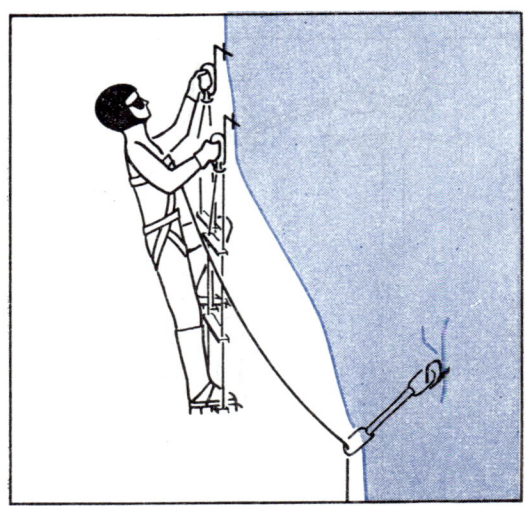

Abb. 188   Eisklettern mit Trittleitern und Eispfeil

Eisfallklettern

Das Eisfallklettern ist eine relativ junge bergsteigerische Disziplin. Es kann sowohl im Hochgebirge wie auch im Mittelgebirge ausgeübt werden und hat als eigenständige sportliche Aktion sowie als Training für schwierige Eisfahrten Bedeutung.

Das Wassereis der Eisfälle ist in der Regel sehr kompakt und spröde. Nur bei Temperaturen um den Gefrierpunkt ist es oberflächlich erweicht. Oft treten senkrechte und überhängende Zonen auf. Besondere Probleme und Risiken bieten Wände mit nur dünner Eisauflage.

Eisfallklettern erfordert Geräte mit sehr guter Anker- und geringer Sprengwirkung. Das sind Eishämmer mit schlanker, stark abgewinkelter und scharf gezahnter Haue, starre Steigeisen mit zwei Paar schlanken, gut geschärften Frontalzacken, Rohreisschrauben und -haken mit geringer Sprengwirkung in verschiedenen Längen und eventuell Griffhaken (s. Abb. 193). Die Handgeräte werden vorwiegend im Schaftzuggriff mit Entlastungsschlinge und Reepschnursicherung am Sitzgurt benutzt. Die Beintechnik ist praktisch ausschließlich die Frontalzackentechnik. Die Anwendung von Trittleitern und anderen Techniken des künstlichen Kletterns ist unüblich und bei sauberer Technik und gutem Gerät auch kaum erforderlich.

4.1.4. Seil- und Sicherungstechnik

Anlegen von Fixpunkten

Im **Fels** des Hochgebirges gibt es keine Einschränkungen für die Anwendung technischer Hilfsmittel bei der Herstellung von Sicherungsfixpunkten. Schlingen, Klemmkeile, Klemmgeräte, Haken sind dafür zulässig. Alle Sicherungsmittel sollen normalerweise nach dem Gebrauch entfernt werden, ohne daß dabei die natürlichen Möglichkeiten für die Anwendung solcher Hilfsmittel durch nachfolgende Seilschaften schlechter werden. Der Alpinist bevorzugt felsschonende Hilfsmittel wie Schlingen und Keile, dies vor allem auch, um das mitunter sehr zeitaufwendige Hakenziehen zu vermeiden. Der Felshaken wird gern an Standplätzen eingesetzt. Vor allem kräftige Formen, die vorzugsweise in Querrissen plaziert werden, sind oft günstig, weil sie nach allen Richtungen belastbar sind. Daneben werden an Standplätzen auch Sanduhr- und Querriß-

Knotenschlingen und Keile in Querrissen verwendet. Knotenschlingen oder Keile in senkrechten Rissen müssen stets nach unten verspannt werden, weil eine Standplatzsicherung auch eine Sturzbelastung nach oben aushalten muß.

Im Fels vorgefundene Fixpunkte betrachtet der Alpinist mit größtem Mißtrauen! Schlingenmaterial wird grundsätzlich erneuert oder mit eigenem verstärkt. Haken werden vorsichtig beklopft und genau betrachtet. An Standplätzen wird man stets zusätzlich eigenes Material einsetzen und mehrere unabhängige Fixpunkte über Ausgleichsverankerung verbinden.

Im **Schnee** ist es schwieriger, solide Sicherungsfixpunkte herzustellen. Auch im günstigsten Fall bleibt deren Festigkeit fragwürdig. Deshalb wird im Schnee generell mit dynamischen Bremsmethoden gearbeitet, die minimale Bremskraft entwickeln. Die gebräuchlichste Standplatzsicherung im Schnee ist eine Kombination von Fixpunkten und extraweicher Bremsmethode: Der Alpinist stampft etwa 1 m² Schnee fest. Dann steckt er in der Mitte dieses Flecks seinen Pickelschaft bis zum Anschlag ein. Am Schaftansatz des Pickelkopfes wird ein Karabiner bzw. eine kurze Schlinge mit Karabinerhaken befestigt, der Alpinist tritt mit voller Körperlast auf den Pickelkopf und läßt das Seil vom Gefährten her durch den Karabinerhaken am Pickelkopf, über den Fuß des Standbeines und durch die handschuhgeschützte Hand laufen. Diese sogenannte **Pickel-Schuh-Sicherung** (Abb. 190) gewährleistet ei-

Abb. 190 Pickel-Schuh-Sicherung

nen sehr schwachen Fangstoß, der stark von der Seilführung durch den Sichernden abhängt. Der schwache Fangstoß wird durch eine sehr beträchtliche Sturzstreckenverlängerung erkauft. Deshalb darf der Seilerste nur etwa die Hälfte der Seillänge aussteigen, und der Sichernde muß die dynamische Seilreserve so ablegen, daß sie ungehindert durchlaufen kann.

Zwei Varianten der Pickel-Schuh-Sicherung:

– Der Sichernde hockt mit beiden Füßen auf dem Kopf des eingespießten Pickels. Der am Pickelkopf befestigte Karabinerhaken ist zwischen den Füßen. Das Seil läuft von der Führungshand über einen Fuß, durch den Karabinerhaken und dann über den anderen Fuß zur Bremshand. Diese regelt die Bremskraft durch leichtes oder stärkeres Andrücken des Seiles an die Schuhaußenseite.

– Der Sichernde steht aufrecht mit beiden Füßen auf dem Kopf des Pickels, der Karabinerhaken ist zwischen den Füßen. Das vom Gesicherten kommende Seil läuft zuerst durch den Karabinerhaken, dann über die Führungshand, Schulter und Rücken zur Bremshand. Diese Variante ist praktisch eine Schultersicherung, bei der aufgrund der Umlenkung im Karabinerhaken die Belastung stets optimal, also senkrecht nach unten auf den Sichernden wirkt.

Ein Fixpunkt, der nur in einer Belastungsrichtung hält, ist die **T-Verankerung.** (Abb. 191)

Dazu wird ein sperriger oder voluminöser Gegenstand (Pickel, Eishammer, Rucksack, Stein, Ski) mit einer langen Schlinge durch Ankerstich angebunden und in T-Form (Belastungsrichtung ist der durch die Schlinge gebildete senkrechte Strich des T) tief in den Schnee eingegraben. Danach wird der Anker mit Schnee bedeckt und dieser durch Stampfen verdichtet.

Im festen Schnee kann der Alpinist einen pollerförmigen Fixpunkt mit mindestens 1 m Durchmesser herstellen, durch eine lange, dicke Schlinge oder ein Seilende umfassen, mit Schnee bedecken und wieder verdichten.

Firn ermöglicht die gleichen Sicherungsfixpunkte wie Schnee, diese erreichen aber dann sehr gute Festigkeit. Außerdem sind Firnschrauben, Firnhaken, Firnanker und Sanduhren möglich. Firnschrauben werden analog den Eisschrauben verwendet. Firnanker (s. Abb. 191) sind Spezialgeräte zur Herstellung von T-Verankerungen im Firn, zu Sanduhren siehe unter „Eis". Ein weitverbreiteter Fehler ist zu glauben, daß ein unbelastet in Schnee oder Firn gesteckter Pickel ein Sicherungsfixpunkt sei; ein solcher Pickel hält praktisch nie!

Im **Eis** sichert sich der Alpinist meist an Rohreisschrauben und Rohreishaken. Dazu wird die lockere Eisoberfläche entfernt, und die Geräte werden in einem Winkel von etwa 100° zur Eisoberfläche angesetzt. (Abb. 192) Rohreis-

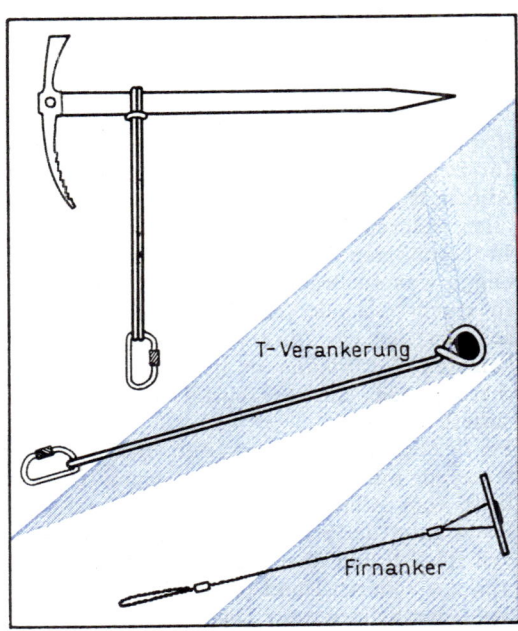

Abb. 191 T-Verankerung und Firnanker

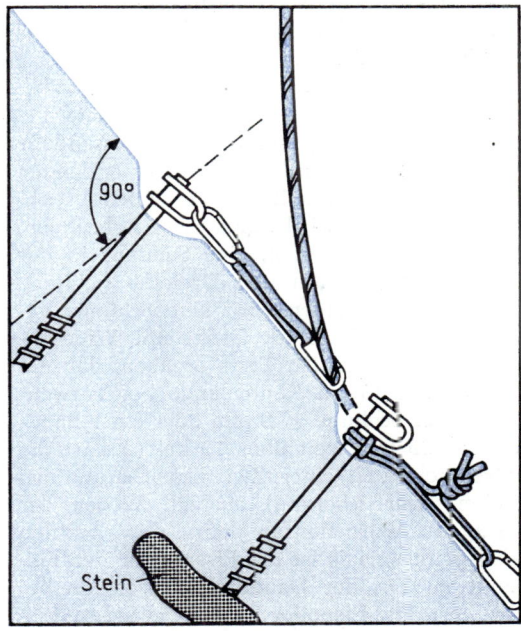

Abb. 192 Eisschraube im Eis

schrauben werden mit dem Hammer leicht an-
geschlagen und dann zügig eingedreht, Rohreishaken werden mit schnellen Hammerschlägen eingetrieben. Durch das zügige Drehen
bzw. Schlagen wird das Eis plastisch, danach
wird es wieder hart. Bei dünnen Eisschichten
und gerölldurchsetztem Eis können die Geräte mitunter nicht bis zur Karabineröse einge-
bracht werden. Es muß dann eine Bandschlinge
mit Ankerstich angelegt werden, damit günstige Hebelverhältnisse entstehen. Diese Eisgeräte schmelzen bei Sonnenstrahlung, hoher
Lufttemperatur oder unter Dauerbelastung
leicht aus. Deshalb werden sie möglichst mit
Schnee bedeckt und *keinen Dauerbelastungen*
ausgesetzt. Durch Herausschrauben werden die
Geräte entfernt und sind nach Entfernen des
Eispfropfens wieder einsetzbar.

Rohreisschrauben und Rohreishaken als Zwischensicherungen sollten stets über eine Schlinge mit Karabinerhaken flexibel mit dem Seil
verbunden werden.

Bei festem Eis hält ein gut sitzendes, richtig
konstruiertes Gerät jede praktisch auftretende
Sturzbelastung aus, wenn es wenigstens 18 cm
tief im Eis sitzt. Im Zweifelsfall (schlechteres
Eis, Ausschmelzgefahr u. a.) setzt der Alpinist
am Sicherungsstandplatz 2 Geräte und verbindet sie über eine Ausgleichsverankerung.

Vor der Verwendung anderer Geräte zur Eis-
sicherung muß gewarnt werden. Konische Eishaken, Eisspiralen, Massiveishaken älterer Ty-
pen usw. haben *keinen ausreichend festen Sitz*
im Eis oder andere Nachteile.

Dagegen können aus dem Eis *herausmodel-
lierte Sicherungsfixpunkte* ausgezeichnete Festigkeit erreichen. (Abb. 193) Die **Eissanduhr**
(nach Abalakow) wird mit Hilfe einer langen
Eisschraube hergestellt. In der Ebene senkrecht zum Hang wird durch zwei Bohrungen,
die sich im Eis treffen, eine Sanduhr in der
Form eines gleichseitigen Dreiecks gebildet.
Durch die Bohrungen wird eine Schlinge gefädelt, wobei ein Stück Draht mit Widerha-
ken sehr hilfreich ist. Tests ergaben, daß ein
Dreieck mit 15 cm Kantenlänge bei Verwendung einer Schlinge ⌀ 9 mm oder einer Bandschlinge 25 mm weit über 10 kN (das ist die
Extrembelastung einer Zwischensicherung bei
Halbmastwurfsicherung) aushält. Wegen der
geringen Wärmeleitfähigkeit des textilen
Schlingenmaterials ist die Eissanduhr der Fixpunkt im Eis, der Dauerbelastungen am besten verträgt. **Eispoller** werden mit dem Eishammer hergestellt. Ein birnenförmiger Grund-

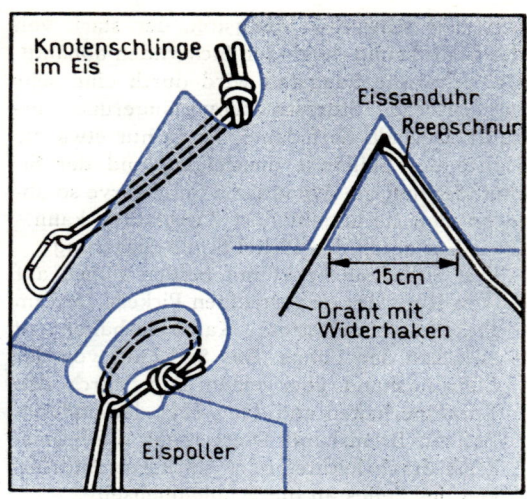

Abb. 193 Eissanduhr (nach Abalakow), Eispoller und Knotenschlinge im Eis

riß mit etwa 300 cm² Flächeninhalt erreicht
bereits gute Festigkeit (ausreichend z. B. zum
Abseilen). Auch *Risse* zur Aufnahme einer
starken Knotenschlinge kann sich der Alpinist
im Eis modellieren.

In **kombiniertem Gelände** werden die Sicherungsfixpunkte vorwiegend am Fels installiert.
Vorher muß eventuell Schnee, Eis oder Reif
vom Fels entfernt werden.

Gefährtensicherung

Die Standardmethode der Gefährtensicherung
ist auch im Hochgebirge die körperfern am
Fixpunkt eingehängte Halbmastwurfsicherung.
Im Schnee ist die Pickel-Schuh-Sicherung (s.
Abschnitt 4.1.4. – Anlegen von Fixpunkten)
allen anderen Methoden überlegen.

In besonderen Fällen werden daneben noch
einige weitere Bremssysteme angewandt.

In einem Gelände, das keine harten Stürze,
sondern nur ein Abrutschen befürchten läßt,
kann ein *Nachsteiger* auch mittels Schultersicherung oder Einfachkreuz-Hüftsicherung gesichert werden.

Bei der Schultersicherung (Abb. 194) steht der
Sichernde mit straffer Selbstsicherung. Das Seil
läuft vom Kletternden kommend durch eine
Hand unter der Schulter hindurch, schräg über
den Rücken und über die andere Schulter hinweg zur anderen Hand (diese Hand ist auf der
Seite der Seilreserve). Diese Technik ist sehr
kraftsparend und schnell. Wird das zum Ge-

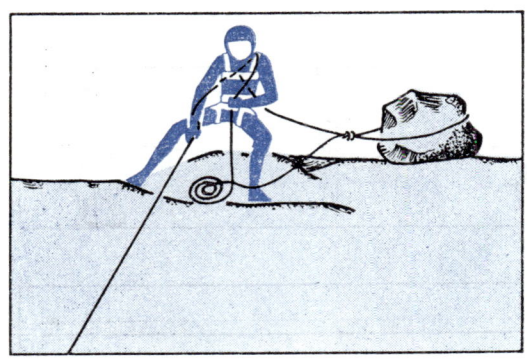

Abb. 194 Schultersicherung

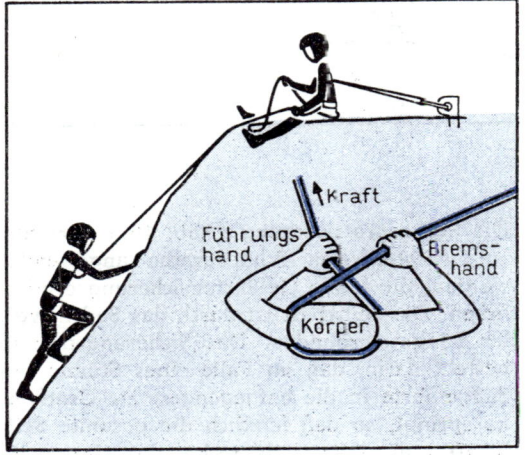

Abb. 195 Hüftsicherung

fährten führende Seil an einem Karabiner stark umgelenkt, so ist jeder Nachsteigersturz zu halten. Jedoch hängt die Wirksamkeit der Technik voll vom Sichernden ab.

Bei der Hüftsicherung (Abb. 195) sitzt der Sichernde. Das Seil läuft wie bei der Einfachkreuz-Brustsicherung, aber tiefer – über Oberschenkel, Hüftknochen und Oberschenkel. Diese Technik kann zur Sicherung eines Nachsteigers verwendet werden, wenn beim Aussteigen auf Terrassen, Grate oder Gipfel infolge ungünstiger Lage der Fixpunkte eine körperferne Sicherung sehr unbequem wäre.

Spezielle Seilanwendungen

Die folgenden Seilanwendungen des Alpinisten sind keine Gefährtensicherungen, weil in der Regel kein Seilschaftsmitglied eine Selbstsicherung an einem Fixpunkt besitzt. Deshalb wird beim Sturz eines Seilgefährten fast immer der andere mitgerissen. Derartige Seilanwendungen sind grundsätzlich nur unter solchen Bedingungen anwendbar, bei denen ein Seilschaftssturz dennoch unmöglich ist.

Die **Gletschersicherung** (Abb. 196) ist nur auf schnee- oder firnbedeckten Gletschern mäßiger Steilheit anwendbar und dort auch absolut notwendig. In steilen Gletscherabschnitten wird die Gefährtensicherung angewandt, weil die Gletschersicherung nur beim Einbrechen des am weitesten oben steigenden Alpinisten zuverlässig wäre.

Jeder Alpinist bindet sich mit einer kurzen Schlinge in den Anseilgurt ein. Das Seil wird mittels Achterknoten und Schraubkarabiner am Seilring befestigt. Dadurch ist das für die Spaltenbergung notwendige schnelle Lösen der Einbindung gewährleistet. Zwischen je zwei Alpinisten werden in das Sicherungsseil 6 bis 8 kurze Schlaufen (Sackstich oder Achterknoten) geknotet, die beim Sturz infolge des sich am Spaltenrand einschneidenden Seiles wie Knotenschlingen wirken und die Sturzwucht aufnehmen. Jeder Alpinist hat ein oder besser zwei Prusik-Trittschlingen (die Mittelleute an jeder Seilseite eine) vorsorglich ins Seil geknüpft, durch den Brustgurt gezogen und in die Hosentasche gesteckt.

Auf dem Gletscher ist eine Dreierseilschaft günstiger als eine Zweierseilschaft. Weiterhin ist es sicherer, wenn mehrere Seilschaften in kurzem Abstand zueinander steigen. Abbildung

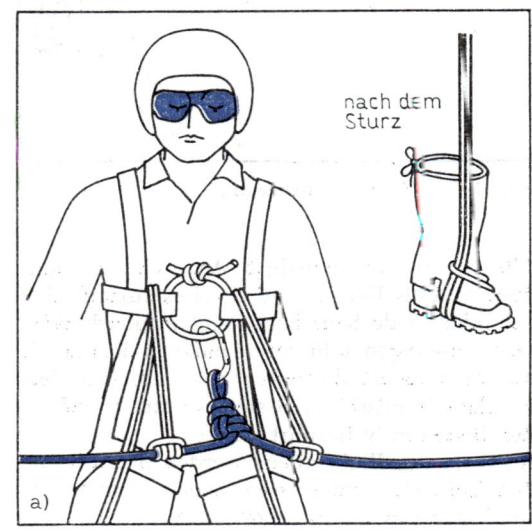

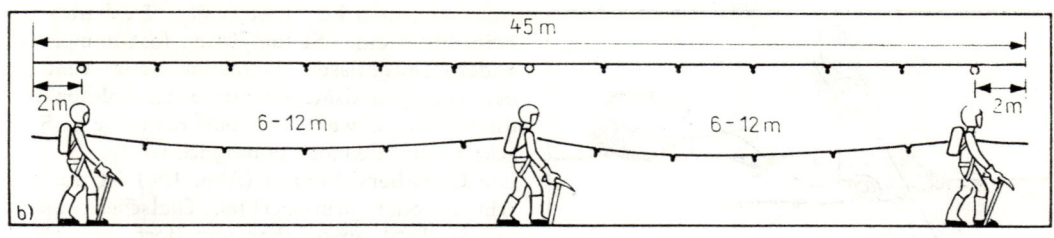

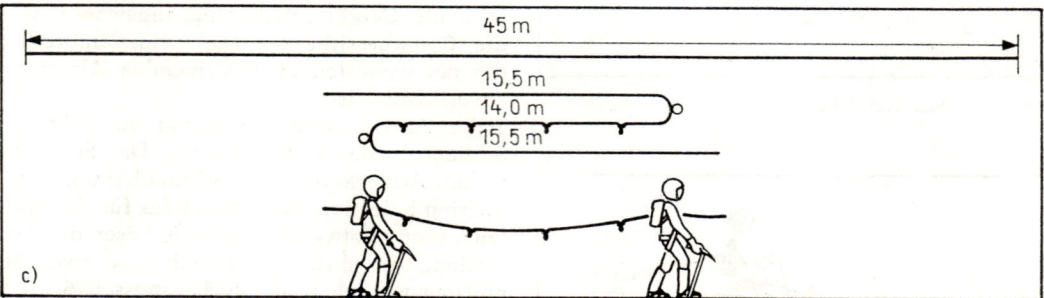

Abb. 196 Gletschersicherung

Abb. 197 Schneegratsicherung

196 b, c zeigt die günstigste Art, sich mit einem 45-m-Seil als Dreier- und Zweierseilschaft einzubinden. Jede Seilschaft steigt in gleichmäßigem Tempo genau hintereinander in dem durch die Einbindeart diktierten Abstand. Das Seil ist ohne Handschlaufen stets so straff, daß es den Boden nicht berührt.

Im Falle des Einbrechens werden die sichernden Gefährten umgerissen, aber normalerweise nicht mit in die Spalte gezogen.

Die **Schneegratsicherung** (Abb. 197) darf nur auf wächtenfreien Schneegraten angewendet werden, die keine Gefährtensicherung ermöglichen. Die Seilschaft ist durch das Seil in voller Länge verbunden. Das Sicherungsprinzip besteht darin, daß im Falle eines Sturzes ein Seilgefährte in die entgegengesetzte Gratflanke springt, so daß letztlich die gesamte Seilschaft teils links, teils rechts des Grates im Seil hängt. Voraussetzung für die Wirksamkeit der Methode ist, daß der nicht gestürzte Gefährte den Sturz rechtzeitig bemerkt und schnell genug richtig handelt. Beim gleichzeitigen Gehen am Seil ist beim Sturz des letzten keine Gewähr für das Funktionieren der Sicherung gegeben. Deshalb ist es sicherer, wenn die Seilschaft abwechselnd und unter gegenseitiger Beobachtung steigt. Der Stehende reguliert die ausgegebene Seillänge am besten mittels Halbmastwurf-Sicherung, die am Einbindeseilring befestigt ist.

Das **gleichzeitige Gehen am kurzen Seil** (Abb. 198) wird praktiziert, wenn in einer Route, die streckenweise Gefährtensicherung erfordert, zwischendurch absolut sturzunkritische Zonen vorkommen (Geröllterrassen, flache Grashänge o. ä.). Jeder nimmt so viele Seilschlaufen auf, daß zwischen den Alpinisten drei bis fünf Meter Seil verbleiben. Das aufgenommene Seil wird über die Schulter gehängt, mit einem Sackstich einmal umwunden und mit Schraub-

Abb. 198 Seilfixierung beim gleichzeitigen Gehen am kurzen Seil

karabiner an der Einbindung befestigt. So kann
ein Zug am verbindenen Seil nur auf die Einbindung wirken. Beim Weitersteigen wird das
Seil möglichst immer leicht straff gehalten.
Zum Längenausgleich kann einer der Steigenden eine bis zwei Seilschlaufen in der Hand
halten.

Fortbewegung am fixierten Seil

Der **Aufstieg am Fixseil** ist eine Technik, die
bei Besteigungen höherer Berge im „Expeditionsstil" und beim „Big-wall-Klettern" (s. Abschnitt 3.1.9. – Klettern mit Steigklemmen)
benutzt wird. Für einen Alpinisten kommt
diese Technik bei der Selbstrettung nach einem Sturz (s. Abschnitt 5.8.3.) und für die
Selbstsicherung eines Nachsteigers in einer
Dreierseilschaft zur Anwendung.
Eine **Horizontalseilbahn** benötigt der Alpinist
gelegentlich zum Überwinden von Flüssen und
Schluchten. Dazu muß zunächst ein Alpinist
durch Abseilen, Pendeln, Klettern u. a. das
jenseitige Ufer erreichen und dort ein Seil fixieren. Dieses wird mittels Flaschenzug (s.
Abschnitt 5.8.5.) sehr straff gespannt und sicher befestigt. An diesem Seil können Personen
und Lasten mit jeweils mehreren Karabiner-

haken angehängt und durch ein zweites Seil
über das Hindernis gezogen werden.

Abseilen

Beim Abseilen sind im Hochgebirge einige Besonderheiten zu beachten, die für die Sicherheit der Alpinisten unerläßlich sind:
– An der Abseilstelle legt jeder eine Selbstsicherung – in der Regel unabhängig vom Abseilfixpunkt – an.
– Die Abseilfixpunkte sind sorgfältig auf ihre Festigkeit zu prüfen. Das gilt besonders
  für vorgefundene Fixpunkte. Alte Absei-
  schlingen werden erneuert oder verstärkt.
– Wenn ungewiß ist, ob das Seil bis zum nächsten Standplatz reicht, seilt der erste mit
  Gefährtensicherung ab oder wendet die Technik der Selbstseilrolle an.
– Es wird stets mit einer am Seil gleitenden
  Selbstsicherung (Klemmknoten oder Steigklemme) abgeseilt.
– Jeder Abseilende hält geeignete Schlingen
  oder Steigklemmen zum Wiederaufstieg am
  Seil bereit.
– Der Alpinist, der zuerst abseilt, richtet die
  nächste Abseilstelle und einen Fixpunkt für
  die Selbstsicherung her, bevor er seine Sicherung vom Seil löst. Wegen Steinschlaggefahr
  soll der nächste Fixpunkt möglichst seitlich
  versetzt angelegt werden.
– Jeder Alpinist, der den nächsten Standplatz
  erreicht, legt zuerst seine Selbstsicherung am
  Fixpunkt an, bevor er die Abseilsicherung
  löst.
– Beim Abziehen des Seils muß mit Steinschlag
  gerechnet werden, also Deckung suchen und
  vorsichtig abziehen.
Die wichtigste Abseilmethode des Alpinisten ist

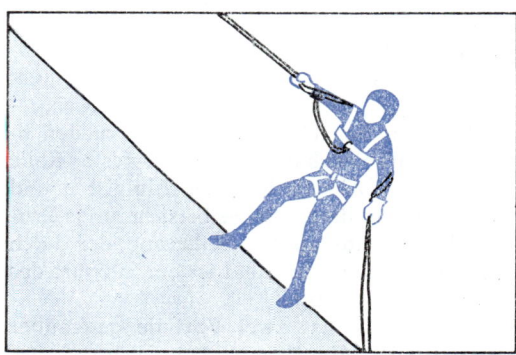

Abb. 199 Schnelle Abseilmethode

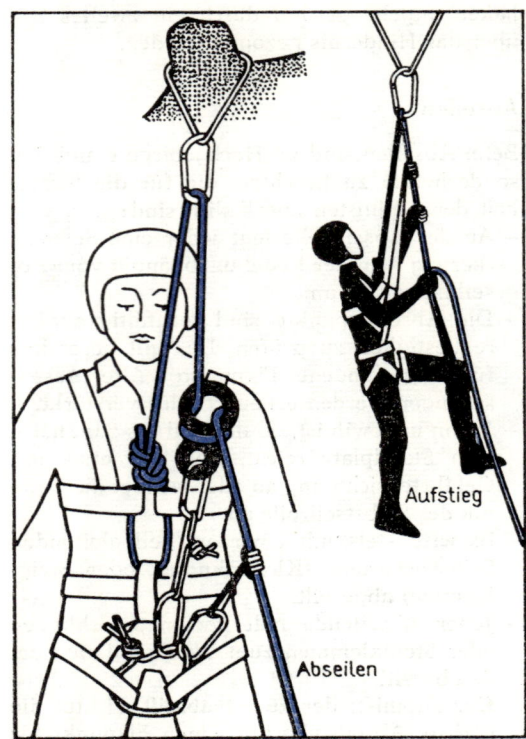

Abb. 200 Selbstseilrolle

das Abseilen mit Abseilachter. Diese kann auch mit Rucksack und mit nassem oder vereistem Seil noch bequem und sicher ausgeführt werden. Auch der Dülfersitz ist anwendbar.

Beim Abseilen über geneigte Flanken und Hänge können auch schnelle Abseilmethoden, wie Herabhangeln oder Abseilen über die Schulter (Abb. 199), benutzt werden. Eine gleitende Selbstsicherung ist auch hier unerläßlich.

Muß in nicht einsehbares Gelände oder mit großen Lasten abgeseilt werden, wird die **Selbstseilrolle** (Abb. 200) verwendet. Am Abseilfixpunkt wird ein Karabinerhaken eingehängt. Der Alpinist ist in ein Seilende eingebunden. Das Seil läuft von ihm durch den fixierten Karabinerhaken, der als feste Rolle dient, in den Abseilachter des Alpinisten und wird dort reguliert. Die Selbstsicherungs-Prusikschlinge gleitet an dem Seilstrang, der durch den Abseilachter läuft, und ist am Sitzgurt des Abseilenden gefestigt.

Diese Methode hat zwei Vorteile gegenüber dem normalen Abseilen am Doppelstrang: Erstens wirkt am Abseilachter nur die halbe Last, zweitens kann sich der Alpinist relativ leicht wieder zum Abseilfixpunkt hocharbeiten, wenn er nach unten nicht weiterkommt. Nachteilig ist, daß nur jeweils eine halbe Seillänge abgeseilt werden kann, da der Seilverbindungsknoten unter Last nicht durch den Abseilachter läuft. Dieser Nachteil kann mit der Technik der Seilverlängerung (s. Abschnitt 5.8.1. – Seilverlängerung – Überseilen von Knoten) umgangen werden.

Der Wiederaufstieg an der Selbstseilrolle wird durch Zug an dem Strang bewirkt, der vorher durch den Abseilachter lief. Dieser Zug wird mit Beinkraft erzeugt, die auf eine Trittschlinge an jenem Strang wirkt.

Als **Abseilfixpunkte im Fels** benutzt der Alpinist vorwiegend Haken und Schlingen. Um das Abziehen zu erleichtern, verdienen Ringhaken den Vorzug, andere Haken werden mit einer kurzen Schlinge, die mit Ankerstich über den Schaft gelegt oder durch die Öse gefädelt wird, versehen. Sowohl in diesem Fall als auch bei unmittelbar am Fels gelegten Schlingen ist ein eingeknüpfter kleiner *Abseilring* angenehm. In seltenen Fällen kann das Seil direkt um eine Felszacke gelegt werden; durch Unterlegen von Papier läßt es sich dann leichter abziehen.

In **festem Schnee, Firn und Eis** existieren neben den bereits beschriebenen Fixpunkten zur Sicherung zwei spezielle Möglichkeiten, Abseilfixpunkte *ohne Materialverlust* (Abb. 201) herzustellen. Im festen Schnee oder Firn wird der Pickelschaft mit einem Ankerstich von

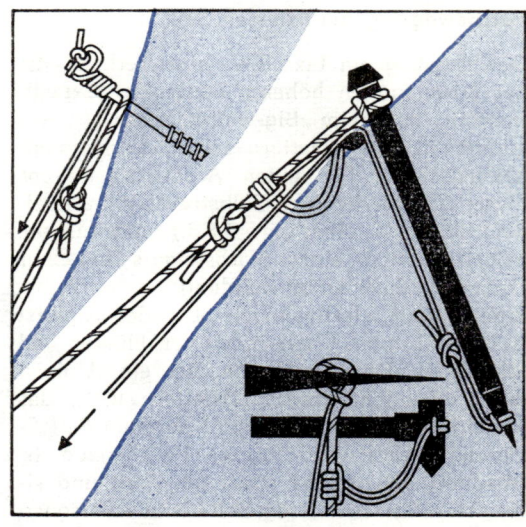

Abb. 201 Abseilfixpunkte ohne Materialverlust

dünner Reepschnur am Dorn bis Anschlag eingespießt. Die Reepschnur verläuft parallel zum Schaft und wird am Lochrand über einen festen Gegenstand (z. B. Hammerstiel) umgelenkt. Der Abseilstrang wird am Pickelkopf (am Sicherungsloch oder mit Ankerstich über dem Schaftansatz) befestigt, ein Abzugsstrang wird mit der Reepschnur, der Umlenkgegenstand lose mit dem Pickel verbunden. Abgeseilt wird *nur* am Abseilstrang; durch Zug am Abzugsstrang hebt sich der Pickel aus seinem Loch (Vorsicht! Nächsten Standplatz weit außerhalb der Sturzlinie wählen!).

Im Eis kann mit manchen Eisschrauben eine ähnliche Methode angewandt werden. Die Reepschnur wird so an der Öse der Eisschraube befestigt und um den Schaft gewickelt, daß ein kräftiger Ruck am Abzugsstrang die Schraube herausdreht.

Rückzug aus großen Wänden

Der Rückzug aus großen Steilwänden stellt ein großes Problem dar, wenn beim normalen Abseilen infolge Überhängen oder der Notwendigkeit, in schwierigem Gelände zu queren, kein weiterer Abseilfixpunkt erreichbar ist. Es wird dann eine besondere Variante der Selbstseilrolle angewendet, mit der Kontakt zur Wand erhalten bleibt. (Abb. 202)

Ist der Vorsteiger nicht mehr als eine halbe Seillänge ausgestiegen, so installiert er einen Sicherungsfixpunkt und hinterläßt dort einen Karabinerhaken als feste Rolle. Der Sichernde läßt den Voraussteigenden am Seil mit Hilfe eines Bremssystems (Halbmastwurfsicherung oder Abseilachter) ab, wobei letzterer mittels Karabinerhakens zwischen seinem Brustgurt und dem zum Sichernden führenden Strang des Seiles den Wandkontakt gewährleistet. Dadurch kann er Zwischensicherungen bergen und gelangt an den Standplatz des Sichernden. Ist mehr als die halbe Seillänge ausgestiegen, wird der erste Abschnitt analog zurückgelegt. Dann muß sich der Vorsteiger an einem Fixpunkt sichern, sich aus dem Seil ausbinden, dieses abziehen und es am neuen Fixpunkt wieder in einen Karabinerhaken einhängen. Zuletzt bindet er sich wieder in sein Seilende ein. Der Sichernde holt das Seil ein und läßt den Vorsteiger weiter ab. Weitere Seillängen werden wie folgt überwunden:

Jeder Alpinist bindet sich mit einer kurzen Schlinge in seinen Anseilgurt ein und befestigt daran durch einen Ankerstich eine 4 m

lange Reepschnur. Der erste Alpinist wird von seinem Gefährten über Bremssystem, Seil, Karabinerhaken und Schraubkarabinerhaken am Seilring gehalten, gesichert und passiv abgelassen. Dadurch hat er beide Hände frei und kann Fixpunkte am Fels befestigen, in die er sein Seil einhängt. Mit Selbstzug durch die beiden Enden der Reepschnur kann er sich stets wieder an den letzten Fixpunkt heranziehen, sofern er wenigstens ein Reepschnurende eingehängt hat. Nach maximal einer halben Seillänge richtet er einen Standplatz ein und läßt seinen Gefährten in der oben beschriebenen Weise ab. Dieser birgt dabei das Material. Der Rückzug wird in gleicher Art fortgesetzt, bis normales Abseilgelände erreicht ist.

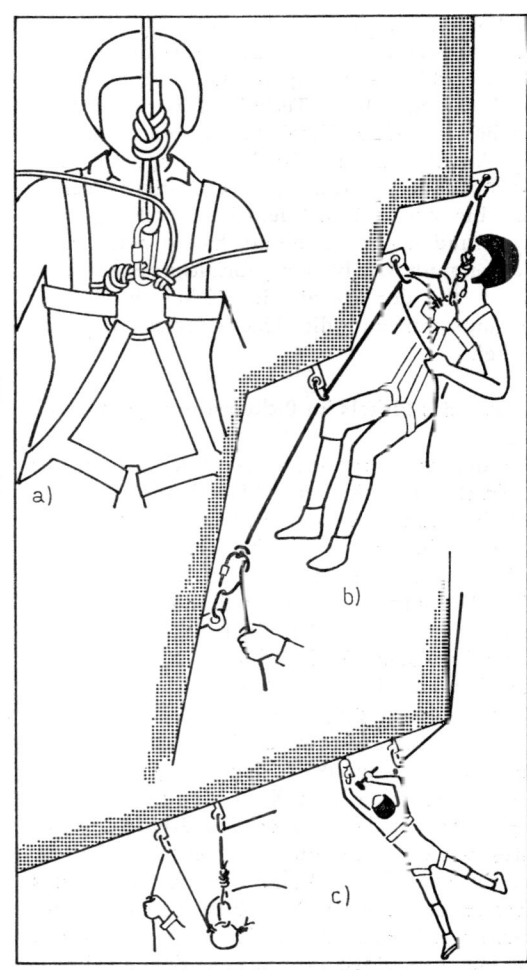

Abb. 202 Rückzugstechnik aus großer Wänden

Abb. 203   Einsatz des Pickelrettungsgriffes

Techniken der aktiven Sturzkontrolle

Techniken der aktiven Sturzkontrolle sind solche, die einem stürzenden Alpinisten eine Chance geben, aus eigener Kraft zum Halten zu kommen. Diese Techniken haben grundsätzlich nur dann Erfolgsaussichten, wenn sie der Alpinist in blitzschnellem Reagieren richtig anwendet. Daraus folgt, daß diese Techniken bis zur reflexartigen Beherrschung trainiert und dieses Training häufig wiederholt werden muß. Die beiden gebräuchlichsten Techniken sind der Einsatz des Pickels im Pickelrettungsgriff und die Liegestütztechnik ohne Pickel.

Einsatz des Pickels im Pickelrettungsgriff (Abb. 203)

Voraussetzung für diese Technik ist, daß der Alpinist den Pickel, das Eisbeil oder zur Not den Eishammer in der Hand hat. Das Gerät wird in Pickelrettungsgriffhaltung (s. a. 4.1.3. – Steigen auf Schnee und Firn) getragen oder diese Haltung während des Sturzes eingenommen. Der stürzende Alpinist bringt seinen Körper schnellstens in Bauchlage, die Füße zeigen hangabwärts und sind leicht gespreizt. Falls Steigeisen angeschnallt sind, dürfen diese nicht eingesetzt werden, die Unterschenkel werden stark angewinkelt. Jetzt wird die Haue des Gerätes über dem Kopf eingesetzt und in den Untergrund gedrückt. Der Schaft des Gerätes wird schräg zur Fallrichtung gehalten. Die bremsende Wirkung entsteht durch das Kratzen der Haue. Der Alpinist muß Kopf und Schaft des Gerätes mit voller Kraft halten und die Haue so stark eindrücken, daß maximale Bremswirkung entsteht, ohne daß ihm das Ge-

rät aus den Händen gerissen wird. Dies wird dadurch reguliert, daß der Alpinist das Gerät unter den Körper zieht: Je tiefer er das Gerät hält, um so mehr Druck vermag er auszuüben und um so größer sind Bremswirkung und Belastung für die haltenden Hände.

Wenn diese Technik auf Hängen mit lockerer oberster Schneeschicht angewandt wird, kann sich unter dem bremsenden Alpinisten ein Schneepolster zusammenschieben, das ihn aus der stabilen Bauchlage zu drücken droht. Dann empfiehlt sich während des Bremsens ein Stützsprung zur Seite, neben das Schneepolster.

Hauptanwendungsgebiete des Pickelrettungsgriffes sind Schnee-, Firn- und Eishänge und -flanken, aber auch auf Gras- und Geröllhängen ist die Anwendung möglich. (Abb. 204)

Liegestütztechnik

Der Alpinist steigt, ohne Pickel oder ähnliches zur Hand zu haben und ohne angeschnallte Steigeisen. Im Sturzfall dreht er sich blitzschnell in Bauchlage, die Füße leicht gespreizt hangab. Nun drückt er sich zur Liegestützhaltung hoch und bremst vorwiegend mit dem vorderen Teil der Schuhsohlen.

Die Anwendung ist auf Schnee, Firn, Eis, Gras, Geröll und Schrofen möglich.

Abb. 204   Andere Techniken der aktiven Sturzkontrolle

Fersenfeuern

Der Alpinist stürzt ohne Pickel und Steigeisen auf Schnee, Firn oder Eis. Er nimmt Rückenlage ein, die Beine voran, Füße fast geschlossen, Arme zur Stabilisierung leicht gespreizt. Nun hackt er kräftig und schnell mit beiden Fersen abwechselnd auf den Untergrund, so daß die Sohlenkanten greifen.

Katzenbuckel

Der Alpinist stürzt ohne Pickel mit Steigeisen kopfüber in einen Firn- oder Eishang. Dadurch wird es ihm kaum gelingen, die zuvor genannten Techniken anzuwenden. Die einzige Chance besteht darin, mit gestreckten Armen und Beinen in den Stütz zu gehen, so daß die Frontalzacken der Steigeisen kratzend bremsen. Die Situation ist etwas ungewöhnlich, die Methode hat sich aber in der Praxis bewährt.

4.2. Vorbereitung von Hochgebirgsfahrten

Die langfristige, umsichtige Vorbereitung jeder Alpinistenfahrt ist Voraussetzung dafür, daß optimale sportliche Leistungen im Hochgebirge erreicht werden, unnötige Risiken für die Teilnehmer vermieden werden, die Alpinistengruppe koordiniert handeln und jeder Teilnehmer maximale Erlebnisse und Erfolge und größten Gewinn an Erfahrung verbuchen kann.
Die globalen Ziele der Fahrtvorbereitung sind:
- Formierung der Gruppe (Koordinierung der Ziele; Festlegung des Teilnehmerkreises, der Aufgaben und der Gruppenstruktur; körperliche, geistige und materielle Vorbereitung);
- termingemäße Abwicklung aller Pflichten nach außen hin (Paß und Visum, Fahrkarten/Flugtickets, Quartier, Versicherung, Materialbeschaffung, Teilnehmergebühren, Sportarzt, Urlaub von Arbeitsstelle und Familie usw.).

4.2.1. Fahrtkonzeption und organisatorische Vorbereitung

Das wesentlichste Führungs- und Organisationsdokument für Alpinistenfahrten ist die **Fahrtkonzeption**. Diese beantwortet bereits in der Anfangsphase der Fahrtvorbereitung kurz und präzise die wesentlichsten Fragen der Vorbereitung und Durchführung der Fahrt. Wie umfangreich sie sein muß, hängt wesentlich von Ziel und Dauer der Fahrt ab.

Im einzelnen soll die Fahrtkonzeption enthalten:
Zielstellung
- sportliche Aufgabenstellung

Teilnehmer
- Leitung der Gruppe
- Zusammensetzung der Seilschaften

Plan der Vorbereitungsmaßnahmen
- Training
- geistige Vorbereitung
- Ausrüstung
- organisatorische Vorbereitung

Ablaufplan der Fahrt
- An- und Rückreiseplan
- Stationierungen
- Aktionsplan

Sicherheitsvorkehrungen
- sportärztliche Untersuchung
- Schulung zu Sicherheitsfragen
- Training von Maßnahmen der Ersten Hilfe
- taktische Festlegungen
- zusätzliche Personen- und Sachversicherung

Auswertung
- sportspezifische Auswertung
- publizistische Auswertung.

Verantwortlich für die Erarbeitung und Einhaltung der Fahrtkonzeption ist der Leiter der Gruppe in vertrauensvollem Zusammenwirken mit allen anderen Teilnehmern.
Die **sportliche Aufgabenstellung** hängt eng mit der Qualifikation der Teilnehmer zusammen. Die sportlichen Ziele sollen realisierbar und dennoch anspruchsvoll sein. Wenn vorwiegend Anfänger oder körperlich weniger leistungsfähige Sportler in der Gruppe sind, wählt man vorzugsweise übersichtliche Routen mäßiger Schwierigkeit und Länge und vermeidet objektiv gefährliche Ziele. Je mehr Können und Erfahrung bei allen Mitgliedern der Gruppe gesichert sind, desto schwieriger und länger können die Routen gewählt werden. Lange Traversen, extrem hohe Berge, Routen mit komplizierter Orientierung, Routen mit erheb-

lichen objektiven Gefahren oder in sehr entlegenen Gebieten sind nur für Gruppen, in denen **alle** Teilnehmer über große Erfahrung verfügen, angemessene Ziele.

Die **Leiter von Gruppen und Seilschaften** tragen eine große Verantwortung für die sichere Durchführung von Fahrten. Die Leiter müssen nicht unbedingt in allen konditionellen und sporttechnischen Fragen die besten ihres Kollektivs sein, aber sie sollten die erfahrensten **Taktiker** sein, jederzeit die Übersicht bewahren, den physischen und psychischen Zustand all ihrer Sportfreunde richtig einschätzen und eine vorbildliche sportlich-moralische Haltung zeigen.

Für die **Bildung der Seilschaften** gelten mehrere, teilweise widersprüchliche Regeln:
- Gut ist, wenn sich eine Seilschaft über mehrere Fahrten hinweg zusammenrauft;
- gut ist, wenn der Seilschaft wenigstens ein Sportler mit großer alpiner Erfahrung und taktischem Geschick angehört;
- gut ist, wenn in der Seilschaft auch jüngere, leistungsfähige Sportler (auch mit geringerer Erfahrung) mitwirken, um die beste **Taktik** zu erlernen;
- jederzeit gefährlich sind Sportler mit übertriebenem Ehrgeiz und solche, die nicht bereit sind, ihr Bestes für alle zu geben;
- bedenklich ist, wenn es in der Seilschaft nicht gelingt, in kritischen Situationen schnell zu einer gemeinsamen Haltung und Handlungsweise zu finden.

Der **Plan der Vorbereitungsmaßnahmen** ist eine zeitlich geordnete Liste der wichtigsten Vorbereitungsmaßnahmen mit den entsprechenden Terminen und Verantwortlichen. Dieser Plan präzisiert die Vorbereitung für eine konkrete Fahrt und weist jedem Teilnehmer seine persönlichen Pflichten aus. Der Leiter der Gruppe muß die Erfüllung der Vorbereitungsmaßnahmen sorgfältig kontrollieren.

Der **Trainingsplan** enthält Festlegungen für das individuelle Training der Teilnehmer und fixiert Termine und Inhalte für einige gemeinsame Trainingsveranstaltungen im Rahmen der Fahrtgruppe. Die Alpinistengruppe trifft sich in der Vorbereitungsphase mehrmals zu gemeinsamem Training, zur gegenseitigen Kontrolle des Trainingszustandes, zum Informationsaustausch und zur Kontrolle der Erfüllung übernommener Aufgaben.

Der **Ausrüstungsplan** legt fest, wer welche Sachen bis zu welchem Termin beschafft, wo die Sachen gelagert werden, wie sie verpackt und

befördert werden. Nötigenfalls muß einige Wochen vor Fahrtbeginn ein „Ausrüstungsappell" durchgeführt werden.

Von größter Bedeutung ist die exakte **Planung aller organisatorischen Maßnahmen,** die der Alpinistengruppe die notwendigen *Dienstleistungen* durch Dritte sichert. Die Planung muß die Verfahrensordnungen der entsprechenden Einrichtungen berücksichtigen. Dazu zählen:
- Pässe und Visa
- Fahrkarten, Platzkarten, Bettkarten
- Flugtickets
- Quartierbestellung, eventuell Verpflegungsleistungen im Quartier
- Devisen für Transit- und Gastländer
- Zusatzversicherungen für Personen und Gepäck
- Einzahlung der Teilnehmergebühren
- Termine beim Sportarzt
- Sportausweise

Ein besonderes Problem ist die Sicherstellung des notwendigen *Urlaubs.* Eine längere Abwesenheit muß rechtzeitig geplant und vorbereitet werden, mancherlei andere Verpflichtungen sind zu regeln. Das Verständnis und die Unterstützung für die alpinen Pläne müssen gegenüber der Familie und den Kollegen immer aufs neue erworben werden.

Breiten Raum nehmen in der Fahrtvorbereitung die **Sicherheitsvorkehrungen** ein. Die *sportärztliche Untersuchung* erfolgt vier bis sechs Monate vor Antritt der Fahrt, damit eventuell noch Behandlungen möglich sind. Schwerpunkte der Untersuchung sind:
- Dauerbelastbarkeit des Kreislauf-, Atmungs- und Muskelsystems,
- Belastbarkeit des Verdauungssystems und der Nieren,
- zahnärztliche Untersuchung: Lufteinschlüsse unter Zahnfüllungen oder andere verborgene Zahnherde können unter den veränderten Druck- und Temperaturbedingungen zu schweren Zahnschmerzen führen.

Es gibt leider *keine* Möglichkeit, die Höhentauglichkeit zu Hause zu testen. Die Höhentauglichkeit hängt nicht vom Konditionszustand ab und läßt sich weder mit Medikamenten noch mit speziellen Trainingsmethoden (auch nicht in der Unterdruckkammer!) verbessern oder beschleunigen.

Eine *Schulung zu Sicherheitsfragen* umfaßt für Anfänger die Darlegung der wesentlichsten alpinen Gefahren und der entsprechenden Verhaltensregeln. Für Fortgeschrittene sollten einige ausgewählte Fragen der alpinen Gefahren und der alpinen Taktik wiederholt und vertieft werden.

Die *taktischen Festlegungen* der Fahrtkonzeption können nur grundsätzliche Probleme berühren und müssen im Gebirge den konkreten Bedingungen angepaßt werden. Solche Probleme sind z. B. Ausbildungsmaßnahmen im Hochgebirge, Koordination zwischen den Seilschaften, Taktik der Akklimatisation.

4.2.2. Training

Trotz mancher Ähnlichkeiten zwischen dem Felsklettern und der Alpinistik unterscheiden sich die *Trainingsziele* und damit auch der *Trainingsplan* in beiden Disziplinen wesentlich. Trainingsziele sind

- speziell auf die Kreislauffunktionen ausgerichtete Erhöhung der Ausdauerfähigkeit;
- Verbesserung der Kraftausdauer der Hauptmuskulatur (Rumpf, Beinstrecker, Schultergürtel);
- Verbesserung der spezifischen Bewegungs- und Koordinationsfähigkeiten zur Realisierung der sportlichen Techniken, die durch das *konkrete* sportliche Ziel diktiert werden.

Der Trainingsplan wird von den Terminen und dem Charakter der vorgesehenen Hochgebirgsfahrten bestimmt. Vielfach existieren fernliegende „Traumziele", auf die sich der Alpinist über mehrere Jahre hinweg systematisch vorbereitet. Damit werden Hochgebirgsfahrten der Vorbereitungsphase auch zu wichtigen Trainingsabschnitten für das ferne Ziel.

Die langfristige Vorbereitung des Alpinisten auf größere Ziele umfaßt Training, Ausbildung, Sammeln von Erfahrungen und Nachweis einer bestimmten Menge an alpinen Erfolgen. Man wird also – möglichst im Kreise seiner späteren Seilgefährten – bewußt und systematisch durch mehrere Sommer- und Winterfahrten ins nichtvergletscherte Gebirge seine Leistungsfähigkeit und Tourenliste entwickeln. Für den Fortgeschrittenen sind es vielleicht bestimmte schwierige Kaukasustouren oder ein Siebentausender, auf die er langfristig hinarbeitet. Wer auf einen Siebentausender gehen will, sollte zumindest im Bereich der Vier- und Fünftausender erste Erfahrungen mit dem Problem der Akklimatisation gesammelt haben. So wäre z. B. eine Elbrustraverse mit einigen Biwaks in Höhen um die 5000 m ein guter Höhentest. Aber auch im nichtvergletscherten Gebirge gibt es höchst anspruchsvolle Ziele, die

für die meisten Alpinisten nur langfristig erreichbar sind. Wer sich z. B. eine Tatra-Hauptkammtraverse vornimmt, wird gut daran tun, sich die Schlüsselstellen vorher im einzelnen anzuschauen und sich und seine Kameraden an etwas kleineren mehrtägigen Traversen zu testen. Zu Hause liegt der Trainingsschwerpunkt auf Langzeitausdauer und schnellem Klettern im unteren Schwierigkeitsbereich, vor allem auch im Abstieg.

Das Training ist auf die konkreten Ziele einer Hochgebirgsfahrt orientiert.

Das bedeutet

- Die für die Touren erforderliche Technik muß *jeder* in der Seilschaft beherrschen. Auf einer alpinen Tour bleibt keine Zeit für Experimente.
- Für jede konkrete Tour ist wenigstens grob abschätzbar, wieviel Höhenmeter zu gehen und zu klettern sind, welche technischen Schwierigkeiten auftreten, was die Alpinisten an Fels- und Eisarbeit erwartet usw. Das Training wird so gestaltet, daß der Alpinist allen Schwierigkeiten und Anstrengungen gewachsen ist. Der Schwerpunkt liegt dabei in den Bereichen, wo Lücken in Kenntnissen, Fähigkeiten und Fertigkeiten bestehen. Eine wichtige Seite dieser Betrachtungen bilden die zu erwartenden alpinen Gefahren und die Taktik. Es gibt Routen, die eine bestimmte Taktik und Grundschnelligkeit aufzwingen; anders sind sie praktisch unverantwortbar. Daraus resultieren dann sehr harte Trainingsanforderungen.
- Der Jahreszyklus des Alpinisten ist so aufgebaut, daß der Sportler in den Wochen seiner alpinen Hauptunternehmung seine Bestform erreicht. Wenn z. B. eine Winterfahrt in die Tatra und eine Sommerfahrt in den Kaukasus geplant sind, dann ordnet sich die Winterfahrt in der Regel unter, sie wird Teil der Vorbereitung auf den Kaukasus. So könnte, wenn man im Kaukasus steile Eisrouten gehen will, die Tatrafahrt einige Tage Eistraining enthalten und entsprechend weniger Gipfeltouren.

Im *Ausdauertraining* absolviert der Alpinist mindestens 12 Wochen vor Fahrtbeginn wöchentlich 3 x 45 min mit einem Belastungspuls von 120 bis 150 Schlägen/Minute. Um Überlastungsschäden des Stütz- und Muskelapparates vorzubeugen, ist das Training vielseitig aufzubauen. Günstige Formen sind Skilauf, Radfahren, Croßlauf, Schwimmen, laufintensive Spiele.

Die *Kraftausdauer* wird effektiv im Kreistraining und Intervalltraining entwickelt. Der Alpinist wählt eine submaximale Intensität und erhöht Dauer, Dichte und Anzahl der Zyklen.

Die Entwicklung der spezifischen *Bewegungs- und Koordinationsfähigkeiten* erfolgt durch turnerisch-gymnastische Übungen, durch touristische Unternehmungen, vor allem durch das Klettern im Mittelgebirge.

Für den Alpinisten sind einige komplexe Trainingsformen, die Ausdauer, Kraft und Technik gleichermaßen entwickeln, von besonderer Bedeutung.

Als komplexe Simulation alpiner Touren können mehrtägige Märsche oder Skitouren, verbunden mit möglichst vielen Metern Kletterei und ein bis zwei Biwaks, gelten. Dabei wird alles erforderliche Material mitgeführt und auf den Service von Läden und Gaststätten verzichtet. Winterbedingungen und rauhes Wetter erhöhen die Belastungen in willkommener Weise und erziehen zu Härte und psychischer Stabilität. Auch einige Aspekte der alpinen Taktik werden ausprobiert. Dies ist vor allem ein guter Test für Alpinistik-Anfänger.

Als *Marathonklettern* in Mittelgebirgsklettergebieten wird ein auf möglichst viele Meter Kletterei (im Aufstieg und im Abstieg) orientiertes Klettern bezeichnet. Der Alpinist steigt im sicher beherrschten Schwierigkeitsbereich teils mit, teils ohne Seilsicherung möglichst viele Kletterwege mit kürzesten Pausen, eventuell auch mit Rucksack. Es gibt Klettergebiete, in denen auf diese Weise 1000 Klettermeter am Tag zu schaffen sind. Das ist eine nahezu perfekte Simulation eines sehr straffen Hochgebirgstages.

Die Möglichkeit zum *Training alpiner Techniken* sind im Mittelgebirge spärlich. Die Nichtsandsteingebiete ermöglichen, den Umgang mit Keilen, teilweise auch mit Haken, zu üben. Im Winter kann in diesen Gebieten das Steigen mit Steigeisen und Pickel auf steilen Hängen, gefrorenen Wasserfällen und im Fels geübt werden. Anfängern und Gelegenheitsalpinisten ist dringend zu raten, zu Beginn ihres Hochgebirgsaufenthalts einige Tage lang die technischen Elemente zu trainieren, die sie noch nicht oder nicht mehr sicher beherrschen.

Das *Training von Maßnahmen der Ersten Hilfe* soll sicherstellen, daß jeder Teilnehmer der Fahrt die grundlegenden Techniken der Selbst- und gegenseitigen Hilfe, der Rettung und Bergung beherrscht. Auch bei erfahrenen Teilnehmern kann auf dieses Training nicht verzich-

tet werden, denn nur das regelmäßige Wiederholen gewährleistet, daß alle Techniken in einer Gefahrensituation schnell und fehlerfrei anwendbar sind. Man muß einkalkulieren, daß unter dem Einfluß langer physischer und psychischer Anspannung unter den Bedingungen von Entbehrungen – insbesondere höhenbedingtem Mangel an Wasser und Sauerstoff – Verhaltensveränderungen auftreten können und daß dadurch in komplizierten Entscheidungssituationen Fehler begangen werden. Deshalb sollten einige der wahrscheinlichsten kritischen Situationen bereits in der Vorbereitungsphase der Fahrt in der Gruppe diskutiert werden, und jeder sollte dafür einen Plan der notwendigen Aktivitäten besitzen und ihn auswendig lernen. Dadurch kann die Gruppe im Notfall schneller, mit geringerer Konfliktgefahr und mit besseren Erfolgsaussichten handeln.

4.2.3. Geistige Vorbereitung

Inhalt der Vorbereitung

Die geistige Fahrtvorbereitung umfaßt die *psychische Einstimmung* jedes einzelnen Teilnehmers, die Schaffung von *Voraussetzungen für ein harmonisches Zusammenleben* in der Gruppe, das Sammeln, Aufbereiten und Einprägen von *Informationen* über das Zielgebiet sowie die Auffrischung der allgemeinen alpinen Kenntnisse.

Eine gute geistige Vorbereitung ist für den Erlebniswert, den Erfolg und die Sicherheit der Unternehmung ebenso wichtig wie das sportliche Training und die materielle Ausrüstung. Ihre Schwerpunkte hängen von den Teilnehmern, den Zielen und der Organisationsform der Fahrt ab. Sie trägt wesentlich dazu bei, die Ziele der Gruppe zu präzisieren und die Taktik zum Erreichen der Ziele zu bestimmen.

Die *psychische Einstimmung* der Teilnehmer führt zur Vorfreude auf das Kommende, weckt das allseitige Interesse für das Zielgebiet, erzeugt eine produktive Mischung aus Sehnsucht, Respekt und Zuversicht gegenüber den konkreten Zielen der Gruppe, erzeugt eine Bereitschaft, sich zu belasten und dabei gute Bergkameradschaft zu halten. Sie führt im Zusammenhang mit der körperlichen Vorbereitung und der alpinen Erfahrung zu einer realen Selbsteinschätzung und wirkt stimulierend auf die Trainingsintensität.

Alpinisten ohne „eigenes" Hochgebirge müssen sich klar darüber sein, daß sie trotz aller Erfolge einzelner nur „Gelegenheitsalpinisten" sind. Sie können zwar in vielen Technikfragen, konditionell und in ihrem Wissen um theoretische Probleme durchaus gut vorbereitet sein, aber bezüglich der praktischen Erfahrung, des Orientierungssinnes und des Gespürs für Gefahren werden unter den bergnahe lebenden Menschen stets bessere zu finden sein. Eine reale Selbsteinschätzung berücksichtigt nicht nur das Kletterkönnen oder die Kondition, sondern stets den ganzen Menschen. Eine Selbsteinschätzung, die keine eigenen Schwächen aufdeckt, ist dumm, überheblich und letztlich lebensgefährlich.

Die *Harmonie in der Gruppe* hängt vom Teilnehmerkreis und von der Zielstellung ab. Wichtig ist, daß individuelle Ziele und Gruppenziele übereinstimmen; weiterhin sollten möglichst keine unverträglichen Verhaltensweisen und Charaktere zusammenkommen. Die gemeinsamen Arbeiten bei der Vorbereitung von Fahrten sind Voraussetzung und Indikator für ein gutes Gruppenklima. Es ist vorteilhaft, wenn die Gruppe sich schon lange kennt, gemeinsam trainiert und mehrere Fahrten gemeinsam unternimmt. Trainingsgemeinschaften können eine günstige Organisationsform zur Fahrtvorbereitung sein. Sich selbst zu einem gruppenfreundlichen Verhalten zu erziehen ist übrigens ein entscheidendes Teilziel auf dem Weg zu einem guten Alpinisten.

Die *informierende Seite* der geistigen Vorbereitung umfaßt

– allgemeinen Wissensstoff über Land und Leute, Sprache, Reiseweg sowie Informationen über den Charakter des Gebirges;
– Erarbeitung von Details zur Festlegung der Taktik und zur sicheren Orientierung auf den ausgewählten Marschstrecken, Aufstiegen und Abstiegen.

Exakte Orientierung im Hochgebirge ist ein grundlegendes Erfordernis der alpinen Sicherheit, denn Orientierungsfehler kosten Kraft und Zeit, können in nicht kalkulierte Gefahren führen. Weiterhin ist bei Zwischenfällen, die Fremdhilfe erfordern, eine genaue Ortsbeschreibung notwendig, die natürlich bei Orientierungsfehlern nicht möglich ist. Die Grundlagen für die Orientierung im Gebirge werden bereits zu Hause gelegt durch

– Sammeln primärer Informationen von Gelände und Route;
– handliches und tourengerechtes Aufbereiten von Informationen, die für das Erreichen der ausgewählten Ziele notwendig sind;
– Erarbeiten und Einprägen einer möglichst umfassenden und genauen Vorstellung von Gelände und Route.

Aus den Vorstellungen von Gelände und Route lassen sich bereits im Rahmen der geistigen Vorbereitung der Fahrt erste Hinweise auf mögliche Gefahren ableiten und taktische Erwägungen zum Meiden bzw. Verringern der Gefahren anstellen.

Informationen zur Tourenvorbereitung

Wichtigste primäre Informationsquelle für den Alpinisten sind die alpinen Berg- und Kletterführer, die es für die meisten europäischen Hochgebirge sowie den Kaukasus gibt. Daneben sind topographische Karten, orographische Schemata, Anstiegsskizzen, Fotos sowie andere Beschreibungen und Berichte von Bedeutung. Auch allgemeine touristische Führer und Veröffentlichungen über Besiedlung, Bewirtschaftung, Geologie, Klima, Pflanzen- und Tierwelt enthalten Informationen, die für die Vorbereitung alpiner Touren wichtig sind. Beim Gebrauch eines Führers (ebenso wie bei Karten) achte man auf das Erscheinungsjahr. Ältere Ausgaben sind oft nur beschränkt zu verwenden. Aus fremdsprachigen Führern sollte man interessierende Routen bereits vor Antritt der Fahrt übersetzen, auch wenn man die jeweilige Sprache in der Umgangsform beherrscht. Topographische Karten sollen im Hochgebirge den Maßstab 1:25 000 bis 1:100 000 für Übersichtskarten, 1:5000 bis 1:25 000 für wichtige Geländeabschnitte besitzen. In den Ostalpen entsprechen die Alpenvereinskarten, meist im Maßstab 1:25 000, in besonderem Maße den Anforderungen des Alpinisten. Über ihren Gebrauch steht entsprechende Literatur zur Verfügung, so daß darauf nicht eingegangen wird. Oft stehen jedoch, vor allem in wenig erschlossenen Gebirgen, nur stark generalisierte Wanderkarten, orographische Schemata oder nicht proportional gezeichnete sogenannte Panoramakarten zur Verfügung. Solche Dokumente reichen für die grobe „geographische" Orientierung aus und unterstützen das Auffinden der markierten Touristenwege. Für das Finden einer Route im wegelosen Gelände genügen sie nicht.

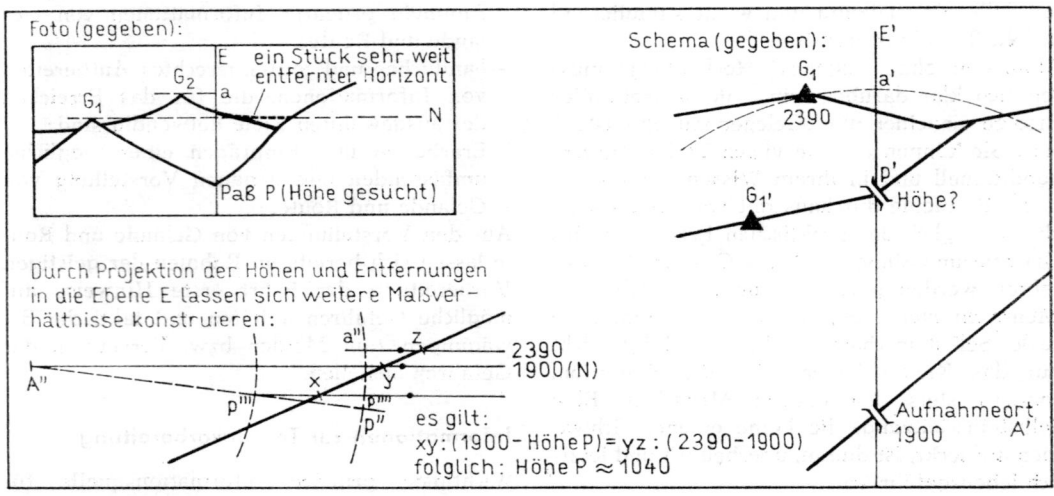

Abb. 205 Auswertung von Fotos und orographischen Schemata

Die orographischen Schemata bilden in Verbindung mit Fotos einen brauchbaren Ersatz für topographische Karten, sofern sie hinreichend genaue Längen- und Winkelverhältnisse zwischen den markantesten Geländepunkten ausdrücken. Es ist damit in der Regel möglich, sich eine gute Vorstellung von Gelände und Route zu erarbeiten und die auf den Fotos sichtbaren Objekte zu benennen. Allerdings gehören dazu viel geometrisches Verständnis und möglichst noch einige weitere Informationen. Zuerst ist es wichtig, die Aufnahmestandorte und Sichtwinkel des Fotografen zu ermitteln. Weiter gilt es, die Namen der Objekte auf den Fotos zu bestimmen. Wenn diese Informationen zweifelsfrei ermittelt wurden, kann man unter Beachtung der geometrischen Gesetze (Strahlensatz, Sichtbarkeitsregeln) Details aus den Fotos in das orographische Schema eintragen (Nebengipfel, Scharten, Höhenquoten). Wenn zuwenig Informationen gegeben sind, hilft die Ermittlung des Sonnenstandes (Jahres- und Tageszeit, Schatten) oft, um eine etwaige Aufnahmerichtung zu bestimmen. Es ist eine reizvolle und für die Orientierung nützliche Übung, sich dergestalt eine Geländevorstellung Punkt für Punkt zu erarbeiten. Sogar Hangneigung und -exposition, Steinschlag- und Lawinenrisiko und entsprechende taktische Konsequenzen lassen sich mitunter ableiten. Ein Hilfsmittel zur Analyse von Fotos und orographischen Schemata können selbstgezeichnete Höhenprofile sein, die die Aufnahmestandorte der Fotos schneiden. Einzelne Punkte dieser Profile sind aus Foto (Höhe) und Schema (Entfernung) exakt bestimmbar, weitere nur näherungsweise. Abbildung 205 zeigt dies an einem Beispiel:

Aus einem Geländebild und einem orographischen Schema soll die Höhe eines Passes bestimmt werden. Das Geländebild enthält ein Stück eines sehr fernen Horizontes und andere Details, die eine näherungsweise Bestimmung des Niveaus des Aufnahmeortes des Bildes ermöglichen. Danach kann man Objekte, die auf Foto und Schema erkennbar sind, näherungsweise vermessen oder Objekte aus dem Bild in das Schema eintragen. Es empfiehlt sich, die (etwas ungenauen) abgeleiteten Informationen als solche zu kennzeichnen und unterwegs ihre Ungenauigkeit zu beachten und zu korrigieren. Wanderkarten und insbesondere sogenannte Panoramakarten sind für derartige Zwecke zu ungenau.

Fotos, Ansichts- und Aufstiegsskizzen sind wichtige Materialien, die den Karteninformationen die im Gebirge wesentliche dritte Dimension verleihen. Sie sind damit eine geeignete Darstellungsform gerade für das bergsteigerisch interessante Gelände. Die in der Geländebeschreibung (Abb. 206) vorkommenden Begriffe sind in Übersicht 11 definiert. Die beste Darstellungsmöglichkeit für komplizierte und schwierige Wandaufstiege ist die Anstiegsskizze. In ihr sind auf einen Blick alle wichtigen Routenangaben zu erkennen. Die Details werden nach einem UIAA-Standard wiedergegeben. (Abb. 207) In den Gebirgen

Abb. 206   Geländebeschreibung

Übersicht 11: Fachbegriffe zur Geländebeschreibung (s. dazu auch Abb. 206)

1 **Band**
   Unterschiedlich breite und lange, terras-
   senförmige Felsformation, die horizontal,
   an- oder absteigend in einer Wand verläuft.
2 **Bergschrund**
   Spalte zwischen Gletscher und totem Eis
   der umgebenden Hänge, Flanken oder
   Wände.
3 **Couloir**
   Vorwiegend schmale Rinne, die schlucht-
   artig in vertikaler Richtung eine Bergflanke durchzieht; sie kann schnee-, eis- oder
   geröllgefüllt sein.
4 **Dach**
   Großer, scharf vorspringender Überhang.
5 **Eisbruch**
   Spaltengewirr an besonders steilen Stellen des Gletschers.
6 **Fenster**
   Kleine Einschartung oder fensterartiges
   Loch in einem Grat.
7 **Firnbecken**
   Von Eis- und Firnwänden umgebener firn-
   gefüllter Bergkessel, der Nährbecken eines Gletschers sein kann.

8 **Flanke**
   Zwischen 30° und 50° geneigter, breiter
   Abfall eines Berges.
9 **Gesimse**
   Schmaler, fensterbrettähnlicher Absatz.
10 **Gletscher**
   Eisstrom in den Tälern der Hochgebirge,
   der unter Einwirkung der Schwerkraft tal-
   wärts fließt.
11 **Gletscherbruch** (Eisbruch)
   Durch starkes Gefälle des Untergrundes
   zerrissener Gletscher, oft nur noch aus
   Eistürmen (Seraks) bestehend.
12 **Gletscherspalten**
   Oft durch Neuschnee verdeckte Risse in
   der Gletscherdecke.
13 **Grat**
   Markanter, scharfer Felskamm, der vom
   Gipfel abfällt oder mehrere Gipfel verbindet.
14 **Gratturm**
   Auf Graten frei stehende Felsnadel (auch
   Gendarm genannt).
15 **Hang**
   Unter 30° geneigter Abfall an einem Berg.

16 **Hängegletscher**
Aus Wänden oder Steilstufen hervorge-
schobenes Gletschereis, meist überhängend
und mit abgerissener Stirnseite.

17 **Kamin**
Felsspalt, in den mindestens der ganze
Körper hineinpaßt, oft bis zur Kluft
(Spreizkamin) oder bis zur (überbreiten)
Schlucht erweitert.

18 **Kamm**
Verbindung zwischen Bergmassiven.

19 **Kante**
Beiderseits steil abfallendes und wenig
gegliedertes Gratstück.

20 **Kanzel**
Erkerartiger, oft überdachter Absatz in
der Wand.

21 **Kar**
Durch Felswände eingeschlossener Kessel,
mit Geröll ausgefüllt.

22 **Klemmblock**
In Schluchten, Rinnen und Kaminen ein-
gekeilter Felsblock.

23 **Leiste**
Sehr schmales Band, höchstens fußbreit.

24 **Moräne**
Vom Gletscher mitgeführtes oder abgelagertes Gesteins- und Erdmaterial, je nach
Lage als Seiten-, Mittel-, Stirn-, Grund-
oder Endmoräne bezeichnet.

25 **Nische**
Kleine, höhlenartige Einbuchtung in der
Wand.

26 **Paß**
Übergang über ein Gebirge (Weg oder
Straße), meist an der am leichtesten zu-
gänglichen Stelle.

27 **Pfeiler**
Säulenartiger, steiler Wandvorbau, dessen
oberster Teil als Pfeilerkopf bezeichnet
wird.

28 **Platte**
Glattes, wenig gegliedertes Felsstück, bei
größerer Ausdehnung auch als Platten-
schuß bezeichnet.

29 **Plattform**
Waagerechter, größerer Absatz in der
Wand.

30 **Quergang**
Seitliches Klettern an steiler Wand.

31 **Rampe**
Schrägansteigendes, plattiges Band (meist
nach außen abfallend).

32 **Randkluft**
Schmelzkluft zwischen Eis und Fels.

33 **Rippe**
Gratartiger Wandvorsprung.

34 **Riß**
Schmaler Felsspalt, in dem nur eine Körperseite, oft nur Hände und Füße Platz
finden.

35 **Runse, Rinne**
Von periodisch fließendem Wasser ge-
schaffene seichte Vertiefung.

36 **Sattel**
Breite Senke zwischen zwei Gipfeln.

37 **Scharte**
Markanter, meist schwer zugänglicher
Einschnitt in einem Grat.

38 **Schlucht**
Tiefer Einschnitt in einer Wand oder Flanke, der meist vom Grat bis zum Wandfuß reicht.

39 **Schrofen**
Felsige, steile und mit Gras oder Geröll
durchsetzte Hänge oder Bergflanken.

40 **Schulter**
Markanter, waagerechter Absatz in einem
Grat oder einer Rippe.

41 **Schuppe**
Von der Wand abstehende Felsleiste.

42 **Serak**
Eisturm im Gletscherbruch.

43 **Spaltenbrücke**
Brücke aus Schnee (Übergangsmöglichkeit
bei Gletscherspalten).

44 **Sporn**
Wenig ausgeprägter, gratähnlicher Aus-
läufer einer Wand, der nicht bis zum Gipfel reicht.

45 **Terrasse**
Große, nahezu ebene Felsfläche mit unterschiedlicher Bodenbedeckung.

46 **Überhang**
Aus der Senkrechten nach außen vortre-
tender Wandteil.

47 **Verschneidung**
Felswinkel aus zwei im stumpfen Winkel
zusammentreffenden Wänden, meist mit
einem Riß im Verschneidungsgrund.

48 **Vorgipfel**
Größter Absatz oder gipfelähnlicher Aufbau unterhalb des eigentlichen Gipfels.

49 **Wächte**
Balkonartig vorspringende Schneeanwe-
hungen an Graten, Gipfeln oder Plateaus.

50 **Wand**
Über 50° steiler Abfall eines Berges.

51 **Wandstufe**
Steiler Absturz innerhalb einer sonst weniger geneigten Bergflanke, bei größerer
Ausdehnung auch als Wandgürtel bezeichnet.

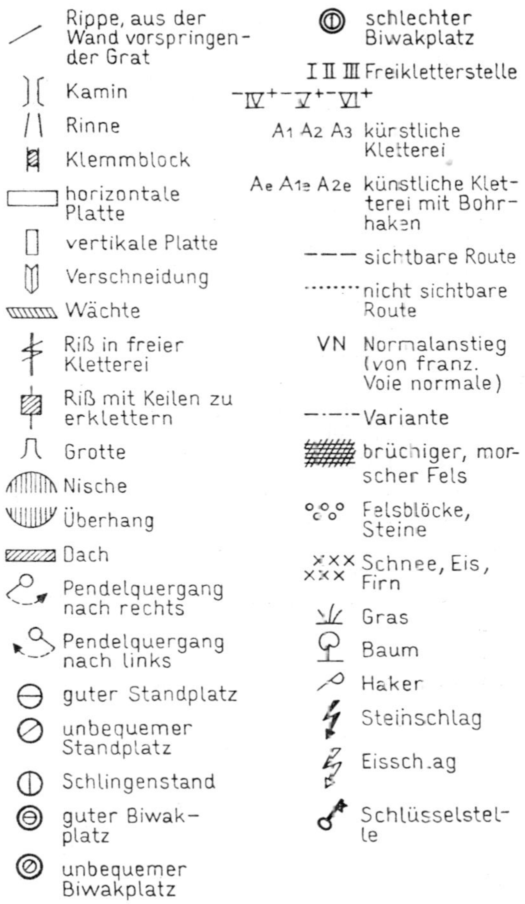
Rippe, aus der Wand vorspringender Grat
Kamin
Rinne
Klemmblock
horizontale Platte
vertikale Platte
Verschneidung
Wächte
Riß in freier Kletterei
Riß mit Keilen zu erklettern
Grotte
Nische
Überhang
Dach
Pendelquergang nach rechts
Pendelquergang nach links
guter Standplatz
unbequemer Standplatz
Schlingenstand
guter Biwakplatz
unbequemer Biwakplatz
schlechter Biwakplatz
I II III Freikletterstelle
IV+ V+ VI+
A1 A2 A3 künstliche Kletterei
Ae A1e A2e künstliche Kletterei mit Bohrhaken
sichtbare Route
nicht sichtbare Route
VN Normalanstieg (von franz. Voie normale)
Variante
brüchiger, morscher Fels
Felsblöcke, Steine
Schnee, Eis, Firn
Gras
Baum
Haken
Steinschlag
Eisschlag
Schlüsselstelle

Abb. 207 **UIAA-Symbole für Routenskizzen**

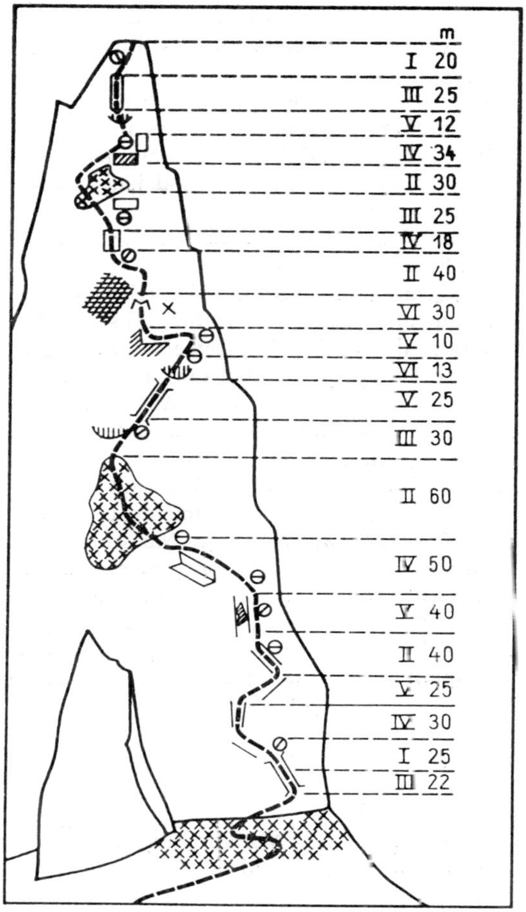
m
I 20
III 25
V 12
IV 34
II 30
III 25
IV 18
II 40
VI 30
V 10
VI 13
V 25
III 30
II 60
IV 50
V 40
II 40
V 25
IV 30
I 25
III 22

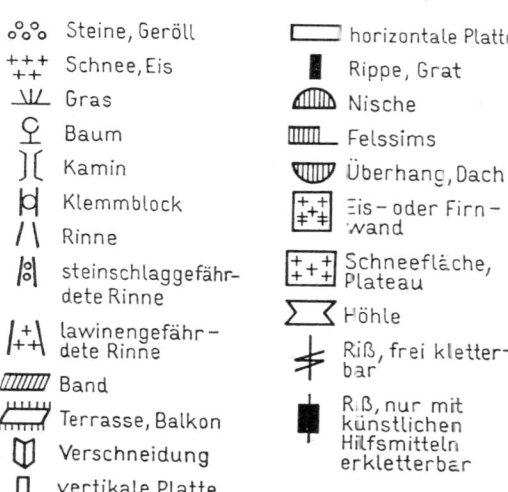

Abb. 209 Routenskizze mit UIAA-Symbolen

Steine, Geröll
Schnee, Eis
Gras
Baum
Kamin
Klemmblock
Rinne
steinschlaggefährdete Rinne
lawinengefährdete Rinne
Band
Terrasse, Balkon
Verschneidung
vertikale Platte
horizontale Platte
Rippe, Grat
Nische
Felssims
Überhang, Dach
Eis- oder Firnwand
Schneefläche, Plateau
Höhle
Riß, frei kletterbar
Riß, nur mit künstlichen Hilfsmitteln erkletterbar

Abb. 208 **Sowjetische Symbole für Routenskizzen**

der Sowjetunion wird eine ähnliche, nur in wenigen Symbolen abweichende Darstellung verwendet. (Abb. 208) Abbildung 209 zeigt ein Beispiel für eine Anstiegsskizze mit UIAA-Symbolen.

Das zielorientierte Aufbereiten der Informationen erspart das Mitnehmen aller Originaldokumente, bereitet das Erarbeiten der Gelände- und Routenvorstellung vor und vermeidet unterwegs allzu mühsame Denkoperationen. Typische Dokumente zur Darstellung solcher Sekundärinformationen über Gelände und Route sind Lose-Blatt-Sammlungen mit

- Marschskizzen und Marschplänen,
- verfeinerten orographischen Schemata,
- Fotos, Ansichtsskizzen und Aufstiegsskizzen,
- komprimierten Abschriften und Übersetzungen aus primären Berichten und Beschreibungen.

Die Vorstellung von Gelände und Route ist eine geistige Vorwegnahme der Routenbegehung:
– Was ist zu sehen, was ist verdeckt?
– Wo muß man besonders aufpassen?
– Wo sind welche Gefahren zu erwarten?
– Was ist zu tun, wenn dies und jenes dazwischenkommt?

Offenbar hängt dieser Prozeß eng mit taktischen Erwägungen zusammen.

Sekundärinformationen und Vorstellungen von Gelände und Route sollten möglichst so präzise sein, daß auch bei erschwerten Bedingungen wie Dunkelheit, Nebel und unerwartetem Schneefall zumindest noch das Auffinden eines sicheren Ortes (Hütte, Siedlung, guter Biwakplatz) möglich wird.

Marschtabelle und *Marschskizze* sind tabellenartige bzw. graphische Dokumente etwa gleicher Aussagekraft, die eine Marschroute in mäßig steilem Gelände beschreiben. Sie enthalten vor allem Angaben über Richtung, Länge und geplante Zeit für die einzelnen Routenabschnitte sowie wichtige Orientierungspunkte. Abbildung 210 und Tabelle 24

zeigen als Beispiel beide Formen für die gleiche Route.

Für die Zeitplanung von Routen und Routenabschnitten gelten folgende Faustregeln:
– Man rechnet auf ebenem Gelände 5 km/h und für Anstiege 400 m/h.
– Daraus werden zwei Zeiten berechnet, eine für die horizontale Entfernung, eine für den Höhengewinn. Zum größeren Wert addiert man die Hälfte des kleineren und erhält so eine erste Schätzung der Gesamtzeit.
– Zu diesem Wert addiert man je nach Gruppenstärke nochmals bis zu 25 Prozent.
– Für Abstiege rechnet man in der Regel die Hälfte der für den entsprechenden Aufstieg benötigten Zeit.

Die so ermittelte Schätzung kann für unkompliziertes, nicht besonders anstrengendes Gehgelände gelten. Sie stimmt natürlich nicht im Klettergelände, beim Gehen am Seil auf Gletschern, beim Spuren durch weichen Schnee oder bei schwierigen Orientierungsverhältnissen. Sie kann auf guten Wegen stark unterboten werden.

Für den Abstieg enthalten manche Führer Be-

Tabelle 24: Beispiel einer Marschtabelle

Teilstrecke	Streckenbeschreibung	Marschzahl	über NN (m)	Höhe Differenz (m)	Zeit (min)	Entfernungen Karte (mm)	Natur (m)	Zeit (min)	Gesamtzeit (min)
1	Lager bis Bachmündung	6,0	2340	—20	0	12	300	5	5
2	Bachmündung bis Pfad	13,5	2550	330	50	40	1000	15	60
3	Pfad bis Wandfuß	6,5	2650	100	15	32	800	15	25
4	Wandfuß bis Mittelmoräne	17,0	2700	50	8	38	950	30	35
5	Moräne bis Gletscherzusammenfluß	10,0	2900	200	30	28	700	15	40
6	Eisflanke bis Sattel; im Mittel 45°	2,0	3680	780	—	32	800	—	30 Seillängen
7	SO-Grat IV+ auf Gipfel	53,0	4010	330	—	40	1000	—	25 Seillängen

Anmerkung:

Die Strecken 6 und 7 sind Klettergelände. Deshalb versagt hier die Methode der Zeitschätzung für Marschstrecken.

Insgesamt sind für diese Route zwei Tage zu veranschlagen. Die optimale Aufbruchszeit liegt im Sommer etwa um 1.00 Uhr ab Lager. Damit wird die Eisflanke bei Dämmerungsbeginn erreicht. Auf dem Sattel wird biwakiert.

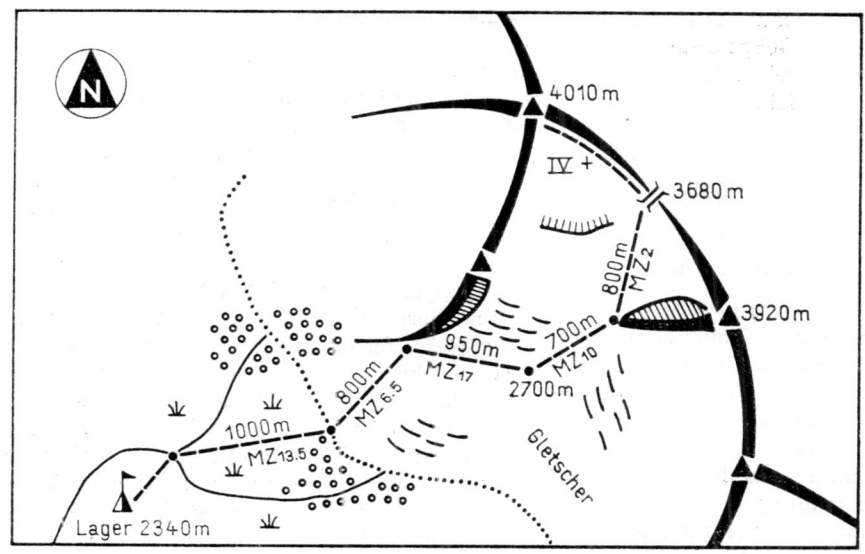

Abb. 210
Marschskizze

schreibungen des üblichen Abstiegsweges in *Abstiegsrichtung*. Wenn keine solche Beschreibung bekannt ist, muß auf das Erarbeiten einer Abstiegsbeschreibung und -vorstellung besonders große Sorgfalt verwendet werden. Orientierungsfehler, Nachlassen der Aufmerksamkeit und Verzicht auf ordentliche Sicherung beim Abstieg gehören zu den alpinen Fehlern, die in der Statistik der Unfallursachen mit an vorderster Stelle stehen.

Schwierigkeitsskalen

Routenbeschreibungen und Anstiegsskizzen enthalten Angaben über die Schwierigkeiten des Aufstiegs insgesamt und meist auch der einzelnen Seillängen oder Kletterstellen. Neben der UIAA-Skala (s. Abschnitt 3.4.4. – UIAA-Skala) existieren noch zahlreiche nationale oder historische Skalen, die sehr unterschiedlichen Auffassungen folgen und einen Vergleich untereinander praktisch ausschließen. Der Alpinist muß deshalb wissen, wie die Schwierigkeitsskalen jeweils zu interpretieren sind.

In der *Hohen Tatra* einheitlich ist die Angabe der Gesamtschwierigkeit nach der schwersten Kletterstelle. Unterschiede bestehen zwischen dem slowakischen und dem polnischen Teil des Gebirges und hinsichtlich der einzelnen Kletterführer sowie der Zeit der Erstbegehung. Ältere Führer (Kroutil/Gellner und Puškaš) verwenden die Grade CH (= chodecký terén =

Gehgelände), I, II, III, IV, V und VI weiterhin Angaben wie II bis III, V bis VI oder: III, eine Stelle IV und ähnliche für freies Klettern. Hakentechnische Stellen werden z. T. angegeben (gekennzeichnet durch A, früher auch H). Seit Ende der fünfziger Jahre wird zunehmend und zuletzt ausschließlich die UIAA-Skala bis VI mit sauberer Trennung zwischen freier und künstlicher Kletterei für die Einstufung von Neutouren benutzt. Daraus ergibt sich:
– Die Bewertung in neueren Führern[1] und Nachträgen ist mit der klassischen Führer schwer vergleichbar. Eine klassische VI kann z. B. nach UIAA eine V sein.
– Durch das Fehlen der Erweiterung nach oben (Grad VII und VIII) sind insbesondere bei den jüngsten V–, V+ und VI bewerteten Routen extreme Schwierigkeiten möglich.
Im polnischen Teil wird in der klassischen Literatur (Paryski) eine neunstufige verbale Schwierigkeitsbewertung verwendet, die besonders den unteren Teil der Skala stärker differenziert:

---

[1] Der deutschsprachige Tatraführer (Berlin: Sportverlag, 1984) ist eine Übersetzung des tschechischen Führers von Dr. F. Kroutil. Die meisten Routen sind nach der klassischen Skala bewertet, eine Anzahl neuerer Aufstiege (das sind die mit Anstiegsskizzen) nach der UIAA-Skala.

bez trudności	ohne Schwierigkeit, Gehgelände
bardzo łatwy	sehr leicht
łatwy	leicht
nieco trudny	etwas schwierig
dość trudny	ziemlich schwierig
trudny	schwierig
bardzo trudny	sehr schwierig
nadzwyczajny trudny	äußerst schwierig
skrajny trudny	extrem schwierig.

In den Hochgebirgen der *Sowjetunion* wird für die Bewertung der Gesamtroute die Skala 1 A, 1 B, 2 A, 2 B bis 5 B, 6, für die Schwierigkeit einzelner Abschnitte die Skala I A, I B, II A, II B bis V B, VI verwendet.[1] Neuere Routen sind mitunter auch nach der UIAA-Skala bewertet. In die Einstufung gehen neben der höchsten auftretenden Schwierigkeit auch die Schwierigkeit *aller* Abschnitte, die Höhenlage, die Kletterlänge und -zeit sowie die Gefährlichkeit ein. Freie und hakentechnische Klettereien werden in der sowjetischen Skala nicht unterschieden. Es ist typisch, daß z. B. eine 3 B an einem relativ kleinen Gipfel recht schwierige Kletterei bieten kann, während unter Umständen eine 4 B an einem Siebentausender fast nur Gehgelände aufweist. Der sechste Grad wird grundsätzlich nach einigen Begehungen einer neuen Route in 5 B umgewandelt. In jüngster Zeit erfolgte eine Neueinstufung vieler Routen, um trotz des stark gewachsenen Niveaus im oberen Bereich ohne Skalenerweiterung wieder zu einer aussagekräftigen Bewertung zu kommen. Dadurch sind vor allem viele klassische Routen in niedrigere Schwierigkeitsgrade eingestuft worden (z. B.: alt 5 B, neu 4 B).

In *Rumänien* und *Bulgarien* wird die gleiche Skala wie in der Sowjetunion verwendet, jedoch gehen überwiegend die Länge und der optische Eindruck in die Bewertung ein. Typischerweise haben lange, überhängende Routen den Grad 6, auch wenn sie durchweg künstlich geklettert werden und lediglich ein hoher Krafteinsatz erforderlich ist. Andererseits kann insbesondere im Bereich 3 B bis 5 A recht anspruchsvolle Freikletterei mit teilweise sehr spärlicher Sicherung auftreten.

[1] siehe Bender, F.: Der Kaukasus – Digorische Kette. Magdeburg: DWBO, 1983

4.2.4. Ausrüstung

Für jede Hochgebirgsfahrt sind Ausrüstungslisten erforderlich, in denen sehr genau und detailliert aufgeführt wird,
– was man mitnehmen will,
– wer für die Beschaffung verantwortlich ist,
– wer für den Transport verantwortlich ist,
– in welchem Gepäckstück was zu finden ist,
– was in persönliche, in Seilschafts- und in Gruppenverantwortlichkeit fällt.

Nach der Fahrt wird anhand der Ausrüstungsliste festgestellt und notiert, welche Unzulänglichkeiten die Ausrüstung hatte, was zu reichlich und was zu knapp vorhanden war, welche Lehren man für zukünftige Fahrten gewonnen hat. Daraus entwickelt sich ein sehr konkreter Erfahrungsschatz, der zur Optimierung der Ausrüstung führt. Es ist typisch, daß Anfänger viel mehr mitschleppen (und trotzdem unter manchem Mangel leiden) als erfahrene Alpinisten.

Die in Übersicht 12 enthaltene Ausrüstungsliste ist als Rahmen für normale Fahrten in europäische Hochgebirge (Sommer oder Winter), in den Kaukasus oder den Pamir anzusehen. In der Regel genügt eine *Auswahl* aus dieser Liste. Einige Gegenstände sind für verschiedene Zwecke geeignet.

Die Kriterien der Auswahl sind:
– Charakter und Dauer der Fahrt;
– Zugänglichkeit des Aktionsgebietes;
– Klima und Jahreszeit;
– Höhenlage und Charakter der vorgesehenen Routen;
– Versorgungslage im Zielgebiet, Quartiermöglichkeiten;
– vorgesehene Transportmittel.

Neben dem unentbehrlichen Grundbedarf des Alpinisten kann für außergewöhnliche Fahrten und extreme Zielstellungen die Ergänzung der Ausrüstungsliste erforderlich werden.

Es gibt Gegenstände, für die im grenzüberschreitenden Verkehr und im Flugverkehr aus Gründen des Zollrechts, der Hygiene oder der Sicherheit Einschränkungen oder Verbote bestehen. Das gilt z. B. für Brennstoffe, Druckbehälter, Sprengstoffe (Signalraketen!), Waffen (Fahrtenmesser!), Behälter mit unbestimmbarem Inhalt und nachrichtentechnische Mittel. Man muß sich in jedem Fall rechtzeitig über die aktuellen Bestimmungen informieren.

Wenn weniger erfahrene Alpinisten teilnehmen oder eine Fahrt im Expeditionsstil durchgeführt wird, muß man mindestens einen „Aus-

Übersicht 12: Ausrüstungsliste für Alpinisten
● Grundausrüstung des Alpinisten;
+ Ergänzungen für besondere Touren (Beispiele)

Bekleidung und Körperschutz
Bergstiefel ●
Kletterschuhe
Hüttenschuhe
Schuhe für die Reise
Socken, Wolle ●
Söckchen, Baumwolle
Sockenhalter
Strümpfe dünn/dick
Gamaschen kurz/lang
Filzinnenschuhe
Einlegesohlen
Hillarysäcke
Unterwäsche ●
Hosen kurz/lang/Pantalons
Hemden kurz/lang
Berghose ●
Hosenträger/Gürtel
Reisehose
Oberhemden ●
Pullover dünn ●/dick
Anorak/Baumwolle ●
Windhemd
Überhose
Sturmanzug (Overall)
Regenumhang ●
Regenschirm
Wärmejacke
Wärmeüberhose
Schutzhelm ●
Mütze/Kappe ●
Sturmhaube/Hut
Sonnenschutztuch
Schal
UV-Schutzbrille ● (Etui, Ersatz)
Bremshandschuhe ●
Wollfäustel ●
Kletterhandschuhe
Fingerhandschuhe
Überhandschuhe
Pulswärmer
Trainingsanzug
Schlafanzug

Biwakausrüstung
Zelte/Überzelte
Zeltzubehör
Daunensachen
− Schlafsäcke
− Biwakjacken ●
− „Elefantenfüße"
− Biwakhosen, Biwakschuhe
Isoliermatten
Zeltsäcke ●
Rettungssäcke und -folien ●
Hängematten +
Schneeschaufeln
Schneesägen +

Sicherungsmittel und Fortbewegungshilfen
Seile ●
Schlingen ●
Reepschnur
Klemmkeile ●
Klemmgeräte
Felshaken ●
Bohrhaken und Steinbohrer +
Rohreisschrauben
Rohreishaken
Karabinerhaken
− Standard ●
− HMS ●
− Schraubkarabinerhaken
− Kleinkarabiner, Hakenfänger
Firnhaken und Firnanker +
Steigklemmen
Trittleitern
Seilrollen
Abseilachter ●
Anseilgurte ●
Steigeisen
Felshämmer ●
Eishämmer ⎫
Eisbeile ⎬ ggf. mit Zubehör
Eispickel ⎭ und Wechselteilen
Eisstichel
Skistöcke
Fädeldraht für Eissanduhren
Eis-Einserhaken +

Küchenbedarf
Benzinkocher
Gaskocher
Benzingefäße
Gaskartuschen
Vorwärmhilfen und Zündmittel
− Brennspiritus
− Spiritustabletten
− Streichhölzer ⎫
− Sturmhölzer ⎭ wasserdicht verpackt
− Feuerzeug
Kocherersatzteile
Töpfe mit Deckel
Topfzangen
Topfreiniger
Lappen
Kocher-Unterlage
Kocher-Windschutz
Rührlöffel
Teebeutel/Tee-Ei
Eßlöffel
Taschenmesser ●
Büchsenöffner
Schneeschmelzsack
Wasserschläuchlein
Trinkflaschen ●
Thermosflaschen
Trinkgefäße
Butterdosen
Folienbeutel ●

Proviant
Getränkezusätze
physiologische Salzmischung
Kochsalz
Tee (Kräutertee, schwarz/grün)
Kaffee
Fruchtsaftkonzentrate
Limonadenpulver
Fleischbrühwürfel
Zucker
Trockenmilch
Kakaogetränke
Vitaminpräparate

Küchengerichte
kochfertige Suppen
gefriergetrocknete Fertiggerichte
gefriergetrocknete Grundnahrungsmittel
Pürees
Mehlspeisen
Fleischkonserven
Nährmittel und Teigwaren
Gewürze (Salz, Pfeffer, Majoran, Petersilie, Glutamat, Vanille usw.)
Kalte Küche
Brot
Röstbrot, Zwieback, Keks (evtl. Komprimate)
Wurst
Schinken
Speck, **Speckfett**
Käse
Fischkonserven
Frischobst, **Frischgemüse**
Ketchup, Mostrich (in Tuben)
Honig, **Konfitüre** (in Tuben)
Butter
Hosentaschenproviant •
Trockenobst
Nußkerne
Zwieback, Röstbrot
diverse Konzentratschnitten
Kaugummi
Schokolade
Bonbons

Ausrüstung für Körperpflege, medizinische Erste Hilfe und Psychohygiene
Körperpflege •
Waschzeug
Zahnputzzeug
Fußpflege
Haarpflege
Nagelpflege
Rasierzeug
Hautschutz (Lichtschutz, Lippensalbe, Hautcreme)
Schnupftücher
Toilettenpapier
Badehose

Medizinische Erste Hilfe
Persönliche Kletterapotheke •
– Wundbehandlung
– eventuelle private Verordnungen
Seilschaftsapotheke
weitere Mittel der Ersten Hilfe für den Arzt bzw. Sanitäter der Mannschaft sowie Reservefonds für medizinisches Verbrauchsmaterial
für größere Höhen (über 6000 m): kleine Sauerstoffflasche mit Zubehör
Psychohygiene
Musikinstrumente, kleine Geschenke, Genußmittel, Lektüre, Tagebuch

Rucksäcke und Transportbehälter
Tourenrucksäcke •
– für **Tagestouren**
– für **Mehrtagestouren**
Rucksäcke für die Reise und den Anmarsch
– Kraxe
– evtl. Schonbezüge, Seesack oder ähnliches
Plasttonnen
Wegwerfbehälter für Verbrauchsmaterial
Brustbeutel/Dokumententasche •
Spezialtaschen für Foto-, Film- und Sonderausrüstung
Netze und Beutel für Einkäufe und Reisebedarf

Sonstige Ausrüstung
Dokumente und Zahlungsmittel •
Ausweise, Pässe, Zoll- und Grenzdokumente
Geld (Transitwährungen, Währung des Gastlandes, Schecks, Wertgutscheine)
Fahrscheine, Flugtickets, Platzkarten, Bettkarten
sportliche Qualifikationsnachweise
Dokumentation, Kommunikation und Signalisierung
Schreib- und Zeichenzeug
Wörterbücher
Postkarten, Briefmarken, Adressen
Foto- und Filmausrüstung
Radios, Funkgeräte, Batterien +
Signalraketen +
Lawinenschnuren, Verschüttetensuchgerät •
Trillerpfeifen •
Orientierungshilfen
Karten •, Lagepläne, Routenbeschreibungen •,
Fotos
Uhren •, Kompaß •, Höhenmesser, Ferngläser, Kalender
Stirnlampen •, Taschenlampen, Kerzen, Laternen, Batterien
Markierungsfähnchen +
Pflege und Reparatur der Ausrüstung •
Waschmittel, Schuhpflege, Imprägnierung
Reparatursatz für Textilien, Schuhe und Steigeisen:
– Nähzeug, Hohlniete, Schnallen, Nägel und Schrauben, Universalkleber, Bindedraht, Feile, Steigeisenschlüssel, Schnüre, Schnürsenkel, Stofflicken, Patentnadeln.

rüstungsappell" etwa zwei bis vier Wochen vor dem Start durchführen, bei dem die erfahrensten Teilnehmer die Vollständigkeit und Brauchbarkeit sowie die optimale Verteilung und Verpackung kontrollieren.

Für den Bedarf an Sicherungsmitteln kann als Orientierung gelten:

Alpen, Karpaten und Kaukasus
für eine Zweierseilschaft
(S = Schwierigkeitsgrad der Freikletterei)
1 Einfachseil
4 x S Standardkarabinerhaken
2 x S Sicherungsschlingen
2 x S Klemmkeile
2 x S Felshaken
zusätzlich für vergletscherte Hochgebirge und kombinierte Routen:
zwei bis zehn Rohreissschrauben oder -haken (je nach Ziel)
Pamir
für eine Viererseilschaft, Routen bis 4 B (neue Einstufung)
1 Einfachseil
3 x S Standardkarabinerhaken
1 x S Sicherungsschlingen
1 x S Klemmkeile
1 x S Felshaken
je Teilnehmer zwei bis drei Rohreissschrauben oder -haken
Routen mit schwierigen künstlichen Kletterstellen
2 Halbseile, mehr Haken und mehr Karabiner als zuvor angegeben, eventuell Trittleitern.

Eine *minimale* Eisausrüstung (1 Eishammer, 1 Paar Steigeisen je Seilschaft) ist im Sommer und Frühherbst in der Hohen Tatra wie in den Kalkalpen oftmals nützlich. Für den Rest des Jahres benötigt jeder Teilnehmer mindestens einen Pickel oder ein Eisbeil und ein Paar Steigeisen. Dies gilt gleichermaßen für alle vergletscherten Hochgebirge. Je nach Tourenziel gehören noch einige Eishämmer zur Ausrüstung einer Seilschaft.

In einigen Gebirgen, so in der Hohen Tatra, darf nur auf Campingplätzen gezeltet werden. Man benötigt dann bei Hüttenübernachtung keine Ausrüstung für geplante Biwaks, auf jeden Fall aber für Notbiwaks. Im Kaukasus und Pamir, oft auch in den Westalpen, ist jedoch die volle Biwakausrüstung unerläßlich.

4.3. Alpine Gefahren und alpine Taktik

Die Hochgebirge konfrontieren den Menschen mit gewaltigen Naturerscheinungen, aus denen ihm oft tödliche Gefahren erwachsen können. Es gibt nur eine Chance gegen die Gefahren: Man muß sie gut kennen und meiden, Vorsichtsmaßnahmen zur Verhinderung von Unfällen treffen sowie fähig und bereit sein, die Folgen eventueller Unfälle zu begrenzen. Der Alpinist darf sich nicht auf sein „Glück" im Umgang mit den Gefahren verlassen. Auf die Dauer kann man Sicherheit im Bergsteigen nur durch das richtige taktische Verhalten erreichen.

Die Taktik der Alpinisten resultiert aus der Kenntnis der Hochgebirgsnatur und der Selbsterkenntnis der Alpinisten. Die Erfahrungen mehrerer Alpinistengenerationen werden zu praktikablen Regeln aufbereitet. Das taktische Wissen des Alpinisten ist dessen dominierender geistiger Leistungs- und Sicherheitsfaktor. Nichts unterscheidet gute und schwache Alpinisten stärker als die Ausprägung der taktischen Fähigkeiten. Seine taktischen und Orientierungsqualitäten muß jeder Alpinist bewußt entwickeln. Der Weg dazu ist
– gründliche theoretische Tourenvorbereitung;
– Prüfung der Theorie in der Praxis durch Selbstkontrolle während der Tour;
– kritische Einschätzung nach der Tour.
Inhalt der Taktik des Alpinisten sind Maßnahmen und Handlungen in Vorbereitung und Durchführung einer Bergtour, um das sportliche Ziel, die Besteigung eines Gipfels auf einer bestimmten Route, zu erreichen. Das schließt den Abstieg und die sichere Rückkehr zum Ausgangspunkt ein. Die Taktik einer Besteigung kann nicht starr sein, sie muß sich immer an den in der Praxis vorgefundenen Bedingungen orientieren. Das verlangt im voraus durchdachte Varianten für mögliche Veränderungen, aber auch den rechtzeitigen Entschluß zum Rückzug, wenn man erkennt, daß man der Tour unter den gegebenen Umständen nicht gewachsen ist. Hier muß in jedem Fall die Sicherheit der Alpinisten den Vorrang haben.

Die Wahl der Taktik hängt von objektiven und subjektiven Faktoren ab. *Objektive Faktoren* sind Gelände, Wetter, Höhenlage, Zugänglichkeit und nicht zuletzt die Gefahren der Route. *Subjektive Faktoren* sind Erfahrung, Kondition, Technikbeherrschung, Akklimatisationszustand, Geländekenntnis, Ausrüstung.

Daraus folgt, daß die optimale Taktik für eine starke Seilschaft anders sein muß als für eine schwächere. Die Wahl der Taktik erfordert eine genaue Einschätzung aller objektiven und subjektiven Faktoren, und es muß taktische Varianten für den Fall geben, daß man einzelne Faktoren nicht sicher einschätzen kann oder damit rechnen muß, daß sie sich während der Tourendurchführung ändern. Das Verhältnis zwischen objektiven und subjektiven Faktoren ist dann günstig, wenn Reserven an Erfahrung, Kraft, psychischer Stabilität und Ausrüstung noch unterwegs bei Veränderungen in den bestimmenden Faktoren einen Entscheidungs- und Handlungsspielraum offenlassen. Diese Reserven sind für die Sicherheit der Seilschaft unerläßlich. Ergebnisse der taktischen Überlegungen zu einer konkreten Tour unter konkreten Umständen sind

– die Entscheidung, ob diese Tour unter diesen Umständen überhaupt unternommen werden soll;
– das Erkennen der Gefahren und der Möglichkeit, sie zu vermeiden;
– die Zusammensetzung der Seilschaft;
– ein Zeitplan (Entscheidung, ob die Tour als Tages- oder als Mehrtagestour geplant wird, Zeit für die Vorbereitung und eventuell für Akklimatisationstouren, Zeitregime unterwegs);
– Festlegungen zur Ausrüstung (insbesondere Umfang der Biwakausrüstung);
– Festlegungen zur Feinorientierung, Technik und Sicherung;
– Festlegungen zu taktischen Varianten und zum Verhalten bei Störungen des geplanten Ablaufs sowie Abstimmung mit anderen bezüglich des Nachrichtenaustausches, der Kooperation und der Hilfeleistung.

4.3.1. Wetter und alpine Gefahren

Die Wettergefahren im Hochgebirge

Eine der wichtigsten Voraussetzungen für die Sicherheit ist, daß der Alpinist Wissen über das Wettergeschehen besitzt. Dazu gehört die Interpretation der Wetterberichte und der lokalen Wetteranzeichen, Kenntnis der typischen Wetterabläufe, die möglichst treffende Kurzzeit-Wetterprognose, Kenntnis der witterungsbedingten Gefahren und der optimalen Maßnahmen gegen sie.

Wetterbedingte Gefahren sind vor allem:
– Gefahr der Unterkühlung, Erschöpfung oder Erfrierung;
– Erhöhung der Absturzgefahr durch Glättebildung am Fels oder durch Sturm;
– Orientierungsverlust durch Sichtbehinderung und das Nichterkennen weiterer Gefahren;
– Erhöhung der Lawinen- oder Steinschlaggefahr;
– Blitzschlaggefahr;
– Gefahr durch UV-Strahlung;
– Gefahr durch zu große Hitze;
– wetterbedingte Veränderungen des physischen und psychischen Wohlbefindens und erhöhte Neigung zu Fehlleistungen.

Nebel beeinträchtigt vor allem die Orientierung. Im Hochgebirge ist der Nebel stets Wolkennebel. Nebeldichte und -dauer hängen vom Wolkentyp ab. Die Nebelhäufigkeit hat im späten Frühjahr und Sommer ihr Maximum, im Herbst und Winter ihr Minimum. Vor allem im Frühjahr und Sommer konzentriert sich das Auftreten von Nebel auf die zweite Tageshälfte.

Kälte, vor allem in Verbindung mit Nässe oder Sturm, führt zu starkem Wärmeverlust und beschleunigt die Erschöpfung der Kräfte. Unterkühlungen und Erfrierungen drohen; durch Beeinträchtigung der Motorik wächst das Absturzrisiko. Die Temperaturen sinken in der Regel mit der Höhe um etwa 0,6 Kelvin je 100 m.

Sturm tritt vor allem bei Schlechtwettereinbrüchen und in Föhnlagen auf. Das Steigen und die Seil- und Sicherungsarbeit werden stark erschwert. Dem Körper wird viel Wärme entzogen. Erschöpfung, Unterkühlung und Erfrierungen sind zu befürchten. Steinschläge verstärken sich, das Lawinenrisiko kann steigen.

Regen beeinträchtigt die Reibung am Fels ungünstig. Das Risiko für Lawinen und Steinschläge wächst, die Sicht ist behindert, durchnäßte Kleidung fördert den Wärmeverlust.

Schneefall erschwert das Steigen durch Glättebildung. Tritte, Griffe und Sicherungsmöglichkeiten werden verdeckt. Das Steigtempo läßt stark nach, die Sicht ist schlechter, die Orientierung schwieriger. Die Kleidung wird feucht, der Körper verliert viel Wärme, ein naßkaltes Biwak mit Notausrüstung kann notwendig werden. Lawinen und Schneerutsche können auftreten.

Gewitter bedrohen den Alpinisten vor allem

durch Blitzschlag, daneben auch durch ergiebige Niederschläge und Sturm und im Falle von Kaltfrontgewittern durch starke und andauernde Abkühlung.

Intensive Wärmestrahlung beeinträchtigt das Wohlbefinden, Sonnenstich und Hitzeschlag drohen. Windstille, hohe Luftfeuchtigkeit und senkrecht zum Hang einstrahlende Sonne führen zur stärksten Wärmebelastung.

Die *UV-Strahlung* gefährdet die Augen (Schneeblindheit) und die Haut. Besonders in großen Höhen und bei starker Reflexion (Neuschnee, Firn, Wolken) kann extreme Belastung auftreten.

Allgemeines zum Wetter

Das gesamte Wettergeschehen spielt sich in der Troposphäre ab, der untersten, etwa 7 bis 16 km mächtigen Schicht der Lufthülle unserer Erde. Das Wetter entsteht durch Zusammenwirken komplizierter physikalischer Vorgänge. Unmittelbar meß- und beobachtbare Wetterelemente sind:

Temperatur
In der Regel nimmt die Temperatur der Luft mit wachsender Höhe ab. Ein Maß dafür ist der vertikale Temperaturgradient, die Temperaturabnahme je 100 m Höhenzuwachs, der etwa 0,5 bis 0,6 K beträgt. Ursache dieser vertikalen Temperaturabnahme ist, daß die Sonnenenergie vorwiegend an der Erdoberfläche in Wärme umgesetzt wird und daß bei vertikalen Luftbewegungen adiabatische Temperaturänderungen eintreten: aufsteigende Luft kühlt sich ohne Energieaustausch mit der Umgebung durch Ausdehnung ab, absteigende Luft erwärmt sich. Anomalien der vertikalen Temperaturverteilung sind die Isothermie (in der Vertikalen konstante Temperatur) und die Inversion (kältere Luftschichten in tieferen Lagen). Die Temperatur erreicht in ihrem Tagesgang normalerweise ihr Maximum 14 bis 15 Uhr und ihr Minimum bei Sonnenaufgang. Die Differenz der täglichen Temperaturextrema heißt *Tagesamplitude*. Diese beträgt über Ozeanen und in den Tropen nur 1 bis 1,5 °C, im Inneren des Festlandes etwa 20 °C. Sie ist im Winter meist kleiner als im Sommer, und sie verringert sich bei starker atmosphärischer Reflexion. Der Jahresgang der Temperatur hat sein Maximum im Juli und sein Minimum im Januar. Das Absinken der Temperatur unter 0 °C heißt Frost. Man unterscheidet Strahlungsfrost durch Wärmeabstrahlung in klaren Nächten und Advektionsfrost durch Zufluß polarer Luftmassen.

Luftfeuchtigkeit
Die absolute Luftfeuchtigkeit (Gramm Wasser je Kubikmeter Luft) nimmt im Mittel mit steigender Höhe ab. Je kälter die Luft wird, desto weniger Wasserdampf kann sie aufnehmen. Die maximale Luftfeuchtigkeit ist die Masse des Wasserdampfes in Gramm je Kubikmeter Luft im Taupunkt. Die relative Luftfeuchtigkeit (in Prozent) ist der Quotient aus absoluter und maximaler Luftfeuchtigkeit. Bei Abkühlung unter den Taupunkt kommt es zu Kondensation (Bildung von Wassertröpfchen). Dabei wird Wärme freigesetzt. Umgekehrt wird beim Verdunsten Wärme verbraucht.

Nebel
Durch Abkühlung feuchter Luft (Wärmeabstrahlung oder Kontakt mit dem kalten Boden) entstehen Boden- und Talnebel. Wenn sich ein Talnebel von unten her auflöst, beobachtet man Hochnebel. Bergnebel gehört der Entstehung nach zu den Wolkenerscheinungen.

Wolken
Wolken entstehen durch Kondensation von Wasserdampf an Kondensationskernen bei adiabatischer Abkühlung unter den Taupunkt. Bei Temperaturen über 0 °C entstehen Wasserwolken, bei Temperaturen zwischen 0 °C und −10 °C unterkühlte Wasserwolken. Erst bei noch tieferen Temperaturen bilden sich hinreichend viel Gefrierkerne, die zu Mischwolken aus Tropfen und Eiskristallen und zu reinen Eiswolken führen.

Rasches, räumlich eng begrenztes Aufsteigen von feuchter Luft läßt cumuliforme (haufenförmige) Wolken entstehen, langsames großflächiges Aufsteigen bildet stratiforme (schichtförmige) Wolken. Ursache der cumuliformen Wolkenbildung ist lokale Aufheizung des Bodens oder Kaltfrontdurchgang, während die stratiformen Wolken beim Aufgleiten von Warmluft auf Kaltluftkeilen entstehen. Orographische Wolken entstehen durch die stauende und luftanhebende Wirkung von Gebirgen oder Bergen an deren Luvseite. Sie können sowohl stratiform als auch cumuliform sein. Charakteristisch ist, daß sie oft ortsfest bleiben.

Eine etwas feinere Wolkenklassifikation berücksichtigt deren Höhe und Aussehen. (Abb. 211 und Übersicht 13)

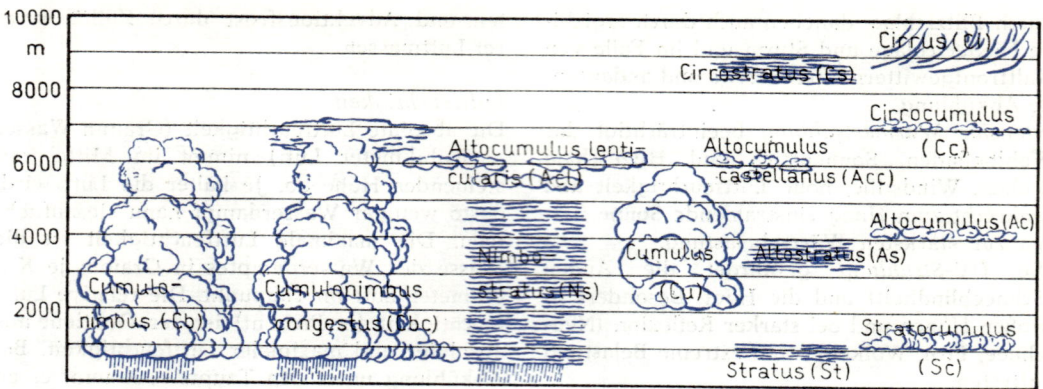

Abb. 211 Wolkenformen

Weiter gibt es Sonderformen von Wolken, die zum Teil gebirgstypisch sind:

- Altocumulus castellanus: Altocumulus mit Türmchen an der Oberseite, bildet später Cumulonimbus.
- Altocumulus lenticularis: linsenförmige, scheinbar unbewegliche Altocumulus („Föhnfische") im Lee von Gebirgen.
- Cumulus congestus: Cumulus mit großer Vertikalausdehnung und scharfer, blumenkohlähnlicher Umrandung (Schauer- oder Gewitterwolken).

Reflexion, Brechung und Beugung des Lichtes von Sonne und Mond an Wolken oder Niederschlägen führen zu optischen Erscheinungen, die Indikator für bestimmte Wolkenarten sein können:

- Nebensonne (Nebenmond): isolierter farbiger Fleck waagerecht neben dem Gestirn, vorwiegend an Cirrus.
- Halo: farbiger Lichtring um das Gestirn, meist an Cirrostratus.
- Corona: farbiger, anliegender Kranz, Altocummulus oder Stratocumulus.
- Regenbogen: Brechung an Niederschlag.

Niederschlag

Niederschlag kann verschiedene Ursachen haben: Konvektiver Niederschlag entsteht durch vertikales Aufsteigen erwärmter Luft (Wärmegewitter), advektiver Niederschlag durch Aufgleiten von Wärmeluftströmungen an Warmfronten und Okklusionen und orographischer Niederschlag durch bodenreliefbedingtes Aufgleiten oder Anstauen an der Luvseite von Gebirgen. Wesentlich für die Praxis ist der Zusammenhang zwischen Wolkenform und zu erwartendem Niederschlag:

- Wolken mit großer Horizontalausdehnung

Übersicht 13: Familien und Gattungen der Wolken (s. dazu Abb. 211)

Hohe Wolken (6–12 km)
Faser- oder Federwolken (Cirrus; Ci)
9–12 km; dünn, faserig, z. T. in Band-, Häkchen- oder Fischgrätenform; bestehen aus Eiskristallen; bei Zunahme Wetterverschlechterung.
Hohe Schäfchenwolken (Cirrocumulus; Ce)
7–8 km; entstehen am Rand von Störungen durch Auflösung von Cirrostratus; selten.
Schleierwolken (Cirrostratus; Cs)
7–9 km; entstehen durch Verdichtung von Cirrus bei Wetterverschlechterung; Halos um Sonne und Mond.

Mittelhohe Wolken (2–6 km)
Grobe Schäfchenwolken (Altocumulus; Ac)
6–7 km; entstehen durch Auflösung von Altostratus; stabile Wetterlage.
Mittelhohe Schichtwolken (Altostratus; As)
3–6 km; entstehen bei Wetterverschlechterung aus Cirrostratus.

Tiefe Wolken (bis 2 km)
Haufenschichtwolken (Stratocumulus; Sc)
0,2–2 km; entstehen durch Auflösung von Schichtwolkenfeldern; zellenartig gegliedert, Ballen und Schollen.
Tiefe Schichtwolken (Stratus; St)
0,2–2 km; strukturlose Schicht; entstehen an der Vorderseite einer Störung oder durch Anheben von Nebel.
Regenwolken (Nimbostratus; Ns)
0–2 km; Abart der Stratus an Warmfronten; Landregen.

Wolken mit großer vertikaler Ausdehnung (0,5 bis 8 km)
Schönwetter-Haufenwolken (Cumulus; Cu)
0,5–5 km; entstehen durch Thermik bei Schönwetter, tags Zunahme, abends Auflösung.
Schauer- und Gewitterwolken (Cumulonimbus; Cb)
0,5–9 km; mächtig aufgetürmte Konvektions- und Turbulenzwolken; sicheres Anzeichen für Wärme- oder Frontgewitter.

(stratiform) bringen Dauerniederschlag meist geringer Intensität (Stratus Sprühregen, Nimbostratus, Altostratus, Stratocumulus Dauerregen, lang anhaltender Schneefall).
- Wolken mit großer Vertikalausdehnung (Cumulonimbus) bringen Schauer.

Luftdruck
Der Luftdruck wird in Hektopascal (hPa) gemessen (1 hPa = 100 N/m^2). In Meereshöhe auf 45° geographischer Breite beträgt der Luftdruck bei trockener Luft von 0 °C im Mittel 1013 hPa. Zur Vergleichbarkeit (Wetterbericht) werden gemessene Luftdrücke auf diese Normalsituation umgerechnet (reduziert).
Der Luftdruck nimmt mit der Höhe exponentiell ab. Vom Luftdruck hängt der Siedepunkt des Wassers ab. Je geringer der Luftdruck, desto niedriger der Siedepunkt. Den Zusammenhang gibt Tabelle 25 wieder.
Der Luftdruck besitzt einen typischen Tagesgang. An sonnigen Sommertagen ist dieser am stärksten ausgeprägt und erreicht nahezu 1 hPa Schwankung. Die Luftdruckänderung innerhalb der letzten drei Stunden nennt man Barometertendenz. Diese ist wesentlich für Wetterprognosen.

Tabelle 25: Veränderung von Luftdruck und Siedepunkt des Wassers in Abhängigkeit von der Höhe

Höhe über NH (m)	Luftdruck (hPa)	Siedepunkt des Wassers (°C)
0	1013	100
1000	985	97
2000	789	93
3000	696	90
4000	615	87
5000	543	83
6000	479	80
7000	423	77

Wind
Richtung und Stärke der Winde hängen hauptsächlich von **Luftdruckunterschieden**, **Corioliskraft**[1] und **Bodenreibung** ab. Im Ergebnis von Luftdruckdifferenz und Corioliskraft weht der Höhenwind etwa parallel zu den Isobaren

[1] Trägheitskraft auf einem Körper, der sich in einem **rotierenden System** bewegt, z. B. auf der Erde. Luftströmungen werden durch die Corioliskraft auf der Nordhalbkugel in Bewegungsrichtung nach rechts abgelenkt.

(Linien gleichen Luftdrucks), in der Richtung, in der das Hochdruckgebiet rechts und das Tiefdruckgebiet links liegt. Hochdruckgebiete werden folglich im Uhrzeigersinn (antizyklonal) und Tiefdruckgebiete entgegen dem Uhrzeigersinn (zyklonal) umströmt. In Bodennähe erfolgt durch Bodenreibung eine Ablenkung, die den Wind spiralig vom Hochdruckkern hinweg und in den Tiefdruckkern hinein lenkt. Mit dem Wind werden Luftmassen großräumig verlagert. Der ursprüngliche Charakter dieser Luftmassen bleibt dabei lange erhalten und beeinflußt maßgeblich die Wetterentwicklung:
- Meeresluft ist feucht und thermisch ausgeglichen, im Sommer kühl und im Winter mild.
- Polarluft ist kalt und mäßig feucht.
- Festlandluft ist trocken, im Sommer warm und im Winter kalt.
- Tropische Luftmassen sind warm mit unterschiedlichem Feuchtigkeitsgehalt.

Die bedeutendsten Aktionsgebiete unserer Alpinisten liegen in den gemäßigten Breiten Europas und Asiens. Diese Gebiete sind durch eine globale Westwinddrift charakterisiert, in der von West nach Ost wandernde Tiefdruckgebiete (Zyklonen) vielfach das Wetter bestimmen. Der Entstehungsraum dieser Tiefs ist der Nordatlantik. Ihr Einfluß schwächt sich nach Osten hin ab. In den Gebirgen der Karpaten sind sie noch deutlich erkennbar, im Kaukasus und vor allem im Pamir trägt das Wetter stärker kontinentalen Charakter. Zyklonen entstehen meist in Serien von drei bis fünf Stück mit ein bis drei Tagen Abstand. Sie verursachen vorwiegend wechselhafte, niederschlagsreiche Wetterlagen und können im Hochgebirge zuweilen Wetterstürze bewirken. Eine Zyklone ist ein auf der Nordhalbkugel entgegen dem Uhrzeigersinn drehender großräumiger Luftwirbel um einen Tiefdruckkern mit einem charakteristischen Warmluftsektor. Der Warmluftsektor bildet vor sich (östlich) eine Warmfront und hinter sich (westlich) eine Kaltfront mit typischen Wettererscheinungen. Im Laufe der Zyklonenentwicklung und -verlagerung verschmelzen beide Fronten zu einer Okklusionsfront. Abbildung 212 zeigt die Zyklonenentwicklung. Folgende Wetterabläufe sind typisch:

Vorderseite und Warmfront
Die leichtere **Warmluft** gleitet flach auf kältere Luft auf. Bis zu 1000 km vor der Warm-

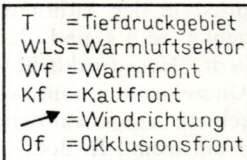
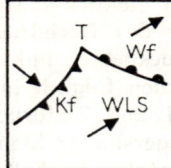
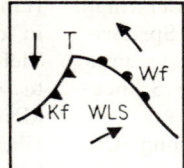
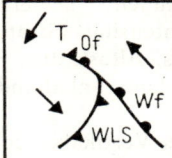
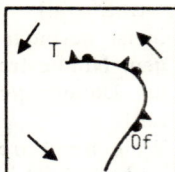

T   = Tiefdruckgebiet
WLS = Warmluftsektor
Wf = Warmfront
Kf = Kaltfront
→   = Windrichtung
Of = Okklusionsfront

Abb. 212   Zyklonenentwicklung
T = Tiefdruckgebiet; WLS = Warmluftsektor; Wf = Warmfront; Kf = Kaltfront; → = Windrichtung; Of = Okklusionsfront

Abb. 213   Vertikalschnitt durch eine Zyklone

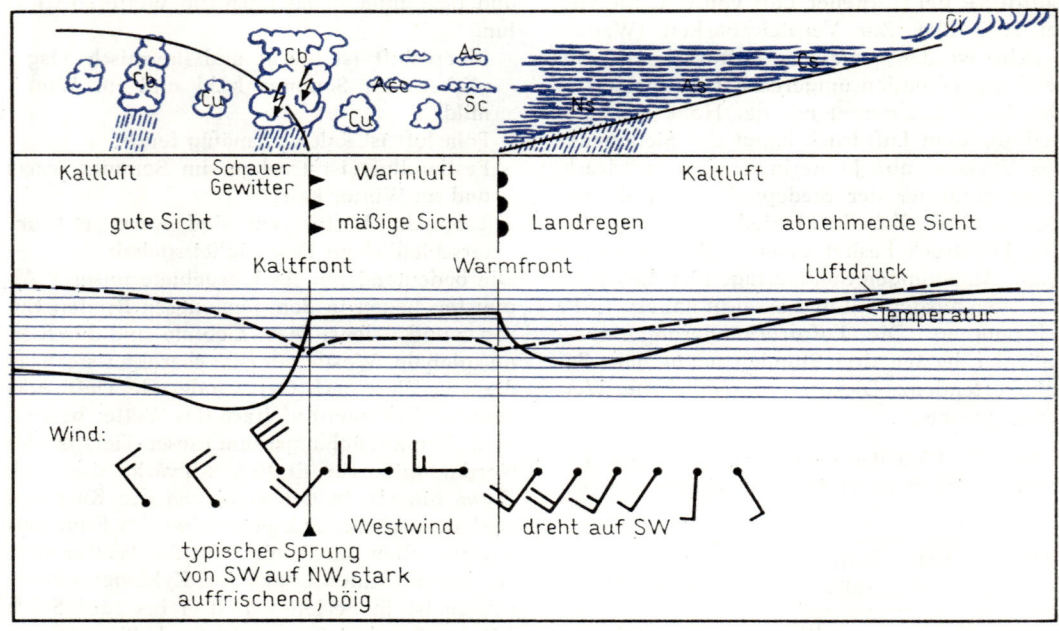

front treten hohe stratiforme Wolken auf (zuerst Cirrus, dann Cirrostratus), die allmählich immer stärker und niedriger werden (Altostratus, Nimbostratus). 100 bis 300 km vor der **Warmfront** setzt (vorwiegend aus Nimbostratus) anhaltender schwacher bis mäßiger Niederschlag (Landregen) ein, der große Gebiete betrifft. Während dieser Entwicklung fällt der Luftdruck langsam und stetig. Die Fernsicht verringert sich und ist zuletzt schlecht. Der Wind dreht auf Süd bis Südwest und frischt allmählich auf. Die Temperatur ändert sich wenig, bis schließlich mit dem Warmfrontdurchgang eine deutliche Erwärmung einsetzt. Im Warmluftsektor herrscht vorwiegend niederschlagsfreies Wetter mit wechselnder Bewölkung, Wärme, mäßiger Sicht, geringen Luftdruckänderungen und Südwestwind mittlerer Stärke.

Kaltfront und Rückseite
Die Luftmassengrenze zwischen Warmluftsektor und nachdrängender Kaltluft ist bedeutend steiler als an der Warmfront. Auf einem oft weniger als 100 km breiten Streifen wird die Warmluft durch die sich unterschiebende Kaltluft rasch nach oben gedrückt. Dadurch entsteht kräftige cumuliforme Bewölkung (Cumulus, Cumulonimbus) und es kommt zu starken schauerartigen Niederschlägen, die oft mit Gewitter (Frontgewitter) einhergehen. Der Luftdruck sinkt kurz vor der Kaltfront und steigt mit dem Kaltfrontdurchgang stark an. Die Temperatur sinkt schnell und kräftig, der Wind springt auf West bis Nordwest und wird böig, teilweise stürmisch. Nach dem Kaltfrontdurchgang reißt die Bewölkung auf, es folgen Cumulus und Cumulonimbus in raschem Wechsel. Schauer sind noch möglich, die Sicht wird plötz-

lich gut bis sehr gut, es bleibt kühl und windig, zuweilen sinkt die Temperatur noch weiter. Die Kaltfrontwetterlage kann den Alpinisten, der sich ihr aussetzt, in dramatische Gefahrensituationen bringen. Wenn mit den für Kaltfront und Rückseitenlagen charakteristischen Winden um West bis Nordwest große Massen sehr kalter Polarluft einbrechen, kann im Sommer die Temperatur bis 20 K fallen, es kommt zu ergiebigen Schneeschauern (bis 1 m Schneehöhe!), Sturm und starken Gewittern. Im Luv der Gebirge sind anhaltende Stauwetterlagen mit Nebel und Niederschlag möglich. Abbildung 213 veranschaulicht den Vertikalschnitt durch eine Zyklone mit ausgeprägtem Warmluftsektor.

Okklusionsfronten entstehen, wenn Kaltfronten ihre Warmfronten einholen. Wenn die Vorderseitenluftmassen wärmer als die Rückseitenluftmassen sind, ähneln ihre Wettererscheinungen denen der Kaltfronten, anderenfalls denen der Warmfronten.

Hochdruckgebiete entstehen zwischen den wandernden Tiefdruckwirbeln und verlagern sich ebenfalls vorwiegend ostwärts. Durch großräumige Absinkbewegungen der Luft erfolgt in ihnen eine adiabatische Erwärmung der Luft, und die relative Luftfeuchtigkeit sinkt. Es herrschen geringe Temperaturunterschiede und flache Luftdruckunterschiede, folglich schwache Winde, die den Hochdruckkern in Uhrzeigerrichtung umfließen. Dadurch wehen an der Ostseite des Hochs kühle nördliche Winde und an der Westseite warme südliche Winde. In sommerlichen Hochdruckgebieten besteht in 1500 bis 3500 m Höhe eine Temperaturinversion. Mäßig starke Cumuluswolken entstehen und verschwinden im Rhythmus des Tages. Nur am Westrand des Hochs können stärkere Cumulusentwicklungen zu Wärmegewittern führen. Im Winter liegt die Temperaturinversion bei 1000 bis 1500 m Höhe und kann Temperatursprünge bis 10 K zeigen. Unter der Inversion herrscht verbreitet Nebel.

Gewitter
Voraussetzung für die Entstehung von Gewittern ist stets relativ hohe Temperatur, hohe absolute Luftfeuchtigkeit und ein über alle Luftschichten hinweg starker Temperaturabfall mit wachsender Höhe (großer vertikaler Temperaturgradient). Wenn in einer solchen Situation ein Luftpaket vertikal nach oben bewegt wird, setzt folgende Entwicklung ein: Das Luftpaket erreicht sehr bald das Konden-

sationsniveau. Wasserdampf kondensiert, und es bilden sich Wolken. Die frei werdende Kondensationswärme und der große vertikale Temperaturgradient der Umgebungsluft beschleunigen das Aufsteigen des Luftpakets. Es können Aufwärtsgeschwindigkeiten bis etwa 100 km/h auftreten. Erst an der Tropopause (etwa 10 km Höhe) endet der Auftrieb. Die Wolke breitet sich amboßförmig als faserige Eiswolke aus.

Wassertröpfchen unterschiedlicher Größe als Nebeneffekte dieser Entwicklung sind elektrisch polarisiert. Durch den heftigen Aufwind werden die Tröpfchen der Größe nach geschichtet und bilden Räume mit unterschiedlichem elektrischem Potential (Ausgleich durch Blitz). Der starke Aufwind im Gewitterkern bewirkt in Bodennähe einen zum Gewitterkern hin gerichteten Wind.

Frontgewitter entstehen beim Durchzug von Kaltfronten. Feuchtwarme Luft des zyklonalen Warmluftsektors wird durch den Kaltluftkeil der Kaltfront rasch angehoben. Ab Kondensationsniveau entwickeln sich Cumuluswolkenfelder, die sich immer mächtiger auftürmen (Cumulus congestus, Cumulonimbus) und miteinander verschmelzen. Frontgewitter sind meist heftiger und großräumiger als reine Wärmegewitter. Sie können zu jeder Jahres- und Tageszeit auftreten und leiten stets eine allgemeine Abkühlung und Wetterverschlechterung ein. Mitunter – besonders im Sommer – sind Frontgewitter mit regelrechten Wetterstürzen verbunden, in denen die Temperatur sehr stark fällt und im Gebirge ergiebige Schneeschauer bis hinunter in die Waldregion auftreten. Diese Wetterlage bringt den Bergsteiger, der sich nicht rechtzeitig in sicheres Gelände zurückziehen konnte, in maximale Gefahren.

Wärmegewitter sind typisch für die warmen Rückseiten sommerlicher Hochdruckgebiete. Sie treten nur nachmittags und abends auf, dauern selten länger als eine Stunde und sind nicht unmittelbar mit einer allgemeinen Wetterverschlechterung verbunden. Bei Wärmegewittern ist starke lokale Erwärmung die Ursache kräftiger Aufwinde, die zur gewittertypischen Wolkenentwicklung führen (Altocumulus castellanus, Cumulus, Cumulus congestus, Cumulonimbus).

Charakteristisch für gewitterträchtige Lagen ist schwüle Wärme, schon morgens mäßige Fernsicht und das Auftreten von Altocumulus castellanus nach Sonnenaufgang.

Hochgebirgsspezifische Wettererscheinungen

Klima und Wetter im Hochgebirge werden vor allem durch folgende Erscheinungen beeinflußt:

Da sich die Zusammensetzung der Luft mit der Höhe nicht ändert, sinkt der Sauerstoff-Partialdruck proportional zum Luftdruck, und der Alpinist atmet mit einem Liter Luft entsprechend weniger Sauerstoff ein und begibt sich in die Gefahr der mangelhaften Sauerstoffversorgung (s. Abschnitt 4.3.5. – Höhenanpassung).

Mit steigender Höhe sinkt in der Regel die Temperatur. Der Alpinist kann daher beim Überwinden größerer Höhenunterschiede in beträchtliche Schwierigkeiten kommen, besonders beim Überschreiten der Frostgrenze (Vereisung) oder der Schneefallgrenze. Schon mancher wurde sogar in der sommerlichen Tatra überraschend mit Frost und Schnee konfrontiert.

Die Intensität der Sonnenstrahlung nimmt ebenfalls mit steigender Höhe zu. Die intensive Wärmestrahlung in größerer Höhe heizt den Körper auf, dennoch bleibt die Luft kalt. Der Wechsel zwischen Licht und dem Schatten von Bergen oder Wolken bewirkt oft einen sehr harten Wechsel von Temperaturreizen. Die starke UV-Strahlung der Höhe erfordert schützende Brillen und den Schutz der exponierten Hautstellen, vor allem auch der Lippen. Mit steigender Höhe wächst im Mittel die Niederschlagsmenge. Dies gilt vorrangig für die Gebirgsränder im Staubereich von Luftströmungen. Das Innere großräumiger Gebirgslandschaften kann dagegen trockener sein.

Gebirge verursachen Stau- und Föhneffekte. (Abb. 214) Im Luv der Gebirge wird die anströmende Luft angehoben. Dabei kühlt sie sich adiabatisch ab. Beim Überschreiten des Kondensationsniveaus entstehen Wolken (meist stratiform) und in der Regel lang an-

haltender Niederschlag. Durch die frei werdende Kondensationswärme erwärmt sich die Luft wiederum. Diese Kondensationswärme zusammen mit der adiabatischen Erwärmung der jenseits des Gebirges absinkenden Luft bewirkt, daß im Lee des Gebirges eine warme, trockene Luftströmung auftritt. In diesem Fall wirkt das Gebirge als Wetterscheide: An seiner Luvseite entstehen starke Vernebelung, lange und ergiebige Niederschläge, eine dichte Wolkenmasse hängt wie eine Mauer über den Kamm hinweg und löst sich leeseitig in einzelne, kleinere Wolken (cumulus lenticularis, Föhnfische) auf. Im Lee herrscht dabei ein starker, oft stürmischer warmer Fallwind, der besonders durch die Kanalwirkung bestimmter Täler beeinflußt wird. Es ist trocken und die Sicht sehr gut.

Sowohl die reichen Niederschläge im Luv als auch die Erwärmung und der Sturm im Lee können auf schneebedeckten Hängen und Flanken eine krisenartige Erhöhung der Lawinengefahr bewirken. Wenn das Kondensationsniveau im Bereich der Gipfelhöhen liegt, sind auch lokale Stau- und Föhneffekte nur an bestimmten exponierten Gipfeln möglich (Wetterecken).

Das Gebirgsprofil kann durch die Beeinflussung von Luftströmungen lokale Effekte verursachen. Beim Überströmen von Kämmen und beim Durchströmen von Scharten, Sätteln und Pässen wird durch den Düseneffekt dieser Geländeformen stellenweise die Luftströmung bis zum Sturm verstärkt. (Abb. 215) Der Alpinist muß beim Überwinden solcher Stellen stets mit Wind oder Sturm rechnen. Stürme können in exponierten Lagen zu einer sehr ernsten Gefahr werden. Im Lee kann dicht unter Kämmen ein Luftwirbel entstehen, der aus Schnee Wächten aufbaut. Wenn die Leeseite zudem noch durch die Sonne aufgeheizt wird, bilden sich dort Hangaufwinde und über dem Kondensationsniveau cumuliforme Wol-

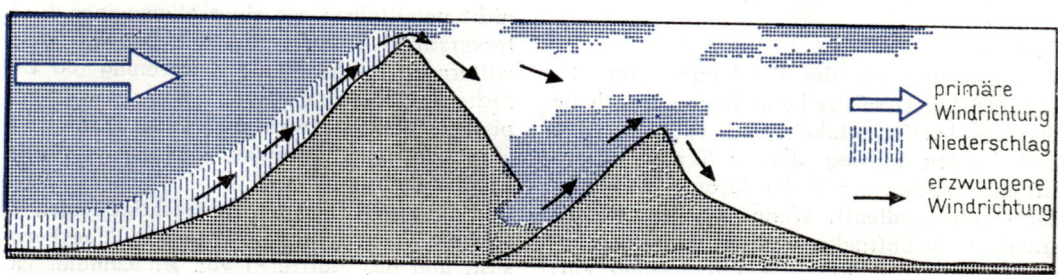

primäre Windrichtung
Niederschlag
erzwungene Windrichtung

Abb. 214   Stau und Föhn

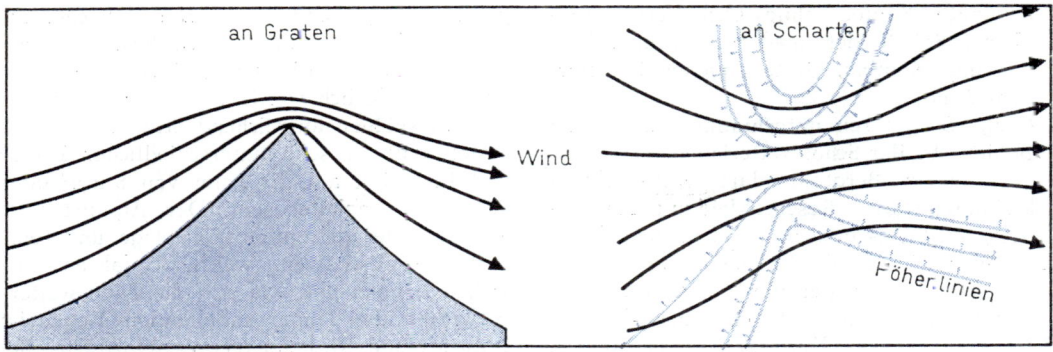

Abb. 215 Düseneffekt an Graten und Scharten

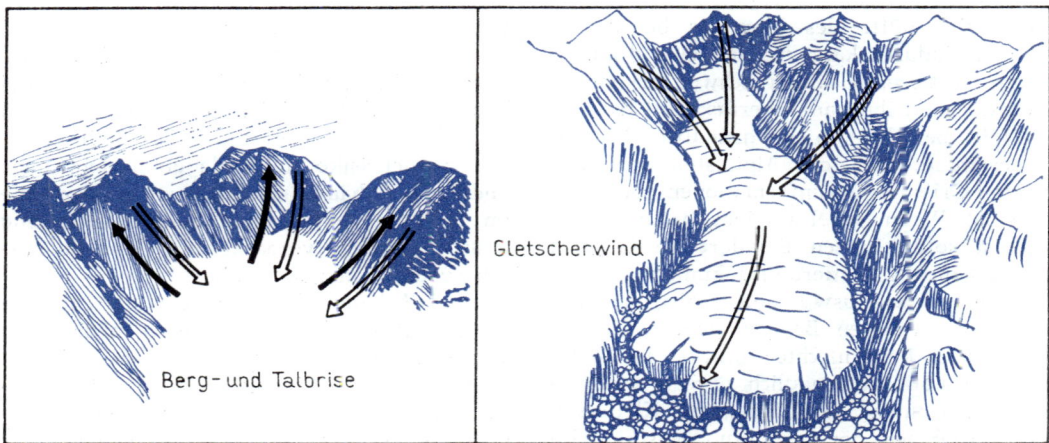

Abb. 216 Lokale Winde

ken, die von den Leewirbeln beeinflußt werden und die Erscheinung des „rauchenden Berges" hervorbringen.

Thermische Effekte können im Gebirge lokale Winde erzeugen. (Abb. 216) Bei Erwärmung der Luft durch die Sonne entstehen Hangaufwinde, bei nächtlicher Abkühlung Hangabwinde. Bei stabil schönem Wetter ist der Tagesgang dieser Brisen deutlich und regelmäßig. Störungen dieses Tagesganges sind ein Indiz für Wetterverschlechterung. In warmen Zeiten bilden Gletscher und Firnmassen den Kältepol ihrer Umgebung. Über ihnen kühlt sich die Luft ab und zieht sich zusammen. Dank der größeren Dichte der kalten Luft strömt diese als kalter Gletscherwind zu Tal.

Durch die Hangaufwinde entstehen über dem Kondensationsniveau Cumulus-Wolken, die nachmittags die Gipfel vernebeln, sich aber abends wieder auflösen.

Wetter und alpine Taktik

Die vielfältigen Gefahren des Wetters erfordern taktische Entscheidungen zum Meiden der Gefahren und zum Schutz der Alpinisten. Solche Entscheidungen können der Verzicht auf eine geplante Tour, die Änderung der Route, der Abbruch einer Tour sowie spezielle Schutz- und Sicherungsmaßnahmen sein. Allgemeine taktische Regeln zum Schutz vor Witterungsgefahren sind:

– Bei bedrohlichen Wetterentwicklungen (Gewitter, Sturm, Wettersturz) bleibt man am besten in der Hütte oder im Tal bzw. bricht die Tour ab und sucht schnellstens Schutz.

– Bei ungünstiger Entwicklung unternimmt man höchstens sehr kurze Touren mit günstigen Rückzugsmöglichkeiten und geringen spezifischen Gefahren. Bei zu erwartender Sichtverschlechterung wählt man nur gut bekannte Routen ohne Orientierungsprobleme. Bei Niederschlag meidet man Rinnen und Kamine, Grate dagegen bei starkem Wind.

- Große Bergtouren unternimmt man nur zu Beginn stabiler Schönwetterlagen.
- Auf keiner Bergtour darf Wetterschutzkleidung, warme Reservekleidung, Kopfbedeckung, UV-Schutzbrille und Sonnenschutzmittel sowie Notbiwak-Ausrüstung fehlen.
- Der Alpinist beachtet alle Wetternachrichten und -anzeichen und entwickelt bewußt seine Fähigkeiten zur Kurzzeit-Wetterprognose. Es lohnt sich, Wetterbeobachtungen möglichst exakt im Tagebuch zu notieren! Zu bedenken ist, daß der Alpinist am Berg oft nur die Hälfte des Himmels beobachten kann. Dadurch kann für ihn eine dramatische Wetterentwicklung schwer erkennbar werden und ihn ganz überraschend treffen.

Bei *Nebel* bewährt sich eine gründliche Tourenvorbereitung, die dem Alpinisten genügend exakte Orientierungsinformationen bereitgestellt hat. Wenn Nebel aufzieht, bestimmt der Alpinist sofort seinen Standort im Gelände und in seinen Orientierungsdokumenten (Karte, Routenskizze usw.) und registriert sehr genau alle weiteren Bewegungen, so daß er stets – auch bei schlechter Sicht – „im Bilde" ist. Wenn nötig und möglich, wird er Messungen mit Kompaß, Höhenmesser, Kletterseil usw. vornehmen, um den Bezug zwischen Gelände und Dokumenten zu behalten. In sehr kompliziertem Gelände, bei geringer Information über das Gelände oder mäßiger Erfahrung ist ein Abbruch der Tour zu empfehlen. Der Rückweg wird dann exakt auf der Linie des bereits begangenen Routenabschnittes vollzogen.

Bei *Kälte* wird zuerst durch die mitgeführte wärmende Reservekleidung der bestmögliche Schutz vor Wärmeverlusten hergestellt. Das ist im Klettergelände nur an sehr bequemen und sicheren Standplätzen möglich. In strenger Kälte sind hohe Kletterschwierigkeiten kaum noch sicher beherrschbar. Deshalb ist bei überraschenden Kälteeinbrüchen meist der Abbruch und Rückzug angeraten.

Sturm bringt enorme physische und psychische Belastungen mit sich. Die Alpinisten weichen auf leeseitige, geschützte Räume aus, ziehen sich möglichst warm an und brechen die Tour im allgemeinen ab. Grate, Scharten und Sättel sind zu meiden, weil dort die größten Winddrücke zu erwarten sind. Biwaks in sturmex-

ponierter Lage sind in jedem Fall höchst gefährlich. Die einzige Chance besteht darin, schnellstens leeseitig abzusteigen. Wenn Biwaks erforderlich werden, bieten nur Schnee- oder Felshöhlen ausreichend Schutz.

Regen tritt in sehr unterschiedlicher Dauer und Intensität auf. Er kann von Sturm oder Windstille begleitet sein. Der Alpinist muß aufgrund der gesamten Wetterlage und -entwicklung abschätzen, welche Gefahren entstehen können und wie sich die Lage weiterentwickelt. Bei länger anhaltendem Regen ist Abbruch und Rückzug das Vernünftigste. Bei kurzen Regenfällen kann in geschützter Lage gewartet und später die Tour fortgesetzt werden. Wenn allerdings kein Schutz gefunden wurde und die Kleidung naß geworden ist, dann wird – besonders bei Wind oder Sturm – ein schneller Rückzug notwendig. Bei Regen legt der Alpinist Regenschutzkleidung an. Oft verstärkt der Regen das Steinschlag- und Lawinenrisiko, steinschlaggefährdete Zonen und Lawinenhänge sind also zu meiden. Die im Rucksack mitgeführte Reservebekleidung muß wasserdicht verpackt sein, denn im nassen Zustand nützt sie wenig.

Schneefall kann ebenfalls sehr verschiedene Wertigkeit haben. Leichter Flockenwirbel im Winter ist bei Windstille unkritisch. Bei starkem Schneefall ist zu jeder Jahreszeit die Lawinengefahr zu bedenken, der Alpinist wird über wenig lawinenverdächtiges Gelände ins Tal absteigen. Vor allem bei starkem Wind können schnell kritische Situationen entstehen. Besonders unangenehm und gefährlich ist Schnee, der stark wasserhaltig ist. Schneefall unter sommerlichen Verhältnissen und in bislang schneefreiem Gelände ist extrem gefährlich, weil er meist mit allgemeiner Wetterverschlechterung verbunden ist und die Geländebedingungen sehr ungünstig beeinflußt. In solchen Fällen ist stets unter größter Vorsicht der Weg ins Tal anzutreten. Durch das Einschneien von Markierungen und Pfaden entstehen schwierige Orientierungsbedingungen.

Gewitter verursacht die unmittelbare Gefahr des Blitzschlages. Daneben sind die Gefahren starker Niederschläge und Sturmböen und die dadurch entstehenden Risiken zu beachten. Das Verhalten des Alpinisten bei Gewitter ist jedoch in erster Linie auf den Schutz vor Blitzschlaggefahr orientiert.

Blitzschlag hinterläßt am Betroffenen Gesundheitsschäden örtlicher und allgemeiner Art. Örtlich entstehen Verbrennungen und baumartig verästelte Stromübertrittsmarken (Blitz-figuren). Die allgemeinen Gesundheitsschäden werden durch die elektrische Einwirkung des Blitzes hervorgerufen und betreffen vor allem das Herz und das Nervensystem. Mögliche Schäden sind Herz- und Atemstillstand, Herz-rhythmusstörungen, Bewußtseinsstörungen, Lähmungen und Krampfzustände.

Anzeichen für Blitzschlaggefahr sind geringe Zeitdifferenz zwischen Blitz und Donner (je Kilometer Entfernung zum Blitz etwa drei Sekunden Zeitdifferenz) sowie elektrische Ent-ladungen und Spannungen wie St.-Elms-Feuer an Gipfeln, Gipfelzeichen, Graten und Metall-gegenständen, surrende und zischende Geräu-sche, Hautkribbeln, zu Berge stehende Haare. Die höchste Wahrscheinlichkeit für einen di-rekten Blitzschlag besteht auf und dicht bei exponierten Punkten wie Gipfel, Grate, Pfei-ler oder einzelne Bäume. Absolute Sicherheit ist nur in Gebäuden mit Blitzschutzanlage zu finden. Der indirekte Blitzschlag entsteht durch die Bodenströme, die als Folge direkter Blitz-schläge auftreten. Bevorzugte Bahnen solcher Bodenströme sind im Gebirge wasserführende Rinnen, feuchte Spalten, Wurzeln, nasse er-dige Flächen und stählerne Steiganlagen. Be-findet sich ein Mensch in der Nähe solcher Bodenströme, können Teile davon durch sei-nen Körper fließen. Dieses Risiko ist um so größer, je näher er sich bei solchen Bahnen aufhält, je besser sein Bodenkontakt ist und je weiter seine Kontaktpunkte voneinander entfernt sind.

Bei Blitzschlaggefahr muß sich der Alpinist möglichst weit von exponierten Punkten und wahrscheinlichen Bahnen für Bodenströme entfernen. Überhänge und Höhlen bieten nur dann ausreichend Schutz, wenn sie trocken sind und man mindestens 1 m von der Wand entfernt und mit 2 bis 3 m freiem Raum über dem Kopf sitzen kann. (Abb. 217) Von oben herabziehende Spalten oder Wurzeln stellen eine Gefahr dar. Felskontakt ist zu vermeiden. Eine relativ wenig gefährdete Zone findet man auch in etwa 3 m Entfernung von Steil-wänden. Man schafft sich eine trockene, iso-lierende Unterlage (Seil, trockene Textilien, Biwaksachen, auch größere Steine), setzt sich zusammengehockt darauf und zieht die Ret-tungsdecke über, die man unter der Unterlage festklemmt. Ein lang gespanntes Seil kann in nassem Zustand ebenfalls zum Leiter werden, es muß also eingezogen werden. Bei Absturz-gefahr ist eine kurze Selbstsicherung am rech-

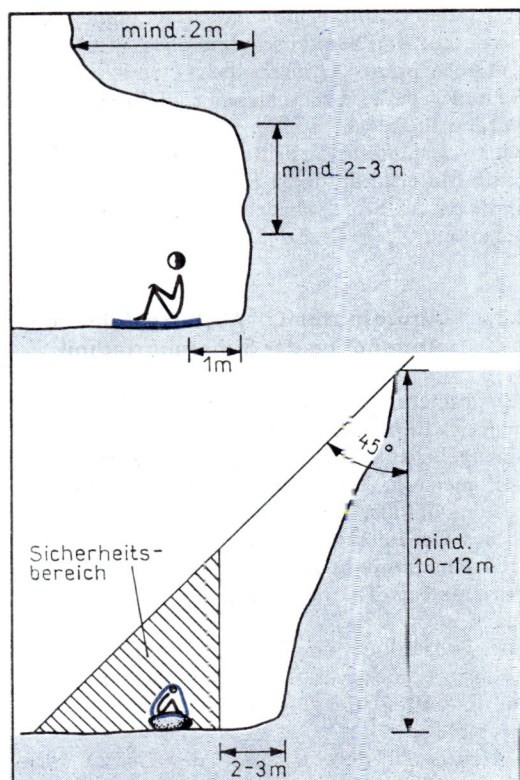

Abb. 217   Schutz vor Blitzschlag

ten Fußgelenk anzulegen. Gruppen verteilen sich möglichst über einen weiten Raum, da-mit nicht mehrere Alpinisten auf einmal vom Blitz getroffen werden können.

Die Hohe Tatra ist ein Gebirge mit extrem hoher Anzahl von schweren Blitzunfällen. Diese konzentrieren sich auf der Hochsommer und auf Höhen über 2000 m. Deshalb muß die Planung sommerlicher Gipfeltouren in die-sem Gebirge so erfolgen, daß man mittags wieder relativ sicheres Gelände in Hütten- oder Siedlungsnähe erreicht. Bei ausgespro-chenen Gewitterlagen muß der Alpinist auf große Touren verzichten.

Gegen *Wärmestrahlung* schützt sich der Alpi-nist vor allem durch eine günstige Zeiteintei-lung, die ihm gestattet, die Extremsituation des frühen Nachmittags im Schatten zu ver-bringen. Ansonsten sind helle, luftige Klei-dung, ein heller breitkrempiger Gletscherhut und verminderte körperliche Belastung gün-stig.

Starke *UV-Strahlung* erfordert das Tragen einer guten Schutzbrille und Maßnahmen des Hautschutzes: Sonnenschutzcremes mit hoher UV-Absorption, Lippensalbe – regelmäßiges Neuauftragen. Bei extremer UV-Belastung werden auch schützende Tücher und partielle oder vollständige Gesichtsmasken benutzt. Das beste Material dafür ist Baumwolle (Windeln). Synthetische Stoffe absorbieren nur wenig UV-Strahlung.

4.3.2. Ausgesetztheit, Absturzgefahr und Anwendung der Sicherungstechnik

Ausgesetztheit ist eine vorwiegend gefühlsmäßige Einschätzung der Absturzgefahr. Im Hochgebirge steht das Gefühl der Ausgesetztheit meist in keinem richtigen Verhältnis zur realen Gefahr. Der Bergsteiger muß lernen, dieses Gefühl mit der tatsächlichen Gefahr in Übereinstimmung zu bringen und die Gefahr durch seine Taktik und Technik zu beherrschen.

Die Beurteilung der Absturzgefahr im Hochgebirge berücksichtigt drei Aspekte sehr stark, die im Mittelgebirge eine untergeordnete Rolle spielen:

– Häufig ist dem Gelände die Gefahr nicht ohne weiteres anzusehen.
– Ein Absturz kann durch über dem Steigenden abgehende Fels-, Eis- oder Schneemassen ausgelöst werden.
– Der Absturz eines Steigenden kann weitere Alpinisten zum Absturz bringen (ein sogenannter Mitreißunfall).

Nichtvergletschertes Gelände

Wege und Pfade sind oft sehr ausgesetzt, denn es können Felsabstürze, steile Hänge oder reißende Flüsse darunter sein. Durch Steinschläge, Lawinen usw. können Abstürze ausgelöst werden. Als Sicherungsmaßnahmen werden die Methoden der aktiven Sturzkontrolle angewandt und ggf. Vorsichtsmaßnahmen gegen Steinschlag (s. Abschnitt 4.3.4.) oder Lawinen (s. Abschnitt 4.3.3.) getroffen. Wenn infolge extremer Verhältnisse (Vereisung) oder für trittunsichere Gefährten eine Seilsicherung notwendig wird, so kann das nur eine volle Gefährtensicherung sein, alles andere provoziert Mitreißunfälle.

Steiganlagen führen oft über glatten, speckigen Fels. Durch andere Benutzer werden leicht Steinschläge verursacht. Teile der Steiganla-

gen können beschädigt sein. Bei Gewittern besteht extreme Gefahr des Absturzes durch Blitzwirkungen. Die Standardsicherungsmethode ist die Klettersteigsicherung. Jeder Steigende ist mit Anseilgurt eingebunden. Daran ist ein Seilring mit zwei gut armlangen Seilschwänzen gebunden, an deren Enden sich Sackstiche oder Achterknoten mit Klettersteigkarabinern befinden. Beim Steigen ist stets wenigstens ein Klettersteigkarabiner an Klettersteigelementen fixiert. Da diese Sicherung sehr harte Stürze (Sturzfaktor größer als 2!) halten muß, ist die Festigkeit guter Vollseile erforderlich. Eine Verbesserung der Methode besteht darin, die Seilschwänze über eine dynamisch wirkende Bremsplatte mit dem Einbinde-Seilring zu verbinden. Wenn an Steiganlagen eine Seilsicherung erforderlich ist – z. B. für Kinder oder Ungeübte –, dann kann nur die Gefährtensicherung verwendet werden.

Grashänge bedeuten oft große Sturzgefahr, auch wenn nicht der Eindruck der Ausgesetztheit besteht. Hauptsächliche Sicherungsmethoden sind die Methoden der aktiven Sturzkontrolle. Bei großer Steilheit, über Steilabbrüchen oder bei Nässe, Reif- bzw. Schneeauflage kommt nur Gefährtensicherung in Frage. Sicherungsfixpunkte werden möglichst an Felsklippen oder sehr großen, festliegenden Steinen angebracht.

Im **Geröll** besteht die Gefahr schmerzhafter Stürze und auch das Risiko, mit Geröllmassen abzustürzen. Wenn überhaupt eine Sicherung möglich ist, dann nur eine Gefährtensicherung mit Fixpunkten an gesundem Fels oder an sehr massigen, festliegenden Steinen. Vorrang hat jedoch die aktive Sturzkontrolle (Liegestütztechnik). Beim Abgang von Lockermassen hilft nur die schnelle Flucht zur Seite. Handschuhe, Schutzhelm und polsternde Kleidung können die Wirkungen kleiner Stürze und leichter Steinschläge mildern.

Schrofen wirken von unten her ungefährlich und unschwierig. Oft findet dann der Alpinist jedoch Gelände mit hohem Sturzrisiko: fallend-plattigen oder abgerundeten Fels mit zertrümmerter Oberfläche, Geröll, Bewuchs, keine zuverlässigen Haltepunkte. Ein beginnender Sturz wird durch den Griff nach einem festen Haltepunkt oder in Liegestütztechnik abgefangen. Wenn Seilbenutzung notwendig ist, dann nur die Gefährtensicherung.

Felsgrate sind und wirken meist sehr ausgesetzt. Gefährtensicherung ist die einzige akzeptable Sicherungsmethode. Meist hat der Alpinist keine Probleme, gute Standplätze und Sicherungsfixpunkte zu finden.

Felswände vermitteln ein starkes Gefühl der Ausgesetztheit; je steiler eine Wand ist und je stärker die vertikalen Linien betont sind, desto deutlicher empfindet dies der Alpinist. Demgegenüber ist die wirkliche Gefahr bei Gefährtensicherung an senkrechten und überhängenden Wänden am geringsten. Ein Sturz würde voll vom Seil abgefangen, eine harte Wandberührung ist für den Stürzenden wenig wahrscheinlich, eher noch für den Sichernden. Horizontal gegliederte und weniger steile Wände führen im Sturzfall zu größerer Aufschlaggefahr. In steinschlaggefährdeten Wänden wird auch bei geringer Kletterschwierigkeit eine ausreichende Anzahl von Zwischensicherungen notwendig.

Schneegrate multiplizieren die Gefahren der Felsgrate mit den Gefahren des Wächtenabbruchs als Sturzursache. Auf Schneegraten sind kaum zuverlässige Sicherungsfixpunkte möglich, wenn nicht oft genug der Fels zutage tritt.

Wächten können die relativ stabilen Dauerwächten oder die höchst labilen Winterwächten sein. In jedem Fall steigt der Alpinist unterhalb der wahrscheinlichsten Abbruchlinie (Abb. 218) und vermeidet das Betreten der Wächte. Sofern möglich wird die Gefährtensicherung, sonst die Schneegratsicherung (s. Abschnitt 4.1.4. – Spezielle Seilanwendungen) benutzt. Bei Wächtengefahr dürfen die Seilgefährten nie so zueinander stehen, daß sie bei einem Wächtenabbruch gemeinsam auf eine Gratseite stürzen können. Das Wechseln der Führung kann also nur an absolut sicheren Stellen (Fixpunkt oder nicht überwächteter Gratabschnitt) erfolgen.

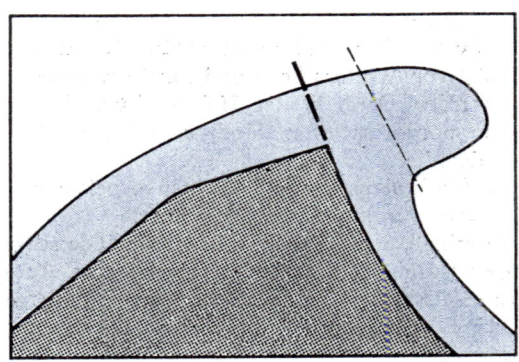

Abb. 218 Wahrscheinliche Wächtenbruchlinien

gen. Die Schneegratsicherung wirkt nur bei schnellem Reagieren des Gefährten und führt auch im günstigsten Fall zu großen Pendelstürzen mit entsprechender Verletzungsgefahr. Besonders heikel sind lange Steilaufschwünge an Wächtengraten. Hier ist die Schneegratsicherung unwirksam und es muß Gefährtensicherung (Pickel-Schuh-Sicherung oder T-Anker) angewendet werden.

Sommerschneefelder, Schnee- und Firnhänge bergen auch bei geringer Steilheit ein großes Risiko für gefährliche Stürze. Die folgenden Betrachtungen bezüglich Firn gelten ebenso für harte Sommerschneefelder und harte Schneehänge.

Auf mäßig steilem Firn hat man nicht das Gefühl der Ausgesetztheit, die jedoch objektiv vorhanden ist. Die Gleitgeschwindigkeit wird größer als erwartet. Dementsprechend groß wird der Fangstoß bzw. die Härte des Aufpralls.[1] Die Gleitgeschwindigkeit v hängt von der Steilheit α, dem Reibwert μ und der Höhe h ab:

$$v = \sqrt{2 \cdot g \cdot h \,(1 - \mu \cdot \cos \alpha)}$$

$$g \approx 9{,}81 \ \mathrm{ms}^{-2}$$

Der Reibwert μ liegt bei hartem bis oberflächlich erweichtem Firn zwischen 0,03 und 0,3. Er hängt nur schwach vom Bekleidungsmaterial ab, nur bei erweichtem Firn ist wollene Kleidung etwas günstiger als synthetisches Seidengewebe. Die Fangstoßgröße bzw. die Härte des Aufpralls hängt nicht von der Fallrichtung, sondern nur von der Fallgeschwindigkeit und der Körpermasse ab. Tabelle 26 zeigt die Gleitgeschwindigkeit im Verhältnis zur Geschwindigkeit des freien Falles.

Die Kraft, die einen Gehenden oder Stehenden umreißt, ist geringer, als oft angenommen wird. Ein überraschender Ruck in etwa horizontaler Richtung von 0,05 bis 0,5 kN reißt jeden mit Sicherheit um. In Erwartung eines Zuges am Seil können senkrecht nach unten bis zu 0,8 kN, schräg nach unten bis zu 0,6 kN und waagerecht bis zu 0,4 kN gehalten werden.

Sicherheit auf Firnhängen gewährleistet der

[1] siehe Schubert, P., u. a.: Sicherheit in Firn und Eis. München, 1983

Hangneigung in Grad:	12	16	20	30	40	50	60	70	80	90
Gleitgeschwindigkeit in Prozent der Geschwindigkeit des freien Falls:										
mit Baumwollkleidung (Reibwert 0,293)	—	—	45	71	81	87	91	95	97	100
mit synthetischer Kleidung (0,213)	—	52	65	80	87	91	94	96	98	100

Anmerkung:
Die Werte wurden bei leicht angefirntem Schnee mit einer Spurtiefe von 2 bis 4 cm und bei einer Temperatur um 0 °C ermittelt. Auf hartem Firn oder Eis liegen sie noch darüber.

perfekt beherrschte Pickelrettungsgriff, sofern er sehr schnell eingesetzt wird. Wenn nicht alle Seilgefährten diese Methode beherrschen oder aufgrund großer Steilheit ein Versagen der Methode möglich ist, muß die Gefährtensicherung mit Pickel-Schuh-Sicherung oder Selbstsicherung an T-Ankern angewandt werden.

Ein schwerer Fehler ist das gleichzeitige Gehen am Seil. Die alpine Unfallstatistik weist einen erschreckend hohen Anteil an Toten durch Seilschaftsstürze auf mäßig steilem Firn, Sommerschneefeldern und hartem Schnee aus. Auch sehr starke und erfahrene Alpinisten wurden davon betroffen.

Wenn es infolge des gleichzeitigen Gehens am Seil zum Seilschaftssturz kommt, versagen häufig die Methoden der aktiven Sturzkontrolle, weil sich die Seilpartner abwechselnd überholen und weiterreißen, auch wenn einzelne bereits zum Halten gekommen sind. Dabei besteht zusätzlich die Gefahr der gegenseitigen Verletzung durch Pickel und Steigeisen und die Gefahr der Strangulation durch das Seil, weil der Sturz zunehmend außer Kontrolle gerät und rotierende Bewegungen auftreten.

Daraus folgt, daß gleichzeitiges Gehen am Seil keine Sicherung, sondern eine Erhöhung des Risikos darstellt. Es muß deshalb grundsätzlich abgelehnt werden. Einzige Ausnahme ist das Gehen auf Gletschern.

Statt dessen muß entweder seilfrei gegangen oder eine Gefährtensicherung von soliden Fixpunkten aus praktiziert werden. Wenn man einen beginnenden Sturz mit Techniken der aktiven Sturzkontrolle abfangen kann, wird ohne Seil gegangen. Wenn einzelne Mitglieder der Seilschaft diese Techniken nicht perfekt beherrschen oder generell das Versagen dieser Techniken zu befürchten ist, muß die Gefährtensicherung angewandt werden.

Gletscher

Gletscher konfrontieren den Alpinisten mit spezifischen Gefahren, für deren Verständnis einige Kenntnisse über die Formen, die Entstehung und die Bewegungen der Gletscher notwendig sind.

Das Gletschereis entsteht innerhalb von drei bis fünf Jahren aus Schnee. 6 bis 8 m Lockerschnee ergeben 1 m Firn, aus dem sich weißliches Firneis und später blaues bis blaugrünes Gletschereis bildet. Nach der Form werden unterschieden:

- Tal- oder Zungengletscher (Abb. 219) haben ein Nährgebiet, das mehr Schnee erhält, als im Jahresmittel schmelzen und verdunsten kann, und ein Zehrgebiet, in dem die Massenverluste vorwiegend durch das Nachfließen des Eises ausgeglichen werden.
- Hängegletscher bedrohen das darunterliegende Gelände durch vernichtende Eislawinen (s. Abschnitt 4.3.3.). Am talseitigen Rand sind riesige Querspalten vorhanden.
- Plateaugletscher sind überwiegend spaltenarm, haben aber im Gebiet ihres Überlaufes meist wilde Eisbrüche und Spaltenzonen. Am Plateaurand bilden sich riesige Plateauwächten.
- Kargletscher sind meist ruhige Eismassen, die von Winterschnee und Lawinen gespeist werden. Auch in der Hohen Tatra gibt es in nordorientierten Hochkaren kleine Kargletscher.
- Schluchtgletscher sind lawinengespeiste Eismassen in schattigen Schluchten.

Unterhalb der Schneegrenze ist der Gletscher aper (schneefrei), darüber schneebedeckt. Apere Gletscherabschnitte zeigen dem Alpinisten ihre Gefahren offen, schneebedeckte verbergen sie.

Abhängig von Bodenrelief, Fließrichtung und

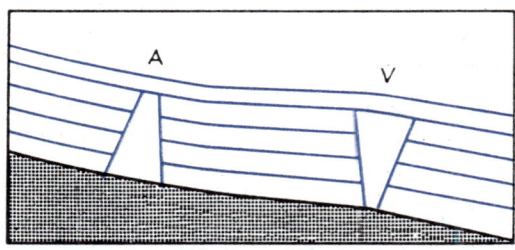

Abb. 219 Gesamtansicht eines Zungengletschers
H = Hängegletscher; EB = Eisbruch;
R = Randkluft; F = Firnfeld; B =
Bergschrund; Q = Querspalten; U
= Ufermoränen; M = Mittelmoräne;
L = Längsspalten; K = Kreuzspal-
ten; RS = Rand- und Radialspalten;
T = Gletschertor; SM = Stirnmorä-
ne; GB = Gletscherbach; S = Seiten-
moränen; A = A-Spalte; V = V-Spalte.

Fließgeschwindigkeit entstehen im Gletschereis Spannungszonen, an denen Gletscherspalten aufreißt. Bereits 2° Gefälleänderung
kann zur Spaltenbildung führen. Bei konve-
xem Bodenrelief entstehen V-Spalten, bei kon-
kavem Bodenrelief A-Spalten. Bei Gefälleänderung entstehen Querspalten, ab etwa 25°
Steilheit kann ein Eisbruch auftreten. In seiner Umgebung sind zunehmend breite Querspalten zu erwarten. Über Felsrippen in Fließ-

richtung und bei Verbreiterung des Gletschers
sind die selteneren Längsspalten anzutreffen.
Über Kuppen bilden sich Kreuzspalten. Da
der Gletscher in der Mitte schneller fließt als
am Rand, reißen Randspalten auf, die schräg
vom Rand aufwärts in Richtung Gletscher-
mitte verlaufen und am Rand die größte Breite erreichen. An der Zungenspitze des Gletschers gibt es Fächer- oder Radialspalten. An
der Grenze zwischen dem ruhenden Eis der
umgebenden Wände und dem fließenden Gletschereis bildet der Bergschrund ein Hindernis. Die Schmelzkluft zwischen Gletscher und
Fels heißt Randkluft. Vor allem bei flach ein-
fallendem Fels ist der Eisüberhang der Randkluft abbruchgefährdet. Die Überschreitung
von Bergschründen und Randklüften ist besonders im Spätsommer oft sehr schwierig,
wenn nicht Lawinenkegel Brücken geschaffen
haben. Bergschründe und Randklüfte bieten
mitunter gute Biwakmöglichkeiten.
Auf der Gletscheroberfläche können Gewässer
Hindernisse und Gefahren bilden: Wasserlöcher, Gletscherbäche, Gletscherseen, Gletscher-
mühlen heißen Löcher und Spalten, in denen
ein Gletscherbach verschwindet, tückisch sind
Gletschersümpfe – sie entstehen in abflußlosen
Senken über der Schneegrenze. Der aufliegende
Schnee unterscheidet sich kaum vom umgebenden Schnee, trägt aber oft nicht (nur nach sehr
frostigen Nächten). Auch Gletscherbäche und
Wasserlöcher können schneegetarnt sein. Die
gesammelten Schmelzwässer des Gletschers
treten an ein oder mehreren Gletschertoren
als reißender Gletscherbach zutage, dessen
Überschreitung oft am bequemsten über den
Gletscher bewerkstelligt werden kann.
Auf dem aperen Teil des Gletschers modelliert
die eistauende Sonne Gletschertische mit stei-
nerner „Tischplatte" und einem Mittelfuß aus
Eis.
Der Gletscher bewegt Geröllmassen und lagert sie als Moränen ab. Unterhalb der Glet-
scherzunge markieren Endmoränen die Stellen
maximaler Gletschervorstöße. Neben dem
Gletscher ragen Ufermoränen auf. Ihre bergseitige Böschung und ihre Krone sind meist
gefahrlos und leicht begehbar, aber die glet-
scherseitige Böschung ist oft sehr steil und
steinschlaggefährdet. Die Stirnmoränen an der
Zungenspitze des Gletschers und die Seitenmoränen am Rand können extrem anstrengend
und steinschlaggefährdet sein. Der Alpinist
sucht sich möglichst flache Stellen zu ihrer
Überwindung aus. Wenn ein Gletscher durch

229

das Zusammenfließen mehrerer Arme gebildet wird, vereinigen sich die Randmoränen der Arme zu Mittelmoränen, die meist gut begehbar sind. Unter dem Eis ist die Grundmoräne verborgen.

Die Logik der Entstehung und Anordnung von Gletscherspalten und Moränen gibt dem Alpinisten bei schlechter Sicht wichtige Orientierungshinweise.

Gletscher bieten stets große Absturzgefahr, die jedoch oft schwer erkennbar und kalkulierbar ist. Das Risiko eines Spaltensturzes umfaßt unmittelbare Sturzfolgen, das Verklemmen in V-Spalten, das Mitreißen der Seilgefährten, den orthostatischen Schock durch das Hängen am Seil, Verletzungen durch nachstürzende Eis- und Geröllmassen sowie Unterkühlungen und Erfrierungen bei langem Aufenthalt in Nässe und Zugluft der Spalten. Deshalb sind Spaltenstürze lebensgefährlich, wenn keine Seilsicherung wirkungsvoll anspricht und keine schnelle Bergung aus der Spalte gelingt.

Die **Taktik der Gletscherbegehung** folgt einigen allgemeinen Regeln und speziellen Regeln für apere und schneebedeckte sowie für flache und steile Gletscherzonen:

– Günstigste Zeit für Gletschertouren sind Spätwinter und Frühling: Die meisten Spalten sind von dicken festen Brücken überspannt. Die größten Gefahren bieten ergiebige Sommerschneefälle und frühwinterlicher Neuschnee: Die Spalten sind durch Brücken geringer Tragfähigkeit verborgen.

– Die beste Tageszeit für Gletscherbegehungen ist die zweite Nachthälfte und der frühe Morgen, wenn der Nachtfrost die Schneebrücken verfestigt hat.

– Die richtige Wegwahl auf Gletschern hat entscheidende Bedeutung für Schnelligkeit und Sicherheit. Gefahrenzonen und Hindernisse werden möglichst umgangen. Der Alpinist folgt möglichst flachen Mulden und Mittelmoränen, meidet konvexe Oberflächenformen und geht nicht parallel zu Eiskanten.

– Auch bei großer Hitze ist auf Gletschern ausreichend schützende Kleidung zu tragen, um Verletzungen und Unterkühlungen im Falle eines Spaltensturzes vorzubeugen.

Beim Begehen *aperer Gletscher* ist der Gletscherrand zu meiden (Hohlräume unter dem Eis, Seitenmoräne). Blankeis und steile Passagen werden mit Steigeisen oder Stufen überwunden. Müssen Spalten übersprungen werden, so wird bei angelegten Steigeisen leicht breitbeinig gesprungen. Apere Gletscher ohne Spalten können seilfrei begangen werden, im Spaltenbereich ist jedoch das Seil anzulegen. Dabei bietet die Gletschersicherung keine ausreichende Sicherheit, weil das erforderliche Einschneiden des Seiles in den Spaltenrand unwahrscheinlich ist. Deshalb wird im Bereich größerer Spalten und besonders beim Überspringen Gefährtensicherung mit Selbstsicherung an großen Felsblöcken oder Rohreisschrauben angewandt.

Abb. 220   Seilschaftssturz in eine Gletscherspalte

Auf *schneebedeckten Gletschern* wird grundsätzlich am Seil gegangen. Im flachen Terrain genügt die Gletschersicherung, im steilen Gelände jedoch kann sie beim Einbrechen des zuunterst am Seil gehenden Alpinisten zum Mitreißen der Seilschaft führen. (Abb. 220) Deshalb ist hier Gefährtensicherung erforderlich. Als Sicherungsfixpunkte sind T-Anker optimal. Auch beim Überwinden von Spaltenbrükken ist Gefährtensicherung anzuwenden.

Die günstigste Gruppenformation sind mehrere Seilschaften in kurzen Abständen zueinander, weil damit die besten Voraussetzungen für eventuelle Spaltenbergungen bestehen.

Spalten sind auf schneebedeckten Gletschern durch folgende Merkmale zu erkennen:

– durchhängender Schnee;

– Farbunterschiede im Schnee – im Sommer ist weißer, weicher Schnee verdächtig, bläulicher Firn oder schmutzig-blaugrünes Eis weniger bedenklich;

Abb. 221 Reaktionen beim Einbrechen in eine Spaltenbrücke

– ein schmaler dunkler Strich oder eine Bruchlinie auf dem Schnee.

Unmittelbar neben Spalten sind weitere parallele Spalten sehr unwahrscheinlich.

Spaltenbrücken versucht man möglichst von der Seite her zu betrachten, um ihre Tragfähigkeit einzuschätzen. Mit dem Pickel ist vorsichtig zu sondieren. Auch dicke Brücken aus hartem Material können brechen, besonders bei strenger Kälte oder sprödem Firn. Beim Überschreiten von Spaltenbrücken wird diese jeweils nur von einem Alpinisten betreten, der sich rechtwinklig zur Spalte bewegt. Vorsichtige, elastische Schritte sind angebracht, eventuell ist zur besseren Verteilung der Last zu kriechen. Gefährtensicherung mit straffem Seil ohne Handschlaufen ist notwendig.

Bei einem *Spaltensturz* kommt es auf schnelle Reaktionen aller Beteiligten an. Gletschersicherung am straffen Seil ohne Handschlaufen ist Voraussetzung für den Erfolg. Der Stürzende gibt einen Warnruf, wirft den Oberkörper vor, breitet die Arme aus und versucht, sich mit dem Pickel zu halten. (Abb. 221) Der Gefährte wirft seinen Körper gegen die Zugrichtung, wobei das Seil nicht mit den Händen, sondern durch den Anseilgurt gehalten wird. Trotzdem wird er umgerissen (die Sturzwucht beträgt auf einem ebenen Gletscher etwa 1,5 bis 2 kN) und ein Stück in Richtung Spalte gezogen. Im Liegen muß er unter dem Zug des Seiles (etwa 0,5 kN) das Seil fixieren, sich entlasten und die Bergung des Eingebrochenen vorbereiten (s. Abschnitt 5.8.5. – Bergung aus Gletscherspalten).

4.3.3. Lawinen

Lawinen zählen zu den häufigsten Ursachen für schwere Bergunfälle. Betroffen werden von ihnen nicht nur Bergsteiger, sondern auch Skifahrer und Wanderer. Wenn auch die Lawine selbst eine objektive Erscheinung der Berge ist, so muß man doch Unfälle infolge von Lawinen als überwiegend subjektiv bedingt ansehen, weil entweder die Gefahr nicht erkannt, Warnungen mißachtet oder Verhaltensmaßregeln zur Begrenzung des Risikos und der Folgen von Lawinenunfällen nicht eingehalten wurden.

Die Lawinengefahr ist mit hoher Wahrscheinlichkeit eine tödliche Gefahr. Der einzige sichere Schutz ist das Meiden lawinengefährdeten Geländes. Die Rettungschance eines Lawinenverschütteten beträgt bei Sofortbergung 80 Prozent, nach einer Stunde 40 Prozent, nach zwei Stunden 20 Prozent, nach 3 Stunden nur noch 10 Prozent (Verschüttungstiefe 1 m vorausgesetzt)!

Der Alpinist, der folgende drei Regeln richtig begriffen hat und konsequent anwendet, ist vor Lawinen einigermaßen sicher:

1. Lawinengefahr ist Lebensgefahr. Deshalb betritt man kein lawinengefährdetes Gelände.
2. Auf und unter schneebedeckten Hängen im Hochgebirge ist stets mit Lawinengefahr zu rechnen.
3. Nur ein guter Kenner der Lawinengefahr kann die relative Unbedenklichkeit der Lawinenlage einschätzen.

Allerdings ist seine Bewegungsfreiheit in lawinenverdächtigem Gelände so stark eingeschränkt, so daß es mehr Kenntnisse bedarf, um weitere Aktionsmöglichkeiten ohne Verlust an Sicherheit zu erhalten. Jedes Mehr an Wissen über die Lawinengefahr erhärtet die Sätze 1 und 2 und offenbart ein zunehmend kompliziertes Gefüge von Umständen und Bedingungen für die Einschätzung der Lawinengefahr. Dieses Wissen umfaßt Grundkenntnisse über die physikalischen Vorgänge in der Schneedecke und die Klassifikation von Lawinen, Regeln für das lawinengerechte Verhalten und für die Einschätzung der Lawinengefahr sowie Grundregeln für das Verhalten bei einem Lawinenunfall.

Einiges über Schnee

Schnee besteht aus sechseckigen, symmetrischen Kristallen, die miteinander zu Schneeflocken verhakt sein können. Diese Kristalle werden durch abbauende Umwandlungen deformiert (Setzen des Neuschnees, Verfilzung der Kristalle). Milde Temperaturen und Sonnenstrahlung beschleunigen diesen Vorgang. Das Endstadium dieser Umwandlung ist ein Altschnee mit rundlichen Körpern von etwa 1 mm Durchmesser. Die aufbauende Umwandlung führt über kantige Kristallformen zur Bildung von Becherkristallen. Aus allen Schneeformen kann durch Schmelzumwandlung eine rundkörnige Schmelzform mit 1 bis 3 mm Korndurchmesser entstehen (Sulzschnee). Einjähriger Sulzschnee heißt Firn. Aus Firn kann Firneis und daraus Gletschereis entstehen.

Durch das Temperaturgefälle zwischen dem wärmenden Boden und der Schneeoberfläche verdunstet in Bodennähe Schnee, und der Wasserdampf sublimiert in Oberflächennähe. Durch diesen Materialtransport entsteht in Bodennähe eine Schwimmschneeschicht (Tiefenreif) mit geringer Festigkeit. Dieser Prozeß wird durch strenge Kälte und geringe (!) Schneedicke begünstigt.

Die Schneeoberfläche kann durch Sonnenstrahlung oder Regen in Schmelzharsch umgewandelt werden. Auf Harsch aufliegende Schneeschichten sind extrem lawinengefährlich.

In kalten Nächten bildet sich auf der Schneeoberfläche Oberflächenreif, der entweder am Tag wieder verdunstet oder mit Neuschnee oder verblasenem Schnee überdeckt wird. Eingeschneiter Oberflächenreif ist gegenüber den genannten Umwandlungen sehr stabil und bildet gefährliche und schwer erkennbare Gleithorizonte für Schneebretter.

Schnee hat einige physikalische Eigenschaften, die für die Erklärung der Lawinenbildung wesentlich sind:

- Dichter, trockener Schnee ist ein extrem guter Wärmeisolator, auch Pulverschnee isoliert sehr gut. Je feuchter der Schnee, desto schlechter die Wärmeisolation.
- Schnee ist meist praktisch wasserundurchlässig, weil das Wasser in der Regel eine Eisschicht auf der Schneeoberfläche bildet. Durchfeuchtung ist nur bei etwa 0 °C möglich.
- Die Plastizität des Schnees ist um so besser, je wärmer und lockerer er ist.

Die geringe Wärmeleitfähigkeit begünstigt ein starkes Temperaturgefälle in der Schneedecke und damit die Schwimmschneebildung. Durch die geringe Wasserdurchlässigkeit entstehende Eislamellen können gefährliche Gleithorizonte bilden. Gute Plastizität des Schnees begünstigt den Ausgleich von Spannungen und wirkt folglich der Entstehung von Schneebrettlawinen entgegen.

Lawinenarten

Der hauptsächliche Unterschied der Lawinenarten besteht in der Festigkeit der abgehenden Schneeschichten:

Festschneelawinen (Schneebrettlawinen) haben eine gewisse Festigkeit im Schneeverband. Dadurch werden Spannungen großflächig übertragen. Schnee setzt sich und kriecht dabei hangabwärts. Deshalb kommt es oben am Hang zu Zug- und unten zu Druckspannungen. Zwischen den Schneeschichten entstehen Scherspannungen, da die oberen Schneeschichten schneller kriechen als die unteren.

Diesen Spannungen stehen Zug-, Druck- und Scherkräfte entgegen. Solange jede der drei Spannungen deutlich kleiner ist als die entsprechenden Kräfte, bleibt der Schnee sicher liegen. Durch Anwachsen der Spannungen (weiteres Kriechen oder Gewichtszunahme der Schneedecke durch Niederschlag) oder Abnahme der Kräfte (Schmelzprozesse, Tiefenreifbildung) wird das Spannungs-Kräfte-Verhältnis labil. Die entscheidende Größe für das Risiko einer Schneebrettlawinen-Auslösung dürfte das Verhältnis von Scherspannung und Scherfestigkeit sein.

Das Schneebrett löst sich durch Fortsetzung der destabilisierenden Prozesse bis zur Bruchgrenze oder plötzliche Ereignisse wie Betreten des Hanges durch Menschen oder Wild (Gewichtszunahme, Perforation oder Einkerbung durch die Spur) oder Erschütterung (Windstoß, Wächtenabbruch, kleinerer Schneerutsch). Schnee, der unter Zugspannung steht (konvexe Geländeprofile), reagiert äußerst sensibel auf Störungen. Wenn die Lawine abgeht, entsteht mit sehr großer Geschwindigkeit ein linearer Anriß, und ein Knall wird hörbar. Die Lawine geht mit großer Geschwindigkeit los, erreicht jedoch dann nur selten mehr als 50 km/h. Festschneelawinen können schon auf Hängen von etwa 20° auftreten.

Lockerschneelawinen entstehen bei schwacher Bindung im Schneeverband. Sie haben einen punktförmigen Anriß, beginnen geräuschlos und relativ langsam, später erreichen sie bis etwa 100 km/h und durch Staudrücke bis etwa 1 000 000 N/m² oft furchtbare Zerstörungskraft. Sie treten an Hängen auf, die meist wenigstens 35° steil sind.

Mit Lockerschneelawinen ist während und nach ergiebigem Neuschneefall zu rechnen. Je stärker dabei der Wind ist, desto größer ist die Gefahr. Dies gilt insbesondere für Lee-Lagen, wo der Wind den verblasenen Schnee anhäuft. Der Schnee setzt sich, dabei steigt die Lawinengefahr zunächst noch an. Mit dem weiteren Setzen des Schnees läßt die Gefahr nach etwa zwei Tagen nach (stark von Temperatur und Sonnenstrahlung abhängig, auf der „kalten" Seite der Berge – NW–N–NO–S–SO – besteht länger Lawinengefahr). Bei Regen oder Tauwetter können einzelne Schneeschichten (z. B. auf Harsch aufliegende) oder die ganze Schneeauflage (Bodenlawinen, besonders im Frühjahr) als Naß- oder Sulzschneelawinen abgehen.

Staublawinen können aus allen trockenen Lawinenarten entstehen, wenn durch entsprechendes Gelände der Schnee zerstiebt. Sie können bis zu 500 km/h und 2 000 000 N/m^2 Staudruck erreichen und vermögen auch über Geländehindernisse hinweg Tod und Zerstörung kilometerweit ins flache Land hineinzutragen. Weitere Unterscheidungsmerkmale für Lawinen sind:
– trocken – naß
– Oberlawine – Bodenlawine
– schmal – breitflächig
– fließend/gleitend – stiebend/freifallend.

Einschätzung der Lawinengefahr

Das Lawinenrisiko hängt von einer Reihe Faktoren ab, die bei der Einschätzung der Lawinengefahr zu berücksichtigen sind. Das sind Menge und Schichtaufbau des Schnees, Wetterverlauf des gesamten Winters (Situation beim ersten Schneefall, Temperatur, Wind, Sonneneinstrahlung), Hangexposition, Geländeprofil und Bodenbeschaffenheit. Ein Geländeabschnitt kann
– lawinengefährdet sein, dann ist das Betreten unbedingt zu vermeiden;
– lawinenverdächtig sein, der Alpinist sollte ihn möglichst meiden. Ist ein Betreten unumgänglich, sind die Regeln für Verhalten in lawinenverdächtigem Gelände genau zu befolgen. Für noch wenig Erfahrene ist jeder Geländepunkt auf und unter Schneeflächen im Hochgebirge mindestens als lawinenverdächtig einzustufen;
– lawinensicher sein.

Hauptgefahrenbereich für Lawinenunfälle sind Hänge zwischen 28 und 45° Neigung. Auf flacheren Hängen werden Lawinen zunehmend seltener, auf steileren Flächen entspannt sich eine Lawinensituation sehr bald durch viele kleinere Schneerutsche. Die weitaus meisten touristischen Lawinenunfälle ereignen sich in Windschattenlagen auf der kalten Seite durch Schneebrettlawinen. In Gebieten mit vorherrschendem Westwind entfallen 63 Prozent der Lawinenunfälle auf ost-, 27 Prozent auf nordexponierte Lagen und nur 10 Prozent auf die Süd- und Westhänge.

Veränderungen von Wettergrößen (Wind, Temperatur, Sonnenstrahlung) ziehen meist sofort Veränderungen der Lawinengefahr nach sich. Warmlufteinbrüche (Föhn) können eine Vielzahl von Lawinen verursachen. Nach dem Abgehen derselben beruhigt sich die Lage wieder. Nebel und andere Sichtbehinderungen erschweren das Erkennen von Lawinengefahr. Das Betreten von lawinenverdächtigem Gelände sollte dann unterbleiben.

Der Schnee ist ein kompliziertes Gebilde. Jede Lawinenregel kennt deshalb viele Ausnahmen. Nach ergiebigen Neuschneefällen, besonders wenn sie von Wind begleitet waren, kann man mindestens 2 Tage keine Touren unternehmen. Bei strenger Kälte und auf der kalten Seite der Berge (NW–N–NO–O–SO) kann das Setzen des Schnees auch länger dauern. Besonders gefährliche Schneearten sind Packschnee (stark vom Wind beeinflußter Schnee), Pappschnee (stark wasserhaltig), von unten her aufgelockerter Schnee (Schwimmschnee) und stollender Schnee. Bei nassem Schnee ergeben bereits kleine Lawinen wegen ihrer großen Masse[1] eine starke Gefährdung. Verschneite Gleithorizonte wie Oberflächenreif, Eislamellen oder Harsch verursachen für sehr lange Zeit kritische Lawinenverhältnisse. Besonders auf der kalten Seite der Berge sind solche Gleithorizonte sehr stabil. Oberflächenreif lagert sich in sehr kalten Nächten ab, Harsch und Eis bilden sich bei Tauvorgängen. Harter windgepreßter Schnee, der unter den Füßen tönt oder mit dumpfem Schlag in großer Scholle absackt, ist gefährlich (Schneebrett!). Dünne Schneeauflage und starker Frost

---

[1] Schnee hat eine Dichte von 0,2 bis 0,8 t/m^3. Man sollte ab und zu ausrechnen, was ein Hang für eine Schneelast trägt, um sich die Gefahr bewußtzumachen.

begünstigen Schwimmschneebildung. Schneebretter, die von jüngerem Schnee überdeckt sind, bleiben unvermindert gefährlich. Nur durch Schneedeckenuntersuchungen sind derartige tückische Verhältnisse zu erkennen.

Relativ wenig Gefahr bringen meist lockerer Pulverschnee auf Hängen unter 30° Neigung, mit dickem hartem Harsch bedeckter Schnee, leicht aufgefirnter Schnee, Wildschnee und fein- oder grobkörniger Altschnee. Gefrorener Sulzschnee ist lawinensicher, sofern er hinreichend tief durchfroren ist. Bei Tauwetter friert er allerdings nachts oft nur oberflächlich und kann dann nicht unbedingt als sicher gelten. Wesentlichen Einfluß auf die Lawinengefahr hat auch das Gelände. Horizontale Gliederung (Terrassen, Bänder), große Steine und Baumwuchs vermindern die Lawinengefahr, solange sie nicht vom Schnee völlig eingeebnet sind. Glatter Untergrund (Felsplatten, Gras) oder vom Schnee ausgeglichene Unebenheiten bedeuten besondere Gefahr. Vor allem in Mulden und Senken sammelt sich Treibschnee zu extrem gefährlichen mächtigen Lagen an. Wellige und rinnenreiche Hänge, die vom Schnee ausgeglichen sind, sind durch die Spannungen der unterschiedlich starken Schneeauflage ebenfalls gefährlich.

Für die Einschätzung der Lawinengefahr müssen auch höherliegende unsichtbare Hänge, Rinnen, Wächten und die Gegenhänge beachtet werden. Aus sich oben verzweigenden Rinnen können Serien von Lawinen abgehen, ein Wächtenabbruch hat oft eine Lawine zur Folge. Unter Felswänden kommt es nach Neuschnee im Frühjahr häufig zu lockeren Naßschneelawinen infolge der Wärmestrahlung auf die Wand. Gegenhanglawinen können direkt oder durch ihren Luftdruck wirken oder auf diesseitigem Hang eine Lawine auslösen. Lichte Waldbestände sind kein wirksamer Lawinenschutz. Alte Lawinenbahnen, Rinnen und Runsen können sogar weit in den dichten Waldbestand Lawinengefahr verursachen.

Verhalten in lawinenverdächtigem Gelände und bei Lawinenunfällen

Wird ein Gelände als lawinenverdächtig eingeschätzt, ist zu prüfen, ob das geplante Ziel auch unter diesen Bedingungen beibehalten werden kann. Dabei sind alle vorhandenen Informationen auszuwerten. Lawinenwarnungen von kompetenten Stellen (Bergrettungsdienst, Hüttenwart) sind unbedingt zu respektieren.

Wenn keine Warnung ausgesprochen ist, kann trotzdem stellenweise Lawinengefahr bestehen. Die letzte Entscheidung über die Durchführung einer Tour muß zur Startzeit vor Ort getroffen werden, wobei solche Wetterfaktoren wie Bewölkung, Temperatur, Niederschlag und Wind zu beachten sind.

Der Alpinist soll nicht zu leicht bekleidet gehen. Jeder legt die Lawinenschnur an oder schaltet das Verschütteten-Suchgerät ein. Ständige Aufmerksamkeit ist erforderlich, der Alpinist muß bereit sein, sich im Gefahrenfall sofort sperriger Ausrüstungsgegenstände wie Rucksack, Pickel oder Ski zu entledigen, um in einer Lawine die Chance zu bewahren, durch Schwimmbewegungen an der Oberfläche zu bleiben.

Für die Wegwahl in lawinenverdächtigem Gelände gilt: Alte Spuren sind keine Gewähr für Lawinensicherheit. Das Queren großer Hänge, Mulden und Rinnen wird möglichst vermieden; wenn es unumgänglich ist, erfolgt es möglichst weit oben. Grate, Rippen und Rücken werden direkt auf der Firstkante oder auf der Luvseite begangen, aber keine Wächten betreten. Hänge begeht man direkt in der Fallinie. Im Frühjahr muß man so zeitig aufbrechen, daß man die Schneehänge vor der Zeit der intensiven Sonnenstrahlung überwunden hat. Auch flache Bereiche, Gegenhänge und schneefreies Terrain sind nicht unbedingt sicher.

An geeigneten Stellen wird die Schneedecke untersucht (s. Abschnitt 4.3.3. – Schneedeckenuntersuchungen). Die Gruppe hält 50 m Abstand zwischen den Alpinisten. Diese beobachten sich gegenseitig und den Hang. Gefahrenbereiche werden zügig überwunden, nur auf wirklich sicheren Plätzen kann gerastet werden. Die Gruppe legt nur *eine* saubere Spur, um die Schneedecke nicht mehr als nötig zu belasten. Beim Queren von Rinnen ist die Gefährtensicherung mit Fixpunkten am Fels auch ein gewisser Schutz gegen Lawinenunfälle. Wenn jedoch keine sicheren Fixpunkte am Fels möglich sind, dann erhöht das Seil eher das Risiko.

Bei Lawinenverdacht sind Solotouren unverantwortlich. Aber auch größere Gruppen sind wegen ihrer langsamen Gangart bedenklich. Die Benutzung von Verschütteten-Suchgeräten hat nur dann Sinn, wenn alle Gefährten ein Gerät gleicher Wellenlänge besitzen und einschalten. Wird ein Alpinist von einer abgehenden Lawine erfaßt, muß er sofort versuchen, Rucksack, Pickel und ggf. die Ski abzuwerfen. Mit schwimmartigen Kraulbewegungen gegen den Lawinenstrom bemüht er sich, an der Oberfläche zu bleiben. Ist die Verschüttung unvermeidlich, muß versucht werden, noch vor Stillstand der Lawine eine Höhlung vor dem Kopf zu bilden, um Luftraum zum Atmen zu erhalten. Panikartige Versuche zur Selbstbefreiung sind zu unterlassen. Der Verschüttete bleibt ruhig, um Luft zu sparen, und versucht seine Position den anderen zu signalisieren.

Die Gefährten des Verunglückten müssen genau beobachten, wo dieser von der Lawine erfaßt wurde und wo er in dieser verschwindet. Feste Bezugspunkte sind sich einzuprägen. Die Alpinisten mit dem klarsten Überblick über das Unfallgeschehen bleiben stehen und weisen andere zur Markierung des Verschwindepunktes am Lawinenhang ein. Danach wird das Alpine Notsignal gegeben oder ein Teilnehmer zur Alarmierung nach unten entsandt. Die Gruppe beginnt sofort mit der Suche und eventuellen Bergung des Verunglückten.

Schneedeckenuntersuchungen

Bereits die allgemeinen Darlegungen über Lawinen weisen darauf hin, daß der innere Zustand der Schneedecke für die Wahrscheinlichkeit eines Lawinenereignisses entscheidend ist. Dieser ist jedoch nur durch exakte, relativ aufwendige Untersuchungen zu ermitteln. Ziel der Schneedeckenuntersuchung ist die Messung einiger lawinenrelevanter Größen, um daraus unmittelbar interessierende Aussagen über das Lawinenrisiko abzuleiten. Die Schneedeckenuntersuchung ist die einzige exakte Methode zur Beurteilung der Lawinengefahr, aber sie kann im Prinzip nur eine Aussage über das unmittelbar untersuchte Geländestück liefern. Einige Meter neben, über oder unter der untersuchten Stelle können völlig andere Verhältnisse herrschen! Auch bedarf es einiger Erfahrung, um günstige Stellen für Schneedeckenuntersuchungen zu finden und richtige Ergebnisse zu gewinnen.

Bei Schneedeckenuntersuchungen ist stets zu bedenken, daß sich die Alpinisten, die sie durchführen, selbst in Lawinengefahr begeben. Grundlage jeder Schneedeckenuntersuchung ist ein **Schichtprofil**. Für die Aufnahme desselben braucht der Alpinist folgende Ausrüstungsgegenstände:

- Schneeschaufel,
- Längen-Maßstab,
- Thermometer,
- (behelfsmäßige) Härteprüfer,
- Lupe,
- Zeichen- und Schreibgerät.

Zunächst wird eine günstige Stelle für die Aufnahme eines Schichtprofils gesucht. Exposition und Hangneigung sind etwa so, wie sie der interessierende Hang hat. Die Teststelle ist relativ lawinensicher und besitzt keine besonders starke Schneeauflage.

Nun wird ein waagerechter Graben, dessen obere Wand senkrecht ist, ausgehoben. Mit Lupe, Längen-Maßstab, Thermometer und (behelfsmäßigen) Härteprüfern wird der Schichtaufbau der Schneedecke untersucht und aufgezeichnet. Die Abbildungen 222 und 223 beinhalten die international übliche Signatur und ein Beispiel für die Dokumentation eines Schichtprofils.

Wesentlich sind folgende Informationen:

Härte		es dringt ein:	Druckfestigkeit
	sehr weich	Faust	0 – 20 N/dm²
	weich	flache Hand	20 – 150 N/dm²
	mittelhart	1 Finger	150 – 300 N/dm²
	hart	Bleistift	300 – 500 N/dm²
	sehr hart	Messer	>500 N/dm²
	kompakt (Eis)	—	—

Körnung

+++ Neuschnee in ursprünglicher Form

⚹⚹ filziger Schneeverbund, 1. Phase der abbauenden Umwandlung, φ 2 mm

••• rundliche Körner, Endphase der abbauenden Umwandlung

□□□ kantige Kristallform, 1. Stadium der aufbauenden Umwandlung, φ 1,5 – 3 mm

∧∧∧ Becherkristalle, Schwimmschnee, Endphase der aufbauenden Umwandlung, φ 2 – 5 mm

ooo rundkörnige Schmelzformen, φ 1 – 3 mm

ⴽⴽⴽ Schmelzharsch

ⵣⵣⵣ eingeschneiter Oberflächenreif

Feuchtigkeit

trocken

pappig

sehr feucht

naß

sehr naß

Abb. 222   Signaturen von Schnee

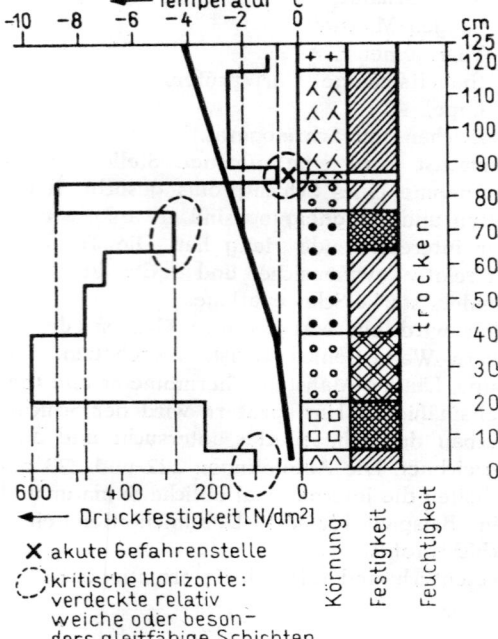

Temperatur °C

trocken

← Druckfestigkeit [N/dm²]

Körnung
Festigkeit
Feuchtigkeit

X akute Gefahrenstelle

⌒ kritische Horizonte:
verdeckte relativ
weiche oder beson-
ders gleitfähige Schichten

Abb. 223 Beispiel eines Schichtprofils
Kopfangaben: Ort, NN-Höhe, Exposi-
tion, Hangneigung, Zeit
Lawinenlage: Wetter der letzten Tage,
Neuschneehöhe, Wind, ...
Bewuchs: ...

– Schneeart,
– Schneehärte,
– Mächtigkeit der Schichten,
– Wassergehalt der Schichten,
– Temperatur der Schichten und des Bodens,
– Boden-Oberfläche,
– Datum und Zeit der Aufnahme,
– Hangexposition,
– Höhenlage,
– genaue Ortsbezeichnung,
– Hangneigung.

Es ist klar, daß durch eine umfangreiche Dokumentation aus Schichtprofilen und beobach-
teten Lawinenereignissen ein Schatz von praktischen Erfahrungen wächst, der allmählich immer qualifiziertere Einschätzungen erlaubt.
Aus dem Schichtprofil lassen sich unmittelbar
einige bedrohliche Situationen erkennen:
1. Eingeschneite Gleitschichten (Oberflächenreif, Eislamellen) sind labile Zonen.
2. Wenn weichere Schneeschichten von härteren
Schichten überdeckt sind, sind die weicheren
Schichten labil.

3. Schichten mit höherer Feuchtigkeit sind labil.
4. Ein großer Temperaturgradient begünstigt
die Bildung von Schwimmschnee und erhöht
ständig die Schneebrettgefahr.
Von besonderer Bedeutung für die Einschätzung der Lawinengefahr ist das Schneedecken-
fundament. Dessen Eigenschaften werden
durch den Witterungsverlauf zur Zeit des ersten Schneefalles des Winters bestimmt. Fällt
auf frostfreien Boden zuerst eine dünne
Schneeschicht und setzt danach kräftige äußere
Abkühlung ein, so verursacht der große Temperaturgradient starke Umwandlungen der
Schneedecke, und es entsteht ein labiles Fundament (Schwimmschnee), das eventuell während des gesamten Winters bedeutendes
Schneebrettrisiko erzeugt. Wenn hingegen
der erste nennenswerte Schnee auf durchfro-
renen Boden fällt, so bleibt der Temperaturgradient auch bei strenger äußerer Kälte gering, und es entsteht ein relativ festes Fundament.
Bei sehr ergiebigem erstem Schneefall entsteht in kurzer Zeit eine dicke Schneelage,
die wenig Luftzirkulation zuläßt. Unabhängig
von der Bodentemperatur erfolgt eine langsame Setzung und Umwandlung des Schnees,
und es bildet sich ein bis in den Spätwinter
hinein stabiles Fundament. Dafür können jedoch im Frühjahr besonders breite, massige
Bodenlawinen auftreten, weil das feste Schnee-
deckenfundament Spannungen großflächig
überträgt.
Unter den Spannungen und Kräften innerhalb der Schneedecke dürfte das Verhältnis
zwischen den Scherspannungen und Scher-
kräften in den Horizonten zwischen den
Schneeschichten die für das Lawinenrisiko entscheidende Größe sein. Die Norwegermethode
(nach Nils Faarlund und Walter Kellermann,
1974) und der Rutschkeiltest sind zwei Methoden zur direkten Einschätzung der Scherfestigkeit:

Norwegermethode (Abb. 224)
Der waagerechte Graben für das Schichtprofil wird etwa 1 m breit ausgehoben. Mit der
Schneeschaufel wird ein Trapez (Basisbreite
80 cm, Höhe 50 cm, oben 40 cm) senkrecht
abgestochen. Weiter wird versucht, mittels
Schneeschaufel und dosiertem Kraftaufwand
Schicht für Schicht herunterzuziehen. Wenn eine Schicht bei weniger als 100 N ins Rutschen

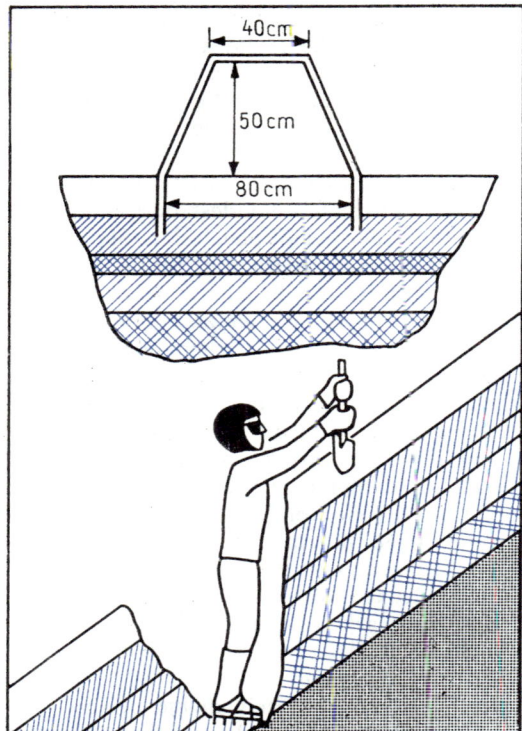

Abb. 224 Norwegermethode

Steinschlag

Steinschlag ist eine sehr ernste Gefahr im alpinen Gelände. Steinschlaggefahr ist nicht nur im Bereich der alpinen Auf- und Abstiegsrouten, sondern auch während des An- und Rückmarsches, an Rastplätzen und im Biwak zu berücksichtigen.

Ursache des Steinschlages ist die Verwitterung. Insbesondere durch die im Hochgebirge typischen großen Tagesamplituden der Temperatur und den Spaltenfrost werden mehr oder weniger große Steine herausgesprengt und lauern dann absturzbereit auf Erwärmung oder äußere Impulse. Die Steinschlaggefahr hängt vorwiegend vom Gelände und vom Wetter ab. Allgemein sind konkave Felsbildungen (Rinnen, Schluchten, Verschneidungen) gefährlicher als konvexe Formen (Kanten, Rippen, Grate). Weicher, brüchiger Fels und fal-

kommt, bedeutet dies akute Gefahr, bei 100 bis 200 N mittlere Gefahr, bei über 200 N geringe Gefahr.

Rutschkeiltest (Abb. 225)

Der Graben wird etwa 3 m breit angelegt. Man sägt ein gleichseitiges Dreieck mit 2 m Kantenlänge aus, dessen Basis der Graben ist. In der Spitze des Dreiecks wird ein Stock schräg eingestochen. Eine Lawinenschnur mit einigen Knoten wird über den Stock umgelenkt und von zwei Mann gegenläufig gezogen.

Einschätzung:

- Wenn der Keil beim Sägen von selbst abrutscht, ist der Hang lawinengefährlich und darf nicht betreten werden.
- Wenn der Keil bei vorsichtiger flächenhafter Belastung durch einen Skifahrer rutscht, ist der Hang lawinenverdächtig und darf nur unter Einhaltung aller Vorsichtsmaßnahmen betreten werden.
- Anderenfalls besteht an der betrachteten Stelle keine besondere Lawinengefahr.

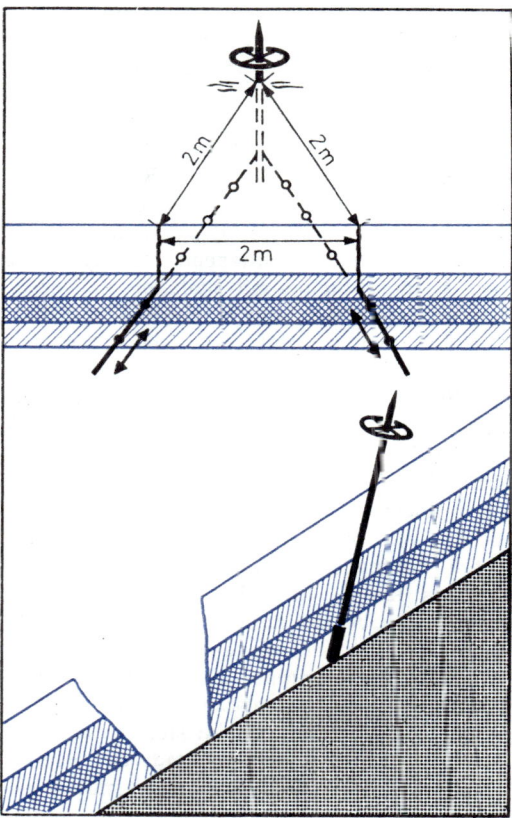

Abb. 225 Rutschkeiltest

lendplattige Strukturen sind ungünstig, fester Fels und „Köpfel"-Strukturen neigen weniger zu Steinschlag. Regen und Sturm verstärken die Gefahren, anhaltender Frost und Schnee vermindern sie.

Man erkennt steinschlagaktive Bereiche an frischen Schlagspuren und Gesteinsstaub in der Wand und an frischem Felsbruch am Wandfuß. Das jährliche Steinschlagmaximum fällt mit dem Ausapern der Wände (je nach Höhenlage und Hangexposition Frühjahr bis Sommer) zusammen. Im Winter liegt dank des kittenden Eises und der dämpfenden Schneedecke das Steinschlagminimum. Ein tägliches Steinschlagmaximum tritt auf, wenn die Sonne den Nachtfrost vertreibt – zuerst also in ostexponierten Lagen, vormittags im Süden, in Westexposition bei hinreichend großer Höhe erst nachmittags. Aber auch beginnender Frost kann durch die Sprengwirkung des gefrierenden Wassers Steine lösen. Unterhalb von anderen Bergsteigern und von Wild muß stets mit Steinschlag gerechnet werden.

Extrem steinschlaggefährdet sind auch die Stirnmoränen der Gletscher und die gletscherseitigen Böschungen von Seitenmoränen, die den Gletscher stark überhöhen. Die Begehung oder Unterquerung solcher Stellen sollte man vermeiden. Auf steilen Firn- oder Eisflächen entstehen durch den Steinschlag und das Schmelzwasser mitunter tiefe Runsen, deren Durchklettern allergrößtes Risiko bedeutet.

Die Steinschlaggefahr wird durch richtige Taktik und Wegwahl weitgehend vermieden. Gegen kleinere Steine mit mäßiger Fallenergie ist der Schutzhelm ein ausreichender Schutz, auf den man absolut nicht verzichten darf. Weg und Zeitregime sind so zu wählen, daß gefährdete Abschnitte umgangen oder zur günstigsten Zeit rasch passiert werden. Manchmal ist die Seilschaft gezwungen, vor einer besonders gefährdeten Stelle zu biwakieren, um dann nachts oder am frühen Morgen relativ sicher weiterzusteigen. In steinschlaggefährdeten Routen sind große Gruppen ungünstiger als kleine. Man begeht solche Routen nicht, wenn bereits andere Seilschaften in der Wand sind. In seilfrei passierbaren Abschnitten geht die Gruppe dicht aufgeschlossen, Nachholestellen, Rastplätze und Biwakplätze wählt man möglichst absolut steinschlagsicher.

Mit Rücksicht auf andere steigt der Alpinist vorsichtig und sauber, so daß er mit seinen Füßen oder mit dem Seil kaum Steine löst. Kommt dennoch ein Stein ins Rollen, so versucht er, ihn zu halten oder in eine günstige Richtung zu lenken, und er warnt darunter steigende Alpinisten sofort mit einem lauten Ruf. Besondere Vorsicht ist geboten beim Aufseilen von Rucksäcken sowie beim Auswerfen und Abziehen des Seiles beim Abseilen.

Wer stark steinschlaggefährdete Wände durchsteigen will, muß zumindest durch lange Beobachtung den „Fahrplan" der Steinschläge erforschen und danach die Taktik festlegen. Oft jedoch ist die Begehung solcher Routen überhaupt nur im Winter zu verantworten.

Wenn Steine mit pfeifendem oder summendem Geräusch ankommen, sucht der Bergsteiger schnellstens Deckung unter einem Überhang oder dicht an die Wand geschmiegt und zieht seinen Rucksack über Kopf und Schultern. Diese Steine erst sehen zu wollen erhöht das Risiko von Treffern. Wenn einzelne große Steine mehrmals aufschlagend gesprungen kommen, so schätzt er ihre Sprünge ab, um im letzten Moment auszuweichen. In jedem Fall warnt er seine Gefährten. Nach einem Steinschlag wird nachgeprüft, ob das Seil unbeschädigt ist.

Besonders massive Steinschläge heißen Steinlawinen. Bergstürze sind gewaltige abstürzende Steinmassen (Zusammenbruch ganzer Wände und Gipfel). Sie werden mitunter durch extreme Wetterlagen oder Erdbeben ausgelöst. Weitere verwandte Erscheinungen sind die Muren. Das sind große Massen von Steinen, Schlamm, Wasser und eventuell Eis, die beim Durchbrechen von angestautem Wasser entstehen und Täler und Schluchten durchtoben.

Eisschlag und Eislawinen

Im nichtvergletscherten Hochgebirge kann Eisschlag unter starken Wassereisbildungen bei Tauwetter vorkommen. Im vergletscherten Hochgebirge werden die *Firneislawinen* der Firnwände und der abbrechenden Wächten und die *Gletschereislawinen* der kalbenden Hängegletscher und stürzenden Seraks in Gletscherbrüchen unterschieden. Beide sind nicht kalkulierbar, sie können zu jeder Tages- und Jahreszeit und bei jedem Wetter auftreten, einfach deshalb, weil die Gletscher jederzeit weiterrücken. Es gibt allerdings auch Stellen mit periodischem Abgehen von Eislawinen – nach einem Eislawinenabgang herrscht in diesen Fällen relative Sicherheit. In Gletscherbrüchen verstärken Wärme und großer Winddruck die Eislawinengefahr.

Eislawinen haben durch die große Dichte des Materials (1 m³ hat etwa 0,9 t Masse) furchtbare Energie und Wirkung. Starke Luftwirbel können Eisstaub und Zerstörungen kilometerweit ins flache Gelände und auf Gegenhänge hinauf tragen.

Das taktische Verhalten des Alpinisten zielt auf das Meiden eislawinengefährdeter Stellen:

– Man steigt möglichst nicht durch Eisrinnen. Notwendige Quergänge werden weit oben im Verzweigungsbereich ausgeführt. Wer dennoch durch eine Eisrinne steigt, hält sich weit am Rand und benutzt Fixpunkte am Fels.

– Gefahrenstellen werden früh bei Frost überwunden.

– Die Fallinie von Hängegletschern, Eisbrüchen und Wächten ist zu meiden!

– Zügiges Steigen in Gefahrenzonen vermindert die Gefahr.

Beim Abgang von Eislawinen kann schnelle Flucht in eine Deckung (Spalte, Überhang) helfen, zur Not wird der Pickel fest verankert, der Körper dicht an den Hang geschmiegt und der Kopf mit dem Rucksack geschützt. Auch Eislawinen können das Seil beschädigen.

4.3.5. Gefahren durch Mangelerscheinungen

Allgemeines

Zu berücksichtigen sind vor allem die Gefahren, die durch
– Mangel an Wasser und Elektrolyten,
– Sauerstoffmangel in größeren Höhen,
– Mangel an Nahrung,
– Mangel an Wärme,
– Mangel an erholsamem Schlaf
heraufbeschworen werden. Insgesamt führen diese Mangelerscheinungen zur Verminderung der physischen und psychischen Leistungsfähigkeit. Die Wahrscheinlichkeit für Fehlleistungen aller Art steigt stark an und es können Veränderungen im Verhalten und in der Verträglichkeit innerhalb der Seilschaft oder Gruppe auftreten – es fällt dann zumindest schwerer, die kleinen Fehler der anderen zu verkraften und die eigenen Fehler selbstkritisch zu bewerten.

Starker Mangel am Lebensgrundbedarf führt zu lebensbedrohlichen Krankheitserscheinungen. Die Grenze zwischen einem tolerierbaren

Mangel und Mangelerkrankungen ist individuell sehr verschieden. Mängel in der Versorgung mit dem Grundbedarf des Lebens haben die Tendenz, sich wechselseitig zu verstärken. Das betrifft besonders Mängel in der Versorgung mit Sauerstoff und Wasser sowie in der Versorgung mit Nahrung und Wärme. Wer von einer gut versorgten Unterkunft aus Tagestouren unternimmt (z. B. in den Alpen und in der Hohen Tatra von Hütten aus), wird wenig Versorgungsprobleme haben. In der Regel nimmt der Alpinist dann eine volle Trinkflasche, einen kräftigen Imbiß und eine kleine Notreserve für den Fall eines ungeplanten Biwaks mit und sorgt im Quartier für ein solides Frühstück und ein ausgiebiges Abendbrot. Auf extremen Hochtouren, z. B. im Pamir, kann dagegen leicht eine komplexe Mangelsituation entstehen: Mangel an Wasser, Sauerstoff, Elektrolyten und aufgenommener Nahrung, extreme Kälte und unruhiger Schlaf.

Kritische Versorgungslagen können in jedem Gebirge, auch auf normalen Tagestouren, durch Zwischenfälle entstehen, die zu ungeplanten Biwaks zwingen (Schlechtwettereinbrüche, Unfälle, schwere Orientierungsfehler). Deshalb wird der verantwortungsbewußte Alpinist stets ein Überlebens-Minimum an Nahrung und Kälteschutz mitführen.

Als grundsätzliche Verhaltensregeln zum Schutz gegen Mangelerscheinungen gelten:

– Es ist günstig, wenn sich der Alpinist bereits im Alltag an einen spartanischen Lebensstil gewöhnt. Wer immer aus dem vollen lebt und alle Bequemlichkeiten nutzt, wird schwerer mit härteren Bedingungen fertig.

– Bei der Planung von Fahrten und Touren wird man in der Regel nicht schon von vornherein jedes bißchen „Komfort" ausklammern. Vor allem bei Mehrtagestouren muß genug getrunken werden und ein Optimum an Nahrung und Erholung gewährleistet sein.

– Die Toleranz gegen Mangelerscheinungen und Härten ist eines der wichtigsten Kriterien für die Auswahl von Mitgliedern für Seilschaften und Gruppen, dies vor allem bei langen und anstrengenden Touren.

– Wenn starke Mangelsymptome auftreten, so ist das ein lebensbedrohlicher Zustand, und alle Anstrengungen müssen sich auf die Beseitigung des Mangels richten, also: die Betroffenen bestmöglich versorgen und schnellstens in Sicherheit bringen!

– Für den Alpinisten ist es ein wichtiger Gewinn an Erfahrungen, wenn er schon „im Grenzbereich" der Härten und Entbehrungen gelebt hat. Aber man provoziert es nicht, in diesen Bereich zu gelangen, denn zu schnell ist die Grenze zum dauernden Gesundheitsschaden oder zum Tod überschritten.

– Es ist notwendig, sich auf entbehrungsreiche Tour immer wieder einzuhämmern und bewußtzumachen, daß die Gefährten ebenfalls leiden, daß besonders viel Toleranz und Kameradschaftlichkeit gefordert ist, daß man selbst zu Fehlern neigt. Nur in dieser Bewußtheit liegt eine Chance, ohne „Folgefehler" aus der schwierigen Lage herauszukommen.

– Auch der stärkste Alpinist kann nicht pausenlos maximale Leistungen erbringen. Deshalb müssen zwischen die Tourentage genügend Ruhetage gelegt werden, in denen man reichlich trinken, essen und schlafen kann und psychischen Ausgleich findet.

In der Hohen Tatra oder den Kalkalpen wird nach zwei bis fünf Aktionstagen ein Ruhetag eingeplant.

Nach mehrtägigen Touren im vergletscherten Hochgebirge rechnet man einen bis drei Ruhetage.

Wasserhaushalt und Ernährung

Grundlage für die Ermittlung des Bedarfs an Nahrung ist eine Schätzung des tatsächlichen physiologischen Stoffumsatzes des Alpinisten. Dabei zeigt sich, daß aufgrund der extremen Kraftausdauerbelastung und der oft extremen Klimabedingungen auch ein sehr hoher Bedarf an Flüssigkeit und fester Nahrung auftritt. Hauptproblem ist die Getränkeversorgung!

Der Körper braucht in Ruhe 2,5 l/Tag, bei Höchstleistung 5 bis 8 l/Tag. Besonders bei geringer absoluter Luftfeuchtigkeit (d. h. Kälte und geringe relative Luftfeuchtigkeit, wie das in kontinentalen Hochgebirgen oft typisch ist) wird durch die intensive Atmung viel Wasser verbraucht, denn die eingeatmete Luft wird erwärmt und mit Wasserdampf aus dem körpereigenen Haushalt angereichert. Der starke Wasserverlust bei extremen Hochtouren ist eine der Hauptursachen für die Verminderung der physischen und psychischen Leistungsfähigkeit, für das Auftreten von Krankheitserscheinungen und für lebensbedrohliche Erkrankungen der Alpinisten.

Als Kriterium für die Normalität des Wasserhaushaltes gilt die Ausscheidung von 1,5 l Urin je Tag. Bei Unterschreitung dieser Menge hilft nur vieles und häufiges Trinken. Starke Gewichtsabnahme bei Hochtouren (erkennbar an erschlaffender, faltiger Haut) muß stets als Alarmsignal für Wassermangel gedeutet werden. Eine Wassereinbuße von 15 Prozent des Körpergewichtes führt zum Tode. Bei zu hohem Flüssigkeitsverlust dickt das Blut ein. Die Kapillaren werden weniger durchblutet, die roten Blutkörperchen klumpen zusammen, ihre Kapazität des Sauerstoffaustausches wird geringer. Dadurch wird insgesamt die Ermüdung beschleunigt und die Erfrierungsgefahr erhöht. Es können schwere Durchblutungsstörungen folgen, die zu Dauerschäden oder Lebensgefahr führen.

Infolge des Flüssigkeitsverlustes nimmt der Appetit ab. Die Nahrungsmenge reduziert sich dadurch, außerdem wird oft unter Zeitdruck und Anstrengung das Essen regelrecht „vergessen". Damit entsteht ein Defizit im Energie- und Mineralstoffhaushalt des Organismus, das zusätzlichen Leistungsabfall und die Gefahr von Kälteschäden bewirkt. Die andauernden körperlichen Höchstbelastungen, die veränderten Klimabedingungen, ungewohnte Nahrung und veränderter Tagesrhythmus können außerdem zu Magen- und Darmverstimmungen führen, die das Defizit an Wasser, Mineralstoffen und Energie dramatisch erhöhen.

Das zweite Problem der Ernährung ist die Sicherung des Bedarfs an Elektrolyten und Spurenelementen. Der Bedarf ist bei Sportlern allgemein etwa doppelt so groß wie bei Nichtsportlern. Für Alpinisten ist zu bedenken, daß das aufgenommene Wasser häufig praktisch frei von gelösten Salzen (Elektrolyten) ist. Es muß also jedem Getränk Salz zugesetzt werden.

Das dritte Problem ist der Bedarf an Energie. Er kann bei Alpinisten in Extrembelastung meist nicht voll durch Nahrungsaufnahme gedeckt werden. Denn gerade die sehr energiereichen Nahrungsmittel (Fette, Zucker) sind auf Tour nur in sehr geringem Maße genießbar, Transportkapazität, Kochkapazität, Zeit zum Kochen und Zeit zum Essen sind knapp. Eine normale Mischung von Nahrungsmitteln erreicht etwa 8000 bis 16000 kJ/kg. Der Alpinist findet seinen Kompromiß etwa in folgender Weise:

Er verzichtet auf die volle Befriedigung seines Energiebedarfs und wählt relativ energiereiche Nahrung, so daß er je Tag etwa 1 kg Nahrung mit 12000 bis 16000 kJ plant. Unter den Bedingungen von Expeditionen in sehr entlegene Gebiete wurde bewiesen, daß auch mit noch geringeren Nahrungsmengen auszukommen ist. Dies ist auch über längere Zeit schadlos durchführbar und optimiert die Figur. Dabei sollte auch etwas ballaststoffreiche Nahrung im Speiseplan enthalten sein, da die unverdaulichen Ballaststoffe für die Regulierung der Verdauungstätigkeit unentbehrlich sind (Trockenobst, Früchtewürfel, Vollkornbrot).

Die Auswahl der Nahrung wird stets individuell sehr verschieden sein und bildet eine oft leistungsbestimmende Komponente der Planung und Abstimmung in Alpinistengruppen. Sicher hat der Typ des „Allesessers" in den Bergen Vorteile gegenüber dem wählerischen, mit starker Abneigung gegen mancherlei Speisen belasteten Menschen; nach Möglichkeit muß aber der Geschmacksrichtung eines jeden Gerechtigkeit widerfahren – andererseits kann und muß ein Alpinist sich auch zu größerer Toleranz in den Eßgewohnheiten erziehen. Da allgemein akzeptable Alpinisten-Speisepläne nicht möglich sind, sollen einige Regeln zur Gestaltung des Essens als Richtlinie dienen:

1. Genügend trinken! Wegen der Infektionsgefahr soll nur abgekochtes Wasser getrunken werden. Jedem Getränk und jedem Kochgericht wird etwas Salz (physiologische Salzmischung oder Kochsalz) zugesetzt. Abends sollte man anregende Getränke, die z. B. Koffein oder Tein enthalten, meiden. Besser sind Kräutertees, Fleischbrühe, dünne Suppen u. ä. Das Essen von Schnee gefährdet Lippen, Hals und Magen, im Notfall ist es aber immer noch besser, als nichts zu trinken. Wenn Schnee mit Getränkeresten, etwas Salz usw. vermischt wird, verringern sich die Risiken.

2. Man ißt soweit möglich die gewohnte Kost im gewohnten Rhythmus. Experimente mit Nahrungsmitteln und Eßrhythmen, die stark vom Gewohnten abweichen, führen fast immer zur Verminderung der Leistungsfähigkeit oder zu Störungen. Mehrere kleine Mahlzeiten sind stets besser als wenige große. Eine günstige Tagesverteilung ist z. B.:

1. Frühstück	$^1/_4$ Tagesnorm
2. Frühstück	$^1/_8$ Tagesnorm
Mittagessen	$^1/_4$ Tagesnorm
Vesper	$^1/_8$ Tagesnorm
Abendbrot	$^1/_4$ Tagesnorm.

Unter den Bedingungen einer Bergtour läßt sich diese Verteilung nur annähernd realisieren:

– 1. Frühstück im Quartier bzw. Biwak:
Brot, Butter, Honig, Käse, etwas Wurst, etwas Frischobst oder Trockenobst; reichlich trinken (Kaffee oder Tee, aber auch warme Milch aus Milchpulver, Kakaogetränk u. ä.); auch Suppen, Haferflocken – Müsli-Brei oder Pudding werden gern gegessen.

– 2. Frühstück unterwegs:
kurze Rast, etwas „Hosentaschenproviant" (s. Übersicht 13) und ein Schluck aus der Trinkflasche.

– Mittagessen unterwegs:
längere Rast, möglichst beim Wasser und möglichst mit Auffüllen der Trinkflasche (Kochgetränke). Bei sehr langen Tagesetappen kann man u. U. den Tag echt teilen („großes Mittagessen" und Mittagsruhe). Meist begnügt man sich mit einem kräftigen Imbiß aus Brot, Wurst, Käse, etwas frischem oder getrocknetem Obst und reichlich Tee.

– Vesper wie 2. Frühstück

– Abendessen im Quartier bzw. Biwak:
Hauptmahlzeit des Tages – es wird ausgiebig und mit Lust getrunken (Kräutertee, Bouillon, dünne Suppen) und warm gegessen (Fertiggerichte, kräftige Suppen mit reichlich Fleischeinlage, Pürees mit Fleisch, Brot, Fischkonserven, Kompott oder Süßspeisen als Nachtisch.

3. Das Essen soll appetitanregend gestaltet werden. Verschiedene Geschmacksnuancen durch mannigfaltige Gewürze und pikante Kleinigkeiten, Vielfalt der Grundsubstanzen, appetitliche Zubereitung, Sauberkeit, freundliche Stimmung, Zeit lassen und vor allem gut kauen!

4. Von den Energieträgern der Nahrung sollen die Kohlenhydrate (Stärke, Zucker) den Hauptanteil an Energie bringen. Fette haben zwar einen wesentlich höheren spezifischen Energiegehalt, aber sie sind schwer verdaulich.

Folgende Verteilung ist zu empfehlen:
bis 6000 m: 25 Prozent Fett, 25 Prozent Eiweiß, 50 Prozent Kohlenhydrate; über 6000 m: 10 Prozent Fett, 10 Prozent Eiweiß, 80 Prozent Kohlenhydrate.

5. Günstige Nahrungsmittel der Alpinistenküche sind gefriergetrocknete Fertiggerichte und Grundnahrungsmittel, schnellgarende kochfertige Suppen, Kartoffelpüree, Erbspüree, Kloß-

mehl, Haferflocken. Gerichte mit langer Kochzeit und Nährmittel, die bei Temperaturen unter 95 °C schlecht weich werden (z. B. Reis und **Teigwaren**) sollte man vermeiden, da in größeren Höhen das Wasser bereits weit unter 100 °C siedet.

6. Bei größeren Touren ist zur Optimierung des Essens ein genauer Speiseplan nötig. Die Nahrungsmittel werden bereits zu Hause portioniert, entsprechend verpackt und gekennzeichnet. Wenn keine ausreichende Versorgung mit frischem Obst und Gemüse möglich ist, kann man sich mit Vitaminpräparaten in normaler Dosierung behelfen.

Biwak

Ein Biwak ist eine Übernachtung außerhalb fester Unterkünfte, bei der nur die selbst mitgeführte Ausrüstung benutzt wird. Die Möglichkeit eines Biwaks gehört fast untrennbar zu den Reizen und Risiken großer Bergtouren und bietet bei guter Ausrüstung und richtigem Verhalten günstige Voraussetzungen zur Regeneration der physischen und psychischen Kräfte unter beliebigen Bedingungen. Es wird jedoch sehr leicht zur tödlichen Gefahr, wenn rauhes Wetter und unzulängliche Ausrüstung bzw. Fehlverhalten zusammentreffen.

Die Gefahr besteht im allgemeinen Kräfteverfall durch Unterkühlung und Mangel an Getränken, Speisen und Schlaf. Die härtesten Situationen entstehen bei Sturm und Nässe oder Sturm und Kälte. So können z. B. schon in einer warmen Sommernacht bei Temperaturen um +10 bis +15 °C durch Sturm und durchnäßte Kleidung tödliche Unterkühlungen auftreten. Der Kräfteverfall wird beschleunigt durch Mangel an Getränken und Speisen. Eine schlaflose Nacht ist noch nicht besonders kritisch. Folgen aber weitere Nächte ohne ausreichenden Schlaf, so lassen insbesondere die psychischen Leistungen so stark nach, daß Fehler gehäuft auftreten und das Unfallrisiko dadurch gewaltig ansteigt.

Grundausrüstung für ein ungeplantes Biwak

Auf *jeder* Bergtour sollte ein solches Minimum an Biwakausrüstung mitgeführt werden, daß *eine* Freinacht schadlos durchzuhalten ist. Dazu gehören:

- warme Reserveunterwäsche,
- wenigstens ein warmes Stück Oberbekleidung (Daunenjacke oder Pullover und Anorak),

- Zeltsack oder Rettungssack oder Rettungsfolie,
- Kerze, Zündhölzer oder Feuerzeug,
- Getränke- und Nahrungsminimum.

Sehr wertvoll kann eine Zeitung als isolierende Lage zwischen Kleidungsschichten sein. Bei rauherem Wetter gehören Reservesocken, Handschuhe, Schal, Wärmeüberhosen und vor allem ein kleiner Kocher mit Zubehör zur Biwakausrüstung.

Das geplante Biwak (Abb. 226)

Je länger eine Tour dauert, um so mehr wird ein gewisser Komfort im Biwak lebensnotwendig. Er umfaßt vor allem die Sicherung ausreichender Zufuhr von warmen Getränken und Nahrung sowie einen erholsamen Schlaf. Die Standardausrüstung umfaßt:

- Bergzelt,
- Schlafsack,
- Isoliermatte,
- Kocher mit ausreichend Brennstoff und Zubehör.

Bei Idealklima kann mitunter auf das Zelt verzichtet werden (extrem trockene Gebiete Mittelasiens in Höhen bis etwa 5000 m im Hochsommer). Bei günstigen Schneeverhältnissen kann anstelle des Zeltes oder um das Zelt herum eine Schnee- oder Eishöhle bzw. ein Iglu errichtet werden. Dazu leisten Schneeschaufel und Schneesäge gute Dienste. Der Bau eines Quartiers aus Eis und Schnee erfordert viel mehr Aufwand als das Errichten eines Zeltes, bietet aber auch wesentlich mehr Bequemlichkeit. Bei Sturm oder Lawinengefahr kann nur eine tief in den Hang gegrabene Höhle Sicherheit und Bequemlichkeit gewähren.

In großen Steilwänden, die dem Zelt keinen Platz bieten, schläft man in Hängematten, zur Not auch auf Felsbändern oder in Schlingen sitzend.

Beim Bau von Unterkünften aus Schnee und Eis ist das gut koordinierte, planvolle Handeln der ganzen Gruppe wesentlich, um an sicherer Stelle schnell ein bequemes Biwak zu errichten; d. h. Lage, Form, Größe und Technologie müssen allen Beteiligten zuerst klar sein.

Ein *Windschutz* aus Schnee wird errichtet, in dem das ausgehobene Material der Liegefläche (die vertieft wird) an der Windseite aufgestapelt oder aufgehäuft wird.

Eine *Schneehöhle* gräbt man in ein steiles Hangstück. Der Eingang soll hoch genug über

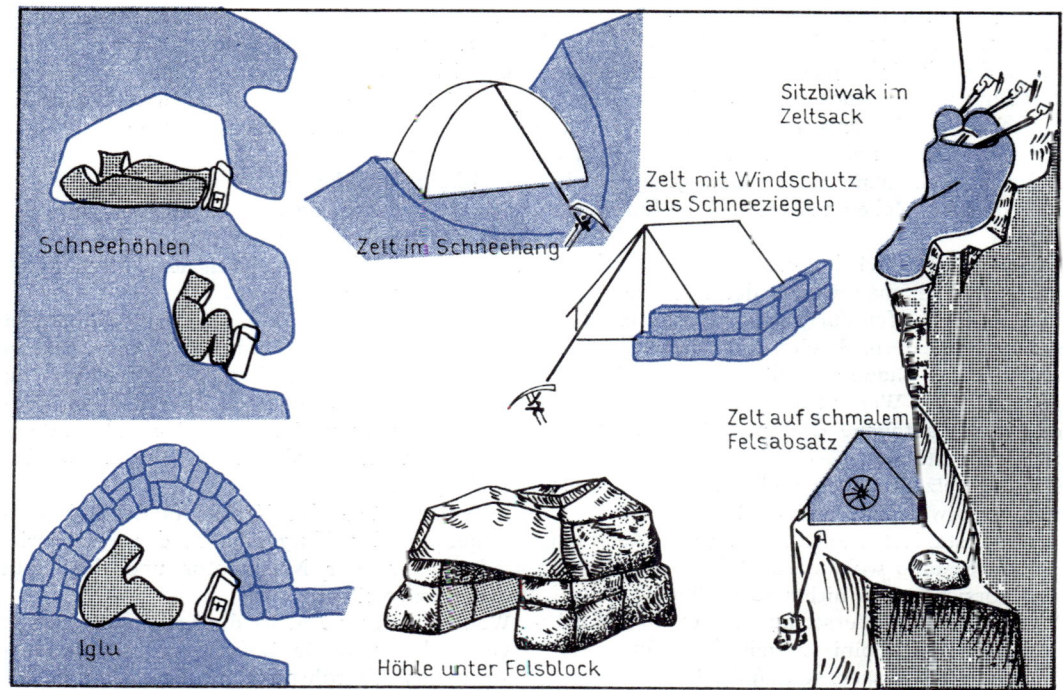

Abb. 226 Biwakieren im Hochgebirge

flachen Hangabschnitten liegen, damit kein Lawinenkegel den Eingang verschütten kann. Bei ausreichendem Werkzeug und vielen Helfern ist es effektiver, mehrere Höhlen gleich hoch nebeneinander zu graben, diese später zu verbinden und die nicht benötigten Eingänge wieder zu verschließen. Der Innenraum der Höhle muß glattgestrichen werden, so daß Kondenswasser herabrinnen kann, ohne abzutropfen. Ausgeatmetes Kohlendioxid ist stark giftig und schwerer als die übrigen Luftkomponenten; sein Abfluß muß gewährleistet sein, keinesfalls darf ein Höhlenbewohner seinen Kopf im CO_2-Stau liegen haben.

Ein *Iglu* wird aus Schneeziegeln als rundlicher Kuppelbau errichtet. Wie in der Schneehöhle muß innen alles gut glattgestrichen werden. Außen kann ebenfalls „verputzt" oder Schnee angehäuft werden.

Die Eingänge von Höhlen und Iglus sollen klein und in Fußbodenhöhe sein. Man kann sie durch Schneeblöcke oder Ausrüstungsstücke verschließen.

Für jedes Biwak gelten die folgenden Verhaltensgrundsätze:

Man steigt nicht bis zur letzten Minute, um dann verschwitzt und erschöpft im Dunkeln an einem schlechten Platz das Biwak einzurichten, sondern wählt überlegt einen geschützten Platz, den man vor Einbruch der Dunkelheit erreichen und einrichten kann.

Der Biwakplatz soll sicher, windgeschützt und trocken sein. Günstig sind oft Höhlen, Überhänge, Nischen, Windkolke, große Felsblöcke. Schlecht liegen ist besser als „gut" sitzen. Günstig ist es, nach dem Biwak nicht sofort wieder schwieriges Klettergelände angehen zu müssen, sondern einen zügig passierbaren Abschnitt zum Warmlaufen zu finden. Man sichert sich zuerst das benötigte Wasser, und – wenn irgend möglich – beginnt ein Alpinist sofort mit dem Küchendienst. Wenn die körperlich anstrengenden Arbeiten vollendet sind, zieht man sich für die Nacht um. Unmittelbar auf der Haut soll trockene Kleidung sein. Nasse Kleidung wird ausgewrungen, Schnee abgeklopft, alle Kleidung wird wieder angezogen, eventuell Zeitungspapierlagen unter feuchte Sachen. Alle Kleider werden gut verschlossen und abgedichtet. Gegen die Bodenkälte hilft das aufgeschossene Seil. Beengende Gürtel, Schnallen und Schnürungen lockert man. Die Schuhe dürfen nicht gefrieren. In Notsituationen behält man sie meist an den

Füßen, sonst nimmt man sie mit ins Zelt, bei strengem Frost sogar in den Schlafsack.

Im Notbiwak rückt man eng zusammen, steckt die Füße in den Rucksack und zieht sich den Zeltsack über. Isotonische Muskelarbeit (Preßatmung, rhythmische Kontraktionen der Hauptmuskeln ohne äußere Bewegung) sowie Bewegen der Zehen und Hände helfen warm halten.

Soweit möglich, wird etwas getrunken und gegessen. Wenn man wegen der Erfrierungsgefahr nicht schlafen darf, versucht man mit Geschichten, Liedern, Spielen usw. die Gefährten und sich bei Laune zu halten und die Zeit zu überbrücken. Wer es gelernt hat, kann all dies durch autogene Übungen (Wärmeprojektion) unterstützen.

In ausgesetzten Lagen muß selbstverständlich für das Biwak eine Selbstsicherung aller Personen installiert werden. Ebenso bindet man die Ausrüstung wohlgeordnet fest und bewegt sich vorsichtig, um nichts zu verlieren.

Wenn kein Niederschlag zu erwarten ist, schlüpfen die Alpinisten mit den Füßen voran in den Biwaksack, so daß die Gesichter herausschauen können. Bei leichtem Niederschlag versucht man, den Biwaksack so zu verspannen, daß die Insassen ihn nicht berühren.

Höhenanpassung

In der Atmosphäre setzt sich die (trockene) Luft etwa konstant aus 21 Prozent Sauerstoff und 79 Prozent Stickstoff und anderen Gasen zusammen. Folglich sinkt mit dem höhenbedingt geringeren Luftdruck der Sauerstoff-Partialdruck proportional mit. Etwa ab 1800 m Höhe bemerkt der unangepaßte Mensch an sich selbst deutlichen Leistungsabfall, der durch das geringere Sauerstoffangebot bedingt ist. Allmählich paßt sich der Organismus an und gewinnt seine Leistungsfähigkeit zurück. Bei zu schnellem Höhengewinn, Überlastung oder zu langem Aufenthalt in großen Höhen können starke Beschwerden und lebensbedrohliche Erkrankungen auftreten. Deshalb muß der Alpinist die Probleme der Höhenanpassung kennen und die durch sie bedingten Gefahren meiden. Die Höhentauglichkeit kann individuell sehr verschieden sein. Sie ist weder aus dem Konditionszustand noch aus den Ergebnissen von Tests ableitbar. Ebensowenig gibt es eine Möglichkeit, mit Medikamenten oder speziellen Trainingsmethoden (auch nicht in der Unterdruckkammer!) die Höhenanpassung zu verbessern oder zu beschleunigen.

Die Einstellung des Organismus an Höhen über 1800 m erfolgt in Form der **Akklimatisation**. Sie verläuft in zwei Phasen:

1. Adaptationsphase:
Die ersten Reaktionen des Körpers auf die veränderten Bedingungen treten auf:
- Steigerung der Herz-Kreislauf-Aktivität (erhöhte Pulsfrequenz);
- Hyperventilation, d. h. verstärktes Abatmen von Kohlendioxid und damit Anreicherung des Blutes mit alkalischen Stoffen, was zu Schwindel und Brechreiz führen kann. Diese Erscheinung ist keine Höhenkrankheit, sondern ein Ausdruck der Anpassung des Körpers;
- Zentralisation des Kreislaufs durch Engerstellung der Blutgefäße in der Peripherie, besonders der Muskulatur und der Haut der Extremitäten.

Während dieser Zeit ist die Leistungsfähigkeit vermindert und die Gefahr von Adaptationsstörungen („Bergkrankheit") besonders hoch.

2. Akklimationsphase:
Die Körperfunktionen haben sich auf die Höhenbedingungen eingestellt. Es besteht wieder Leistungsfähigkeit. Akklimatisation ist nur bis zu Höhen von 5300 bis 5800 m zu erreichen. In darüber liegenden Regionen laufen nur partielle Adaptationsvorgänge ab. Der Mensch kann sich in solchen Höhen nur beschränkte Zeit aufhalten.

Als Kriterium für erfolgte Akklimatisation gilt:
Ruhepuls (morgens im Liegen) = Ausgangspuls im Tal.
Wird der Ausgangspuls um mehr als 20 Prozent überschritten (z. B. statt 60 Schläge/Minute mehr als 72), ist ein weiterer Aufstieg nicht möglich.
Die Akklimatisationszeit beträgt im Durchschnitt
bis 3000 m Höhe 2–4 Tage
bis 4000 m Höhe 3–6 Tage
bis 5000 m Höhe 2–3 Wochen.
Für die Taktik der Höhenanpassung gelten folgende Grundregeln:
- Wechsel zwischen Aktivität und Ruhe.
- Aktivität ohne Überlastung.
- Erholungspausen in Höhenlagen, die man gut verträgt; in Höhen über 5300 m ist *keine* Erholung mehr möglich. Deshalb soll der

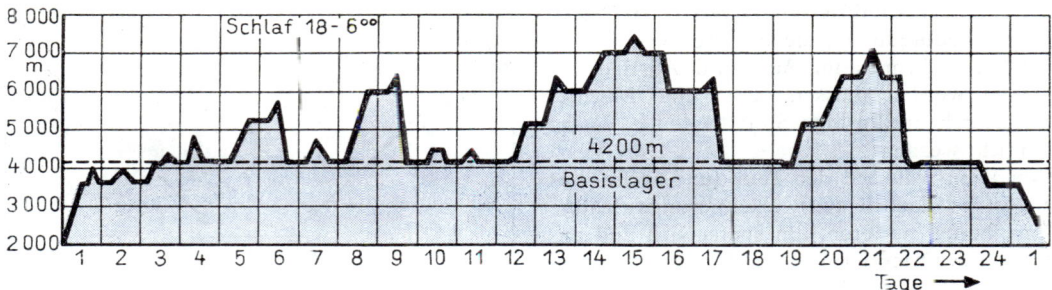

Abb. 227 Höhenanpassung

Aufenthalt in diesen Höhen grundsätzlich minimiert werden.

- Allmähliche Steigerung der Anforderungen (Höhe, Dauer der Akklimatisationstouren, Krafteinsatz). Abbildung 227 veranschaulicht das Beispiel einer Pamirfahrt bis zur Höhe 7495 m (Pik Kommunismus).
- Tägliche Selbstkontrolle des Akklimatisationszustandes durch Feststellen des morgendlichen Ruhepulses.
- Sobald Beschwerden oder Krankheitssymptome auftreten, ist unter verringerter Belastung abzusteigen und eine ausreichende Erholungspause einzulegen.
- Reichlich trinken!
- Die Akklimatisation kann am Ziel-Gipfel durch das Vorschieben einer Lager- oder Depotkette oder durch selbständige Unternehmungen an anderen geeigneten Gipfeln erfolgen.
- Die individuellen Unterschiede in der Akklimatisation müssen toleriert werden. Wer heute Schwierigkeiten hat, seinen Gefährten zu folgen, soll auch wirklich ausspannen! Morgen kann er dann schon wieder in Bestform sein.
- Die Einnahme von Medikamenten, die höhenbedingte Beschwerden unterdrücken sollen, ist äußerst gefährlich. Das gilt insbesondere für Beruhigungs- und Schmerzmittel. Die einzige „Medizin" gegen Höhenbeschwerden ist: Trinken, Verringerung der Belastung, wenn möglich einige Liter Sauerstoff, Abstieg in tieferliegende Lager – dort verschwinden die Beschwerden von selbst.

4.3.6. Orientierung im Gelände

Allgemeines Verhalten

Während des Steigens wird so oft wie nötig das Gelände mit den Vorstellungen von Gelände und Route verglichen. Dazu gehören das Feststellen des eigenen Standortes, der zu jeder Zeit sicher bestimmbar sein muß, und das Festlegen der Richtung und Länge des nächsten Wegabschnittes. Meist genügt dafür die genaue Beobachtung des Geländes und ein Blick auf die Karte, Marsch- oder Routenskizze. Dabei soll man sich ständig bewußtmachen, welche Objekte sich in der Umgebung befinden, und sich möglichst viele Einzelheiten einprägen. Oftmals schaut man auch zurück, denn es kann sein, daß man den begangenen Weg in Gegenrichtung wiederfinden muß. Karten und andere Dokumente können Unstimmigkeiten und Fehler aufweisen. Deshalb sind sie kritisch mit den eigenen Beobachtungen zu vergleichen.

Bei sehr komplizierter Orientierung – unübersichtliches Gelände, Sichtbehinderung durch Nebel oder Dunkelheit, Neuschnee – können Messungen erforderlich werden:

- Richtungsbestimmung mit dem Kompaß,
- Höhenbestimmung mit dem Höhenmesser,
- Höhenvergleich mittels Schlauchwaage,
- Hangneigungsmessung,
- Entfernungsmessung bzw. -schätzung mit dem Seil, durch Schrittzählung oder behelfsmäßige Triangulation (Vorwärts- und Rückwärtseinschneiden).

Wenn unterwegs eine Verschlechterung der Orientierungsbedingungen eintritt, ist es von größter Wichtigkeit, den eigenen Standort sofort möglichst genau zu bestimmen, um einen festen Bezugspunkt für den Weiterweg zu haben, der dann vorwiegend durch Messungen bestimmt werden muß.

Auf Routenabschnitten mit schwierigen Orientierungsbedingungen, die bei größeren Unternehmen mehrmals im Auf- und Abstieg begangen werden müssen, kann eine Markierung durch grellfarbige Stoffstreifen o. ä. angebracht werden.

Man kann während der Tour (und sollte dies spätestens danach tun) orientierungswichtige Einzelheiten notieren, um später sich und anderen die Orientierung auf der Route zu erleichtern. Wesentlich dabei sind u. a. Gehzeiten, markante Details im Gelände (möglichst genaue Ortsangabe), Auffälligkeiten des Gesteins und des Bewuchses, Gebäude, Weganlagen, Brücken, aber auch Unstimmigkeiten und Fehler auf Karten und anderen Dokumenten.

Anwendung von Meßgeräten

Kompaß (Marschkompaß, Bussole)

Der Kompaß dient zur Richtungsbestimmung auf der Basis des Magnetfeldes der Erde. Dieses ist auf Isoklinenkarten dargestellt. Solche Karten enthalten Linien (Isoklinen), die Punkte mit gleicher „Mißweisung" verbinden und damit aussagen, um welchen Winkel die magnetische Nordrichtung von der geographischen Nordrichtung abweicht. Diese Werte sind z. B.:

in den Ostalpen etwa 2° West
in der Hohen Tatra etwa 1,5° Ost
im Kaukasus etwa 7° Ost
im Pamir etwa 5° Ost.

Den Kompaß verwendet man zum Einorden der Karte, zur Ermittlung einer Marschrichtung aus der Karte und zum Bestimmen der Richtung eines Geländepunktes. Die entsprechenden Methoden sind in der Literatur ausreichend beschrieben, so daß hier darauf verzichtet wird. Ebenso findet man dort Hinweise zur Orientierung ohne Kompaß. Von Bedeutung für den Alpinisten ist das *Rückwärtseinschneiden*, mittels dessen man den eigenen Standort auf der Karte bestimmen kann. Man wählt dazu zwei Objekte, die im Gelände sichtbar sind. Die Peilwinkel auf diese sollen etwa 90° differieren, um die beste Genauigkeit zu erreichen. Zu beiden Objekten werden die Richtungen bestimmt und in die Karte übertragen. Der Schnittpunkt der Richtungslinien ist der eigene Standort. (Abb. 228)

Analog dazu kann ein Geländepunkt auf der Karte bestimmt werden, wenn er von zwei bekannten Standorten aus angepeilt wird (Vorwärtseinschneiden).

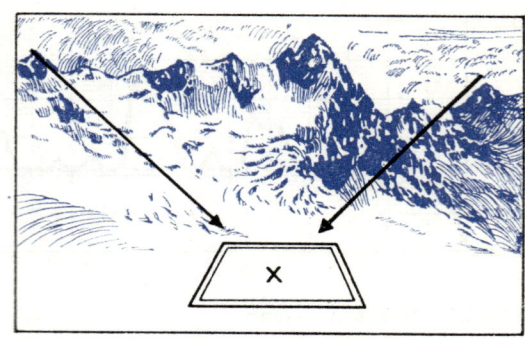

Abb. 228 Standortbestimmung durch Rückwärtseinschneiden

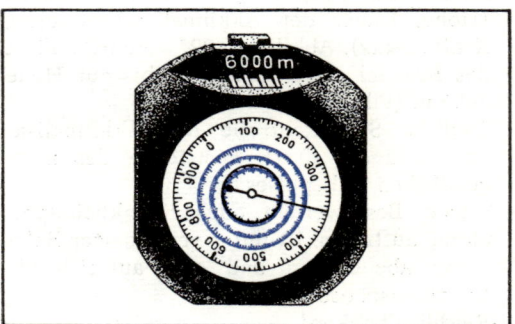

Abb. 229 Höhenmesser

Höhenmesser

Der Höhenmesser (Abb. 229) ist ein relativ genaues, speziell skaliertes Luftdruckmeßgerät. Er ermöglicht die Messung von Höhendifferenzen beim Steigen und die Messung der Luftdruckdifferenz, wenn man sich auf konstanter Höhe aufhält.

Wenn man einen Punkt mit bekannter Höhe erreicht hat, wird der Höhenmesser auf diese Höhe eingestellt. Beim Weitergehen zeigt die Nadel die neuen Höhen an.

Bei starken Luftdruckänderungen (Wetterentwicklung) wird das Meßergebnis verfälscht. Hält man sich in konstanter Höhe auf, deutet ein anwachsender Meßwert auf Luftdruckabfall und ein sinkender Meßwert auf Luftdruckanstieg hin (s. Tab. 25).

Der Höhenmesser ist auf eine mittlere Temperaturverteilung geeicht. Wenn die wirkliche Temperatur von der für die Höhe angenommenen mittleren Temperatur abweicht, muß der angezeigte Wert um 4 Prozent je Kelvin Temperaturdifferenz berichtigt werden. Ist es wärmer als im Mittel, ist die wirkliche Höhe größer als die angezeigte, ist es kälter, wird die Höhe nach unten korrigiert.

Man rechnet bei einer linearen mittleren Temperaturverteilung je 1000 m Höhengewinn mit 6,5 K Temperaturabnahme; bei etwa 2300 m Höhe wird als mittlere Temperatur 0 °C angenommen. Mit t als der gemessenen Temperatur und h als auf dem Höhenmesser abgelesenen Wert ergibt sich die mittlere Temperatur in °C:

$$t_m = \frac{2300 - h}{1000} \cdot 6{,}5$$

Die korrigierte Höhe in Metern beträgt:

$$h_k = h + \frac{4 \cdot h \cdot (t - t_m)}{1000}$$

Bei stark vom Mittelwert abweichenden Temperaturen darf auf die Korrekturrechnung nicht verzichtet werden.

Schlauchwaage

Ein wenig bekanntes, sehr genaues und nützliches Hilfsmittel zum Vergleich von Höhen im Gelände ist ein durchsichtiger Plastschlauch. Man saugt damit etwas Wasser oder Trinkflascheninhalt an, biegt den Schlauch zu einem U und peilt über die Flüssigkeitsoberfläche. Damit läßt sich die Linie im Gelände bestimmen, die die gleiche Höhe wie das eigene Auge hat. (Abb. 230)

Außerdem sind über Winkel- und Entfernungsschätzungen (z. T. durch die Karte unterstützt) andere Höhen relativ genau schätzbar. Abbildung 231 zeigt das Prinzip, nach dem andere Höhen geschätzt werden können.

Prinzip der Höhenermittlung und des Entfernungsschätzens:

bei bekannter Entfernung l_2

$$H \approx \frac{l_2}{l_1} \cdot d$$

bei bekannter Höhe H

$$l_2 \approx \frac{H}{d} \cdot l_1$$

Klinometer (Neigungsmesser)

Die Bestimmung der Hangneigung im Gelände ist ein orientierungswichtiges Detail, aus dem im Zusammenhang mit anderen Daten wichtige Schlüsse gezogen werden können. Von besonderer Bedeutung ist die Messung (oder möglichst genaue Schätzung) der Hangneigung im Zusammenhang mit der Dokumentation von Lawinenereignissen und der Einschätzung der Lawinengefahr.

Die Hangneigung ist ohne Hilfsmittel schwer schätzbar, man unterliegt zahlreichen Täuschungen. Eine bessere Schätzung erzielt man durch zwei Stöcke (Skistöcke, Pickel), die senkrecht und waagerecht im Winkel von 90° eingesetzt werden. (Abb. 232) Die Ebene, in der die Stöcke liegen, ist senkrecht zur Ebene der Hangoberfläche. Aus den Längen l_1 und l_2 errechnet man den Neigungswinkel:

$$\tan \alpha = \frac{l_2}{l_1}$$

Einige spezielle Werte der Tangensfunktion kann man sich merken:
$\tan 0° = 0$
$\tan 30° = 0{,}6$
$\tan 45° = 1$
$\tan 60° = 1{,}7$
Zwischenwerte muß man schätzen.

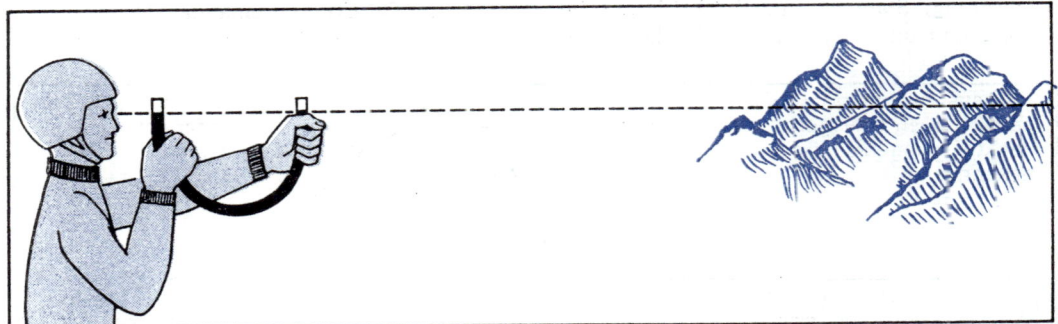

Abb. 230   Anwendung der Schlauchwaage

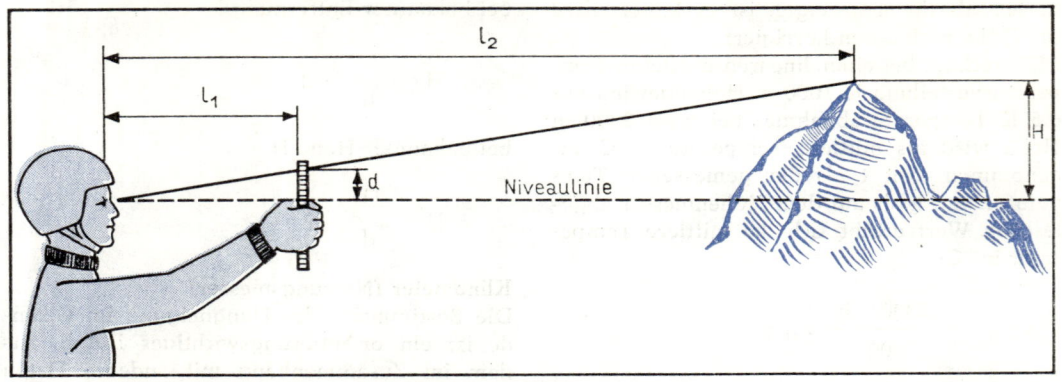

Abb. 231   Prinzip der Höhenermittlung und des Entfernungsschätzens

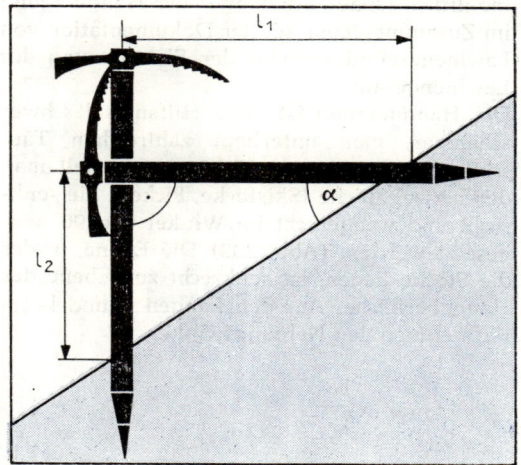

Abb. 232   Hangneigungsmessung

Optischer Geländeeindruck

Der optische Geländeeindruck hängt nicht nur von der wirklichen Geländebeschaffenheit ab. Die Gesetze der Perspektive, der Einfluß von Beleuchtung, Standort und Blickrichtung bewirken, daß unser optischer Geländeeindruck wichtige Details des Geländes verzerrt oder gar nicht wiedergibt. Die bewußte, kritische Auseinandersetzung mit dem sinnlich Wahrgenommenen verhindert grobe Fehlinterpretationen.

Abbildung 233 zeigt Beispiele dafür, daß man durch Unsichtbarkeit oder Fehlidentifikation von Objekten leicht in Schwierigkeiten kommen kann. Die verhängnisvollste optische Täuschung, der man leicht erliegt, ist das Nichterkennen von Steilstufen beim Abstieg.

Mehrere in Blickrichtung hintereinander liegende Berge wirken mitunter wie ein Berg, der breiter und weniger steil erscheint. Waagerechte parallel in die Tiefe führende Linien gehen hinten scheinbar aufwärts. Gleichmäßig ansteigende parallele Linien täuschen eine Geländeverflachung im Hintergrund vor.

Zu steil schätzt man:
– vertikal betontes Gelände,
– tiefer liegende Gegenhänge.

Zu flach schätzt man Hänge, Flanken und Wände, an deren Fuß man steht. Dunkelheit und Nebel verfälschen den Geländeeindruck sehr stark. Insbesondere können weit voneinander entfernte Objekte miteinander verschmelzen. Ähnliche Effekte sind bei Gegenlicht und in

Erosionsschluchten in flachen, bewachsenen oder geröllbedeckten Hängen sind schwer erkennbar

von zu großer Nähe wird oft eine Schulter, eine Terrasse oder ein Vorgipfel mit dem Gipfel verwechselt

im Abstieg sind Steilstufen schwer erkennbar

Abb. 233   Fehlidentifikation und Unsichtbarkeit von Objekten

Schattenlagen möglich. Für einen einigermaßen richtigen räumlichen Geländeeindruck ist deshalb eine vergleichende Betrachtung von mehreren Standpunkten aus und bei unterschiedlichen Lichtverhältnissen vorteilhaft.

Schätzen von Entfernungen

Das Schätzen von Entfernungen verlangt viel Erfahrung, um brauchbare Ergebnisse zu erreichen. Es sollte deshalb ständig geübt werden, wobei man mit kurzen Strecken beginnt. Die geschätzten Werte sind durch Messung oder auf der Karte zu überprüfen.

Äußere Bedingungen können die Schätzwerte zum Teil wesentlich beeinflussen. Zu *kurz* wird geschätzt:
– große Entfernungen auf ungegliederter Ebene,
– bei großer Helligkeit,
– bei Rückenlicht,
– bei besonders klarer Luft.

Zu *weit* schätzt man:
– bei trübem Wetter,
– bei dunklem Hintergrund,
– bei Gegenlicht,
– bei geringem Farbkontrast des Zieles zum Hintergrund,
– bei steigendem Gelände,
– längs klarer Fluchtlinien.

Eine relativ genaue Bestimmung der Entfernung ist möglich, wenn man die Größe sichtbarer Objekte kennt. Der Alpinist hält ein Lineal mit ausgestrecktem Arm vor sich und liest ab, wieviel Millimeter auf dem Lineal das Geländeobjekt bedecken. (s. Abb. 231) Daraus kann dann die Entfernung wie folgt berechnet werden:

$$l_2 \approx \frac{H}{d} \cdot l_1$$

Die einzelnen Zahlenwerte rechnet man vorher zweckmäßigerweise in Meter um. Bei bekannter Breite des sichtbaren Objektes verläuft das Verfahren analog.

Ob von mehreren gleichartigen Objekten das eine oder andere weiter entfernt ist, kann man an der scheinbaren Höhe oder durch kleine seitliche Bewegungen unterscheiden.

4.3.7. Sonstige Probleme der Taktik

Das Problem der Zugänglichkeit

Als Maß für die Zugänglichkeit eines Gebietes oder eines bestimmten Punktes im Routenverlauf betrachtet man eine Schätzung der Zeit, die von einem Hilfeersuchen bis zum Eintreffen der Hilfe verstreicht. Damit ist klar, daß dieses Maß nicht nur vom Gelände, sondern auch von der technischen Ausstattung (Nachrichten- und Transportmittel) und von den Vereinbarungen (Kontrollzeiten) zwischen Seilschaft und potentiellen Helfern abhängt. Die Unzulänglichkeit in diesem Sinne ist eine Gefahr, weil sich dadurch u. U. auch bei kleinen Zwischenfällen bedrohliche Folgen entwickeln können. Durch richtige taktische Maßnahmen (Nachrichtenmöglichkeiten, Vereinbarungen) kann die Zugänglichkeit entscheidend verbessert werden.

Das Hinterlegen von Nachrichten über Auf- und Abstiegsroute und Zeit der Rückkehr ist eine absolute Notwendigkeit. In den Unterkünften der Hochgebirge liegen dafür Bücher aus, in denen sich die Alpinisten beim Aufbruch eintragen und bei Rückkehr zurückmelden. Diese Bücher werden vom Bergrettungsdienst kontrolliert und erleichtern das Auffinden von vermißten Alpinisten, sofern diese ihr Ziel exakt angegeben haben. In der sowjetischen Alpinistenlagern muß jede Gruppe ihre Ziele mit dem Bergdienst (KSP) abstimmen und ein umfangreiches Formular (marschrutni list) ausfüllen, das die Taktik der Gruppe dokumentiert und Kontrollzeiten, Signale und Funkverkehr festlegt. Das ist unter den Bedingungen der sowjetischen Hochgebirge eine sehr nützliche Regelung.

Die Gipfelnotiz kann ebenfalls eine wesentliche Nachricht über den Verbleib einer Gruppe sein. Deshalb trägt der Alpinist neben den bei uns üblichen Angaben auch die Uhrzeit und die Abstiegsroute oder Abstiegsrichtung ein. In sowjetischen Hochgebirgen existieren auf komplizierten Routen auch unterhalb des Gipfels Kontrollpunkte (kontrolni tur) zu diesem Zweck.

Wenn größere Gruppen in mehreren Seilschaften im Gebirge agieren, müssen die Seilschaften wechselseitig ihre Ziele und Pläne kennen und sich gegenseitig nach Möglichkeit beobachten und kontrollieren. Auf komplizierten Routen in schwer zugänglichen Gebieten ist es üblich, neben der Aktionsgruppe eine Sicherungsgruppe in der Nähe zu haben, mit dieser alle Pläne abzustimmen und Nachrichten auszutauschen.

Nachrichtenübermittlung

Im Hochgebirge sind für die Übermittlung von Nachrichten Sprechfunk, Signalraketen, optische und akustische Signale gebräuchlich.

Eine außerordentlich effektive Form bildet der UKW-Sprechfunkverkehr, wie er z. B. bei den Alpinaden in der Sowjetunion oder bei Expeditionen verwendet wird. Dafür ist in jedem Fall die Genehmigung des Gastlandes erforderlich.

Der alpine Funkverkehr wird auf einer festen Wellenlänge meist in einem Funknetz abgewickelt. Jede beteiligte Alpinistengruppe verfügt über ein tragbares Funkgerät, das als Unterfunkstelle des Netzes arbeitet. Im Basislager befindet sich die Hauptfunkstelle. Für den Funkverkehr werden feste Zeiten vereinbart, während der alle Unterfunkstellen auf Empfang gehen. Die Hauptfunkstelle ruft nacheinander alle Teilnehmer und koordiniert damit die Verbindungsaufnahme. Jede Unterfunkstelle wartet, bis sie gerufen wird, und meldet sich dann mit ihrem Rufzeichen. Querverbindungen zwischen Unterfunkstellen stören den Verkehr. Sie dürfen nur mit Zustimmung der Hauptfunkstelle aufgenommen werden. Im Notfall darf eine Unterfunkstelle sofort bei Beginn der Funkverkehrszeit senden. Notgespräche haben absoluten Vorrang vor allen anderen Verbindungen.

UKW-Sprechfunk hat nur eine kurze Reichweite (3 bis 10 km). Da die Wellenausbreitung etwa den Gesetzen des Lichts folgt, ist eine Verbindungsaufnahme meist nur möglich, wenn die Gegenstation nicht durch das Geländeprofil verdeckt ist. In solchen Fällen oder bei größerer Entfernung kann manchmal eine andere Unterfunkstelle vermitteln, über die dann der Kontakt zwischen Hauptfunkstelle und dem nicht direkt erreichbaren Teilnehmer organisiert wird.

Wenn neben der Antenne ein kurzes Drahtstück zum Gerät gehört, legt man dieses etwa in Richtung der Gegenfunkstelle aus und erzielt so eine leichte Richtwirkung.

Funkgespräche sind kurz und präzise zu führen. Da die Gesprächspartner meist die Kommunikationssprache nicht als ihre Muttersprache sprechen, ist auf einfaches Vokabular, kurze Sätze, langsame und gut artikulierte Aus-

sprache zu achten. Jeder Wechsel von einem Gesprächspartner zum anderen wird vom Sprecher mit der Aufforderung „Kommen!" eingeleitet. Mit „Ende!" schließt die Hauptfunkstelle eine Verbindung ab.

Die Batterien der Funkgeräte sind frostempfindlich. Der Benutzer muß sie körpernah tragen und gegen Entladung durch Kurzschluß, Nässe oder Kälte schützen. Die Kapazität der Batterien reicht nur für kurze Sendezeiten. Maßgebend ist die Zeit, während der die Sendetaste gedrückt ist.

Bei der Anwendung von Raketen und anderen optischen oder akustischen Mitteln existieren international feststehende Notsignale, die man nur in dieser Bedeutung verwenden darf (s. Abschnitt 5.2.). Für andere Informationen müssen unbedingt solche Signale vereinbart werden, die nicht als Notruf mißverstanden werden können.

Das Problem der Zeit

Die nutzbare Tageslänge ist eine wichtige Planungsgröße des Alpinisten. Sie gibt die Zeitspanne zwischen dem Beginn der Morgendämmerung und dem Ende der Abenddämmerung an. Die nutzbare Tageslänge hängt von der geographischen Lage und der Jahreszeit ab und ist astronomischen Tabellen zu entnehmen. Für grobe Schätzungen muß der Alpinist wissen:

– der jahreszeitliche Tageslängenunterschied wächst vom Äquator zu den Polen;
– die Dämmerungsdauer wächst vom Äquator zu den Polen und liegt in Mitteleuropa um $^3/_4$ Stunden;
– die jahreszeitlichen Unterschiede der Dämmerungsdauer sind erst in höheren Breiten (polnah) von Bedeutung;
– Sonnenauf- und untergangszeiten für bestimmte Punkte können dem Kalender entnommen werden.

Auf den meisten alpinen Touren – außer vielleicht kurzen Felsrouten im nichtvergletscherten Gebirge – bewährt sich ein frühzeitiger Aufbruch. Im Anmarsch zum Berg genügt meist die Lampe. Schnee-, Eis- und Sichtverhältnisse sind früh und vormittags meist am besten. Gletschertouren werden oft bereits um Mitternacht gestartet.

Zu berücksichtigen sind die kurzen winterlichen Tageslängen. Im Winter wird sehr leicht aus einer geplanten Tagestour eine Mehrtagestour mit harten Biwaks!

Das Problem der Schnelligkeit

Jede Seilschaft kann beim Steigen eine bestimmte Schnelligkeit entwickeln, ohne Technik-, Sicherungs- und Orientierungsfehler zu begehen. Dies hängt von der Technikbeherrschung, der Kondition und der Orientierungsfähigkeit ab. Einige Gefahren des Hochgebirges werden um so bedrohlicher, je länger man sich ihnen aussetzt (Wetterentwicklung, Stein- und Eisschlag). Insofern ist Schnelligkeit bei voller Einhaltung aller Sicherheitsnormen im Hochgebirge eine wünschenswerte, der Sicherheit dienliche Fähigkeit. Routen, die ein überdurchschnittliches Maß an (objektiven) Gefahren zeigen, sollten grundsätzlich nur von sehr schnellen Seilschaften begangen werden, und die Taktik dieser Seilschaften muß die Fähigkeit zum schnellen Steigen in den Gefahrenzonen voll ausnutzen.

Die Taktik schneller Seilschaften kann jedoch von langsameren Seilschaften nicht übernommen werden, weil sie von ihnen nicht realisierbar ist. Insbesondere kann bei unzureichender Schnelligkeit eine Tagestour zur Mehrtagestour werden, wobei das Mehr an Ausrüstung das Tempo weiter drosselt, so daß bestimmte Touren (z. B. große Traversen, Besteigungen in Gebieten mit sehr instabilem Wetter) prinzipiell nur schnellen Seilschaften möglich sind.

Die Schnelligkeit einer Seilschaft beim Orientieren, Steigen, Sichern und anderen Tätigkeiten ist trainierbar. In der Regel sind Zweierseilschaften schneller als größere. Am schnellsten kann ein guter Alleingeher steigen, jedoch ist diese Taktik wegen der enorm anwachsenden Risiken, die schon bei kleinsten Zwischenfällen zur Katastrophe führen können, normalerweise kategorisch abzulehnen.

Seilschaftsstärke

Die optimale Seilschaft für lange, schwere Felstouren, für schweres Eis und für kombinierte Touren besteht aus zwei Alpinisten oder auch zwei zusammenwirkenden Zweierseilschaften. Bei relativer Unzugänglichkeit und geringer gegenseitiger Gefährdung durch Steinschlag oder Eisschlag bietet letzteres mehr Sicherheit, bei guter Zugänglichkeit ist eine einzelne Zweierseilschaft möglich. Für objektiv gefährliche Routen in schwer zugänglichen Gebieten ist die Zweierseilschaft und eine Hilfsgruppe, die eventuell mit sehr

großem Abstand auf der Route folgen kann, empfehlenswert. Auf Gletschern sind Seilschaften mit drei bis vier Mitgliedern im Vorteil, falls es zu einem Spaltensturz kommt. Die Bergung ist dann weniger kompliziert.

Probleme des Gruppen- und Seilschaftsverhaltens

Erster Grundsatz ist, daß eine Seilschaft gemeinsam aufbricht und geschlossen von der Bergtour zurückkommt. Unterwegs bleiben die Seilgefährten in der taktisch optimalen Weise zusammen. Das kann ein minimaler Abstand sein (z. B. im Geröll) oder ein größerer Abstand, etwa 50 m, in lawinenverdächtigem Gelände.

Bei größeren Gruppen ist der Führer an der Spitze oder dicht bei der Spitze, den Abschluß bilden zwei erfahrene und starke Alpinisten. Keinesfalls darf ein Zurückbleiben schwacher Gruppenmitglieder toleriert werden. Das Tempo ist dann entsprechend zu verringern. Zur Koordinierung gibt der Leiter der Gruppe klare Anweisungen. Bei der Seilarbeit werden die üblichen Seilkommandos (s. Abschnitt 3.2.6. – Zusammenwirken der Seilschaft) benutzt.

Wichtig ist, daß alle Alpinisten der Gruppe oder Seilschaft sich willig und einsichtig der Gruppendisziplin, den Anweisungen des Leiters und den taktischen Notwendigkeiten unterordnen. Jede Art von Nachlässigkeit in den Pflichten gegenüber der Gruppe kann Gefahren für die gesamte Gruppe heraufbeschwören. Verbreitete Fehler und Disziplinlosigkeiten sind z. B.: sich unabgemeldet von der Gruppe entfernen und eigene Wegvarianten suchen; ohne Absprache mit anderen rasten oder Fotomotive suchen; Versuche, durch Wegabkürzungen schneller zu sein und die Gruppe zu überholen; sich aus dem Seil ausbinden, wo einige Gruppenmitglieder zu Recht das Seil benutzen wollen.

In allen Fällen von Meinungsverschiedenheiten in der Gruppe (z. B. wegen der Wegwahl oder des taktischen Verhaltens) muß die Gruppe fähig sein, schnell zu einer gemeinsamen Entscheidung zu kommen. Es ist stets besser, gemeinsam einen Umweg zu gehen als eine Aufspaltung der Gruppe zuzulassen. Lange Diskussionen unterwegs sollten entfallen und besser nach der Tour ausgetragen werden.

4.3.8. Naturschutz im Hochgebirge

Das Hochgebirge mit seiner relativ unberührten Natur stellt eine schützenswerte Landschaft von hohem Wert dar. Alles, was der Besucher hier vorfindet, ist das Ergebnis langer Entwicklung und beeinflußt sich gegenseitig. Störungen dieser Naturbeziehungen, wie sie vielfach durch Baumaßnahmen, Forst- oder Weidewirtschaft, aber auch durch Touristen und Skiläufer auftreten, verletzen dieses natürliche System oft in beträchtlichem Umfang. Solche negativen Entwicklungen wurden von vielen Berg- und Naturfreunden seit langem erkannt, und auch die alpinen Vereinigungen fordern nachhaltig Maßnahmen zum Schutz der Bergnatur. In vielen Staaten wurden bereits entsprechende Gesetze erlassen und Naturreservate und andere Schutzgebiete geschaffen, so in vielen Teilen der Alpen, in der Hohen Tatra und im Kaukasus.

Jeder Freund der Berge muß sich deshalb dafür einsetzen, die Natur des Gebirges zu schützen, und sein eigenes Verhalten danach einrichten. Das bedeutet vor allem, sich während der Bergtouren so zu verhalten, daß Störungen der Pflanzen- und Tierwelt vermieden, keine bleibenden Spuren hinterlassen, Gelände und Gewässer nicht verunreinigt werden.

Diese allgemeinen Verhaltensregeln sind in vielen Gebirgen durch gesetzliche und andere Bestimmungen zum Schutz der Natur präzisiert. Der Alpinist, der als Gast in diesen Gebirgen weilt, muß solche Bestimmungen kennen und einhalten. Verstöße dagegen können strenge Strafen nach sich ziehen. Informationen findet man dazu in den Touristen- und Kletterführern, aber auch auf Aushängen, Plakaten u. a. in Hütten, Bergwachtstationen und in anderen touristischen Zentren.

Als ein Gebirge, das wegen der Konzentration landschaftlicher Reichtümer und hoher Besucherzahl besonders schutzbedürftig ist, soll die Hohe Tatra genannt werden. Ihr slowakischer Teil wurde bereits 1949, der polnische Teil 1954 zum Nationalpark erklärt. Hier gelten sehr strenge Verhaltensregeln und bestimmte Einschränkungen für die Besucher, über die man sich zu Beginn seines Aufenthalts in diesem Gebirge bei der Nationalparkverwaltung oder dem Bergrettungsdienst informieren muß. Teile des Gebirges sind ganz oder zeitweilig für Besucher gesperrt.

Für organisierte Bergsteiger gelten Ausnahmeregelungen, welche die Ausübung des Bergsports in der Hohen Tatra unter bestimmten Bedingungen gestatten. Die wichtigsten davon sind:

- Der Alpinist muß sich nicht nur durch einen gültigen Ausweis seiner Organisation legitimieren können, sondern auch die für alpine Touren notwendige Ausrüstung mitführen (Seil, Schutzhelm, im Winter Pickel).
- Das Verlassen der markierten Wege ist nur Alpinisten auf dem kürzesten Wege zum Einstieg oder vom Abstieg her und nur in felsigem Gelände erlaubt. Abkürzungen von Wegen und Pfaden sind verboten.
- Wege des Schwierigkeitsgrades I sind nicht als Tourenziel gestattet. Sie dürfen nur als Zugang zum Einstieg oder als Abstiegsweg benutzt werden.
- Übernachten außerhalb einer Unterkunft ist verboten. Nur bei durch Unfall oder Witterung bedingten Notlagen darf ausnahmsweise im Freien übernachtet werden. Mehrtagestouren mit Übernachtung im Freien müssen von der Nationalparkverwaltung genehmigt werden.

5. Selbsthilfe und gegenseitige Hilfe bei Bergunfällen

Die Hilfeleistung bei Bergunfällen stellt alle Beteiligten vor spezifische Probleme, die sich aus den Bedingungen des Gebirges, wie Unzugänglichkeit, große Entfernungen, Wetterverhältnisse, fehlende Nachrichtenverbindungen u. a. ergeben. Für die Verletztenversorgung und den Abtransport haben folgende Aspekte Einfluß auf Ablauf und Erfolg einer Hilfsaktion:

- Die Zeitspanne zwischen Unfall, Alarmierung, Bergung, Erstversorgung und Abtransport bis zu einer ärztlichen Behandlung ist relativ groß.
- Notwendige zusätzliche Helfer sind oft schwer erreichbar. Spezialkräfte des Bergrettungsdienstes müssen erst alarmiert werden.
- Häufig ist eine Bergung des Verunglückten nur durch den Einsatz spezieller Bergungs- und Rettungstechniken möglich. Der Abtransport verlangt gleichfalls oft die Verwendung spezieller, auch behelfsmäßiger Transportmittel.
- Die zum Zeitpunkt der dringlichen Hilfeleistung vorhandene Ausrüstung ist begrenzt, und es wird ein hohes Maß an Improvisationsfähigkeit benötigt.
- Der Verletzte ist klimatischen Einflüssen (Kälte, Sturm, Nässe, Sonneneinstrahlung usw.) länger und intensiver ausgesetzt.
- Das Auftreten spezifischer Gesundheitsschäden, wie physische und psychische Erschöpfung, Unterkühlung, die Problematik des freien Hängens im Seil u. a. verlangen spezielle Kenntnisse der Helfer.
- Nur in Ausnahmefällen steht dem Helfer ein Arzt sofort oder in Kürze zur Verfügung.

Die angeführten Punkte verdeutlichen, daß fachgerechte Hilfeleistung im Gebirge ein großes Maß an Wissen und Können erfordert. Der Helfer trägt über einen relativ langen Zeitraum die alleinige Verantwortung für den Verletzten. Aber gerade diese Zeitspanne ist entscheidend für dessen weiteres Schicksal. Das unterstreicht die Notwendigkeit und Pflicht jedes Bergsteigers, sich die für solche Situationen erforderlichen Kenntnisse und Fertigkeiten anzueignen.

5.1. Verhalten bei Unfällen

Vom besonnenen, umsichtigen und ruhigen Handeln hängt der Erfolg jeder Hilfeleistung ab. Hektik ist zu vermeiden. Nur selten ist es so eilig, wie es anfangs scheint. Gewissenhafte Erstversorgung und schonender Abtransport sind vielfach nutzbringender als überstürzte Maßnahmen.

Für den am Unfallort zuerst anwesenden Helfer kommt es zunächst darauf an, sich einen Überblick über die Situation und besonders den Zustand des Verunglückten zu verschaffen. Danach muß er entscheiden, ob die Hilfeleistung mit den Mitteln der Seilschaft und anderer anwesender Personen möglich ist. Bei Bergunfällen ist das oft nicht der Fall, vor allem, wenn eine Bergung oder ein längerer Transport notwendig sind. In solchen Fällen muß weitere Hilfe herbeigerufen werden (s. Abschnitt 5.2.).

Die Pflicht zur Hilfeleistung ist in gesetzlichen Bestimmungen festgelegt. Sie gilt für jeden Bürger, wenn ihm dies ohne erhebliche Gefahr für sein Leben oder seine Gesundheit möglich ist, und erstreckt sich auf Erstversorgung, Bergung und Transport des Verunglückten bis zur Übergabe an den Krankentransport oder eine andere Einrichtung des Gesundheitswesens.

Steht der Tod eines Verunglückten zweifelsfrei fest, ist die nächste Polizeidienststelle zu benachrichtigen. Am Unfallort darf nichts verändert werden. Vorhandene Zeugen sind namentlich zu erfassen und zum Warten auf die Polizei zu veranlassen.

Die überlegte, qualifizierte und sofortige Kameradenhilfe ist bei Unfällen die erste und wichtigste Maßnahme. Unabhängig von der Alarmierung weiterer Helfer muß sie in jedem Fall mit den vorhandenen Möglichkeiten geleistet werden. Nach der Bergung aus dem unmittelbaren Gefahrenbereich (Steinschlag, Lawinen, freies Hängen im Seil) haben die Sicherung der lebenswichtigen Funktionen (Atmung und Kreislauf), richtige Lagerung, Kälteschutz, Stillung größerer Blutungen und die Schockverhütung und -behandlung absoluten Vorrang. Erst nach ausreichender Versorgung des Verletzten kann die weitere Bergung und der Abtransport eingeleitet werden.

In allen Phasen der Hilfeleistung soll vermieden werden, dem Verletzten Schmerzen zu bereiten. Man versetze sich in dessen Lage, mache ihm keine Vorwürfe, sondern bemühe sich, ihn moralisch aufzurichten. Der Verletzte ist nicht allein zu lassen.

Bei Anwesenheit mehrerer Helfer ist ein Verantwortlicher zu benennen, der die Aktion leitet und dessen Anweisungen zu befolgen sind. Wird die Rettungsaktion von der Bergwacht durchgeführt, sind alle anderen Helfer ebenfalls dessen Leiter unterstellt.

Sicherheit für Helfer und Verletzte ist oberstes Gebot bei jeder Maßnahme. Dabei muß entsprechend den jeweiligen Umständen gehandelt werden, z. B. durch Anbringen eines Seilgeländers, in das die Helfer ihre Selbstsicherung einhängen. Auch ein einzelner Helfer sollte nur gesichert arbeiten. Bei der Bergung und beim Transport in schwierigem Gelände müssen Verletzter und Helfer ebenfalls gesichert werden. Ein Aufstellen von Sicherungsposten ist erforderlich, wenn die Unfallstelle durch Steinschlag oder Lawinen gefährdet ist und dieses Gebiet nicht sofort verlassen werden kann.

In einigen Klettergebieten stehen für die Hilfeleistung bei Unfällen Bergungsboxen des Bergunfalldienstes zur Verfügung, die Material für Erstversorgung und Transport enthalten. Die Standorte dieser Boxen sind im Kletterführer angegeben. Da sie nicht verschlossen sind, sollte jeder Bergsteiger auf ihren Zustand achten und Mißbrauch verhindern. Material, das aus einer Bergungsbox entnommen wurde, ist in das darin befindliche Buch einzutragen, entliehene Geräte sind nach dem Gebrauch wieder zurückzubringen.

Bei jedem Bergunfall ist eine Unfallmeldung erforderlich, die an den Verein des Verunglückten und an die Bergwacht des Gebietes geschickt wird.

Durch Darstellung des Unfallhergangs, Feststellen von Zeugen und eventuell Sicherung von Beweismaterial kann der Helfer zur Aufklärung und späteren Auswertung des Unfalls

beitragen. Eine exakte Unfallmeldung kann auch bei Rechtsstreitigkeiten und für die Versicherung von Nutzen sein.

Schließlich muß der Helfer auch das persönliche Eigentum des Verunglückten sichern und beim Abtransport darauf achten, daß dessen Gepäck, Bekleidung, Ausrüstung, Ausweispapiere usw. mitgenommen werden.

5.2. Alarmierung, Signale und Verständigungszeichen

Zur Alarmierung von Helfern und Spezialkräften dienen die international üblichen Bergnotsignale und regionale Nachrichtenverbindungen.

Bergnotsignale sind:

1. das **Alpine Notsignal**

Sechs gleichartige optische und akustische Zeichen in einer Minute, dann eine Minute Pause und Wiederholung. Das Notsignal wird gegeben, bis eine Antwort erfolgt. Auch später bis zum Eintreffen der Helfer soll es in Abständen wiederholt werden.

Als Antwort auf ein Notsignal werden drei gleichartige optische oder akustische Zeichen gegeben und nach einer Minute Pause wiederholt.

2. eine **rote Rakete**

3. Auslegen eines **roten Biwaksackes.**

Im Mittelgebirge sollte man außerdem allgemeine Hilferufe oder den direkten Anruf in der Nähe befindlicher Personen (Wanderer, andere Kletterer, Waldarbeiter usw.) nutzen, da die Bergnotsignale hier vielfach nicht bekannt sind.

Wer Unfallzeuge wird oder einen Notruf emp-

Abb. 234 Verständigungszeichen

fängt, muß diesen sofort beantworten und versuchen, über Ruf- oder Sichtkontakt nähere Informationen zu erhalten. Er muß dann abschätzen, ob er selbst zur Hilfeleistung in der Lage ist. Kann er dies nicht oder ist die Situa- tion unklar, muß er den Notruf schnellstens weiterleiten.

International übliche **Verständigungszeichen** sind **YES (Ja)** und **NO (Nein)** entsprechend Abbildung 234. Diese Zeichen werden je nach

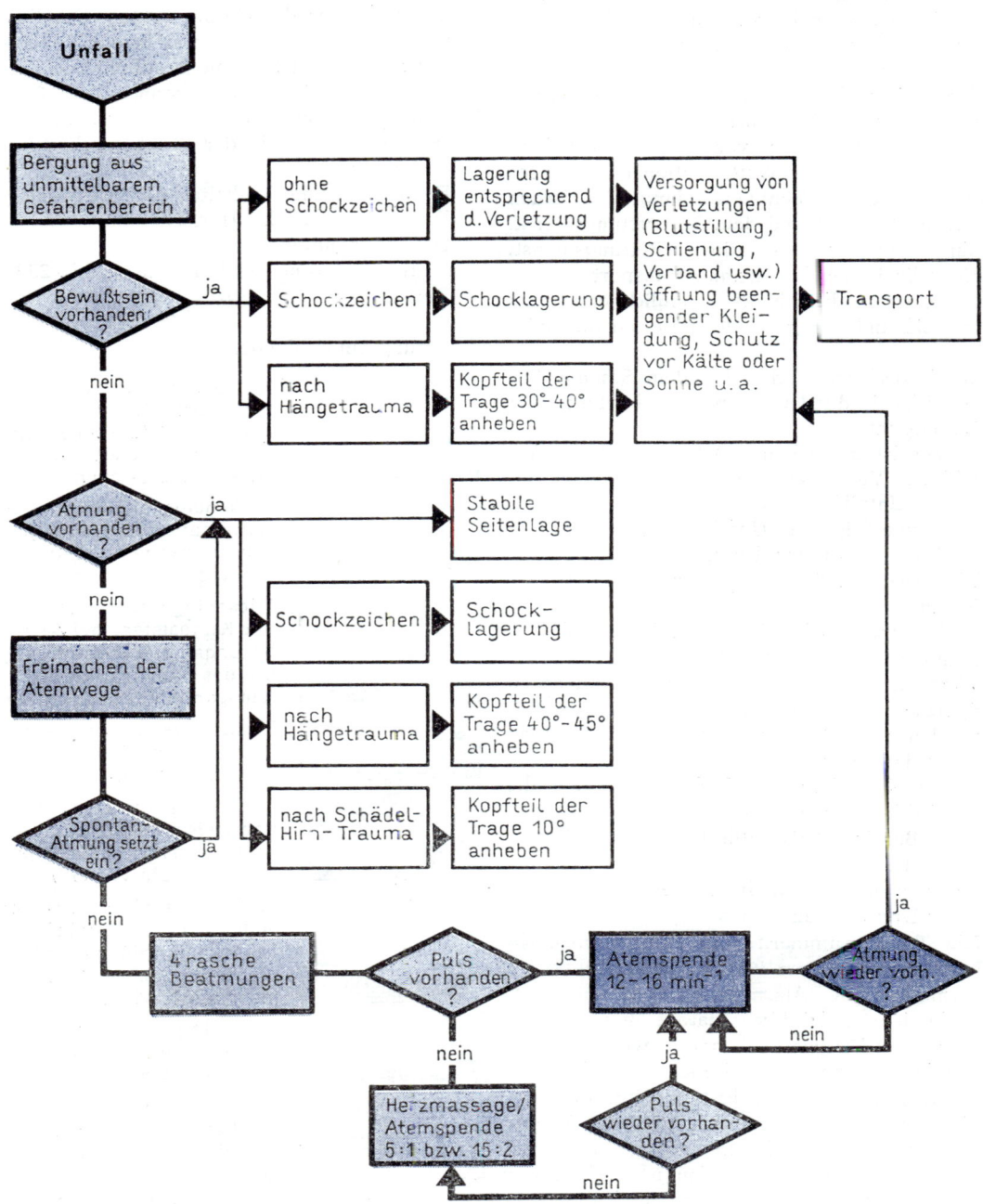

Abb. 235 Übersicht über Maßnahmen der Erstversorgung

Situation als Antwort auf die Fragen

„Braucht Ihr Hilfe?"

„Ist hier der Unfallort?"

„Kann ich hier landen?" (bei Hubschrauberanflug) verstanden. Im Hochgebirge werden gelegentlich weitere Verständigungszeichen, z. B. zwischen Lager und einer kletternden Seilschaft, vereinbart. Hier ist zu beachten, daß solche Signale nicht mit Notrufen verwechselt werden können.

Zur Weitergabe eines Notrufes und zur Alarmierung von Hilfskräften dienen vorrangig Telefonverbindungen von Hütten, Gasthäusern, Forsthäusern, Wetterstationen u. a., aber auch regionale Funkverbindungen zwischen diesen Objekten und dem Bergrettungsdienst. Ein Notruf ist an den örtlichen Rettungsdienst, die Polizei oder den Krankentransport zu richten. Über die bestehenden Möglichkeiten muß man sich unbedingt vor der Bergtour informieren!

Ein *Notruf* soll nach folgendem Schema und möglichst in der Landessprache abgefaßt sein:

1. „Bergunfall!"

2. *Was* ist geschehen? (Art des Unfalls, Anzahl der Verletzten, wahrscheinliche oder bekannte Unfallfolgen usw.)

3. *Wann* erfolgte der Unfall?

4. *Wo* geschah der Unfall? (Gebiet, Gipfel, Kletterweg, möglichst genaue Position der Verunglückten)

5. *Wer* meldet den Unfall? (Name, Telefonnummer für eventuellen Rückruf).

Wenn die Meldung von wenig erfahrenen Sportlern oder anderen Personen ausgeführt werden soll, ist es zweckmäßig, die Angaben schriftlich mitzugeben.

In den deutschen Mittelgebirgen besteht die Möglichkeit der Alarmierung

– der Bergwacht (Unfallhilfsstelle oder Alarmgruppe)

– der Dringenden Medizinischen Hilfe

– des Krankentransportes.

Die Telefonnummern sind dem Fernsprechbuch zu entnehmen und im Kletterführer zu vermerken. Bei Alarmierung über eine Leitstelle ist ausdrücklich darauf hinzuweisen, wenn die Bergwacht benötigt wird. Ist der Krankentransport erforderlich, muß beachtet werden, daß es sich nicht immer um geländegängige Fahrzeuge handelt und die Fahrer selten über genaue Ortskenntnisse im Klettergebiet verfügen. Am Telefon ist deshalb der nächstgelegene, gut erreichbare und allgemein bekannte Ort als Treffpunkt zu vereinbaren.

5.3. Lebensrettende Sofortmaßnahmen am Unfallort

Erste und wichtigste Maßnahmen bei einem Unfall sind die Kontrolle und Aufrechterhaltung der Funktionen des Herz-Kreislauf- und Atmungssystems des Verunglückten. Die Einschätzung der Funktion dieser beiden voneinander abhängigen Systeme bestimmt die Reihenfolge der weiteren Versorgung. (Abb. 235) Absoluten Vorrang vor der Behandlung anderer Verletzungen in der Phase der Erstversorgung haben

– Freimachen und Freihalten der Atemwege,

– Beatmung und/oder Herzmassage,

– Schockbehandlung,

– richtige Lagerung des Verletzten (Abb. 236),

– Blutstillung.

Lagerungsempfehlungen

Rückenlage – Normallage mit flachem Kopfpolster – Schädelverletzte bei erhaltenem Bewußtsein und ohne Schockzeichen

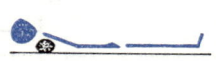
Rückenlage mit überstrecktem Kopf – zum Freimachen der Atemwege und zur Beatmung

Rückenlage mit Knierolle und Kopfpolster – bei Verletzungen und Erkrankung des Bauchraumes (Entspannen des Bauches)

Rückenlage mit erhöhtem Oberkörper – bei Brustkorbverletzungen u. Atemnot

Rückenlage mit erhöhtem Kopfende – bei Hitzschlag u. Zuständen mit „rotem Kopf" (nie mehr als 10–15°)

Rückenlage mit tiefem Kopfende (Schocklage) – bei Schockgefährdung oder bestehendem Schock (nie mehr als 10–15°)

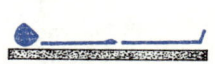
Rückenlage horizontal auf harter Unterlage – Wirbelsäulenverletzungen

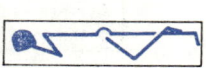
Stabile Seitenlage – grundsätzlich bei Bewußtlosen mit intakter Herz-Kreislauffunktion

Abb. 236   Lagerung bei verschiedenen Verletzungen

5.3.1. Atmungssystem

Zeichen einer eingeschränkten Atemfunktion sind eine bläuliche Verfärbung der Schleimhäute und des Nagelbetts, Bewußtseinseinschränkungen sowie kaum wahrnehmbare Atemgeräusche und -bewegungen. Für einen Atemstillstand sind Bewußtlosigkeit, blaugraue Verfärbung von Haut- und Schleimhäuten, fehlende Atemgeräusche sowie fehlende Atembewegungen kennzeichnend. Letztere sind erkennbar durch flaches Auflegen je einer Hand auf den unteren Teil des Brustkorbes und den oberen Bauchabschnitt.

Erste Maßnahme bei den genannten Zuständen des Atmungssystems ist das Freimachen und Freihalten der Atemwege. Dazu erfolgt das Öffnen beengender Kleidung, des Anseilgurtes und die Säuberung der Mund- und Rachenhöhle mittels eines um zwei Finger gewickelten Tuches sowie das Entfernen aller losen Fremdkörper (Erbrochenes, Schnee, Zahnprothesen u. a.). Ein Öffnen des Mundes ermöglicht der ESMARCHsche Griff. Zum Freihalten der Atemwege wird der Kopf nach hinten überstreckt, wobei eine Hand an der Stirn, die andere am Kinn faßt, und in dieser Position fixiert.

In etwa 80 Prozent der Fälle kommt es nach diesen Maßnahmen zur Normalisierung der Atmung. Setzt diese dennoch nicht ein, besteht die Möglichkeit, daß die Nasenatmung durch Erkrankung oder Verletzung verlegt ist. Man öffnet dann den Mund etwa fingerbreit. Kommt es auch dann nicht zu einer ausreichenden Eigenatmung oder ist diese erheblich gestört, besteht die Notwendigkeit der Atemspende. Es darf keine längere Zeit verstreichen, weil bereits kurzzeitiger Ausfall der Atmung und damit der Versorgung des Körpers mit Sauerstoff zu Schädigungen führen kann.

Die **Atemspende** wird in stabiler Seitenlage oder Rückenlage durchgeführt, wobei der Helfer meist neben dem Kopf des Verunglückten kniet. Bevorzugte Methode ist die Mund-zu-Nase-Beatmung, nur bei Verlegung oder Verletzung der Nase erfolgt die Beatmung über den Mund. Nach Freimachen der Atemwege und Überstrecken des Kopfes verschließt der Helfer mit einer Hand den Mund des Verunglückten (bzw. die Nase bei Mund-zu-Mund-Beatmung). Zu Beginn wird etwa 10- bis 15-mal rasch hintereinander beatmet, danach erfolgen 15 bis 20 Atemspenden je Minute. Ein positiver Beatmungseffekt ist am Heben und

Senken des Brustkorbes, dem hör- und fühlbaren Ausströmen der eingeblasenen Luft, dem Schwinden der bläulichen Schleimhaut- und Nagelbettverfärbung sowie der Bewußtseinsaufklarung erkennbar.

5.3.2. Herz-Kreislauf-System

Einen Herz-Kreislauf-Stillstand erkennt man an folgenden Symptomen: Bewußtlosigkeit, fehlende Atmung, kein tastbarer Puls an der Halsschlagader, beiderseits maximal weite und auf Lichteinfall reaktionslose Pupillen sowie blaßgraue oder dunkelblaugraue Hautverfärbung.

Der Verunglückte wird flach auf den Rücken auf einer festen, unnachgiebigen Unterlage gelagert. Danach wird zuerst mit der Atemspende begonnen (s. Abschnitt 5.3.1.), dann mit der äußeren **Herzmassage**.

Dazu kniet der Helfer seitlich des Verunglückten. Die Ellbogengelenke sind gestreckt, und die übereinandergelegten Handflächen liegen mit dem Daumen- und Kleinfingerballen einer Hand auf dem unteren Drittel des Brustbeines. (Abb. 237) Mit kurzen, kräftigen und rhythmischen Stößen wird senkrecht von oben derart auf das Brustbein gedrückt, daß sich dieses um etwa 4 cm der Wirbelsäule nähert. Als Zusatzmaßnahme erfolgt ein Anheben beider Beine um etwa 30 bis 40 cm vom Fußboden zur Verbesserung des Blutrückstromes zum Herzen. Vor Beginn der Herzmassage gibt man einen kräftigen Handkantenschlag gegen die Herzgegend.

Atemspende und Herzmassage sind stets gleichzeitig durchzuführen. Dabei werden unterschieden:

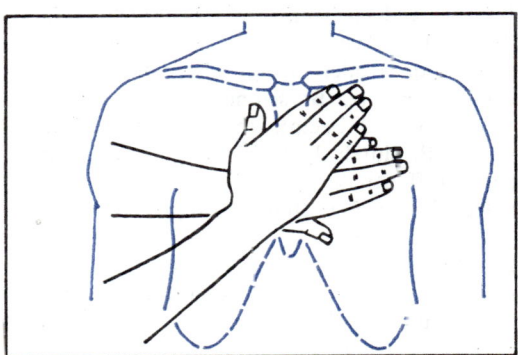

Abb. 237 Druckpunkt bei der Herzdruckmassage

Ein-Helfer-Methode:
- 5- bis 10malige Beatmung hintereinander,
- 15 Herzmassagen hintereinander,
- in der Folge im Rhythmus 2mal beatmen, 15mal Herzmassage.

Zwei-Helfer-Methode:
- 5- bis 10malige Beatmung hintereinander,
- 5 Herzmassagen hintereinander,
- weiter im Wechsel 1mal beatmen, 5mal Herzmassage.

Als Zeichen erfolgreicher Wiederbelebung gelten das Tastbarwerden des Pulses an der Halsschlagader, die Verengung der erweiterten Pupillen und Reaktion auf Lichteinfall, Normalisierung der Gesichtshautfarbe und später Einsetzen der Eigenatmung und Rückkehr des Bewußtseins. Beatmung und Herzmassage müssen ohne Pause so lange durchgeführt werden, bis spontane Herz- und Atemtätigkeit einsetzen, ein Arzt eintrifft, mindestens aber 2 Stunden oder bis der Tod zweifelsfrei feststeht.

5.3.3. Schock

Der Begriff Schock kennzeichnet den Zustand eines Sauerstoffmangels im Gewebe lebenswichtiger Organe. Die mitunter synonym benutzten Ausdrücke Kollaps, Ohnmacht, Schreck u. ä. besitzen in diesem Zusammenhang keine Berechtigung mehr, denn es handelt sich bei ihnen meist um psychisch ausgelöste kurz dauernde Kreislaufstörungen.

Ursache für das beim Schock auftretende Mißverhältnis zwischen Sauerstoffangebot und -bedarf ist in erster Linie ein vermindertes Sauerstoffangebot an das Gewebe, beispielsweise durch Blutverlust (Gefäßverletzungen, Leber- und Milzeinrisse, Frakturhämatom), durch Blutplasmaverlust (großflächige Verbrennungen) oder infolge übermäßiger Gefäßerweiterung (z. B. schmerzbedingt). Weitere Ursachen sind beeinträchtigte Sauerstoffabgabe, z. B. durch Unterkühlung, und gestörte Sauerstoffaufnahme und -verwertung im Gewebe, die durch Gifteinwirkungen hervorgerufen werden kann.

Die Reaktion des Organismus besteht in einer Umverteilung des zirkulierenden Blutes (Kreislaufzentralisation), um die Sauerstoffversorgung primär lebenswichtiger Organe wie Herz und Gehirn zu gewährleisten. Blutge-

fäße in weniger lebenswichtigen Körperabschnitten, z. B. der Haut, verengen sich, um das hier vorhandene Blut diesen Organen zuzuführen. Durch Erhöhung der Herzschlagfrequenz ist der Organismus bestrebt, im gleichen Zeitraum mehr Blut in Umlauf zu bringen.

Zeichen eines Schocks sind blasse, kühle, oft schweißbedeckte Haut, schwach tastbarer und beschleunigter Puls (oft weit über 100 Schläge/Minute), beschleunigte Atmung, mit zunehmender Schockdauer schnappend. Der Verunglückte ist unruhig, erregt und ängstlich. Später tritt infolge Sauerstoffmangels Desorientierung und Bewußtlosigkeit ein.

Der Helfer muß die Ursachen des Schocks ergründen und — soweit möglich — beseitigen (Blutstillung, Schmerzbeseitigung z. B. durch Schienung, Kälteschutz usw.). Die Funktion der Atmung ist zu sichern und das Zentralisationsbestreben des Kreislaufs zu unterstützen. Das erfolgt nach dem Prinzip: Kopf tief — Beine hoch. Liegt der Verletzte auf einer festen Unterlage, wird das Fußende um 20 bis 30 cm erhöht, so daß eine Schräglage von 10 bis 15° entsteht. Bei schwerem Schock erfolgt zusätzliches Anheben der im Knie gestreckten Beine um etwa 40 cm. Ein weiterer Blutzufluß kann noch durch Anheben der Arme und das Umwickeln der erhobenen Arme und Beine mit elastischen Binden (sogenannte Selbsttransfusion) erreicht werden.

Grundsätzlich muß bei jeder Verletzung an das Auftreten eines Schocks gedacht werden. Die Schockbehandlung besitzt bei nicht lebensbedrohlicher Verletzung Vorrang! Vor dem Abtransport ist die Notwendigkeit genau abzuwägen. Liegt kein zwingender Grund vor (Hirndruck, massive innere Blutung), erfolgt ein Transport erst nach der Schockbehandlung.

5.3.4. Bewußtlosigkeit

Die Ursachen für das Auftreten von Bewußtseinsstörungen sind vielfältiger Natur (Verletzungen, Stoffwechselstörungen, Störungen der Herz-Kreislauf- und der Atemfunktion u. a.). Entscheidend für die Erstversorgung ist zu wissen, daß die insbesondere freie Atemwege garantierenden Schutzfunktionen beim Bewußtlosen erloschen sind und infolge Erbrechen, Blutungen, Zurücksinken der Zunge oder durch Fremdkörper (Gebiß) akute Erstickungsgefahr durch plötzliche Verlegung der

Atemwege besteht. Damit Erbrochenes, Blut, Schleim u. a. nach außen abfließen können, muß der Bewußtlose grundsätzlich und sofort in **stabile Seitenlage** gebracht werden. Dabei wird der Kopf zum tiefsten Punkt. Danach erfolgt Freimachen und Freihalten der Atemwege. Der Abtransport geschieht ebenfalls in stabiler Seitenlage bei ständiger Kontrolle der lebenswichtigen Funktionen.

Liegen weitere Verletzungen vor, sind für die stabile Seitenlage zu beachten:
- bei Beinbrüchen Lagerung auf verletzter Seite;
- bei Armbrüchen oder Schulterverletzungen Lagerung auf gesunder Seite;
- bei Brustkorbverletzungen Lagerung auf verletzter Seite;
- bei schweren, besonders bei offenen Schädelverletzungen Kopf leicht anheben.

5.4. Freies Hängen im Seil (Hängetrauma)

Jedes längere freie Hängen im Seil nach einem Sturz — gleiches gilt für länger dauernde Spalteneinklemmungen — stellt eine lebensbedrohliche Situation dar. Überschreitet die Hängedauer zwei Stunden, führt das mit an Sicherheit grenzender Wahrscheinlichkeit zum Tode des Verunglückten. Der häufig unbedenklich anmutende Allgemeinzustand des Gestürzten täuscht über die tatsächliche Gefahr hinweg, in der sich dieser befindet. Jeder, der länger als *30 Minuten* frei im Seil hing, muß unbedingt in ein Krankenhaus eingeliefert werden!

Unter den beim freien Hängen ablaufenden Prozessen (Übersicht 14) steht die Störung der Kreislaufdynamik im Vordergrund. Aufgrund der Schwerkraft sackt das Blut beim Hängen in die unteren Körperpartien ab. Verstärkt wird dies durch die Entlastung der Bauchdecke und die Erschlaffung der Beinmuskulatur, wodurch deren Motorfunktion für den Rücktransport des Venenblutes ausfällt. Infolge des ansteigenden hydrostatischen Drucks erweitern sich die Venen der unteren Körperteile, und in ihnen können bis 60 Prozent des Blutvolumens versacken. Demzufolge wird der Blutrückfluß zum Herz unzureichend, dessen Auswurfvolumen sinkt, und die zirkulierende Blutmenge nimmt ab. Eine ausreichende Durchblutung lebenswichtiger Organe ist nicht mehr

Übersicht 14: Vorgänge beim Hängetrauma

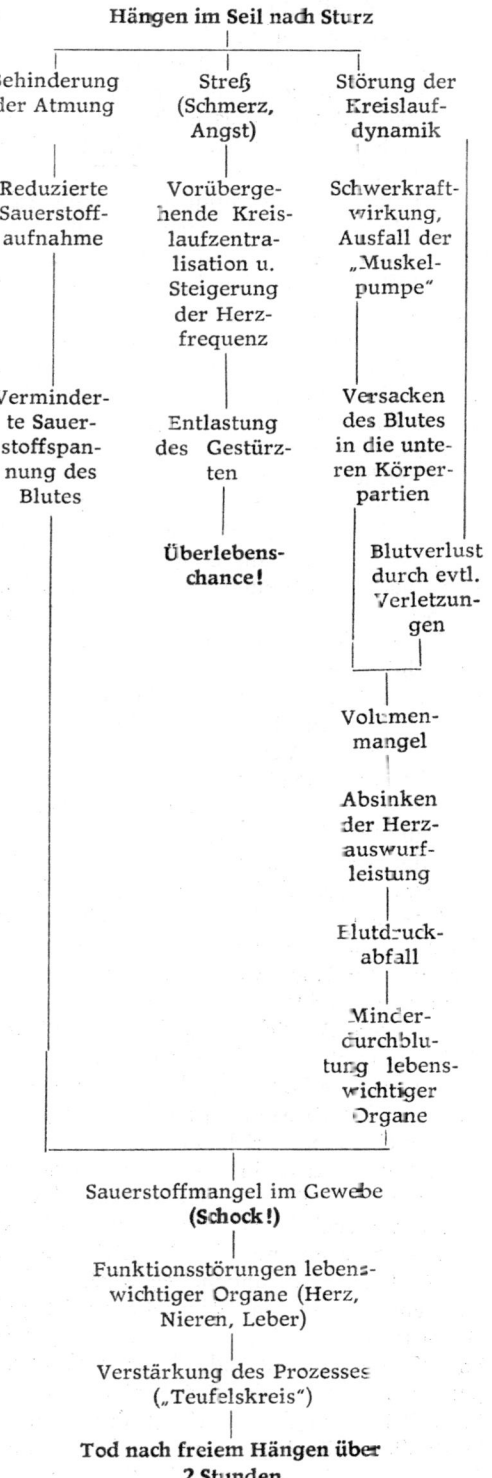

gewährleistet. Es kommt zum Auftreten sauerstoffmangelbedingter Gewebeschäden und zu Funktionsstörungen an diesen Organen, die letztlich nach Überschreiten der kritischen Grenze von etwa zwei Stunden zum Tode führen. Verstärkt wird dies noch durch eine zusätzliche Störung der Atemtechnik. Durch die Hängeposition werden sowohl Brust- wie Bauchatmung beeinträchtigt. Mit jedem Atemzug wird wesentlich weniger Sauerstoff als unter normalen Bedingungen aufgenommen. Das Sauerstoffdefizit an den lebenswichtigen Organen nimmt zu.

Die beim freien Hängen ablaufenden Vorgänge entsprechen denen des Schocks. So wie dort bemüht sich auch hier der Organismus, durch Kreislaufzentralisation das Geschehen auszugleichen. Neben den zu Beginn vorhandenen Schockzeichen kommt es außerdem zu Ohrensausen, Flimmern vor den Augen, Schwindel und Übelkeit. Die Ausgleichsmöglichkeiten des Organismus sind allerdings sehr begrenzt. Schon nach 30 Minuten freien Hängens kann der Schock deutlich werden und der Zustand des Verunglückten bis zur Bewußtlosigkeit beeinträchtigt sein.

Schnellste Befreiung aus der Hängeposition ist erforderlich, denn jede zusätzliche Minute bedeutet für den Verunglückten Lebensgefahr. Auch beim Hängen in einem Anseilgurt (Brust- und Sitzgurt) können über einen längeren Zeitraum Schäden eintreten.

Nach der Bergung ist der Geborgene unter keinen Umständen flach zu lagern. Durch eine Horizontallagerung käme es zu einem massiven Rückstrom des abgesackten Blutes zum Herzen. Die Folge wäre eine extreme Überlastung der rechten Herzhälfte, die zum Tod führen kann. Anzeichen, die darauf hindeuten, sind Atemnot, Erstickungsangst und Brustschmerzen. Deshalb soll der Geborgene zunächst 10 bis 15 Minuten an den Fels gelehnt stehenbleiben oder sich nur hinsetzen. Ist er bewußtlos, wird er in stabiler Seitenlage auf ein Bergungsbrett, eine Trage oder ähnliches gelagert, wobei (im Gegensatz zur Schocklagerung) hier anfangs der Kopfteil um etwa 45° (60 bis 70 cm) angehoben wird. Auch bei völligem subjektiven Wohlbefinden ist jeder Geborgene, der 30 Minuten und länger frei im Seil hing, passiv und schonend abzutransportieren und in ein Krankenhaus einzuliefern. Bei Bewußtlosen erfolgt der Transport in stabiler Seitenlage, sonst in Kauerstellung. Jede körperliche Belastung des Geborgenen ist

untersagt. Bestehen nach der Befreiung aus der Hängeposition Anzeichen von eingeschränkter Atemfunktion oder Atemstillstand, sind die entsprechenden Maßnahmen (s. Abschnitt 5.3.1.) einzuleiten, jedoch ohne den Geborgenen horizontal zu lagern.

5.5. Versorgung von Verletzungen

5.5.1. Schädel-Hirn-Verletzungen

Durch äußere Gewalteinwirkungen auf den Kopf (z. B. Aufprall) hervorgerufen, haben Schädel-Hirn-Verletzungen vorübergehende oder auch dauernde Funktionsstörungen am Gehirn zur Folge. Sie können mit, aber auch ohne zusätzliche Kopfweichteil- und Schädelknochenverletzungen einhergehen. Abhängig davon, ob die Barriere Hirn – Außenwelt, die durch die harte Hirnhaut gebildet wird, durchbrochen ist oder nicht, wird zwischen den infektionsgefährdeten offenen und den geschlossenen Schädel-Hirn-Verletzungen unterschieden. Die besondere Tücke der Schädel-Hirn-Verletzungen besteht darin, daß die Schwere des Unfalls und das Zustandsbild des Verletzten nach dem Unfall mögliche lebensbedrohende Komplikationen nicht immer vorausschauen läßt. Es muß deshalb der Grundsatz gelten, jeden Schädelverletzten in das nächstliegende Krankenhaus zu bringen.

Zeichen der Hirnbeteiligung nach Schädelverletzungen sind:

- Bewußtseinsstörungen, die von leichter Benommenheit, Reaktionsverlangsamung und verzögerter Kontaktfähigkeit bei der Beantwortung von Fragen bis zu tiefer Bewußtlosigkeit mit fehlenden Schutzreflexen (Koma) reichen. Die Bewußtseinsstörung kann flüchtig sein, aber auch über Stunden und Tage andauern;
- Erinnerungslücke, die die Zeit des Unfalls, aber auch die diesem vorangehende Zeit betreffen kann;
- Erbrechen, Brechreiz und Übelkeit;
- neurologische Symptome wie Pupillenerweiterung, Lähmungen der Extremitäten, Krämpfe u. a.;
- auffällige psychische Leistungsstörungen wie unzureichende Orientierung zur Person, zum Ort, zur Zeit, nicht situationsgerechtes Verhalten, Störungen des Gedankenablaufs;
- Kopfschmerzen, nach dem Unfall anhaltend und von zunehmender Intensität, besonders

nach einem beschwerdefreien bzw. -armen Intervall;
– Übelkeit.

Schädel-Hirn-Verletzungen sind:

Hirnerschütterung

Sie ist durch kürzere oder längere Bewußtlosigkeit, Brechreiz oder Erbrechen und Erinnerungslücken gekennzeichnet. Das Vorhandensein eines dieser Kennzeichen genügt für die Annahme einer Hirnerschütterung.

Gehirnquetschung

Hier treten meist länger dauernde Bewußtlosigkeit, neurologische Symptome, Seh- und Sprachstörungen, Gesichtsmuskellähmungen und psychische Leistungsstörungen auf.

Hirndruck

Ursache ist eine Volumenzunahme innerhalb der unnachgiebigen Schädelhöhle durch Blutungen. Der daraus resultierende Druckanstieg im Schädelinneren bewirkt eine Komprimierung des Gehirns.

Wichtigstes Kennzeichen ist Bewußtlosigkeit. Nicht selten folgt jedoch dem primären Bewußtseinsverlust eine Phase relativer Bewußtseinsklarheit, die abhängig von der Stärke der inneren Schädelblutung sogar Tage andauern kann, ehe erneute Störungen auftreten. Weitere Hinweise auf einen Druckanstieg im Schädelinneren sind Pupillenerweiterung und -lichtstarre, Pulsverlangsamung (40 bis 50 Schläge/Minute!), Lähmungen (meist halbseitig), Krämpfe, Atemstörungen (Schnappatmung oder maximal tiefe Atemzüge nach längeren Pausen). Alle zuletzt genannten Kennzeichen, gleich ob kombiniert oder einzeln auftretend, signalisieren höchste Lebensbedrohung für den Verletzten. Unverzüglicher Abtransport ins nächste Krankenhaus ist notwendig, Dringende Medizinische Hilfe anfordern.

Offene Schädel-Hirn-Verletzungen sind *zusätzlich* gekennzeichnet durch die Feststellung von Hirnbrei im Wundgrund, in Nase, Rachen oder Gehörgang und/oder den Austritt von Gehirnflüssigkeit, z. B. aus der Nase oder dem Ohr.

Erste Maßnahme bei Schädel-Hirn-Verletzungen ist die Überprüfung und Wiederherstellung der lebenswichtigen Funktionen. Das weitere Vorgehen des Helfers wird durch vorhandene Komplikationen (Bewußtlosigkeit, Schock) oder zusätzliche Verletzungen (Blutungen, Wunden, Frakturen u. ä.) bestimmt. Liegen Schockzeichen vor, Fußteil der Trage gering (nicht mehr als 20 cm) erhöhen. Bei offenen Schädel-Hirn-Verletzungen wird die Wunde durch einen sterilen Verband abgedeckt. Eingedrungene Fremdkörper, herausragende Knochenstücke u. ä. niemals entfernen oder daran herummanipulieren. Es besteht Verblutungsgefahr.

Bei *Schädelweichteil-* (Kopfschwarten-) *Verletzungen* können zwei spezielle Komplikationen auftreten:

1. Infolge der außerordentlich reichen Gefäßversorgung der Kopfschwarte sind starke, mit enormem Blutverlust einhergehende Blutungen möglich, die einen echten Volumenmangelschock verursachen können.

2. Liegt im Bereich der Weichteilwunde die Verletzung eines venösen Hirnblutleiters vor, besteht die Möglichkeit, daß Luft über die verletzten Gefäße in die Blutbahn eindringt und es zu einer Luftembolie kommt, bei der ein tödlicher Ausgang keine Seltenheit ist.

Daraus leitet sich eine Besonderheit bei der Hilfeleistung ab. Das Anlegen des sterilen Verbandes muß am liegenden Verletzten bei geringer Kopftieflage erfolgen. Erst nach Fertigstellung des abdichtenden Verbandes ist beim Bewußtseinsklaren die übliche Lagerung mit erhöhtem Kopf statthaft.

Der Abtransport bewußtloser Schädel-Hirn-Verletzter erfolgt prinzipiell in stabiler Seitenlage. Der Verletzte ist wegen möglicher Unruhezustände sicher zu fixieren sein Kopf ist gut gepolstert und erschütterungsfrei zu lagern. Eine ständige Überwachung der lebenswichtigen Funktionen sowie Puls- und Pupillenkontrolle während des Transports sind erforderlich. Ein bewußtseinsklarer Verletzter kann in Rückenlage mit leicht erhöhtem Kopf transportiert werden, wenn dabei seine ständige Überwachung gesichert ist. Ist das nicht realisierbar, besteht Verdacht auf eine Schädelbasisfraktur oder liegen starke Blutungen und Verletzungen des Gesichtsschädels oder des Nasen-Rachen-Raumes vor, muß auch hier der Transport in stabiler Seitenlage erfolgen.

Ein (möglichst schriftlicher) Bericht über das Unfallgeschehen, die erhobenen Befunde und eingeleiteten Maßnahmen sind bei diesen Verletzungen für den Arzt von großer Bedeutung. Er sollte folgende Angaben enthalten: Wann, wo und wie hat sich der Unfall ereignet? War der Verletzte bewußtlos, wenn ja, wie lange, wie tief? Hat er erbrochen, hat er gekrampft? Wie war die Pulsfrequenz? Bestanden Pupillendifferenzen? Traten Atemstörungen auf? Welche Hilfeleistung erfolgte, wie wurde der Transport durchgeführt?

5.5.2. Knochenbrüche

Allgemeines

Für die Praxis bedeutsam ist die Unterteilung in offene und geschlossene Knochenbrüche. Beim offenen Bruch ist der Haut-Weichteil-Mantel über oder in der Nähe des Bruches mitverletzt. Es besteht eine infektionsbegünstigende offene Verbindung von der Hautoberfläche zum Knochen. Bei geschlossenem Bruch ist der Hautmantel im Bruchbereich unverletzt. Sichere Kennzeichen eines Knochenbruchs sind deutliche Formabweichungen, abnorme Beweglichkeit und Knochenreiben der Bruchenden. Ein Prüfen der beiden letztgenannten Kennzeichen hat jedoch zu unterbleiben, weil damit die Gefahr von Nerven- und Gefäßverletzungen, Schmerz und Schock hervorgerufen wird. Unsichere Kennzeichen sind eine örtliche Schwellung, Schmerzen sowie Gebrauchsminderung oder -unfähigkeit. Häufig sind nur die unsicheren Merkmale vorhanden. Im Zweifelsfall ist aber immer so zu handeln, als läge ein Knochenbruch vor.

Mögliche Begleiterscheinungen eines Knochenbruchs sind Blutungen, Schock, Nervenverletzungen und Fettembolie, das Eindringen von Fetttröpfchen aus dem Knochenmark in verletzte Blutgefäße, was zur Verstopfung der kleinsten Blutgefäße der Lunge, des Herzens und des Hirns führt.

Für die Versorgung von Knochenbrüchen gelten die folgenden allgemeinen Regeln:

- Beim offenen Bruch wird die Wunde unverzüglich durch einen sterilen Verband versorgt. Jedes Herummanipulieren an herausragenden Knochenteilen hat zu unterbleiben.
- Das „Einrichten" eines Knochenbruchs am Unfallort ist verboten. Nur wenn dies für die Schienung notwendig ist, können grobe Achsfehlstellungen durch vorsichtigen und gleichmäßigen Längszug am körperfernen Bruchstück korrigiert werden.
- Die Ruhigstellung der Bruchenden erfolgt durch Anlegen einer Schiene und/oder Fixation am gesunden Gliedmaßenabschnitt oder Körper.

Ein Anpassen der Schiene erfolgt immer am spiegelbildlich gesunden Körperteil. Sie wird in der für den Verletzten angenehmsten Stellung angelegt und ober- und unterhalb der Bruchstelle fixiert, niemals direkt über dem Bruch. In die Schienung sind die beiden benachbarten Gelenke einzubeziehen. Die Schiene soll sicher und fest sitzen, aber keine Abschnürung hervorrufen.

Zur Befestigung dienen elastische Binden, Dreiecktücher, Seilschlingen u. ä. Zur Vermeidung von Druckschäden ist die Schiene ausreichend zu polstern. Dazu können Watte, Zellstoff, Heu, Gras, Kleidungsstücke u. a. benutzt werden.

- Prinzipiell soll der zu schienende Körperabschnitt nicht entkleidet werden. Die Kleidung dient als Polsterung und Wärmeschutz. Ausgenommen sind enge, abschnürende oder feuchte Kleidungsstücke sowie der Bereich offener Brüche. Hier ist die Kleidung zu öffnen oder aufzuschneiden. Schuhe sind aufzuschnüren, aber nicht auszuziehen.
- Nach der Schienung ist für ausreichenden Kälteschutz zu sorgen.
- Bei Brüchen großer Röhrenknochen liegt immer eine Schockgefährdung vor, die bei der Lagerung und beim Transport beachtet werden muß.
- Im Mittelgebirge, wo das nächste Krankenhaus nach einem kurzen Zeitraum erreicht werden kann, dürfen im Hinblick auf die meist erforderliche Narkose dem Verletzten keine Speisen, Getränke oder Tabletten verabreicht werden.
- Eine fortlaufende Kontrolle der Durchblutung an Fingern und Zehen ist wegen der eintretenden Gewebsschwellung notwendig. Zu eng gewordene Verbände sind dann eventuell zu lockern.

Schädelbrüche

Schädeldachbrüche werden beim offenen Bruch mit sterilem Verband versorgt. Sofern keine Zeichen der Hirnbeteiligung vorliegen, erfolgen Lagerung und Transport mit leicht erhöhtem Kopf.

Schädelbasisbrüche sind durch Austritt von Blut oder blutwäßriger Flüssigkeit aus Nase und Ohr gekennzeichnet. Das immer wieder beschriebene Monokel- oder Brillenhämatom tritt erst einige Stunden nach der Verletzung auf und kann deshalb unmittelbar nach dem Unfall noch nicht vorliegen. Fast immer bestehen bei diesen Brüchen Anzeichen der Hirnbeteiligung.

Je nach Ort des Blut- oder Hirnflüssigkeitsaustritts wird auf die Nase oder das Ohr beim liegenden Verletzten eine keimfreie Kompresse aufgelegt und mit einem lockeren Verband fixiert. Ein Ausstopfen der Nase oder des Gehörganges mit Verbandmaterial ist falsch. Weitere Maßnahmen richten sich nach der Schwere der eventuell vorliegenden Hirnbeteiligung. Transport erfolgt in stabiler Seitenlage, bei Blutaustritt aus dem Ohr Lagerung auf die Seite der Verletzung, damit das Blut abfließen kann. *Gesichtsschädelbrüche* und ihre Kennzeichen sind

- Nasenbeinbrüche: Schmerz, Schwellung, Nasenbluten, Deformierung. Versorgung durch sterilen Verband und Nasenschleuder bei offenen Brüchen, bei geschlossenen nur Nasenschleuder. Kein Ausstopfen der Nase!
- Oberkieferbrüche: Blutung aus Mund und Nase, oft Deformierung und Verschiebung der Zahnreihe. Bei offenen Brüchen wird ein steriler Verband angelegt.
- Unterkieferbrüche: Schmerz, Verschiebung der Zahnreihe, Zahnfleischbluten, Kau- und Sprechbehinderung. Als Erste Hilfe wird der Unterkiefer mittels Kinnschleuder am Oberkiefer fixiert.

Wirbelsäulenbrüche

Wirbelsäulenbrüche entstehen in der Regel durch indirekte Gewalteinwirkung bei einer Längsstauchung der Wirbelsäule oder durch Überstreckung derselben beim Sturz in den keineswegs zu empfehlenden Hüftgurt. Meist befindet sich die Wirbelsäule dabei in Beugestellung, so daß die Druckkräfte zuerst auf den vorderen Teil des Wirbelkörpers einwirken und diesen keilförmig zusammendrücken. Die hinteren Bandverbindungen geraten dabei unter Zugspannung. Erschöpft sich die Krafteinwirkung am Wirbelkörper und bleiben die Bandverbindungen intakt, ist der Bruch in der Regel stabil. Zerreißen auch die hinteren Bandverbindungen, wird der Bruch instabil, und durch die nunmehr mögliche Horizontalverschiebung der Wirbelkörper gegeneinander besteht die Gefahr der Rückenmarkseinengung (Querschnittslähmung). Kennzeichen dafür sind Empfindungslosigkeit und Bewegungsunfähigkeit. Nach einem entsprechenden Unfallhergang mit nachfolgender Schmerzäußerung an der Wirbelsäule und Bewegungsbehinderung ist grundsätzlich eine Wirbelsäulenverletzung anzunehmen.
Der Verletzte wird flach auf den Rücken auf einer harten Unterlage (Bergungsbrett, Tür

o. ä.) gelagert. Für den Transport ist er so zu fixieren, daß jede Seitverschiebung des Körpers unmöglich wird (zusammengerollte Decken oder Kleidungsstücke seitlich an den Körper). Bei Halswirbelverletzten ist Überstreckung und Seitwärtsdrehung des Kopfes zu verhindern. Dieser wird durch eine gebogene Kramerschiene oder durch Decken, Kleidungsstücke u. ä. fixiert. Bewußtlose Wirbelsäulenverletzte (mit Ausnahme der Halswirbelsäulenverletzungen!) werden mit seitwärts gedrehtem Kopf flach auf dem Bauch liegend transportiert. Bei einer notwendigen Umlagerung vom Rücken auf den Bauch ist darauf zu achten, daß gleichzeitig Schulter und Becken gefaßt und gleichmäßig gedreht werden. Den Verletzten niemals aufsitzen lassen! Wird er auf dem Bauch liegend gefunden, verbleibt er in dieser Lage.
Ist eine – möglichst zu vermeidende – Umlagerung Wirbelsäulenverletzter unbedingt notwendig, stehen drei bis vier Helfer mit gespreizten Beinen über dem Verletzten mit Blick zu diesem und erfassen mit beiden Händen dessen Kleidung. Er wird dann gleichmäßig angehoben und von einem weiteren Helfer die Trage untergeschoben. Bei erforderlicher Umlagerung Halswirbelverletzter muß durch einen Helfer der Kopf stets unter leichtem Längszug in Verlängerung der Körperachse gehalten werden.
Bei ungünstigen Platzverhältnissen oder auch bei begrenzter Helferzahl können mögliche Komplikationen bei der Umlagerung abgewandt werden, indem ein Helfer den Verletzten unter den Schultern und ein zweiter hüftnah an beiden Oberschenkeln faßt und dabei ein Zug in Körperlängsachse ausgeübt wird. Ein dritter faßt mit beiden Handflächen schützend unter den schmerzenden Wirbelsäulenabschnitt.

Beckenbruch

Dieser Bruch tritt oft nach Quetschverletzungen (Einklemmung) oder Sturz auf das Becken auf. Der Verletzte wird auf den Rücken gelagert, das Becken zu beiden Seiten durch Decken o. ä. gestützt und mit breiten elastischen Binden fixiert. Bei Verdacht gleichzeitigen Schenkelhalsbruchs fixiert man das verletzte Bein an das gesunde. Wegen des oft hohen Blutverlustes besteht Schockgefahr. Bei Mitverletzung der Harnorgane tritt Blut aus der Harnröhre.

Brüche der Gliedmaßen

Bei Oberschenkelbruch wird eine breite Schiene an der Außenseite des Beines vom Fuß bis zur Achselhöhle, eine zweite an der Innenseite, gleichfalls bis zum Fuß reichend, angelegt. Das verletzte Bein wird zusätzlich am gesunden fixiert. Schockgefährdung beachten! Unterschenkelbrüche werden mit Schienen vom Fuß bis zur Mitte des Oberschenkels ruhiggestellt. Bei Knöchelbrüchen ist der Bergschuh aufzuschnüren, aber nicht auszuziehen. Er dient als Schiene. Eventuell wird eine zusätzliche Schiene von der Fußspitze bis unterhalb des Kniegelenks angelegt.

Schenkelhalsbrüche entstehen meist bei Sturz auf die Hüfte, seltener beim Fall auf die Beine aus größerer Höhe. Anzeichen sind Schmerzen in der Hüftgegend. Die für diesen Bruch typische Außendrehung und Verkürzung des Beines muß nicht in jedem Fall vorliegen. Das verletzte Bein wird am gesunden durch einen zirkulären Verband fixiert, der Ober- und Unterschenkel sowie den Fuß erfaßt.

Beim Oberarmbruch wird der im Ellbogen rechtwinklig gebeugte Arm in dieser Position im Dreiecktuch fixiert und mit elastischen Binden am Brustkorb befestigt. Ist kein Dreiecktuch vorhanden, werden Anorak oder Pullover nach oben umgeschlagen, so daß der Unterarm auf der entstandenen Falte ruht. Unterarmbrüche werden auf einer Schiene bei rechtwinklig gebeugtem Ellbogen fixiert und der Arm in einem Dreiecktuch gelagert.

Schlüsselbein- und Rippenbrüche

Bei offenem Rippenbruch ist zuerst die Wunde mit einem keimfreien Verband zu bedecken und luftdicht zu verschließen. Man verwendet dazu die gummierte Hülle eines Verbandpäckchens, die über den Verband gelegt und an den Rändern durch mehrere dachziegelartig übereinandergeklebte Leukoplaststreifen abgedichtet wird. Bei geschlossenen Rippenbrüchen wird der Brustkorb in der Phase maximaler Ausatmung fest mit breiten elastischen Binden umwickelt. Lagerung und Transport erfolgen mit erhöhtem Brustkorb (halb sitzend) auf der verletzten Seite.

5.5.3. Gelenkverrenkungen

Neben den unsicheren Symptomen Schmerz, Schwellung und Funktionsbehinderung gilt als sicheres Verrenkungszeichen, oft sicht- und tastbar, die veränderte Gelenkkontur mit leerer Gelenkpfanne und Sitz des Gelenkkopfes an ungewöhnlicher Stelle (Vergleich mit der gesunden Körperseite!) sowie eine Gelenksperre mit federnder Fixation.

Das Gelenk wird in der für den Verletzten angenehmsten Lage fixiert, wie unter Knochenbrüche beschrieben. Gewaltsame Einrenkungsversuche haben zu unterbleiben. Der Verletzte ist einem Arzt vorzustellen.

5.5.4. Blutungen

Bei äußeren Blutungen unterscheidet man:
- Schlagaderblutung mit pulssynchronem spritzendem Austritt hellroten Blutes;
- Blutaderblutung mit gleichmäßigem Austritt dunkelroten Blutes.

Die Blutaderblutungen besitzen die größere Bedeutung in der Praxis. Schlagaderverletzungen sind selten, und durch ein „Einrollen" der Gefäßenden kommt es meist zum spontanen Stillstand der Blutung.

Das blutende Körperteil wird hoch gelagert bzw. hoch gehalten und ein Druckverband angelegt. Nur bei Blutungen am Kopf wird der Verband in Kopftieflage angelegt, dann erst wird der Verletzte aufgesetzt. Auf die Wunde wird zuerst ein keimfreier Wundverband gebracht, auf diesen ein Druckpolster (ungeöffnetes Verbandpäckchen, Mull, Taschentücher u. ä.) gelegt und das Ganze unter mäßigem Zug mit einer elastischen Binde umwickelt. Bei Blutungen an Unterarm, Unterschenkel oder in Ellbeuge und Kniekehle kann durch extreme Beugung des Gelenks, das in dieser Stellung fixiert wird, ein zusätzlicher blutstillender Effekt erreicht werden. Ist die beschriebene Verbandtechnik aufgrund der Lokalisation der Verletzung nicht ausführbar, muß eine direkte Kompression mit der Hand oder den Fingern über dem Wundverband erfolgen.

Der Großteil äußerer Blutungen kann in dieser Weise gestillt werden. Blutet der Verband durch, wird ein zweiter, eventuell auch noch ein dritter in gleicher Weise darübergewickelt. Nur in wenigen Ausnahmefällen besitzt der *Abschnürverband* noch eine Anwendungsberechtigung. Er wird eine Handbreit herzwärts der Wunde angelegt, jedoch nie im Bereich der Gelenke. Die zu verwendende breite Gummibinde (im Notfall breiter Gummischlauch oder Hosenträger u. ä.) muß so fest gewickelt werden, daß peripher der Puls nicht mehr tastbar ist. Die Abbindedauer sollte eine Stunde nicht überschreiten, der Zeitpunkt des Abschnürens ist am Verband zu dokumentieren. Keinesfalls dürfen Seilschlingen, schmale Riemen, Schnürsenkel und ähnliches zum Abbinden benutzt werden.

Bei den inneren Blutungen sind vor allem Milz- und Lebereinrisse von Bedeutung, die nach einem Aufprall auf den unteren Brustkorb oder durch Quetschung des Bauches oder Brustkorbs entstehen. Auf derartige Verletzungen weisen Prellmarken (Hautabschürfungen, Unterblutungen) im genannten Bereich, Schmerzen im Bauchraum, die nicht selten in die Schultergegend ausstrahlen, und die zunehmende Ausbildung eines Schockzustandes hin. Der Verletzte muß unverzüglich, aber schonend ins nächste Krankenhaus gebracht werden. Es besteht Verblutungsgefahr.

5.6. Thermische Schäden

5.6.1. Verbrennungen

Häufigste Ursachen von Verbrennungen beim Bergsteigen sind Verbrühungen mit heißen Flüssigkeiten, unsachgemäßes Hantieren mit dem Kocher, Blitzeinwirkung sowie örtliche Verbrennungen beim Abseilen oder Sichern. Hinsichtlich der Tiefenausdehnung der Hautschädigung werden folgende Stadien unterschieden:

Stadium 1 – Hautrötung
Stadium 2 – Blasenbildung
Stadium 3a – oberflächlicher Gewebstod
Stadium 3b – tiefreichender Gewebstod
Stadium 4 – Verkohlung.

Für die prozentuale Flächenausdehnung der Verbrennung kann als Richtwert dienen, daß die Größe der Handfläche des Betroffenen etwa 1 Prozent der Körperoberfläche entspricht.

Neben der örtlichen Hautschädigung sind die bei großflächigen Verbrennungen auftretenden Allgemeinreaktionen (Schock) zu beachten.

Bei noch brennender Kleidung sind die Flammen mit feuchten Decken, Mänteln u. ä. oder durch Wälzen des Betroffenen auf dem Boden zu ersticken. Danach wird die Kleidung durch großzügiges Aufschneiden rasch, aber vorsichtig entfernt. Mit der Haut verbackene Stoffteile sind zu umschneiden und zu belassen.

Der verbrannte Körperabschnitt ist möglichst sofort mit reinem kalten Wasser bis zur Schmerzfreiheit zu kühlen. Weitere Maßnahmen sind

– bei Stadium 1 Auftragen von kühlenden Fettsalben;
– bei Stadium 2 keine Öffnung der Blasen, nur Anlegen eines trockenen keimfreien Wundverbandes;
– bei Stadium 3 keimfreier Wundverband.

Brandbinden, Öle, Fette, Mehl und andere „Hausmittel" sind nicht zu verwenden.

Großflächige Verbrennungen sind möglichst mit sauberen Tüchern abzudecken und die betroffenen Körperteile ruhigzustellen. Ist das Bewußtsein des Betroffenen erhalten, erfolgt Zufuhr von Flüssigkeit, möglichst mit Elektrolyten (1 Teelöffel Kochsalz und ein halber Teelöffel Speisesoda je Liter Wasser).

5.6.2. Unfälle durch Blitzschlag

Im Gegensatz zu Starkstromunfällen ist beim Blitz die elektrische Einwirkung nur extrem kurz, wobei die Spannung allerdings mehrere Millionen Volt beträgt. Der vom Blitz Getroffene befindet sich nicht in einem Stromkreis, und seine Bergung bringt für den Helfer keinerlei Gefahren mit sich.

Der Blitzschlag hinterläßt Gesundheitsschäden örtlicher und allgemeiner Art. Örtlich entstehen Verbrennungen, baumartig verästelte Stromübertrittsmarken (Blitzfiguren) sowie Versengungen an den Körperhaaren. Die allgemeinen Gesundheitsschäden sind in erster Linie das Resultat der Elektrowirkung des Blitzes auf Herzmuskel und Nervensystem, also Herz- und Atemstillstand, Herzrhythmusstörungen, Bewußtseinsstörungen, Lähmungen und Krampfzustände. Möglich sind weiter Seh- und Hörstörungen, aber auch Sekundärverletzungen wie Knochenbrüche und Wunden, denn der Betroffene kann – hervorgerufen durch heftige, elektrisch ausgelöste Muskelkontraktionen – durch die Luft geschleudert werden. Mit einem Schock ist immer zu rechnen.

Nach der Bergung aus dem Gefahrenbereich, besonders nach einer Sicherung gegen Absturz, erfolgt unverzüglich die Überprüfung der Atem- und Herz-Kreislauf-Funktion und erforderlichenfalls die Einleitung lebensrettender Sofortmaßnahmen. Diese müssen, wenn der Erfolg nicht früher erkennbar ist, wenigstens über einen Zeitraum von zwei Stunden ununterbrochen fortgeführt werden. Weitere notwendige Maßnahmen sind Schockbekämpfung, Behandlung der Brandverletzungen, Versorgung eventueller Sekundärverletzungen und Kälteschutz. Der Abtransport erfolgt immer passiv unter ständiger Kontrolle der lebenswichtigen Funktionen ins nächstgelegene Krankenhaus.

5.6.3. Kälteschäden

Kälteschäden sind örtliche Erfrierungen, allgemeine Unterkühlung oder eine Kombination beider Formen. Ihr Auftreten wird durch niedrige Temperatur, Nässe und Wind, Mangel an Getränken, Sauerstoff und Nahrung, zu leichte, zu enge oder durchfeuchtete Kleidung sowie durch körperliche Überbelastung begünstigt. Typische Risikosituationen sind Schlechtwettereinbrüche, Sturm oder ungeplante Biwaks. Allgemeine Unterkühlung kann auch bei sommerlichem Wetter auftreten, wenn der Alpinist durchnäßt und längere Zeit starkem Wind ausgesetzt ist. Erfrierungen sind bereits bei +6 °C möglich.

Bei *allgemeiner Unterkühlung* betrifft der Wärmeverlust zuerst und im weiteren Verlauf immer ausgeprägter die sogenannte Körperschale (Gliedmaßen, Ohren, Nase). Damit wird der Temperaturabfall im Körperkern mit den lebenswichtigen Organen hinausgezögert. Bei weiterem Wärmeverlust sinkt auch dort die Temperatur ab. Anzeichen dafür sind Blässe, Kältezittern, Benommenheit und flacher, beschleunigter Puls. Lebensgefahr besteht bei unregelmäßigem Herzschlag oder Bewußtseinsverlust, die bei Abfall der Körperkerntemperatur unter 30 °C auftreten.

Bei der Wiedererwärmung muß vermieden werden, daß sich das kältere Schalenblut zu schnell mit dem Kernblut mischt. Das durch die Unterkühlung geschwächte Herz darf nicht zu plötzlich ein im Körper versacktes Blutvolumen zugeführt bekommen. Die Erhöhung der Körperkerntemperatur ist deshalb vorrangig. Dafür gilt:
- kein Massieren, jedes Bewegen der Gliedmaßen vermeiden;
- bei vorhandenem Bewußtsein reichlich heiße, gezuckerte Getränke zuführen;
- in geschlossenem Raum (Hütte, notfalls Zelt oder Schneehöhle) langsame Wiedererwärmung von außen durch Wärmepackung.

Dazu feuchtet man mehrfach zusammengelegte, nichtsynthetische Tücher oder Kleidungsstücke von innen mit heißer Flüssigkeit (anfangs maximal 60 °C) an und legt sie dem betroffenen über der Unterwäsche auf Brust und Bauch. Darüber werden Pullover und Anorak gezogen und der ganze Körper in Decken oder Schlafsack eingewickelt. Noch günstiger ist ein warmes Vollbad, dessen Temperatur man von anfangs 40 °C langsam erhöht. Stehen beide Möglichkeiten nicht zur Verfügung, hilft die Körperwärme der Gefährten. Es dürfen keine Medikamente gegeben werden, die die Durchblutung fördern.

Bei *örtlicher Erfrierung* stellen sich die Blutgefäße von der Peripherie beginnend eng, die Durchblutung wird gedrosselt und der Sauerstoffaustausch herabgesetzt. Da diese Vorgänge nur langsam rückbildungsfähig sind, kann eine zu schnelle Erwärmung eines erfrorenen Körperteils zum Gewebstod führen. Der Schweregrad einer Erfrierung kann oft erst nach längerer Zeit eingeschätzt werden, so daß frühzeitige Gegenmaßnahmen wichtig sind.

Die Erwärmung soll auch hier vom Körperkern her erfolgen. Dazu reicht man heiße, gezuckerte Getränke, im Freien ohne Alkohol, und legt eventuell eine Wärmepackung an. Die Extremitäten werden durch Körperwärme (z. B. in der Achselhöhle) oder im Wasserbad langsam wiedererwärmt. Begonnen wird bei einer Wassertemperatur von 10 °C, die innerhalb von 30 Minuten auf 40 °C gesteigert wird, bei Schmerzen langsamer. Ständiges aktives Bewegen der Gliedmaßen und vorsichtiges leichtes Massieren vom Rumpf her unterstützen die Erwärmung. Abreiben mit Schnee ist zu unterlassen, um Hautschädigungen zu vermeiden. Bei stärkeren Erfrierungen mit blauroter Hautfärbung und Blasenbildung wird ein trockener keimfreier Verband angelegt und der Arzt aufgesucht.

Treffen beide Formen der Kälteschäden zusammen, was häufig vorkommt, oder besteht Unsicherheit über die Art des Schadens, haben Maßnahmen gegen Unterkühlung den Vorrang bei der Behandlung.

5.7. Höhenbedingte Störungen und Erkrankungen

Anzeichen einer Höhenadaptationsstörung sind ein morgendlicher Ruhepuls, der mehr als 20 Prozent höher liegt als im Tal, Kopfschmerzen, Übelkeit, Appetitlosigkeit, Schlaflosigkeit und Atemnot bei Anstrengungen. Treten derartige Symptome auf, darf nicht höher gestiegen werden. Sind sie nach einem Ruhetag nicht verschwunden, ist sofort abzusteigen. Medikamente dürfen nicht eingenommen werden.

Ignoriert oder unterdrückt man diese Anzeichen, besteht die Gefahr des Übergangs zur oft lebensbedrohlichen *Höhenkrankheit*. Starker Kopfschmerz, Abgeschlagenheit, Benommenheit, Schwindelgefühl, Gleichgewichtsstörungen, Erbrechen und Atemnot auch in Ruhe signalisieren diese schwere Höhenadaptationsstörung. Der Zustand ist ernst und kann mit einer Hirnschwellung verbunden sein. Sofortiger Abstieg mit Begleitung und bei möglichst geringer körperlicher Belastung ist erforderlich. Keine Medikamente! Nach einigen Ruhetagen im Tal ist ein erneuter Aufstieg möglich.

Die Höhenkrankheit kann, wenn nicht sofort abgestiegen wird, in ein lebensbedrohliches Höhenödem übergehen. Beim *Höhenlungenödem* kommt es zum Übertritt von Blutflüssigkeit in die Lungenbläschen. Es entsteht meist in Höhen zwischen 2500 und 4000 m und befällt oft auch leistungsfähige Menschen zwischen dem 20. und 40. Lebensjahr. Nicht selten werden die spezifischen Krankheitszeichen erst ein bis vier Tage nach dem raschen Überwinden größerer Höhenunterschiede bemerkt. Wettereinflüsse, besonders Föhn, begünstigen das Auftreten dieser Erkrankung.

Charakteristische Symptome eines Höhenlungenödems sind heftiger, oft mit blutigem Auswurf verbundener Husten, Druckgefühl über der Brust und Brennen hinter dem Brustbein, brodelnde Atemgeräusche, starke Atemnot auch in Ruhe mit Erstickungsangst, fahlgraue Gesichtsfarbe und bläulich verfärbte Lippen.

Oft treten gemeinsam mit einem Höhenlungenödem auch zentralnervöse Störungen *(Hirnödem)* mit folgenden Krankheitszeichen auf: Erbrechen, schwere Kopfschmerzen, Schwindelgefühl, Bewußtseinstrübung, verbunden mit irrationalem Verhalten, unsicherer Gang oder Halluzinationen.

Die Behandlung eines Höhenödems erfolgt durch reichliches Trinken und, wenn möglich, Sauerstoffzufuhr. Schneller, möglichst passiver Transport in Höhen unter 2000 m ist notwendig. Der Betroffene wird mit halbschrägem Oberkörper gelagert. Medikamente dürfen nicht gegeben werden. Unbedingt ist ein Arzt aufzusuchen.

Die *Höhenretinopathie*, eine Netzhauterkrankung des Auges, befällt vor allem schlecht akklimatisierte Personen und tritt in Höhen über 3500 m auf. Wesentliche Bedeutung für ihre Auslösung besitzen die Überwindung größerer Höhendifferenzen sowie ein plötzlicher Blutdruckanstieg, der z. B. durch Erbrechen, Husten oder Aufnehmen von Lasten ausgelöst wird. Symptome dieser Erkrankung sind Gesichtsfeldausfälle, Erscheinen von Lichtsternen, Verlust des Farbsehens sowie verzögerte Anpassung an die Dunkelheit. Auch hier ist der Abstieg in tiefere Lagen notwendig.

5.8. Bergung von Verletzten

Nach einem Sturz im Fels oder Eis ist es erforderlich, daß sich der Gestürzte entweder selbst aus einer bedrohlichen Situation befreien kann oder ihm durch andere Hilfe geleistet wird. Die hier beschriebenen Methoden sind mit der Ausrüstung einer Seilschaft realisierbar. Schwierigere Bergungen erfordern spezielle Ausrüstungen und Kenntnisse. In solchen Fällen muß der Bergrettungsdienst zum Einsatz kommen.

Die Bergung eines Verletzten erfolgt nach den im Abschnitt 5.8.2. dargestellten Sofortmaßnahmen zur Entlastung und in den meisten Fällen auch nach der Erstversorgung des Verletzten. Sie erfolgt in der Regel nach unten zum Fuß des Felsens, auf eine Terrasse, den Gletscher usw., weil dies einfacher ist, weniger Aufwand erfordert und auch den weiteren Abtransport erleichtert. Nur wenn dies infolge Wandhöhe und -gliederung nicht möglich ist oder wenn sich wesentliche Vorteile ergeben, kann der Verletzte auch nach oben geborgen werden. Das erfordert allerdings meist zusätzliche Helfer. Einen Gestürzten wieder an den Standplatz heraufzuholen, ist aber oft notwendig, um weitere Hilfe zu leisten oder die Tour fortzusetzen. Das trifft auch für Bergungen aus Gletscherspalten zu.

Besonders muß darauf hingewiesen werden, daß die Bergungsmethoden sicher beherrscht werden müssen und ständiger Übung bedürfen. Nur so können sie im Ernstfall richtig und schnell zur Anwendung kommen.

5.8.1. Elemente der Bergungsmethoden

Seilknoten

Bei den dargestellten Bergungsmethoden kommen ausschließlich solche Knoten zur Anwendung, wie sie der Bergsteiger in der Seil- und Sicherungstechnik verwendet. Sie sind im Abschnitt 3.2.2. beschrieben.
Vorrangig sei hier auf das sorgfältige Knüpfen der Knoten hingewiesen. Zur erhöhten Sicherheit ist es notwendig, sie durch einen Halbschlag zusätzlich zu sichern.

Abseilhilfen und Seilbremsen

Der **Abseilachter** eignet sich gut für die Bergung von Verletzten. Auch bei Belastung durch zwei Personen sind die Bremswerte ausreichend. Wird eine größere Bremskraft benötigt, kann der Seilverlauf verändert werden. (Abb. 238) Der Abseilachter kann sowohl zum Abseilen als auch zum Ablassen von Helfern und Verletzten benutzt werden. Die notwendige Sicherheit wird durch eine kurze Prusikschlinge zwischen dem Sitzgurt des Helfers und dem Seil unterhalb des Abseilachters erreicht. Wird diese belastet, bekommt der Helfer beide Hände für die Versorgung des Verletzten frei. Beim weiteren Abseilen läßt sich der Prusikknoten aufgrund des guten Bremswertes des Abseilachters leicht verschieben.
Als Provisorium kann auch eine Karabinerseilbremse (Abb. 239) verwendet werden. Die abgebildete Form ist eine erprobte Möglichkeit. Eine Vielzahl anderer Formen sind in Anwendung. Bei Normalkarabinern kann auch ein zusätzlicher Bremssteg eingesetzt werden. (Abb. 240)
Eine Seilsicherung erfolgt bei Bergungen immer mit der Halbmastwurfsicherung am Fixpunkt, damit auch der Sichernde ständig aktionsfähig bleibt.

Gardaklemme

Die Gardaklemme wird zur Seilblockierung in einer Richtung benutzt. Es werden zwei Karabinerhaken benötigt, die mit einer Seilschlinge am Fixpunkt eingehängt sind. Das Seil wird

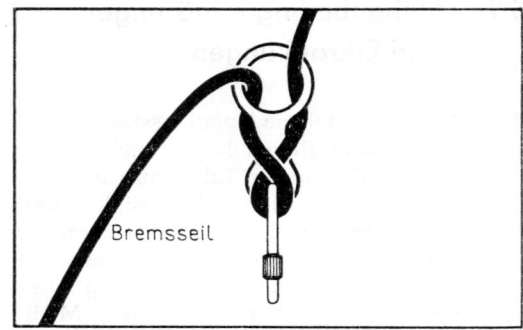

Abb. 238 Abseilachter mit verändertem Seilverlauf

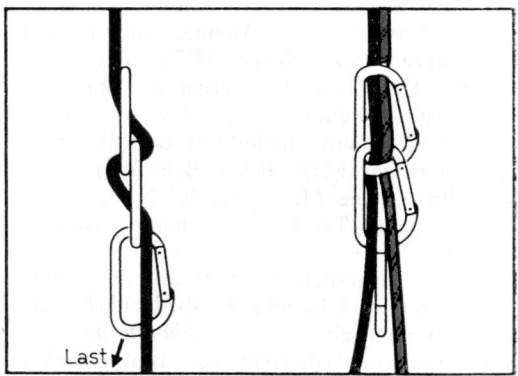

Abb. 239 Karabinerseilbremse

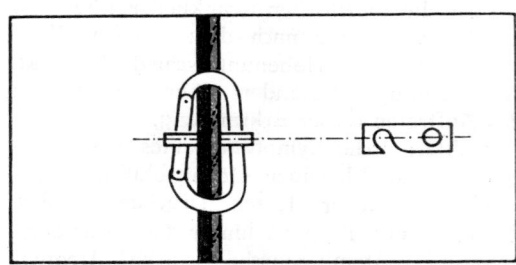

Abb. 240 Karabinerhaken mit Bremssteg

– wie in Abbildung 241 ersichtlich – geführt. Die Gardaklemme blockiert stets in Lastrichtung. Beim Straffen von Abspannungen oder als Rücklaufsperre bei Flaschenzügen ist sie unentbehrlich.

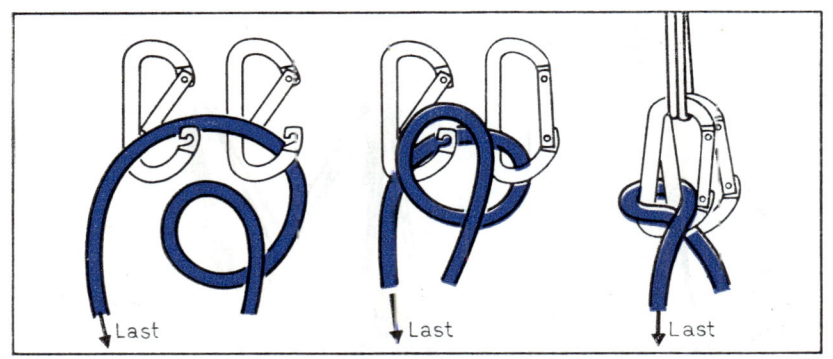

Abb. 241
Gardaklemme

Aufbau eines Bergungsstandplatzes

Bei der Bergung werden die Fixpunkte der Belastung durch Helfer und Verletzten ausgesetzt. Im Normalfall ist diese nur statisch, durch Pendeln, Abrutschen oder Seildurchlauf kann es aber auch zu einer dynamischen Belastung kommen. Man rechnet, um sicherzugehen, mit dem doppelten Fangstoß. Es werden also höhere Anforderungen als an einen normalen Standplatz gestellt.

Ist kein Sicherungsring oder keine Abseilöse als Fixpunkt vorhanden, sollte eine Dreifachverankerung des Fixpunktes angestrebt werden. (Abb. 242) Bei Seilschlingen ist die Festigkeit der Befestigungspunkte eingehend zu prüfen. 7-mm-Reepschnur ist vierfach, stärkere Schlingen sind dreifach zu verwenden. Alle Befestigungspunkte sind gleichmäßig zu belasten.

Seilverlängerung und Überseilen von Knoten

Ein Zusammenknoten mehrerer Seile ist bei Bergungen aus hohen Wänden, aber auch beim Abseilen im Hochgebirge oft erforderlich, um eine größere Höhe überwinden zu können. Dabei muß der Verbindungsknoten der Seile durch das Abseilgerät geführt werden, da er unter Last nicht hindurchläuft.

Beim Ablassen von einem Standplatz aus (Abb. 243) wird der Abseilachter bzw. der HMS-Karabinerhaken etwa 4 bis 5 m vor dem Seilende mit einem Schleifknoten festgelegt (s. Abb. 243, Punkt 1). Die Seilverbindung wird mit Sackstich oder Spierenstich hergestellt und

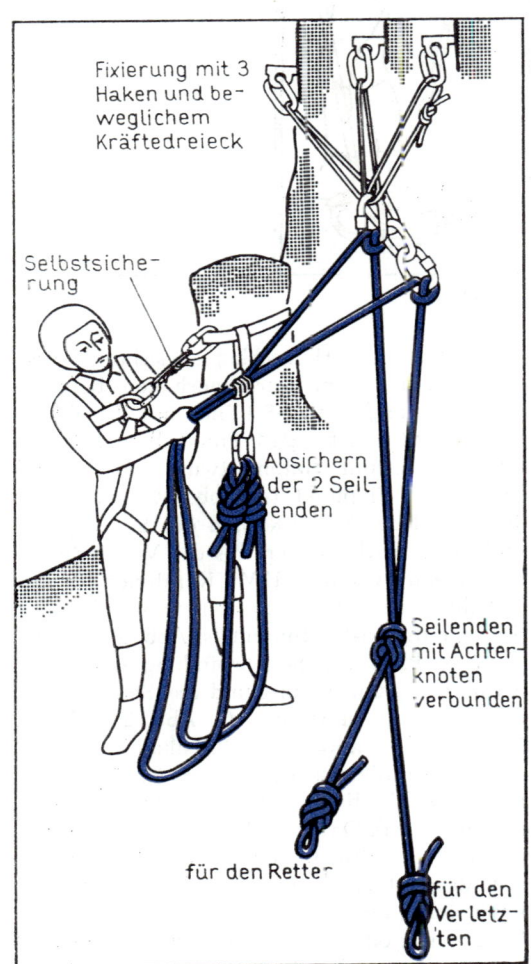

Fixierung mit 3 Haken und beweglichem Kräftedreieck

Selbstsicherung

Absichern der 2 Seilenden

Seilenden mit Achterknoten verbunden

für den Retter

für den Verletzten

Abb. 242 Bergungsstandplatz

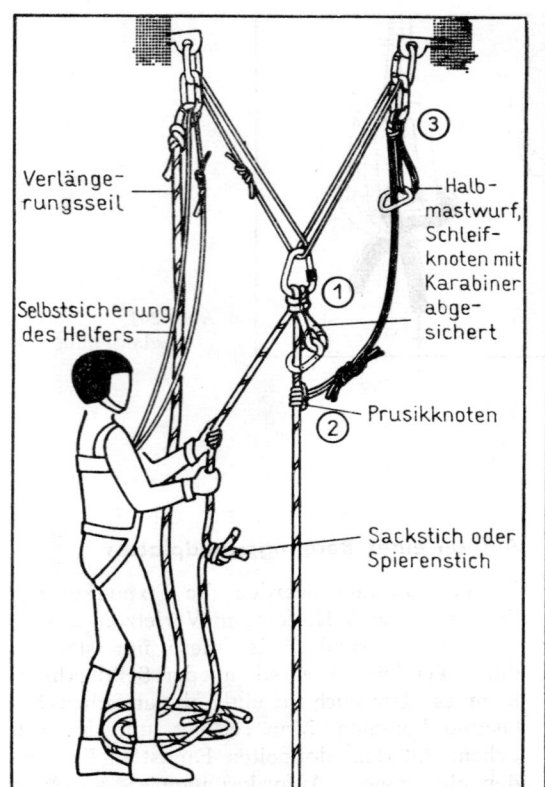

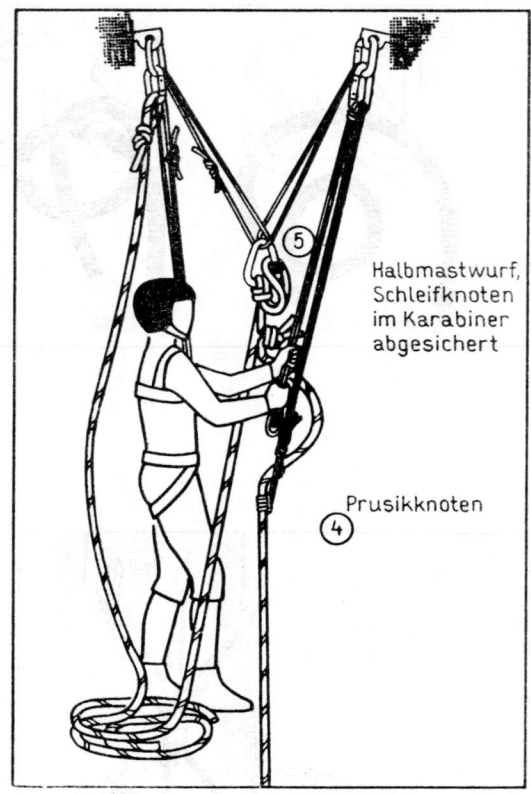

Verlänge-
rungsseil

Halb-
mastwurf,
Schleif-
knoten mit
Karabiner
abge-
sichert

Selbstsicherung
des Helfers

Prusikknoten

Sackstich oder
Spierenstich

Halbmastwurf,
Schleifknoten
im Karabiner
abgesichert

Prusikknoten

Abb. 243 a, b   Seilverlängerung beim Ablassen eines Verletzten

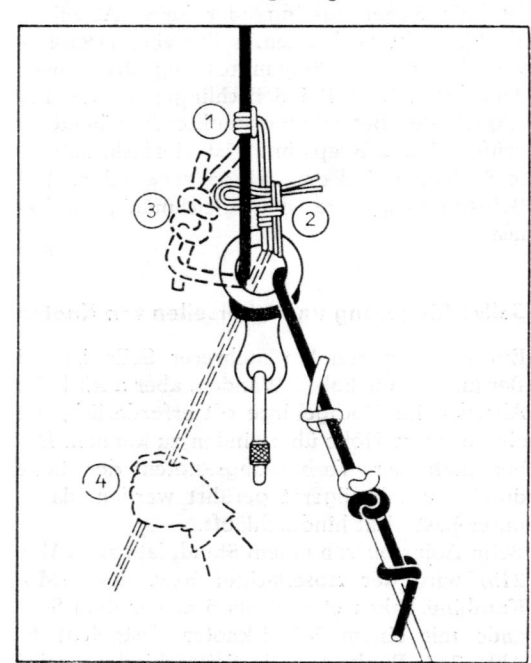

Abb. 243 c   Überseilen von Knoten

beidseitig mit Halbschlag gesichert. Etwa 10 cm unter dem Karabinerhaken befestigt man eine lange 7-mm-Schlinge mit Prusikknoten am Seil (s. Abb. 243, Punkt 2) und ihr anderes Ende mit Halbmastwurf und Schleifknoten am Fixpunkt (s. Abb. 243, Punkt 3). Jetzt wird der Schleifknoten des Seiles gelöst und dieses nachgelassen, bis der Verbindungsknoten kurz vor dem HMS-Karabiner ist. Der Prusikknoten wird angezogen, so daß die Schlinge die Last aufnimmt (s. Abb. 243, Punkt 4). Nun kann die Seilverbindung durch den Karabinerhaken geführt und das Seil dahinter erneut festgelegt werden (s. Abb. 243, Punkt 5). Der Schleifknoten der Prusikschlinge wird gelöst und diese nachgelassen (s. Abb. 243, Punkt 6), bis die Last wieder vom Seil übernommen wird. Dann wird die Schlinge abgezogen und der Prusikknoten entfernt. Nach Lösen des Schleifknotens am HMS-Karabiner kann weiter abgeseilt werden.

Wird – mit oder ohne Verletzten – an mehreren zusammengebundenen Seilen abgeseilt, unterbricht man das Abseilen vor dem Verbindungsknoten und legt das Seil mit einem Schleifknoten fest. Eine lange Prusikschlinge wird dicht über dem Abseilachter am Seil angelegt (s. Abb. 243 c, Punkt 1), am Abseilachter mit Halbmastwurfknoten befestigt und mit einem Schleifknoten gesichert (s. Abb. 243 c, Punkt 2). Nach Lösen des Schleifknotens im Seil wird weiter abgeseilt, bis die Prusikschlinge die Last voll aufnimmt. Dabei muß diese unter Umständen nachgeführt werden, um möglichst geringe Abstände zwischen Klemmknoten, Abseilachter und Verbindungsknoten zu erreichen. Jetzt kann der entlastete Seilstrang mit dem Verbindungsknoten durch den Abseilachter geführt (s. Abb. 243 c, Punkt 3) und darunter wieder mit Schleifknoten fixiert werden. Nun löst man den Schleifknoten der Prusikschlinge und läßt diese über den Halbmastwurf nach (s. Abb. 243 c, Punkt 4), bis das Seil wieder voll belastet ist. Nach Entfernen der Prusikschlinge und Lösen des Schleifknotens im Seil kann weiter abgeseilt werden.

5.8.2. Fixieren und Entlasten eines Gestürzten

Ist ein Sturz erfolgt, wird das Seil des Gestürzten vom Sichernden sofort fixiert. Damit hat dieser beide Hände für weitere Hilfsmaß-

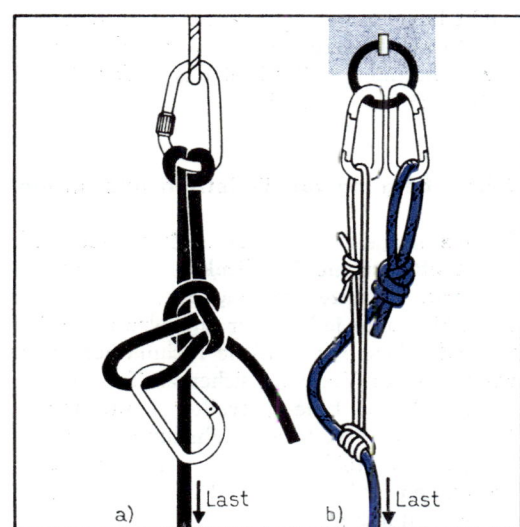

Abb. 244   Fixieren des Gestürzten
a – mit Schleifknoten; b – mit Prusikknoten

nahmen frei. Er verschafft sich dann einen Überblick über die Situation.
Bei Anwendung der Halbmastwurf-Sicherung wird das Seil mit einem Schleifknoten fixiert. Bei anderen Sicherungsmethoden ist das nicht möglich. Hier muß eine Prusikschlinge am belasteten Seilstrang angebracht und mit einem Fixpunkt verbunden werden. Durch Nachlassen des Seiles wird die Schlinge belastet, und die Sicherung kann aufgegeben werden. Zusätzlich ist das Seil mit Sackstich oder Mastwurf am Fixpunkt zu befestigen. (Abb. 244)
Ist der Gestürzte nur in einem Brustgurt oder direkt ins Seil eingebunden, muß er sich umgehend entlasten, um der Gefahr eines Hängetraumas zu begegnen (s. Abschnitt 5.4.). Am

Abb. 245   Entlasten eines Gestürzten

einfachsten und schnellstens ist dies durch eine Seilschlinge zu erreichen, die mittels Karabinerhaken vor der Brust in das Seil gehängt wird. Der Gestürzte steigt mit einem Fuß in diese Schlinge, wodurch sofort eine Entlastung des Brustkorbs erreicht wird. (Abb. 245) Jetzt kann eine Prusikschlinge am Seil befestigt werden, in die der zweite Fuß steigt. Diese Schlinge wird unter dem Brustkorb hindurchgeführt, um ein Abkippen des Körpers nach hinten zu vermeiden.
Auch bei Verwendung eines Anseilgurtes mit Brust- und Sitzgurt kann der Gestürzte nicht unbegrenzt im Seil hängen. Ein Aufsteigen am Seil oder die Bergung des Gestürzten sind deshalb in kürzester Zeit erforderlich.

5.8.3. Aufstieg am eigenen Seil

Prusikmethode

Ist nach einem Sturz ein Ablassen zum Boden oder ein Aufklettern zum Standplatz nicht möglich, muß am eigenen Seil aufgestiegen werden. Dazu werden mindestens 2 Reepschnurschlingen von 5 bis 7 mm Durchmesser benötigt. Die Trittschlinge soll dabei vom Fuß, die Sitzschlinge vom Sitzgurt bis zur Schulterhöhe reichen. Trägt der Gestürzte keinen Sitzgurt, muß er sich direkt in eine Schlinge setzen, die dann länger sein muß.

Als oberste wird die Trittschlinge, darunter die Sitzschlinge am Seil befestigt. Dazu ist der

Abb. 246   Aufsteigen am Seil mit Prusikmethode

Kreuzklemmknoten geeignet, da er auch bei stärkeren Schlingen gute Klemmwirkung besitzt (s. Abb. 101). Anstelle eines Klemmknotens können auch Steigklemmen verwendet werden. Die Trittschlinge wird durch den Brustgurt geführt, um ein Abkippen des Körpers zu verhindern, und mit Ankerstich am Fuß befestigt. Es empfiehlt sich, zusätzlich eine Sicherungsschlinge vom Brustgurt zum Seil zu führen.

Beim Aufsteigen werden Sitz- und Trittschlinge abwechselnd belastet und die jeweils entlastete Schlinge hochgeschoben. (Abb. 246)

Steigbügelmethode

Steht dem Sichernden ein zweites Seil zur Verfügung, kann der Aufstieg nach der Steigbügelmethode erfolgen. (Abb. 247) Sie ist einfacher und kraftsparender als das Prusikverfahren. Ein Seil wird durch den Brustgurt geführt und mit einem Ankerstich am Fuß be-

Abb. 247   Steigbügelmethode

festigt. Ist es belastet, wird mit dem Sturzseil ebenso verfahren. Der Sichernde läßt am Fixpunkt beide Seile durch je eine Gardaklemme als Rücklaufsperre laufen. Durch diese zieht der Sichernde im Wechsel das entlastete Seil je Hub 25 bis 30 cm ein.

5.8.4. Bergung von Verletzten nach unten

Verletzt sich ein Partner einer Zweierseilschaft, bleibt oft nur die Möglichkeit der Einmannbergung, wie sie im folgenden beschrieben wird. Sie sollte jedoch nur angewandt werden, wenn die dazu erforderliche Technik beherrscht wird und der Verletzte sicher zu Tal gebracht werden kann. Eine übereilte, unsachgemäße Bergung birgt weitere Gefährdungen für Verletzten und Helfer in sich. Für komplizierte Bergungen ist in jedem Fall der Bergrettungsdienst zuständig.

Einmannbergung

Bei der Einmannbergung mit Halbmastwurf-
karabiner als Bremse seilt der Retter mit dem
Verletzten auf dem Rücken ab. (Abb. 248) Die
Standplätze können höchstens eine halbe Seillänge auseinanderliegen, da ein Verbindungsknoten zweier Seile nicht durch den Umlenk-
karabinerhaken läuft.

Der Verletzte wird direkt am Seil eingebunden, der Retter hängt mit einer Prusikschlinge
im Brustgurt. Das Seil wird am Fixpunkt in einem Karabinerhaken umgelenkt. Ein Halb-
mastwurfkarabiner, der am Brustgurt des Helfers befestigt ist, dient als Bremse. Als zusätzliche Sicherung wird eine Prusikschlinge zwischen Sitzgurt des Helfers und dem Seil angebracht. Mit einer Seilschlinge von etwa 5 m
Länge wird der Verletzte auf den Rücken des

Helfers gebunden. Seine Oberschenkel befinden sich dabei in Hüfthöhe des Retters.

Einmannbergung nach Schuhmann

Als Abseilgerät wird bei der Methode nach
Schuhmann ein Abseilachter verwendet. Bei
Einsatz von zwei Seilen kann die volle Seillänge genutzt werden. Es tritt kein Verlust
eines Karabinerhakens ein.

Helfer und Verletzter werden einzeln mit je
einer Seilschlinge in den Abseilachter eingehängt. (Abb. 249) Dadurch wird ersterer wenig belastet, er braucht nur den Verletzten vom
Fels abzudrücken. Muß dieser unterwegs behandelt werden oder sind andere Tätigkeiten
zu verrichten, reicht die Prusikschlinge am
Sitzgurt zum Festlegen aus. Beim Abseilen

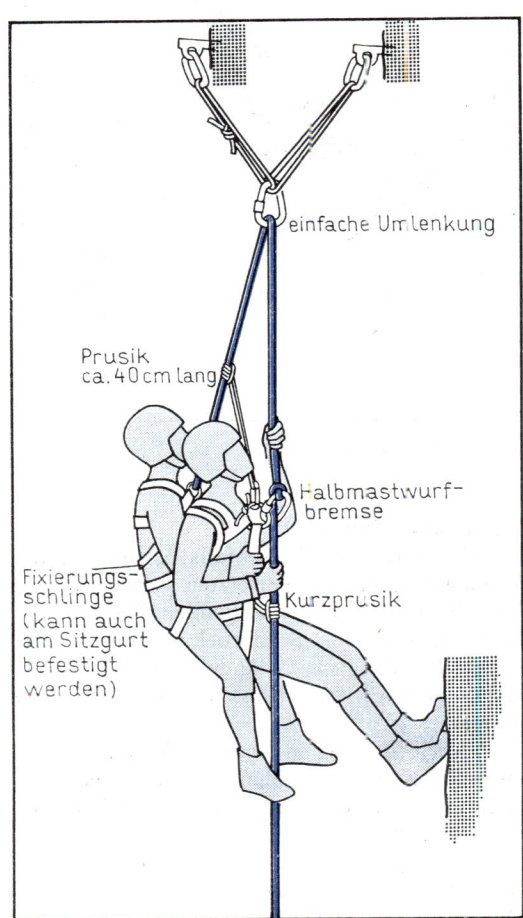

Abb. 248   Einmannbergung mit HMS-Bremse

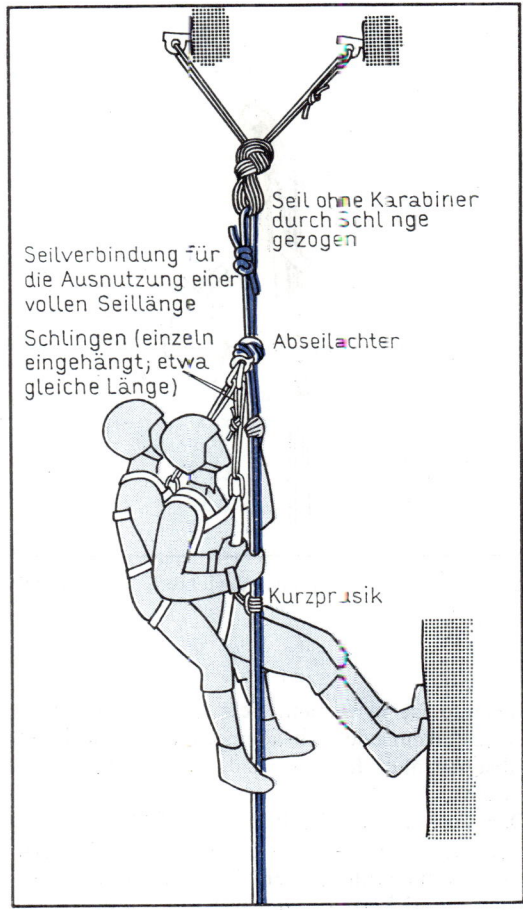

Abb. 249   Einmannbergung nach Schuhmann

kann diese aufgrund der guten Bremswerte des Abseilachters leicht mitgeschoben werden.

Transportvarianten

Ein Verletzter kann im Hängesitz, im Rucksacksitz oder in Schocklage transportiert werden. Das ist vom Zustand des Verletzten, aber auch vom Gelände abhängig, über das abgeseilt werden muß. Alle drei Methoden können sowohl für das Abseilen wie für das Ablassen verwendet werden.

Hängesitz (Abb. 250)
Der Hängesitz wird bei Verletzungen benutzt, die eine Bewußtlosigkeit befürchten lassen. Der Verletzte kann jederzeit angesprochen, beobachtet und beatmet werden. Diese Transport-

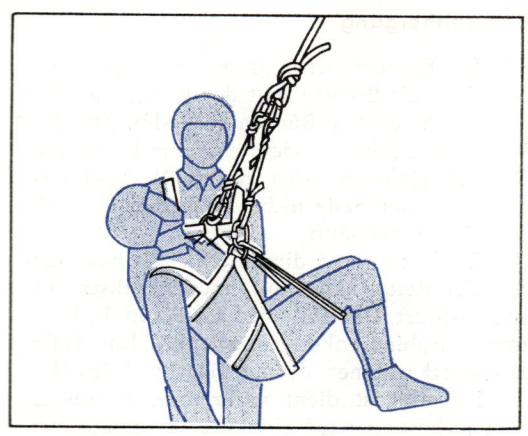

Abb. 251 Schocklage

Abb. 250 Abseilen eines Verletzten im Hängesitz

Abb. 252 Rucksacksitz

variante ist in steilem Fels gut anzuwenden; in gestuftem oder schrägem Gelände und beim Abseilen über Kanten ist der Hängesitz ungeeignet.
Der Verletzte wird mit einer Seilschlinge vom Sitzgurt im Abseilgerät eingehängt und durch eine zweite Schlinge vom Brustgurt gegen Abkippen gesichert. Er sitzt mit dem Gesicht zum Helfer zwischen dessen Beinen.

Schocklage (Abb. 251)
Die Schocklage wird ebenfalls bei Gefahr der Bewußtlosigkeit des Verletzten verwendet. Ihr Vorteil besteht in der liegenden Position des Körpers, die eine Schockbekämpfung unterstützt. In schrägem Gelände wird der Helfer stark beansprucht; Kanten überseilen sich schwer.
Der Verletzte ist an seinem Anseilgurt mit einer Seilschlinge eingehängt. Durch eine zweite Schlinge um die Oberschenkel wird die liegende Stellung herbeigeführt.

Rucksacksitz (Abb. 252)
Der Transport im Rucksacksitz ist über jedes Gelände möglich. Der Verletzte muß jedoch

ansprechbar und in relativ guter Verfassung sein.

Auch bei dieser Transportvariante wird der Verletzte an seinem Abseilgurt mit einer Seilschlinge eingehängt. Zusätzlich wird er mit einer langen Schlinge auf den Rücken des Helfers gebunden.

Muß bei längerem Abseilen an einem Ring oder Haken umgestiegen werden, geht das in folgenden Schritten vor sich:

- Eine lange Seilschlinge wird mit einem Ankerstich in der Mitte am Anseilgurt des Verletzten angebracht.
- Die Schlinge wird durch den neuen Ring geführt und mit Schleifknoten am Anseilgurt des Retters befestigt.
- Durch Nachlassen des Tragseiles wird die Last auf die Schlinge übertragen.
- Nach Abziehen des Seiles und Aufbau der nächsten Abseilstelle wird der Schleifknoten gelöst, und es kann weiter abgeseilt werden.

Bei leichten bis mittleren Verletzungen kann der Verletzte ohne Helfer am Seil abgelassen werden. Dabei wird er mit einem zweiten Seil von unten abgezogen, damit er von der Wand freikommt. (Abb. 253) Als Bremse am oberen Fixpunkt dient ein Halbmastwurf-Karabiner oder ein Abseilachter.

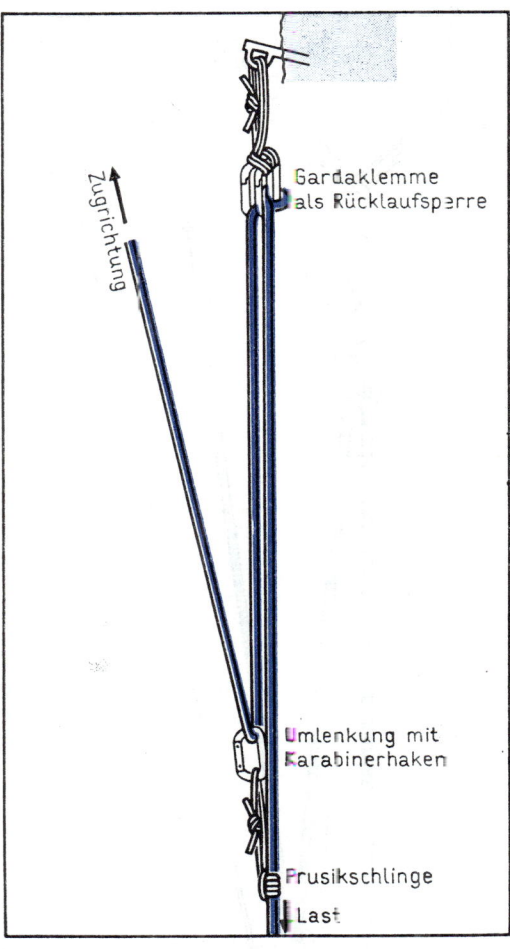

Abb. 254 Einfach-Flaschenzug

Abb. 253 Herablassen eines Verletzten mit Abzug von unten

Tabelle 27: Wirkungsgrad von Flaschenzügen

Bauart	Erforderliche Zugkraft	Verlust durch Reibung	Theoretische Übersetzung	Tatsächliche Übersetzung
Einfacher Flaschenzug mit Gardaklemme	550 N	58,4 %	3fach	1,4fach
Mehrfach-Flaschenzug (Schweizer Fl.) mit Gardaklemme	370 N	64,8 %	5fach	2,2fach

Die Werte sind für eine zu hebende Last von 80 kg berechnet.

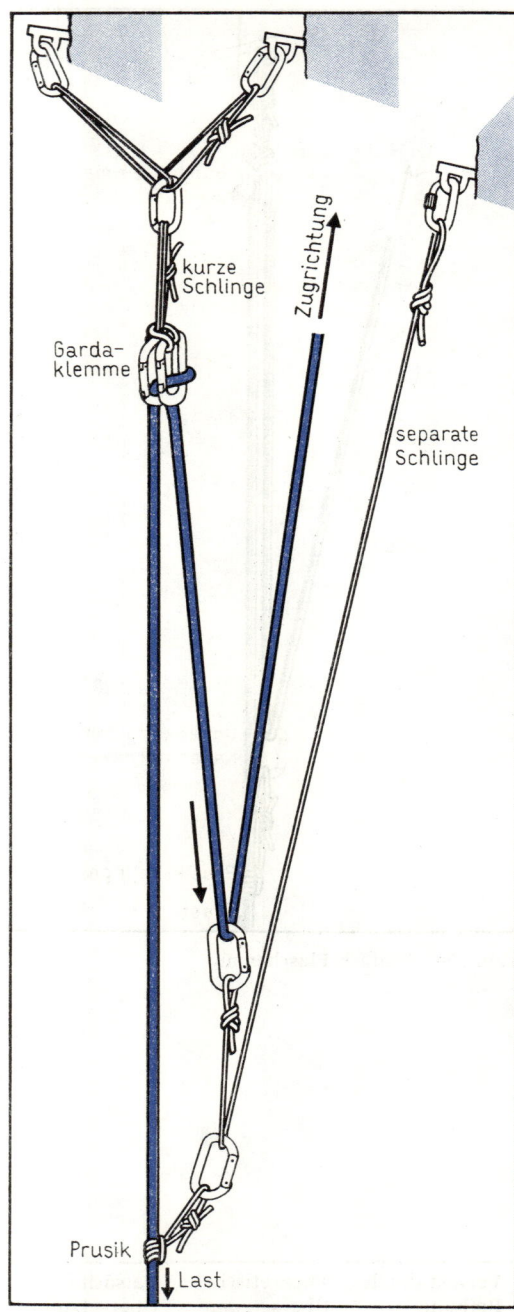

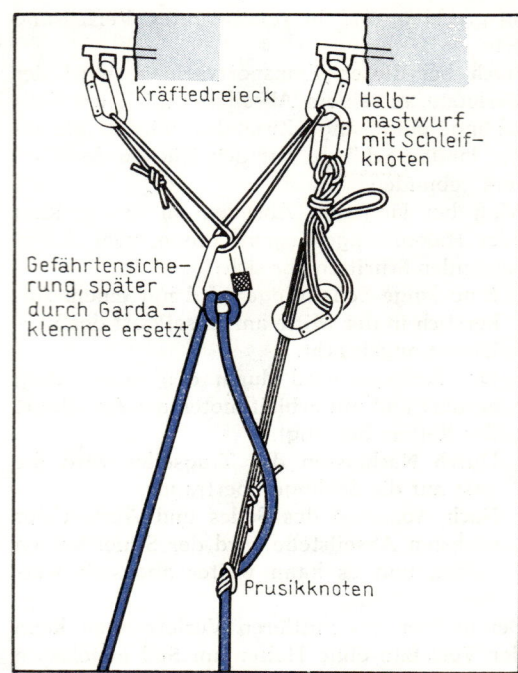

Abb. 256   Aufbau eines Flaschenzuges

Abb. 255   Mehrfach-Flaschenzug

5.8.5.   Bergung nach oben

Flaschenzugtechnik

Kann ein Verletzter nicht nach unten abgelassen werden, ist die Bergung nach oben der letzte Ausweg. Bei einer Seilschaft muß der Gestürzte von seinem Gefährten bis zum Standplatz aufgezogen werden. Das ist ohne fremde Hilfe nur mit der Flaschenzugtechnik möglich.

Verwendet wird dabei entweder der „Einfach-Flaschenzug" oder der „Mehrfach-Flaschenzug" (Schweizer Flaschenzug). Als Rücklaufsperre wird bei beiden die Gardaklemme eingesetzt. Der Wirkungsgrad beträgt theoretisch beim Einfach-Flaschenzug 48 Prozent, beim Mehrfach-Flaschenzug 43,2 Prozent. In der Praxis sind jedoch die Verluste durch Reibung an den Umlenkstellen erheblich. (Tabelle 27) Große Vorteile ergeben sich durch kleine, auf den Karabinerhaken aufsteckbare Rollen. Zur Nutzung der Tretkraft ist eine weitere Umlenkung des Zugseiles sinnvoll, durch die allerdings zusätzlich Kraft benötigt wird.

Der grundsätzliche Aufbau der beiden Arten der Flaschenzüge ist aus den Abbildungen 254 und 255 zu ersehen. Wegen der auftretenden großen Kräfte muß besonderes Augenmerk auf eine sichere Verankerung gelegt werden. Die praktische Reihenfolge beim Aufbau von Flaschenzügen ist:

- Nach dem Fixieren des Gestürzten (vgl. Abschnitt 5.8.2.) wird eine Prusikschlinge am Lastseil angelegt und mit Halbmastwurf und Schleifknoten am Fixpunkt befestigt.
- Die entlastete Halbmastwurf-Sicherung wird durch eine Gardaklemme ersetzt.
- Jetzt erfolgt der Aufbau des Flaschenzuges. (Abb. 256)
- Durch Lösen des Schleifknotens an der ersten Prusikschlinge wird die Last auf die Gardaklemme übertragen. Nach Entfernen der Prusikschlinge kann der Flaschenzug durch Treten oder Ziehen in Betrieb genommen werden.

Bergung aus Gletscherspalten

Die Bedingungen, unter denen die Bergung aus einer Gletscherspalte erforderlich wird, können sehr unterschiedlich sein. Jedoch läuft die Bergung immer nach einem festen Handlungsschema ab, dessen Elemente im wesentlichen den bereits dargestellten der Felsrettung entsprechen.

Nach dem Sturz in eine Spalte muß sich der Gestürzte entlasten. Dazu legt er am Sicherungsseil eine Prusikschlinge an, steckt sie durch seinen Brustgurt und steigt mit einem Bein hinein.

Durch den Ruck des Sturzes wird der Seilgefährte umgerissen. Er muß also im Liegen das Sicherungsseil fixieren, damit er wieder aktionsfähig wird. Auf schneebedecktem Gletscher ist dazu ein T-Anker mit eingegrabenem Pickel (vgl. Abschnitt 4.1.4. – Anlegen von Fixpunkten) optimal. Bei schwacher Schneedecke muß diese entfernt und eine Eisschraube gesetzt werden. Mit einer Prusikschlinge[1] wird das Sicherungsseil am Fixpunkt befestigt. (Abb. 257) Wenn die Schlinge straffgezogen ist und die Last des Gestürzten aufnimmt, kann der Helfer aufstehen. Zur Selbstsicherung

[1] Anstelle des Prusikknotens kann bei der Spaltenbergung auch eine Steigklemme, als Rücklaufsperre auch die Gardaklemme, verwendet werden.

Abb. 257   Fixierung nach einem Spaltensturz

verwendet er eine Prusikschlinge am straffen Seilstrang.

Wenn der erste oder der letzte einer Dreierseilschaft einbricht, ist der Mittelmann der Helfer, der das Fixieren der Sicherung übernimmt. Beim Einbrechen des Mittelmannes erfolgt dies in der Regel durch den ersten der Seilschaft. Der dritte Alpinist bindet sich aus und stellt seinen Seilstrang zur Bergung zur Verfügung. In einer Zweierseilschaft muß die gesamte Bergungsaktion durch einen Alpinisten erfolgen. In schwierigen Situationen können dabei große Probleme auftreten, die letztlich unterstreichen, daß eine einzelne Zweierseilschaft beim Begehen eines Gletschers ungünstig ist.

Die Bergung des Gestürzten aus der Spalte erfolgt meist mit dem Steigbügelverfahren. Dazu werden das Sicherungsseil und ein zweites freies Seilende benutzt. Beide sind mit Prusikknoten am Fixpunkt befestigt. Das freie Seilende wird zu dem Gestürzten hinabgelassen. Dieser steckt es durch seinen Brustgurt und tritt mit dem Fuß in die am Ende geknüpfte Schlinge, so daß er jetzt mit beiden Beinen in je einer Trittschlinge steht. (Abb. 258) Ist der Gestürzte der Mittelmann einer Dreierseilschaft, muß er an beiden nach oben führenden Seilen eine Prusikschlinge befestigen. Vor dem Beginn der Bergung muß er sich so weit hocharbeiten oder ein Seil muß nachgelassen werden, daß ein Seilstrang von oben eingezogen werden kann. Um ein weiteres Einschneiden der Seile am Spaltenrand zu verhindern, werden geeignete Ausrüstungsstücke untergelegt. Schwierigkeiten bereitet das Überwinden des

Abb. 258   Spaltenbergung in Zweierseilschaft

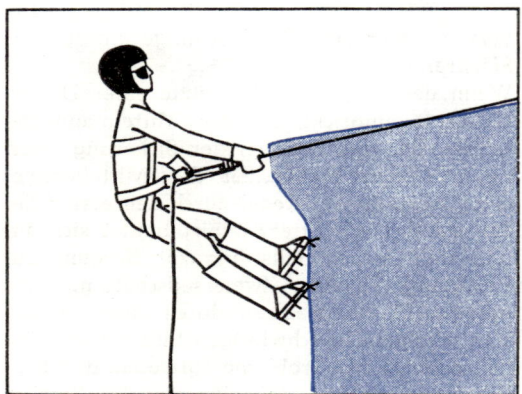

Abb. 259   Überwinden des Spaltenrandes

Abb. 260   Spaltenbergung mittels loser Rolle

Spaltenrandes, wenn sich das Seil tief einge-schnitten hat. Beim Erreichen dieses Hinder-nisses knüpft der Gestürzte eine sehr kurze Prusikschlinge ins Seil und verbindet sie mit seinem Brustgurt. Durch Beinhub in fast waa-gerechter Körperlage ist es nun möglich, das Seil aus dem Einschnitt herauszudrücken. (Abb. 259)

Steht der Seilschaft ein weiteres Seil zur Ver-fügung, kann der Gestürzte mit Zug über eine lose Rolle (Abb. 260) geborgen werden, auch wenn er nicht voll aktionsfähig ist. Dazu wird ein Seilende auf dem Gletscher fixiert und dem Gestürzten eine Seilschlaufe hinabgelassen. Er hängt die Schlaufe mit einem (besser mit zwei) Karabinerhaken in seinen Sitzgurt ein und ver-bindet sie außerdem durch einen weiteren Ka-rabinerhaken mit dem Brustgurt. Der Helfer zieht am freien Seilende, der Gestürzte unter-stützt durch Zug am fixierten Seil.

Stehen drei oder mehr Helfer zur Verfügung, kann der Gestürzte durch Mannschaftszug am Sicherungsseil schnell hochgezogen werden. Ein Aufstieg mittels Prusiktechnik kommt dann in Frage, wenn der oben befindliche Seilgefährte nicht voll aktionsfähig ist. Um die ins Seil geknoteten Sackstiche zu überwinden, muß die jeweils entlastete Prusikschlinge gelöst und oberhalb des Knotens neu geknüpft werden.

Ist der Gestürzte durch Verletzungen nicht ak-tionsfähig oder in der Spalte verklemmt, muß sich ein Helfer zu ihm abseilen (Selbstsiche-rung!). Er entlastet den Gestürzten, versorgt ihn und versucht erforderlichenfalls, seine Be-freiung aus der Spalte zu unterstützen (Eis abhacken, angefrorene Kleidung lösen, Fla-schenzug).

5.8.6.   Bergung aus Lawinen

Bei Lawinenunfällen ist die schnelle und sach-kundige Hilfe durch die Gefährten von größ-ter Bedeutung, um eine Lebendbergung der Verschütteten zu erreichen. Die Möglichkeit dazu verringert sich stündlich um die Hälfte, so daß der Bergrettungsdienst, der erst alar-miert werden muß, nur selten noch Hilfe brin-gen kann. Lawinengerechtes Verhalten der Gruppe (vgl. Abschnitt 4.3.3. – Verhalten in lawinenverdächtigem Gelände und bei Lawi-nenunfällen) erhöht ebenfalls die Chancen für eine erfolgreiche Bergung.

Vor Beginn der Suche wird die Ausrüstung der Gruppe außerhalb des Suchbereiches abgelegt.

Ein Sicherheitsposten ist zu benennen, der vor eventuell nachfolgenden Lawinen warnt. Lärm ist zu vermeiden, mögliche Spuren sind nicht zu verwischen. Der Suchraum und seine Umgebung dürfen nicht verunreinigt werden, damit ein zum Einsatz kommender Lawinenhund nicht irritiert wird. Das Alpine Notsignal ist zu geben oder ein Alpinist zur Alarmierung des Bergrettungsdienstes zu entsenden.

Die Suche nach den Verschütteten konzentriert sich zuerst auf den Bereich des Lawinenkegels, in dem die größte Wahrscheinlichkeit des Auffindens besteht. Dieser primäre Suchbereich befindet sich unterhalb des Punktes, an dem der Alpinist in der Lawine verschwunden ist. (Abb. 261) Außerdem wird an solchen Stellen gesucht, wo die Lawine durch Hindernisse gestaut wurde.

Der primäre Suchbereich wird schnell und gründlich nach Spuren oder Signalen der Verschütteten abgesucht. Das können die Lawinenschnur, verlorene Ausrüstungsgegenstände, sichtbare Körperteile oder Signale des Verschüttetensuchgerätes sein. Rufe oder Pfiffe des Verschütteten sind oben nur schwach hörbar. Wenn beim Absuchen der Oberfläche der Lawine keine Spuren gefunden wurden, muß mit der Grobsondierung begonnen werden. Dabei wird der primäre Suchbereich mit Sonden (z. B. Skistöcke, bei einiger Vorsicht auch Pickel) durch senkrechtes Einstechen in einem Raster von etwa 70 cm x 70 cm ungefähr 1 m

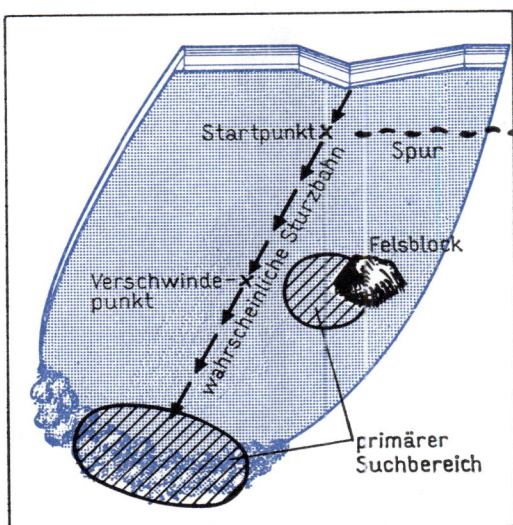

Abb. 261 Primärer Suchbereich bei einem Lawinenunfall

tief untersucht. Damit wird am unteren Ende der Lawine begonnen. Als Hilfsmittel kann man dabei eine Lawinenschnur mit Knoten im Abstand von 70 cm quer über den Hang spannen. Bleibt der Erfolg aus, ist der Suchbereich in den wahrscheinlichsten Richtungen zu erweitern.

Wird ein Verschütteter gefunden, versucht man, zuerst den Kopf freizulegen. Wenn erforderlich, wird sofort mit Maßnahmen zur Erhaltung oder Wiederherstellung lebenswichtiger Funktionen (s. Abschnitt 5.3.) begonnen. Der Verschüttete soll beim Freilegen nicht unnötig bewegt werden, solange Verletzungen noch nicht erkannt sind oder starke Unterkühlung anzunehmen ist. Maßnahmen gegen Unterkühlung werden meist ebenfalls erforderlich sein.

5.9. Transport von Verletzten

Ist ein Verletzter aus der Wand oder Spalte geborgen, richtet sich der Weitertransport nach der Schwere der Verletzung oder bei Anwesenheit eines Arztes nach dessen Anweisungen. Vor jedem Transport ist zwischen Transportnotwendigkeit und Transportfähigkeit des Verletzten abzuwägen. Transportfähigkeit bedeutet, daß der Verunglückte mit erhaltenen oder wiedergewonnenen lebenswichtigen Funktionen ohne weitere Schädigung transportiert werden kann. Ein Transport im Schockzustand bringt den Verletzten in Lebensgefahr. Jedoch erfordern Hirndruckzeichen und begründeter Verdacht auf innere Blutungen einen schnellen Abtransport. Im Gebirge muß auch dann ein Transport gewagt werden, wenn durch äußere Umstände (Wetter) zusätzliche Gefahren für Helfer und Verunglückten zu erwarten sind, falls sie am Unfallort verbleiben.

Der Transport soll schonend für den Verletzten durchgeführt werden. Sein Zustand ist ständig zu kontrollieren. Bei bedrohlichen Zuständen muß der Transport unterbrochen und Hilfe geleistet werden, z. B. durch Blutstillung, Freilegen der Atemwege u. a.

Während jedes Transportes ist der Verletzte gegen Witterungseinflüsse zu schützen. Zum Schutz gegen Auskühlung ist er mit einer Decke oder Kleidungsstücken zuzudecken. Im Mittelgebirge wird der manuelle Transport 1 bis 2 km kaum übersteigen. Im Hochgebirge dagegen kann er sich, wenn keine Luftrettung vorhanden ist, über einen längeren Zeitraum erstrecken. Ein Transport ohne Hilfsmittel ist nur über nach Metern zählende Strecken möglich.

5.9.1. Bergungsbrett

Im Elbsandsteingebirge und im Zittauer Gebirge steht in den Unfallhilfsstellen und Bergungsboxen das klappbare Bergungsbrett zur Verfügung. Es ist mit ausziehbaren Griffen und Grifföffnungen versehen. Gegen unbeabsichtigtes Zusammenklappen wird es mit zwei Verschlüssen gesichert. Der Verletzte wird mit dafür vorgesehenen Gurten fixiert. Bei ansprechbaren Verletzten ist darauf zu achten, daß sie schmerzarm und bequem gelagert und transportiert werden.

Bergungsbrett und andere Gegenstände wie Decken sind nach Gebrauch schnellstens zur Entnahmestelle zurückzubringen.

5.9.2. Seiltrage

Ist kein Transportmittel vorhanden, kann eine Seiltrage hergestellt werden. (Abb. 262) Dazu knüpft man links und rechts der Mitte eines mindestens 40 m langen Seiles in der gewünschten Breite der Trage je einen Sackstich. Dann wird das Seil in Form und Größe der Trage ausgelegt. Je nach Anzahl der Helfer knüpft man weitere Schlaufen, auf jeder Seite aber mindestens drei, in den Seilrahmen. Der Rest des Seiles wird kreuzweise verspannt. Seilschlingen dienen der Fixierung des Verletzten.

5.9.3. Seiltragesitz

Über kurze Strecken und bei leichten Verletzungen kann ein Seiltragesitz (Abb. 263) benutzt werden. Die große Belastung für den Helfer ist dabei zu bedenken.

Dazu wird das Seil in Schlaufen von etwa 60 cm Länge (über das Knie) aufgewickelt und mit einer Schlinge zusammengebunden. Die Schlaufen werden zu gleichen Teilen getrennt und bilden so je eine Sitzschlinge für die Oberschenkel des Verletzten. Der Helfer nimmt das Seil wie einen Rucksack auf. Eine Seilschlinge, die unter den Achseln von Helfer und Verletzten geknüpft wird, verhindert des-

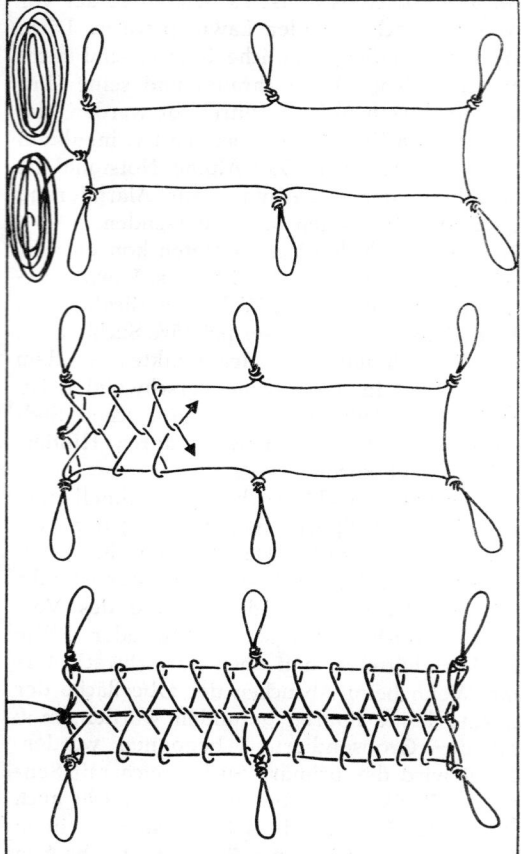

Abb. 262   Bau einer Seiltrage

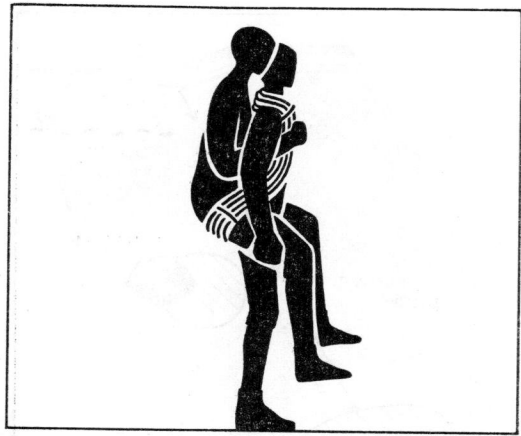

Abb. 263   Seiltragesitz

sen Abkippen. Beim Tragen hält der Helfer eine Hand des Verletzten. In steilem Gelände muß ein weiterer Helfer vom Fixpunkt aus sichern.

5.9.4. Sicherung des Transports in steilem Gelände

Wird ein Verletzter mit einer Trage in steilem Gelände zu Tal gebracht, so ist die Trage zu sichern. (Abb. 264) Der straffe Zug von oben entlastet zugleich die Helfer. Gleiches gilt beim Transport auf Bändern, über Bäche u. ä. Gefahrenstellen. Hier werden Trage und Helfer an einem gespannten Seilgeländer mit laufendem Karabiner gesichert. (Abb. 265) Bei Gegensteigungen entlastet ein Zugseil die Tragemannschaft und verleiht Sicherheit. Stehen genügend Helfer zur Verfügung, laufen einige davon voraus und erkunden den besten Weg. Hindernisse werden durch sie beseitigt.

5.9.5. Hubschraubertransport

Der Hubschrauber kommt im Hochgebirge zum Einsatz und verkürzt den dort oft langwierigen Transport erheblich. Für seinen Einsatz muß ein Landeplatz vorbereitet werden. Dieser soll mindestens 20 m x 20 m groß und eben sein. Keinesfalls darf er in einer Senke oder Mulde liegen. Der Platz ist zu beräumen, Schnee ist festzutreten und die Platzbegrenzung zu markieren. Die eigene Ausrüstung wird außerhalb der Markierung abgelegt und gegen den Rotorwind gesichert.

Der Landeanflug des Hubschraubers erfolgt gegen den Wind. In Anflugrichtung muß deshalb das Gelände auf mindestens 100 m frei von Hindernissen sein, die den in Abbildung 266 dargestellten Bereich überragen. Am Rande des Landeplatzes steht ein Helfer mit dem Rücken zum Wind und Blickrichtung zum Landeplatz und zum anfliegenden Hubschrauber. Er gibt das YES-Zeichen (Hier landen! Wir brauchen Hilfe!) und informiert durch seine Stellung zum Landeplatz den Piloten über die Richtung des Bodenwindes.

Nach der Landung wird der Stillstand des Rotors abgewertet, bevor man von vorn an den Hubschrauber herantritt.

Abb. 264 Sicherung der Trage im Steilgelände

Abb. 265 Sicherung der Trage am Seilgeländer

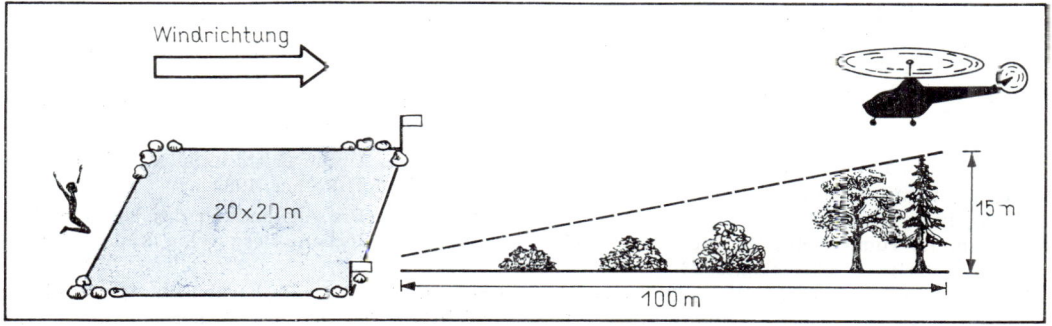

Abb. 266 Verhalten beim Einsatz eines Hubschraubers zur Bergung

281

Literatur

Albrecht, V.; Jaenecke, M., u. a.: Wetter – Lawinen (Alpin-Lehrplan 9). München: BLV Verlagsgesellschaft, 1983

Andráši, J.; Paryski, W. H.: Vysoké Tatry – Výber horolezeckých výstupov (Hohe Tatra – Auswahl bergsteigerischer Aufstiege). Bratislava: Sport, 1974

Antonowitsch, I. I.: Sorevnovanija po skalolazaniju (Wettkämpfe im Felsklettern). Moskva: FiS, 1955

Anufrikow, M. U.: Sputnik Alpinista. Moskva: FiS, 1970

Beaujean, K., u. a.: Militärtopographie. Berlin: Militärverlag der DDR, 1984

Bender, F.: Der Kaukasus – Digorische Kette. Magdeburg: DWBO, 1983

Benk, C.; Bram, G.: Die Seilkunde. 3. Auflage. Edelrid-Werk, Isny/Allgäu

Bernett, P.; Götzfried, K. P.; Zintl, F.: Erste Hilfe – Bergrettung (Alpin-Lehrplan 8). München: BLV Verlagsgesellschaft, 1985

Däweritz, K.: Klettern im sächsischen Fels. Berlin: Sportverlag, 1986

Dümler, H.: Alpine Gefahren. München: Bergverlag Rudolf Rother, 1978

Ernest, A.: Wetter, Schnee und Lawinen. Graz: Leopold-Stocker-Verlag, 1981

Fietz, W.: Bouldern. In: Alpinismus, München (1978) 5

Fisch, B.: Wandern. Berlin: Sportverlag, 1983

Franke, K.: Traumatologie des Sports. Berlin: Volk und Gesundheit, 1977

Fuchs, H.; Harder, G.: Eisgehen – Eisklettern (Alpin-Lehrplan 3). München: BLV Verlagsgesellschaft, 1986

Fuchs, H.; Hasenkopf, A.: Orientierung – Alpine Gefahren (Alpin-Lehrplan 10). München: BLV Verlagsgesellschaft, 1983

Gruhl, H.-J., u. a.: Bergrettungsdienst – Lehrbuch für den DRK-Gesundheitshelfer, Band IV, Hrsg.: Deutsches Rotes Kreuz der DDR, Dresden, 1968

Güllich, W.; Kubin, A.: Sportklettern heute. München: Bruckmann-Verlag, 1987

Harre, D., u. a.: Trainingslehre. Berlin: Sportverlag, 1986

Hartmann, J.; Tünnemann, H.: Modernes Krafttraining. Berlin: Sportverlag, 1988

Heinicke, D., u. a.: Kletterführer Elbsandsteingebirge – Sächsische Schweiz/Westteil. Berlin: Sportverlag, 1984

Hiebeler, T.: Alpen-Lexikon. München: Mosaik-Verlag, 1983

Huber, H.: Bergsteigen heute. München: Bruckmann-Verlag, 1981

Jenny, E.: Retter im Gebirge – Alpenmedizinisches Handbuch. München: Bergverlag Rudolf Rother, 1979

Kind, W.; Pankotsch, H.; Scheumann, H.: Bergsteigen. Berlin: Sportverlag, 1977

Klotz, G., u. a.: Die Hochgebirge der Erde. Leipzig – Jena – Berlin: Urania-Verlag, 1989

Kroutil, F.: Vysoké Tatry pro horolezce (Hohe Tatra für Bergsteiger). Band 1. Praha: Olympia, 1974

Matwejew, L. P.: Grundlagen des sportlichen Trainings. Berlin: Sportverlag, 1981

Melchert, S., u. a.: Sport und Recht. Berlin: Sportverlag, 1986

Pankotsch, H., u. a.: Kletterführer Zittauer und andere Gebirge. Berlin: Sportverlag, 1980

Paryski, W. H.: Tatry Wysokie – Przewodnik taternicki (Hohe Tatra). Band 1. Warszawa: Sport i Turystyka, 1951

Radlinger, L.; Iser, W.; Zittermann, H.: Bergsporttraining. München: BLV Verlagsgesellschaft, 1983

Rast, H.: Geologischer Führer durch das Elbsandsteingebirge. Freiberg: Bergakademie, 1959

Regelordnung für das Felsklettern in den Mittelgebirgen der DDR. Hrsg.: DWBO. Berlin, 1980

Richter, K. B.: Der Sächsische Bergsteiger. Berlin: Sportverlag, 1962

Richtlinien für die Bewertung von Schwierigkeitsgraden. Hrsg. UIAA. In: Bulletin Nr. 90; Genf 1980

Scheel, H., u. a.: Orientierung im Gelände. Berlin: Militärverlag der DDR, 1982

Scholich, M.: Kreistraining. Berlin: Sportverlag, 1982

Schubert, P.: Alpine Eistechnik. München: Bergverlag Rudolf Rother, 1981

Schubert, P.: Alpine Felstechnik. München: Bergverlag Rudolf Rother, 1982

Schubert, P.: Die Anwendung des Seiles in Fels und Eis. München: Bergverlag Rudolf Rother, 1982

Schubert, P., u. a.: Sicherheit in Firn und Eis (Tätigkeitsbericht des Sicherheitskreises des DAV 1980–1983). München, 1984

Schubert, P., u. a.: Tätigkeitsbericht des Sicherheitskreises im Deutschen Alpenverein 1971 bis 1973. München, 1974

Schubert, P., u. a.: Tätigkeitsbericht des Sicherheitskreises im Deutschen Alpenverein 1974 bis 1979. München, 1979

Schubert, P.; Mayer, R: Ausrüstung – Sicherung Sicherheit (Alpin-Lehrplan 6). München: BLV Verlagsgesellschaft, 1986

Slouka, V.: Pravidla sportovního lezení na pískovcových skalách c Čechach (Regeln des sportlichen Kletterns an den Sandsteinfelsen in Böhmen). Praha: CSTV, 1987

Steiner, O. W.: Die Schwierigkeitsbewertung von Bergfahrten. Wien: Österreichischer Touristenklub, 1962

Sturm, G.; Zintl, F.: Felsklettern (Alpin-Lehrplan 2). München: BLV Verlagsgesellschaft, 1979

Thieß, G.; Schnabel, G.: Grundbegriffe des Trainings. Berlin: Sportverlag, 1986

Thomsen, U.: Probleme der Klettertechnik und sportliche Leistung im Bergsteigen. In: Wandern und Bergsteigen. Mitteilungsblatt des SFA Dresden des DWBO der DDR (1979) 4 bis (1981) 5

Wehner, W.; Schädlich, M.: Grundlagen der Ersten Hilfe, Berlin: Volk und Gesundheit, 1978

Weiß, E.: Über die Kunst, großen Wänden zu Leibe zu rücken. In: Alpin-Magazin, München (1982) 9

Sachwortverzeichnis